Bildungsentwicklungen und Schulsysteme
in Afrika, Asien, Lateinamerika und der Karibik

AF211285

Waxmann Verlag GmbH
Steinfurter Straße 555, 48159 Münster
info@waxmann.com

Historisch-vergleichende Sozialisations- und Bildungsforschung

herausgegeben von
Christel Adick
Ruhr-Universität Bochum

Band 11

Internationale Migration und Globalisierung betreffen nicht nur Wirtschaft und Politik, sondern führen auch zu veränderten Sozialisations- und Bildungsprozessen. Daher können pädagogisch relevante Bereiche wie Kindheit, Familie, Jugend, Schule, Hochschule und berufliche Bildungs- und Ausbildungssysteme nicht mehr allein länder- oder kulturspezifisch betrachtet werden. Angesichts dessen ist eine historisch-vergleichende Sozialisations- und Bildungsforschung um Studien bemüht, die zur Aufklärung über die Entstehungsbedingungen und zur produktiven Bewältigung der Auswirkungen von weltgesellschaftlichen Verflechtungen auf Sozialisationsprozesse und Bildungsentwicklungen in unserer heutigen Welt beitragen.

In der Reihe werden Monographien oder Sammelbände veröffentlicht, die sich im Bewusstsein um die historische Genese pädagogischer Entwicklungen lokaler, nationaler und internationaler Art mit Vergleichen beschäftigen, die mindestens zwei oder mehr Kulturen oder Länder oder deren wechselseitige Beziehung betreffen. Damit soll der Interdependenz pädagogischer Entwicklungen in unserer – wenngleich durchaus widersprüchlichen – ‚Einen Welt' Rechnung getragen und die Entwicklung entsprechender Forschungsperspektiven und methodologischer Vergleichsdesigns befördert werden. Dieses schließt die kritische Reflexion neuerer Entwicklungen und pädagogischer Reformansätze mit ein.

Eine solche Betrachtungsweise versteht sich als interdisziplinär und als anschlussfähig an Fachgebiete wie Vergleichende und Internationale Erziehungswissenschaft, Interkulturelle Pädagogik, International vergleichende Sozialpädagogik, Internationale Erwachsenenbildung, Geschichte der Pädagogik, Bildungssoziologie, Weltgesellschaftstheorien und Internationale Beziehungen.

Christel Adick
(Hrsg.)

Bildungsentwicklungen und Schulsysteme in Afrika, Asien, Lateinamerika und der Karibik

Waxmann 2013
Münster / New York / München / Berlin

Bibliografische Informationen der Deutschen Nationalbibliothek
Die Deutsche Nationalbibliothek verzeichnet diese Publikation
in der Deutschen Nationalbibliografie; detaillierte bibliografische
Daten sind im Internet über http://dnb.d-nb.de abrufbar.

Historisch-vergleichende Sozialisations- und Bildungsforschung, Band 11
herausgegeben von Prof. Dr. Christel Adick

ISSN 1869-7259
ISBN 978-3-8309-2785-3

© Waxmann Verlag GmbH, Münster 2013

www.waxmann.com
info@waxmann.com

Umschlaggestaltung: Christian Averbeck, Münster
Umschlagabbildung: © Ellen Beijers – Fotolia.com

Satz: Heidi Kampmann, Ruhr-Universität Bochum
Gedruckt auf alterungsbeständigem Papier, säurefrei gemäß ISO 9706

Inhalt

Christel Adick

Zur Konzeption des Buches

Der vorliegende Sammelband beschäftigt sich mit Bildungsentwicklungen in Afrika, Asien, Lateinamerika und der Karibik, d.h. in Weltregionen außerhalb der sog. ‚westlichen Welt'. Über Bildung in diesen Gebieten der Erde wird hierzulande nur selten publiziert; die relativ wenigen Veröffentlichungen, die es gibt, sind häufig Einzeldarstellungen und Spezialliteratur, die über verschiedene Wissenschaften (Pädagogik, Soziologie, Ethnologie, Politikwissenschaft, Orientalistik, Ostasienwissenschaft u.a.) verstreut sind. Während im deutschsprachigen Raum z.B. zu Bildungssystemen in Europa einige Sammelbände, teils in mehreren Auflagen, vorliegen (Anweiler et al. 1996; Kreienbaum 1997; Döbert et al. 2002; dies. 2010), fehlen entsprechende Überblicke für außereuropäische Regionen. Unter Bezugnahme auf die bekannte Rede von „The West and the Rest of the World" wird in diesem Buch – pointiert gesagt – der Blick auf Bildungsentwicklungen in „the Rest of the World" gerichtet.

Erst jüngst bediente sich der Historiker Niall Ferguson (2011) erneut dieser Argumentationsfigur „The West and the Rest", um die besonderen Leistungen der ‚westlichen Zivilisation' hervorzuheben. Er geht von bestimmten ‚westlichen' Errungenschaften aus, sog. „killer applications", die dem Rest der Welt gefehlt und die ‚westliche' Dominanz ermöglicht hätten: der Wettbewerb, die wissenschaftliche Revolution, die Rechtsstaatlichkeit, die moderne Medizin, die Konsumgesellschaft und die Arbeitsethik (Ferguson 2011, S. 305f.). Diese sechs Faktoren können seiner Ansicht nach erklären, warum ‚der Westen' im historischen Vergleich allen anderen Zivilisationen (d.h. dem ‚Rest der Welt') gegenüber so erfolgreich war.

Ähnliche Sichtweisen spiegeln sich auch im Titel der deutschsprachigen Aufsatzsammlung von Schriften von John W. Meyer „Weltkultur – Wie die westlichen Prinzipien die Welt durchdringen" (Meyer 2005). John W. Meyer und weitere Autorinnen und Autoren der sog. *World Polity*-Theorie postulieren für die weltweiten Bildungsentwicklungen und andere gesellschaftliche Bereiche die Durchsetzung ‚westlicher' Rationalitätsstandards und Modelle, die z.B. mittels internationaler Organisationen und Wissenschaftlerverbänden verbreitet und von der staatlichen Bildungspolitik kopiert würden. Durch eine solche Diffusion käme es zu immer mehr Isomorphien in der Struktur, der Bildungsbeteiligung, den Zielen und Inhalten und der Verwaltung von nationalen Bildungssystemen überall auf der Welt. – Auch in vergleichenden Bildungsforschungen scheint daher die Denkfigur „The West and the Rest of the World" verbreitet zu sein.

Die genannten theoretischen Annahmen, umfangreichen Forschungsansätze und empirischen Befunde des *World Polity*-Ansatzes sind in der vergleichenden Bildungsforschung in Deutschland in den letzten Jahrzehnten zunehmend rezipiert worden; sie haben jedoch auch zu Kritik, unter anderem an der kulturellen Voreingenommenheit im Sinne eines Eurozentrismus dieses Paradigmas geführt (Adick 2009, S. 279ff.).

Diesen und ähnlichen Positionen zu „The West and the Rest of the World" will und kann der vorliegende Sammelband zwar keine Grundsatzdebatte entgegensetzen; mit der vorliegenden Publikation soll jedoch die verzerrte Perspektive ,gegen den Strich gelesen' und durch den Blick auf sog. ,nicht-westliche' Länder und Regionen ausbalanciert werden. Oft sind diese Teile der Welt einem größeren Publikum im deutschen Sprachraum nur durch die Medien, z.B. durch Fernsehreportagen, bekannt. Gelegentlich verbinden sich mit ihnen auch touristische Erfahrungen durch Fernreisen oder eigene berufliche Tätigkeiten. Dabei werden kulturelle Besonderheiten, Geschichte, Religion und Wirtschaft wahrscheinlich häufiger, Bildungsentwicklungen hingegen seltener zur Sprache kommen. Ziel des vorliegenden Sammelbandes ist es deshalb, die Bildungsentwicklungen in jenen Teilen der Welt, über die hierzulande weniger bekannt ist, vorzustellen. Das Buch behandelt Bildung in Ländern und Regionen außerhalb Europas sowie außerhalb der als ,westlich' konnotierten Staaten USA, Kanada, Australien und Neuseeland. Dieses Anliegen wird einerseits in Gestalt von Überblicksdarstellungen zu regionalen Entwicklungen (Teil I des Buches) und andererseits zum Bildungswesen in einigen ausgewählten Ländern dieser Regionen (Teil II des Buches) umgesetzt.[1] Beide Herangehensweisen: regional- und länderspezifische, sollen kurz begründet werden, ohne dabei eine fachwissenschaftliche Diskussion zu Regionalisierung, Länderstudien und Vergleichsdesigns zu intendieren.

Das Konzept der Regionen

Im vorliegenden Buch werden die Bildungsentwicklungen in folgenden Regionen abgehandelt: Arabische Staaten, Karibik, Lateinamerika, Ostasiatische Staaten, Pazifikregion, Subsahara-Afrika sowie Süd- und Westasien. Diese Zuordnung orientiert sich an der regionalen Klassifikation der United Nations Educational, Scientific and Cultural Organisation (UNESCO). Sie ist (nahezu) identisch mit der anderer internationaler Organisationen, insbesondere aus dem System der Vereinten Nationen, und daher weit verbreitet.

Eine besondere Anschlussfähigkeit ergibt sich an die internationalen Datensammlungen der UNESCO, die diese im Zuge der wissenschaftlichen Begleitung des Langzeitprogramms „Education for All" (EFA) seit 2002 jährlich in Buchform herausgibt und im Internet zugänglich macht. Das EFA-Projekt begann 1990 auf der Weltbildungskonferenz in Jomtien (Thailand) und wurde im Jahre 2000 auf dem Weltbildungsforum in Dakar (Senegal) fortgeschrieben (Hinzen/Müller 2001). Seine sechs Ziele, die derzeit bis 2015 weltweit verwirklicht werden sollen, beziehen sich auf (1) die Verbesserung der frühkindlichen Bildung, (2) den kostenlosen und verpflichtenden Besuch der Grundschule für alle, (3) die Befriedigung der Lernbedürfnisse von Jugendlichen und Erwachsenen, (4) die Erhöhung der Alphabetisierungsrate um 50%, (5) die Verwirklichung der Geschlechtergleichheit im gesamten Bildungswesen und (6) die Verbesserung der Qualität von Bildung.

Neben der Arbeit an der Verwirklichung dieser EFA-Ziele erfolgte von Anfang an eine Ausweitung und Präzisierung der Erhebung von Bildungsdaten, die nach

---

1 Ein Beitrag zu den Zentralasiatischen Staaten war ebenfalls vorgesehen, kam jedoch letztendlich nicht zustande, sodass das Buch ohne diesen vorgesehenen Artikel publiziert werden musste.

der Konferenz in Dakar in Gestalt von Global Monitoring Reports (GMRs) noch einmal erheblich professionalisiert wurde. Diese umfangreichen Berichte werden von wissenschaftlich ausgewiesenen Experten erstellt und basieren auf einer Vielzahl von in Auftrag gegebenen Expertisen zu Spezialfragen. Wenngleich auch schon vorher Bildungsdaten praktisch aller Länder dieser Welt gesammelt wurden und Experten wussten, wo man sie finden konnte, so sind jedoch nun, seit Beginn des 21. Jh., durch die regelmäßige Berichterstattung der UNESCO überall und zu jeder Zeit auf der Welt kostenlos die entsprechenden Informationen und Daten verfügbar – vorausgesetzt man hat Zugang zu der modernen Informations- und Kommunikationstechnologie und zu den entsprechenden Webseiten. Die genannten GMRs enthalten, neben einem umfangreichen Tabellenanhang für alle Länder, auch gesonderte kürzere Regionalberichte, in denen jedoch nicht alle verfügbaren Bildungsparameter aus dem Hauptwerk enthalten sind. Die nationalen und regionalen UNESCO-Daten machen Bildungsentwicklungen vergleichbar und sorgen für eine gewisse Transparenz, auch wenn sie sich auf quantifizierbare Größen beschränken. An dieser Stelle gestattet es das Konzept der ‚Regionen' beispielsweise, die Daten eines Landes mit denen von Nachbarländern und den regionalen Durchschnittswerten zu vergleichen.

Regionen, Regionalisierungen und regionale Organisationen haben auch in sozialwissenschaftlichen Kontexten an Bedeutung gewonnen, wo sie zwischen den Herausforderungen von Globalisierung und dem Handlungsspielraum von Einzelstaaten angesiedelt werden. Laut Rinke (2011, S. 464) „haben sich Regionalisierungsprozesse und Phänomene des Regionalismus in den zurück liegenden Dekaden immer mehr zu einem Ordnungselement der Organisation politischen Lebens entwickelt". Eine solche Entwicklung impliziere auch Herausforderungen für die Identität der Bevölkerungen. Globalisierung und Regionalisierung seien aber keine Gegensätze.

An Regionalorganisationen knüpfen sich laut einer Studie zu jenen in Afrika (Elischer & Erdmann 2012, S. 2) eine Reihe von Erwartungen auf vermehrte wirtschaftliche Zusammenarbeit, Frieden und militärische Sicherheit, demokratische Konsolidierung und auf die Möglichkeit, dass schwächere Staaten im Verbund mehr internationales Gewicht erhalten. „Regionalorganisationen führen dabei eine zusätzliche Ebene des Regierens ein und sind Bestandteil von *Global Governance*" (ebd., Hervorh. im Orig.).

Regionale Zusammenschlüsse beziehen sich zwar auf territorial benachbarte Räume, sie sind aber nicht identisch mit kontinentalen Zuordnungen nach geographischen Kriterien. Ein prominentes Beispiel für Regionalisierung stellt z.B. die Europäische Union (EU) dar, die jedoch nicht mit dem Kontinent Europa übereinstimmt. Eine weitere europäische Regionalorganisation, der Europarat, ist ebenfalls nicht mit der geographischen Region Europa identisch. Auch die Arabische Liga versammelt Mitgliedsstaaten in Afrika und Asien, verbindet also Gebiete aus zwei Kontinenten. Als weitere Beispiele für regionale Organisationen sind der Verband südostasiatischer Staaten ASEAN (Association of Southeast Asian Nations) und der südamerikanische Verbund MERCOSUR (Mercado Común Sur) zu nennen. Beide umfassen nicht alle Länder, die geographisch einem Kontinent zugeordnet werden.

Sich mit Regionalisierung und Regionalismen auseinander zu setzen und diese – wie in diesem Buch – auch für die Analyse von Bildungsentwicklungen zu nutzen, berücksichtigt die Tatsache, dass Regionen und ihre Organisationen als neue internationale Akteure neben den Nationalstaaten und den Organisationen des UN-Systems in Erscheinung treten. So beeinflusst die EU (in Grenzen) die nationalen Schul- und Hochschulentwicklungen. Aber auch die ASEAN betreibt inzwischen, erklärtermaßen nach dem Vorbild der EU, eine stärkere wirtschaftliche Integration und fördert auf Kulturebene z.b. Universitätsnetzwerke.

Da von „Regionen" auch im Sinne von subnationalen Einheiten die Rede ist, sei hier betont, dass es sich bei dem in diesem Buch verwendeten Konzept von Regionen um mehrere Staaten umfassende geographische Räume handelt. Von diesen wird angenommen, dass sie aufgrund von besonderen wirtschaftlichen, kulturellen, historischen oder politischen Bedingungen auch soziale Nachbarschaftsräume darstellen, wobei bzw. auch wenn es sich dabei um gesellschaftlich konstruierte Gebilde und Identitäten handelt (Rinke 2011, S. 464f.). Die Regionalbeiträge in Teil I dieses Buches sollen verdeutlichen, ob und inwieweit die betreffenden Regionen tatsächlich neben dem Faktum der geographischen Nachbarschaft Gemeinsamkeiten und Unterschiede aufweisen. Außerdem soll berücksichtigt werden, ob es und ggf. welche regionalen Kooperationsmechanismen und Abstimmungen, insonderheit in Bildungsangelegenheiten, es gibt.

Die Perspektive der Länderstudien

Nach dem Blick auf regionale Bildungsentwicklungen folgen in Teil II des Buches Abhandlungen über einige nationale Bildungswesen der ausgewählten Regionen, und zwar zu Bildung in Brasilien, China, Indien, Japan, Mexiko, Nigeria und Südafrika. Diese Beiträge haben den Charakter von Länderstudien. Es wurden solche Länder ausgewählt, die in der betreffenden Region und auf der Weltbühne von besonderer Bedeutung sind. Dieses Auswahlkriterium kann in gewissen Grenzen wie folgt objektiviert werden:

Brasilien, China und Indien zählen mit Russland zu den sog. BRIC-Staaten[2], denen insbesondere seit Beginn des 21. Jh. eine herausragende Rolle in der sich abzeichnenden neuen Weltordnung zugeschrieben wird. Interesse besteht insbesondere daran, die vor allem wirtschaftliche Konkurrenz dieser Länder zu den Ländern der OECD (Organisation for Economic Cooperation and Development) zu analysieren (Cooper/Shaw/Antkiewicz 2008).

Inzwischen hat sich die Diskussion über die vier BRIC-Staaten hinaus auf andere wirtschaftlich und politisch aufstrebende Länder erweitert. Am *Centre for International Governance Innovation* der Universität Waterloo in Ontario/Kanada wird im. „The BRICSAM Project" der Blick zusätzlich auf Südafrika, vier ASEAN-Staaten (Indonesien, Malaysia, Philippinen und Thailand) sowie auf Mexiko gerichtet (www.cigionline.org/project/bricsam).

Das German Institute of Global and Area Studies (GIGA) in Hamburg und die Universität Hamburg betreiben seit 2010 zusammen die „International Graduate School for the Study of Regional Powers". Diese setzt sich mit den veränderten Machtverhältnissen im internationalen System durch den Aufstieg regionaler Führungsmächte wie Indien, Südafrika, Brasilien und anderen (den sog. *emerging powers*) auseinander. Auch diese Graduate School beschäftigt sich mit den BRIC- oder BRICSAM-Staaten.

Da diesen Ländern ein Aufstieg in der Weltwirtschaft und ein stärkeres Gewicht in der Global Governance vorausgesagt wird, werden ihnen entsprechende Forschungen gewidmet (Agarwal 2008). Die wissenschaftliche

---

2 Aus diesem Kreis ist Russland in diesem Buch nicht vertreten, da es zu Europa gehörig angesehen wird.

Diskussion verschiebt sich immer mehr hin zu Fragen der möglichen Veränderung der Nord-Süd-Relationen (Cooper/Antkiewicz/Shaw 2008). Während die betreffende Staatengruppe und die sich damit aufdrängenden Fragen also offenbar in den Wirtschafts- und Sozialwissenschaften immer mehr Beachtung finden, sind in der vergleichenden Bildungsforschung noch keine speziellen Forschungen zur BRIC- oder BRICSAM-Ländergruppe vorzufinden. Diesem Umstand kann dieses Buch zwar auch nicht abhelfen; immerhin jedoch decken die Länderstudien in Teil II einen großen Teil der BRICSAM-Staaten ab (Brasilien, Indien, China, Südafrika und Mexiko in je eigenen Kapiteln; ferner Indonesien als Länderbeispiel im Regionalbeitrag zu den Ostasiatischen Staaten). Hinzu kommen noch Japan und Nigeria: Japan ist in Asien führend, und Nigeria kann als Regionalmacht in Westafrika angesehen werden. Je nachdem, welche Kriterien gewählt werden, hätte sicher noch das eine oder andere Land hinzu genommen werden können. Daher sei betont, dass ein Anspruch auf Vollständigkeit oder eine inhaltliche Positionierung in Bezug auf die Fachdiskussion zu den BRIC- bzw. BRICSAM-Staaten mit der für dieses Buch getroffenen Länderauswahl nicht verbunden ist.

Die Vergleichsperspektive

Mit der Zusammenstellung von Regional- und Länderbeiträgen in einem Band stellt sich die Frage, ob und inwiefern Vergleiche angestellt werden sollen (zur Problematik vgl. einführend Adick 2008). Im vorliegenden Sammelband sind Überblicksdarstellungen intendiert, mithin keine explizit vergleichenden Untersuchungen. Die Autoren und Autorinnen der Beiträge dieses Buches konnten aufgrund ihrer Expertise für die betreffenden Regionen bzw. Länder gewonnen werden. Sie wurden in einem allgemeinen Leitfaden von der Herausgeberin gebeten, folgende Aspekte bei der Abfassung ihrer Beiträge (sowohl der Regional-, als auch der Länderbeiträge) zu berücksichtigen: (a) Historisch-politische Hintergründe (hier sollte eine längere Zeitspanne zurück geblickt werden, um zu vermeiden, dass z.B. nur Entwicklungen nach der politischen Unabhängigkeit berücksichtigt werden); (b) die Geschichte des Bildungswesens (dabei sollten einheimische, z.B. vorkoloniale Formen von Erziehung und Bildung beachtet werden; auch die Auswirkungen historischer Zäsuren wie Kolonialherrschaft, Unabhängigkeit, Regimewechsel auf Bildungsentwicklungen sollten reflektiert werden); (c) das heutige Bildungswesen (unter Verweis auf Strukturen und Reformen, formale und nonformale Bildungssektoren und die Bildungsbeteiligung); (d) Besonderheiten des betreffenden Länderbeispiels bzw. der Region. Letzteres sollte der Expertise der Autorinnen und Autoren überlassen bleiben. Daneben wurde ihnen ausdrücklich die Möglichkeit eingeräumt, ihre eigenen Forschungsinteressen und Spezialkenntnisse einzubringen. Die Kapitel dieses Buches haben daher zwar ein gewisses ähnliches Grundgerüst, sind jedoch nicht streng an einem starren Vergleichsraster ausgerichtet.

Da in diesem Buch, wie ersichtlich geworden sein dürfte, kein expliziter Vergleich angestrebt wird, und da die Autorinnen und Autoren aufgrund ihrer individuellen Expertise und Forschungsinteressen teils mit dem Zugriff auf unterschiedliche Quellen in Bezug auf Bildungsdaten operieren, wurden für Vergleichszwecke im Anhang zu dieser Einleitung einige basale Daten zu Bildung im (nicht-westlichen) „Rest der Welt" zusammengestellt.[3] Der Anhang enthält gesonderte Tabellen für jede der in diesem Buch (in Teil I) abgehandelten Regionen, in denen ferner auch die Daten der (in Teil II) vertretenen Länder enthalten sind. Bezugsquelle für die Tabellen ist der Datensatz der UNESCO in ihrem derzeit letzten Global Monitoring Report (UNESCO 2011). Es wurden alle Länder und Territorien aufgenommen, die in diesem Buch behandelt werden, auch solche, für die keine Daten in den für die Tabelle ausgewählten Parametern im betreffenden Global Monitoring Report vorhanden waren (entsprechende Leerstellen sind also bewusst belassen worden).

Ausgewählt wurden neben Prozentangaben die GER-, NER- und GPI-Werte: Der GPI (*Gender Parity Index*) misst den Anteil der weiblichen zur männlichen Bildungsbeteiligung. Liegt er unter 1.0, dann überwiegen die männlichen, bei über 1.0 die weiblichen Teilnehmer. Der GPI kann im Prinzip bzw. je nach Bedarf für jede Jahrgangsstufe, nach Bildungsstufen (z.B. Primar- und Sekundarschule) oder nach Bildungssektoren (z.B. Alphabetisierung von Jugendlichen oder Weiterbildung von Erwachsenen) berechnet werden. Die GER (*Gross Enrolment Rate*; dt.: Bruttoeinschreiberate) misst das Verhältnis von allen Einschreibungen (egal welchen Alters) zur gesamten jeweiligen Altersgruppe, für die die betreffende Bildungsstufe gedacht ist. Demgegenüber werden in der NER (*Net Enrolment Rate*; dt.: Nettoeinschreiberate) nur die Einschreibungen derjenigen gezählt, die sich im passenden Alter befinden, im Verhältnis zur Gesamtgruppe dieser Alterskohorte. Wenn z.B. alle Kinder altersgemäß am Primarschulunterricht teilnehmen, sind GER und NER identisch. Die Relevanz der Unterscheidung liegt darin, dass in etlichen Ländern in der Tat größere Diskrepanzen zwischen Brutto- und Nettoeinschreiberaten, besonders in der Primarschule, auftreten; Ursache hierfür ist eine große Altersstreuung unter den Schülern, die z.B. aus verspäteten Einschulungen und Klassenwiederholungen resultiert. Eine entsprechende Diskrepanz kann also als Krisensymptom gewertet werden und Handlungsbedarf signalisieren.

In den Tabellen im Anhang finden sich folgende Parameter:
- Anteil der alphabetisierten Erwachsenen im Alter von 15 Jahren und älter (adult literacy rate, 15 +) in Prozent und die Geschlechterrelation (GPI) unter den alphabetisierten Erwachsenen;
- Teilnahme an Vorschulerziehung als Bruttoeinschreiberate (GER);
- Beteiligung an der Primarschulbildung im Spiegel der Brutto- und der Nettoeinschreiberaten (GER und NER) und der Geschlechterrelation (GPI);
- Bruttoeinschreibungen (GER) und das Geschlechterverhältnis (GPI) in der Sekundarschule .

Für die Zwecke des Vergleichs wurden jeweils die regionalen, die der sog. Entwicklungsländer und die weltweiten Durchschnittswerte mit aufgeführt. Auf diese Weise ist es möglich, die Daten der einzelnen Länder sowohl mit denen einzelner anderer Länder der betreffenden Region, als auch mit dem Regionaldurchschnitt zu vergleichen und zugleich festzustellen, wo diese im Vergleich der sog. Entwicklungsländer und im weltweiten Vergleich stehen.

---

3 Die Erstellung der Tabellen erfolgte durch Anna Gleistein, der ich hiermit für ihre Mitarbeit danke.

Literatur

Adick, C. (2008): Vergleichende Erziehungswissenschaft – eine Einführung. Stuttgart

Adick, C. (2009): World Polity – ein Forschungsprogramm und Theorierahmen zur Erklärung weltweiter Bildungsentwicklungen. In: Koch, S./Schemmann, M.; (Hrsg.): Neo-Insitutionalismus in der Erziehungswissenschaft. Grundlegende Texte und empirische Studien. Wiesbaden, S. 258-291

Agarwal, M. (2008): The BRICSAM Countries and Changing World Economic Powers: Scenarios to 2050 (The Centre for International Governance Innovation, Waterloo), Ontario, Canada: Working Paper No. 39, October 2008 (www.cigionline.org/workingpapers)

Anweiler, O./et al. (1996): Bildungssysteme in Europa. Entwicklung und Struktur des Bildungswesens in zehn Ländern. 4. völlig überarb. u. erw. Auflage Weinheim & Basel.

Cooper, A.F./Shaw, T.M./Antkiewicz, A. (2008): The Logic of the BRICSAM Model for Global Governance: Do Acronyms Make Sense? (www.cpsa-acsp.ca/papers-2008/cooper.pdf)

Cooper, A.F./Antkiewicz, A./Shaw, T.M. (2008): Lessons from/for BRICSAM about South-North Relations: Economic Size Trumps All Else? In: Reuveny, R. (Hrsg.): North and South in the world political economy. Malden/MA etc., S. 269-293

Döbert, H./et al. (2002): Die Schulsysteme Europas. Baltmannsweiler, 1. Aufl. 2002/2. Aufl. 2004

Döbert, H./et al. (2010): Die Bildungssysteme Europas. Baltmannsweiler 2010 (3., vollst. überarb. u. erw. Aufl. von „Die Schulsysteme Europas")

Elischer, S./Erdmann, G. (2012): Regionalorganisationen in Afrika – eine Bilanz. GIGA Focus Afrika, Nr. 3/2012 (www.giga-hamburg.de/giga-focus)

Ferguson, N. (2011): Civilization: The West and the Rest. London 2011

Hinzen, H./Müller, J. (Hrsg.) (2001): Bildung für Alle – lebenslang und lebenswichtig. Bonn

Kreienbaum, M.A. (1997): Bildungslandschaft Europa. Zehn Schulsysteme im aktuellen Vergleich. Bielefeld

Meyer, J.W. (2005): Weltkultur. Wie die westlichen Prinzipien die Welt durchdringen, hg. von G. Krücken. Frankfurt

Rinke, B. (2011): Regionalisierung/Regionalismus. In: Handwörterbuch Internationale Politik, hg. v. W. Woyke. 12. überarb. u. aktualisierte Aufl. Opladen & Farmington Hills, S. 464-472

UNESCO (2011): Education for All - Global Monitoring Report: The Hidden Crisis. Paris 2011

Anhang

Arab States

	Adult literacy rate (15 and over)		Pre-primary education	Primary education			Secondary education GER	
	total (%)	GPI (F/M)	GER total (%)	NER total (%)	GER total (%)	GPI of GER (F/M)	total (%)	GPI (F/M)
Algeria	73	0.79	23	95	108	0.94	...	...
Bahrain	91	0.97	54	98	105	0.98	97	1.04
Djibouti	...	...	3	41	46	0.88	30	0.70
Egypt	66	0.77	16	94	100	0.95	...	...
Iraq	78	0.80	...	...	...	...	...	...
Jordan	92	0.93	36	89	97	1.01	88	1.04
Kuwait	94	0.98	76	88	95	0.98	90	1.04
Lebanon	90	0.92	77	90	103	0.98	82	1.11
Libyan Arab Jamahiriya	88	0.86	9	...	110	0.95	93	1.17
Mauritania	57	0.77	...	76	104	1.08	24	0.89
Morocco	56	0.64	57	89	107	0.91	56	0.86
Oman	87	0.90	34	68	75	1.01	88	0.97
occupied Palestinian territory	94	0.94	32	75	80	1.00	90	1.07
Qatar	93	0.96	51	...	109	0.99	93	1.46
Saudi Arabia	86	0.90	11	85	98	0.96	95	0.85
Sudan	69	0.75	28	...	74	0.90	38	0.88
Syrian Arab Republic	84	0.86	10	...	124	0.96	74	0.98
Tunisia	78	0.82	...	98	107	0.98	92	1.08
United Arab Emirates	90	1.02	87	92	108	1.00	94	1.02
Yemen	61	0.54	...	73	85	0.80	...	...
Arab States	72	0.78	19	84	96	0.92	68	0.92
Developing countries	79	0.86	39	87	107	0.96	62	0.95
World	83	0.90	44	88	107	0.97	67	0.96

© C. Adick

Quelle: Eigene Zusammenstellung nach: UNESCO: EFA Global Monitoring Report 2011: The hidden crisis. Regional overview: Arab States, S. 14-17 und UNESCO: EFA Global Monitoring Report 2011: The hidden crisis, S. 303ff.

Caribbean

	Adult literacy rate (15 and over)		Pre-primary education	Primary education			Secondary education GER	
	total (%)	GPI (F/M)	GER total (%)	NER total (%)	GER total (%)	GPI of GER (F/M)	total (%)	GPI (F/M)
Anguilla	...	...	95	93	94	1.00	80	0.95
Antigua and Barbuda	99	1.01	72	88	100	0.92	114	0.93
Aruba	98	1.00	104	99	114	0.96	95	1.06
Bahamas	...	...	...	91	103	1.00	93	1.03
Barbados	...	...	...	...	...	...	...	...
Belize	...	...	40	98	120	0.97	75	1.08
Bermuda	...	...	...	92	100	0.85	84	1.06
British Virgin Islands	...	...	93	93	108	0.96	101	1.11
Cayman Islands	99	1.00	103	85	93	0.84	88	1.01
Dominica	...	...	77	72	82	1.06	105	0.93
Grenada	...	...	103	93	103	0.95	108	0.92
Guyana	...	...	85	95	109	0.99	102	1.01
Haiti	...	...	...	...	...	...	...	...
Jamaica	86	1.13	86	80	93	0.97	91	1.04
Montserrat	...	...	91	92	107	1.12	102	1.02
Netherlands Antilles	96	1.00	...	...	...	...	...	...
Saint Kitts and Nevis	...	...	...	...	...	...	...	...
Saint Lucia	...	...	68	91	98	0.97	93	1.04
St Vincent/ Grenadines	...	...	...	95	109	0.92	108	1.11
Suriname	91	0.95	81	90	114	0.95	75	1.28
Trinidad and Tobago	99	0.99	82	92	103	0.97	89	1.07
Turks and Caicos Islands	...	...	...	...	...	...	...	...
Caribbean	71	0.95	70	64	114	1.00	56	1.00
Developing countries	79	0.86	39	87	107	0.96	62	0.95
World	83	0.90	44	88	107	0.97	67	0.96

© C. Adick

Quelle: UNESCO: EFA Global Monitoring Report 2011: The hidden crisis. Regional overview: Latin America and the Caribbean, S. 14-17 und UNESCO: EFA Global Monitoring Report 2011: The hidden crisis, S. 304ff.

Latin America

	Adult literacy rate (15 and over)		Pre-primary education	Primary education			Secondary education GER	
	total (%)	GPI (F/M)	GER total (%)	NER total (%)	GER total (%)	GPI of GER (F/M)	total (%)	GPI (F/M)
Argentina	98	1.00	69	...	116	0.99	85	1.13
Bolívia, P. S.	91	0.90	49	94	108	1.00	82	0.97
Brazil	90	1.01	65	94	127	0.93	101	1.11
Chile	99	1.00	56	94	106	0.95	91	1.03
Colombia	93	1.00	49	90	120	0.99	91	1.10
Costa Rica	96	1.01	69	...	110	0.99	89	1.06
Cuba	100	1.00	105	99	104	0.98	90	0.99
Dominican Republic	88	1.00	35	80	104	0.93	75	1.19
Ecuador	84	0.94	101	97	118	1.00	76	1.01
El Salvador	84	0.93	60	94	115	0.97	64	1.02
Guatemala	74	0.86	29	95	114	0.94	57	0.93
Honduras	84	1.00	40	97	116	1.00	65	1.27
Mexico	93	0.97	114	98	114	0.98	90	1.06
Nicaragua	78	1.00	56	92	117	0.98	68	1.13
Panama	94	0.99	69	98	111	0.97	71	1.08
Paraguay	95	0.98	35	90	105	0.97	66	1.04
Peru	90	0.89	72	94	109	1.00	89	0.99
Uruguay	98	1.01	81	98	114	0.97	92	0.99
Venezuela, B. R.	95	1.00	69	90	103	0.97	81	1.10
Latin America	92	0.98	68	95	116	0.97	90	1.08
Developing countries	79	0.86	39	87	107	0.96	62	0.95
World	83	0.90	44	88	107	0.97	67	0.96

© C. Adick

Quelle: UNESCO: EFA Global Monitoring Report 2011: The hidden crisis. Regional overview: Latin America and the Caribbean, S. 14-17 und UNESCO: EFA Global Monitoring Report 2011: The hidden crisis, S. 304ff.

East Asia

	Adult literacy rate (15 and over)		Pre-primary education	Primary education			Secondary education GER	
	total (%)	GPI (F/M)	GER total (%)	NER total (%)	GER total (%)	GPI of GER (F/M)	total (%)	GPI (F/M)
Brunei Darussalam	95	0.97	83	93	107	1.00	97	1.02
Cambodia	78	0.83	13	89	116	0.94	40	0.82
China	94	0.94	44	...	113	1.04	76	1.05
DPR Korea	100	1.00	...	...	...	...	...	...
Indonesia	92	0.93	43	96	119	0.97	74	0.99
Japan	...	...	89	100	102	1.00	101	1.00
Lao PDR	73	0.77	15	82	112	0.91	44	0.81
Macao, China	93	0.94	...	87	100	0.95	92	0.96
Malaysia	92	0.95	61	96	97	1.00	68	1.07
Myanmar	92	0.94	6	...	117	0.99	53	...
Philippines	94	1.01	49	92	110	0.98	82	1.09
Republic of Korea	...	...	111	99	105	0.98	97	0.96
Singapore	95	0.94	...	...	...	...	...	...
Thailand	94	0.96	92	90	91	0.98	76	1.09
Timor-Leste	...	...	...	76	107	0.94	...	...
Viet Nam	93	0.95	...	...	...	...	...	...
East Asia	94	0.94	48	95	111	1.01	76	1.04
Developing countries	79	0.86	39	87	107	0.96	62	0.95
World	83	0.90	44	88	107	0.97	67	0.96

© C. Adick

Quelle: Eigene Zusammenstellung nach: UNESCO: EFA Global Monitoring Report 2011: The hidden crisis. Regional overview: East Asia and the Pacific, S. 14-17 und UNESCO: EFA Global Monitoring Report 2011: The hidden crisis, S. 305ff.

Sub-Saharan Africa

	Adult literacy rate (15 and over)		Pre-primary education	Primary education			Secondary education GER	
	total (%)	GPI (F/M)	GER total (%)	NER total (%)	GER total (%)	GPI of GER (F/M)	total (%)	GPI (F/M)
Angola	70	0.69	40	...	128	0.81	...	...
Benin	41	0.53	13	93	117	0.87	...	...
Botswana	83	1.00	16	87	110	0.98	80	1.06
Burkina Faso	29	0.59	3	63	78	0.89	20	0.74
Burundi	66	0.83	3	99	136	0.95	18	0.71
Cameroon	76	0.81	25	88	111	0.86	37	0.80
Cape Verde	84	0.89	60	84	101	0.94	...	...
Central African Republic	55	0.60	5	67	89	0.71	14	0.56
Chad	33	0.50	...	...	83	0.70	19	0.45
Comoros	74	0.85	27	...	119	0.92	...	...
Congo	...	...	12	59	114	0.94	...	...
Côte d'Ivoire	55	0.69	3	...	74	0.79	...	...
D. R. Congo	67	0.72	3	...	90	0.83	35	0.55
Equatorial Guinea	93	0.92	54	...	99	0.95	...	...
Eritrea	65	0.71	13	39	52	0.82	30	0.71
Ethiopia	36	0.46	4	78	98	0.89	33	0.72
Gabon	87	0.92	...	...	...	...	...	...
Gambia	45	0.60	22	69	86	1.06	51	0.94
Ghana	66	0.82	68	77	105	0.99	55	0.89
Guinea	38	0.53	11	71	90	0.85	36	0.59
Guinea-Bissau	51	0.55	...	...	120	...	36	...
Kenya	87	0.92	48	82	112	0.98	58	0.92
Lesotho	90	1.15	...	73	108	0.99	40	1.32
Liberia	58	0.84	84	...	91	0.90	32	0.75
Madagascar	71	0.85	9	98	152	0.97	30	0.94
Malawi	73	0.82	...	91	120	1.03	29	0.85
Mali	26	0.52	4	73	95	0.84	38	0.65
Mauritius	88	0.94	98	94	100	1.00	87	1.02
Mozambique	54	0.58	...	80	114	0.88	21	0.75
Namibia	88	0.99	31	89	112	0.99	66	1.17
Niger	29	0.35	3	54	62	0.80	12	0.61
Nigeria	60	0.68	16	61	93	0.88	30	0.77
Rwanda	70	0.88	...	96	151	1.01	22	0.90
Sao Tome Principe	88	0.89	39	96	133	1.01	51	1.12
Senegal	42	0.63	11	73	84	1.02	31	0.81
Seychelles	92	1.01	100	...	131	0.99	110	1.19
Sierra Leone	40	0.56	5	...	158	0.88	35	0.66
Somalia	28	0.40	...	...	33	0.55	8	0.46
South Africa	89	0.98	51	87	105	0.96	95	1.05
Swaziland	87	0.98	...	83	108	0.93	53	0.90
Togo	65	0.70	7	94	115	0.94	41	0.53
Uganda	75	0.81	19	97	120	1.01	25	0.85
U. R. Tanzania	73	0.84	34	99	110	0.99	...	...

Sub-Saharan Africa

	Adult literacy rate (15 and over)		Pre-primary education	Primary education			Secondary education GER	
	total (%)	GPI (F/M)	GER total (%)	NER total (%)	GER total (%)	GPI of GER (F/M)	total (%)	GPI (F/M)
Zambia	71	0.76	...	95	119	0.98	46	0.83
Zimbabwe	91	0.94	...	90	104	0.99	41	0.92
Sub-Saharan Africa	62	0.75	17	76	102	0.91	34	0.79
Developing countries	79	0.86	39	87	107	0.96	62	0.95
World	83	0.90	44	88	107	0.97	67	0.96

© C. Adick

Quelle: UNESCO: EFA Global Monitoring Report 2011: The hidden crisis. Regional overview: sub-Saharan Africa, S. 14-17 und UNESCO: EFA Global Monitoring Report 2011: The hidden crisis, S. 307ff.

South and West Asia

	Adult literacy rate		Pre-primary education	Primary education			Secondary education GER	
	total (%)	GPI (F/M)	GER total (%)	NER total (%)	GER total (%)	GPI of GER (F/M)	total (%)	GPI (F/M)
Afghanistan	...	...	...	...	106	0.66	29	0.38
Bangladesh	55	0.83	...	85	92	1.06	44	1.05
Bhutan	53	0.59	1	87	109	1.01	62	0.99
India	63	0.68	47	90	113	0.97	57	0.86
Iran, Islamic Republic of	82	0.89	52	...	128	1.40	80	0.98
Maldives	98	1.00	101	96	112	0.94	84	1.05
Nepal	58	0.64	...	...	...	...	...	...
Pakistan	54	0.60	...	66	85	0.83	33	0.76
Sri Lanka	91	0.97	...	99	101	1.00	...	...
South and West Asia	62	0.70	42	86	108	0.96	54	0.87
Developing countries	79	0.86	39	87	107	0.96	62	0.95
World	83	0.90	44	88	107	0.97	67	0.96

© C. Adick

Quelle: UNESCO: EFA Global Monitoring Report 2011: The hidden crisis. Regional overview: South and West Asia, S. 14-15 und UNESCO: EFA Global Monitoring Report 2011: The hidden crisis, S. 306ff.

Pacific

	Adult literacy rate		Pre-primary education	Primary education			Secondary education GER	
	total (%)	GPI (F/M)	GER total (%)	NER total (%)	GER total (%)	GPI of GER (F/M)	total (%)	GPI (F/M)
Australia	...	...	82	97	106	1.00	149	0.95
Cook Islands	...	...	...	...	...	...	...	...
Fiji	...	...	16	89	94	0.99	81	1.07
Kiribati	...	...	...	...	...	...	...	...
Marshall Islands	...	...	45	66	93	0.97	66	1.02
Micronesia, F. S.	...	...	...	...	110	1.01	91	...
Nauru	...	...	92	72	82	1.06	52	1.23
New Zealand	...	...	94	99	101	1.00	119	1.05
Niue	...	...	...	...	...	...	...	...
Palau	...	...	...	...	99	1.02	97	0.97
Papua New Guinea	60	0.87	...	...	55	0.84	...	...
Samoa	99	0.99	45	93	100	0.98	76	1.13
Solomon Islands	...	...	...	67	107	0.97	35	0.84
Tokelau	...	...	...	...	...	...	...	...
Tonga	99	1.00	...	99	112	0.97	103	1.03
Tuvalu	...	...	107	...	106	0.99	...	...
Vanuatu	...	...	7	...	109	0.96	...	...
Pacific	93	0.99	67	84	91	0.97	106	0.96
Developing countries	79	0.86	39	87	107	0.96	62	0.95
World	83	0.90	44	88	107	0.97	67	0.96

© C. Adick

Quelle: Eigene Zusammenstellung nach: UNESCO: EFA Global Monitoring Report 2011: The hidden crisis. Regional overview: East Asia and the Pacific, S. 14-17 und UNESCO: EFA Global Monitoring Report 2011: The hidden crisis, S. 305ff.

TEIL I:

REGIONALE
BILDUNGSENTWICKLUNGEN

Jonathan Kriener

Bildung in den Arabischen Staaten

Die United Nations Educational, Scientific and Cultural Organisation (UNESCO) fasst folgende Länder zur Region ‚Arabische Staaten' zusammen: Algerien, Bahrain, Dschibuti, Ägypten, Irak, Jordanien, Kuwait, Libanon, Libyen, Mauretanien, Marokko, Oman, die Palästinensischen Autonomiegebiete, Katar, Saudi-Arabien, Sudan, Syrien, Tunesien, die Vereinigten Arabischen Emirate und Jemen. Bildungsdaten zu diesen Ländern werden z.B. im Global Monitoring Report der UNESCO (2009) vorgelegt, können jedoch im folgenden Beitrag nicht einzeln oder gleichgewichtig berücksichtigt werden. Stattdessen wird folgendermaßen vorgegangen:

Nach einem kurzen Blick auf den historisch-kulturellen Hintergrund dieser Ländergruppe wird erstens eine Übersicht über die Situation des allgemeinen Bildungswesens sowie der Hochschulbildung in der arabischen Welt nach Strukturen und Inhalten unter Berücksichtigung von Forschungsergebnissen gegeben. Bildungsentwicklungen in den arabischen Staaten werden anschließend anhand von zwei Länderbeispielen, Ägypten und Libanon, vertieft. Da Literatur in verschiedenem Umfang veröffentlicht ist und verschiedenen Forschungsansätzen folgt, sind nicht alle Parameter der Analyse in den Länderbeispielen in gleichem Maße berücksichtigt. Die Vergleichbarkeit der Beispiele unterliegt somit methodischen Einschränkungen. Dennoch lassen sich z.B. in Punkto Privatisierungspolitik und ideologische Einflüsse gewisse Gemeinsamkeiten und Unterschiede recht klar herausstellen.

1. Historisch-kultureller Hintergrund

Die Gemeinsamkeit so verschiedener Staaten wie Ägypten, mit ca. 80 Mio. Einwohnern und einer christlichen Minderheit von ca. sechs Mio., Libanon mit ca. vier Mio. Einwohnern, davon 30%-40% christlich, und dem sunnitischen islamischen Königreich Saudi-Arabien (KSA), ca. 30 Mio. Einwohner, besteht außer ihrer gemeinsamen Schriftsprache Arabisch darin, dass sie alle seit dem 7. Jh. n. Chr. unter wechselnden Formen islamischer Herrschaft standen. Das letzte dieser Systeme bildete seit dem 16. Jh. das Osmanische Reich, aus dessen Konkursmasse nach 1917, z.T. auch schon früher, die heute existierenden Nationalstaaten hervorgingen. In der Folge sind islamische Rechtsauffassungen nach wie vor Grundlage entweder des jeweils gesamten Rechtssystems der Nationalstaaten, so im Königreich Saudi-Arabien (KSA), in Ägypten, den Golfmonarchien, Marokko und Jordanien, oder zumindest des weiterhin durch religiöse Autoritäten gestalteten und nach Religionsgemeinschaften getrennten Personenstands- und Familienrechts, so im Libanon, in Syrien und in den Palästinensischen Autonomiegebiete (PA). Sie perpetuieren die Sezession der

Religionsgemeinschaften untereinander und stehen der Säkularisierung und somit der individuellen Gleichheit in zentralen Rechtsbereichen entgegen.

Die als Blütezeit islamischer Zivilisation geltende abbasidische Epoche (750-1258 n. Chr.) brachte weltweit führende Bildungsinstitutionen dieser Zeit hervor, wie etwa die Hochschulen Nizamiyya (gegr. 1091) und Mustansiriyya (gegr. 1233, beide Bagdad), und die bis dato als zentrale Instanz islamischer Gelehrsamkeit geltende Azhar-Universität (gegr. 961, Kairo), sowie einschneidende Fortschritte in Philosophie, Medizin, Mathematik und den Naturwissenschaften.

Der Übergang von mittelalterlichen, religiös dominierten und elitären Bildungssystemen zu den heute existierenden Systemen nationaler Massenbildung fand in der Hauptsache nach der Entstehung der heutigen Nationalstaaten statt. Dem ging ein konfliktreicher Prozess, getrennt von der traditionellen religiösen Schulbildung verlaufender, westlich induzierter Teilmodernisierung im 19. und anschließender Dekolonisierung im 20. Jh. (zuerst Irak 1932, zuletzt Katar 1971) voran. Er war begleitet von einem intellektuell sehr produktiven Entstehen lokaler nationalistischer Ideen in Verbindung mit einer Wiederentdeckung und Fortschreibung arabischer Literatur, der sog. Nahda (etwa: Renaissance). Im 19. Jh. waren bereits mit europäischer Unterstützung Verwaltungs-, Militär- und technische Akademien modernen Stils durch die osmanische Hohe Pforte, in Ägypten unter dem Regime Muhammad Alis (1805-1848), geschaffen worden. Im gleichen Zeitraum verbesserte sich in den Gebieten mit christlicher Bevölkerung (außerhalb der arabischen Halbinsel und des Maghreb) die Situation durch die Gründung christlicher Schulen meist europäischer Trägerschaft, als Folge osmanischer Reformedikte; für Juden durch die Alliance Israélite Universelle, die heute nur noch in Israel und Marokko aktiv ist. So betrug die Alphabetisierungsrate bei den Christen des heutigen Libanon, dem Gebiet mit der damals wie heute höchsten Dichte an christlichen Schulen, bereits 1932 deutlich über 50%, während sie bei den Muslimen desselben Gebiets weit darunter lag. Auch unter letzteren waren die alphabetisierten häufig Absolventen christlicher Schulen.

2. Bildungsentwicklungen in arabischen Staaten im Überblick

Wie vielerorts ist auch in den meisten arabischen Staaten das Bildungswesen Gegenstand einer breiten öffentlichen Debatte und Revision. Die Impulse dafür kommen aus zwei Richtungen. Zum einen bemühen sich lokale und internationale Organisationen, regierungsnahe wie regierungsunabhängige Forschungs- und Beratungsinstitute um eine Bestandsaufnahme hinsichtlich der Strukturen, der Zahlen, Geldflüsse, Entscheidungskompetenzen, Lehrmethoden usw. Hier gibt das Stichwort ‚Entwicklung' den Ausschlag. Zahlen belegen, dass die arabische Welt – was die Infrastruktur und den Output ihrer Schulsysteme sowie der akademischen Lehre, Forschung und Entwicklung betrifft – verglichen mit fast allen anderen Regionen der Welt in qualitativer wie auch in quantitativer Hinsicht schwach abschneidet (Galal 2008, OECD & Worldbank 2010, Maktoum Foundation 2009). In diesen Analysen enthaltene Reformempfehlungen gehen hauptsächlich dahin, Qualitätskontrolle und Finanzierung stärker an den Arbeitsergebnissen auszurichten und den Institutionen mehr Autonomie bei der Auswahl ihres Personals und ihrer Lehr- und Forschungsprogramme sowie bei der Verteilung ihrer Mittel zu gewähren, kurz: in Richtung einer Liberalisierung, die weit mehr umfasst als lediglich die Zulassung privater Institutionen.

Ein anderer einflussreicher Impuls der Debatte kommt von arabischen Intellektuellen, daheim und in der westlichen Diaspora. Der Schwerpunkt ihrer

Beiträge liegt auf der angeblichen Fremdbestimmtheit arabischer Bildungsinstitutionen, deren Abhängigkeit vom wissenschaftlichen Fortschritt und von Geldgebern in der westlichen Welt (Abi-Mershed 2011, Lange 2005, Mazawi 2007, Hassan Sayed 2005). Sie stellen nicht die relativ jungen Massenbildungssysteme mit einhergehender Differenzierung nach Fächern, Disziplinen und Stufen in Frage, die ja an sich schon als ein Aspekt von Verwestlichung interpretiert werden können (Meyer & Ramirez 2005), sondern tragen sich vor allem mit der Sorge um die Inhalte des Wissens, welches in Schulen und Universitäten generiert und vermittelt wird, nicht zuletzt um sittliche Aspekte der dort gelebten Kultur und deren Wandel. Die Analysten westlicher, westlich orientierter und regierungsnaher Gremien treibe keineswegs nur die Sorge um die Entwicklung in der arabischen Welt. Die von ihnen erhofften Wirkungen reichten vielmehr auch in den Bereich der Kultur hinein: Ein allgemein hohes Bildungsniveau steigere Toleranz und Verständnis und erhöhe so die innergesellschaftliche und globale Kohärenz und Sicherheit, setze aber auch good governance voraus, deren Eigenschaften i.d.R. durch westliche oder internationale Gremien und Wissenschaftler definiert werden. Diese Motivlage wird denn auch als Teilaspekt westlichen Dominanzstrebens betrachtet (Abi-Mershed 2011, Mazawi 2007).

Der wohl prominenteste Beitrag zur Debatte, der *Arab Human Development Report 2003* (UNDP 2003), misst Entwicklung und Bildung an dem Wunsch der betroffenen Gesellschaften und Individuen nach einem würdigen Platz in der lokalen und globalen Gesellschaft mit wirtschaftlichem Auskommen und angemessener Beteiligung an lokalen, nationalen und internationalen politischen und gesellschaftlichen Prozessen. Die Autoren, führende Bildungsforscher aus verschiedenen arabischen Staaten, definieren die Annäherung an dieses Ziel als ‚Menschliche Entwicklung' (UNDP 2003, mit gleicher Terminologie Maktoum Foundation 2009). Diese setzt sich aus materiellen (Pro-Kopf-Einkommen, Verfügbarkeit von Medien und Konsumgütern usw.) und immateriellen Faktoren (politische und zivilgesellschaftliche Partizipationsmöglichkeiten, soziale Mobilität usw.) zusammen und wird auch als ‚Erweiterung menschlicher Wahlmöglichkeiten' (extending peoples choices) beschrieben. Der zentrale Beitrag des Bildungssystems bestehe darin, den Aufbau einer Wissensgesellschaft zu unterstützen, die in der Lage ist, Wissen selbst zu produzieren, weiter zu entwickeln und für möglichst weite Teile der Gesellschaft verfügbar zu machen (UNDP 2003, S. 35ff.). Auch ihnen geht es darum eine spezifisch arabische Wissensgesellschaft zu schaffen, weil die Übernahme in der westlichen Welt generierten Wissens in der Vergangenheit ein zentrales Hindernis menschlicher Entwicklung gewesen sei. Dieses Ziel sei durch die Anknüpfung an arabische Wissenstraditionen (Abbasidenzeit, Nahda) zu erreichen. Als weiteres wichtiges Hindernis werden der Mangel an Demokratie bzw. die vorherrschenden autoritären Strukturen der politischen Systeme (Notstandsverordnungen, Zensur), Tabus und Bigotterie identifiziert (UNDP 2003, S. 147ff.). Allerdings erteilen die Autoren der Trennung von Staat und Religion eine zwar verhaltene, aber klare Absage (UNDP 2003, S. 119ff.). Ihre Analyse bildet somit so etwas wie eine Synthese oder Schnittmenge aus den beiden zuvor erwähnten Ansätzen.

Schließlich stellen das Nebeneinander und die Diskrepanz zwischen der arabischen Schriftsprache, regionalen Dialekten und den in fast allen Hochschulen und zahlreichen Sekundarschulen zumindest in Mathematik, Naturwissenschaft und Technik als Unterrichtssprache benutzten westlichen Sprachen, meist Englisch, aber auch Französisch, eine Herausforderung für Lernende und Lehrende dar. Die seit der Dekolonisierung verschieden intensiv betriebene

Arabisierungspolitik gilt vielen als zumindest in den Exakten Wissenschaften gescheitert, da neue Begrifflichkeiten fast ausschließlich in westlichen Sprachen entstehen. Zwar bemühten sich die Koordinationsstelle für Arabisierung in Rabat und weitere Unterorganisationen der Organisation der Arabischen Liga für Bildung, Kultur und Wissenschaft (ALECSO) um die einheitliche Einführung neuer Begriffe ins Arabische auf der Grundlage arabischer Wortstämme. Jedoch verläuft die Einbürgerung neuer Begriffe im informellen Alltagsgebrauch, besonders in der für alle Lebensbereiche bedeutsamen Terminologie der Informationstechnologie, oft sehr viel schneller und regional unterschiedlich. Dabei werden in vielen Fällen die Begriffe aus den westlichen Sprachen einfach übernommen oder bilden neue arabische Wurzeln (z.B. talfan = telefonieren, farmat = formatieren). Das Internet, die seit den 1990er Jahren rasant gewachsene Zahl von Medien mit regionaler Ausstrahlung in arabischer Sprache und nicht zuletzt die schnell gewachsenen Bildungssysteme sorgen in dieser Hinsicht für eine wachsende sprachliche Konvergenz: Die Landesdialekte werden zunehmend von der Schriftsprache durchdrungen.

Das Schulwesen

Heute sind alle Schulsysteme des Nahen Ostens mehr oder weniger stark zentral verwaltet, häufig bis hin zur zentralen Produktion einheitlicher Lehrmittel durch die entsprechenden Behörden, so in Ägypten, Jordanien, den PA, Syrien und dem KSA. Betreffs Primarbildung haben fast alle Länder der Region seit den 1950er Jahren dramatische quantitative Fortschritte erzielt, nicht zuletzt mit Hilfe von internationalen und regionalen Organisationen aufgelegter und international finanzierter Alphabetisierungsprogramme in den 1970er und 1990er Jahren. Einschulungsquoten im Primarbereich und Alphabetisierungsquoten liegen heute fast überall in der Region deutlich über 75% (UNESCO 2009).

Die Ungleichheit in der Beschulung von Mädchen und Jungen, ländlicher und städtischer Bevölkerung hat abgenommen. Jedoch steigen zurzeit in gut der Hälfte aller arabischen Staaten, die Maghreb-Staaten hierbei eingeschlossen, die Abbrecherquoten an. Aus den Zahlen des Education For All (EFA) Global Monitoring Reports (UNESCO 2009) erschließt sich, dass die meisten Golfmonarchien, besonders die Vereinigten Arabischen Emirate (VAE), das KSA, Katar und Kuwait ihre Grunddaten für den Primarbereich, also Alphabetisierung und Einschulungsquoten, in den letzten zwei Jahrzehnten deutlich verbessern konnten. Dies hängt u.a. mit dem Bestreben dieser Staaten zusammen, ihre Wirtschaft angesichts des nahenden Endes des Erdölzeitalters zu diversifizieren. Auch die ausgesprochenen Entwicklungsländer Ägypten, Jemen und Irak konnten in diesem Bereich ihre Daten deutlich verbessern, während diese in den Staaten mit entwickelten Schulsystemen – Libanon, Jordanien, PA – mehr oder weniger stagnierten. Die Einschulungsquoten im Irak und im Jemen liegen unter 50%. Hier sowie in den PA und zeitweise auch im Libanon behindern die schlechte Sicherheitslage, bewaffnete Auseinandersetzungen und das Stocken der legislativen und administrativen Prozesse die Bildungsentwicklung erheblich. Besonders divergent ist offensichtlich das Interesse an vorschulischer institutionalisierter Bildung (Kindergärten), deren Einschreiberaten z.T. unter 20% (Ägypten, Irak, Oman, Syrien) bis über 70% (Kuwait, VAE) betragen.

Als qualitative Probleme werden immer wieder Lehrerzentriertheit, Überfrachtung des Unterrichts und eine allzu stark an den Inhalten von Prüfungen orientierte, repetitive Didaktik beklagt. Inhaltlich sind die arabischen Schulsysteme weiterhin stark mit der Herausbildung und Vermittlung kollektiver nationaler Identität besetzt (Galal 2008, S. 140f.). Zentrales Unterrichtsmedium sind meist die Schulbücher, deren Inhalte in Prüfungen abgefragt werden. Der Anteil, den Religionserziehung im Lehrplan einnimmt, ist mit durchschnittlich 9% fast doppelt so hoch wie im weltweiten Durchschnitt (Galal 2008, S. 184f.). Meist vermitteln auch Geschichts-, Sozialkunde- und Religionsbücher ein stark religiös gefärbtes Weltbild. Es impliziert oft antiwestliche und antijüdische Stereotypen, sowie Konzepte wie Dschihad, Märtyrertum oder – in saudi-arabischen Religionsbüchern, wo der Anteil des Religionsunterrichts am Lehrplan sogar 18% beträgt – Takfir, die Diffamierung von nicht-wahhabitischen islamischen Strömungen als unislamisch und somit fehlgeleitet. Deren die eigene Gesellschaft und die internationalen und interreligiösen Beziehungen belastenden Implikationen werden i.d.R. nicht problematisiert. In den Ländern, die formal Frieden mit Israel geschlossen (Jordanien, Ägypten) oder es zumindest diplomatisch anerkannt haben (PA, zeitweise Katar, Marokko und Mauretanien), werden Israel als Staat und Gesellschaft und die mit ihm bestehenden diplomatischen und wirtschaftlichen Kontakte nicht thematisiert. Vielmehr bilden der Palästinakonflikt und die islamische Tradition bzgl. des Judentums weiterhin den einzigen Bezugsrahmen für das Thema Israel.

Seit den 1990er Jahren ist in allen Ländern der Region ein Reformprozess mit folgenden Zielen im Gange: 1. Weitere quantitative Expansion, jetzt besonders im tertiären Sektor; 2. Anpassung an den sich globalisierenden Arbeitsmarkt und den i.d.R. allochthonen technischen und wissenschaftlichen Fortschritt, u.a. durch Expansion des berufsbildenden sekundären Sektors; 3. Transformation der vorherrschenden Didaktik von rezeptiven Lernmethoden hin zu selbstständigem Lernen und kritischer Reflexion, was sowohl am Arbeitsmarkt sowie im Sinne zumindest nominell angestrebter Demokratisierung erforderlich erscheint. Der letzte Punkt ist besonders kontrovers, weil er auch die Infragestellung religiöser Mythen, Werte und Normen implizieren könnte, die für weite Teile der Bevölkerung, besonders die erstarkenden islamistischen Gruppen, nicht zur Disposition stehen.

Das Hochschulwesen

1950 gab es erst zehn Universitäten im arabischen Raum, 1995 bereits 152. Bis 2009 haben sie sich dann auf 398 mehr als verdoppelt. Zwischen 1980 und 1995 stiegen die Studentenzahlen auf drei Mio., was in etwa der Entwicklung in der Dritten Welt insgesamt entspricht. Zum Vergleich: In den Industriestaaten haben sich die Studentenzahlen im gleichen Zeitraum verachtfacht (Fergany 2005). Heutzutage studieren allein an den ägyptischen Universitäten und Kollegs ca. 2,5 Mio. Studenten. Die Bruttoimmatrikulationsrate (BIR) der arabischen Staaten ist im Durchschnitt zwischen 1998 und 2007 um 22% gestiegen, d.h. von 3 auf 7,6 Mio. Studenten insgesamt. Ihre Immatrikulationsraten konnten die PA, der Libanon, der Irak und Bahrain seit 1990 deutlich verbessern, während Jordanien und Ägypten sich nicht veränderten und die reichen Kleinstaaten Katar und Kuwait sich sogar rückläufig entwickelten (El Amine 2010, S. 13ff.).

In fast allen arabischen Staaten hat sich der Frauenanteil an den Studierenden deutlich erhöht, nämlich auf 50% im arabischen Durchschnitt. Besonders hoch ist er in den Golfstaaten. Grade dort hat er allerdings für die Gesellschaften wenig messbaren Mehrwert, weil den Frauen viele Berufe in Wirtschaft und Handel verwehrt sind. Männer verzichten dort oft auf ein Hochschulstudium, weil man in der Ölwirtschaft auch ohnedies schnelles Geld machen kann (Fergany 2005; El Amine 2010, S. 17). Über 60% aller arabischen Studierenden sind in Sozial- und Geisteswissenschaften eingeschrieben, für die die Zugangsvoraussetzungen meist mit einem Sekundarschulabschluss erfüllt sind. Gleichzeitig wird in diese Fachbereiche deutlich weniger Geld investiert als in die Medizin, die technischen und die naturwissenschaftlichen Disziplinen, weil diese für den gesellschaftlichen Grundbedarf als wichtiger wahrgenommen werden. Obwohl diese Haltung unter Bildungsplanern weltweit verbreitet ist, ist sie in arabischen Ländern zurzeit besonders ausgeprägt (El Amine 2010, S. 42; Joseph 2010).

Öffentliche Hochschulbildung ist in den meisten arabischen Ländern bis dato stark auf die Ausbildung von Kadern für die öffentliche Verwaltung zugeschnitten, die in den meisten arabischen Ländern stark zentralisiert, bürokratisch und ziemlich umfangreich mit Personal besetzt ist. Der private Sektor der Wirtschaft ist demgegenüber, verglichen z.B. mit europäischen Ländern, wenig entwickelt. Er liegt in den arabischen Staaten im Durchschnitt bei 50%, in manchen noch weit darunter (Galal 2008, S. 228-229 und figure 7.5ff.). Die Ursachen hierfür liegen in relativ restriktiven Einstellungs- und Entlassungsgesetzgebungen, einer durch protektionistische Zollpolitik künstlich verstärkten Binnenmarktorientierung, ineffektiver Verwaltung und geringer Rechtssicherheit (Galal 2008, S. 229-236 und Tabelle 7ff.). Das Handelsvolumen der meisten arabischen Länder mit der Europäischen Union übersteigt dasjenige untereinander und ist auch dort nicht sehr hoch. Die Teile des Hochschulsystems, die auf Ausbildung für die Privatwirtschaft ausgerichtet sind, orientieren sich deshalb stärker als in den Industrie- und Schwellenländern an Berufstätigkeiten im westlichen Ausland, zunehmend auch bei westlichen Investoren im Inland und an der Ausbildung von Fachkräften für die Ölindustrie der Golfstaaten. Die hohen Arbeitslosen- und Schwarzmarktquoten lassen die Investitionen in Bildung ineffizient erscheinen. Wegen mangelnder Koordination zwischen Herkunfts- und Zielländern sowie Restriktionen der Einwanderung auf Seiten der Zielländer kann Migration den Ertrag der Bildung auch nicht in dem Maße steigern, wie es bei einer stärker verrechteten und liberalisierten Migrationspolitik beider Seiten der Fall wäre (Galal 2008, S. 236ff.).

Fast alle arabischen Bildungssysteme arbeiten in einem Umfeld hoher Arbeitslosigkeit, 14% im Durchschnitt (Galal 2008, S. 213). Die Arbeitslosigkeit unter Sekundarschulabsolventen liegt in den meisten arabischen Ländern noch deutlich darüber, nicht selten doppelt so hoch (Galal 2008, S. 213; El Amine 2010, S. 55). Die hohen Arbeitslosenquoten unter Akademikern sind überwiegend den Quoten der Absolventen sozial- und geisteswissenschaftlicher Studiengänge geschuldet. Studierende exakter und angewandter Wissenschaften haben sehr viel bessere Berufsaussichten. Diese Studiengänge haben in aller Regel restriktivere Zugangsvoraussetzungen. Für Abiturienten stehen zu wenige Studienplätze zur Verfügung. Eine Folge dieses Umstandes ist, dass die Zahl relativ gebildeter junger Menschen ohne adäquate Beschäftigung wächst. Im Gegensatz zu den verarmten Massen früherer Jahrzehnte neigen relativ viele von ihnen zur Politisierung, nicht selten in extremistischem Umfeld. Aber auch die überwiegend prodemokratischen Proteste, die 2011 zu den Regierungsumstürzen in Tunesien und Ägypten führten, lassen sich auf diese Entwicklung zurückführen.

Bis in die 1970er Jahre waren die *American University of Beirut*, die *Beirut Arab University*, die *Lebanese American University*, die *Université St. Joseph* und eine Reihe kleiner Universitäten kirchlicher Trägerschaft im Libanon sowie die *American University in Cairo* die einzigen privaten Universitäten in der arabischen Welt. Die *Cairo University* wurde 1906 als private Institution gegründet, 1925 aber verstaatlicht. Marokko (1984) und die VAE (1985) waren die ersten arabischen Staaten außer dem Libanon, die ihre Hochschulgesetze liberalisierten um private Neugründungen zu ermöglichen. Es folgten Jordanien 1990 und Ägypten 1992, zuletzt Saudi-Arabien und Syrien 2000.

Bahrain hat bisher als einziges arabisches Land das auf Bildungsinstitutionen bezogene Protokoll des General Agreement on Trade in Services (GATS) unterzeichnet. Es regelt den internationalen Freihandel mit Dienstleistungen. Allerdings ist die Einbeziehung von Hochschulbildung in die Abmachungen optional, und es ist nicht bekannt, ob Bahrain Hochschulbildung einbezogen hat (Bubtana 2007). Die meisten privaten Hochschulen in den arabischen Staaten sind gewinnorientiert (Fergany 2005).

Seit ca. 1990 ist Hochschulbildung erheblich ausgeweitet und diversifiziert worden, vielfach durch Gründung von Hochschulen durch ausländische Körperschaften, Partnerschaften mit ausländischen Institutionen, Kooperationen in Form von Auslandsstipendien, Beraterverträgen, Lehraufträgen usw., aber auch durch Diversifizierung von Studiengängen an bestehenden Hochschulen in kürzere und längere Formate, zugeschnitten auf verschiedene Berufsbilder. Zahlreiche Hochschulen wurden in Kooperation mit Hochschulen des westlichen Auslands gegründet, wie z.B. die *German University of Cairo*, die *Université Lumière Lyon 2* in den VAE, ein Ableger der *Sorbonne* in Abu Dhabi, die *Dubai International Academic City*, ein Konglomerat aus Ablegern verschiedener ausländischer Universitäten, *Education City* in Katar, ein Campus aus Ablegern sechs US-amerikanischer Universitäten nebst islamischer Fakultät. In Kuwait gibt es außerdem die *Arab Open University*, eine digitale Fernuniversität mit Zweigen im Libanon, in Jordanien, dem KSA, dem Sudan, Bahrain und der PA. An der *Jerusalem Open University* studiert ca. ein Drittel aller palästinensischen Studierenden (El Amine 2010, S. 17f.). Die meisten dieser Hochschulen sind darauf ausgerichtet, den Mangel an Fachkräften im Dienstleistungssektor und in technischen und naturwissenschaftlichen Branchen zu beheben. Besonders die Staaten des Golfkooperationsrates haben in den letzten zehn Jahren in Forschungsförderung investiert und Institutionen geschaffen (El Amine 2010, S. 27f.). El Amine (2010) unterscheidet zwischen nicht-öffentlichen privaten Hochschulen, die sich durch die Erwirtschaftung von Gewinnen aus Studiengebühren und Investitionen durch Unternehmen erhalten (for profit), und ‚zivilen' privaten Hochschulen, die ganz oder teilweise von Wohlfahrtsorganisationen oder philanthropischen Sponsoren getragen werden (not for profit). Private tertiäre Bildung umfasste 2008 bereits 36% des tertiären Sektors in der Arabischen Welt und sogar 48,5% aller Universitäten. Zwischen den verschiedenen Staaten rangiert der Anteil allerdings zwischen Null und über 80% (El Amine 2010, S. 17f.). Der Anteil privater Hochschulen am Studentenaufkommen beträgt im arabischen Durchschnitt jedoch nur 11%.

Die Länder mit der geringsten internen Effizienz ihre Bildungssysteme, in denen die Zahlen begonnener und abgeschlossener Studiengänge am weitesten auseinanderklaffen, verzichten bisher auf Privatisierung und Studiengebühren. Die Möglichkeit privater Bildungsinstitutionen hat in den Ländern mit der besten Leistung, Libanon, Jordanien und Kuwait, die Mechanismen von internen Anreizen und interner Kontrolle verbessert und die Autonomie der Schulen und Hochschulen – auch im staatlichen Sektor – erhöht (Galal 2008, S. 191). Gleichzeitig sind dies die Länder mit einem im Vergleich hohen Maß an demokratischen Institutionen, Freiheit der Presse und Verrechtung des zivilgesellschaftlichen

Engagements. Mit anderen Worten: Bürger gelangen relativ leicht an Informationen, können Entscheidungsträger in Gesetzgebung und Verwaltung durch Wahlen austauschen und Unzufriedenheit einigermaßen unzensiert äußern. Umgekehrt sind diese Mechanismen in den Staaten mit besonders geringer Bildungsleistung, Djibouti, Jemen und Irak, besonders schwach ausgebildet. Ausnahmen sind allerdings Tunesien und Marokko, wo es umgekehrt ist: Tunesiens Hochschulsystem ist effizienter geworden, obwohl es weiterhin ausschließlich aus öffentlichen Hochschulen besteht und Demokratie und bürgerliche Freiheiten bis 2011 stark eingeschränkt waren. In Marokko dagegen, wo ein privater Sektor entstanden ist und die Pressefreiheit in den letzten Jahren ausgeweitet wurde, ist kein Fortschritt bei der internen Effizienz des Hochschulwesens messbar (Galal 2008, S. 191ff.). Entsprechend sind der Mangel an Demokratie und akademischer Freiheit und die geringe Autonomie der Schulen und Hochschulen Punkte, auf deren Veränderung in den arabischen Bildungsberichten gedrängt wird, die aber wenig spezifiziert werden (UNDP 2003, S. 147ff.; Maktoum Foundation 2009, S. 17, 61-66), wahrscheinlich weil sie an Bedingungen der arabischen Gesellschaften rühren, die weit über das Bildungswesen hinausgehen.

In den arabischen Staaten hat die Mobilität von Studenten und Wissenschaftlern in die EU und die USA durch die restriktivere Einreisepolitik der westlichen Staaten nach den Terroranschlägen des 9. September 2001 zunächst dramatisch abgenommen, gegenwärtig jedoch den Umfang von vor 2001 wieder erreicht. Das KSA unterstützt seit einigen Jahren zunehmend das Studium von Studenten in Übersee durch Stipendien (2005: 2 800; 2009: 50 000; El Amine 2010, S. 29). Ausländische Privatuniversitäten in den Staaten des Golfkooperationsrates und Kooperationsabkommen, vor allem in den Maghreb-Staaten[1], mit der EU, schaffen eine gewisse internationale Vernetzung. In Ägypten, Jordanien und im Libanon konzentriert sich die Mobilität von Wissenschaftlern und Studierenden auf Privatuniversitäten. Anders als etwa in China, Indien oder Südkorea, wo viele Akademiker nach ihren Auslandserfahrungen mit erweiterter Expertise in ihr Heimatland zurückkehren, profitieren arabische Länder weniger von der Mobilität ihrer Akademiker, weil diese ihre Karriere oft im Ausland fortsetzen (Hafaiedh 2010). Im Jahr 2000 studierten 33% (d.h. 68 000) aller arabischen Studenten außerhalb ihres Heimatlandes, davon 31% im Libanon, 19% in Syrien, 14% in Ägypten, 13% im KSA, 7% in Jordanien. In Marokko z.B. wurden 1995 804 Artikel in Zusammenarbeit mit ausländischen, meist europäischen Wissenschaftlern, aber nur elf mit Wissenschaftlern aus anderen arabischen Ländern, veröffentlicht. Diese Verhältnisse haben sich mit Beginn des neuen Jahrtausends nicht geändert (ebd.). Die Vernetzung unter Hochschulen machte allerdings Fortschritte: Tunesien, der Sudan, Syrien, der Irak, Jordanien, Ägypten und Marokko haben seit dem Jahr 2000 nationale Hochschulnetzwerke, z.T. auch mit internationaler Reichweite, eingerichtet, die in Tunesien, Jordanien und im Sudan auch virtuelle Bibliothekssysteme umfassen (El Amine 2010, S. 23ff.).

3. Das Länderbeispiel Ägypten

Die Arabische Republik Ägypten (Gumhuriyyat Misr al-Arabiyya) ist mit über 80 Mio. Einwohnern der mit Abstand bevölkerungsreichste arabische Staat.

---

1 z.B. das von der EU finanzierte Averroes-Programm im Rahmen von Erasmus Mundus und Kooperationsabkommen der Université Montpellier II mit elf Maghreb-Universitäten zur Mobilität von Master-, Promotionsstudenten und Postdocs.

Knapp ein Drittel der Ägypter sind unter 15, 4,5 % über 65 Jahre alt; 90% sind Muslime, maximal 10% Christen, vor allem Kopten. Das Pro-Kopf-Einkommen betrug 2004 1 250 USD und sank damit erstmals nach einer langen Wachstumsperiode bis 2000. In den letzten zwanzig Jahren konnten eine Reihe von Eckdaten der Entwicklung verbessert werden: Die Mütter- und die Kindersterblichkeit sanken, die Trinkwasserversorgung und die sanitären Verhältnisse wurden verbessert. Privatisierungen und Steuersenkungen haben die Unternehmenslandschaft vergrößert, diversifiziert und den Anteil staatlicher Unternehmen verringert. Die durchschnittliche Kaufkraft ist gestiegen. Dennoch lebten 2005 noch ein Fünftel der Ägypter unter der Armutsgrenze von 1 423 Ägyptischen Pfund pro Jahr (OECD & Worldbank 2010, S. 18, 51-56ff.). Seit 1922 formal unabhängig war Ägypten bis 1952 eine Monarchie, bis 1932 unter britischem Protektorat. Nach einem Staatsstreich durch Obristen 1952 wurde Ägypten eine Präsidialdiktatur: bis 1970 unter Gamal Abdel Nasser, danach unter Anwar as-Sadat, und nach dessen Ermordung durch Islamisten im Jahre 1981 unter Husni Mubarak. Das Parlament, zu dessen Wahlen außer der regierenden Nationaldemokratischen Partei (NDP) Parteien nur eingeschränkt zugelassen waren, hatte zwar die Funktion der Legislative, die aber auf der Basis von Notstandsverordnungen, die seit 1982 in Kraft waren, durch den Präsidenten in jeder Hinsicht beschränkt werden konnte. Nach dem Umsturz des Mubarak-Regimes am 11. Februar 2011 wurden die Befugnisse des Präsidenten zur Einschränkung der Freiheitsrechte und seine Amtszeit per Referendum am 19. März 2011 durch eine neue bis zu freien Wahlen gültige Verfassung eingeschränkt und die Möglichkeit neue Parteien zu gründen stark ausgeweitet. Ägypten war 1979 das erste arabische Land, das mit Israel Frieden schloss, was ihm die Rückgabe der 1967 von Israel besetzten Sinai-Halbinsel sowie den zeitweiligen Ausschluss aus der Liga der arabischen Staaten einbrachte.

Das Schulwesen

Neben religiösen Schulen (kuttab) etablierte erstmals Muhammad Ali Pascha (1805-1848) moderne Verwaltungs- und Militärakademien, später auch Elementar- und Sekundarschulen (Rohde 2009, S. 28). 1922 wurde Ägypten formal von Großbritannien unabhängig. Seit den 1930er Jahren besteht Schulpflicht für die Primarstufe (Klassen 1-6), seit 1981 auch für die Mittelstufe (Klassen 7-9). Die Infrastruktur des Bildungssystems wurde besonders unter Präsident Gamal Abdel Nasser massiv ausgeweitet, so dass die Schulpflicht auch weitgehend umgesetzt werden konnte. In einem breit angelegten Plan wirtschaftlicher und infrastruktureller Reform wurden seit 1990 über 12 000 Schulen, besonders im ländlichen Raum und für Mädchen, gebaut, wobei finanzielle Unterstützung durch die Weltbank und USAID eine wichtige Rolle spielte (Farag 2010; Hassan Sayed 2005; Rohde 2009, S. 29). 2006 bevölkerten rund 17 Mio. Schüler, 821 000 Lehrer, 711 000 Verwaltungsangestellte und 105 000 weitere Beschäftigte die 40 000 Schulen des Landes. Damit ist das Schulsystem der zweitgrößte Sektor des Staatsapparates nach der Armee (Farag 2010). Die Nettoeinschulungsquoten im Primarschulbereich stiegen zwischen 1985 und 2003 von 83% auf 98%, im Sekundarschulbereich von 61% auf 87% (OECD & Worldbank 2010, S. 19). Die Alphabetisierung wurde zwischen 1986 und 2005 von 71% auf 85% der Männer und von 54% auf 79% der Frauen gesteigert. Ägypten ist seit Mitte der 1980er Jahre von einem unterdurchschnittlich zu einem überdurchschnittlich beschulten, alphabetisierten und akademisch ausgebildeten Land in der Region geworden. Ägypter besuchen im Durchschnitt zehn Jahre die Schule, Jungen deutlich länger als Mädchen (OECD & Worldbank 2010, S. 54).

Immer noch herrscht Mangel an Gebäuden, Ausstattung und Lehrern, vor allem in peripheren Regionen. Nicht selten werden Klassenräume täglich von mehr als einer Klasse in Doppelschichten benutzt. Die Klassenstärken betragen an den staatlichen Schulen durchschnittlich 40 Schüler. Lehrer staatlicher Schulen sind unterbezahlt. Obwohl verboten, ist es normal, dass sie ihr Einkommen durch Nachhilfe um ein Vielfaches ihres Gehalts aufbessern, was ihr Potenzial und ihre Motivation, in den Staatsschulen einen hochwertigen Unterricht zu gestalten, schmälert. Seit 2002 ist für Lehrer eine vierjährige Ausbildung an einer der 27 Pädagogischen Fakultäten vorgeschrieben. Ab der Mittelstufe kann eine berufsvorbereitende Schule, nach Klasse 9 eine drei- oder fünfjährige allgemeine, technische, landwirtschaftliche, industrielle oder kaufmännische Berufsschule besucht werden (OECD & Worldbank 2010, S. 60).

Religiöse Schulen des Systems der Azhar-Universität, welche staatlich finanziert werden, beschulen ca. 10 %, andere private Schulen verschiedenster Art ca. 7 % der Schüler (Rohde 2009, S. 28f.). Während bei den Primarschulen der Anteil der Privatschulen, inkl. Azhar-Schulen, bei 38% liegt, beträgt er bei den Sekundarschulen nur ca. 8% (OECD & Worldbank 2010, S. 60). Manche private Schulen unterrichten Mathematik und Naturwissenschaften auf Englisch, Französisch oder Deutsch und bieten die Möglichkeit, im westlichen Ausland anerkannte Abschlüsse zu erwerben. Vermehrt werden auch staatliche Versuchsschulen gegründet, in denen die exakten Wissenschaften auf Englisch unterrichtet werden. Sie kosten Gebühren, die allerdings deutlich unter denen der meisten Privatschulen liegen, und beschulen mittlerweile 2,5% der ägyptischen Schüler (Farag 2010). Alle Schulen sind an das staatliche Curriculum gebunden, private und Azhar-Schulen dürfen zusätzliche Materialien verwenden. Der Sekundarschulabschluss des Azhar-Systems qualifiziert für ein Studium an der Azhar-Universität (Zeghal 2011).

Obwohl nachweislich von zumindest quantitativem Fortschritt gefolgt, haben die amerikanische und die internationale Finanzhilfe zur Expansion des Primarschulwesens in den 1990er Jahren einer Studie von 2005 zufolge eher zu mehr als zu weniger Überfremdungs- bzw. Verwestlichungsängsten und Verschwörungstheorien in der ägyptischen Bevölkerung geführt, weil sie von „oben", also von Regierungsseite, induziert waren und den Zielgruppen das Gefühl gaben keinen Einfluss auf die Entwicklung zu haben (so Hassan Sayed 2005). Gemessen an den Schulbuchinhalten der gesellschaftskundlichen Fächer Geschichte, Sozialkunde, Religion und Geographie scheint der Unterricht in Ägypten aber gerade auf Abgrenzung zu westlichen Wertvorstellungen oder deren Umdeutung gerichtet zu sein: Neben dem islamischen Religionsunterricht basieren auch der Arabisch-, Geschichts- und Sozialkundeunterricht, zusammen zehn Wochenstunden, stark auf Koran und Sunna und kolportieren gravierende antiwestliche und antijüdische Stereotypen (Reiss et al. 2005, S. 8-15, 139-292). In der historischen Darstellung wird Ägypten als eine Nation vorgestellt, die modern und gleichzeitig fest im Islam verwurzelt ist, und deren fortschrittlichste Merkmale in ihren alterältesten Traditionen wurzeln: Die pharaonische Antike erscheint als eine Zivilisation, in der Frauen besonders herausragende soziale Stellungen hatten, der Islam als eine Religion, die bereits im 7. Jh. n. Chr. die Menschenrechte auf den Plan brachte. Die Verwurzelung Ägyptens im Islam wird durch Koranzitate nicht nur in den Texten des islamischen Religions-, sondern auch des Geschichts- und des Staatsbürgerkundeunterrichts bekräftigt. Die verschiedenen islamischen Regimes bis hin zum aktuellen politischen System werden durchweg als Systeme vorgestellt, in denen der herrschende Islam Andersgläubigen, d.h. vor allem den koptischen Christen, volle staatsbürgerliche Rechte einräumt und in denen Muslime und koptische Christen im Bewusstsein der Zusammengehörigkeit in gegenseitigem Respekt und Harmonie miteinander leben.

Tatsächlich waren Muslime und Nichtmuslime, Frauen und Männer in Ägypten noch nie gleichberechtigt und sind es bis heute nicht, und auch die nationale Harmonie erscheint im Lichte von Konflikten, die sich immer wieder an religiösen Fragen entzünden, zuletzt an Neujahr 2011 und wiederum nach der Revolution, durchaus fragwürdig (Reiss et al. 2005, S. 203-217, 284-292ff.; Goitein & Lassner 1999, S. 290ff.; Slackman 2010). Nach vorherrschender Auffassung von der Scharia, die laut Artikel 2 der ägyptischen Verfassung Hauptquelle des Rechts ist, unterliegen Frauen und Männer in der Wahl ihres Ehepartners unterschiedlichen Regulierungen. Religionsfreiheit, z.B. in Gestalt einer Konversion vom Islam zu einer anderen Religion, wird Ägyptern zuweilen von offiziellen Gerichten mit Verweis auf Artikel 2 der Verfassung verweigert (Maschhur 2007). Mit demselben Argument wurde der ägyptische Literaturwissenschaftler Nasr Abu Zaid 1995 von einem ordentlichen ägyptischen Gericht zum Apostaten erklärt und von seiner Frau zwangsgeschieden[2], weil er eine literaturwissenschaftliche Analyse und historische Kontextualisierung des Korans befürwortete und praktizierte.

Die westliche Welt erscheint demgegenüber in den ägyptischen Sozialkunde- und Geschichtsbüchern als permanente Bedrohung der durch den Islam geschützten inneren Harmonie in Gestalt des spätantiken byzantinischen Reichs, der mittelalterlichen Kreuzfahrer, des modernen Kolonialismus und des Zionismus. Die Europäer werden dabei ebenso kontinuierlich von Gier, Aggression und weltanschaulichem Irrtum geleitet, wie die Ägypter von Gerechtigkeit, Gleichheit und dem Festhalten an der wahren Offenbarung in Gestalt des koptischen Christentums und des Islams (Reiss et al. 2005). Vor diesem Hintergrund erscheinen die in Ägypten virulenten Verwestlichungsängste mindestens ebenso sehr Produkt der Schulbildung selbst zu sein wie realer Vorgänge westlicher Einflussnahme. Seit 2006 sind der staatliche Lehrplan und die Schulbuchtexte verändert worden. Vor allem sind sie nun kürzer gestaltet, um das zuvor enorme Pensum zu verringern, dem sich Schüler vor Prüfungen gegenüber sahen. Sollten solcherlei Vorgänge die Verwestlichungsängste geschürt haben? Starrett (1998) hat demgegenüber aus Materialien öffentlicher wie inoffizieller Bildungsinstitutionen Indizien dafür angeführt, dass der unter Abdel Nasser begonnene Versuch, den Islam als Institution ins Nationalstaatsgefüge einzubinden (nicht zuletzt durch Anbindung der Azhar-Universität an das staatliche Bildungssystem und ihre Ausweitung auf nicht religiöse Fachbereiche), den Bedarf verstärkt hat, die starke Rolle des Islams in Gesellschaft und Staat zu erklären. Solche Erklärungsmuster haben islamischen Gruppen und Institutionen, auch oppositionellen, hohe Anerkennung verschafft.

---

2 Nach vorherrschender islamischer Rechtsauffassung dürfen Musliminnen nicht mit Nicht-Muslimen verheiratet sein.

Das Hochschulwesen

Wie in der gesamten arabischen Welt so wurde auch in Ägypten das Hochschulwesen in den letzten Jahrzehnten erheblich ausgeweitet: Die Immatrikulationsrate der 18- bis 23-Jährigen stieg dadurch von 7% im Jahre 1970 auf 18% 1985, schließlich auf 28% 2009 (Said 2010). 2009 waren insgesamt 2,5 Mio. Studenten an den 17 staatlichen Universitäten eingeschrieben, darunter knapp 200 000 Postgraduierte. Allein die Azhar-Universität, die auch aus öffentlichen Mitteln finanziert wird, besuchten im selben Jahr 420 000 Studenten. Sie ist damit die größte Hochschule des Landes. Insgesamt studieren 64% der Studenten an öffentlichen, 20% an privaten Hochschulen und 16% an der Azhar (Said 2010), die durch religiöse Rechtsgutachten (Fatwas) ihrer Theologen in die gesamte sunnitische Welt ausstrahlt. Von den 80 000 Hochschullehrern lehrten 2009 65 000 an den 17 staatlichen Universitäten (OECD & Worldbank 2010, S. 65; Said 2010). Mehr als 75% der Studierenden sind in den Sozial- und Geisteswissenschaften eingeschrieben (Joseph 2010). Während die meisten arabischen Staaten den Anteil an Studierenden in Mathematik, Naturwissenschaften und Technik seit 1989 deutlich steigern konnten, ist der Trend in Ägypten in die andere Richtung gegangen.

Ägyptens Hochschulsystem ist unterfinanziert. Der Anteil der Hochschulfinanzierung am BIP sank in den ersten Jahren des Jahrhunderts, und der Personalschlüssel an den Universitäten wurde schmaler (OECD & Worldbank 2010, S. 258ff.). 2007 hat die Regierung den Hochschuletat für den Fünfjahresplan bis 2012 gegenüber dem vorherigen verdoppelt (ebd., S. 20). Seit einigen Jahren fließen außerdem im Rahmen des TEMPUS-Programms der EU Gelder für ägyptisch-europäische Hochschulpartnerschaften mit dem Ziel, mehr Kompatibilität zwischen Studienleistungen innerhalb des europäischen und südmediterranen Raums herzustellen. Solche Partnerschaften dienen häufig zur Entwicklung von Lehr- und Forschungsinstrumenten vor allem im Bereich der technischen und managementbezogenen Fächer.

Ägyptens *Higher Education Reform Strategy* aus dem Jahre 2002 besteht aus drei Komponenten: 1. einer Reform der Verwaltungsstruktur mit den Kernpunkten Gesetzgebung, Rationalisierung der Finanzierung und Qualitätsmanagement, 2. dem *Information & Communication Technology Project* zur Fortbildung des Verwaltungs- und Lehrpersonals in zeitgemäßer EDV. Gleichzeitig sollen alle staatlichen Universitäten durch das neue *National Network for Scientific Research* verbunden werden, welches im Wesentlichen eine gemeinsame digitale Bibliothek sowie eine E-learning-Platform umfassen soll (Said 2010; El Amine 2010, S. 24). 3. einer Reform der mittleren technischen Ausbildungen, dazu wurden 45 *Middle Technical Institutes* zu acht *Technical Colleges* zusammengefasst. Die Reform wird durch Kredite im Umfang von 63 Mio. USD von der Weltbank, 10 Mio. USD von der ägyptischen Regierung und weiteren Geldern von der EU, der *Ford Foundation*, USAID und dem *British Council* gefördert. Seit 2005 läuft ein Evaluierungsprogramm, das aber nur die medizinischen Fachbereiche, die Ingenieurwissenschaften und die kaufmännischen Disziplinen wie Wirtschaftswissenschaften und Business Administration prüft (Said 2010; El Amine 2010, S. 33).

Aufgrund der chronisch angespannten Haushaltslage ist die Zulassung privater Hochschulen durch ein neues Hochschulgesetz 1992 zu einer der Säulen der ägyptischen Reformstrategie geworden. So wurden neben der 1919 gegründeten *American University in Cairo* 16 weitere private Universitäten und etliche Hochschul- und Fachhochschulinstitute sowie Community Colleges mit verschiedensten Trägerschaften geschaffen, z.B. die *6th October University* (1996), die von staatlichen und staatsnahen Unternehmen gefördert wird, oder die *Heliopolis University* (2006), die sich aus Geldern österreichischer und deutscher Unternehmen und Stiftungen finanziert. Für die Akkreditierung neuer Universitäten gibt es bestimmte Anforderungen, die bereits in den 1980er Jahren formuliert wurden, über die jedoch tatsächlich wohl von Fall zu Fall nach je eigenen und oft intransparenten Kriterien entschieden wird (Babiker 2010). 2007 wurde die *National Agency for Quality Assurance and Accreditation in Education* gegründet, die das Ministerium für Erziehung und das Ministerium für Hochschulbildung und Forschung bei der Akkreditierung und Evaluierung neuer Schulen und Hochschulen unterstützen soll. Im Auftrag des Ministeriums entsendet sie einen Berater (consultant) an jede staatliche Universität, der dem Ministerium berichtet, Abschlüsse akkreditiert und für Äquivalenz zwischen den Institutionen sorgen soll (Babiker 2010).

4. Das Länderbeispiel Libanon

Im Libanon leben knapp vier Mio. Menschen. Gut ein Viertel davon ist unter 15 Jahre alt. 30%-40% sind Christen, überwiegend maronitische Katholiken, 50%-60% Muslime. Unter Letzteren stellen die Schiiten die größte Gruppe, danach Sunniten, dann Drusen. Die Bevölkerung wächst jährlich um ca. 1%. Das Pro-Kopf-Einkommen beträgt ca. 6 000 USD pro Jahr. Der Libanon ist eine parlamentarische Demokratie mit der Einschränkung, dass alle 18 anerkannten Konfessionsgruppen in Parlament, Regierung und Verwaltung gemäß ihrem Bevölkerungsanteil vertreten sein sollen. Personenstandsangelegenheiten, also Ehe-, Vormundschafts- und Erbangelegenheiten, werden nach religiösem Recht geregelt. D.h. für die verschiedenen Religionsgruppen gelten je eigene Gesetze, die von je eigenen Gerichten angewandt werden.

Das Schulwesen[3]

Bis zur Schaffung des öffentlichen Schulsystems durch Frankreich 1926, schufen verschiedene religiöse Gruppen Schulen: katholische Organisationen seit 1736, orthodoxe seit 1833, Protestanten seit 1866, Sunniten seit 1875, Schiiten und Drusen ab den 1920er Jahren. Seit der Unabhängigkeit betreiben auch nicht-konfessionelle Gruppen und Privatpersonen Privatschulen. Heute haben staatliche Schulen einen Anteil von gut einem Drittel am gesamten Schüleraufkommen. Während des Bürgerkriegs 1975 bis 1990 waren sie von Schließungen und Zerstörung besonders betroffen, während viele konfessionelle Privatschulen von Milizen der je selben Konfession geschützt wurden und deshalb in Betrieb gehalten werden konnten. Seit der iranischen Revolution haben fundamentalistische schiitische Gruppen mit iranischer Unterstützung zahlreiche Schulen gegründet. Diese und die katholischen Verbände expandieren weiterhin, während christlich orthodoxe und protestantische Schulen einen Rückgang an Schülerzahlen verzeichnen. Katholische Schulen beschulen zurzeit ca. ein Fünftel der knapp eine Mio. Schüler, protestantische und orthodoxe jeweils um 2%, schiitische über 6%. Die Gesamtzahlen der Schüler, die jeweils sunnitische, schiitische, drusische und nicht-konfessionelle Schulen besuchen, sind nicht

---

3 Wo nicht anders vermerkt, habe ich die Daten in diesem Abschnitt im Rahmen meiner Dissertation (Kriener 2011) erhoben.

erfasst, da diese Schulen, anders als die christlichen, nicht sämtlich in großen Verbänden organisiert sind. Wegen ihrer Ausrichtung auf westliche Wissenschaftssysteme und Arbeitsmärkte und ihrer meist profunden Ausbildung in englischer und/oder französischer Sprache sind die christlichen und nichtkonfessionellen Privatschulen auch für muslimische Schüler attraktiv, jedoch auch relativ teuer. Muslimische Privatschulen werden dagegen kaum von christlichen Schülern besucht. Eine Ausnahme bilden die Schulen der Hariri-Stiftung, die als muslimische Schulen firmieren, jedoch ein ähnliches Curriculum lehren und ähnlich liberale Regelungen bezüglich des Religionsunterrichts und der rituellen Praxis verfolgen, wie nicht-konfessionelle Schulen.

Gemäß einer 1994 begonnenen Reform baut das libanesische System auf der Stufeneinteilung 6-3-3 auf und nimmt zentrale Prüfungen nach der 9. und 12. Klasse ab. Schulpflicht besteht ab dem ersten Grundschul- bis zum zwölften Lebensjahr. Geplant ist sie bis zum 15. Lebensjahr auszudehnen. Die Einschulungsraten betrugen 2003 ca. 75% im Kindergarten, 93% (netto) im Schulpflicht- und 89% (brutto) im Oberstufenbereich, letzteres ist eine Verdopplung seit 1970 (Galal 2008, S. 13, S. 15). Weniger als 5% der Libanesen sind Analphabeten. 97 000, also rund 10% der Schüler, besuchten 2005 eine der meist privaten berufsbildenden und technischen Schulen, die mit der 7. oder 10. Klasse beginnen. Die allgemeine Sekundarstufe ist ab Klasse 11 nach Natur- und Humanwissenschaftlichem Zweig, in Klasse 12 noch weiter differenziert.

Das Unterrichten an Primarschulen erfordert das Abitur und eine dreijährige pädagogische Ausbildung. Sekundarlehrer studieren fünf Jahre an einer Universität. Sowohl das staatliche Curriculumzentrum (*Centre de Recherche et Développement Pédagogique*) als auch die Dachverbände der privaten Schulen führen in den Sommerferien Lehrerfortbildungen durch, i.d.R. obligatorisch. Die größeren der 14 Universitäten haben eine Erziehungswissenschaftliche Abteilung. Führende Erziehungswissenschaftler des Landes sind in der *Lebanese Association for Educational Studies* zusammengeschlossen.

Das Bildungsministerium gibt einen zentralen Lehrplan für alle Fächer bis auf Religionserziehung, die von den Religionsgemeinschaften in völliger Autonomie geregelt wird, vor. Für die meisten Fächer werden Schulbücher von privaten Verlagen produziert. Für die Fächer Heimat- und Staatsbürgerkunde (HSK) und Geschichte sind allerdings gemäß einer Abmachung, die zum Ende des Bürgerkriegs geschlossen wurde, einheitliche Schulbücher für alle Schulen vorgesehen, die vom staatlichen Curriculumzentrum herausgegeben werden sollen. Diese Regelung konnte jedoch nur für das Fach HSK umgesetzt werden. Für Geschichte konnte keine Einigung auf gemeinsame Schulbücher erzielt werden, so dass dort nach wie vor verschiedene Schulbücher in Gebrauch sind, die auf dem Lehrplan von 1971 basieren. Auch für Religionserziehung, die im Libanon bekenntnisorientiert erfolgt, waren um die Jahrtausendwende gemeinsame Schulbücher in Planung, die letztendlich nicht verwirklicht wurden.

Gerade umstrittene Themen nehmen auch dann auffällig wenig Raum ein, wenn sie hochrelevant sind. Das Paradebeispiel dafür ist der Konfessionalismus, ein zentrales, prägendes und umstrittenes Merkmal des politischen Systems im Libanon. Während die HSK-Schulbücher zu Themen wie Umweltschutz, Menschenrechte, UNO oder Arabische Liga wortreiche Kapitel enthalten, finden sich zum konfessionalistischen Aspekt der politischen Ordnung lediglich lapidare Bemerkungen, dass Christen und Muslime in Parlament und Regierung je zur Hälfte vertreten sein müssten. Über Eigenarten der verschiedenen Konfessionen und ihre Stellung in der Gesellschaft erfährt man praktisch nichts. Auch die

Religionsbücher informieren wenig über andere als die eigene Konfession. Wenn doch, geschieht dies in den Büchern für den islamischen Religionsunterricht in diffamierender Weise, die den Islam als Korrigendum und Vervollkommnung der älteren monotheistischen Religionen idealisiert.

Die Erzählungen über die formativen Perioden des Christentums und des Islams in den Geschichtsbüchern folgen ganz der jeweiligen religiösen Tradition, wonach die Lehren der Stifter, Jesus und Muhammad, ausschließlich geistigen und sozialen Fortschritt brachten. Wo muslimische Herrscher in späteren Epochen Dinge taten, die als verwerflich beurteilt werden, werden diese in den Lehrbüchern der radikaleren schiitischen Schulen mit deren Abweichen (arab.: *inhiraf*) vom „wahren Islam" begründet.

Bezüglich des Verhältnisses zwischen den regionalen Gesellschaften und westlichen Einflüssen folgen die Geschichtsbücher im Wesentlichen demselben Freund-Feind-Schema wie ihre Pendants in Ägypten, Jordanien oder dem KSA. Allerdings sind, wohl einer Vorgabe des Lehrplans von 1971 folgend, am Ende eines jeden Epochenabschnitts Passagen enthalten, die die wirtschaftlichen und kulturellen Errungenschaften und Verluste der beschriebenen Epoche zusammenfassen. Hier fällt den Autoren der Schulbücher, die vorwiegend in christlichen und säkularen Schulen eingesetzt werden, deutlich mehr Positives zu den westlich dominierten Epochen (Byzanz, Kreuzfahrer, französisches Mandat) ein, als den Autoren der in den islamischen Schulen verwendeten Bücher.

Geschichte kann von Schülern aufgrund der Geschichtsbücher ganz überwiegend nur als politische Geschichte männlicher Akteure nachvollzogen werden. Zwar herrscht ein gewisser Konsens vor, dass Frauen ein Recht auf Bildung und Berufstätigkeit haben, wobei letztere allerdings im schiitischen Religionsbuch explizit auf „erlaubte", nämlich traditionelle Frauenberufe, beschränkt wird. Weiterhin herrscht Konsens, dass junge Leute nicht ohne ihre eigene Zustimmung verheiratet werden sollten. Mit unterschiedlicher Betonung vertreten alle Geschichtsbücher die historisch keineswegs erwiesene (vgl. Mernissi 1991) Position, der Islam habe die gesellschaftliche Stellung der Frau gegenüber vorislamischer Zeit verbessert.

Besonders zum Thema Demokratie und westlicher kultureller Einflüsse sind die Schüler religiöser islamischer, vor allem schiitischer Schulen mit einem Widerspruch konfrontiert, von dem mir unbekannt ist, wie in diesen Schulen damit umgegangen wird: Während die HSK-Bücher, die für alle Schulen vorgeschrieben sind, Demokratie einhellig unterstützen und sie vielfach in Zusammenhang mit einschlägigen westlichen wie auch orientalischen Denkern bringen, räumen die am weitesten verbreiteten Religionsbücher der islamischen Schulen dem Koran den Rang einer Verfassung (arab.: *dastur*) ein, ohne darauf einzugehen, in welchem Verhältnis er damit zur staatlichen Verfassung zu stehen hat. In den schiitischen religiösen Schulen wird darüber hinaus die zeitgenössische Demokratie generell als korrupt gegeißelt. Demgegenüber wird die Führerschaft eines religiösen Führers als politischer Idealzustand vorgestellt, ein Konzept, bei dem die Islamische Republik Iran zweifelsohne Pate gestanden hat.

Das Hochschulwesen

Knapp die Hälfte der Schulabgänger besucht eine der 38 Hochschulen des Landes. An der größten Universität des Landes, der staatlichen Université Libanaise (oder Lebanese University – LU) studieren mit ca. 70 000 Studenten 60% der gesamten Studentenschaft des Landes (Jabbour 2006). Ihr folgen die

Beirut Arab University (BAU) mit 15 000, dann die Université St. Joseph (USJ) mit 10 000 und die American University of Beirut (AUB) und die Lebanese American University (LAU) mit jeweils ca. 7 000 Studenten. Die Brutto-immatrikulationsrate hat sich in diesem kleinen Land zwischen 1985 und 2003 von 28% auf 48% fast verdoppelt (Galal 2008, S. 15, 318ff.). Mit 19 600 Studierenden aus anderen arabischen Staaten gehörte der Libanon 2009 zu den größten Bildungsexporteuren in der Region nach Jordanien (22 600) und den VAE (19 800) (El Amine 2010, S. 55f.). Ca. 65% der Studenten an Libanons Hochschulen studieren Sozial- und Geisteswissenschaften (El Amine 2009).

Um Studenten das Studium auch unter den Bedingungen des Bürgerkriegs zu ermöglichen und ihnen weite, gefährliche Wege über die von Milizen ge-schaffenen inoffiziellen und nichtsdestoweniger sehr realen Grenzen zu ersparen, hat die LU seit den späten 1970er Jahren Institute und Departements in Tripoli, der Bekaa-Ebene, Zahlé und anderen von der Hauptstadt Beirut entfernten Gegenden errichtet. Die Kapazitätensteigerung ging also mit einer Fragmen-tierung entlang konfessioneller Linien, konkret der Eröffnung von zwei bis zu fünf Zweigstellen ein und desselben Fachbereichs in konfessionell unterschiedlich dominierten Siedlungsgebieten des Landes einher. Aus ähnlichen Beweggründen haben auch private, zumeist konfessionelle Träger, in verschiedenen Teilen des Landes neue Institutionen geschaffen, was im Wesentlichen das Wachstum des tertiären Sektors im Libanon über die letzten drei Jahrzehnte erklärt (Jabbour 2006, Kiwan 1997). Eine Reihe ursprünglich theologischer Institute haben in einer Serie staatlicher Akkreditierungen Mitte der 1980er Jahre Universitäts-status erhalten, darunter die Islamic University of Lebanon (IUL), die Beirut Islamic University (BIU), die Imam Ouzai University, die Universitée Antonine, die Balamand University und die Middle East University. Wie früher bei den Universitäten und Schulen westlicher Trägerschaft, spielen auch bei den meisten von ihnen ausländische Sponsoren und Initiatoren eine wichtige Rolle. So geht die BIU auf eine Initiative von libanesischen Absolventen der ägyptischen Azhar-Universität zurück, die Jinan University, die der extremistischen sunnitischen Jama'a Islamiyya affiliiert ist, auf eine Kooperation mit der Universität von Umm Durman im Sudan (Kiwan 1997), die Middle East University gehört den Siebenten-Tags-Adventisten, deren Zentrum im US-Bundesstaat Maryland be-heimatet ist. Eine Studie libanesischer Erziehungswissenschaftler urteilt denn auch, politische und konfessionelle Konkurrenz bestimmten die Entwicklung des libanesischen Hochschulwesens mehr als fachliche oder arbeitsmarktbezogene Kriterien (Abdul-Reda Abourjeily 2003, S. 8, Jabbour 2006).

Im Zuge der weltweiten Privatisierungswelle seit den 1990er Jahren wurden und werden auch im Libanon laufend neue Universitäten, vor allem für Management, Informationstechnologie und Naturwissenschaften gegründet; teils als Ableger bereits existierender Privatuniversitäten. Für die Gründung von Universitäten, Hochschulen und Kollegs ist die Gesetzgebung im Libanon ebenso liberal wie für die von Schulen: Wenn man einen Rektor benennen kann sowie eine Lokalität, die den baulichen Sicherheitsanforderungen entspricht, kann man mit der Arbeit beginnen. Wenn die Behörden dann nicht innerhalb eines Jahres intervenieren, wird es danach für sie sehr schwierig eine Neugründung wieder rückgängig zu machen. Der Rat für Hochschulbildung, ein Ausschuss des Bildungsministeriums, berät den Ministerrat bei der Akkreditierung von Hochschulen. Zur Qualitätskontrolle gibt es im Libanon auf nationaler Ebene eine Kommission, die Ingenieurstudien kontrolliert und die durch das TEMPUS-Programm der EU finanziert wird (Arafeh 2010). Ansonsten sorgen die

Institutionen selbst für ihre Qualitätskontrolle. Fast unbeschränkter Zugang zu vielen Studiengängen und geringe Beratungskapazitäten für die Studierenden sorgen an der LU weiterhin für hohe Abbruchquoten (El Amine 2010, S. 24, 29, 45ff.). An der AUB ist seit 2001 ein Office for Institutional Research and Assessment mit Aufgaben der Qualitätssicherung betraut (El Hassan 2010).

Es ist nicht systematisch erforscht, wie weit auch an den Hochschulen andere als die theologischen Fachbereiche, z.B. Jura und Geisteswissenschaften, eine bekenntnisorientierte Färbung haben. Die BIU veröffentlicht auf ihrer Homepage die arabische Ausgabe der Zeitschrift *Islamization of Knowledge* des islamistischen US-amerikanischen Think Tanks *International Institute of Islamic Thought*. Andere islamische (IUL, *Global University*) und christliche (*Middle East University, Université de la Sagesse, Balamand University*) Institutionen führen theologische Abteilungen oder sind im Ganzen theologische Hochschulen (*Imam Ouzai, Near East School of Theology*). Die USJ ist für ihr *Institut d'études islamo-chrétiennes* bekannt, welches interdisziplinär, u.a. theologisch, den Dialog zwischen Christen und Muslimen wissenschaftlich begleitet.

Der soziale Hintergrund der Studenten variiert von Hochschule zu Hochschule, was nicht zuletzt mit den unterschiedlichen Zugangsbedingungen zusammenhängt. Bei Universitäten mit angelsächsischem System rangierten die Gebühren in den 1990er Jahren zwischen 4 700 (*Notre Dame University*) und 7 000 (AUB, LAU) USD/Jahr. Die frankophonen waren etwas günstiger mit z.B. 1 500 (*Kaslik University*) und 2 500 (USJ) USD/Jahr. Die BAU verlangte 1 200 USD/Jahr, während für ein Studium an der LU keine und an den meisten islamischen Institutionen sehr geringe Gebühren anfielen. Weitere Zugangsbeschränkungen (Numerus Clausus oder Aufnahmeprüfungen) variieren ebenfalls von Hochschule zu Hochschule, aber auch innerhalb von Institutionen zwischen verschiedenen Fachbereichen. Die soziale Differenzierung spiegelt sich auch in einer unterschiedlichen Verteilung der Konfessionen auf die Hochschulen: Christen erlangen mit größerer statistischer Wahrscheinlichkeit einen Studienplatz an einer der begehrten Privatuniversitäten westlichen Zuschnitts, was mit dem durchschnittlich wohlhabenderen Hintergrund ihrer Elternhäuser korreliert. Trotz ihrer geringen Reputation ermöglicht die LU vielen Kindern aus einkommensschwachen Familien den sozialen Aufstieg (El Amine & Faour 1998, S. 169ff.). Stipendien werden nicht selten von religiösen Institutionen mit Präferenz für ihre jeweilige konfessionelle Gruppe vergeben (ebd., S. 111ff.). Allerdings hat die Konfession keinen messbaren Einfluss auf die Karriereerwartungen, für die vor allem der Fachbereich ausschlaggebend ist: Wie andernorts sind sie in den Sozial- und Geisteswissenschaften besonders schlecht (ebd., S. 143ff.).

5. Resümee

Alle Entwicklungsdaten im Nahen Osten und in Nordafrika zeigen aufwärts: Die Armut hat sowohl in absoluten wie in relativen Zahlen in den meisten Ländern abgenommen. Der Anteil der Frauen am Arbeitsaufkommen ist gestiegen (Galal 2008, S. 64ff.; Maktoum Foundation 2009, S. 11 und figure 1ff.), ebenso oder mehr noch ihre Teilhabe an Bildung. Die Wahlmöglichkeiten der Menschen hinsichtlich des Konsums, ganz besonders von Informationsmedien, sowie der Bildungs- und Ausbildungsmöglichkeiten haben allgemein zugenommen. Mit der dramatischen Expansion ihrer Schulsysteme haben die Staaten der Region eine Nachfrage nach Hochschulbildung geschaffen, die die meisten von ihnen noch nicht hinreichend bedienen können. Um diesem Umstand abzuhelfen, hat eine Reihe von Staaten seit den 1990er Jahren erstmals die Gründung privater Hochschulen unter verschieden schweren Auflagen legalisiert. Das Problem, dass die relativ stark reglementierten arabischen Volkswirtschaften keine dem Angebot entsprechende Nachfrage nach Akademikern produzieren, besteht freilich weiterhin. Gleichzeitig haben sich auch die Partizipationsmöglichkeiten der so entstandenen gebildeten Mittelschichten nicht in dem Maße entwickelt, dass sie ihren Erwartungen entsprechen: Zwar haben die Einschränkungen der Pressefreiheit in den Golfstaaten, in Ägypten, Jordanien und Marokko in den letzten Jahrzehnten nachgelassen und ist die Informationsfreiheit durch die Entstehung regionaler und internationaler Medien gewachsen. Die Möglichkeiten der Teilhabe an legislativen und politischen Prozessen sind jedoch unter den Präsidialdiktaturen und scheinkonstitutionellen Monarchien der Region nach wie vor sehr begrenzt. Der Sturz der Regime in Ägypten und Tunesien Anfang 2011 und die Protestbewegungen in weiteren arabischen Staaten dürften nicht zuletzt mit dieser Kombination von Sachverhalten zusammenhängen.

Weder die von islamistischen (Idabi 2003, S. 374ff.; Lange 2005) noch von anderen Autoren (Bashshur 2011, Abi-Mershed 2011) auf die arabischen Wissenschaften bezogenen Überfremdungsängste werden bisher durch systematische Forschung gestützt, weder was Methoden und Inhalte, geschweige denn was deren angebliche Folgeprobleme betrifft. Anders als in Bezug auf Schulcurricula für die Gesellschaftswissenschaften, über die im letzten Jahrzehnt eine Reihe von Studien erstellt wurden, liegen über diese Fächer im akademischen Bereich keine vergleichbaren Inhaltsanalysen vor. Würde die Hypothese von der Durchdringung mit westlichen Ideen auf mehr als Vermutungen beruhen, so stellte sich immer noch die Frage, warum dies in Bezug auf die Sozial- und Geisteswissenschaften so häufig problematisiert wird, während es in Bezug auf Medizin, Naturwissenschaften und Technik als fachgerecht hingenommen wird (Husban & Na'amneh 2010, S. 205ff.). Tatsächlich scheint es vor allem um eine Abgrenzung in Begriffen von Identität und Moral zu gehen. Die Debatte beruht auf der schwachen Hypothese, die sozialen Probleme moderner Gesellschaften hingen mit einem Wertewandel hin zum Materialismus zusammen. Im Kern geht es jedoch eher darum, ob und wie Fortschritt ohne einen grundlegenden Wertewandel bewerkstelligt werden kann, wie er im Zuge der Modernisierung Europas stattfand (Bashshur 2011, S. 266ff.; Lange 2005, S. 98, 106, 133ff.). Tatsächlich ist aber der entscheidende Schritt zur Wiederaneignung der Wissenschaft mit der Dekolonisierung und der Aneignung der Institutionen längst vollzogen. Sehr konkrete Hinweise auf Einschränkungen der Wissenschaft gibt es vielmehr bezüglich lokaler und regionaler religiöser Pressure Groups (Human Rights Watch 2005, Mougheeth 2002). Zum Vorankommen der Wissenschaften erscheint es sinnvoller, beim rechtlichen Schutz wissenschaftlicher Freiräume statt bei einer Lenkung der Wissenschaft im Sinne lokaler oder regionaler Traditionen anzusetzen. Eher als ein Kulturkonflikt scheint mit der Idealisierung vergangener arabischer oder islamischer Größe ein Problem mit der Ungleichzeitigkeit zwischen Industrialisierung und Urbanisierung einerseits und den enttäuschten Hoffnungen weiter Teile einer bis vor kurzem vormodernen Gesellschaft andererseits vorzuliegen. Ob vor diesem Hintergrund die erfolgten und vielleicht noch zu erwartenden politischen Umbrüche in der Arabischen Welt einen grundlegenden Wandel hin zu mehr Forschungs- und Meinungsfreiheit herbeiführen können, ist mehr als fraglich, selbst wenn die Autonomie der Institutionen und ihrer Mitarbeiter zunächst gesetzlich ausgeweitet wird.

Literatur

Abdul-Reda Abourjeily, S. (Hrsg.) (2003). Higher Education and the Labor Market in Lebanon. A Graduates' Tracer Study. Beirut: Lebanese Association for Educational Studies.

Abi-Mershed, O. (Hrsg.) (2011). Trajectories of Education in the Arab World: Taylor & Francis Group.

Arafeh, L. (2010). Quality Assurance Review in Arab Countries. In B. Lamine (Hrsg.), Towards an Arab higher education space: international challenges and societal responsibilities. Proceedings of the Arab Regional Conference on Higher Education (S. 442-460). Beirut: UNESCO Regional Bureau for Education in the Arab States.

Babiker, A. B. A. G. (2010). Licensing and Supervision of Private Higher Education Institutions in the Arab States. In B. Lamine (Hrsg.), Towards an Arab higher education space: international challenges and societal responsibilities. Proceedings of the Arab Regional Conference on Higher Education (S. 399-408). Beirut: UNESCO Regional Bureau for Education in the Arab States.

Bashshur, M. (2011). Observations from the edge of the deluge. Are we going too far, too fast in our educational transformation in the Arab Gulf? In O. Abi-Mershed (Hrsg.), Trajectories of Education in the Arab World (S. 247-271): Taylor & Francis Group.

Bubtana, A. (2007). WTO/GATS: Possible implications for higher education and research in the Arab States 95. In UNESCO (Hrsg.), The Impact of Globalization on Higher Education and Research in the Arab States. Regional Research Seminar. Selected Proceedings (S. 95-114). Paris: UNESCO.

El Amine, A. (2009). Al-Insaniyyat wa-l-'ulum al-ijtma'iyya fi salab at-tanmiya. In Mu'assasat al-Fikr al-'Arabi (Hrsg.), At-Taqrir al-'arabi al-auwal li-t-tanmiya ath-thaqafiyya (S. 107-135). Beirut.

El Amine, A. (2010). A Decade of Higher Education in the Arab States (1998-2009): Achievements & Challenges. Regional Report. In B. Lamine (Hrsg.), Towards an Arab higher education space: international challenges and societal responsibilities. Proceedings of the Arab Regional Conference on Higher Education (S. 11-57). Beirut: UNESCO Regional Bureau for Education in the Arab States.

El Amine, A. & Faour, M. (Hrsg.) (1998). University Students in Lebanon. Background and Attitudes. The Heritage of Divisions. Beirut: Lebanese Association for Educational Studies.

El Hassan, K. (2010). The Role and Function of Institutional Research in Institutions of Higher Education: Theory and Practice. In B. Lamine (Hrsg.), Towards an Arab higher education space: international challenges and societal responsibilities. Proceedings of the Arab Regional Conference on Higher Education (S. 423-441). Beirut: UNESCO Regional Bureau for Education in the Arab States.

Farag, I. (2010). Ittajahat islah at-ta'lim fi Misr. In S. Alayan, S. Dhouib & A. Rohde (Hrsg.), Al-Islah at-tarbawi fi ash-Sharq al-Awsat. Adh-dhat wa al-akhar fi al-manahij al-madrasiyya (S. 109-124). Amman: Shorok.

Fergany, N. (2005). At-Talim al-'ali wa-t-tanmiya fi al-buldan al-'Arabiyya. In N. Fergany & A. Abd ad-Da'im (Hrsg.), At-Tarbiya wa-t-tanwir fi tanmiyat al-mujtama' al-'arabi (Education and Enlightenment in the Development of Arab) Countries (S. 105-140). Beirut: CAUS.

Galal, A. (2008). The road not traveled. Education reform in the Middle East and North Africa. Washington, DC, Halle (Saale): World Bank; Universitäts- und Landesbibliothek Sachsen-Anhalt.

Goitein, S. D. & Lassner, J. (1999). A Mediterranean society. An abridgment in one volume. Berkeley, Calif: Univ. of California Press.

Hafaiedh, A. W. B. (2010). On Building an Academic Space for the Arab Region The Possible, the Probable and the Hoped for. In B. Lamine (Hrsg.), Towards an Arab higher education space: international challenges and societal responsibilities. Proceedings of the Arab Regional Conference on Higher Education (S. 93-110). Beirut: UNESCO Regional Bureau for Education in the Arab States.

Hassan Sayed, F. E.-Z. (2005). Educational Reform with the context of conspiracy fear and the absence of participation. Study on the impact of developmental foreign aid on reform of educational policy in Egypt in the Nineties. In M. Bashshur & A. El Amin (Hrsg.), Reform of General Education in the Arab Countries. Proceedings of the Seminar organized by the Lebanese Association for Educational Studies and the Kuwait Society for the Advancement of Arab Children held in Beirut, 19-20/11/2004 (S. 39-54). Beirut: UNESCO.

Human Rights Watch (2005). Reading between the "Red Lines". The Repression of Academic Freedom in Egyptian Universities.

Husban, A. H. a. & Na'amneh, M. (2010). Internationalization of the Humanities and Social Sciences. Realtities and Challenges in Jordan. In M. Kuhn & D. Weidemann (Hrsg.), Science studies: Internationalization of the social sciences. Asia - Latin America - Middle East - Africa - Eurasia (S. 191-211). Bielefeld: Transcript.

Idabi, Y. (Hrsg.) (2003). Ath-Thaqafa wa-t-ta'lim fi t-tanmiyya al-'arabiyya: nadwat khubara' . Sharjah: Da'irat ath-Thaqafa wa-l-I'lam.

Jabbour, J. (2006). L'université dans une société plurielle: L'université Libanaise otage du confessionalisme et apte à s'en libèrer. In C. Walbiner (Hrsg.), The Role of Universities in the Dialogue of Cultures and Religions (S. 87-98). Bonn: Katholischer Akademischer Ausländer-Dienst.

Joseph, S. (2010). Applying an Interdisciplinary Model for Promoing the Study of Humanities & Social Sciences: The Case of Zayed University (UAE). In B. Lamine (Hrsg.), Towards an Arab higher education space: international challenges and societal responsibilities. Proceedings of the Arab Regional Conference on Higher Education (S. 621-630). Beirut: UNESCO Regional Bureau for Education in the Arab States.

Kiwan, F. (1997). At-ta'lim al-'ali fi Lubnan. In F. K. al-Bustani (Hrsg.), At-Ta'lim al-'ali fi al-buldan al-'arabiyya. As-Siyasat wa-l-afaq (S. 109-120). Amman: Arab Thought Forum.

Kriener, J. (2011). Lebanese - but how? Secular and Religious Conceptions of State and Society at Lebanese Schools. Würzburg: Ergon.

Lange, K. (2005). Zurückholen, was uns gehört: Indigenisierungstendenzen in der arabischen Ethnologie. Münster: Transcript.

Maktoum Foundation (Hrsg.) (2009). Arab Knowledge Report. Towards Productive Intercommunication for Knowledge. Dubai: Ghurair.

Maschhur, S. (2007). Sadiya wa-Bahiya al-masihiyyatan taktashifan ba'd 33 'aman annahuma muslimatan ala al-waraq. . Al-Masri al-Yawm vom 1.11.2007, S. 4.

Mazawi, A. E. (2007). Knowledge society or work as spectacle? Education for work and the prospects of social transformation in Arab societies. In L. Farrell & T. J. Fenwick (Hrsg.), World yearbook of education 2007: educating the global workforce. Knowledge, knowledge work and knowledge workers (S. 251-267): Routledge.

Mernissi, F. (1991). Geschlecht, Ideologie, Islam (4. Aufl.). München: Kunstmann.

Meyer, J. W. & Ramirez, F. O. (2005). Die globale Institutionalisierung der Bildung. In J. W. Meyer, G. Krücken & B. Kuchler (Hrsg.), Edition zweite Moderne: Weltkultur. Wie die westlichen Prinzipien die Welt durchdringen (Dt. Erstausg., 1, S. 212-234). Frankfurt am Main: Suhrkamp.

Mougheeth, K. (2001). At-Ta'lim wa-Tatwir al-Khitab ad-Dini. Al-Ahram, Majallat ad-Dimuqratiyya, 2(8), 77-86.

OECD & Worldbank (2010). Higher education in Egypt. http://www.SourceOECD.org/ 9789264084346.

Reiss, W., Hock, K. & Lähnemann, J. (2005). Pädagogische Beiträge zur Kulturbegegnung. Bd. 21: Ägypten und Palästina. Hamburg: EB-Verlag.

Rohde, A. (2009). Egypt. In S. Alayan & A. Rohde (Hrsg.), Educational Sector, Reforms, Curricula and Textbooks in selected MENA countries (S. 28-49). Braunschweig: Georg-Eckert-Institut.

Said, M. E. (2010). The Impact of Reform Projects in Higher Educaion: The Case of Egypt. In B. Lamine (Hrsg.), Towards an Arab higher education space: international challenges and societal responsibilities. Proceedings of the Arab Regional Conference on Higher Education (S. 461-480). Beirut: UNESCO Regional Bureau for Education in the Arab States.

Slackman, M. (2010). Egypt Denies Signs of Sectarian Violence. Cairo equates talk of religious tensions to sedition. New York Times online vom 8.2.2010.

Starrett, G. (1998). Putting Islam to work: education, politics, and religious transformation in Egypt: University of California Press.

UNDP (Hrsg.) (2003). Arab Human Development Report. Building a knowledge society. Beirut: UNDP, Regional Bureau for Arab States.

UNESCO (Hrsg.) (2009). EFA global monitoring report. Bd. 7.2009: Overcoming inequality. Why governance matters. Oxford: Oxford Univ. Press.

Zeghal, M. (2011). Public institutions of religious education in Egypt and Tunisia. Contrasting the post-colonial reforms of Al-Azhar and the Zaytuna. In O. Abi-Mershed (Hrsg.), Trajectories of Education in the Arab World (S. 110-124): Taylor & Francis Group.

Christel Adick

Bildung in der Karibik

Bei der Region Karibik handelt es sich um vor Amerika liegende kleinere oder größere Inselgebiete sowie um einige Festlandgebiete in Mittel- und Südamerika, deren Amtssprache nicht Spanisch bzw. Portugiesisch ist. Ihre Bildungsentwicklungen variieren je nach europäisch-kolonialer Herrschaft, unter der sie Jahrhunderte lang standen. Die fast gänzliche Ausrottung der Ureinwohner dieser Gebiete, die lange Geschichte der europäischen Kolonialherrschaft, die Erfahrungen der gewaltsam herangeschleppten Sklaven aus Afrika, das Erbe der Plantagenökonomie und teils des Weiteren erzwungene oder selbstgewählte Zuwanderung verschiedener Bevölkerungsgruppen aus asiatischen Ländern sowie die besonderen Herausforderungen der Insellage oder ihre kleinräumliche Situation schaffen aber auch eine Reihe von Gemeinsamkeiten.

Da im deutschsprachigen Raum kaum Veröffentlichungen zu Bildung in der Karibik vorliegen, werden diese Region und ihre Gebiete zunächst im Überblick vorgestellt (Kap. 1), bevor in einem weiteren Schritt die Frage nach einer karibischen Identität diskutiert wird (Kap. 2). In den weiteren Erörterungen wird die Bildungsgeschichte dieser Region skizziert (Kap. 3). Anschließend stehen regionale Bildungskooperationen im Zentrum der Aufmerksamkeit, weil diese angesichts der geographischen Situation bedeutsam erscheinen (Kap. 4). Zum Abschluss wird die derzeitige Bildungssituation dargestellt (Kap. 5).

1. Die Region Karibik im Überblick

Die Bezeichnung ‚Karibik' für eine bestimmte Gruppe von Staaten und Territorien variiert je nach Betrachtungsweise und Organisation, die eine solche Kennzeichnung verwendet. So zählt die Europäische Union in ihren Verhandlungen mit den sog. AKP-Staaten (Staaten in Afrika, der Karibik und im Pazifischen Raum) Antigua und Barbuda, die Bahamas, Barbados, Belize, Dominica, die Dominikanische Republik, Grenada, Guyana, Haiti, Jamaika, St. Kitts und Nevis, St. Lucia, St. Vincent und die Grenadinen, Suriname, Trinidad & Tobago sowie Kuba als Staaten der ‚Karibik'. Laut UNESCO Klassifikation zählen hingegen folgende Länder und Territorien zur ‚Karibik': Anguilla, Antigua und Barbuda, Aruba, Bahamas, Barbados, Belize, Bermuda, die Britischen Jungferninseln, Dominica, Grenada, Guyana, Haiti, Jamaika, die Cayman-Inseln, Montserrat, die Niederländischen Antillen, St. Kitts und Nevis, St. Lucia, St. Vincent und die Grenadinen, Surinam, Trinidad & Tobago sowie die Turks- und Caicosinseln. Bis auf Belize, das in Mittelamerika, und Guyana und Suriname, die im Nord-Osten Südamerikas liegen, handelt es sich in allen anderen Staaten und Territorien um größere oder kleinere Inselgebiete, summarisch die (kleinen und großen) Antillen genannt. Dass die UNESCO-Zuordnung (UNESCO 2011) nicht identisch ist mit einer geographischen, zeigt sich darin, dass Kuba und die

Dominikanische Republik nicht aufgeführt sind. Die UNESCO-Zuordnung folgt vielmehr der Logik, Länder zur Region ‚Karibik' zusammenzufassen, in denen Spanisch oder Portugiesisch *nicht* die Amtssprachen sind, weshalb sie auch nicht zu ‚*Latein*amerika' gehören. Dabei bleiben die französischen Überseegebiete Guadeloupe und Martinique sowie Französisch-Guyana ebenso unberücksichtigt wie das zu den Vereinigten Staaten zählende Puerto Rico und die ebenfalls US-amerikanischen Jungferninseln, die bei einer geographischen Betrachtung zur Karibik zählen würden.

Die genannten Probleme der regionalen Zuordnung sind auch in der sozialwissenschaftlichen Fachliteratur bekannt (Nuscheler 1995, S. 278f.). Sie werden in diesem Beitrag aus pragmatischen Gründen zugunsten der UNESCO-Klassifikation entschieden, wobei aber eine große Übereinstimmung mit einem Standardwerk zur Region, dem Handbuch der Dritten Welt (herausgegeben von Nohlen & Nuscheler 1995), festzustellen ist.[1]

Fast alle hier vorzustellenden Gebiete gehören der 1973 gegründeten internationalen Organisation CARICOM (Caribbean Community and Common Market) an, die aus der 1958 gegründeten British West Indies Federation sowie aus der 1965 errichteten Caribbean Free Trade Association (CARIFTA) hervorgegangen ist. Im Laufe der Jahre wurden fast alle Länder Mitglieder, teils mit etwas unterschiedlichem Status; 2002 trat auch das französischsprachige Haiti der karibischen Gemeinschaft bei (www.caricom.org).

Es ist festzustellen, dass die meisten der von der UNESCO aufgeführten Länder und Territorien vom Development Assistance Committee (DAC) der OECD als ‚Entwicklungsländer und -gebiete' gezählt werden. In diese Kategorie fallen: Anguilla, Antigua und Barbuda, Barbados, Belize, Dominica, Grenada, Haiti, Jamaika, Montserrat, St. Kitts und Nevis, St. Lucia, St. Vincent und die Grenadinen, Trinidad & Tobago sowie die Turks- und Caicosinseln. Haiti ist das ärmste Land dieser Gruppe. Demgegenüber sind eine Reihe der hier zur Diskussion stehenden Gebiete als ‚Steueroasen' bekannt, z.B. die Cayman-Inseln, oder erfreuen sich eines relativen Wohlstands. Armut und Reichtum liegen in dieser Ländergruppe also geographisch teils nah zusammen und sind auch innerhalb dieser Staaten und Territorien breit gestreut. Bermuda fällt aus dem Rahmen, es liegt geographisch weit am Rande des karibischen Raumes im Atlantik und ist eines der reichsten Länder der Welt. Die Bermuda-Inseln sind seit dem 17. Jh. britisch, aber seit 1620 größtenteils selbstregiert und autark, d.h. es gibt de facto nur geringe direkte Kontrolle durch das Vereinigte Königreich. Die ca. 65 000 Einwohner sind zu 70% afrikanischen oder europäisch-afrikanischen Ursprungs, zu 30% Weiße. 1995 wurde der Antrag auf völlige

---

1 Dabei dienen im Folgenden die Beiträge im Handbuch der Dritten Welt (Bd. 3 zu Mittelamerika und Karibik) zur historischen Einordnung: Anguilla, Bermuda-Inseln, Cayman-Inseln, Britische Jungferninseln, Montserrat sowie Turks- und Caicos-Inseln (Schultze & Hillebrands 1995); Antigua & Barbuda (Schultze 1995a); Aruba (Hillebrands 1995); Bahamas (Schultze 1995b); Barbados (Nuscheler & Schultze 1995a); Belize (Illy & Laceur 1995); Dominica (Nuscheler 1995a); Grenada (Nuscheler 1995b); Guyana (Henn 1995); Haiti (Fleischmann 1995); Jamaika (Sturm & Hillebrands 1995); Niederländische Antillen (Hoebink 1995a); St. Kitts & Nevis (Schultze 1995c); St. Lucia (Nuscheler 1995c); St. Vincent & Grenadinen (Nuscheler 1995d); Surinam (Hoebink 1995b); Trinidad & Tobago (Nuscheler & Schultze 1995b). Ferner wurde geprüft, ob das betreffende Land vom Development Assistance Committee (DAC; Liste 2005-07) zu den ‚Entwicklungsländern' zählt und ob es im Kreis der sog. AKP-Staaten (Afrika, Karibik, Pazifik) der Europäischen Union (EU) vertreten ist. Des Weiteren wurden regierungsamtliche Internetquellen der Territorien konsultiert.

Unabhängigkeit in einem Volksbegehren abgelehnt, daher wird Bermuda weiterhin zu den britischen Überseegebieten gezählt. Das Land gilt ebenfalls als Steueroase.

Im Folgenden werden die genannten Länder und Territorien zusammenfassend nach den in ihnen dominierenden Sprachgruppen dargestellt. Hierbei sollen wesentliche Gemeinsamkeiten, aber auch hervorstechende Unterschiede berücksichtigt werden. Wo dies thematisch angebracht erscheint, werden teils schon Informationen zum Bildungswesen mit einbezogen.

Die englischsprachige Karibik

Die meisten der hier betrachteten Länder und Territorien sind Mitgliedsstaaten des (britischen) Commonwealth of Nations – in der Reihenfolge ihres Beitritts nach Unabhängigkeit: Jamaika (1962), Trinidad & Tobago (1962), Barbados (1966), Guyana (1966), Bahamas (1973), Grenada (1974), Dominica (1978), St. Vincent und die Grenadinen (1979), St. Lucia (1979), Antigua (1981), Belize (1981), St. Kitts und Nevis (1983). Die größten Länder aus dieser Gruppe sind Jamaika und Trinidad & Tobago

Etliche Territorien sind britische Überseegebiete; diese sind zwar nicht Teil des Vereinigten Königreichs, stehen aber dennoch symbolisch unter der Oberherrschaft der britischen Königin und der von ihr benannten Gouverneure. Ihre Einwohner sind britische Übersee-Bürger und genießen die europäischen Bürgerrechte; die Überseeterritorien haben jedoch unabhängige lokale Rechts- und Verwaltungssysteme. In der Karibik zählen hierzu: Anguilla, Bermuda, die Britischen Jungferninseln, die Cayman-Inseln, Montserrat und die Turks- und Caicosinseln. Da es sich um kleine Inselterritorien handelt, umfassen diese Gebiete insgesamt weniger als 200 000 Einwohner.

Betrachtet man beide Gruppen, die die Mehrheit der Karibik-Territorien stellen, zusammen, so resultieren daraus in geschichtlicher Perspektive einige Gemeinsamkeiten: Es handelt sich um ehemalige britische Kolonien mit praktisch durchgängig britischer Herrschaft seit dem 17. Jh. (die nur in einigen Gebieten sporadisch durch andere europäische Kolonialherrschaft unterbrochen war). Die Amtssprache und damit auch die Unterrichtssprache in den karibischen Commonwealth-Ländern und in den britischen Überseegebieten ist daher Englisch, obwohl teils auch kreolische Verkehrssprachen gesprochen werden. Die heutigen Bewohner sind aufgrund der in diesen Gebieten errichteten Plantagenwirtschaft und der für diese herangeschleppten Sklaven, meist aus Westafrika, überwiegend afrikanischer, teils auch afrikanisch-europäischer Herkunft. Insgesamt dominiert in der englischsprachigen Karibik also die afrokaribische Bevölkerung. Die meisten von ihnen sind Christen verschiedener Konfessionen. Anders ist dies in Guyana (auf dem Festland Südamerika), wo die von den Briten schon während der Kolonialzeit angeworbenen Kontraktarbeiter aus Asien zu einer Bevölkerung geführt haben, die sich heute etwa zur Hälfte aus Bewohnern indischer Abstammung sowie 35% afrokaribischer Bevölkerung und 7% indianischer Herkunft zusammensetzt. Die Religionszugehörigkeit verteilt sich in Guyana entsprechend auf Christen (42%), Hinduisten (34%), Muslime (10%) und sonstige Religionen (14%). Auch in Trinidad & Tobago finden sich große Teile indischstämmiger Bevölkerung, resultierend aus während der Kolonialzeit angeworbenen Kontraktarbeitern. Schon Ende des 19. Jh. betrug ihr Bevölkerungsanteil mehr als ein Drittel, was dazu führte, dass sie auch eigene Schulen erhielten (vgl. Campbell 1992). Belize (geographisch zu Mittelamerika gehörend) weicht von der sonstigen überwiegend afrikanischstämmigen Bevölkerung in der englischsprachigen Karibik recht deutlich ab: Etwa die Hälfte der Einwohner sind sog. Mestizen, es finden sich ferner indigene Gruppen (11% Maya), und mit den Garifuna (6%) gibt es auch aus St. Vincent zugewanderte Nachfahren der Kariben und Schwarzen. Neben der Amtssprache Englisch sind in Belize als weitere Verkehrssprachen daher Spanisch, Maya und Garifuna vorzufinden. Dies führte im Bildungswesen von Belize dazu, dass nach der Unterrichtssprache Englisch als Pflichtfremdsprache Spanisch gelehrt wird. In Trinidad & Tobago scheiterte dagegen nach der Unabhängigkeit der Versuch, Spanisch einzuführen – trotz der geographischen Nachbarschaft mit den lateinamerikanischen Ländern und der in der Debatte angeführten ökonomischen Vorteile einer solchen Entscheidung (London 2003, S. 309).

Das Schulwesen entspricht ansonsten weitgehend dem britischen Vorbild. Ferner sind die Beziehungen zu Großbritannien weiterhin sehr eng, was sich u.a. am häufigen Studium und an einer großen karibischen Gemeinde in Großbritannien zeigt, von wo auch beträchtliche finanzielle Rücküberweisungen an das Herkunftsland erfolgen, auf die die ärmeren Gebiete der englischsprachigen Karibik dringend angewiesen sind.

Die französischsprachige Karibik

Neben den französischen Überseeterritorien (Guadeloupe, Martinique und Französisch Guayana), die aus den anfangs genannten Gründen nicht Gegenstand dieses Aufsatzes sind, ist hier einzig Haiti aufzuführen. Haiti ist in Bezug auf seine politische Entstehungsgeschichte ein historischer Sonderfall: Das einstige St. Domingue im westlichen Teil der Insel Hispaniola, wo Franzosen seit 1640 eine auf Sklavenausbeutung basierende Plantagenwirtschaft (neben Zucker auch Indigo und Kaffee) errichtet hatten, galt im 18. Jh. als profitabelste französische Kolonie. Die im Zuge der Französischen Revolution (1789) erklärten Rechte des Menschen und Bürgers (Freiheit, Gleichheit, Brüderlichkeit) sollten zwar nicht in den Kolonialgebieten gelten, wurden aber dennoch in der Karibik bekannt und führten 1791 zum großen Sklavenaufstand in St. Domingue unter Führung von Toussaint L'Ouverture. Nachdem praktisch alle Weißen durch Tod, Vertreibung oder Flucht die Insel verlassen hatten, Toussaint L'Ouverture einige Jahre als Oberbefehlshaber des Territoriums agiert hatte, 1803 nach Frankreich deportiert worden war und dort starb, deklarierte Haiti 1803 seine Unabhängigkeit (1825 von Frankreich unter der Bedingung von Reparationsleistungen anerkannt). Haiti gilt seither als erste ‚schwarze' Republik der Welt (vgl. auch Gliech 2010).

Die Sklavenhalter und Plantagenbesitzer hatten kein Interesse daran, ihren Untertanen formale Schulbildung zu ermöglichen, weil sie als Resultat davon Auflehnung gegen sich und Kritik am Sklavensystem befürchteten. Aber nicht alle Sklaven, die in die ‚Neue Welt' verschleppt wurden, waren Analphabeten. Historische Forschungen zu Haiti haben gezeigt, dass es einigen gelang, ihre Lese- und Schreibfähigkeiten, die sie vor ihrem Verkauf nach Übersee z.B. in Koranschulen erworben hatten, eigenständig und im Geheimen weiterzugeben und zu Kommunikationszwecken zu nutzen, zumindest übergangsweise, bis Missionsschulen Lesen und Schreiben auf formale Art vermittelten (Fouchard 1988).

In Haiti (aber nicht nur dort) ist das afrikanische Erbe jedoch in anderer Weise bis heute präsent: Obwohl offiziell 85% Katholiken und 15% Protestanten sind, sind nahezu alle Haitianer, so sagt man, zugleich auch Anhänger der Voudou-Religion oder wechseln je nach Lebensumständen ihre religiösen Überzeugungen (vgl. zum Folgenden: Michel 1996, S. 283f.): Die aus Westafrika stammenden und an die neuen Umstände (Einflüsse des Katholizismus) angepassten synkretistischen religiösen Praktiken des Voudou sind im haitianischen Familien- und Sozialleben omnipräsent. Ihre Weitergabe kann als eine Art nonformale Erziehung begriffen werden. Sie bauen auf Praktiken der traditionellen afrikanischen Erziehung auf, in der Wissen und Verhaltensweisen von den Jüngeren durch Mittun und Einbettung in religiöse Praktiken, Zeremonien und Rituale der Älteren und der ganzen Gemeinschaft angeeignet werden. Als ‚Lehrer' fungieren Erwachsene mit „*konesans*" (kreolisch für frz. *connaissance*). *Konesans* meint aber mehr als Wissen und bedeutet auch (Lebens-)Weisheit. Eine besondere Rolle spielen dabei insbesondere die *houngans* und *mambos*, d.h. die Priester und Priesterinnen der verschiedenen Geistern oder Gottheiten gewidmeten Kulte. Vier verschiedene Stufen der Initiation zeigen Stadien der Aneignung dieser Weltanschauung an und sind mit Initiationszeremonien verknüpft. – Vodou (oder auch: Voodoo) ist heute anerkannte Religion und weiterhin fest in der haitianischen Gesellschaft verankert (Norgall 2010).

Über die heutige Bildungssituation in Haiti lassen sich angesichts der desaströsen Auswirkungen der großen Erdbebenkatastrophe im Januar 2010 kaum verlässliche Aussagen machen: Das Erdbeben forderte nicht nur viele Todesopfer, sondern führte auch zum Zusammenbruch vieler oder sogar der meisten Schulen und Hochschulen.[2] Nur ein Teil der Kinder kann eine Schule besuchen, und die Jugendlichen haben derzeit kaum Aussichten auf Qualifizierung und berufliche Chancen (Miller Beauvoir 2010). Haiti ist ferner seit langem durch massive Emigration gekennzeichnet, die einen massiven ‚Brain Drain' anzeigt. Es nimmt laut einer 2005 veröffentlichten Studie der Weltbank unter den sog. Entwicklungsländern die dritte Stelle bei der Auswanderung qualifizierter Arbeitskräfte ein (zit. in ebd., S. 44). Die positiven Wirkungen dieser Abwanderung werden in der Regel darin gesehen, dass die Rücküberweisungen (*remittances*) der Emigranten zum Lebensunterhalt der Daheimgebliebenen beitragen, deren Kindern Schulbildung ermöglichen und Entwicklungsimpulse setzen, wie eine Studie zu Haiti belegt (Amuedo-Dorantes/Georges/Pozo 2008). Nach der Erdbebenkatastrophe sind diese transnationalen Familien- und Gemeinschaftsnetzwerke für Haiti wohl noch bedeutsamer geworden.

Die niederländischsprachige Karibik

In den restlichen hier betrachteten Ländern und Territorien wird aufgrund der Kolonialvergangenheit Niederländisch (Aruba, ehemalige Niederländische Antillen, Suriname) gesprochen, was sich aber in den letzten Jahrzehnten sehr verändert hat, da andere vor Ort gesprochene Sprachen teils ebenfalls als Amtssprachen anerkannt sind. Außerdem haben die ehemaligen niederländischen Kolonien in der Karibik ganz unterschiedliche politische Wege beschritten und das Königreich der Niederlande merklich verkleinert[3]:

---

2 Einer Schätzung der Vereinten Nationen zufolge gab es 230.000 Tote und 3 Mio. Menschen waren existentiell betroffen; das Erdbeben führte praktisch zu einem Totalausfall der Wirtschaft , d.h. die Schäden beliefen sich auf 100% des BIP (zit. in Pohl 2010, S. 12).

3 Das ‚Königreich der Niederlande' ist nicht zu verwechseln mit dem europäischen Land ‚Niederlande', das nur ein Teil davon war und ist. Inzwischen besteht das Königreich der Niederlande praktisch nur noch aus dem europäischen Land Niederlande und – wie im Text gezeigt wird – einigen wenigen kleinen Karibikinseln.

Das koloniale Niederländisch-Guyana wurde 1975 unter dem Namen Republik Suriname unabhängig und trat aus dem Königreich der Niederlande aus. Während der Kolonialzeit hatten die niederländischen Kolonialherren sowohl Sklaven aus Afrika als auch Kontraktarbeiter aus Indien und Indonesien eingeführt. Daher ist Suriname eines der ethnisch und kulturell heterogensten Länder der Region. Politische und ethnische Konflikte und Bürgerkriege in den 1980er/1990er Jahren führten auch im Bildungswesen zu Rückschritten, schlechten Zuständen der Schulen, unregelmäßigem Schulbesuch, Motivations- und Qualifikationsverlust bei Lehrpersonen usw. besonders im Landesinneren, wie in einem Bericht des damaligen surinamesischen Ministeriums für Bildung und Gemeinwesenentwicklung an die UNESCO festgehalten wurde. 2002 wurde daher ein neuere 15-Jahresplan für die Bildungsentwicklung vorgelegt (Ministry of Education 2004). Obwohl in Suriname eine Reihe anderer Sprachen weit verbreitet sind (Sranang Tongo, Hindi, Javanisch), ist Niederländisch weiterhin die Amts- und Unterrichtssprache geblieben. Neben staatlichen sind staatlich finanzierte konfessionelle Schulen (katholisch, protestantisch) weit verbreitet. Seit 2010 wird in Suriname die elf Jahre umfassende kostenlose grundlegende Schulbildung (*basisonderwijs*) im Ministerium für Sport und Jugend verwaltet (www.president.gov.sr).

Ein Referendum in Aruba im Jahre 1977 ergab, dass 82% der Bevölkerung sich die politische Unabhängigkeit wünschten. Dennoch kam es 1986 zunächst nur zu einem ‚status aparte', einem besonderen Status innerhalb des Königreichs der Niederlande, der ab 1996 zur vollen Souveränität führen sollte, was aber nicht mehr weiter verfolgt wurde. Statt dessen führten jahrelange Verhandlungen zwischen den verschiedenen Karibikinseln und dem Königreich der Niederlande im Jahre 2010 schließlich zu der folgenden politischen Konstellation, die auch unter dem Kürzel „10-10-10", dem Datum des Vertragsabschlusses, firmiert, an dem die niederländischen Antillen aufgelöst wurden (vgl. www.government.nl/issues/caribbean-parts-of-the-kingdom/).

Wie schon Aruba, so erhielten auch Curaçao und Sint Maarten den Status eines politisch autonomen Teils des Königreichs der Niederlande: Die niederländische Königin ernennt einen Gouverneur, das Königreich ist aber nur noch zuständig für Verteidigung und Außenpolitik. Alles andere regeln die Länder selbst. Das Königreich der Niederlande besteht demzufolge seit 2010 aus den autonomen Mitgliedsländern: Niederlande, Aruba, Curaçao und Sint Maarten.

Bonaire, Saba und St. Eustatius (die sog. BES-Inseln) erhielten den Status einer „besonderen Gemeinde" (*Caribisch Nederland*) innerhalb der (europäischen) Niederlande, ohne allerdings einer niederländischen Provinz anzugehören. Auf diesen Inseln gilt holländisches Recht, d.h. die insgesamt ca. 20.000 Einwohner zählen zu den Niederlanden und die dortigen Schulen fallen unter die Aufsicht des niederländischen Schulinspektorats. Es gilt Schulpflicht von vier bis 16 Jahren. Als Besonderheit ist zu verzeichnen, dass in Saba der Anschluss an das für die englischsprachige Karibik gegründete Caribbean Examination Council (CXC), d.h. das englische Curriculum- und Prüfungsprogramm, bestehen bleibt (www.rijksdienstcn.com/page/15/education.html), zu dem Saba erstmals 1995 Kandidaten gemeldet hatte (Erläuterungen zum CXC: in Kap. 4). St. Maarten wird von einem Gouverneur verwaltet (www.governorsxm.org). Obwohl die BES-Inseln Teil der (europäischen) Niederlande sind, sind dort weitere Amtssprachen zugelassen: Papiamento in Bonaire, Englisch in Saba und St. Eustatius.

Aruba gehört zu den reicheren Karibikländern mit einer breit ausgebauten Tourismusindustrie. Da die Insel nie eine Plantagenökonomie hatte, gibt es – im

Unterschied etwa zu Curaçao (wo die Holländer erst 1863 die Sklaverei abschafften) – in Aruba relativ wenige Einwohner afrikanischer Herkunft, stattdessen überwiegend Nachkommen aus Verbindungen indianischer und europäischer Bevölkerungsgruppen. Neu Zugewanderte stammen aus dem ehemaligen niederländischen Kolonialreich, aus anderen Teilen der Karibik und aus Lateinamerika. Im Bildungswesen Arubas zeigt sich dies in einer kulturellen und sprachlichen Vielfalt, bei der das Niederländische immer mehr an Bedeutung verliert. In dieser Hinsicht gab es auch von Pädagogen und in der Bildungsverwaltung starke Befürworter, sich sprachlich und kulturell nicht vom holländischen Erbe dominieren zu lassen (vgl. Adick & Emerencia 1998): Bei einem Bevölkerungszensus 1991 gaben 80% der Bewohner an, Papiamento zu sprechen – eine kreolische Sprache, die schon seit langem verschriftlicht war und die neben Aruba auch in Curaçao und Bonaire verbreitet ist. Papiamento enthält Elemente aus Portugiesisch, Spanisch, Niederländisch, Englisch und afrikanischen Sprachen und erhielt 1986 den Status eines eigenen Unterrichtsfaches. Es empfahl sich ferner anstelle des Niederländischen als Unterrichtssprache zumindest in der Elementarbildung. Auch in Curaçao sind Papiamento und Niederländisch die offiziellen Amtssprachen und wird Papiamento in das Bildungswesen integriert (www.Curaçao-gov.an). In St. Maarten[4] ist jedoch Englisch neben Niederländisch die Amtssprache. Daneben werden in der (ehemals) niederländischen Karibik je nach geographischer Lage weitere Sprachen gesprochen wie Spanisch, Hindi und Javanisch.

Jenseits aller politischen Abkopplungen haben die ehemaligen niederländischen Kolonien weiterhin enge Beziehungen zu den Niederlanden, was sich auch in ihren Bildungswesen zeigt. Trotz einiger Versuche größerer Eigenständigkeit, wie etwa in Bezug auf die bereits erwähnte Einführung des Papiamento in das Bildungswesen oder die Anbindung von Bildung in Saba an die englischsprachige Karibik, sind die Schulen immer noch am niederländischen Bildungswesen orientiert. Bildungslaufbahnen münden oft in ein Studium in den Niederlanden, obwohl es einige eigene Lehrerbildungsanstalten und Hochschulen gibt. Ferner findet sich in den Niederlanden eine beträchtliche Migrantengemeinde aus der Karibik, allein ca. 100 000 aus Suriname, von denen viele ihr Herkunftsland mit Rücküberweisungen unterstützen.

2. Gibt es eine karibische Identität?

Im karibischen Alltag und im Kulturbetrieb (Literatur und Kunst), aber auch in den Sozialwissenschaften wird die Frage diskutiert, ob sich aufgrund der vielfach ähnlichen 500jährigen Kolonialgeschichte und der Verflechtungen verschiedener kultureller Hintergründe eine spezifische karibische Identität entwickelt hat (Nuscheler 1995; Zeuske 2004; Gewecke 2007). Insbesondere soll dies auf die Inselgebiete der Karibik zutreffen. Eine solche überwiegend afrokaribische Identität lässt sich auf den sog. Dreieckshandel zwischen Westafrika, der Karibik und Europa zurückführen: Die mit Sklaven aus Afrika vollgepferchten Segelschiffe fuhren auf die Plantageninseln in der Karibik, von wo sie mit Waren wie insbesondere Zucker beladen nach Europa segelten, um dann von dort mit europäischen Waren und Waffen wieder nach Afrika zu fahren, wo es galt, neue

---

4 Die Insel ist zweigeteilt; ein Teil (Sint Maarten) ist, wie gesagt, autonomes Mitglied im Königreich der Niederlande, der andere Teil (Saint Martin) gehört zu Frankreich.

Sklaven zu rauben oder aufzukaufen und wiederum nach Amerika zu verschiffen (vgl. Zeuske 2004).

Im Folgenden sollen einige Argumente genannt werden, die die Entstehung einer karibischen Identität plausibel machen können. Damit wird nicht gesagt, dass es zwischen den Ländern keine gravierenden Unterschiede gibt oder dass sich keine kulturellen Eigenheiten herausgebildet hätten. Dennoch gibt es einige historische Erfahrungen, die zur Ausprägung karibischer Gemeinsamkeiten beigetragen haben. Nicht zuletzt zeigen auch die politischen Bemühungen um Kooperation und Integration wie etwa die karibische Gemeinschaft CARICOM, dass sich die Territorien eines gemeinsamen Erbes und ähnlicher Herausforderungen z.B. als kleinräumliche Staaten oder Inseln bewusst sind.

Eine historische Gemeinsamkeit ist die fast gänzliche Ausrottung der Ureinwohner. Bei Ankunft der Europäer waren die einstmals dort ansässigen Arawaken schon weitgehend von den Kariben besiegt und zurückgedrängt; durch kriegerische Handlungen und von Europa eingeschleppte Krankheiten starben jedoch auch die meisten Kariben aus. Das bedeutet, dass bis auf die Festlandsgebiete und einige kleinere Gruppen auf einigen Inseln (prominentes Beispiel: Dominica) praktisch keine einstmaligen ‚Ureinwohner' mehr vorhanden sind, die ihre Rechte z.B. im Schulwesen (wie in manchen lateinamerikanischen Ländern) geltend machen (könnten).

Die zweite historische Gemeinsamkeit sind die in großer Zahl in die Karibik verschleppten Afrikaner, die sich in der heutigen ethnisch-kulturellen, mehrheitlich afrokaribischen Zusammensetzung der Bevölkerung spiegeln. Das afrikanische Erbe zeigt sich z.B. noch heute darin, dass Sprichwörter oft auf ihre Ursprünge in Westafrika zurückgeführt werden können.

Ein drittes Element der karibischen Identität basiert auf den Folgen der Plantagenwirtschaft, die sich teils heute noch in konjunkturanfälligen Monokulturen zeigt. Zucker- und Rumproduktion, oder der Anbau von Bananen oder Gewürzen stellen – neben dem Tourismus – bis heute teilweise noch wichtige Wirtschaftszweige dar.

Viertens sind die Bewohner der Karibik als Resultat christlicher Missionsarbeit überwiegend Christen verschiedener Konfessionen (Bisnauth 1993; Meier et al. 1995). Im Unterschied zur überwiegend katholischen lateinamerikanischen Bevölkerung sind in der Karibik neben den Katholiken jedoch eine große Bandbreite protestantischer Kirchen und neuerlich charismatische Pfingstbewegungen anzutreffen (Lampe 1998a). Daneben hat sich vielfach ein afrikanisches Erbe bewahrt oder findet seinen Ausdruck in synkretistischen karibischen volksreligösen Gemeinschaften: Vodou in Haiti oder Brua und Montamentu in Curaçao (ebd., S. 432). Nur in den Gebieten mit asiatisch-stämmiger Bevölkerung (Trinidad & Tobago, Guyana, Suriname) sind der Hinduismus und der Islam vertreten.

Des Weiteren ist fünftens zu konstatieren, dass die politische Unabhängigkeit vergleichsweise spät erfolgte und die Dekolonisation vielfach unabgeschlossen blieb. Im Unterschied zu Lateinamerika wurden die karibischen Gebiete erst spät, seit den 1960er Jahren, unabhängig (Ausnahme: Haiti) oder sind teils immer noch nicht (formal voll) unabhängig oder wollen es auch gar nicht sein (einige ehemalige niederländische Antilleninseln, Britische Überseegebiete).

Daraus resultieren schließlich sechstens weiterhin starke Affiliationen zu den (ehemaligen) Kolonialmächten. Diese Situation führt zu beträchtlichen Migrationsbewegungen nach Großbritannien, Frankreich und in die Niederlande. In umgekehrter Richtung verlaufen ferner Touristenströme von diesen europäischen

Ländern in die betreffenden Karibikgebiete. Heute ist der europäische Einfluss allerdings durch Wirtschaftsverflechtungen, Massenmedien, Auslandsstudium, Migration und Touristen aus den USA schon vielfach von US-amerikanischen Einflüssen überlagert oder verdrängt.

Es lässt sich nicht alles verallgemeinern, da – wie gezeigt – die einzelnen Territorien unterschiedlichen Kolonialsystemen angehörten und aufgrunddessen auch unterschiedliche sprachliche, ethnische, religiöse und ökonomische Merkmale aufweisen. Dennoch spiegelt sich die Auseinandersetzung mit dem besonderen Kolonialerbe und mit der ,karibischen Identität' auch in Wissenschaft, Kunst und Literatur der Karibik. Dies zeigt sich z.b. in den Werken der Literatur-Nobelpreisträger Derek Walcott (1930 in St. Lucia geboren, afrikanische Vorfahren) und V.S. Naipul (1932 in Trinidad geboren, indischer Abstammung) oder der Wissenschaftler Walter Rodney (1942 in Guyana geboren, Historiker afrikanischer Abstammung) und Stuart Hall (1932 in Jamaika geboren, Soziologe und Theoretiker der Cultural Studies, afrikanische Vorfahren). Ihre Werke tragen mit dazu bei, die vergleichsweise kleine Region Karibik aus dem Schatten der Geschichte zu holen und weltöffentlich bekannt zu machen.[5]

3. Die Bildungsgeschichte in der Karibik

In den Sklavenhaltergesellschaften war die Unterrichtung der Sklaven in Lesen, Schreiben und Rechnen verboten (vgl. Bacchus 1990): Es gab daher zunächst nur Schulen für Weiße. Den Missionen wurde nur mündliche Unterweisung im Glauben in Sonntags,schulen' gestattet. Dessen ungeachtet waren jedoch einige Sklaven autodidaktisch oder durch geheime Unterweisung lese- und schreibkundig. Die eigentliche Missionsschularbeit begann in der englischsprachigen Karibik erst nach der dort 1834 verkündeten Abschaffung der Sklaverei. Ähnlich war es auch in französischen Karibikinseln (Fouchard 1988).

Während in Lateinamerika wegen der (katholischen) spanischen und portugiesischen Kolonialmächte das katholische Christentum verbreitet wurde, arbeiteten in den zeitweilig dänischen, den englischen und den holländischen Karibikkolonien überwiegend protestantische Missionsgesellschaften mit teilweise internationalem Mitarbeiterstab. So ging z.B. der Norwegische Missionar Otto Tank in Diensten der böhmischen Herrnhuter Brüdergemeine (im Englischen: Moravian Brothers) 1842 in die niederländische Kolonie Suriname. Da er sich 1848 in einem offenen Brief in den Niederlanden über die schlechte Behandlung der Sklaven äußerte, ist er heute auf einem Monument in Paramaribo (Suriname) als ,Freiheitskämpfer' verewigt. Archivrecherchen haben allerdings belegt, dass die Mission der Herrnhuter Brüdergemeine dort seinerzeit selbst Sklaven und Otto Tank zuvor noch die Sklaverei mit allerlei Gründen verteidigt hatte. Dazu zählte auch die damals in der Karibik in Missionskreisen häufig vertretene Ansicht, dass man sich einerseits den weltlichen Autoritäten unterzuordnen hätte, und andererseits, dass die Schwarzen doch dank der Sklaverei mit dem heilbringenden Christentum in Kontakt gekommen seien (Lampe 1998b).

---

5 Obwohl die französischen Überseegebiete nach der UNESCO-Zuordnung nicht zum Gegenstand dieses Aufsatzes gehören, sei an dieser Stelle auch an die bekannten Autoren und politischen Aktivisten Aimé Césaire (Mitbegründer der Négritude) und Frantz Fanon (Rassismus- und Kolonialismuskritiker) erinnert. Beide sind ,schwarz', stammen aus Martinique und wurden mit ihren Werken weltweit und nicht zuletzt in Afrika rezipiert.

Die frühe Bildungsgeschichte in der Karibik umfasste also oftmals Beziehungen nicht nur zwischen Kolonien und ihren sog. ‚Mutterländern', sondern auch zwischen verschiedenen europäischen Entsendeländern (wie im Falle Otto Tank) sowie zwischen karibischen und afrikanischen Kolonialgebieten. Dies gilt auch für die Einbeziehung von (Ex)-Sklaven in die dieserart transnationale Missionsarbeit, wie folgende außergewöhnliche Lebenswege illustrieren.

Im ersten Beispiel[6] handelt es sich um die afrikanische Lehrerin Catherine Mulgrave (1827-1891), die als Kind aus Angola auf ein Sklavenschiff verschleppt wurde: Bei der Ankunft in Jamaika erleidet dieses Schiffbruch, Catherine wird aber gerettet und vom damaligen Gouverneursehepaar adoptiert. Als kurz darauf in der englischen Karibik die Sklaverei abgeschafft wird (1834), kommt sie in die Obhut der Herrnhuter Brüdergemeine, wo sie eine Internatserziehung erhält und zur Lehrerin für Mädchenschulen ausgebildet wird. Nachdem sie in Jamaika den aus Liberia stammenden Basler Missionar George Thompson geheiratet hat und die Basler Mission unter den ehemaligen Sklaven Missionare für Westafrika rekrutiert, arbeitet sie mit ihrem Mann ab 1843 in Christiansborg an der Goldküste (heute Ghana). 1849 wird die Ehe auf ihren Wunsch hin geschieden und Catherine Mulgrave arbeitet wieder als Lehrerin und Evangelistin. 1851 wird sie die Frau des deutschen Missionars Johannes Zimmermann; die beiden haben sich bei der Arbeit an der Goldküste kennengelernt und heiraten unter Missbilligung der Missionsleitung in Basel. Nachdem sie weiterhin als Lehrerin tätig ist und ihren Mann mitsamt ihren gemeinsamen Kindern auch zu einem Besuch nach Deutschland begleitet hat, stirbt dieser 1876. Nach dessen Tod arbeitet Catherine noch viele Jahre an der Goldküste und stirbt dort 1891 als geachtetes Mitglied der Mission.

Als zweites Beispiel[7] sei der Lebensweg von Edward Wilmot Blyden (1832-1912) vorgestellt: Auf der Karibikinsel St. Thomas geboren, wo er auch seine Schulbildung erhielt, kam er mit Missionskreisen in Kontakt, die ihm eigentlich zu einem Studium in Nordamerika verhelfen wollten. Als dies aus Gründen der Rassendiskriminierung nicht zustande kam, nahm er ein Angebot der American Colonization Society an, die Ex-Sklaven zur Rückkehr nach Afrika, und zwar in die 1847 von Afroamerikanern gegründete Republik Liberia, rekrutierte. Nach Beendigung der dortigen High School und weiteren Studien wurde er später Direktor der High School und 1861 Professor für klassische Sprachen (Latein und Griechisch) im neu gegründeten Liberia College. Seine diversen weiteren beruflichen Positionen führten ihn zu vielen Reisen innerhalb Westafrikas, in den Nahen Osten, nach Europa und Amerika. Zuletzt hatte er die Stelle des Direktors der Abteilung für das islamische Bildungswesen in Sierra Leone inne (1901-1906), wo er 1912 verstarb.[8]

Die Bildungswesen in der Karibik spiegeln die Kolonialvergangenheit bis heute in ihrem Aufbau, ihrer Unterrichtssprache, ihren Verwaltungsstrukturen und ihrer Schulkultur. Diese Binsenweisheit trifft wohl auf alle ehemaligen Kolonialgebiete zu, in denen Schulen nach europäischem Muster eingeführt wurden. Dennoch darf eine solche Aussage nicht dahingehend missverstanden werden, die ‚modernen' Bildungswesen in diesen Gebieten seien einzig und allein das Werk von Missions- und Kolonialpädagogen (Adick 1992, S. 37ff.). Denn das

---

6 vgl. Adick 2005; dort auch weitere Literaturbelege zu dieser Biographie
7 vgl. Adick 1992, S. 242ff.; dort auch weitere Literaturbelege zu dieser Biographie
8 Edward Wilmot Blyden wird in einem einschlägigen Sekundarschulbuch zur Geschichte der Karibik als „one of the first to point to this link between American-born and African-born blacks" zum Unterrichtsthema gemacht (Claypole/Robottom 1996, Bd. 2, S. 6off.)

würde die Eigenbeiträge der Missionierten und Kolonialisierten an der Bildungsgeschichte der Gebiete, in denen sie wirkten, unterschlagen und unterschätzen, wie die obigen Beispiele von Mulgrave und Blyden zeigen.

Die Erscheinungen in den heutigen karibischen Bildungswesen nur auf Kolonialeinflüsse zu reduzieren, würde auch ignorieren, dass inzwischen andere Faktoren eine bedeutende Rolle spielen. Die geographische Nähe zu Nordamerika macht sich nicht nur in Touristenströmen von dort bemerkbar, sondern zeigt sich auch in der Präsenz nordamerikanischer privater Bildungsinstitutionen besonders im post-sekundären Bereich auf vielen Inseln. Dort finden sich offenbar genügend Studierwillige, die entsprechende Einschreibegebühren bereits sind zu zahlen. Im einstmals durchgängig britisch geprägten Bildungssystem der Bahamas wurde z.B. eine zunehmende ‚Amerikanisierung' konstatiert (vgl. Urwick 2002): Diese manifestiert sich in folgenden Erscheinungen: Studierende der Bahamas nehmen inzwischen überwiegend in den Vereinigten Staaten und in Kanada – und nicht in Europa – ein Studium auf. Private gebührenpflichtige US-amerikanische offshore-Institutionen höherer Bildung bis hin zu Masterabschlüssen haben sich angesiedelt. Multinationale Verlagsunternehmen aus den Vereinigten Staaten (und nicht wie zuvor englische Verlage) dominieren den Schulbuchmarkt. Die Errichtung einer nationalen Prüfungsbehörde für die zentralen Schulprüfungen auf den Bahamas geschah unter maßgeblicher Mitwirkung einer US-amerikanischen Testagentur, deren Dienste bezahlt werden mussten.

In der Karibik gibt es aber möglicherweise ein karibik-typisches ‚koloniales Erbe' im Bereich Erziehung und Bildung, das sich vielleicht aufgrund der besonderen Bedingungen gerade dort ausgeprägt hat. Es handelt sich um die Auswirkungen der kolonialen Situation auf das Geschlechterverhältnis und damit zusammenhängend auf Erziehung und Bildung: Den Sklaven wurde vielerorts untersagt, Ehen zu schließen und Familien zu gründen. Dies hatte Folgen für die Familienerziehung und gilt als einer der möglichen Gründe für die weite Verbreitung der sog. ‚matrifokalen Erziehung' in der Karibik. Mit diesem Begriff sind Erziehungspraxen bezeichnet, in denen die Mutter und ggf. weitere weibliche Familienangehörige (Schwester, Cousine, Tante, Großmutter) das Zentrum des kindlichen Aufwachsens darstellen, wohingegen der leibliche Vater und/oder ein neuer Partner der Mutter (Stiefvater) eine untergeordnete Rolle spielen oder oftmals auch gar nicht oder kaum anwesend sind. Daher gibt es eine gewisse Überschneidung von matrifokaler Erziehung mit der von Frauen als Haushaltsvorständen (*women-headed households*).[9]

Laut Zensusdaten aus dem Jahre 1992 lag der Anteil von weiblichen Haushaltsvorständen zwischen 22% in Belize und ca. 44% in Barbados und in St. Kitts & Nevis (Mondesire/Dunn 1996, S. 113). In einer anderen Untersuchung klassifizierten sich z.B. von 235 befragten Frauen in Barbados 35,7% als Haushaltsvorstand, wurden 39% aller erstgeborenen Kinder nur von ihren Müttern erzogen und nahmen 65,6% dieser alleinerziehenden Mütter dafür die Hilfe weiblicher Familienangehöriger in Anspruch (Powell 1986, S. 105,117,119).

Neben dem historischen Erbe der verbotenen Familiengründung in der Sklavenära werden diese hohen Quoten auch auf weitere karibik-typische Fak-

---

9 In Deutschland wird dieses Thema z.B. unter dem Stichwort „alleinerziehende Mütter" sichtbar, so dass sich die Frage stellt, ob die verschiedenen Begriffe (alleinerziehende Mütter, matrifokal, mother-centred, female-headed households etc.) Ähnliches meinen oder unterschiedliche Wirklichkeiten benennen. Auch Barrow (1996, S. 73) konstatiert für die Familiensoziologie in der Karibik eine beträchtliche Konfusion hinsichtlich der Begriffsvielfalt.

toren, wie z.B. die Auswanderung überwiegend von Männern zum Zwecke des Gelderwerbs ins Ausland, zurückgeführt (Götz 1986): Dies resultiert oft darin, dass auf allen Seiten wechselnde Partnerschaften eingegangen werden. Frauen führen ihren Haushalt selbstständig und erziehen ihre Kinder in Abwesenheit des Vaters allein oder unter Mithilfe von weiblichen Familienangehörigen. Als zwei weitere Ursachen werden folgende diskutiert (ebd.): ‚Bei der matrifokalen Erziehung könne es sich um Relikte aus dem afrikanischen Erbe der Polygamie handeln. Und die Väter entfernten sich aus der Familie bzw. gingen keine entsprechenden Verpflichtungen ein, weil sie wegen Arbeitslosigkeit und geringer finanzieller Mittel nicht als Ernährer der Familie und dementsprechend nicht als Familienoberhaupt auftreten könnten.

Weit früher und unter umgekehrten Vorzeichen als in Europa wurden in der Karibik teils in heftiger Form die Bildungsbenachteiligung der Jungen gegenüber Mädchen und die drohende Vorherrschaft des weiblichen Geschlechts diskutiert. Der jamaikanische Pädagogikprofessor Errol Miller zeigte in seiner historischen Untersuchung zur Lehrerbildung in Jamaika (1994, 1. Aufl. 1986), wie sich das Verhältnis der männlichen zu weiblichen Lehrpersonen seit dem 19. Jh. immer mehr zugunsten der Frauen verschoben hatte. Er führte dies auf eine institutionell bedingte Marginalisierung der Männer zurück und nicht auf andere Faktoren, wie etwa einen Prestigeverfall des Lehrerberufs (Miller 1994, S. 54f.). In einem weiteren seiner ‚Bestseller‘ generalisierte er seine Überlegungen zum Zusammenhang von Geschlecht und Bildung und mutmaßte unter anderem, die von ihm diagnostizierte Dominanz des weiblichen Geschlechts in der Karibik eile möglicherweise entsprechenden Entwicklungen in anderen Gegenden der Welt voraus (Miller 1991, 2. Aufl. 1995).

Neben dieser Interpretation der Feminisierung des Lehrerberufs stellt das Thema Koedukation einen weiteren Schauplatz der Geschlechterdebatte in der Karibik dar.[10] Koedukation wurde in der englischsprachigen Karibik erst seit den 1970er Jahren zunächst in den Primar-, dann auch in den Sekundarschulen eingeführt; bis heute halten sich aber einige private getrennte Mädchen- und Jungenschulen im Sekundarschulbereich. Da Mädchen an Sekundarschulen tendenziell nicht nur zahlenmäßig immer häufiger vertreten waren, sondern auch noch bessere Schulleistungen aufwiesen als Jungen, wurden ‚Schuldige‘ gesucht. Für eine solche Benachteiligung der Jungen und die Diskriminierung des männlichen Geschlechts wurde unter anderem die Koedukation verantwortlich gemacht, möglicherweise bedingt oder forciert durch matrifokale Erziehung und eine feminisierte Lehrerschaft.

4. Regionale Bildungskooperationen

Ein besonderes Kennzeichen für Bildung in der Karibik sind regionale Bildungskooperationen, mit denen innovativ auf die gemeinsame geschichtliche Erfahrung und die besondere Situation von Bildungswesen auf den überwiegend

---

10 Vgl. Adick 1999 (dort auch einschlägige Literaturangaben). Grundlage des Aufsatzes bildeten 45 Presseartikel aus Barbados aus den Jahren 1993-1997 zum Thema Koedukation, bei deren Analyse folgende Topoi herausgearbeitet wurden: Koedukation bevorteilt die Mädchen und führt zu Schulversagen der Jungen. Die Politik der Koedukation basiert auf feministischen Machenschaften. Koedukation steht im Zusammenhang mit der matrifokalen Erziehung und der Entmännlichung der Männer. Als Ausgleich für die Benachteiligung der Jungen sind diverse Junge favorisierende Maßnahmen nötig oder gar die Abschaffung der Koedukation.

kleinen Territorien (Problematik der ‚small islands' oder ‚small states') geantwortet werden soll.

Ein herausragendes Beispiel regionaler Kooperation stellt die University of the West Indies dar (vgl. Sherlock/Nettleford 1990): Forderungen nach Hochschulbildung in den britischen Karibikkolonien im 19. und in der ersten Hälfte des 20. Jh. wurden größtenteils von der Kolonialmacht ignoriert. Erst im Februar 1947 wurde ein erstes Büro des University College of the West Indies in Kingston/Jamaika als Resultat einer vorher vom sog. Irvine Committee der britischen Kolonialmacht durchgeführten Enquete zur Situation der Hochschulbildung in der Karibik eröffnet. Mona in Jamaika wurde als Standort ausgewählt. Man begann mit einer School of Medicine, die 1948 zur Fakultät wurde; 1953 befanden sich 300 Studierende im College. Im Zuge der Unabhängigkeitsbestrebungen entstand 1962 aus diesem University College die eigenständige regionale University of the West Indies (UWI) mit Standorten in Jamaika (Mona Campus), Barbados (Cave Hill Campus) und Trinidad & Tobago (St. Augustine Campus) sowie weiteren Dependancen in anderen Gebieten der englischsprachigen Karibik (non-campus countries). Im Laufe der Zeit wurden an der UWI die verschiedensten Zertifikate, Diplome sowie Bachelor- und MasterAbschlüsse etabliert und Forschung und Lehre an der UWI erhielten international anerkanntes Niveau.

Derzeit versorgt die UWI 15 englischsprachige Karibikländer (vgl. www.uwi.edu): Dort, wo kein Campusstandort vorhanden ist, existieren lokale Universitätszentren mit einem Verbindungsbüro. Insgesamt sind fast 40 000 Studierende eingeschrieben und ca. 5 800 erhalten jährlich einen Abschluss. Zur Verbreitung von Forschungsergebnissen trägt der nicht-kommerzielle Universitätsverlag bei (The University of the West Indies Press; www.uwipress.com). Seit einer ersten Eröffnung im Jahre 2008 in Antigua & Barbuda unterhält die UWI zusätzlich einen Open Campus mit inzwischen über 40 lokalen Studienzentren in der ganzen Karibik. Der Open Campus bietet vor-universitäre und universitäre (undergraduate & postgraduate) Programme sowie Weiterbildung an. Diese sind als Fernlehrgänge, online oder als Mix von Fernlehre und Präsenzstudium (blended learning) gestaltet (www.open.uwi.edu).

Ein weiteres herausragendes Beispiel stellt das bereits 1972 gegründete Caribbean Examination Council (CXC) mit seinem Verwaltungshauptsitz in Barbados dar (vgl. www.cxc.org): Es vereint die Länder der englischsprachigen Karibik, deren Bildungsabschlüssen es eine einheitliche regionale Form und Qualität geben möchte. Die Prüfungen des CXC lösten die ehemals englischen GCE-Examina (General Certificate of Education) ab. Dies implizierte auch gemeinsame Reformen im curricularen Bereich, z.B. eine eigene Schulbuchproduktion besonders in gesellschaftskundlichen Fächern (Geschichte, social studies), die die karibischen Realitäten spiegeln sollen (zu Curriculumentwicklungen vgl. Craig 1996). Erste zentrale Prüfungen wurden 1979 durchgeführt. Inzwischen werden von dieser Prüfungsbehörde folgende Abschlüsse vergeben (www.cxc.org/examinations):

– *Caribbean Primary Exit Assessment* (CPEA): Dieses ist – ähnlich wie PISA (Programme of International Student Assessment der OECD) – am Literacy-Konzept orientiert; d.h. es prüft nicht einzelne Schulfächer ab, sondern mathematische, sprachliche, naturwissenschaftliche und sozialwissenschaftliche Kompetenzen am Ende der Primarschule. Das CPEA soll eine Vereinheitlichung der Grundbildung und eine gemeinsame Grundlage für Sekundarbildung in der Karibik schaffen.

- *Caribbean Secondary Education Certificate* (CESE): Diese am englischen Vorbild orientierte Sekundarschulprüfung wird zwei Mal jährlich durchgeführt und für 33 Fächer angeboten (28 allgemein bildende, fünf technische Fächer). Die Notenskala geht von I bis VI, wobei die Noten I-III als Voraussetzung für die Immatrikulation an der Universität, an Community Colleges und an Lehrerbildungsanstalten gelten.
- *Caribbean Advanced Proficiency Examination* (CAPE): Dieses Examen kann nach mindestens fünfjährigem Besuch der Sekundarschule in verschiedenen Varianten abgelegt werden: als einfaches Zertifikat über eine Prüfungseinheit (*Unit*; eine *Unit* umfasst drei Module), als CAPE Diploma (mindestens sechs Units, incl. Caribbean Studies) oder als CAPE Associate Degree (sieben vorgeschriebene Units).
- *Caribbean Certificate of Secondary Level Competence* (CCSLC): Dieses Prüfungsformat wurde erst 2007 entwickelt. Es soll den Lernerfolg einer universalen, d.h. allen zugänglichen, Sekundarschulbildung mittleren Niveaus (mindestens drei Jahre Sekundarschule) repräsentieren. Hierfür wurde eigens ein Konzept eines gemeinsamen Sekundarschulcurriculums mit den Kernfächern Englisch, Naturwissenschaft, Mathematik, moderne Sprachen und Sozialkunde entwickelt. Die Prüfungen werden in mindestens fünf Fächern abgenommen, wobei Englisch und Mathematik Pflicht sind.
- *Caribbean Vocational Qualification* (CVQ): Dies ist ein noch junges Unterfangen. Ziel ist die Erstellung eines fünfstufigen Qualifikationsrahmens, der berufliche Kompetenzen von einfachen Arbeitstätigkeiten unter Aufsicht bis hin zu Managertätigkeiten erfasst; die Standards sollen innerhalb der Karibik kompatibel sein und werden deshalb von der Caribbean Association of National Training Agencies entwickelt und von der CARICOM abgesegnet.

Laut dem derzeit aktuellsten Jahresbericht der Prüfungsbehörde nahmen 2011 ca. 20 000 Schüler am CCSLC und fast 28 000 am CAPE teil, während 610 713 Fachprüfungen im CSEC stattfanden und 1 300 CVQ Bescheinigungen ausgestellt wurden (CXC 2011, S. 6). Im Bericht wurde ferner vermerkt, dass einige Curricula einer Revision unterzogen würden. Prüfungsgestaltung und Curriculumentwicklung gehen demzufolge Hand in Hand.

Durch die auf verschiedene Schulkarrieren abgestimmten Prüfungen und den vereinheitlichenden Effekt des CXC ist auf diese Weise so etwas wie ein grenzüberschreitendes karibisches Schulwesen in der englischsprachigen Karibik entstanden. Wie es scheint, ist diese Entwicklung seit längerer Zeit auch für einige niederländisch-sprachige Territorien attraktiv. Denn 1985 nahmen die ersten Prüfungskandidaten von Saba und 1986 die ersten der Niederländischen Antillen an CXC-Prüfungen teil. Ferner ist Suriname Mitglied im Caribbean Examinations Council. Möglicherweise steht die Mitgliedschaft weiterer Länder zu erwarten.

5. Die derzeitige Bildungssituation

Im Folgenden wird zunächst ein Überblick über Bildung in englischsprachigen karibischen Ländern mit Bezug auf eine eigens erstellte tabellarische Übersicht gegeben (vgl. Tab. 1). Anschließend werden Daten aus dem derzeit jüngsten Weltbildungsbericht (Global Monitoring Report) der UNESCO (2011) referiert.

Der Übersicht (Tab. 1)[11] ist zu entnehmen, dass viele Territorien aufgrund ihrer geringen Einwohnerzahl nur wenige Primar- und Sekundarschulen aufweisen. Darüber hinaus gehende Bildungsangebote sind in solchen Fällen selten und beschränken sich auf College-Niveau oder bestehen in (Fernlehre-)Dependancen der University of the West Indies (UWI). Die größeren Länder Belize, Guyana, Jamaica, Trinidad & Tobago haben dagegen ein breiteres Angebot bis hin zu Universitätsniveau und zu eigenen universitären Einrichtungen, d.h. sie sind nicht (nur) auf die UWI angewiesen. Neben den aufgrund der Kolonialzeit zu erwartenden Institutionen mit Bezügen zu britischen Universitäten finden sich teils auch Ableger amerikanischer Universitäten.

Die Schulpflicht beginnt in den meisten Ländern der Region mit dem 5. oder 6. Lebensjahr und dauert mindestens bis zum Alter von 15 Jahren; Ausnahmen sind hier Belize (14 J.), Jamaica, Suriname sowie Trinidad & Tobago (12 J.). Die Bildungsverwaltung obliegt teils einem eigenen Bildungsministerium; teils sind in diesem jedoch auch andere Ressorts (Kultur, Jugend, *Human Resource Development* u.ä.) untergebracht.

Die nun folgenden Ausführungen zur Bildungsbeteiligung basieren – wo nicht anders angegeben – auf dem Global Monitoring Report der UNESCO aus dem Jahre 2011, in dem sich Zahlenangaben für das Jahr 2008 bzw. das jeweils aktuellste Jahr des Zeitintervalls 2005-2008 finden. Teils werden in diesem Bericht Vergleichsdaten zu früheren Zeiträumen (dem jeweils jüngsten verfügbaren Jahr zwischen 1985-1994) aufgeführt. Es ist jedoch zu konstatieren, dass – im Unterschied etwa zur Region Lateinamerika – in vielen Fällen entsprechende Angaben fehlen. Dies mag daran liegen, dass die Bildungsstatistik vieler Inselterritorien (noch) erhebliche Defizite aufweist oder dass die betreffenden nationalen Verwaltungen der Aufforderung der UNESCO zur Lieferung von Bildungsdaten (noch) nicht nachgekommen sind.

Besonders lückenhaft sind die Angaben zur Alphabetisierungsrate der Erwachsenen (im Alter ab 15 Jahren): Wo Daten für den Zeitraum 2005-2008 genannt sind, liegen diese in Antigua und Barbuda, in Aruba, auf den Cayman-Inseln und den Niederländischen Antillen sowie in Trinidad & Tobago nahe bei 100%; in Suriname bei 91% und in Jamaica bei 86% - wobei dort die Frauen überwiegen.

Vorschulerziehung wird in vielen Gebieten recht häufig wahrgenommen. Belize rangiert hier mit 40% Teilnahme am niedrigsten; viele Länder (Anguilla, Aruba, die Britischen Jungferninseln, die Cayman-Inseln, Grenada und Montserrat) weisen aber 90% und mehr auf.

Die Teilnahme an der Primarschulerziehung (Nettoeinschreiberate, NER)[12] liegt laut Angaben aus dem Jahre 2008 in fast allen Gebieten bei 80% oder mehr. Für Dominica sind 72% verzeichnet; für Barbados, Haiti, die Niederländischen Antillen, St. Kitts und Nevis sowie die Turks- und Caicos-Inseln liegen hierzu allerdings keine Angaben vor.

---

11 Die Informationen basieren auf den Webseiten der jeweiligen Regierungen, die als direkte Links von der Webseite des Caribbean Examinations Council aus zugänglich sind (www.cxc.org/ministries). Die Bevölkerungsangaben entstammen dem UNESCO Institute for Statistics (Referenzjahr: 2009; bei Anguilla und Turks & Caicos Islands 2007). Daten zur Schulpflicht sind dem Global Monitoring Report der UNESCO entnommen (UNESCO 2011). Ich danke Maria Giesemann für die Zusammenstellung der Daten für diese Tabelle.

12 Die Nettoeinschreiberate NER (im Englischen Net Enrolment Rate) bezeichnet den Anteil der eingeschulten Kinder der für die betreffende Schulstufe vorgesehenen Altersgruppe im Verhältnis zur Gesamtzahl der betreffenden Alterskohorte.

Tab. 1: Überblick über Bildung in englischsprachigen Karibikstaaten (Stand: 2011)

Territorium (Einwohner)	Bildungsverwaltung	Schulpflicht (Alter)	Anzahl und Art der Schulen	Post-sekundäre / tertiäre Bildungseinrichtungen
Anguilla (13.000)	Ministry of Social Development (Education Dept.)	5–17	6 government primary; 1 secondary	Community College ist in Planung (Stand 2009) und soll in den nächsten Jahren eröffnet werden
Antigua & Barbuda (88.000)	Ministry of Education, Sports & Youth Affairs	5–16	34 public primary; 28 private primary; 9 public secondary; 6 private secondary	Antigua State College; The Antigua & Barbuda International Institute of Technology; University of Health Sciences Antigua – School of Medicine; University of the West Indies School of Continuing Studies (Antigua & Barbuda)
Barbados (273.000)	Ministry of Education & Human Resource Development	5–16	71 public primary, 22 private secondary	Cave Hill Campus of the regional UWI (University of the West Indies); Barbados Community College; Samuel Jackman Prescod Polytechnic; Erdiston Teachers College
Belize (305.000)	Ministry of Education & Youth	5–14	294 primary; 51 secondary (2008/09)	Corozal Community College; Galen University; University of Belize; University of the West Indies School of Continuing Studies; Wesley College
British Virgin Islands (29.000)	Ministry of Education & Culture	5–16	16 primary; 4 secondary (2006)	H. Lavity Stoutt Community College (HLSCC)
Cayman Islands (56.000)	Ministry of Education, Training & Employment	5–16	10 government primary; 4 government secondary (2010)	University College of the Cayman Islands; International College of the Cayman Islands; The Cayman Islands Law School; St. Matthew's University School of Medicine; The Institute of Legal Training; UWIDEC (University of the West Indies Distance Education Centre) Cayman Islands
Dominica (68.000)	Ministry of Education & Human Resource Development	5–16	60 government primary; 15 government secondary	The Dominica State College; Business Training Center; Ross University School of Medicine in Dominica; several UK-based universities, including Cambridge University & the Universities of London & Leicester, offer courses via e-learning or via blended learning; students participate in UWIDEC (Univ. of the West Indies Distance Education Centre) courses via teleconferencing
Grenada (104.000)	Ministry of Education & Human Resource Development	5–16	450 primary; secondary 22 (2006)	T.A. Marryshow Community College (was formed in 1998 by merger of nine pre-existing colleges, institutes, & schools. These included the Grenada Teachers College, as well as several organizations providing technical or vocational education); St. George's University; UWISCS (University of the West Indies School of Continuing Studies)
Guyana (753.000)	Ministry of Education	6–15	31 primary; 31 secondary	University of Guyana; Cyril Potter College of Education; Lilian Dewar College of Education; Kuru Kuru Cooperative College Guyana; Government Technical Institute; Guyana School of Agriculture; Carnegie School of Home Economics; American International School of Medicine; Critchlow Labour College; E.R. Burrowes School of Art; Guyana Industrial Training Centre; Linden Technical Institute; New Amsterdam Technical Institute

Jamaica (2.731.000)	Ministry of Education	6–12	355 public primary; 88 public all-age schools (primary & lower secondary)	Univ. of the West Indies (UWI); Excelsior Community College; Univ. of Technology (U-Tech); Edna Manley College – Multidisciplinary; Mico Teachers' College; Shortwood Teachers' College; St. Catherine; G.C. Foster Colleges; Portmore Community College; Church Teachers' College; Knox Community College; College of Agriculture, Science & Education (CASE); Moneague College; Brown's Town Community College; Sam Sharpe Teachers' College/Montego Bay; Community College
Montserrat (5.000)	Ministry of Education, Health & Community Services /Labour	5–16	4 primary (2 public, 2 private); 1 secondary	Montserrat Community College; UWISCS (University of the West Indies School of Continuing Studies)
St. Kitts & Nevis (52.000)	Ministry of Education, Youth, Social & Community Development	5–16	26 public primary; 9 private primary; 10 secondary	Clarence Fitzroy Bryant College; UWISCS (Univ. of the West Indies School of Continuing Studies); International University of the Health Sciences; Medical University of the Americas; Saint Theresa's Medical University; The Ross University School of Veterinary Medicine; Six overseas campuses of foreign universities are also located on the island, with enrollments drawn almost exclusively from international students
St. Lucia (172.000)	Ministry of Education & Culture	5–15	75 primary; 23 secondary	Sir Arthur Lewis Community College (SALCC); Destiny University School of Medicine & Health Sciences, St. Lucia; Spartan Health Science University School of Medicine; UWISCS (University of the West Indies School of Continuing Studies)
St. Vincent & the Grenadines (109.000)	Ministry of Education	5–15	61 primary; 26 secondary	St. Vincent & the Grenadines Community College (SVGCC); UWIDEC (University of the West Indies Distance Education Centre)
Trinidad & Tobago (1.336.000)	Ministry of Education	6–12	513 primary; 221 secondary (vermutlich sowohl staatliche als auch private Schulen)	Univ. of Trinidad & Tobago: Automation Technology College Ltd.; C-Tech College of Technology; Caribbean Union College; Christ College Vocational Trade Centre; Cipriani College of Labour & Cooperative Studies; College of Business & Computer Science Ltd.; College of Health Environmental & Safety Studies; College of Legal Studies Ltd.; College of Professional Studies Ltd.; College of Science Tech & Applied Arts; College of Business & Computer Science Ltd.; Sangre Grande Business College; SITAL College of Tertiary Education Ltd.; St. Kevin's College & Computer Tuition Centre; Trinidad & Tobago College of Therapeutic Massage & Beauty Culture; Univ. of the Southern Caribbean; Univ. of the West Indies/St. Augustine Campus
Turks & Caicos Islands (38.000)	Ministry of Health, Education, Youth, Sports & Gender Affairs	4–16	14 primary (10 publ.); 10 primary & high schools (4 public); 2 high Schools (priv.)	The Turks & Caicos Islands Community College

© C. Adick

Im Fall Jamaica fällt auf, dass die Teilnahme an Schulbildung offenbar rückläufig ist, da die entsprechende Quote von 89% (1999) auf 80% (2008) sank, wobei sich die absolute Zahl der Kinder ohne Schulbesuch im gleichen Zeitraum von 34 000 auf 66 000 fast verdoppelte. Ob dies an demographischen Entwicklungen liegt (Zunahme der absoluten Zahl von Kindern im Schulalter) oder an zunehmender Schulabstinenz und Desinteresse der Eltern, lässt sich ohne Nachforschungen nicht sagen. Im Regionalüberblick der UNESCO heisst es dazu: „The Caribbean has seen a decline by nearly one-tenth in primary enrolment ratios" (UNESCO 2011a, S. 1). Dies wird nicht nur an Jamaica gelegen haben, was sich aber wegen fehlender Daten hier nicht belegen lässt.

Offenbar ist jedoch die Schulpflicht bisher noch nicht in allen Gebieten faktisch verwirklicht. An mangelnden Lehrkräften kann es in etlichen Ländern kaum liegen, da die durchschnittliche Anzahl von Schülern pro Lehrer – dort wo sie angegeben ist – nicht dramatisch hoch erscheint; denn es sind Werte bis 26 Schüler pro Lehrperson oder teils weit darunter vertreten. Allerdings geht die UNESCO insgesamt von einem regionalen (gewichteten) Durchschnitt von 33 Schülern pro Lehrer in der Primarschule aus, wobei die größeren Länder, für die keine exakten Angaben für 2008 gemacht sind, Haiti und Jamaica, hier ins Gewicht fallen dürften. Da der gewichtete Durchschnitt für die Karibik 1999 auf 30 Schüler pro Lehrer beziffert wurde, scheint sich in der Region in dieser Hinsicht eher eine gewisse Verschlechterung zu zeigen.

Die Angaben dazu, wie viele Kinder bis zum fünften Schuljahr in der Schule bleiben, sind sehr lückenhaft. In St. Nevis und Kitts sowie in Suriname gelingt dies nur zwei Dritteln (68%), in anderen Ländern der Region 90% oder mehr (Antigua und Barbuda, Bahamas, Barbados, Belize, Dominica, Trinidad & Tobago); Aruba und Bermuda liegen bei 86%; für die restlichen Territorien sind wiederum keine Daten verfügbar. Auch diese Daten zeigen die noch fehlende flächendeckende Verwirklichung der Schulpflicht in manchen Gebieten.

Die Bildungsausgaben der Karibik-Staaten gemessen am Bruttonationalprodukt variieren – soweit in den UNESCO-Daten verfügbar – extrem stark zwischen 1,2% (2006: Bermuda) bis zu 7,3% (2007: St. Vincent & Grenadines); St. Kitts und Nevis kommen sogar auf 10,9% (2005). Der von der UNESCO angegebene Medianwert für die Region Karibik liegt bei 5,6% und damit höher als der entsprechende Wert für die Region Lateinamerika (4,9%), für den Durchschnitt der sog. Entwicklungsländer (4,2%), der sog. entwickelten Länder (5,2%) und der gesamten Welt (4,8%). Angesicht solcher an sich recht hohen Bildungsausgaben mag man einerseits spekulieren, dass diese ineffizient eingesetzt werden; andererseits jedoch sollte nicht vergessen werden, dass die Insellage und die kleinräumliche Situation der Gebiete auch besonders hohe Infrastruktur- und Verwaltungskosten verursachen.

Es ist auffällig, dass die geschlechtsspezifische Bildungsteilnahme in etlichen Territorien der Region zugunsten des weiblichen Geschlechts ausfällt; denn die GPI-Werte[13] beim Sekundarschulbesuch liegen in der überwiegenden Anzahl der Territorien über 1,0; d.h. es besuchen mehr Mädchen die Sekundarschule als Jungen. Es kann hier nur spekuliert werden, ob dies an der oben diskutierten ‚matrifokalen Erziehung' liegt, oder ob möglicherweise männliche Jugendliche bereits im Sekundarschulalter auf der Suche nach Erwerbsarbeit sind und keiner

---

13 Der Gender-Parity-Index (GPI) misst das Verhältnis der weiblichen zur männlichen Bildungsteilnahme; GPI-Werte unter 1,0 bedeuten eine niedrigere, über 1,0 eine höhere weibliche als männliche Repräsentanz.

Schulbildung mehr nachgehen, weil sie vom Heimat- und damit Schulort in urbane oder z.B. in touristische Zentren migrieren. Tatsache ist jedenfalls, dass die Leistungen von Mädchen in Grund- und Sekundarschulen seit langem besser sind als die von Jungen (Kutnick/Jules/Layne 1997). Ferner ist bekannt, dass z.B. an der UWI seit langem mehr Studentinnen eingeschrieben sind als Studenten. – Die Geschlechterdebatte in der Karibik bezieht sich immer wieder auf diese und ähnliche Befunde (Drayton 1995). In wissenschaftlichen Debatten geht man daher von einem konsistenten Trend aus, der sich in neuen Studien immer wieder zeige (Layne et al. 2008, S. 177; 182f.).

6. Ausblick

Die Region Karibik stellt aufgrund ihrer Geschichte, in der sich der transatlantische Sklavenhandel und seine Folgen in besonderer Weise spiegeln, eine ethnisch und kulturell sehr heterogene Weltregion dar. Die Unabhängigkeit erfolgte – mit Ausnahme von Haiti – vergleichsweise spät oder (noch) gar nicht. In jedem Fall sind die Affiliationen an die (ehemaligen) Kolonialmächte überall spürbar, z.B. in den jeweiligen Amtssprachen und Migrationsbewegungen und nicht zuletzt im Bildungswesen. Dennoch sind solcherart einseitige Ausrichtungen inzwischen insbesondere durch die Beziehungen karibischer Staaten zu Nordamerika diversifiziert worden. Der vielerorts tonangebende Tourismussektor, aber auch die Existenz einiger Steueroasen und der weltweite Drogenhandel tun ein Übriges, um diese Region in Prozesse der Globalisierung – *for better or for worth* – einzubinden. Grundlegende Schulbildung ist fast überall nahezu verwirklicht (Ausnahme: Haiti). Die berufliche Ausrichtung und weiterführende Bildung hängen sehr von den lokal verfügbaren Arbeitsmärkten ab (z.B. Hotelbranche). Der Wunsch nach Hochschulbildung wird immer noch oft außerhalb der Karibik verwirklicht, und fehlende Arbeitsplätze führen weiterhin häufig zu Emigration. Mit der regionalen Universität UWI und der übernationalen Prüfungs- und Curriculumbehörde CXC sind jedoch Einrichtungen auf internationalem Niveau entstanden, die viele Bildungssysteme miteinander verknüpfen und einer sozialräumlichen Zersplitterung entgegenwirken. Haiti ist zwar das ,Armenhaus' der westlichen Welt, aber viele Karibikstaaten sind heute längst keine typischen ,Entwicklungsländer' mehr.

Literatur

Adick, C.: Die Universalisierung der modernen Schule. Paderborn etc. 1992

Adick, C.: Koedukation als Weg zur Feminokratie in Barbados? Bildungssoziologische Befunde und massenmediale Rezeption. In: Horstkemper, M & Kraul, M. (Hrsg.): Koedukation. Erbe und Chancen, Weinheim etc. 1999, S. 101-123

Adick, C.: Die afrikanische Lehrerin Catherine Mulgrave (1827-1891): Interkulturelle Sozialisation im Gefolge des ,Dreieckshandels' zwischen Europa, Afrika und Amerika. In: Hoffman- Ocon et al. (Hrsg.): Dimensionen der Erziehung und Bildung. Göttingen 2005, S. 49-62

Adick, C. & Emerencia, L.: Grundbildungsreform in Aruba. In: zeitschrift für befreiende pädagogik Nr. 15/16, April 1998, S. 116-128

Amuedo-Dorantes, C./Georges, A./Pozo, S.: Migration, Remittances and Children's Schooling in Haiti. IZA (Institut für die Zukunft der Arbeit) Discussion Paper No. 3657, Bonn, August 2008

Bacchus, M.K.: Utilization, Misuse, and Development of Human Resources in the Early West Indian Colonies from 1492 to 1845, Waterloo, Ontario 1990

Barrow, Ch.: Family in the Caribbean, Kingston (Jamaika) 1996

Bisnauth, D.: A History of Religions in the Caribbean. Kingston (Jamaika) 1993

Brock, C. et al. (Hg.): Education in Central America and the Caribbean. London 1990

Campbell, C.C.: Colony & Nation – A Short History of Education ind Trinidad & Tobago 1834-1986. Kingston 1992

Claypole, W. & Robottom, J.: Caribbean Story, Book Two: The Inheritors. Harlow (Longman Group) New Edition, 11. Aufl. 1996

Craig, D. (Hg.): Education in the West Indies, Development and Perspectives, 1948-1988. The Univesity of the West Indies (Jamaika) 1996

CXC (Caribbean Examinations Council): Annual Report 2011 (www.cxc.org/SiteAssets/AnnualReports/AnnualReport2011Final.pdf)

Drayton, K.: Gender Issues in Education: A review of the major gender issues in education and of relevant Caribbean studies. OECS Castries 1995

Fleischmann, U.: Haiti. In: Nohlen, D. & Nuscheler, F. (Hrsg.): Handbuch der Dritten Welt, Bd. 3, Bonn 1995, S. 437-456

Fouchard, J.: Les Marrons du Syllabaire (Regards sur le temps passé). Port-au-Prince (Haiti) 1988

Götz, N.: Familie und Matrifokalität in der Karibik. Saarbrücken 1986

Gewecke, F.: Die Karibik. Zur Geschichte, Politik und Kultur einer Region. Frankfurt 2007

Gliech, O.: Die ‚erste schwarze Republik' und ihr koloniales Erbe. In: Aus Politik und Zeitschichte, 28-29/2010, S.17-23

Handbuch der Dritten Welt, hg. v. D. Nohlen/F. Nuscheler, Bd. 3: Mittelamerika und Karibik, Bonn, 3. Aufl. 1995

Henn, H.: Guyana. In: Nohlen, D. & Nuscheler, F. (Hrsg.): Handbuch der Dritten Welt, Bd. 3, Bonn 1995, S. 423-436

Hillebrands, B.: Aruba. In: Nohlen, D. & Nuscheler, F. (Hrsg.): Handbuch der Dritten Welt, Bd. 3, Bonn 1995, S. 637-641

Hoebink, P.: Niederländische Antillen. In: Nohlen, D. & Nuscheler, F. (Hrsg.): Handbuch der Dritten Welt, Bd. 3, Bonn 1995a, S. 630-636

Hoebink, P.: Surinam. In: Nohlen, D. & Nuscheler, F. (Hrsg.): Handbuch der Dritten Welt, Bd. 3, Bonn 1995b, S. 550-568

Illy, H.F. & Laceur, S.: Belize. In: Nohlen, D. & Nuscheler, F. (Hrsg.): Handbuch der Dritten Welt, Bd. 3, Bonn 1995. In: Nohlen, D. & Nuscheler, F. (Hrsg.): Handbuch der Dritten Welt, Bd. 3, Bonn 1995, S. 358-369

Kutnick, P./Jules, V./Layne, A.: Gender and school achievement in the Caribbean. Department for International Development (DFID), London 1997

Lampe, A.: The Popular Use of the Charismatic Movement in Curaçao. In: Social Compass 45 (1998a), H. 3, S. 429-436

Lampe, A.: Moravian mission and emancipation in Surinam: The case of Otto Tank. In: Elias, M./Reis, R. (Hg.): Getuigen ondanks zichzelf, voor Jan-Mathijs Schoffeleers bij zijn zeventigste verjaardag. Maastricht 1998b, S. 237-251

London, N.A.: Ideology and Politics in English-Language Education in Trinidad and Tobago: The Colonial Experience and a Postcolonial Critique. In: Comparative Education Review 47 (2003), No. 2, S. 287-320

Layne, A. et al.: Academic achievement, pupil participation and integration of group work skills in secondary school classroos in Trinidad and Barbados. In: International Journal of Educational Development, 28 (2008), S. 176-194

Meier, J./et al. : Historia General de la Iglesia en America Latina, Bd. IV Caribe. Chetumal/Quintana (Mexico) 1995

Mondesire, A. & Dunn, L. (Hrsg.): Towards Equitiy in Development. A Report on the Status of Women in Sixteen Caribbean Countries, Caribbean Community Secretariat (CARICOM), Georgetown/Guyana 1996

Michel, C.: Of Worlds Seen and Unseen: The Educational Character of Haitian Vodou. In: Comparative Education Review 40 (1996), No. 3, S. 280-294

Miller, E.: Men at Risk. Kingston 1991 (2. Aufl. 1995)

Miller, E.: The Marginalization of the Black Male, 2. veränderte Aufl. Barbados etc.1994 (1. Aufl. Jamaika 1986)

Miller Beauvoir, J.: Herausforderungen für die Jugend in Haiti. In: Aus Politik und Zeitschichte, 28-29/2010, S. 44-46

Ministry of Education and Community Development in Suriname: Educational Development in the Republic of Suriname – Report to UNESCO 2004 (www.ibe.unesco.org/International/ICE47/English/Natreps/reports/suriname.pdf)

Nohlen, D. & Nuscheler, F. (Hrsg.): Handbuch der Dritten Welt, Bd. 3: Mittelamerika und Karibik. Bonn, 1. überarb. u. aktualisierter Nachdr. der 3. Aufl. 1995

Norgall, S.: Voodoo für das haitianische Volk. In: Aus Politik und Zeitschichte, 28-29/2010, 23-29

Nuscheler, F.: Struktur- und Entwicklungsprobleme der Karibik. In: Nohlen, D. & Nuscheler, F. (Hrsg.): Handbuch der Dritten Welt, Bd. 3, Bonn 1995, S. 278-321

Nuscheler, F.: Dominica. In: Nohlen, D. & Nuscheler, F. (Hrsg.): Handbuch der Dritten Welt, Bd. 3, Bonn 1995a, S.370-380

Nuscheler, F.: Grenada. In: Nohlen, D. & Nuscheler, F. (Hrsg.): Handbuch der Dritten Welt, Bd. 3, Bonn 1995b, S.405-422

Nuscheler, F.: St. Lucia. In: Nohlen, D. & Nuscheler, F. (Hrsg.): Handbuch der Dritten Welt, Bd. 3, Bonn 1995c, S.523-536

Nuscheler, F.: St. Vincent und die Grenadinen. In: Nohlen, D. & Nuscheler, F. (Hrsg.): Handbuch der Dritten Welt, Bd. 3, Bonn 1995d, S. 537-549

Nuscheler, F. & Schultze, R.-O.: Barbados. In: Nohlen, D. & Nuscheler, F. (Hrsg.): Handbuch der Dritten Welt, Bd. 3, Bonn 1995a, S. 343-357

Nuscheler, F. & Schultze, R.-O.: Trinidad und Tobago. In: Nohlen, D. & Nuscheler, F. (Hrsg.): Handbuch der Dritten Welt, Bd. 3, Bonn 1995b, S. 569-586

Pohl, J.: Wiederaufbau nach dem Erdbeben – Perspektiven für Haiti. In: Aus Politik und Zeitgeschichte, 28-29/2010, S.

Powell, D.: Caribbean Women and their responses to familial experiences. In: Women in the Caribbean (Part I), Massiah, J. (Hrsg.): Social and Economic Studies (Special Number) 35 (1986), H. 2, S. 83-130

Schultze, R.-O.: Antigua und Barbuda. In: Nohlen, D. & Nuscheler, F. (Hrsg.): Handbuch der Dritten Welt, Bd. 3, Bonn 1995a, S. 324-329

Schultze, R.-O.: Bahamas. In: Nohlen, D. & Nuscheler, F. (Hrsg.): Handbuch der Dritten Welt, Bd. 3, Bonn 1995b, S. 330-342

Schultze, R.-O.: St. Kitts (Christopher) und Nevis. In: Nohlen, D. & Nuscheler, F. (Hrsg.): Handbuch der Dritten Welt, Bd. 3, Bonn 1995c, S. 515-522

Schultze, R.-O. & Hillebrands, B.: Von Großbritannien abhängige Gebiete. In: Nohlen, D. & Nuscheler, F. (Hrsg.): Handbuch der Dritten Welt, Bd. 3, Bonn 1995, S. 603-629

Sherlock, P.M./Nettleford, R.: The University of the West Indies: A Caribbean response to the challenge of change. London 1990

Sturm, R. & Hillebrands, B.: Jamaika. In: Nohlen, D. & Nuscheler, F. (Hrsg.): Handbuch der Dritten Welt, Bd. 3, Bonn 1995, S. 457-478

UNESCO: Global Monitoring Report. Education for All: The hidden crisis. Paris 2011

UNESCO Regional Overview: Latin America and the Caribbean (www.efareport.unesco.org) 2011a

Urwick, J.: The Bahamian Educational System: A Case Study in Americanization. In: Comparative Education Review 46 (2002), No. 2, S. 157-181

Zeuske, M.: Schwarze Karibik. Sklaven, Sklavereikultur und Emanzipation. Zürich 2004

Internetquellen

www.caricom.org
www.cxc.org
www.cxc.org/ministries
www.efareport.unesco.org
www.governorsxm.org
www.open.uwi.edu
www.president.gov.sr
www.rijksdienstcn.com/page/15/education.html
www.uwi.edu
www.uwipress.com

Claudia Richter

Bildung in Lateinamerika

Der Begriff Lateinamerika wurde in der zweiten Hälfte des 19. Jh. von südamerikanischen Intellektuellen geprägt, die auf der Suche nach einer gemeinsamen kulturellen Identität waren und sich gleichzeitig von den beiden ehemaligen iberischen Kolonialmächten Portugal und Spanien sowie der aufstrebenden Großmacht im Norden, den Vereinigten Staaten von Amerika (USA), abgrenzen wollten, nachdem ihre Länder die politische Unabhängigkeit erlangt hatten. Als ein wesentliches identitätsstiftendes Merkmal sahen sie hierbei das Lateinische als gemeinsamen sprachlichen Ursprung ihrer Länder (Hoffmann/Nolte 2008, S. 4).

Laut der Klassifikation der UNESCO zählen heute 19 Länder zu Lateinamerika, die geographisch in die Subregionen Nord-, Zentral- und Südamerika unterteilt werden: Mexiko zählt geographisch als einziges lateinamerikanisches Land zu Nordamerika. Zentralamerika (ohne Belize) umfasst die Staaten Costa Rica, El Salvador, Guatemala, Honduras, Nicaragua und Panama. Die Länder Argentinien, Bolivien, Brasilien, Chile, Ecuador, Kolumbien, Paraguay, Peru, Uruguay und Venezuela gehören sowohl geographisch als auch politisch zu Südamerika. Bei Kuba und der Dominikanischen Republik handelt es sich zwar um Karibikinseln. Als spanischsprachige Länder werden sie jedoch zu Lateinamerika gezählt.[1] In den vergangenen Jahrzehnten haben sich die lateinamerikanischen Länder, trotz zahlreicher Gemeinsamkeiten, politisch und wirtschaftlich stark auseinander entwickelt, so dass im Grunde genommen jedes einzelne Land für sich betrachtet werden müsste. Dies kann der vorliegende Beitrag selbstverständlich nicht leisten, vielmehr möchte er einen systematisch strukturierten und vergleichenden Überblick über die historischen Entwicklungen und die aktuelle Bildungssituation in Lateinamerika geben.

Das Kapitel 1 liefert zunächst einen allgemeinen historisch-politischen Überblick über die Entwicklungen in Lateinamerika. Im Anschluss daran wird mit Hilfe verschiedener sozialstruktureller Daten die dortige aktuelle soziale und politisch-wirtschaftliche Situation skizziert (Kap. 2). Die Darstellung der Bildungsgeschichte Lateinamerikas, angefangen von der spanischen bzw. portugiesischen Kolonialherrschaft bis heute, folgt im Kapitel 3. Das Kapitel 4 beschreibt Aufbau und Struktur der Bildungswesen in Lateinamerika. Dabei wird beispielhaft auf einzelne Länder eingegangen. Kapitel 5 beschäftigt sich mit der Lehrerbildung in Lateinamerika. Die aktuelle Bildungssituation unter Verwendung bekannter quantitativer Indikatoren (z.B. Einschulungs- und Abschlussrate, Schülerleistungen, Bildungsausgaben etc.) wird im Kapitel 6 dargestellt. Zentrale Ergebnisse

---

1 Das französischsprachige Haiti wird aufgrund der gemeinsamen Geschichte und der geographischen Nähe zur Dominikanischen Republik in der Literatur manchmal zu Lateinamerika gezählt (vgl. CEPAL 2007). In diesem Beitrag wird es jedoch nicht berücksichtigt.

des Beitrags werden schließlich im Ausblick noch einmal zusammengefasst, eingeordnet und diskutiert.

1. Historisch-politischer Überblick

Vor der Eroberung durch die Spanier und Portugiesen war Lateinamerika von einer Vielzahl verschiedener Zivilisationen bewohnt, die sich in ihrem gesellschaftlich-kulturellen Entwicklungsstand stark voneinander unterschieden. Neben den Indigenas im Amazonasgebiet oder in der südamerikanischen Steppe, deren Ernährungsgrundlage aus dem Fischfang, der Jagd oder dem Sammeln von Früchten bestand, gab es Hochkulturen wie die der Azteken, Inkas und Mayas, die bereits auf eine alte Kulturgeschichte zurückblicken konnten und Mittelamerika sowie den Andenraum in Form von großen zentralisierten Städten besiedelten. Sie lebten vorrangig von der Landwirtschaft und dem verarbeitenden Gewerbe, aber auch vom Handel und vom Tributwesen. Kennzeichnend für diese altamerikanischen Hochkulturen war ihr durchweg kriegerisches Verhalten (Waldmann 2000a, S. 3).

Die Eroberung Lateinamerikas durch die Europäer verlief in zwei Etappen: Die erste betrifft die Eroberung der Antillen und die Erkundung der zentral- und südamerikanischen Küste. Sie erfolgte nachdem Christoph Kolumbus im Jahr 1492 Lateinamerika ‚entdeckt' hatte und dauerte bis etwa 1508/1510. 1494 kam es durch die Vermittlung von Papst Alexander VI. zwischen Portugal und Spanien zur Aufteilung des neu eroberten Kontinents. Im Vertrag von *Tordesillas* einigten sich die beiden Seemächte, dass das neu entdeckte Territorium westlich der Trennlinie (46. Grad westliche Länge) fortan Spanien gehören sollte und die östlich gelegenen Gebiete Portugal (ebd.). In dieser ersten Phase der Eroberung Lateinamerikas wurden zunächst nach portugiesischem Vorbild nur Handelsstützpunkte an der Küste errichtet, wohingegen die spanische Krone schon ab 1498 die Ansiedlung von Spaniern erlaubte (König 2006, S. 21), weil dies „eine effiziente Sicherung des gewonnenen Raumes und zugleich eine effektivere Inwertsetzung der neuen Regionen versprach" (ebd.). Jedoch kam es zwischen der Krone und den ‚Berufsentdeckern' immer wieder zu Konflikten, da diese die eroberten Gebiete als persönliches Eigentum ansahen und sie nicht unter die Zentralgewalt des spanischen Mutterlandes stellen wollten (Werz 2010, S. 112). Im Jahr 1496 wurde Santo Domingo als erste spanische Stadt gegründet (heute: Dominikanische Republik). Die Siedler erhielten ein Stadtgrundstück für den Hausbau, Ländereien außerhalb der Stadt und indianische Arbeitskräfte (ebd., S. 22).

Die anschließende Inbesitznahme des Festlands (zweite Eroberungsphase) ging, trotz zahlenmäßiger Unterlegenheit der Spanier, außerordentlich rasch vonstatten. So unterwarfen die Spanier beispielsweise in den zwanziger Jahren des 16. Jh. ganz Mexiko und Zentralamerika, 1533 das Inkareich (heute: Peru) und zwischen 1536 und 1539 das heutige Kolumbien. Bis zur Mitte des 16. Jh. hatte das spanische Kolonialreich weitgehend seine endgültige Gestalt erlangt (Waldmann 2000a, S. 5). Brasilien wurde um 1500 von dem portugiesischen Seefahrer Pedro Alvarés Cabral ‚entdeckt'.[2] Durch die europäische Entdeckung und Inbe-

---

2 Lange Zeit hatte Portugal wenig Interesse an diesem Gebiet. Erst im 17. Jh., als die Niederländische Westindien-Kompanie Teile des heutigen Brasiliens übernahm und man erste Funde von Gold und Edelsteinen machte, rückte die Region wieder stärker ins Blickfeld des portugiesischen Königreiches. 1762 wurde es zum Vize-Königreich ernannt (Werz 2010, S. 112).

sitznahme Amerikas starben schätzungsweise über 60 Mio. Indigenas an Gewalt, unmenschlichen Lebensbedingungen oder an eingeschleppten Krankheiten wie Pocken, Typhus, Grippe und Lungenentzündung. Die Überlebenden wurden bis zum völligen Verbot (1530) entweder versklavt oder zur Arbeit in Gold- und Silberminen sowie auf den *Haciendas* und Plantagen gezwungen. Lediglich der indianischen Bevölkerung im Norden Mittelamerikas, in den tropischen Tiefland-regionen und im Amazonasgebiet, die als Nomaden bzw. Halbsesshafte lebten, gelang es, sich bis in das 19. Jh. des Übergriffs der Spanier zu entziehen, da sie heftigen Widerstand leisteten (Hein/Huhn 2008, S. 6).

In den folgenden Jahrzehnten entstanden zahlreiche Stadtzentren, die entwe-der zur Sicherung der eroberten Gebiete oder als Bergwerkssiedlungen dienten. Dieser Prozess der Stadtgründungen dauerte bis etwa 1700 und ging dann über in eine Phase der politischen Konsolidierung, der Strukturierung von Gesellschaften und wirtschaftlichen Organisationen. Ziel der spanischen Kolonialpolitik war es, das eroberte Gebiet zu europäisieren und zu christianisieren (König 2006, S. 28). Unterteilt wurde der Kontinent in sogenannte Vize-Königreiche *(reinos)* bzw. in Provinzen *(provincias)*, die z.T. nach spanischen Reichen (z.B. *Nueva España, Nueva Galicia, Nueva Granada)* benannt wurden. Sie stellten ein Patrimonial-eigentum der spanischen Monarchie dar und besaßen formal die gleichen Rechte wie die anderen Kronländer im Mutterland (ebd., S. 34). Die politischen Macht-haber in dieser frühen Kolonisationsphase waren meist Spanier, die vom König im Mutterland eingesetzt wurden. Die *Kreolen*[3] hatten zu jener Zeit nur einen ge-ringen politischen und wirtschaftlichen Einfluss; Anerkennung erfuhren sie kaum, obwohl sich „ein immer größeres Selbstbewusstsein und eine amerika-nische Identität [entwickelten], die [letztendlich auch] zur treibenden Kraft der Unabhängigkeitskämpfe des frühen 19. Jahrhundert wurde" (Hein/Huhn 2008, S. 6). Durch den wirtschaftlichen Aufschwung im 18. Jh., aufgrund des intensiven Warenaustausches mit Europa, insbesondere mit England, der vermehrten Nach-frage nach Agrarprodukten wie Zucker und Kakao sowie neuen Gold- und Dia-mantenfunden, entstand ein zunehmender Wohlstand in den Kolonien. Parallel hierzu bildete sich eine selbstbewusste kreolische Oberschicht heraus, deren Emanzipationsbestrebungen durch die Ideen der Aufklärung genährt und durch die Schwächung Spaniens aufgrund der Besetzung durch napoleonische Truppen erleichtert wurden (Waldmann 2000b, S. 11).

Erste Unabhängigkeitsrevolutionen und Staatsgründungsversuche erfolgten in Ecuador und Bolivien (1809), in Neu-Granada, Chile und Argentinien (1810) und in Venezuela und Paraguay (1811). Die heutigen Staaten Zentralamerikas wurden 1821 vom spanischen Mutterland unabhängig. Bis 1825 gelang es allen spanischen Kolonien, mit Ausnahme von Kuba (1902) und Puerto Rico[4], sich unabhängig von Spanien zu machen und auf der Grundlage der kolonialspani-schen Verwaltungsbezirke Nationalstaaten zu bilden. Brasilien erlangte zwar im Jahr 1882 seine Unabhängigkeit, wurde aber unter der Herrschaft von Pedro I. und später seines Sohnes Pedro II. zum Kaiserreich (bis 1889).

Mit der erlangten politischen Unabhängigkeit der jungen lateinamerika-nischen Republiken Anfang des 19. Jh. ging zwangläufig allerdings keine wirt-

---

3 Als Kreolen werden die in Lateinamerika geborenen spanisch stämmigen Nachfahren der Eroberer bezeichnet.

4 Puerto Rico war nach der Entdeckung durch Kolumbus (1493) bis 1898 spanische Kolonie. Im Spanisch-amerikanischen Krieg wurde die Insel 1898 von US-Truppen okkupiert. Puerto Rico gehört zum US-Commonwealth. Es ist kein unabhängiger Staat, sondern verfügt seit 1951 lediglich über eine politische innere Autonomie (Der Fischer Weltalmanach 2011, S. 507).

schaftlich autonome Entwicklung einher. Die Öffnung der Märkte und der Export von mineralischen, pflanzlichen und tierischen Rohstoffen verhinderte in Lateinamerika die Entstehung einer einheimischen Industrieproduktion mit der Folge, dass zunächst Großbritannien und später die USA die wirtschaftliche Vormachtstellung auf dem Kontinent einnahmen. Die Konsequenzen, die durch den ausländischen Einfluss dabei entstanden, waren vielfältiger Art (z.B. vermindertes wirtschaftliches Wachstum, Abhängigkeit vom Weltmarkt und von der Nachfrage im Ausland, Verzerrung der Verkehrsinfrastruktur bedingt durch eine einseitige Ausrichtung auf die Exportwirtschaft etc.; ebd., S. 15).

Im Hinblick auf die gesellschaftliche Entwicklung unterschied sich die ländliche Situation stark von der in den Städten. Im Gegensatz zu der komplexen städtischen Gesellschaft[5], bestand die ländliche Sozialstruktur i.d.R. aus einer kleinen Gruppe wohlhabender Großgrundbesitzer und einer breiten Masse armer, ländlicher Bevölkerung (Indigenas, die von ihren Ländereien vertrieben wurden, Pächter, Viehhirten und Händler). Durch die Verbreitung der Monokulturen (z.B. Zuckerrohr in Brasilien und Kuba), die Zuteilung aufgelösten kirchlichen Großgrundbesitzes und indianischen Gemeinschaftsbesitzes durch die Regierungen, gewannen die Großgrundbesitzer zu jener Zeit an Macht.

Die Entwicklungen im 20. Jh. waren gekennzeichnet durch den starken kontinentalen Einfluss der USA, den aufkommenden Populismus in den 1940er und 1950er Jahren, verbunden mit sozialrevolutionären Umwälzungen in einigen Ländern (z.B. von 1910 bis 1920 in Mexiko oder 1958 in Kuba) und immer wiederkehrender politischer Instabilität aufgrund von Militärdiktaturen (z.B. Brasilien: 1964-1985), Bürgerkriegen (Guatemala: 1960-1996), häufigen Putschversuchen (z.B. Chile: 1973; Argentinien: 1976) und Regierungswechseln zwischen 1960 und 1990. Mittlerweile werden, mit Ausnahme von Kuba, alle lateinamerikanischen Länder von demokratisch gewählten Präsidenten regiert. Wirtschaftlich bedeutsam waren die Weltwirtschaftskrise (1929/30), die Re-Integration in den Weltmarkt nach dem 2. Weltkrieg, ausgelöst durch die Entstehung der neuen internationalen Weltordnung oder die Verschuldungskrise in den 1970er und 1980er Jahren.

2. Sozioökonomischer Hintergrund

Mit einer Bevölkerungszahl von ca. 192 Mio. Einwohnern (2007) ist Brasilien das bevölkerungsreichste und zudem das größte lateinamerikanische Land. Zu den bevölkerungsärmsten und i.d.R. auch flächenmäßig kleinen Ländern gehören u.a. Uruguay (3,3 Mio. EW), Panama (3,3 Mio. EW) und Costa Rica (4,5 Mio. EW) (vgl. Tab. 1).

Trotz sinkender demographischer Wachstumsraten seit den 1950er Jahren, steigen die absoluten Bevölkerungszahlen derzeit noch an. Im vergangenen Jahrhundert verachtfachte sich die Einwohnerzahl aufgrund gesunkener Mortalitätsraten – bedingt durch die Verstädterung und eine bedeutsam verbesserte medizinische sowie hygienische Versorgung – bei verhältnismäßig gleichbleibenden

---

5 Die städtische Sozialstruktur im ausgehenden 19., Anfang des 20. Jh. bestand zum einen aus einer alten Landaristokratie, die in Politik und Verwaltung als Elite bestimmend war, zum anderen aus einer Gruppe reicher Kaufleute, Export- und Importhändler sowie Managern, gefolgt von Rechtsanwälten, Ärzten, höheren Beamten und Angestellten. Die städtische Unterschicht setzte sich wiederum unterschiedlich zusammen, wobei erste Ansätze eines städtischen Proletariats entstanden, ausgelöst durch die europäische Migration (Waldmann 2000c, S. 13ff.).

hohen Geburtenziffern (Werz 2010, S. 34). 2007 lebten rund 8,3% der Weltbevölkerung (550 Mio. Menschen) in den 19 lateinamerikanischen Staaten; davon über die Hälfte allein in Brasilien und Mexiko (vgl. UNESCO 2010a, S. 306). Lediglich 12% der Bevölkerung lebt im Süden, in den Staaten Argentinien, Chile, Paraguay und Uruguay. Dabei ist der Bevölkerungsanteil der unter 15-Jährigen nach wie vor hoch. Im Jahr 2008 waren durchschnittlich 30% der lateinamerikanischen Bevölkerung unter 15 Jahren (in Guatemala sogar 42% und in Honduras und Bolivien 38% bzw. 37%; vgl. Tab. 1). Lateinamerika gilt nach Afrika als die zweitjüngste Region der Welt, wenngleich auch allmählich eine zunehmende Alterung der Gesellschaft und eine Erhöhung der Lebenserwartung zu beobachten sind (Werz 2010, S. 35). So stieg die Lebenserwartung zwischen 2000 und 2010 von rund 71 auf 73 bzw. 74 Jahre an (CEPAL 2007, S. 32; UNESCO 2010a, S. 306; vgl. Tab. 1).

Obwohl die Zugehörigkeit zum romanischen Sprachraum, die koloniale Vergangenheit, der starke europäische Einfluss oder die Dominanz der katholischen Kirche noch immer kulturell verbindend wirken, hat sich Lateinamerika in den vergangenen Jahrzehnten politisch und wirtschaftlich stark differenziert mit der Folge, dass die sozialen Unterschiede zwischen den einzelnen Ländern größer geworden sind. Wie aus Tabelle 1 zu entnehmen ist, zählen Brasilien und Mexiko mit einem Bruttonationaleinkommen (BNE) pro Kopf von 7.300 bzw. 9.990 US-Dollar (2008) heute zu den fünf wichtigsten Schwellenländern, Venezuela (BNE pro Kopf 2008: 9.230 US-Dollar) profitiert von den steigenden Ölpreisen und Chile (BNE pro Kopf 2008: 9.370 US-Dollar) konnte sich mittlerweile erfolgreich in den Weltmarkt integrieren. Wohingegen Bolivien, Honduras und Nicaragua noch immer zu den ärmsten Ländern der Region gehören (durchschnittliches BNE pro Kopf 2008: 1.427 US-Dollar; Hoffmann/Nolte 2008, S. 4f.; Der Fischer Weltalmanach 2011, S. 540-543). Im globalen Vergleich zählen zwar die meisten lateinamerikanischen Länder zur Gruppe mit einem mittleren Entwicklungsniveau, dennoch ist Armut kein Randphänomen. Im Jahr 2006 lebten rund 200 Mio. (36,5%) der Lateinamerikaner in Armut und davon 13,4% in extremer Armut (Werz 2010, S. 62; vgl. Tab. 1).[6] Ein Hauptproblem spielt hierbei die überaus ungleiche Verteilung des gesellschaftlichen Reichtums zwischen einer reichen, meist weißen oder mestizischen Oberschicht in urbanen Regionen, und der armen, ländlichen (meist indigenen) Bevölkerung. Historisch war Lateinamerika schon immer die Weltregion mit der schärfsten Einkommenskonzentration der Welt. 20% der dortigen Ärmsten in Lateinamerika erhalten durchschnittlich weniger als 5% des Gesamteinkommens. Im Gegensatz dazu verfügen 20% der Reichsten über 52% des Volkseinkommens (ebd.).

---

6 Zwischen 1990 und 2005 lebten schätzungsweise 13,5% der lateinamerikanischen Bevölkerung von einem US-Dollar pro Tag (UNESCO 2010a, S. 303).

Tab. 1: Allgemeine Daten zur Lebenssituation in Lateinamerika

Land	Fläche in km²	Einwohner (2007)	Bevölkerungswachstum in % (2005-2010)	Bevölkerung unter 15 Jahren in % (2008)	Fruchtbarkeitsrate (2005-2010)	Lebenserwartung in Jahren (2005-2010)	Bruttonationaleinkommen je Einwohner in US-$ (2008)	Bevölkerung. in % mit > 1 US-$ pro Tag (1990-2005)	HDI-Rang 2009[7]
Argentinien	2.780.403	39.531.000	1,0	25,0	2,3	75,0	7.190	7,0	49,0
Bolivien	1.098.581	9.525.000	1,8	37,0	3,5	66,0	1.460	23,0	113,0
Brasilien	8.547.404	191.791.000	1,3	26,0	2,2	72,0	7.300	8,0	75,0
Chile	756.096	16.635.000	1,0	23,0	1,9	79,0	9.370	k.A.	44,0
Costa Rica	51.100	4.468.000	1,5	26,0	2,1	79,0	6.060	3,0	54,0
Dom. Republik	48.671	9.760.000	1,5	32,0	2,8	72,0	4.330	3,0	90,0
Ecuador	256.370	13.341.000	1,1	31,0	2,6	75,0	3.690	18,0	80,0
El Salvador	22.041	6.857.000	1,4	33,0	2,7	72,0	3.460	19,0	106,0
Guatemala	108.889	13.354.000	2,5	42,0	4,2	70,0	2.680	14,0	122,0
Honduras	112.492	7.106.000	1,9	38,0	3,3	70,0	1.740	15,0	112,0
Kolumbien	1.141.748	46.156.000	1,3	30,0	2,2	73,0	4.620	7,0	70,0
Kuba	110.860	11.268.000	0,0	18,0	1,5	78,0	3.990	k.A.	51,0
Mexiko	1.953.162	106.535.000	1,1	29,0	2,2	76,0	9.990	3,0	53,0
Nicaragua	120.254	5.603.000	1,3	36,0	2,8	73,0	1.080	45,0	124,0
Panama	75.517	3.343.000	1,6	30,0	2,6	76,0	6.690	7,0	60,0
Paraguay	406.752	6.127.000	1,8	34,0	3,1	72,0	2.110	14,0	101,0
Peru	1.285.216	27.903.000	1,2	31,0	2,5	71,0	3.990	11,0	78,0
Uruguay	176.215	3.340.000	0,3	23,0	2,1	76,0	8.260	k.A.	50,0
Venezuela	912.050	27.657.000	1,7	30,0	2,5	74,0	9.230	19,0	58,0
Gesamt	**19.963.821**	**550.300.000**	**1,3**	**30,2**	**2,6**	**74,0**	**5.118**	**13,5**	**–**

Quelle: UNESCO 2010a; Der Fischer Weltalmanach 2011

Neben einer indigenen und einer europäischstämmigen Bevölkerung treffen heute unterschiedliche Bevölkerungsgruppen aufeinander, wobei die ethnischen Bevölkerungsstrukturen der einzelnen Länder und Regionen durch ihre unter-schiedlichen historischen Entwicklungen verschieden sind. In Argentinien, Chile und Uruguay dominiert seit dem 19. Jh. die ‚weiße' Bevölkerung aufgrund der extremen Ausrottung der indianischen Urbevölkerung. Dagegen sind in Bolivien, Peru, Ecuador, Kolumbien und Venezuela nur 15-20% der Bevölkerung Weiße. Der Großteil der dortigen Einwohner sind Indigenas und Mestizen bzw. Schwarze und Mulatten (Venezuela). In Brasilien (Stand: 2008) überwiegt wiederum die weiße Bevölkerung (53,7%); 38,5% der Brasilianer sind Mulatten und Mestizen, 6,2% Schwarze und 1,2% Sonstige (z.B. Araber und Asiaten); in den zentral-

---

7 Der HDI *(Human Development Index)* ist eine von den Vereinten Nationen jährlich herausgegebene Maßzahl, die den Stand der menschlichen Entwicklung weltweit verdeutlichen soll. Sie berücksichtigt das Pro-Kopf-Einkommen, die Lebenserwartung und den Bildungsgrad.

amerikanischen Staaten leben überwiegend Mestizen mit Ausnahme von Costa Rica und Guatemala.[8]

In Lateinamerika werden schätzungsweise über 900 Sprachen gesprochen. Neben Spanisch als die vorherrschende Sprache Lateinamerikas zählen Aymara, Guaraní, Quechua und Nahatl zu den meist gesprochenen indigenen Sprachen (Oettler/Peetz/Hoffmann 2008, S. 17). Brasilien ist das einzige portugiesischsprachige Land des Kontinents.

Durch die spanische und portugiesische Kolonialherrschaft seit 1492 und der damit einhergehenden gewaltsamen Christianisierung und Missionierung ist Lateinamerika vorherrschend katholisch geprägt. Allerdings vermischte sich mit der Zeit der katholische Glaube mit den traditionellen religiösen Praktiken der einheimischen Bewohner und der afrikanischen Sklaven, so dass der Katholizismus recht schnell ganz eigenständige Züge entwickelte, die sich auch in Kunst und Kultur niederschlugen (Werz 2010, S. 215). Im 19. und zu Beginn des 20. Jh. brachten europäische und asiatische Einwanderer sowie Einwanderer aus dem Mittleren Osten protestantische Kirchen, den Islam, der heute vor allem im karibischen Raum verbreitet ist, und den Buddhismus nach Lateinamerika. Seit einigen Jahrzehnten finden außerdem christliche Pfingstkirchen immer mehr Anhänger (10-15%); auch die indigenen Religionen gewinnen zunehmend wieder an Bedeutung. Religion und Religiosität sind im 21. Jh. inzwischen sehr vielfältig, wenngleich noch immer 75-80% der Bevölkerung katholisch sind (Der Fischer Weltalmanach 2011) und es nicht ungewöhnlich ist, dass viele Lateinamerikaner heute neben dem Katholizismus einer weiteren Glaubensgemeinschaft angehören.

Im Hinblick auf die politische Situation ist festzuhalten, dass zu Beginn des 21. Jh. in der Mehrzahl der Länder liberal-demokratische Regierungen überwiegen. Jedoch handelt es sich mit wenigen Ausnahmen (Costa Rica, Uruguay und Chile) um sogenannte ,defekte Demokratien'.[9] Vor knapp 30 Jahren beherrschten fast flächendeckend autoritäre Militärregime die ,politische Landkarte' der Region. In den 1980er Jahren begann eine Phase der Demokratisierung. Den Auftakt machte hierbei Ecuador (1979), gefolgt von Bolivien (1979/1982), Peru (1980), Honduras (1982) und Argentinien (1983) (Nolte/Oettler/Llanos 2008, S. 43). Angesichts sozialer und wirtschaftlicher Probleme sind zwischenzeitlich aber autoritäre Rückschläge bei den Demokratisierungsprozessen immer wieder zu verzeichnen, z.B. in Peru (1990-2000). Auch in Venezuela oder Honduras – wie Entwicklungen zeigen – lassen sich Reautokratisierungstendenzen erkennen, ausgelöst durch die Wahl populistischer, vermeintlich linker Politiker.

Seit den 1980er Jahren ist ein nicht unbedeutender industrieller Sektor entstanden. Als Folge der Verschuldungskrise wurden in vielen Ländern entsprechende Reformen durchgeführt, um die Haushaltsdefizite zu reduzieren, wirtschaftliche Stabilität wieder herzustellen und Wirtschaftswachstum zu erreichen. Dennoch besteht nach wie vor eine starke Abhängigkeit von Primärgüterexporten (z.B. Erdöl, Kaffee, Soja, Bananen oder Zitrusfrüchte etc.). Durch die unterschied-

---

8 Rund 87% (2008) der Bevölkerung in Costa Rica sind Weiße und Kreolen. In Guatemala gehört stattdessen ein hoher Prozentsatz der Bevölkerung (60%) zu verschiedenen indigenen Gruppen (z.B. Maya-Quiché, Mames, Cakchiqueles, Kekchi; Der Fischer Weltalmanach 2011).

9 ,Defekte Demokratien' sind politische Systeme, die trotz freier Wahlen politische und bürgerliche Freiheitsrechte nicht hinreichend durchsetzen oder denen es z.B. an einer effektiven Gewaltenteilung mangelt (Bertelsmann Stiftung 2008). Der Begriff wurde Anfang des 21. Jh. von den Politikwissenschaftlern Wolfgang Merkel, Hans-Jürgen Puhle und Aurel Croissant maßgeblich entwickelt.

lichen wirtschafts- und finanzpolitischen Strategien der Regierungen entwickelte sich außerdem kein homogener Wirtschaftsraum wie ursprünglich erhofft (Hein 2008, S. 27). Vielmehr lässt sich eine stark fortschreitende Ausdifferenzierung der wirtschaftlichen Strukturen und der gesamtwirtschaftlichen Leistungsfähigkeit der Länder beobachten (Sangmeister 2011, S. 3). Zu den führenden Volkswirtschaften Lateinamerikas zählen u.a. Argentinien, Brasilien, Chile, Peru und Venezuela. Brasilien gilt hierbei vor allem als die Regionalmacht, aufgrund seines robusten Wirtschaftswachstums, seiner starken Währung und seiner steigenden Aktienkurse (ebd., S. 6). Von der Finanzkrise (2009) hat sich Lateinamerika unerwartet schnell erholt. So lag die Wachstumsrate der 19 lateinamerikanischen Staaten im Jahr 2010 bei insgesamt 4,8%. Damit fiel ihre Wertschöpfung deutlich besser aus als im OECD-Raum (2,3%). Venezuela ist das einzige Land der Region, das für 2010 keinen Aufwärtstrend zu verzeichnen hatte (Wachstumsrate des BIP : -1,6%). Die Ursache dafür sieht Sangmeister (2011, S. 3) in den „wirtschaftsfeindlichen Rahmenbedingungen[, die] Investitionen in Schlüsselsektoren wie der Erdölindustrie verhindern". Es ist anzunehmen, dass sich das Wirtschaftswachstum Lateinamerikas fortsetzen wird, da die wirtschaftliche Entwicklung stark von einer Binnennachfrage und weniger von der Außenwirtschaft geprägt ist. Im internationalen Vergleich verzeichnet die Region dennoch eine niedrige Produktivität. Zudem gilt es, die Nachhaltigkeit des Wirtschaftssektors in den kommenden Jahren zu stärken.

3. Zur Bildungsgeschichte Lateinamerikas

Die Ursprünge des lateinamerikanischen Bildungswesens sind eng mit der Kolonialpolitik Spaniens und Portugals verbunden, wenngleich die Entwicklungen in den verschiedenen Regionen und den jeweiligen Kolonien recht unterschiedlich verliefen, je nachdem ob es sich um koloniale Zentren oder nachgeordnete Regionen handelte. Im Gegensatz zur portugiesischen Kolonisation, die auf Sklavenarbeit und Plantagengesellschaft gründete, bestand neben der Ausbeutung der Neuen Welt und dem Handel mit Gold, Silber etc. ein weiteres Ziel der spanischen Kolonialherrschaft schon sehr früh darin, die indianische Bevölkerung zum christlichen Glauben zu bekehren und sie umfassend zu europäisieren, um ‚spanische Verhältnisse' in Amerika zu schaffen und eine koloniale Elite heranzuziehen (Schroeder 1989, S. 46). Dabei hatten Bildung und Erziehung einen hohen Stellenwert. Erste Schulen und Universitäten wurden bereits im 15./16. Jh. gegründet, als verschiedene Ordensbrüder (z.B. Dominikaner, Franziskaner, Augustiner etc.) mit staatlicher Unterstützung nach Amerika gingen. Ferner sollte der geistliche und der Beamtennachwuchs ausgebildet werden (Pietschmann 1988, S. 365).

Anfänglich erfolgte die Missionierung nur sehr oberflächlich, indem vorrangig Massentaufen durchgeführt wurden, verbunden mit kurzen Unterweisungen in den wichtigsten Glaubensinhalten. Grund hierfür war, dass einer großen Zahl von Indigenas eine verhältnismäßig kleine Zahl an Missionaren gegenüberstand. Erst mit der Gründung von Klöstern, Missionsstationen, Reduktionen[10] oder Katechismusschulen verfeinerten sich auch die Missionsmethoden. Darüber hinaus erlernten die Ordensleute die Sprachen der Einheimischen, die sie in die lateinische

---

10 Reduktionen sind feste Siedlungen, die im 17. und 18 Jh. von Jesuiten in Südamerika errichtet wurden mit dem Ziel, die dort lebenden Einheimischen zu christianisieren und vor der Ausbeutung und Unterdrückung der Kolonisten zu schützen (Schroeder 1989, S. 53).

Sprache übersetzten, förderten die Lesefähigkeiten vorrangig der indianischen Elite, druckten religiöse Schriften sowohl in Spanisch als auch in den indigenen Sprachen und entwickelten missionspädagogische Methoden, indem sie dabei u.a. auch Theater, Tanz und bildende Künste einsetzten, um Glaubensinhalte und Verhaltensweisen den Einheimischen nahezubringen. Gleichzeitig förderte das Missionsinteresse auch die wissenschaftliche Beschäftigung mit Kultur, Sitten, Gebräuchen, Religion und Geschichte der Indigenas (ebd.).

Die neuen kolonialspanischen Städte entwickelten sich recht schnell zu Zentren der Erziehung für die indianische Elite, die als ‚Vermittler‘ zwischen den Spaniern und der einheimischen Bevölkerung dienen sollte. Vereinzelt gab es für ihre Söhne spezielle Kollegs wie das bekannte *Colegio de Santa Cruz* in Tlatelolco (Neuspanien/heute Mexiko), das im Jahr 1536 gegründet wurde und eine weiterführende Internatsschule des Franziskanerordens war (Krause 2007, S. 273). Neben diesen Kollegs entstanden in der frühen Kolonialzeit (16. Jh.) weitere Schultypen, vergleichbar mit den zeitgenössischen Bildungseinrichtungen Europas: So gab es zum einen die Katechismusschulen, die meistens einem Kloster angegliedert waren und sich in den Innenhöfen dieser befanden. Sie dienten der Unterweisung indianischer Mädchen und Jungen in den Grundfragen des christlichen Glaubens und fanden beispielsweise in Neuspanien in der zweiten Hälfte des 16. Jh. eine weite Verbreitung. Zum anderen entstanden nach Angaben von Krause (2007, S. 157, 275) auch spezielle Schulen für Töchter des indianischen Adels, sog. *Beaterios*; internatsähnliche Einrichtungen, die von spanischen Frauen geleitet wurden und die die Mädchen auf eine Heirat mit einem Spanier vorbereiten sollten (z.B. *Casa de Recogimiento* in Tezuco).

Ferner wurden durch die Bildungsexpansion in Europa seit Ende des 15. Jh. auch erste Universitäten in Santo Domingo, Mexiko, Lima und bald danach in nachgeordneten kolonialen Zentren wie Guatemala, Quito etc. gegründet, so dass bis zum Ausgang der Kolonialzeit eine fast flächendeckende Versorgung mit höheren Bildungseinrichtungen und Universitäten erreicht wurde (Pietschmann 1989, S. 370). Hierbei wurde das Studium der Rechte, der Theologie und der Medizin zu einem Vehikel des sozialen Aufstiegs, da der Klerus, die Bürokratie und die expansive Politik der spanischen Krone neue Beschäftigungschancen eröffneten und der Erwerb eines Universitätsdiploms mit einer Reihe von Privilegien (Befreiung von bestimmten Steuern, Milizdiensten, militärischer Einquartierung etc.) und dem Adelsstatus verbunden war. Der Zugang zu Universitäten war nur Europa- und Amerikaspaniern sowie reinblütigen Indianern vorbehalten; Mestizen, Schwarze und Frauen waren rechtlich vom Universitätsbesuch ausgeschlossen, allerdings verlor die Beschränkung in dem Maße an Bedeutung, in dem sich die ethnischen Schichtungskriterien zu soziokulturellen Unterscheidungsmerkmalen verschoben, so dass sich bereits im 18. Jh. Universitätsabsolventen aller möglichen Hautfarben feststellen lassen konnten (ebd.).

In der zweiten Hälfte des 16. Jh. verebbte der frühe Missions- und Erziehungselan der Bettelorden. Jedoch begann ein umfassender gesellschaftlicher, wirtschaftlicher, politisch-administrativer und kirchlich-religiöser Organisationsprozess, den man als Formierung der kolonialen Gesellschaft bezeichnen kann und der im ersten Drittel des 17. Jh. zum Abschluss kam. In dieser Phase kam es zum Aufbau einer staatlichen Verwaltungsorganisation, zur Etablierung einer weltlichen Kirchenorganisation (Erzbistümer, Bistümer, Domkapitel, Pfarreien, Priesterseminare), zur Ausbildung einer kolonialen Wirtschaft und zur Entwicklung einer kreolisch dominierten Kolonialgemeinschaft. Außerdem wurde ein staatlich-kirchlich geprägtes Erziehungswesen mit dreiteiliger Gliederung errichtet (Elementarschule, Kollegien und Universitäten) nach dem Vorbild des Mutterlandes (ebd., S. 366). Begleitet wurde der Organisationsprozess von verschiedenen Entwicklungen, die u.a. auch das Bildungs- und Erziehungswesen beeinflussten. Demnach fiel mit der Einrichtung und Entwicklung des Munizipalverwaltungssystems die Primarschulerziehung in die Verantwortung der Gemeindeverwaltung und der Pfarrpriester. Die Gemeinden konnten aus ihren Finanzen Primarschullehrer besolden, mussten es aber nicht. Neben den Missionsorden und den Primarschullehrern (finanziert durch die Gemeinden) erteilten auch weltliche Priester Primarschulunterricht, oder es fand Privatunterricht in den Häusern der Oberschicht statt. Die Zahl und Vielfalt von Bildungseinrichtungen war eng mit der Nähe bzw. der Entfernung zu den kolonialen Metropolen verbunden (ebd., S. 368f.).

Die Erziehungspolitik in Lateinamerika lag bis weit ins 18. Jh. in den Händen des Klerus und verfolgte einen doppelten Erziehungsauftrag: einerseits die Erziehung der Kreolen im Sinne christlicher Rechtgläubigkeit und des Mutterlandes mit dem Ziel kirchlichen Nachwuchs auszubilden, zum anderen die indianische Bevölkerung zu missionieren. Zugleich hatte die Erziehung auch eine „herrschaftsstabilisierende Funktion" (Schroeder 1989, S. 61). „Die Vermittlung christlicher Tugenden wie Demut, Gehorsam und Uneigennützigkeit, passten gut in das Herrschaftskonzept der Spanier, und die streng hierarchisch gegliederte Schulorganisation sowie der memorisierende Unterrichtsstil förderten die Erziehung zu Disziplin, Autoritätsgeist und Kritiklosigkeit" (ebd.). Die Schule hatte zu jener Zeit „keinerlei praktische Bedeutung zur Bewältigung des Alltags". Vielmehr wurde sie „zum Luxusartikel, zum Statussymbol, zum bedeutungsvollen Ornament, Schule bekam Prestigefunktion" (ebd., S. 59).

Um 1810 begannen die Unabhängigkeitskriege in Zentral- und Südamerika. Die spanischen und portugiesischen Kolonialreiche lösten sich allmählich auf und im Zuge der Entstehung neuer Nationalstaaten kündigte sich auch „eine neue Einstellung zur Erziehung [...] an" (ebd., S. 64). Angeregt von den Ideen der europäischen Aufklärung und der europäisch-bürgerlichen Pädagogik des 18. und 19. Jh. wurde der Wunsch nach grundlegenden Veränderungen und tief greifenden Reformen im Bildungswesen immer größer, obwohl die Konservativen und die Liberalen, aufgrund unterschiedlicher politischer und wirtschaftlicher Interessen, kein einheitliches Erziehungskonzept vertraten. Doch die Frage nach einem ‚Nationalbewusstsein' und einer ‚nationalen Identität' beschäftigte beide politischen Lager.

Im 19. Jh. begannen die meisten Länder Lateinamerikas, ihr koloniales Bildungswesen zu reformieren. So wurde u.a. das Schulwesen verstaatlicht und damit die Monopolstellung der Kirche gebrochen. Zukünftig sollte die Gestaltung, Kontrolle und Finanzierung des Bildungswesens, insbesondere des Primarschulbereichs, Aufgabe des Staates sein. Darüber hinaus wurde in den Verfassungen der einzelnen Staaten das Recht auf Bildung und später sogar die Schulpflicht gesetzlich verankert. „Es [entstanden] einheitlich-nationale, meist zweigliedrige Schulsysteme, die zumeist zentralistisch verwaltet [wurden]. Die Bezahlung und Ausbildung der Lehrer [wurde] ebenso vereinheitlicht und gesetzlich geregelt wie die Lehr- und Unterrichtspläne, die Schulbücher und Prüfungen [...]. Spanisch [blieb] weiterhin Unterrichtssprache, Religionsunterricht [war] weiterhin verbindlich und katholisch für alle, die Inhalte [wurden] europäisiert, akademisch und diskriminierend für weite Teile der Bevölkerung" (Schroeder 1989, S. 87).

Ziel der Bildungsanstrengungen war es, nationale, demokratische und säkularisierte Bildungswesen in Lateinamerika zu schaffen. Mit dem Aufbau des öffentlichen Schulwesens in den verschiedenen Ländern stiegen auch die Schülerzahlen. Dennoch ließ sich ein flächendeckender Schulbesuch, aufgrund der fehlenden Infrastruktur, nicht verwirklichen. Vielmehr verstärkte sich das Bildungsgefälle zwischen den städtischen und ländlichen Gebieten (ebd., S. 92); ein Problem, mit welchem viele lateinamerikanische Staaten auch im 21. Jh. noch konfrontiert sind.

4. Die heutige Bildungssituation in Lateinamerika

In den meisten lateinamerikanischen Ländern beginnt die Schulpflicht im Alter von sechs bzw. sieben Jahren (in Argentinien, der Dominikanischen Republik, Ecuador, Kolumbien und Venezuela bereits mit fünf Jahren) und endet je nach Land recht unterschiedlich. Am längsten besuchen Mädchen und Jungen in Chile (6.-21. Lebensjahr) und Peru (6.-18. Lebensjahr) die Schule, wohingegen in Nicaragua der obligatorische Schulbesuch lediglich fünf Jahre dauert (6.-11. Lebensjahr). Alle Länder Lateinamerikas garantieren heute eine kostenlose und obligatorische Grundschulbildung, zumindest auf dem Papier (UNESCO 2010a; UNESCO 2010d-2010h).

Charakteristisch für das lateinamerikanische Bildungswesen ist die Zweiteilung in einen öffentlich-staatlich getragenen und einen privaten Bildungssektor. Der Ausbau des privaten Sektors hat in den vergangenen Jahrzehnten stark zugenommen, insbesondere in den städtischen Gebieten. Im Jahr 2007 besuchten im Primarschulbereich schätzungsweise 20% aller eingeschulten Kinder eine private Einrichtung; 22% im Sekundarschulbereich. Vor allem in Chile liegt der Anteil an privaten Schulen mit 56% im Vorschul- und je 55% im Primar- und Sekundarschulwesen weit über dem lateinamerikanischen Durchschnitt (UNESCO 2010c). Neben den privaten Eliteschulen und -universitäten ist auch ein »Low-Cost-Private-Sector« (Seitz 2003) entstanden, der auf den desolaten Zustand des öffentlich-staatlichen Schulsystems reagiert und insbesondere auf die finanziellen Möglichkeiten der lateinamerikanischen Mittelschicht abgestimmt ist. Darüber hinaus existiert ein non-formaler Bildungsbereich, dessen öffentliche und private Einrichtungen sich an Kinder, Jugendliche und Erwachsene richten, die sich aus verschiedenen Gründen außerhalb des formalen Bildungssystems befinden.

Nach Aussagen der UNESCO (2010a) wurden in Lateinamerika im Jahr 2007 im Vorschulbereich (Altersgruppe: 3.-6. Lebensjahr) etwa 15,7 Mio. Kinder betreut. Mittlerweile schreiben alle lateinamerikanischen Bildungsgesetze eine vorschulische Erziehung vom ersten bis fünften bzw. sechsten Lebensjahr vor, die für Kinder im Alter von vier und fünf Jahren obligatorisch und kostenfrei angeboten werden soll. Unterteilt ist die vorschulische Erziehung in der Mehrzahl der Länder in zwei (z.B. Argentinien, Bolivien) bzw. drei (z.B. Dominikanische Republik, Paraguay), manchmal auch in vier Zyklen (z.B. Kuba). Ein Drittel der 30 Entwicklungsländer weltweit, in denen vorschulische Erziehung obligatorisch ist, befinden sich in Lateinamerika (z.B. Argentinien, Kolumbien, El Salvador, Mexiko, Panama, Peru, Dominikanische Republik, Paraguay, Uruguay, Venezuela; SITEAL 2009). Allerdings bestehen große regionale Unterschiede, sowohl zwischen den einzelnen Ländern als auch zwischen Stadt und Land. Besonders in Städten kommen Kinder aus finanziell besser gestellten Familien in den Genuss einer vorschulischen Erziehung. Arme und marginalisierte Kinder haben jedoch nicht selten einen erschwerten Zugang, obwohl sie am meisten davon profitieren würden, wie einige empirische Studien bereits nachweisen konnten (Held/Weyde 2009).

Der Primarschulbereich umfasst i.d.R. sechs Jahrgangsklassen, normalerweise unterteilt in zwei oder drei Zyklen. Abweichungen von der sechsklassigen Primarstufe gibt es in Bolivien, Chile und der Dominikanischen Republik (8-klassig) sowie in Brasilien, El Salvador, Kolumbien und Paraguay (9-klassig). Der Primarschulabschluss ist Voraussetzung für die Zulassung zur Sekundarstufe *(Secundaria)*, die gewöhnlich mit zwölf bzw. 13 Jahren beginnt und in vielen lateinamerikanischen Ländern gestuft ist (Sekundarstufe I und II). Eine Ausnahme hierzu bildet Panama.[11]

Neben den traditionellen Universitäten gibt es in vielen Ländern im Bereich der Hochschulbildung *(Educación Superior)* sogenannte nicht-universitäre Einrichtungen *(z.B. Escuelas Profesionales o Escuelas Técnicas, Centros de Formación del Profesorado, Escuelas o Institutos Politécnicos)*, die sowohl in staatlicher als auch privater Trägerschaft sind und berufsbildende Studiengänge u.a. in den Bereichen der Lehrerbildung *(Escuelas Normales)* oder der technischen Berufe anbieten. An Universitäten können üblicherweise folgende Abschlüsse erworben werden: Der erste berufsqualifizierende Abschluss ist die *Licenciatura*, die je nach Studiengang nach vier bis fünf Jahren Regelstudienzeit endet und Voraussetzung für ein Master- *(Maestría)* und später für ein Promotionsstudium *(Doctorado)* ist. Viele der staatlichen Nationaluniversitäten mit Promotionsrecht garantieren einen hohen Standard und verfügen über einen sehr guten Ruf (z.B. *Universidade de São Paulo, Universidad Nacional Autónoma de México).*[12] Die älteste Universität in Lateinamerika ist die Universität Santo Tomás de Aquino in der Dominikanischen Republik (heute: *Universidad Autónoma de Santo Domingo)*. Sie wurde 1538 von Dominikanermönchen während der Herrschaft Karls I. von Spanien gegründet.

Neben den regulären Universitäten gibt es in einigen Ländern (z.B. Bolivien, Ecuador, Kolumbien, Mexiko) außerdem noch sogenannte *Universidades Interculturales*, an denen hauptsächlich Bevölkerungsgruppen mit indigener Herkunft studieren. Ziel dieser Universitäten ist es, lokales indigenes Wissen zu systematisieren und zu vermitteln sowie indigene Sprachen und Kulturen zu fördern und die Studierenden zu befähigen, Entwicklungsmodelle zu entwerfen, die ihren Lebenswirklichkeiten entsprechen. Im Mittelpunkt stehen dabei vor allem die aktuellen Herausforderungen und Probleme der indigenen Völker.

Die Erwachsenenbildung umfasst weitgehend abschlussbezogene Maßnahmen. Sie richtet sich vornehmlich an Jugendliche und Erwachsene, die ihre allgemeine Schulbildung nicht abschließen konnten, bislang keine berufliche Qualifikation erlangen konnten oder nicht Lesen und Schreiben können. Beispielsweise können Jugendliche und Erwachsene in Costa Rica innerhalb von vier bis sechs Jahren ihre Schulabschlüsse nachholen, die gleichzeitig berufsorientiert ausge-

---

11 Bevor in Panama Schülerinnen und Schüler (12-14 J.) mit der dreijährigen mittleren Schulbildung *(Educación Media)* beginnen können, müssen sie zunächst die dreijährige *Pre-Media* absolvieren, die den Übergang von der Primar- zur Sekundarstufe darstellt. Erst dann haben sie die Möglichkeit, mit der mittleren Schulbildung fortzufahren, die unterteilt ist in eine allgemeine *(Educación Media Académica)* und eine beruflich orientierte Richtung *(Educación Media Profesional)* und ebenfalls drei Jahre dauert.

12 Die Universidade de São Paulo (gegr. 1934) und die Universidad Nacional Autónoma de México (gegr. 1551) sind die größten und bedeutsamsten Universitäten in Lateinamerika. Im Ranking Iberoamericano SIR 2011 belegen sie die ersten beiden Positionen (www.scimagoir. com/pdf/ranking_iberoamericano_2011.pdf [Letzter Zugriff: 07.07.2011])

richtet sind. Sie haben allerdings auch die Möglichkeit, über ein Fernstudium die Hochschulreife zu erlangen. Ferner gibt es Alphabetisierungsprogramme für Bevölkerungsgruppen in marginalen Gebieten sowie eine Vielzahl an berufsbezogenen Maßnahmen, die von dem Nationalen Institut für Bildung und Lehre *(Instituto Nacional de Aprendizaje)* in Costa Rica organisiert werden.

5. Lehrerbildung in Lateinamerika

Seit dem 19. Jh. begannen die verschiedenen lateinamerikanischen Staaten neben der Ausweitung der schulischen Bildung im Primarschulbereich auch mit der Institutionalisierung der Lehrerbildung. Nach europäischem und nordamerikanischem Vorbild wurden zunächst sogenannte *Escuelas Normales* (Normalschulen) gegründet, die auf Sekundarebene Primarschullehrer ausbilden sollten. Hintergrund hierfür war, dass die damaligen Regierungen sich in einer Umbruchs- und Emanzipationsphase befanden, in der sie das damalige Schulwesen grundlegend reformieren wollten. So entstanden viele Normalschulen u.a. mit Hilfe von Deutschen, Belgiern, Franzosen und Spaniern (Salgado Peña 2006, S. 319-323). Die Gründung und Verbreitung der Normalschulen verlief in der Region unterschiedlich. In Mexiko beispielsweise wurde die erste *Escuela Normal* 1822 eingerichtet, in Chile 1842 und in Ecuador 1889, wohingegen die erste Normalschule in Bolivien 1909 und in El Salvador erst 1924 gegründet wurde (Rama 2006, S. 9f.). Im 20. Jh. stieg jedoch die Zahl der Normalschulen tendenziell in gesamt Lateinamerika stark an.

Bei den ersten Normalschulen in Lateinamerika handelte es sich vorrangig um Internate, die sich im Hinblick auf Geschlecht, geographische Lage und ethnische Zugehörigkeit unterschieden. So gab es Normalschulen nur für Frauen *(Escuelas Normales de Mujeres)* oder nur für Männer *(Escuelas Normales de Varones)*, ländliche bzw. städtische, sowie Normalschulen nur für Indigenas (z.B. in Bolivien). Die Mehrzahl dieser Normalschulen unterstand dem Bildungsministerium, wobei es vereinzelt auch private Normalschulen gab, z.B. in Honduras (gegr. 1836) oder in Chile (gegr. 1842).

Obwohl die Lehrerinnen und Lehrer im 19. und 20. Jh. ein niedriges Gehalt bezogen, genossen sie ein hohes soziales Prestige. Für die Familien der Mittelschicht z.B. in ländlichen Gebieten war es ein Privileg, wenn eines ihrer Kinder eine Normalschule besuchte, da zu jener Zeit die Lehrerbildung in der Unter- und Mittelschicht als eine Möglichkeit des sozialen Aufstiegs galt (ebd., S. 322).

Anfang des 20. Jh. entstanden darüber hinaus – parallel zu den Normalschulen – sogenannte nicht-universitäre Lehrerbildungsinstitute *(Institutos de Formación Docente)* für die Sekundarschullehrerbildung. Bei diesen nicht-universitären Lehrerbildungsinstituten handelt es sich um Bildungseinrichtungen im Tertiärbereich. Je nach Land variieren die Namen der Einrichtungen *(Institutos de Formación Docente, Institutos Normales Superiores, Institutos Pedagógicos Superiores etc.)* und die Bezeichnungen der Abschlüsse. Grund war, dass Ende des 19. Jh. der Sekundarschulbereich in vielen lateinamerikanischen Ländern zu expandieren begann. In einigen Ländern sind später aus diesen nicht-universitären Lehrerbildungsinstituten die Erziehungswissenschaftlichen Fakultäten *(Facultades de Educación de las Universidades)* und die Pädagogischen Universitäten *(Universidades Pedagógicas)* hervorgegangen, z.B. in Honduras (1989), Kolumbien (1955), Mexiko (1978) oder Venezuela (1983) (ebd., S. 323). Ziel war es, sowohl die Lehreraus- und -fortbildung zu verbessern, um auf diesem Weg Bildungsprobleme zu lösen, als auch die akademische Forschung zu stärken.

Durch den Prozess der *„universitarización"* (Akademisierung) entstand in Lateinamerika eine starke Differenzierung der Lehrerbildung mit der Folge, dass Lehrerinnen und Lehrer heute sowohl in öffentlichen als auch in privaten Bildungseinrichtungen des Sekundar- und Tertiärbereiches (universitär/nicht-universitär) ausgebildet werden. In einigen Ländern befinden sich die *Institutos de Formación Docente* in privater Trägerschaft, wohingegen die Pädagogischen Universitäten staatlich autonome Einrichtungen sind und der Lehreraus- und -fortbildung dienen. Allerdings gibt es auch private Universitäten (z.b. in Kolumbien, Costa Rica und El Salvador), die Lehrerbildungsprogramme anbieten.[13]

Seit den 1950er Jahren versuchen die meisten Länder innerhalb nationaler Bildungsreformen, die Zweiteilung der Lehrerbildung wieder aufzuheben, indem sie die Primarschullehrerbildung in den traditionellen Normalschulen in nichtuniversitäre oder universitäre Bildungseinrichtungen überführen, aufgrund der unzureichenden Berufsqualifikation vieler lateinamerikanischer Lehrer. So geht beispielsweise PREAL *(Programa de Promoción de la Reforma Educativa de América Latina y el Caribe)* davon aus, dass jede vierte Lehrkraft im Primarschulbereich in Lateinamerika nicht über eine formale Qualifikation verfügt. In einigen Ländern ist dieser Transformationsprozess bereits vollzogen (z.B. Bolivien, Chile), andere Länder wiederum befinden sich noch in einer Übergangsphase wie Kolumbien, wo die Lehrerbildung nach wie vor in den traditionellen Normalschulen, den *Normales Superiores* und in den beiden Pädagogischen Universitäten stattfindet, wobei die Normalschulen bereits im ‚Verschwinden' begriffen sind (PREAL 2006, S. 17).[14]

6. Probleme und Herausforderungen der Bildungswesen in Lateinamerika

Viele Länder der Region begannen in den 1950er Jahren mit Hilfe der UNESCO und anderen internationalen Organisationen ihre defizitären Bildungssysteme zu reformieren. Ziel war es, die Anzahl von Schulen und Schülern zu steigern, die Analphabetenrate zu senken und eine kostenfreie und obligatorische universelle Grundschulbildung zu gewährleisten, die zwar seit dem 19. Jh. in den meisten Ländern bereits verfassungsrechtlich verankert war, aber in den 1950er und 1960er Jahren noch nicht überall realisiert werden konnte. Betrachtet man einige zentrale Bildungsindikatoren, so scheint es, dass sich die Bildungsanstrengungen der letzten Jahrzehnte gelohnt haben.

Die öffentlichen Gesamtausgaben für Bildung sind seit den 1950er Jahren im Verhältnis zum Bruttoinlandsprodukt kontinuierlich gestiegen, wenngleich die Zahlen seit 2000 wieder leicht sinken (1999: 4,9%; 2003: 4,3% und 2007: 4,1%). Würde man zusätzlich die Ausgaben privater Haushalte und anderer nicht öffentlicher Einheiten berücksichtigen, so wären die Bildungsinvestitionen jedoch weitaus höher und lägen z.B. in Brasilien bei 10% (UNESCO 2010a; Richter 2011).

Die Mehrzahl der erwachsenen Bevölkerung über 15 Jahre ist mittlerweile alphabetisiert (vgl. Tab. 2). Laut Aussagen der UNESCO (2010a) lag in den Jahren 2007/08 die Alphabetisierungsrate im Durchschnitt bei 91%, allerdings mit regionalen Unterschieden: Kuba: 100%; Argentinien, Uruguay: 98%; Chile: 97%;

---

13 Inwieweit sich diese Lehrerbildungsprogramme an den privaten Universitäten sowohl an Sekundar- als auch an Primarschullehrer richten, konnte aus der vorliegenden Literatur nicht eindeutig entnommen werden.

14 Die Escuelas Normales Superiores sind in Kolumbien an die Fakultäten der Erziehungswissenschaften angegliedert.

Honduras: 84%; Nicaragua: 78%; Guatemala: 73%. Geschlechtsspezifische Unterschiede treten in den meisten Ländern nicht (mehr) auf, mit Ausnahme von Bolivien (m: 96%; w: 86%), Guatemala (m: 79%; w: 68%) und Peru (95%; w: 85%).

Tab. 2.: Angaben zur allgemeinen Bildungssituation in Lateinamerika

Land	Alphabetisierungsrate (2007)	Nettoschulbesuchsrate-Primarschule % 2007)	Nettoschulbesuchsrate -Sekundarschule in % (2007)	Bruttoschulbesuchsrate-Hochschule in % (2007)	Schulbesuchsrate im letzten Jahr der Primarschule (2006) in %	Abschlussrate-Primarschule (2006)	Wiederholungsrate-Primarschule (2007)	Klassengröße in der Primarschule	Anzahl an Schülern außerhalb der Schule (2007)	Bildungsausgaben pro Primarschüler in US-$ (2007)
Argentinien	98,0	98,0	78,0	67,0	95,0	k.A.	6,6	16	39.000	1.544
Bolivien	91,0	94,0	70,0	k.A.	80,0	k.A.	2,5	k.A.	70.000	k.A.
Brasilien	90,0	93,0	77,0	30,0	76,0	k.A.	18,7	24	901.000	1.257
Chile	97,0	94,0	85,0	52,0	k.A.	k.A.	2,4	25	87.000	1.496
Costa Rica	96,0	k.A.	k.A.	25,0	84,0	75,3	7,6	19	k.A.	1.480
Dom. Republik	89,0	82,0	61,0	k.A.	61,0	k.A.	5,6	24	194.000	549
Ecuador	84,0	97,0	59,0	35,0	81,0	78,5	1,4	23	12.000	k.A.
El Salvador	82,0	92,0	54,0	22,0	69,0	62,2	6,6	40	58.000	51
Guatemala	73,0	95,0	38,0	18,0	62,0	60,9	12,2	30	69.000	431
Honduras	84,0	93,0	k.A.	k.A.	81,0	k.A.	6,8	28	66.000	k.A.
Kolumbien	93,0	87,0	67,0	32,0	88,0	74,6	3,7	28	413.000	1.044
Kuba	100,0	98,0	86,0	109,0	97,0	k.A.	0,5	10	10.000	k.A.
Mexiko	93,0	98,0	72,0	27,0	92,0	k.A.	4,7	28	109.000	1.798
Nicaragua	78,0	96,0	46,0	k.A.	44,0	40,0	9,0	31	24.000	217
Panama	93,0	98,0	64,0	45,0	88,0	87,6	5,5	25	4.000	899
Paraguay	95,0	94,0	57,0	26,0	84,0	k.A.	5,1	k.A.	43.000	425
Peru	90,0	96,0	76,0	35,0	90,0	k.A.	7,8	22	35.000	495
Uruguay	98,0	97,0	68,0	64,0	94,0	k.A.	7,0	16	7400	k.A.
Venezuela	95,0	92,0	68,0	52,0	97,0	95,1	4,9	19	195.000	1.071
Gesamt	**90,5**	**94,0**	**66,2**	**42,6**	**81,3**	**71,8**	**6,2**	**24**	**2.336.400**	**911**

Quelle: UNESCO 2010a, 2010b

Auch scheint eine ‚quasi'-universelle Grundschulbildung erreicht zu sein. Die i.d.R. sechsjährige Primarschule wird heute von den meisten Kindern besucht (vgl. Tab. 2). Die durchschnittliche Nettoschulbesuchsrate lag im Jahr 2007 bei 94%; in wohlhabenden Ländern wie Argentinien, Mexiko und Panama bei 98%. In der überwiegend obligatorischen unteren Sekundarstufe betrug die Bruttoschulbesuchsrate (2007) 102% (UNESCO 2010b).[15]

---

15 Die Bruttoschulbesuchsrate berücksichtigt alle Einschreibungen der Sekundarstufe I und II bzw. alle Schüler und Schülerinnen, unabhängig davon, ob sie der relevanten Altersgruppe für diese Stufe angehören oder nicht; die Nettoschulbesuchsrate ist i.d.R. weit niedriger, da sie nur die Anzahl der Kinder einer offiziellen Altersgruppe benennt, die den entsprechenden Schultyp

Im Bereich der vorschulischen Erziehung sind die Aktivitäten in den letzten Jahren ebenfalls sprunghaft angestiegen, insbesondere für die über Dreijährigen. So erhöhte sich bspw. in dem Zeitraum von 1999 bis 2008 regional die Bruttoschulbesuchsrate für Kinder im Alter von drei bis fünf Jahren von 56% auf 68% und lag damit über dem weltweiten Durchschnitt von 40% (UNESCO 2010c).[16]

Auf den ersten Blick verdeutlichen diese Zahlen, dass die Bildungsentwicklungen der vergangenen 60 Jahre in Lateinamerika durchaus zu einer quantitativen Verbesserung der Bildungssituation führten. Doch bei einer genaueren Betrachtung zeigt sich, dass die Qualität vieler Bildungssysteme nach wie vor ungenügend ist und das Phänomen der sozialen Ungleichheit die Bildungslandschaft zu einem großen Teil bestimmt. Noch immer können viele Länder die verschiedenen Eingangsvoraussetzungen der Kinder armer bzw. reicher Familien nicht ausgleichen, was u.a. zur Folge hat, dass noch immer rund 2,4 Mio. Kinder und Jugendliche, vor allem aus abgelegenen ländlichen Regionen, städtischen Armutsvierteln oder aus indigenen Herkunftsfamilien, keine Schule besuchen (allein in Brasilien 901 000 und in Kolumbien 413 000).[17]

Die unzureichende Qualität und die ungleichen Bildungschancen lassen sich auch an den hohen Abbrecher- und Wiederholungsraten erkennen, an der geringen Anzahl an Schuljahren, an den niedrigen Abschlussraten oder an den schlechten Schülerleistungen. So ergab die PISA-Studie (2003) zum einen einen großen Rückstand in den schulischen Leistungen bei den 15-jährigen Schülern aus Brasilien, Mexiko und Uruguay gegenüber den anderen beteiligten Ländern. Fast die Hälfte der lateinamerikanischen Schüler hatte ernsthafte Schwierigkeiten ihr Wissen mit Hilfe eines Textes zu erweitern (PREAL 2006). Schiefelbein (2003) kommt sogar zu dem Schluss, dass die lateinamerikanischen Schülerleistungen nur zwei Drittel des Durchschnittsniveaus der beteiligten Industrieländer ausmachen. Zum anderen zeigte die Studie, dass die Mathematikleistungen der ärmsten Kinder in Brasilien, Mexiko und Uruguay fast zwei Niveaustufen unter denen der reichsten Kinder lagen. Die nationalen Schulleistungsmessungen in den einzelnen Ländern bestätigen die PISA-Resultate (2000, 2003) für Lateinamerika.[18] Insofern verwundert es nicht sonderlich, wenn viele Mädchen und Jungen ohne Schulabschluss die Schule verlassen. So lagen im Jahr 2007 die Abschlussraten im Primarschulbereich zwischen 46% (Nicaragua) und 87% (Costa Rica) mit der Folge, dass tendenziell die Schulbesuchsraten in der oberen Sekundarstufe (75%) und im Hochschulbereich (65%) in Lateinamerika deutlich niedriger sind als beispielsweise in vielen westlichen Industrieländern (UNESCO 2010a).

(z.B. Grundschule) besucht. Sie berücksichtigt keine Schüler und Schülerinnen, die aufgrund einer zu frühen oder späten Einschulung oder Wiederholung einer Klasse nicht zu dieser offiziellen Altersgruppe gehören (UNESCO 2004, S. 18).

16 Diese Zahlen betreffen Länder Lateinamerikas und der Karibik.

17 Inwieweit diese Zahl zuverlässig ist, konnte von der Autorin nicht eindeutig geklärt werden, da bspw. in einschlägigen Dokumenten zur aktuellen Bildungssituation in Honduras die Rede von ca. 500 000 Jugendlichen im Alter von 16 bis 18 Jahren ist, die sich außerhalb des honduranischen Bildungssystem befinden (vgl. PREAL 2010, S. 7). Es wird daher von der Autorin ausgegangen, dass weit mehr als nur 2,4 Mio. Kinder und Jugendliche in Lateinamerika keine Schule besuchen.

18 In Kolumbien kann einer von vier Schülern der 5. Klassenstufe und nur einer von 100 Neuntklässlern Alltagsprobleme mathematisch lösen. In Peru erfüllt einer von zehn Schülern der 6. Klasse die jeweiligen Anforderungen in Mathematik und Spanisch; und in Brasilien ist der durchschnittliche Primarschüler nicht in der Lage die Grundrechenarten korrekt anzuwenden (PREAL 2006).

Des Weiteren sind im internationalen Vergleich viele Bildungssysteme in Lateinamerika unterfinanziert (Ausgaben pro Primarschüler in US-$: OECD im Durchschnitt 4.800; Nicaragua 1.990; Chile 1.400), obwohl seit den 1990er Jahren der Anteil der öffentlichen Bildungsausgaben dort kontinuierlich gestiegen ist. So investierten die lateinamerikanischen Staaten im Jahr 2007 durchschnittlich 4,1% des Bruttonationaleinkommens in Bildung, wobei sich bei genauerer Betrachtung auch hier deutliche Unterschiede zeigen: Kuba 13,6%, Mexiko 5,6%, Brasilien 5,2%, Chile 3,8% oder Dominikanische Republik 2,6%. Gleiches betrifft die Bildungsausgaben: pro Schüler lagen diese im Primarschulbereich zwischen 1.798 US-Dollar (Mexiko) und 51 US-Dollar (El Salvador; UNESCO 2010b; vgl. Tab. 2). Doch die öffentlichen Bildungsausgaben reichen i.d.R. nicht aus, um eine adäquate staatliche Bildungsversorgung zu gewährleisten. Grund hierfür sind die insgesamt geringen Staatsfinanzen oder die hohen Schuldendienstrückzahlungen. Hinzu kommt, dass ähnlich wie in anderen Ländern weltweit, auch in Lateinamerika der größte Teil des Finanzhaushaltes der Bildungsministerien für Gehaltszahlungen aufgewendet wird, so dass kaum freie Mittel zur Verfügung stehen, um die schulische Infrastruktur zu verbessern bzw. die Instandhaltung von Schulgebäuden zu gewährleisten.

Fehlende bzw. marode Schulgebäude und mangelnde Ausstattung sind auch im 21. Jh. noch ein zentrales Problem vieler lateinamerikanischer Schulsysteme. Nicht selten befinden sich mehrere Schulformen entweder in demselben Gebäude bzw. auf gleichem Gelände. In Regionen, wo offizielle Schulgebäude fehlen, sind die Schulzentren u.a. in kirchlichen Einrichtungen, Gemeinde- oder Privathäusern untergebracht. Auch variiert die Anzahl der Klassenräume. In Honduras setzt sich bspw. ein Großteil der Schulen lediglich aus ein bis drei Klassenräumen in einem Gebäude zusammen, in denen zwischen 20 und 150 Kinder gleichzeitig unterrichtet werden. Zum Teil sind die Klassenräume relativ klein im Verhältnis zu der Anzahl an Schülern. Es bleibt wenig Freiraum für Bewegung. Dadurch ist eine aktive Unterrichtsgestaltung oftmals in ihren Möglichkeiten erheblich begrenzt. In den seltensten Fällen existiert für einzelne Unterrichtsfächer ein eigener Platz in den Klassenräumen, in denen auch nicht immer Stühle und Tische in ausreichender Zahl vorhanden sind. Ähnliches betrifft Lehrbücher und Unterrichtsmaterialien. Oftmals sind Lehrer auf die finanzielle Unterstützung der Eltern angewiesen, um Kopien für den Unterricht anfertigen zu können. Des Weiteren verfügen insgesamt nur 2% aller untersuchten Schulen entweder über eine Schulbibliothek oder ein Unterrichtslaboratorium. 62% der untersuchten Schulen sind nicht mit Elektrizität ausgestattet und 20% haben noch immer keinen Zugang zu Trinkwasser. In vielen ländlichen Gegenden sind zudem in den Schulen die sanitären Anlagen in einem unzumutbaren Zustand (Richter 2010, S. 183f.).

7. Ausblick

Nachdem die Geschichte Lateinamerikas und die gesellschaftlichen Rahmenbedingungen in einem knappen Überblick skizziert wurden, versuchte der vorliegende Beitrag in vier Kapiteln die Bildungsentwicklungen, den Aufbau und die Struktur der lateinamerikanischen Bildungswesen unter besonderer Berücksichtigung länderspezifischer Besonderheiten, die Lehrerbildung sowie die aktuellen Bildungsprobleme darzustellen. Ohne einen Anspruch auf Vollständigkeit wurde gezeigt, wie sich die verschiedenen lateinamerikanischen Bildungssysteme seit der spanischen bzw. portugiesischen Kolonialherrschaft entwickelt haben und vor welchen Herausforderungen sie im 21. Jh. stehen. Dabei wurde deutlich, dass sich Lateinamerika in den letzten Jahrzehnten politisch und wirtschaftlich stark differenziert hat, trotz der gemeinsamen kolonialen Vergangenheit und der ähnlichen kulturellen Gemeinsamkeiten. Diese Entwicklungen spiegeln sich auch in den Bildungslandschaften der einzelnen Länder wider. So wird das Bildungsniveau der Länder Kuba, Argentinien, Brasilien und Chile im regionalen (lateinamerikanischen) Vergleich als hoch eingeschätzt (vgl. UNESCO/OREALC 1998). Jedoch besteht im internationalen Vergleich nach wie vor ein großer Bildungsrückstand zu den führenden Industrieländern, der sich ungeachtet der beachtlichen Bildungsanstrengungen in den vergangenen Jahren nicht verringert hat. Zwar gehört der Analphabetismus weitgehend der Vergangenheit an und immer mehr Kinder und Jugendliche besuchen heute in Lateinamerika eine Schule, doch mit den quantitativen Erfolgen ging keine Verbesserung der Bildungsqualität einher, und noch immer bestimmt die soziale Ungleichheit zu einem Großteil die Bildungslandschaft Lateinamerikas. Es scheint, dass ohne eine wirksame Einkommensumverteilung auch in den nächsten Jahren die Bildungsreformen in den verschiedenen Ländern nicht die erwünschten Ergebnisse erzielen werden.

Literatur

Bertelsmann Stiftung (2008): *Transformation Index 2010. Politische Gestaltung im internationalen Vergleich*. Gütersloh: Bertelsmann Stiftung. Verfügbar unter: http://www.bertelsmann-stiftung.de/bst/de/media/xcms_bst_dms_30284_30286_2.pdf [15.08.2008]

CEPAL (2007): Anuario estadístico de América Latina y el Caribe, 2007. Estadísticas sociales. Chile/Santiago. Verfügbar unter: www.eclac.cl [15.08.2011]

Der Fischer Weltalmanach 2011. Zahlen. Daten Fakten. Frankfurt/M.: Fischer Taschenbuch Verlag

Hein, Wolfgang (2008): Charakteristika der Wirtschaftsstruktur. In: *Lateinamerika. Informationen zur politischen Bildung, Heft 300*. Bonn: Bundeszentrale für politische Bildung, S. 33-35

Hein, Wolfgang; Huhn, Sebastian (2008): Entwicklungen im 19. und 20. Jahrhundert. In: *Lateinamerika. Informationen zur politischen Bildung, Heft 300*, S. 6-14

Held, Laura; Weyde, Britt (2009): Solide Basis? Betreuung und Erziehung von Kleinkindern in Lateinamerika und der Karibik. In: *ila - Zeitschrift der Informationsstelle Lateinamerika, Heft 330*, S. 4-5

Hoffmann, Bert/Nolte, Detlef (2008): Was ist „Lateinamerika"? In: *Lateinamerika. Informationen zur politischen Bildung, Heft 300*, S. 4-5

König, Hans-Joachim (2006): *Kleine Geschichte Lateinamerikas*. Bonn: Bundeszentrale für politische Bildung

Krause, Julia (2007): Die Erziehung indianischer Mädchen in Zentralmexiko des 16. Jahrhunderts. Hamburg: Verlag Dr. Kovač

Nolte, Detlef; Oettler, Anika; Llanos, Mariana (2008): Demokratien auf schwachem sozialen Fundament. In: *Lateinamerika. Informationen zur politischen Bildung, Heft 300*, S. 43-59

Oettler, Anika; Peetz, Peter; Hoffmann, Bert (2008): Gesellschaft und Kultur. In: *Lateinamerika. Informationen zur politischen Bildung, Heft 300*, S. 6-14

Pietschmann, Horst (1988): Grundzüge des Bildungssystems im kolonialen Hispoamerika. *Zeitschrift für Kulturaustausch, 38 (3)*, S. 365-373

Programa de Promoción de la Reforma Educativa de América Latina y el Caribe (PREAL) (2006): *Cantidad sin Calidad. Un Informe del Progreso Educativo en América Latina.* Verfügbar unter: www.preal.org [15.08.2011]

Rama, Claudio (2006): La Formación de Docentes en América Latina: de las Normales a las Universidades ¿Solución o Problema? In: Salgado Peña, Ramón U.: *La Formación de Docentes en América Latina.* Tegucigalpa: Fondo Editorial Universidad Pedagógica Nacional Francisco Morazán, S. 9-22

Richter, Claudia (2011): Lateinamerika. In: Horn, Klaus-Peter et al. (Hrsg.): *Lexikon der Erziehungswissenschaft.* Bad Heilbrunn: Klinkhardt-Verlag, S. 269-271

Richter, Claudia (2010): Schulqualität in Lateinamerika am Beispiel von „Education for All" in Honduras. Münster: Waxmann Verlag

Salgado Peña, Ramón U. (2006): La Formación de Docentes en la Región. In: Salgado Peña, Ramón U.: *La Formación de Docentes en América Latina*. Tegucigalpa: Fondo Editorial Universidad Pedagógica Nacional Francisco Morazán, S. 319-342

Sangmeister, Hartmut (2011): Der Wirtschaftsraum Lateinamerika: Positive Aussichten für 2011. In: *GIGA Focus Lateinamerika, 1*. Hamburg: Institut für Lateinamerika-Studien. Verfügbar unter: http://www.giga-hamburg.de/dl/download.php?d=/content/publikationen/pdf/gf_lateinamerika_1101.pdf [15.08.2011]

Schiefelbein, Ernesto (2003): Uso de la Información Generada por la Evaluación del Aprendizaje para proponer Politicas Educativas Pertinentes. Santiago, Chile: Centro de Investigación y Desarrollo de la Educación (CIDE)

Schroeder, Joachim (1989): Arbeit, Selbstbestimmung, Befreiung: lateinamerikanische Gegenentwürfe zur europäischen Schule. Frankfurt/M.: Verlag für Interkulturelle Kommunikation

Seitz, Klaus (2003): Der schiefe Turm von PISA – nur die Spitze eines Eisbergs? Der PISA-Schock und der weltweite Umbau der Bildungssysteme. In: *Zeitschrift für internationale Bildungsforschung und Entwicklungspolitik, 26 (1)*, S. 2-8

SITEAL (2009): Informe sobte Tendencias Sociales y Educativas en América Latina 2009. Primera Infancia en América Latina: La Situación Actual y las Respuestas desde el Estado. Verfügbar unter: http://www.siteal.iipe-oei.org/informe/228/informe-2009. [15.08.2011]

UNESCO (2010a): EFA Gobal Monitoring Report 2010. Reaching the marginalized. Oxford: University Press

UNESCO (2010b): *Panorámica Regional: América Latina y el Caribe. Informe de Seguimiento de la EPT en el Mundo 2010*. Verfügbar unter: http://unesdoc.unesco.org/images/0018/-001865/186524s.pdf [15.08.2011]

UNESCO (2010c): *Compendio Mundial de la Educación. Comparación de las Estadisticas de educación en el mundo 2010*. Montreal: UNESCO. Verfügbar unter: http://unesdoc.-unesco.org/images/0019/001912/191218s.pdf [15.08.2011]

UNESCO (2010d): World Data on Education Données mondiales de l'éducation Datos Mundiales de Educación. VII Ed. 2010/11. Argentina. Verfügbar unter: http://www.ibe.unesco.org/ [15.08.2011]

UNESCO (2010e): World Data on Education Données mondiales de l'éducation Datos Mundiales de Educación. VII Ed. 2010/11. Colombia. Verfügbar unter: http://www.ibe.unesco.org/ [15.08.2011]

UNESCO (2010f): World Data on Education Données mondiales de l'éducation Datos Mundiales de Educación. VII Ed. 2010/11. Ecuador. Verfügbar unter: http://www.ibe.unesco.org/ [15.08.2011]

UNESCO (2010g): World Data on Education Données mondiales de l'éducation Datos Mundiales de Educación. VII Ed. 2010/11. Venezuela. Verfügbar unter: http://www.ibe.unesco.org/ [15.08.2011]

UNESCO (2010h): World Data on Education Données mondiales de l'éducation Datos Mundiales de Educación. VII Ed. 2010/11. República Dominicana. Verfügbar unter: http://www.ibe.unesco.org/ [15.08.2011]

UNESCO/OREALC (1998): Laboratorio Latinoamericano de Evaluación de la Calidad de la Educación: Primer Estudio Internacional Comparativo sobre Lenguaje, Matemática y Factores Asociados en Tercer y Cuarto Grado. UNESCO: Santiago, Chile. Verfügbar unter: http://www.oei.es/quipu/primer_informeLLECE.pdf [15.08.2011]

UNESCO (2004): *Verpflichtung zur Qualität*. Deutsche Zusammenfassung des EFA Global Monitoring Reports 2005. Verfügbar unter: http://www.unesco.org/education/gmr_download/summary_german.pdf [17.10.2011]

Waldmann, Peter (2000a): Spanische Kolonialherrschaft. In: Lateinamerika I. Geschichte, Wirtschaft, Gesellschaft. Informationen zur politischen Bildung, Heft 226, S. 3-10

Waldmann, Peter (2000b): Unabhängigkeitsbewegung und Bürgerkrieg. In: Lateinamerika I. Geschichte, Wirtschaft, Gesellschaft. Informationen zur politischen Bildung, Heft 226, S. 11-13

Waldmann, Peter (2000c): Bildung von Nationalstaaten im 19. Jahrhundert. In: Lateinamerika I. Geschichte, Wirtschaft, Gesellschaft. Informationen zur politischen Bildung, Heft 226, S. 13-16

Werz, Nikolaus (2010): *Lateinamerika. Eine Einführung*. Bonn: Bundeszentrale für politische Bildung

Volker Schubert

Bildung in den Ostasiatischen Staaten

Wenn es weltweit irgendeinen geographischen Raum geben sollte, in dem sich die Verheißungen einer kapitalistischen Modernisierung zumindest in Ansätzen erfüllt haben, so ist das Ostasien. Selbstverständlich gilt das nicht für den gesamten, höchst heterogenen ostasiatischen Raum: Geht man von der Klassifikation der United Nations Educational, Scientific and Cultural Organisation (UNESCO) aus, so umfasst das Gebiet nicht nur einige der weltweit reichsten Staaten – darunter mit Brunei Darussalam auch eines, das seinen Reichtum allein seinen Erdöl- und Erdgasvorkommen verdankt – und sogenannte „Schwellenländer", sondern auch Länder, die zu den ärmsten der Welt gehören. Den Vereinten Nationen zufolge sind Kambodscha, Laos, Myanmar (das frühere Birma), Timor-Leste und (gewissermaßen außer Konkurrenz) wohl auch Nordkorea (offiziell: Demokratische Volksrepublik Korea) Teil der Gruppe der am wenigsten entwickelten Ländern („least developed countries"). Japan (vgl. Meise/Schubert, in diesem Band), Südkorea (offiziell: Republik Korea), Singapur, das nur beschränkt anerkannte Taiwan sowie die zu China (vgl. Glöckner, in diesem Band) gehörenden Sonderverwaltungszonen Hongkong und Macao zählen dagegen zu den weltweit wirtschaftlich führenden Staaten bzw. Regionen. Dazwischen befinden sich mit Indonesien, Malaysia, den Philippinen, Thailand und Vietnam Staaten, die trotz gelegentlicher Rückschläge – vor allem während der Asienkrise 1997/98 – als aufstrebende Wirtschaftsmächte gelten, was oft gravierende Probleme mit Armut und sozialer Ungleichheit allerdings nicht ausschließt. Nach einer knappen Vorstellung des Großraumes (1) und einer Skizze der ökonomischen Bedingungen (2), wird der für das Verständnis der Bildungsentwicklungen in diesem heterogenen Raum zentrale Zusammenhang von Staat und Schule thematisiert (3). Die Darstellungen von Schul- (4) und Hochschulwesen (6) rahmen eine kurze Diskussion der umstrittenen Frage nach der besonderen Belastung und Leistungsfähigkeit ostasiatischer Schüler und Schülerinnen (5). Zum Schluss wird exemplarisch die Situation in zwei recht unterschiedlichen Staaten – Laos (7) und Indonesien (8) – näher vorgestellt.

1. Der ostasiatische Raum

„Ost- und Südostasien ist vielleicht die einzige Großregion der Welt, in der sich die alten Hochkulturen in ihrer Substanz zu behaupten vermochten, wo die Verwestlichung immer nur Firnis geblieben ist und allenfalls punktuelle Erfolge (Beispiel Missionstätigkeit) zu verzeichnen waren" (Menzel 1994, S. 17). Gleichwohl ist die Region nicht nur ökonomisch, sondern auch kulturell außerordentlich vielfältig. Für Japan, Korea und China werden oft die große Bedeutung der konfuzianischen Tradition (allerdings in sehr unterschiedlichen Spielarten) und eine relativ große kulturelle und sprachliche Homogenität (die für China sicher nur eingeschränkt gilt) geltend gemacht. Dagegen sind die südost-asiatischen Staaten Indonesien, Malaysia, die Philippinen und Singapur, aber auch Myanmar, durch eine enorme ethnische, kulturelle, sprachliche und religiöse Vielfalt gekennzeichnet, mit der sie kultur- und bildungspolitisch sehr unterschiedlich umgehen. Staaten wie Brunei Darussalam, Kambodscha, Laos, Thailand und Vietnam werden zwar jeweils von einer größeren ethno-kulturellen Gruppe dominiert, trotzdem gibt es beträchtliche, oft marginalisierte Minderheiten. Nicht nur die Region insgesamt, sondern auch die einzelnen Staaten selbst sind also oft in sich sehr heterogen. Das unvermittelte Nebeneinander von historischen Großreichen und Stammesgesellschaften, von globalisierten Metropolen und abgeschiedenen Dörfern, ist eher die Regel als die Ausnahme. Während in relativ unzugänglichen Bergregionen, etwa im Dreieck von Südwestchina, Thailand und Myanmar, oder auf vielen Inseln des indonesischen Archipels verschiedene Völkerschaften teilweise seit Jahrtausenden vergleichsweise isoliert leben, sind beträchtliche Teile der Region fast ebenso lange durch vielfältige Austauschbeziehungen ökonomisch und kulturell eng verknüpft.

Die Verbindungen zum arabischen Raum und zu Indien sind bis heute beispielsweise in religiösen Orientierungen präsent – dem Buddhismus, dem Hinduismus, dem Islam, meist in eigentümlichen Mischungsverhältnissen mit lokalen Traditionen, so dass sich in gewisser Weise „durchaus von einem Synkretismus sprechen" (Geertz 1991, S. 31) lässt.[1] Chinesische Einwanderer gibt es seit mindestens einem Jahrtausend; sie stellen heute eine zahlenmäßig große und wirtschaftlich bedeutende Minderheit in Südostasien (in Singapur die breite Mehrheit) dar (vgl. Vorlaufer 2009, S. 60). Ebenso bildet das Malaiische ein wichtiges verbindendes Element. Schon im 16. Jh. war die malaiische Schriftsprache nicht nur Sprache des Handels, sondern auch der Diplomatie, der Religion und der Bildung. Heute wird es in verschiedenen Varianten in Brunei, Indonesien, Malaysia, Singapur und Thailand teilweise als Muttersprache gesprochen und gilt unter einigen gesellschaftlichen Gruppen in Kambodscha, den Philippinen und Vietnam als Verkehrssprache. Im Kontext von etwa 800 bis 1 000 anderen Sprachen ist es Teil einer sehr komplexen Ökologie von Sprachen, die die „malaiische Welt" prägt (vgl. Collins 2008).

Die Kolonialmächte, die seit dem 16. Jh. nach Südostasien vordrangen, machten sich zunächst vor allem die bestehenden Handelsnetze und politischen Strukturen – meist mehr als weniger gewaltsam – zunutze und versuchten sie nach ihren Interessen umzuformen und auszubeuten. Seit dem 19. Jh. führte dann die Plantagenwirtschaft und die Integration der Kolonien als Rohstoffexportökonomien in die Weltwirtschaft zu teilweise tiefgreifenden sozialen Umbrüchen, etwa durch die Veränderung von Eigentumsverhältnissen oder durch die von den Europäern induzierte Einwanderung von chinesischen und indischen Arbeitern (vgl. Hanisch 1994, S. 55f.; Houben 2003). Aber der Kolonialismus brachte keine neo-europäischen Ablegergesellschaften hervor (wie in den beiden Amerikas oder in Australien und Neuseeland). Insofern blieben Ost- und Südostasien kulturell vergleichsweise eigenständig. Das Christentum

---

1 Die „scheinbar einheitliche Islamisierung" in Java beschreibt Geertz beispielsweise als „einen merkwürdigen Prozess der kulturellen und religiösen Diversifizierung", in dem etwa die Bauern „die ihnen verständlichen islamischen Vorstellungen und Praktiken in die gleiche umfassende südostasiatische Volksreligion" einfügten, „in die sie zuvor die hinduistischen eingefügt hatten". Sie verschmolzen damit „Geister, Götter, Dschinn und Propheten zu einem erstaunlich kontemplativen, ja philosophischen Animismus" (Geertz 1991, S. 30f.; vgl. auch Dahm 2003).

vermochte sich nur vereinzelt durchzusetzen, vor allem im nördlichen und mittleren Teil der Philippinen, in Ost-Timor und unter verstreuten Minderheiten, etwa im heutigen Indonesien oder in Vietnam (vgl. Hanisch 1994, S. 55).[2] Bis zum Zweiten Weltkrieg waren Indochina (Vietnam, Laos, Kambodscha) französisch, Birma, Malaya und das nördliche Borneo britisch, Indonesien niederländisch, Ost-Timor portugiesisch und die Philippinen US-amerikanisch. Thailand und Japan waren keine Kolonien; dafür hatte Japan in der ersten Hälfte des 20. Jh. seinerseits Korea, Taiwan und die Mandschurei kolonialisiert.

Der Rückzug der Kolonialmächte wurde durch ihre kurzzeitige Vertreibung durch die japanischen Besatzer im Zweiten Weltkrieg eingeleitet. Gegen teilweise erbitterten Widerstand erlangten die Philippinen 1946, Birma 1948 und Indonesien 1949 die Unabhängigkeit in den alten kolonialen Grenzen. Korea wurde nach dem Koreakrieg (1950-1953) geteilt. Malaysia und der Stadtstaat Singapur entstanden in ihrer heutigen Form 1965. In Indochina brachte der Entkolonialisierungsprozess einen verheerenden dreißigjährigen Krieg mit sich und dauerte bis 1975. Brunei blieb bis 1984 britisches Protektorat. Die kleine portugiesische Kolonie Ost-Timor wurde 1975 von Indonesien besetzt und nach blutigen Kämpfen erst 1999 in die Unabhängigkeit entlassen.

Den ökonomischen Daten nach haben die meisten ostasiatischen Staaten – nach einigen Schwierigkeiten bei der Transformation der kolonialen Rohstoffexportökonomien – seit der Unabhängigkeit beeindruckende Entwicklungen zu verzeichnen. Am spektakulärsten war wohl die Entwicklung in Südkorea, das binnen 30 Jahren von einem der „least developed countries" zu einer führenden Industrienation wurde (vgl. Messner 1994, S. 168). Ähnlich stürmisch verlief wenig später die Entwicklung im Stadtstaat Singapur. Auch in Thailand, Malaysia, Indonesien und auf den Philippinen wuchs das Bruttoinlandsprodukt in den letzten 40 Jahren fast stets um 5 bis 8% jährlich, unterbrochen nur von teilweise dramatischen Einbrüchen während der sog. Asienkrise 1997/98 (vgl. Vorlaufer 2009, S. 111). Meist waren ausländische Direktinvestitionen eine wesentliche Triebfeder des wirtschaftlichen Wachstums (vgl. ebd., S. 113). An der Spitze stehen mit Japan, Südkorea und Taiwan allerdings Ökonomien, „die eine Ansiedlung globaler Unternehmen industriepolitisch vermieden haben" (Pohlmann 2006, S. 180). Die durch den Krieg verwüsteten Indochina-Staaten zeigen inzwischen ebenfalls beträchtliche Wachstumsraten, wobei allerdings insbesondere bei Laos und Kambodscha die sehr niedrigen Ausgangswerte in Rechnung zu stellen sind (vgl. Vorlaufer 2009, S. 111). Die derzeit ärmsten Staaten Ostasiens sind wohl Nordkorea, das mit seinem Versuch, die Wirtschaft abgekoppelt vom Weltmarkt aus eigener Kraft zu entwickeln, trotz anfänglicher Erfolge gescheitert ist (vgl. Pohl 1994), Myanmar, das nach Jahrzehnten Militärherrschaft und blutiger Bürgerkriege gegen Minderheiten international weitgehend isoliert ist, und das durch den jahrelangen Unabhängigkeitskampf nachhaltig zerstörte Timor-Leste.

Politisch begleitet wurde die wirtschaftliche Entwicklung fast durchgehend durch „stark zentralisierte, mehr oder weniger autoritäre personalisierte Herrschaftssysteme, in denen eine enge Verbindung zwischen Militär, Bürokratie und Wirtschaft bestand" (Korff 2003, S. 178). Patronage und Korruption (bzw. das, was wir als Korruption bezeichnen) sind – außer vielleicht in Singapur und Süd-

---

2 In Südkorea konnte sich das Christentum erst nach dem Zweiten Weltkrieg auf breiterer Basis etablieren. Gegenwärtig bekennt sich etwas mehr als ein Viertel der Bevölkerung zum Christentum. 19,7% sind protestantisch, 6,6% römisch-katholisch (vgl. https://www.cia.gov/library/publications/the-world-factbook/geos/ks.html).

korea – weit verbreitet. Aber die „Möglichkeit, kurzfristig hohe Profite machen zu können, lockte internationales Kapital an, obwohl die politischen Bedingungen mancherlei zu wünschen übrig ließen" (Korff 1999, S. 101). Inzwischen sind in einigen Staaten vorsichtige, von Rückschlägen begleitete Demokratisierungsbestrebungen zu spüren, am deutlichsten wohl in Südkorea und in Indonesien, zeitweise auch in Thailand.

Mit Ausnahme von Timor-Leste, das einen Aufnahmeantrag gestellt hat, sind die südostasiatischen Staaten in der Association of Southeast Asian Nations (ASEAN) und in der Southeast Asian Ministers of Education Organization (SEAMEO) zusammengeschlossen. Analog (teilweise wohl auch parallel) zur ASEAN – einem bislang eher lockerer Staatenbund, der eine wirtschaftliche und politische Integration nach Vorbild der EU anstrebt – organisiert die Organisation der Erziehungsminister Südostasiens eine Zusammenarbeit in den Bereichen Bildung, Kultur und vor allem Wissenschaft. Sie fungiert als Partnerorganisation für internationale Zusammenarbeit und verfügt über eine Reihe regionaler Zentren mit Trainings- und Forschungsprogrammen zu den genannten Bereichen.[3]

2. Zwischen Subsistenzwirtschaft und globaler Ökonomie

Die vielfach rasante ökonomische Entwicklung ist der großen Mehrheit der Bevölkerung allenfalls zum Teil zugute gekommen. Abgesehen von den reichen Ländern Brunei, Singapur und Südkorea sind prekäre Arbeits- und Lebensverhältnisse für die meisten Menschen in Ost- und Südostasien der Normalfall und die Grundlage für anhaltende Armut und soziale Unsicherheit. Zwar haben sich in einigen Staaten neue urbane Mittelschichten mit steigendem Einkommen herausgebildet, durch die die Binnennachfrage teilweise stark angestiegen ist (vgl. Korff 1999, S. 100; Vorlaufer 2009, S. 112), aber „trotz rapider Industrialisierung und Weltmarktintegration von Teilen der Volkswirtschaften ist es nur in wenigen Ländern zu einer umfassenden Formalisierung und Standardisierung von Lohnarbeit und einem daran anknüpfenden Aufbau sozialstaatlicher Strukturen gekommen" (Jordan 2008, S. 26). Die oft betonte und gerne kulturalistisch gedeutete Familienorientierung rührt nicht zuletzt aus der allgemeinen sozialen und wirtschaftlichen Unsicherheit. Fast immer ist die Familie „wichtigster Garant zur Aufrechterhaltung der zum Leben notwendigen Dinge" geblieben (Reese 2008, S. 222).

Die meisten Staaten sind durch ausgeprägte wirtschaftliche, soziale und räumliche Disparitäten gekennzeichnet. Extremes Wohlstandsgefälle findet sich sowohl zwischen einzelnen Regionen als auch innerhalb von Regionen und Städten; Armut und Reichtum liegen dicht nebeneinander. „Ein großer Teil der Wirtschaft konzentriert sich in den meisten ASEAN-Ländern in den Händen relativ weniger Familien" (Vorlaufer 2009, S. 225). In allen Staaten spielt im Wirtschaftsleben der informelle Sektor eine große Rolle. Insbesondere hier sind, von der Mithilfe in der häuslichen Landwirtschaft abgesehen, häufig auch Kinder neben oder statt der Schule beschäftigt. In politischer Hinsicht lässt sich vielfach „ein Rückgang der rechtlich-institutionellen Sicherheit verzeichnen" (Reese 2008, S. 218). Wie anderswo auch, werden soziale Rechte abgebaut und (Mit-)Gestaltungsmöglichkeiten eingeschränkt. Gerade „durch die Privatisierung

---

3 http://www.seameo.org/index.php?option=com_content&task=blogcategory&id=34&Itemid =94 (7.3.2011)

öffentlicher Räume und Dienstleistungen, die (gute) Lebensbedingungen der Einzelnen und der Gesellschaft als Ganzes garantieren sollen", kommt es „zu einer Schwächung individueller und damit auch kollektiver Handlungsfähigkeit" (ebd.). Von der Armut der auf Lohn angewiesenen Bevölkerungsteile ist die in solchen ländlichen Regionen zu unterscheiden, die noch subsistenzwirtschaftlich geprägt sind. Geringe Einkünfte müssen hier keineswegs gleichbedeutend mit Not und Unsicherheit sein. Freilich können Einrichtungen wie die Schule mit ihren Vorgaben, Bücher, Hefte usw. zu kaufen, zur Ausbreitung einer geldvermittelten Ökonomie beitragen (und so womöglich eine neue Erfahrung von Armut mit sich bringen). Zwar ist die subsistenzorientierte Produktion in den meisten ost- und südostasiatischen Staaten in Randbereiche abgedrängt worden; in ärmeren Ländern, wie Laos, Kambodscha, Myanmar, Timor-Leste, aber auch noch Vietnam, und für die ärmeren Bevölkerungsteile spielt sie aber nach wie vor eine große Rolle. Selbst bei Menschen, die nicht hauptsächlich in der Landwirtschaft tätig sind, dient der Anbau – sogar in vielen Städten – noch der Eigenbedarfsdeckung (vgl. Vorlaufer 2009, S. 116) und hält die Reproduktionskosten der Arbeitskraft niedrig. Allerdings führt die marktorientierte Wirtschaftspolitik häufig auch zu einem „Wegbrechen der Subsistenzmöglichkeiten [...], so dass immer mehr Menschen gezwungen sind, auf einem weitgehend ‚freien', das heißt, ungeregelten, Arbeitsmarkt ihr Auskommen zu suchen" (Reese 2008, S. 219).

Zu den vielfältigen Strategien im Umgang mit Armut und sozialen Unsicherheiten gehört die Migration: als Binnenmigration vor allem vom Land in urbane Regionen – in Städten wie Manila, Jakarta, Saigon oder Bangkok sind zwischen 40 und 60% der Stadtbevölkerung Zuwanderer – aber auch zurück auf das Land, oft erzwungen durch Alter, Krankheit oder Arbeitslosigkeit (vgl. Vorlaufer 2009, S. 68f.). Unter anderem durch Agrarkolonisationsprojekte (oft auf Kosten der sog. Ureinwohner) gibt es aber vor allem in Malaysia und Indonesien auch starke, teils staatlich organisierte Land-Land-Wanderungen (vgl. Vorlaufer 2009; S. 70, 74ff). Grenzüberschreitende Arbeitsmigration in größerem Umfang hat mindestens seit dem Ausbau der kolonialen Plantagenwirtschaft im 18. Jh. Tradition. Die beträchtlichen indischstämmigen Bevölkerungsteile in Malaysia und Singapur gehen darauf zurück. Heute spielt sie in den meisten Staaten eine Rolle; am ausgeprägtesten zweifellos auf den Philippinen, wo sie seit Jahrzehnten explizit vom Staat gefördert wird (vgl. Jordan/Reese 2008, S. 196). Ende 2004 waren fast „acht Millionen Filipinos und Filipinas [...] in 97 Ländern außerhalb der Philippinen beschäftigt – ein Viertel der gesamten Arbeitsbevölkerung des Landes. Über drei Millionen von ihnen gehen einer zeitlich befristeten und legalen Beschäftigung nach, während 1,6 Millionen unter illegalisierten Bedingungen arbeiten müssen. [...] Für fast 6,2% der philippinischen Familien stellen die Überweisungen die Haupteinkommensquelle dar, 15% der philippinischen Haushalte erhalten direkt Überweisungen aus dem Ausland und 60% gehören zum erweiterten Kreis der Begünstigten" (Jordan/Reese 2008, S. 185ff.). Da insbesondere qualifizierte Arbeitskräfte das Land verlassen, weil sie im Ausland oft mehr verdienen können (selbst wenn sie nicht im erlernten Beruf arbeiten, sondern statt etwa als Ärztin als Krankenschwester), verlieren die Philippinen massiv an Wissen, Kompetenz und Berufserfahrung („brain drain"). Es wird gleichwohl immer üblicher, einen College-Abschluss als Voraussetzung für die Annahme durch eine Vermittlungsagentur zu verlangen (vgl. ebd., S. 187f.).

3. Staat und Schule

Mit der Unabhängigkeit setzten sich die neuen südostasiatischen Staaten meist aus einer Vielzahl von mehr oder weniger eigenständig lebenden und eigenen Gesetzen und Gebräuchen folgenden ethnisch-kulturellen Gruppen zusammen, die über den Markt und – mehr oder weniger stark – eine gemeinsame Verwaltung verbunden waren (vgl. Korff 1999, S. 97). Entsprechend des vorherrschenden Modells der klassisch modernen Nationalstaatlichkeit sahen sich die Regierungen der postkolonialen Gebilde vor die Aufgabe gestellt, tatsächlich einen einheitlichen Nationalstaat hervorzubringen und so etwas wie eine nationale Identität zu konstruieren und aufrechtzuerhalten. Das allgemeine Schulwesen spielt in diesem Zusammenhang eine entscheidende Rolle, nicht nur bei der Sicherung eines allgemeinen Wissensbestands, der Stiftung gemeinsamer Traditionen und der Vereinheitlichung von Alltagsstrukturen, sondern auch bei der Durchsetzung und Verbreitung einer (oder zur Not auch mehrerer) gemeinsamen Sprache(n). Wohl vor allem deshalb standen in allen Staaten der Aufbau und die Sicherung einer allgemeinen Grundbildung zunächst im Mittelpunkt der postkolonialen Bildungspolitik.

Nur sehr begrenzt konnte dabei auf Grundlagen aus der Kolonialzeit zurückgegriffen werden. Zwar wurden vor allem in den Jahrzehnten vor dem Zweiten Weltkrieg teilweise Bildungssysteme „von der Grundschule bis zur Universität" eingerichtet (Reiterer 2003, S. 32); die Reichweite blieb aber recht begrenzt. Im Wesentlichen dienten diese Bildungsinstitutionen dem unmittelbaren Bedarf der Kolonialverwaltungen an administrativem Hilfspersonal. In Vietnam z.B. kam Bildung bis zum Ende der Kolonialherrschaft „nur einer hauchdünnen Elite zugute" (Weggel 1994a, S. 583). Ähnliches gilt für die anderen Indochina-Staaten, aber auch für Birma und Indonesien.

In Korea war schon vor der 35-jährigen japanischen Kolonialherrschaft mit dem Aufbau eines staatlichen Schulwesens begonnen worden, das die traditionellen Dorfschulen ersetzten sollte. Das Kolonialregime nutzte es zur „Japanisierung" der Bevölkerung und baute es allmählich auch aus, schränkte den Zugang zu weiterführender Bildung aber gleichzeitig drastisch ein. 1945 hatten weniger als fünf Prozent der Erwachsenen eine über die Grundschule hinausgehende Schulbildung. Es gab nur eine Universität, die mehrheitlich von japanischen Staatsangehörigen besucht wurde (vgl. Seth 2002, S. 2).

Christliche Schulen existierten naturgemäß nur dort, wo sich christliche Missionen durchsetzen konnten, also von einigen Randbereichen abgesehen vor allem auf den Philippinen, wo unter US-amerikanischer Kolonialherrschaft auch bereits mit dem Aufbau eines Grundschulwesens begonnen worden war (vgl. Reiterer 2003, S. 31). Dagegen spielten in Myanmar, Thailand und Indochina buddhistische Schulen eine große Rolle, in Malaysia und Indonesien islamische. Heute sind sie teils in das staatliche Schulwesen integriert; teils (etwa in Indonesien und Myanmar, zum größten Teil auch in Malaysia) bieten sie eine preiswerte Alternative zur staatlichen Schule (vgl. Hadar 1999; Bey 2008, S. 70f.; Kopp 2002, S. 68f.).

In Malaysia existierten bei Staatsgründung drei verschiedene, privat organisierte und finanzierte, fast vollständig voneinander abgeschottete ethnische Schul- und Ausbildungssysteme für den malaiischen, den indisch- und den chinesischstämmigen Bevölkerungsteil. Entsprechend hatte hier „nach der Staatsgründung der Aufbau eines einheitlichen Schulsystems, dessen Abgänger sich als Malaysier, d.h. über ihre jeweilige ethnisch-religiöse Identität hinaus, als aktive Befürworter des neuen Staates Malaysia verstehen konnten, absolute Priorität"

(Kopp 2002, S. 44). Malaiisch wurde als Landes- und Unterrichtssprache fest-gelegt; chinesisch- und tamilischsprachige Schulen wurden jedoch unter der Bedingung akzeptiert, dass sie das einheitliche malaysische Curriculum beachten. „Der Schwerpunkt der Schulpolitik wurde zunächst auf den Ausbau der Primar-schule gelegt. Gegen Ende der 60er Jahre befanden sich schon über 90% der Kinder zwischen 6 und 11 Jahren in einer Primarschule, 1975 gingen dann rd. 96% aller Kinder im Primarschulalter, d.h. zwischen 6 und 13 Jahren, in eine Schule" (ebd. S. 44f.). Im Norden Vietnams begann nach 1945 „eine systema-tische Massenausbildungs- und Alphabetisierungspolitik, die beachtliche Erfolge erzielen konnte und die im Süden z.T. parallele Bemühungen ausgelöst hat" (Weggel 1994a, S. 583; vgl. auch Jordan 1992, S. 113ff.). Nach der Wieder-vereinigung 1975 wurden die regional sehr unterschiedlichen Strukturen zu einem einheitlichen allgemeinen Schulsystem zusammengefasst. Es erfasst mit der obligatorischen fünfjährigen Grundschule inzwischen über 90% der entspre-chenden Jahrgänge, im ebenfalls verbindlichen Sekundarbereich allerdings nur um die 60% (vgl. Blien/Phan 2008, S. 5f.). Die deutlichen Diskrepanzen zwischen Stadt und Land sind noch nicht überwunden (vgl. Jordan 1992, S. 135). Nur im (formal) unabhängigen Thailand wurde die allgemeine Schulpflicht schon in den 1920er Jahren eingeführt, konnte allerdings nicht durchgesetzt werden. Immerhin besuchten aber schon damals etwa die Hälfte der schulpflichtigen Mädchen und Jungen zwischen dem 7. und 14. Lebensjahr eine Schule (vgl. Thawonphayak 1997, S. 44ff.).

Das Sprachenproblem wurde in den verschiedenen Staaten unterschiedlich zu lösen versucht. Während in Indonesien und Malaysia eine einheitliche National-sprache proklamiert wurde, deren Durchsetzung Aufgabe der Schule ist, wird in Singapur (wo Mandarin, Malaiisch und Tamil gesprochen werden) bewusst auf Englisch als lingua franca zurückgegriffen. Es soll nicht allein den Anschluss an die globalisierte Ökonomie gewährleisten, sondern auch als gleichsam neutrale gemeinsame Sprache die ethnisch-sprachlich verschiedenen Bevölkerungs-gruppen verbinden. Auch in anderen Staaten dient die ehemalige Kolonialsprache zumindest als eine der Amtsprachen: Englisch in Malaysia und Brunei (jeweils neben Malaiisch); Portugiesisch in Osttimor (neben dem nur von einer Minder-heit gesprochenen Tetun). Auf den Philippinen wird das offizielle Bestreben, Tagalog, das von nur etwa 30% der Bevölkerung als Muttersprache gesprochen wird, zur Amtssprache zu machen, durch die Ausbreitung des Englischen als lingua franca inoffiziell unterlaufen (vgl. Vorlaufer 2009, S. 52f.). In Myanmar ist ausschließlich Birmanisch Schulsprache; die Sprachen der z.T. recht großen nicht-birmanischen Ethnien werden nicht berücksichtigt (vgl. Bey 2008, S. 64). Aber auch in den anderen Staaten unterliegen zumal kleinere ethnolinguistische Minderheiten „dem Druck, die i. d. R. von der Bevölkerungsmehrheit als Erst-sprache gesprochene Amtssprache zumindest als Zweitsprache zu übernehmen. In Politik, Verwaltung, Ausbildung und Wirtschaft ist die Beherrschung der Amtssprache für einen sozialen Aufstieg und eine Partizipation an politischen Entscheidungen unabdingbar; sprachliche Minderheiten sind daher in vielen Bereichen benachteiligt. Viele Sprachen sind durch den linguistischen Assimilie-rungsdruck vom Aussterben bedroht. Dies betrifft insbesondere sprachliche Minoritäten mit einer geringen Sprecherzahl von oft unter 1 000 Personen." (Vorlaufer 2009, S. 52).

Auch in Bezug auf die chinesischstämmige Bevölkerung, der (viel zu pauschal) eine besondere wirtschaftliche Potenz zugeschrieben wird, verfolgen die Staaten eine unterschiedliche Politik (vgl. Somers Heidhues 2003). In Indonesien und

Brunei sind chinesische Schulen (ebenso wie chinesische Massenmedien und Vereinigungen) nicht erlaubt, wohl aber in Thailand, Vietnam und auf den Philippinen. Gleichwohl sprachen beispielsweise von der auf den Philippinen geborenen chinesischstämmigen Bevölkerung 1989 nur noch etwa 10% eine chinesische Sprache (vgl. Vorlaufer 2009, S. 62). In Malaysia, wo fast ein Viertel der Bevölkerung chinesischstämmig ist, ist nach der Unabhängigkeit – vergeblich – versucht worden, die chinesische Dominanz in der Wirtschaft, aber auch im Bildungsbereich zugunsten der Malaien, den *Bumiputra*, zurückzudrängen. So erhielten Chinesen entsprechend ihrem Bevölkerungsanteil nur mehr Zugang zu höheren Bildungseinrichtungen. Nach der Asienkrise 1997 sah sich die Regierung veranlasst, ihre Regelungen zur *affirmative action* zu lockern. Inzwischen „unterhalten die Chinesen wieder zahlreiche höhere Schulen und drei Privatuniversitäten: Gemessen an ihrem Bevölkerungsanteil stellen sie einen überproportionalen Anteil höher qualifizierter Personen" (ebd., S. 63).

4. Das Schulwesen

Nach dem Global Monitoring Report der UNESCO von 2009 stellt sich die derzeitige Schulsituation recht heterogen dar: Für die Vorschulerziehung, die im Allgemeinen nicht als Teil des Schulwesens angesehen wird, liegen die Beteiligungsquoten zwischen etwa 10% (Kambodscha, Laos, Myanmar, Timor-Leste) und 90% und darüber (Malaysia, Thailand). Die Schulpflicht beginnt meist im Alter von fünf oder sechs und endet mit 14, 15 oder 16 Jahren (in Myanmar schon mit neun, in Laos mit zehn und auf den Philippinen mit zwölf). Die meist sechsjährige Grundschule wird in der Regel von fast allen Kindern besucht; lediglich für Timor-Leste liegt der Wert unter 70%. Allerdings schließen beispielsweise in Kambodscha nur 55% und in Laos nur 62% der Schülerinnen und Schüler die Grundschule ab, während dies in Brunei und Malaysia wie praktisch allen der Fall ist (vgl. UNESCO 2009). In Nordkorea wurde 1976 eine zehnjährige Schulpflicht (mit zusätzlich einem obligatorischen Vorschuljahr) proklamiert und, soweit ersichtlich, trotz qualitativer Mängel auch durchgesetzt (vgl. Jordan 1992, S. 99ff.).

Kinder, die aus Minderheiten stammen, auf dem Land leben oder arme Eltern haben, sind besonders benachteiligt. Zu den regionalen Unterschieden kommen teilweise beträchtliche Mängel bei der Ausstattung der Schulen oder der Besoldung der Lehrkräfte. In einigen Ländern – wie etwa auf den Philippinen (vgl. Reese 2008; S. 221) – werden die Lehrerinnen und Lehrer an öffentlichen Schulen, ähnlich wie Fabrikarbeiterinnen und Büroangestellte, oft so schlecht bezahlt, dass sie noch Nebenbeschäftigungen nachgehen müssen, um ihren Lebensunterhalt zu sichern. Fast durchweg, selbst in Südkorea, sind die Schulklassen sehr groß; die Rede ist von 40 bis 70 Schülerinnen und Schülern in einer Klasse (vgl. z.B. Gopinathan/Ho 2003, S. 735). Hinzu kommen soziale Verwerfungen, die das Erreichte rasch gefährden können. Auch wenn für den Pflichtschulbesuch meist keine Gebühren erhoben werden, fallen Kosten für Lehrbücher, Hefte, Transport, manchmal auch Schuluniform an, die von den Eltern getragen werden müssen. In entlegenen ländlichen Regionen, in denen Subsistenzwirtschaft vorherrscht, sind es Einrichtungen wie Schule, die Eltern in den monetär geprägten Bereich zwingen. Die Folgen sind niedrigere Einschulungsraten und höhere Abbrecherquoten, zumal dort, wo die Kinder unmittelbar zum Lebensunterhalt beitragen müssen.

Beim Übergang in die untere Sekundarstufe sind Mädchen in einigen Ländern unterrepräsentiert (so in Kambodscha und Laos); die Quote ist insgesamt aber recht hoch und liegt für Südkorea bei fast 100%, für Malaysia und die Philippinen bei 90%, für Myanmar unter 75% (vgl. UNESCO 2009). In einigen südostasiatischen Entwicklungsländern wie Kambodscha, Laos und Vietnam sind große Anstrengungen unternommen worden, um die Schulzeit auf neun Jahre auszudehnen. Dagegen steht der Ausbau vor allem der oberen Sekundarstufen in vielen Ländern noch auf der Tagesordnung. Es handelt sich dabei allerdings um einen schwierigeren und komplexeren Prozess als beim Ausbau des Grundschulwesens. Sekundarschulbildung ist – vor allem aufgrund des Fachunterrichts oder besonderer beruflicher Spezialisierungen – nicht nur teurer; es gibt auch mehr Beteiligte und unterschiedliche Interessen. Probleme können auch bei der plötzlichen Zunahme von Sekundarabschlüssen entstehen, wenn entsprechende Beschäftigungs- oder Anschlussmöglichkeiten im Bildungswesen fehlen (vgl. Maclean 2003). Die niedrigsten Beteiligungsraten pro Jahrgang finden sich mit etwa 20% in Kambodscha, Laos und Myanmar, um 50% liegen sie in Indonesien, Thailand und Vietnam, deutlich darüber nur in Malaysia, Singapur, Südkorea und den Philippinen. Fast durchgehend ist freilich von Qualitätsmängeln die Rede (vgl. ebd.).

Sekundarschulen teilen sich in der Regel in einen beruflich-technischen und einen akademischen Zweig. Bei Eltern und Schülern ist der akademische Zweig meist beliebter, da er eher ein Studium ermöglicht und vor allem Zugang zu als lukrativ geltenden Positionen in den Verwaltungen verspricht; von Politik und Bildungsplanung wird dagegen meist die Stärkung des beruflich-technischen Zweigs bei Berücksichtigung besonderer lokaler Bedürfnisse propagiert. Entsprechend sollen auch berufliche und technische Schulen – in den meisten Ländern vorwiegend von privaten Trägern angeboten – durchweg ausgebaut werden; Verbindungen zum allgemeinbildenden Schulwesen sollen sie attraktiver machen (vgl. z.B. Atchoarena/Mujanganja 2003, S. 709f.)

Auch beim Übergang von Schule zum Beruf haben Mädchen und Kinder von Minderheiten und aus ländlichen Regionen wegen ihrer oft unzureichenden Schulbildung besondere Schwierigkeiten (vgl. Atchoarena/Mujanganja 2003, S. 702). Aber nicht nur sie, sondern viele Jugendliche überhaupt, sind inzwischen häufig auf den informellen Sektor verwiesen, der allenfalls prekäre Beschäftigungsmöglichkeiten bietet (vgl. ebd., S. 709).

5. „Examensfieber" und Lernkultur

So vielfältig und heterogen die ostasiatischen Länder und ihre Bevölkerungen sind und so unterschiedlich sich die verschiedenen Schul- und Bildungslandschaften darstellen, gibt es doch in allen Ländern größere Teile der Bevölkerung, für die Bildung eine besonders große Rolle zu spielen scheint. Das zeigt sich beispielsweise an dem großen Interesse, das einer über die Pflichtschulzeit hinausgehenden Bildung entgegengebracht wird, an der Bereitschaft dafür Geld auszugeben und dabei ggf. auch Entbehrungen auf sich zu nehmen, ebenso wie an dem (in „westlichen" Augen bisweilen schon naiv anmutenden) Vertrauen, das in Erziehungs- und Bildungsmaßnahmen gesetzt wird. Die hohe Wertschätzung von Wissen und akademischer Bildung führt aber auch dazu, dass entsprechende Anstrengungen und Erfolge – etwa bei den regelmäßig in den Medien präsenten Hochschulzugangsprüfungen – groß ausgestellt und gefeiert werden und öffentliche Anteilnahme finden, statt eher im Verborgenen zu blühen, wie in Ländern, in denen man individuelle Leistung nur im Sport oder anderen Sparten der Unterhaltungsindustrie öffentlich gewürdigt sehen will.

Im „Westen", zumal im deutschen Raum, wird von dieser Hochschätzung zumeist nur die spektakuläre Seite wahrgenommen, die sich sogleich auch kritisch kommentieren lässt. Besonderes Medienecho finden seit Jahrzehnten das „Examensfieber" oder die „Prüfungshölle" und die damit verbundenen zeitlichen, physischen und psychischen Belastungen der Schülerinnen und Schüler. Gegenwärtig ist die Überbeanspruchung eines beträchtlichen Teils der Jugendlichen (bei weitem nicht aller) durch die Hochschulzugangsprüfungen wahrscheinlich in Südkorea am deutlichsten ausgeprägt. Grund dafür ist nicht ein Mangel an Studienplätzen, sondern die informelle Prestigehierarchie unter den verschiedenen Hochschulen, deren Reputation die künftige Erwerbsbiographie maßgeblich bestimmt. Der Hochschulzugang mittels Aufnahmeprüfungen stellt daher für aufstiegs- und statusorientierte Mittelschichten die wohl entscheidendste biographische Weichenstellung dar. Der sich daraus ergebende Wettbewerb um die optimalste Prüfungsvorbereitung hat in Südkorea, wie zuvor schon in Japan, heute aber ähnlich auch in vielen anderen ostasiatischen Staaten, teilweise geradezu groteske Formen angenommen und wird allgemein beklagt. So ist vielfach, nicht nur in reichen Ländern wie Singapur und Südkorea, sondern – zumindest in urbanen Regionen – auch in Malaysia oder Vietnam, ja selbst in Kambodscha, Laos und Myanmar, ein florierendes privates Ergänzungsschulwesen entstanden, das auf die Eingangsprüfungen vorbereiten soll und das die betreffenden Schülerinnen und Schüler zeitlich stark belastet. Auch die Dominanz vergleichsweise traditionell erscheinender Lehr- und Lernmethoden wird oft wesentlich auf den Druck durch die Zugangsprüfungen zurückgeführt (vgl. Seth 2002).

Die Gründe für diesen Wettbewerb sind relativ leicht zu durchschauen. Es geht um Statuserhalt oder Statuserwerb. In allen Staaten verspricht der Abschluss an einer „guten" Hochschule Zugang zu gut dotierten und sozial einigermaßen abgesicherten Stellen im öffentlichen Dienst oder in der Privatwirtschaft; in den reicheren Staaten sind die Chancen dafür größer, in den ärmeren die erhofften Aufstiege dramatischer. Man muss also weder besondere „asiatische Werte" noch den Konfuzianismus und die durch ihn propagierte „Liebe zum Lernen" herbeizitieren, um das grassierende „Examensfieber" verständlich zu machen. Tatsächlich passen die immer wieder beschworenen vermeintlich asiatischen Werte wie Kollektivismus oder Konformismus ziemlich schlecht zum individualistischen Wettbewerb und zum letztendlich doch individuellen Aufstiegsstreben. Und ein Prüfungswesen mit der entsprechenden Nachfrage nach Unterstützung, die privaten Anbietern ein breites Betätigungsfeld eröffnet, findet sich auch in Staaten wie Indonesien oder auf den Philippinen, wo der Konfuzianismus keine Rolle spielt. Dass Bildung gerade in ärmeren Staaten als Weg aus der Armut und als zentrale Ressource für Prestige gilt, hat ganz entscheidend damit zu tun, dass sozialer Aufstieg oder das Ausbrechen aus prekären Lebensverhältnissen nur durch das Nadelöhr des mit Schule und Hochschule verknüpften Prüfungswesens vorstellbar erscheint.

Angesichts der in allen betreffenden Ländern verbreiteten Klagen über die pädagogisch verheerenden Folgen des „Examensfiebers" stellt sich allerdings die Frage, wie die in allen internationalen Vergleichsuntersuchungen bescheinigten sehr guten Schulleistungen zustande kommen. Die verbreitete Annahme, dass die Kinder und Jugendlichen allein durch sozialen Druck, Drill, Pauken und gedankenloses Auswendiglernen – im Hintergrund womöglich noch traktiert von der unerbittlichen Mutter – diese sehr guten Ergebnisse erzielen, verliert jede Überzeugungskraft, wenn man berücksichtigt, dass sie den Tests zufolge nicht nur umfassende Kenntnisse, sondern auch hervorragende allgemeine Problemlösungskompetenzen zeigen. Auch hier helfen Verweise auf allgemeine Wertorientierungen (die natürlich nirgendwo einheitlich und durchgehend sind) nicht viel weiter, denn deren (begrenzter) Einfluss ist selbst erklärungsbedürftig. Viel eher müssen die Kontexte untersucht werden, in denen die Wertorientierungen erst lebendig werden und Plausibilität gewinnen, die oft gar nicht bewussten, sozusagen kulturell selbstverständlichen Praktiken, ohne die die in der Diskussion oft (beispielsweise bei Weggel 1994 oder Helmke/Hesse 2010) groß herausgestellten Wertorientierungen und Regeln gar nicht verständlich werden. Soweit es jenseits der utilitaristisch ausgerichteten Prüfungsvorbereitung eine Hochschätzung von Bildung gibt, wird diese auch praktisch – in spezifischen schulischen Arrangements, im Alltag, im sozialen Gefüge – mit Leben erfüllt und immer wieder bestätigt. Dem Lernen wird so vielfach eine eigene Würde und etwas Selbstzweckhaftes eingeschrieben, das in kulturellen Praktiken nicht nur in den Schulen beständig reproduziert und mit Leben gefüllt wird.

Daher wird man die Bedeutung der schulischen Bildung und die gezeigten Leistungen nur in einem umfassenderen Zusammenhang verstehen können. Dazu gehören sicher auch mehr oder (meist) weniger bewusste Einstellungen und kulturelle Orientierungen von Eltern und Lehrern (auch wenn letztere sich in Bezug auf den schulischen Wettbewerb oft eher kritisch zeigen); viel wichtiger scheinen mir aber der konkrete Umgang mit Kindern, die in den Schulen vorherrschenden pädagogischen Arrangements und die Praktiken, mit denen die Wertschätzung von Lernen und Bildung im häuslichen wie auch im schulischen Alltag mit Leben erfüllt und in Szene gesetzt wird (vgl. auch Schubert 1999). Dazu hat die Vergleichende Erziehungswissenschaft bislang noch kaum Untersuchungen angestellt. Immerhin hat sich inzwischen gezeigt, dass einige der in der Pädagogischen Psychologie verbreiteten Entgegensetzungen, mit denen (die Qualität von) Unterricht zu fassen versucht wird, in kulturvergleichender Perspektive nicht haltbar sind: schülerzentrierter vs. lehrerzentrierter Unterricht; Memorieren vs. Verstehen oder extrinsische vs. intrinsische Motivation (vgl. Watkins 2003). Offenbar ist das Verhältnis zwischen diesen Gegensatzpaaren, soweit sie sich überhaupt halten lassen, komplexer als gemeinhin angenommen. Memorieren und Verstehen beispielsweise schließen sich nicht aus, sondern ergänzen und durchdringen sich wechselseitig, so wie das automatisierte Verfügen über Wissensbestände den selbständigen Umgang damit nicht per se verhindert, sondern oft erst ermöglicht.

Auch die verbreitete „westliche" Vorstellung vom autoritären asiatischen Lehrer, der blindes Auswendiglernen erwartet statt die Lernenden zur Auseinandersetzung mit dem Gegenstand anzuregen, lässt sich nicht halten (vgl. Watkins 2003). Punktuelle Beobachtungen (hier an einer südkoreanischen Grundschule) weisen darauf hin, dass die Lehrperson sich eher zurückhält und dass den Schülerinnen und Schülern im gegebenen Rahmen einer 35-köpfigen Schulklasse bemerkenswert viel Selbständigkeit abverlangt wird, wahrscheinlich mehr als an den meisten deutschen Schulen. „Überhaupt fällt am Verhalten der Lehrperson auf, dass sie betont zurückhaltend auftritt. Besonders deutlich wird das am Gebrauch der Stimme. Die Stimmlage wird unabhängig von der Intention in keiner Weise erhoben. Die Schüler werden nicht durch lautes Sprechen übertönt. [...] Es wird weder versucht, dem allgemeinen Geräuschpegel stimmlich Herr zu werden, noch wird überhaupt viel ermahnt. Können die Schüler dem Unterricht nicht folgen, liegt es allein in ihrer Verantwortung, entsprechende Gegenmaßnahmen in die Wege zu leiten. Der Unterricht wird weitgehend unbeeindruckt von allgemeiner Unruhe in einer geduldigen, freundlichen und zuvorkommenden Stimmlage hartnäckig durchgeführt. Das erfordert viel Ausdauer, und gerade diese Ausdauer ist das Machtmittel der Lehrkraft. Würde sie sich auf die Störungen einlassen, würde sie nicht nur wertvolle Energie verlieren, sondern auch Anzeichen von Schwäche offenbaren und somit eine gewisse Angriffsfläche bieten" (Eberwein 2005, S. 204).

Schließlich mag auch das Verhältnis von Eltern und Kindern eine bedeutende Rolle spielen. Es wird für viele ostasiatische Kulturen beschrieben als extrem nachsichtig und von großem Respekt getragen zu sein – und zwar weit über das Vorschulalter hinaus (vgl. z.B. Weggel 1994, S. 272ff.). So wird aus Java berichtet, dass das „Verhalten dem Kind gegenüber [...] durch ständige Zuwendung charakterisiert" ist, „die sich in Liebkosungen, der spielerischen Beschäftigung mit dem Kind und kleinen Lobgesängen ebenso manifestiert wie in der unermüdlichen Aufmerksamkeit in Bezug auf Bedürfnisse, aber auch auf Gefahrensituationen. Verhalten und Wünschen des Kindes wird mit großer Geduld und Nachgiebigkeit begegnet – dies alles in dem Bemühen, das Kind vor Enttäuschungen, Ärger und Angst zu bewahren" (Swart 1983, S. 90). Freilich muss man sich vor willkürlichen Ad-hoc-Verknüpfungen von aus „westlicher" Sicht besonders auffälliger Phänomene hüten. Die Komplexität von Sozialisations- und Erziehungsverhältnissen wird verkannt, wenn man die Nachgiebigkeit kindlichen Wünschen gegenüber zur Ursache dafür erklärt, „dass der Nachwuchs auch in späteren Jahren immer höchst gemeinschafts- und umsorgebedürftig bleibt" (Weggel 1994, S. 272), oder gar dekretiert: „Die in ganz Asien übliche Verzärtelung und Verwöhnung des Kleinkinds hat fast immer Ich-Schwäche zu Folge" (ebd., S. 290).

6. Hochschulen

In Asien waren 1950 etwa 1,1 Mio. Studierende an Hochschulen eingeschrieben; 1997 waren es 35 Mio., etwa 40% davon Frauen. Das entspricht einer Steigerungsrate von jährlich 65%. Gegenüber etwa zwei Prozent der entsprechenden Alterskohorte Mitte des 20. Jahrhunderts, partizipierten gegen Ende mehr als 11% an Angeboten des tertiären Bereichs (Tilak 2003, S. 809f.). Diese enorme Expansion betrifft natürlich nicht alle Länder gleichermaßen; sie ist aber auch nicht nur eine Angelegenheit der heute reichen Staaten wie Japan, Singapur, Südkorea oder Taiwan. Auch die Philippinen, Thailand, Indonesien und Malaysia weisen beträchtliche Studierendenquoten auf. Die die staatlichen Haushalte belastenden Kosten sind dabei nicht in gleichem Maße gestiegen. Oft beschränkt sich der Staat auf die Finanzierung einer kleineren Gruppe von meist prestigereichen nationalen Universitäten und überlässt den übrigen Hochschulbereich dem privaten Sektor (vgl. Postiglione 1997, S. xvii). In einigen Ländern sind private Hochschulen seit langem etabliert, etwa in Indonesien, Japan, auf den Philippinen, in Thailand und Südkorea. In anderen Ländern ist das Interesse am Aufbau solcher Einrichtungen ein relativ neues Phänomen, so in Malaysia und Vietnam (Ramirez/Chan-Tiberghein 2003, S. 1102).

In Südkorea schreiben sich mehr als 80% der Absolventen und Absolventinnen der Oberschulen (die mehr als 90% eines Jahrgangs erfassen) an einer Hochschule ein, davon wiederum 80% an privaten (vgl. Kern 2007, S. 9). Allerdings gelten die Hochschulen als die eher schwächeren Teile des südkoreanischen Bildungswesens, wobei der hohe Anteil eher mäßig ausgestatteter privater Institutionen besonders ins Gewicht fällt (vgl. Seth 2002, S. 236f.). Auch auf den Philippinen, wo inzwischen etwa 35% des relevanten Altersjahrgangs eine Hochschule besuchen, wurde die Expansion vor allem durch private Einrichtungen ermöglicht; es gibt davon mehr als 1100 gegenüber etwa 200 staatlichen. Vielen davon wird allerdings eine mindere Qualität nachgesagt; sie seien schlecht ausgestattet und hätten wenige Mittel für qualifiziertes Lehrpersonal (Meek 2003, S. 846). Nicht nur angesichts des allgemeinbildenden Studiums in den ersten Semestern und der vorangegangenen kurzen Schulzeit (von zehn Jahren), sondern auch im Blick auf die spätere Beschäftigung der meisten Absolventinnen und Absolventen in eher fachfremden Bereichen, in denen sonst keine akademische Ausbildung erforderlich ist, gibt es bei vielen Bachelor-Studiengängen Zweifel, ob es sich überhaupt um akademische Studien handelt (Gonzalez 1997, S. 271, 275). Jedenfalls wird mehr Forschungsorientierung und die Institutionalisierung eines „akademischen Lebens" (unter anderem nach deutschem Vorbild) an den Hochschulen gefordert (vgl. ebd., S. 277f.). Auch in anderen Ländern sind Abgrenzungen zwischen sekundärem und postsekundärem Bereich oft schwierig (vgl. z.B. für Malaysia Kopp 2002), wie überhaupt der Zuschnitt der verschiedenen Schul- und Ausbildungssysteme recht unterschiedlich aussieht und sich auch die funktionalen Äquivalente nur schwer ausmachen lassen. Entsprechende Zahlenangaben sind daher nur mit Vorbehalt zu vergleichen.

Nach den Daten des Global Monitoring Reports der UNESCO von 2009 liegt die Beteiligungsquote auf Hochschulebene zwischen 5% in Kambodscha, 17% in Indonesien, um die 30% in Malaysia und auf den Philippinen und 46% in Thailand. Dabei ist der Anteil der Frauen in Kambodscha und Laos niedriger als der der Männer; in Brunei, Malaysia und den Philippinen ist er höher; in Brunei und Malaysia gilt das sogar für die naturwissenschaftlichen Fächer (vgl. UNESCO 2009).

Die massive Bildungsexpansion im postsekundären Bereich wird meist mit dem ökonomischen Aufstieg in engen Zusammenhang gebracht. Kaum jemand in Ostasien bezweifelt, dass die Hochschulen der ökonomischen Entwicklung dienen und zu dienen haben. Genauere Untersuchungen können diese einflussreiche Sicht allerdings nicht bestätigen; hier ist eher von einer allenfalls lockeren Verbindung („loose coupling") die Rede (vgl. Postiglione 1997, S. xviii). Deutlich ist dagegen die enge Verbindung von Bildungsabschluss und sozialer Herkunft. Auch wenn es Bemühungen gibt, Benachteiligten besseren Zugang zu Hochschulen zu verschaffen, ist die Universität weithin eine Institution einer schmalen sozialen Schicht geblieben, die sich mit der Ausdehnung der Mittelschichten in Ostasien allerdings sukzessive verbreitert (vgl. ebd., S. xxvi).

7. Das Länderbeispiel Laos

Die Volksrepublik am Ostufer des Mekong gehört nach der Rangordnung der Vereinten Nationen zu den am wenigsten entwickelten Staaten. Die Bevölkerung ist jung; über 55% sind unter 19 Jahre alt (Vorlaufer 2009, S. 68). Die Lebenserwartung ist mit 62 Jahren eine der niedrigsten der Welt. Nach 50 Jahren französischer Kolonialherrschaft und 30 Jahren Bürgerkrieg versuchte die regierende Laotische Revolutionäre Volkspartei ab 1975 auf der Grundlage einer wenig entwickelten Subsistenzökonomie – es gab weder Kapitalismus noch Großgrundbesitz und landwirtschaftliche Produktion für den Markt (vgl. Rehbein 2004, S. 81) – zunächst ein eigenständiges sozialistisches Wirtschaftssystem aufzubauen; seit 1986 experimentiert sie mit der Aneignung und Umsetzung marktwirtschaftlicher Strukturen. Laos gehört damit heute zu den Ländern, in denen unter den Bedingungen der Globalisierung verschiedene Produktions- und Lebensweisen recht unvermittelt aufeinandertreffen.

Gegenwärtig leben von den geschätzten etwa 6 Mio. Einwohnern und Einwohnerinnen mehr als 80% in ländlichen oder Bergregionen und sind größtenteils auf Subsistenzlandwirtschaft angewiesen. Das namengebende Staatsvolk der Lao stellt etwa die Hälfte der Bevölkerung und siedelt vor allem in den Flusstälern und den (wenigen) größeren Städten. Die unteren Hänge und die Berge werden von einer Vielzahl anderer ethnisch-kultureller Gruppen bewohnt, deren Benachteiligung zwar ausdrücklich verboten ist, wohl aber noch „kulturell wirksam" (Vorlaufer 2009, S. 60) zu sein scheint. „Das Leben der ethnischen Minderheiten, vor allem der ethnischen Gruppen in den abgelegenen Bergregionen, hat sich seit Jahrhunderten kaum verändert" (Schneider 2000, S. 154). Allerdings gibt es inzwischen massive Abwanderungen vor allem aus den Gebieten, die besonders entlegen sind und bei denen es aufgrund schlechter infrastruktureller Bedingungen kaum möglich ist, das mittlerweile notwendige zusätzliche Geldeinkommen auf dem Markt zu erwirtschaften (vgl. Vorlaufer 2009, S. 68). Die Volkswirtschaft ist klein, der Markt wenig entwickelt. Trotz eines – freilich von einer sehr niedrigen Grundlage aus berechneten – beachtlichen Wirtschaftswachstums, das weitgehend auf ausländischen Investitionen und Hilfen beruht, bieten Industrie und Dienstleistungsbereich nach wie vor nur wenige Beschäftigungsmöglichkeiten (vgl. Rehbein 2004, S. 11f.).[4]

Wie das Wirtschaftsleben scheint auch die Kultur noch weitgehend von den dörflichen Mustern von Subsistenzethik, Reziprozität, Genussorientierung und Konzentration auf die Kernfamilie geprägt zu sein, die sich auch auf den Umgang mit Kindern auswirken (vgl. Rehbein 2004, S. 124). Es geht darum, genügend zu haben, nicht so viel wie möglich. „Der Habitus der Lao", so Rehbein (2004, S. 130) in seiner ethnographischen Untersuchung, „zeichnet sich sehr durch eine Intoleranz gegen Zwang und Unlust aus.[5] [...] Die Kindererziehung scheint diese Disposition von Geburt an zu fördern. Kinder werden nur in seltensten Fällen zu etwas gezwungen, gemaßregelt und bestraft. Sie verbringen den größten Teil ihrer Zeit gleichsam selbständig und auf dem Land meist in der *peer group*. [...] Auf dem Land sind erst neuerdings Schulen entstanden, deren Besuch etwas von Freiwilligkeit hat. In Phonkham [der untersuchten abgelegenen Gemeinde ethnischer Lao] gingen zwei der fünf schulpflichtigen Kinder des Dorfchefs nur an drei Tagen meiner Anwesenheit zur Schule. An den anderen Tagen waren sie angeblich krank, hatten tatsächlich aber keine Lust."

---

4 Zum aktuellen Stand vgl. die Hinweise von Weltbank und Auswärtigem Amt: http://web.worldbank.org/WBSITE/EXTERNAL/COUNTRIES/0,,pagePK:180619~theSitePK :136917,00.html;   http://www.auswaertiges-amt.de/diplo/de/Laenderinformationen/01-Laender/Laos.html.

5 In explizit vergleichender Perspektive fügt Rehbein hinzu: „Die Dorfgemeinschaft der Lao ist nicht individualistischer, aber auch nicht totalitärer als eine demokratisch und marktwirtschaftlich organisierte Gesellschaft. Im Dorf werden viele Abweichungen geduldet, solange sie nicht die Ordnung gefährden – dem Individuum sind allerdings nicht sehr viele Abweichungen vorstellbar. Im Gegensatz zur westlichen Gesellschaft dürfen Delinquenten und geistig Behinderte im Allgemeinen frei in der Dorfgemeinschaft leben. Im Kapitalismus herrscht an der Oberfläche große Vielfalt, der jedoch die ökonomischen Zwänge als Einheit zugrunde liegen. Zum einen wird die Vielfalt ökonomisch erzeugt, weil jede Nische als Chance für kommerziellen Gewinn gesucht wird. Zum anderen werden die Möglichkeiten auf das reduziert, was ökonomisch opportun ist" (ebd., Fn. 60).

In vorkolonialer und kolonialer Zeit war Bildung in erster Linie eine Angelegenheit der buddhistischen Klöster. Die französische Kolonialverwaltung hatte nur wenig Interesse daran; die wenigen Schulen waren für Einheimische kaum zugänglich. „In den sechzig Jahren von 1893 bis 1953 absolvierten nur insgesamt sieben Laoten eine Universitätsausbildung. In diesem Zeitraum schlossen außerdem insgesamt nur 118 Personen die Mittelschule und 32 das Abitur [Baccalauréat] ab" (Schneider 2000, S. 310). Ab 1954 begannen die Sozialisten in den von ihnen kontrollierten Landesteilen mit dem Aufbau eines Schulwesens; seit 1975 wird es massiv ausgebaut. Die Analphabetenrate wird für 1945 auf 95% geschätzt, für 1975 auf etwa 65%. Ende 1984 war der Analphabetismus nach offiziellen Angaben beseitigt; das betraf allerdings nur die Altersgruppe der unter 45-Jährigen. Auch für die ethnischen Gruppen jenseits des Tieflandes galt die Zahl nur eingeschränkt (vgl. ebd., S. 179f.). Gegenwärtig können nach den Daten des Zensus von 2005 von den Über-14-Jährigen 83% der Männer und 63% der Frauen lesen und schreiben.[6]

Das Schulwesen wurde 1976 zu einem elfjährigen System mit fünf Jahren Grundschule und zwei je dreijährigen Sekundarstufen vereinheitlicht. Übergänge zur Berufsbildung sind heute nach der Sekundarstufe I, zu den Hochschulen nach der Sekundarstufe II möglich (vgl. Schneider 2000, S. 251). Nach den UNESCO-Daten wurden 2006 84% der Kinder der entsprechenden Altersgruppe eingeschult; 1999 waren es 76%. Davon bleiben allerdings nur 62% (1999 54%) bis zum Ende der Grundschulzeit. In die Sekundarstufe I wechseln 52%, in die Sekundarstufe II 35%, der Hochschulbereich erfasst 9% der Altersgruppe. Durchgehend sind Mädchen deutlich benachteiligt (vgl. UNESCO 2009). Die in der Verfassung festgeschriebene Gleichberechtigung der verschiedenen ethnisch-linguistischen Gruppen scheint im Schulwesen ebenfalls kaum verwirklicht zu sein. Zwar sollen die Kinder „auch in ihrer eigenen Sprache unterrichtet werden, dafür gibt es jedoch weithin kein qualifiziertes Lehrpersonal und nur selten Unterrichtsmaterialien" (Vorlaufer 2009, S. 60).

Seit der sog. marktwirtschaftlichen Öffnung ab 1986 macht das Bildungswesen eine Entwicklung durch, wie sie für viele Länder in ähnlicher Lage nicht untypisch ist: „Der Bereich der Bildung, der vor 1975 in eine ländliche Tradition, die Klöster, und die offizielle Ausbildung für den Staatsdienst zerfiel und nach 1975 Ansätze zu einem Bildungssystem entwickelte, konvergiert nun zunehmend auf ein Ausbildungssystem" (Rehbein 2004, S. 250). Unter den Zwängen des projektierten wirtschaftlichen Aufbaus rückt der Arbeitsmarkt immer mehr in den Mittelpunkt der Aufmerksamkeit. Damit wandelt sich auch die Funktion der Schule. Zumal in städtischen Sekundarschulen „bereitet sie nicht nur auf Lohnarbeit und Unternehmertum vor, sondern auch auf Konkurrenz. Der eher sportliche Charakter sozialistischer Prüfungen ist einem eher existentiellen Charakter gewichen. Die Note entscheidet nicht mehr nur über den Status, sondern über Gedeih und Verderb" (Rehbein 2004, S. 166). Die Zahl der Studienplätze ist ebenso begrenzt wie die Möglichkeit, eine Anstellung zu finden; „jährlich drängen ca. 60 000 junge Menschen auf einen Arbeitsmarkt fast ohne außeragrarische Arbeitsplätze" (Vorlaufer 2009, S. 68). Auch im Dorf meint Bildung nun nicht mehr – wie im Kloster – religiöse und moralische Orientierung und weithin zweckfreies Wissen, sondern Schulbesuch, dem geradezu magische Qualitäten zugeschrieben werden, „aus denen sich die Einwirkung auf die Wirtschaft mit dem Ergebnis großer Geldgewinne ergibt" (Rehbein 2004, S. 206). Herkömm-

---

6 https://www.cia.gov/library/publications/the-world-factbook/geos/la.html

liches Wissen wird entwertet, so wie Dorfbewohner sich auch plötzlich als „arm" empfinden, weil Regierungskommissionen sie so einstufen. „Die Regierung definiert die Armut im Anschluss an Papiere der Entwicklungshilfeorganisationen als ein ländliches Problem, obgleich wohl alle Lao auf dem Land ein Dach über dem Kopf, ausreichend Nahrung und im kollektiven Existenzrisiko ein soziales Netz haben. Dass BettlerInnen in der Stadt viel ärmer seien, wollten weder Regierungsvertreter noch die [...] befragten Dorfbewohner anerkennen" (ebd., S. 148).

Auch bezüglich der beruflichen und hochschulischen Ausbildung befindet sich Laos in einem für wenig industrialisierte Länder typischen Dilemma: Es wird einerseits das Fehlen von Fachkräften beklagt; andererseits finden die wenigen ausgebildeten Fachkräfte auf dem winzigen Arbeitsmarkt nur schwer eine angemessene Beschäftigung (vgl. ebd., S. 206). Mitte der 1990er Jahre gab es drei kleine, spezialisierte Hochschulen und einige postsekundäre technische Colleges (vgl. Weidman 1997). Im September 1996 wurden insgesamt elf fachhochschulähnliche Einrichtungen zur Nationalen Universität von Laos zusammengefasst. Mittlerweile scheinen darüber hinaus eine ganze Reihe weiterer, meist privater Institutionen, entstanden zu sein. Zwischen 2000 und 2007 habe sich die Zahl der Studierenden mehr als verdreifacht.[7] Die Qualität der postsekundären Ausbildung gilt allerdings als mäßig, zum einen wegen der unzureichenden Vorbereitung der Studierenden in den Sekundarschulen, zum anderen aber auch wegen der veralteten Ausstattung und der Qualifikation der Lehrenden. Nur ein geringer Teil von ihnen hat mehr als einen akademischen Abschluss (vgl. Weidman 1997, S. 171). Auch die meisten Lehrerinnen und Lehrer werden an Ausbildungsstätten auf ihre Tätigkeit vorbereitet, die kaum als postsekundär zu bezeichnen sind. In der Regel haben sie gerade mal den Abschluss, der auf die Schulstufe folgt, auf der sie tätig sind (ebd., S. 166).

8. Das Länderbeispiel Indonesien

Das mit etwa 240 Mio. Menschen größte und bevölkerungsreichste Land Südostasiens verteilt sich auf fünf Hauptinseln (Java, Sumatra, Kalimantan [früher: Borneo], Sulawesi und Papua) und etwa 30 kleineren Inselgruppen mit insgesamt mehr als 1 000 Inseln. Die Grenzen entsprechen denen Niederländisch-Indiens, das ein riesiges ethnisch, sprachlich und kulturell sehr vielfältiges Gebiet umfasste. Indonesien gilt als das größte islamische Land der Erde, aber es gibt auch Gebiete mit hinduistischer Bevölkerung (wie Bali) oder starken christlichen Mehrheiten (vor allem im Osten Indonesiens), ganz abgesehen von Bevölkerungsteilen, die zwar (wie gesetzlich vorgeschrieben) nominell einer der sog. fünf Weltreligionen – Buddhismus, Konfuzianismus, Hinduismus, Christentum oder Islam – zugeordnet werden[8], die sich aber eher an animistischen Vorstellungen oder anderen lokalen Kulten orientieren. Gezählt werden ungefähr 30 verschiedene ethnische Einheiten, die sich – unabhängig von ihrer nominellen Religionszugehörigkeit – sprachlich und kulturell zum Teil erheblich voneinander unterscheiden (vgl. Fremerey 1994). Die zahlenmäßig bedeutendsten sind die

---

7 So jedenfalls ein Report über „The Current Situation of Higher Education in Lao PDR" des Department of Private Education Management, DPEM, MOE von 2008: http://www. unescobkk.org/fileadmin/user_upload/apeid/workshops/macao08/papers/1-p-2-5.pdf (6.12.2010).

8 Das Bekenntnis zu einer dieser anerkannten Religionen dient vor allem dem Nachweis, dass man kein „Atheist", d.h. „Kommunist" ist (vgl. Swart 1983, S. 3). Der Konfuzianismus ist allerdings kaum als Religion, sondern eher als allgemeine Morallehre zu bezeichnen.

Javaner in Ost- und Zentraljava, die etwa 40% der Gesamtbevölkerung stellen, sowie die Sundanesen im westlichen Teil Javas (15%) und die Maduresen, hauptsächlich auf Madura nordöstlich von Java (3,3%).[9] Vor allem wirtschaftlich wichtig ist die seit Jahrhunderten ansässige chinesischstämmige Minderheit. In der Kolonialzeit erhielt sie „Rechte zur Erhebung von Zöllen und Steuern auf Salz, Tabak und Opium" (Vorlaufer 2009, S. 61) und wurde so in das koloniale Herrschaftssystem eingebunden. Wohl nicht zuletzt deshalb ist ihr Status bis heute besonders prekär. Zwar wird seit 1962 allen in Indonesien geborenen Chinesen auf Antrag die indonesische Staatsbürgerschaft zuerkannt; es kommt aber nicht nur zu Diskriminierungen, etwa beim Hochschulzugang oder bei der Besetzung von Stellen im Staatsdienst, sondern von Zeit zu Zeit auch zu sehr massiven Ausschreitungen. Im Zuge der innenpolitischen Auseinandersetzungen bei der Ablösung von Sukarnos sozialistisch orientierter „gelenkter Demokratie" durch General Suhartos westlich orientierte „Neue Ordnung" Mitte der 1960er Jahre fielen ihnen viele Hunderttausende zum Opfer. Dahinter stand offenbar eine Mischung aus älteren rassistischen Ressentiments und politisch forciertem Antikommunismus.[10] Seit dem Sturz Suhartos im Zuge der sog. Asienkrise 1998 ist politisch eine vorsichtige Demokratisierung zu beobachten (vgl. etwa Ufen 2004).

Ökonomisch gehört Indonesien nach Klassifikation der Weltbank derzeit zur unteren Gruppe der Staaten mit mittlerem Einkommen. Abgesehen von den Jahren der Asienkrise verzeichnet der Archipel durchgehend ein beträchtliches Wirtschaftswachstum, das in erster Linie auf Auslandskrediten und ausländischen Investitionen gründet. Die extremen sozialen Disparitäten in und zwischen den Provinzen sowie zwischen städtischen und ländlichen Regionen haben sich damit aber eher noch verschärft. Nach offiziellen Angaben liegt der Anteil der Bevölkerung, der in absoluter Armut lebt, in Jakarta unter fünf, auf Papua über 40%; andere Angaben gehen weit darüber hinaus (vgl. Vorlaufer 2009, S. 229). Es wird allgemein davon ausgegangen, dass zwei Drittel des Volkseinkommens im informellen Sektor erwirtschaftet werden (vgl. Lanzendorf 2009, S. 165). „Nahezu jede Gelegenheit wird ergriffen, um den Lebensunterhalt zu verdienen: als Straßenverkäufer, Straßenfriseur, Gärtner, Müll- und Lumpensammler, Hausmädchen oder Wäscherin" (Kallauch-Stock 1992, S. 60). Schon bei den Kindern zwischen zehn und 14 Jahren trägt schätzungsweise die Hälfte durch Arbeiten zu ihrem Lebensunterhalt bzw. dem ihrer Familien bei (vgl. Zimmermann 2003, S. 283). Der Anteil der Agrarbevölkerung lag 2002 bei 42% (vgl. Vorlaufer 2009, S. 117); auch Subsistenzwirtschaft spielt nach wie vor eine bedeutende Rolle.

Das Schulwesen, das heute nach der einheitlichen sechsjährigen Grundschule und der ebenfalls einheitlichen dreijährigen unteren Sekundarstufe in der oberen Sekundarstufe nach Inhalten oder Leistungen differenziert, musste nach der 1945 proklamierten und 1949 durchgesetzten Unabhängigkeit fast aus dem Nichts heraus aufgebaut werden. Zwar gab es neben einem nur schwach entwickelten kolonialen Bildungswesen und Schulexperimenten im Rahmen der Unabhängigkeitsbewegungen (vgl. dazu Tsuchiya 1987) vielfältige Ansätze islamischer und (vor allem in östlichen Landesteilen) christlicher formaler Erziehung, die

---

9 Vgl. The World Factbook des CIA: https://www.cia.gov/library/publications/the-world-factbook/geos/id.html (10. 12. 10).

10 Umstritten ist allerdings nicht nur die offenbar schwer zu schätzende Zahl der Opfer, sondern auch, ob es sich dabei tatsächlich um chinesischstämmige Indonesier oder vor allem um einheimische Kommunisten handelte (vgl. Fremerey 1994, S. 387f.; Somers Heidhues 2003, S. 236; Vorlaufer 2009, S. 61).

teilweise in das neu entstehende Schulwesen integriert wurden, aber damit konnten weder die durch Aufstiegshoffnungen genährten Bildungswünsche der städtischen Mittelschichten befriedigt werden noch die Ansprüche der politischen Führung auf umfassende Mobilisierung der ethnisch, kulturell und sprachlich sehr heterogenen Bevölkerung für den neuen Nationalstaat. Es fehlte nicht nur an Gebäuden und anderen materiellen Ressourcen, sondern auch an Lehrkräften und Personen, die Lehrkräfte hätten ausbilden können. Nach Schätzungen gingen in ganz Indonesien aus kolonialen Bildungsinstitutionen „bis 1940 ca. 8 000 Primarschüler, 1 000 Schüler der Sekundarstufe I und 250 Schüler der Sekundarstufe II mit Abschlusszertifikat hervor; rund 230 Studenten absolvierten bis 1941 das Studium an einer der wenigen tertiären Bildungseinrichtungen" (Fremerey 1994, S. 387). Während eine groß angelegte Alphabetisierungskampagne relativ rasch Erfolge zeigte – die Analphabetenrate sank von 1950 bis 1961 von über 90% auf 57% (vgl. Karcher/Alhadar 1986, S. 226) – erwies sich der Ausbau der allgemeinen Grundbildung und die Ausbildung der dafür notwendigen Lehrkräfte als weitaus schwieriger.

Nach dem ersten Anlauf in den 1950er Jahren kamen die Bemühungen um eine allgemeine Grundbildung erst wieder in den 1970er Jahren in Schwung, als mit dem Erdölboom die Zahl der Grundschulen und der Schülerinnen und Schüler binnen einer Dekade verdoppelt wurde. Auch die allgemeine Schulpflicht für die sechsjährige Grundschule wurde 1974 eingeführt und 1994 um drei Jahre auf die untere Sekundarstufe ausgedehnt. Um der ethnischen, kulturellen und sprachlichen Heterogenität des Archipels gerecht zu werden, zugleich aber auch die fragile nationale Einheit zu sichern, ging der Ausbau des Schulwesens zunächst mit einer gewissen Dezentralisierung einher, die aber mit der „Neuen Ordnung" Suhartos durch einen rigiden Zentralismus abgelöst wurde. Deutlich wird das an der Sprachpolitik: Das mit der Unabhängigkeit als Bahasa Indonesia (Sprache Indonesiens) zur gemeinsamen Sprache erklärte Malaiisch wurde zunächst neben, später aber immer mehr statt der jeweiligen Muttersprache an den Grundschulen unterrichtet. Trotzdem erwies sich die Festschreibung dieser seit Jahrhunderten als lingua franca fungierenden Sprache als geschickter Zug, da sie keine der dominierenden Ethnien und Sprachen bevorzugte. Obwohl diese Sprache für die meisten Indonesier eine zweite Sprache darstellt, scheint sie sich weitgehend durchgesetzt zu haben (vgl. Ho/Wong 1997, S. 182). Nach Berichten dürfte man aber – unabhängig von der jeweiligen offiziellen Sprachpolitik – zumindest in den Grundschulen kaum auf die Muttersprache verzichten können. Sie (in diesem Fall Minang) und die Staatssprache „wechseln häufig, der Lehrstoff wird in der Regel auf Indonesisch vermittelt", Schülerinnen und Schüler äußern sich in der Regel auf Minang; auch Tadel und „erläuternde Hilfestellungen der Lehrkräfte werden [...] in den ersten Schuljahren – mit abnehmender Tendenz – auf Minang gegeben. Als offizielle Unterrichtssprache gilt Indonesisch" (Kaiser 1996, S. 46f.).

Seit Mitte der 1980er Jahre gilt die Grundschulbildung als weitgehend durchgesetzt. Der Ausbau des Sekundarschulwesens ist dagegen noch in vollem Gange. Hier sollen vor allem die berufsqualifizierenden Züge gestärkt werden, die bei den urbanen, eher auf den Staatsdienst und die entsprechenden akademischen Zertifikate orientierten Mittelschichten weniger beliebt sind. Obgleich auch der Hochschulbereich in den vergangenen Jahrzehnten stark ausgebaut wurde, übersteigt die Nachfrage das Angebot, das zu mindestens 60% von privaten Institutionen sehr unterschiedlicher Qualität kommt. Trotzdem ist Unterbeschäftigung und Arbeitslosigkeit auch bei akademisch Ausgebildeten ein

Problem. Die Lehrkräfte aller Schulstufen werden seit 1994 in drei- bis fünf-jährigen Studiengängen an Hochschulen ausgebildet. Seit 1987 wird von Lehr-kräften an Grundschulen ein mindestens zweijähriges Studium erwartet, für Sekundarschulen ein Bachelor-Abschluss (Cummings u.a. 1997, S. 107).

1977 wurden die Schulgebühren für den Pflichtschulbereich (6 bzw. 9 Jahre) abgeschafft. Da mehr als die Hälfte der Sekundarschulen privat sind, hilft das nur bedingt beim Abbau sozialer Disparitäten. Hinzu kommen selbst im Grund-schulbereich Kosten für Lehrmittel usw., die arme Haushalte sehr belasten können. Der Einfluss des sozio-ökonomischen Status auf die Bildungsbeteiligung verstärkt sich in der oberen Sekundarstufe und im tertiären Bereich, wo auch offiziell Schul- bzw. Studiengebühren zu entrichten sind. Als meist preiswerte Alternative zu anderen privaten und staatlichen Schulen existiert besonders auf Java und Madura bis heute vor allem im Sekundarbereich ein vielgestaltiges reli-giöses Schulwesen. *Pesantren*, ursprünglich eher traditionelle Koranschulen, ha-ben sich in sehr vielfältiger Weise teilweise zu bedeutsamen lokalen Zentren für die Landbevölkerung entwickelt und bieten nach Einschätzung von Beobachtern „wichtige Orientierungen bei den Bemühungen um eine sozial verantwortliche, auf den ländlichen Bereich bezogene und kulturell angepasste Bildung" (Karcher/Alhadar 1986, S. 217f.). Sie dienen heute nicht mehr allein der reli-giösen Bildung, sondern teils auch der schulischen Unterweisung, teils der beruf-lichen Fachausbildung (ebd., S. 229ff.). *Madrasah* entwickelten sich dagegen erst im 20. Jh. Hier wurde „der Anteil des nicht-religiösen, praktisch verwendbaren Lehrstoffs [...] drastisch erhöht und beträgt etwa zwei Drittel des Curriculums; der Unterricht findet in gestaffelten Klassen zu festen Zeiten statt. Madrasahs [...] bildeten eine Alternative zum staatlichen, von den Holländern dominierten Schulwesen" (Ziemek 1986, S. 108). Bis heute bieten sie parallel zur weltlichen Schule staatlich anerkannte Abschlüsse. Sie unterstehen dabei nicht dem Erziehungs-, sondern dem Religionsministerium, sodass das indonesische Schulwesen aus zwei parallelen Säulen besteht (vgl. Karcher/Alhadar 1986, S. 226f.; Pohl 2009). Daten, die über die quantitative Bedeutung dieser Säulen Auskunft geben könnten, sind allerdings spärlich und widersprüchlich, was wohl vor allem mit der Vielfalt der Organisationsformen und der Schwierigkeit, sie ein-deutig voneinander abzugrenzen, zusammenhängt (vgl. Ziemek 1986, S. 109ff.).

Kritisiert wird allgemein, dass die qualitative Verbesserung des Unterrichts mit dem quantitativen Ausbau des Schulwesens nicht Schritt gehalten habe. Kon-krete Untersuchungen über die (möglicherweise kulturspezifische) Gestaltung von Schule und Unterricht existieren aber allenfalls in Ansätzen. Für die reli-giösen Schulen, die noch am ausführlichsten beschrieben worden sind, wird her-vorgehoben, dass in ihnen „ein deutlich anderes Verhältnis zum Lernen und zum Leben auf dem Dorf" vermittelt werde als an den meisten staatlichen Schulen: „Nicht das Zertifikat steht im Vordergrund, sondern das real Gelernte; Arbeit mit der Hand wird von den Santris [Schüler, bisweilen auch Schülerinnen] nicht so stark als unter ihrer Würde liegend betrachtet; ein Abwandern aus dem Dorf in die Stadt im Hinblick auf bessere Arbeits- und erweiterte Konsummöglichkeiten gilt nicht unbedingt als erstrebenswert" (Karcher/Alhadar 1986, S. 260).

Wahrscheinlich nicht untypisch für „westliche" Beobachtungen ist die Irri-tation einer deutschen Schulpädagogin, die in einer Grundschule auf Sumatra „Typen von Unterricht" kennen gelernt hat, „die unserem Unterrichtsdenken von Förderung oder Leistungsbeurteilung und unseren Vorstellungen von Unterricht als auf den Lernentwicklungsstand der Kinder bezogenes Interagieren diametral widersprechen" (Kaiser 1996, S. 53). So spricht sie von Unterricht an der Grundschule, der monologhaft wie eine Vorlesung anmutete. „Die Lehrkraft dozierte mit erhobener Stimme die gesamte Unterrichtsstunde ihr Wissen über indonesisches Staatsbewusstsein, Geschichte, Unabhängigkeit und Normen". Andere Schulstunden beschreibt sie als „Beschäftigungstherapie". Hier „hat die Lehrkraft zu Beginn der Stunde Arbeitsanweisungen ausgegeben, wie einen Text abzuschreiben, Aufgaben im Lehrbuch zu lösen oder eine Seite lesen zu üben." Schließlich fällt ihr „ein schneller ping-pongartiger Austausch von kurzen Fragen der Lehrkräfte und gemeinsamen Antworten der meisten Kinder im Chor" ins Auge. Er erscheint ihr einerseits als Indiz dafür, „dass die gemeinsame Stoff-‚bewältigung' wichtiger zu sein schien als die Bewertung einzelner Leistungen"; andererseits sieht sie darin einen „Ausdruck der Uniformierung didaktisch-methodisch frontaler Konzepte als kollektiver Orientierungen" (Kaiser 1996, S. 53f.). Leider fragt die Autorin nicht weiter, sondern begnügt sich mit der eilfertigen Unterscheidung von „didaktisch-methodisch antiquiertem" und „modernem" Unterricht und wundert sich verständnislos und ohne ihre eigene Position zu reflektieren über „eine für unsere Normen aktiver Unterrichtsführung erstaunliche Ruhe und Gleichgültigkeit" bei vielen Lehrkräften (ebd., S. 51).

Etwas andere Eindrücke schildert eine Ethnologin, die (zehn Jahre später) gemeinsam mit einheimischen Kolleginnen verschiedene Oberschulen in der javanischen Großstadt Yogyakarta untersucht hat. Auch sie wundert sich zwar über das „passive Verhalten der Lehrpersonen" (Müller 2007, S. 21), aber sie berichtet auch von einer relativ starken „Einbeziehung der Schüler in den Unterricht", die „nicht unseren Erwartungen entsprach" (ebd., S. 18). Selbst in den „guten" und „sehr guten" Schulen (vgl. ebd., S. 17f.) ist es im Klassenzimmer „oft [...] sehr laut, und die Schüler schienen oft gar nicht oder kaum auf den Unterricht (oder die Lehrperson) fokussiert zu sein. Das Interessante hierbei war, dass die Lehrer in den seltensten Fällen eingriffen um für Ruhe zu sorgen. Oft kam das Zischen, welches bedeuten sollte ‚Ruhe bitte', aus den Reihen der Schüler. Nie konnten wir beobachten, so laut die Atmosphäre auch sein mochte, dass ein Lehrer selbst laut wurde oder gar anfing zu schreien." (ebd., S. 20f.). Das hat nicht nur mit den Vorstellungen über die Verhaltensweisen einer erwachsenen und reifen Person zu tun, die ihre Empfindungen nicht schamlos ausagiert und auch Jüngere und Unterlegene stets mit Respekt behandelt. Vielmehr stehe das Wohlfühlen der Schüler im Vordergrund; sie sollten keineswegs zum Lernen gezwungen oder durch negative Kritik entmutigt werden. Die Lehrpersonen sollen – nach ihren eigenen Aussagen – den Lernprozess nicht dominieren, sondern ihn anleiten und unterstützen (vgl. ebd., S. 21). Der Lehrer habe die gleiche Funktion wie die Eltern. „Er muss die Schüler umsichtig behandeln und versuchen wie ein guter Freund [...] zu werden" (ebd., S. 22). Autoritäres Auftreten sei „selbstverständlich kontraproduktiv" (ebd.).

Dem häufig vorgebrachten Einwand, dass die Schule zu sehr auf den urbanen, „modernen" Sektor ausgerichtet sei und für Arbeit und Leben auf dem Lande weithin irrelevant bleibe, wird seit Ende der 1990er Jahre durch eine vorsichtige Dezentralisierung Rechnung zu tragen versucht, die auch eine stärkere Berücksichtigung lokaler und regionaler Lebensverhältnisse ermöglichen soll (vgl. Bjork 2005). Die Situation vor Ort – hier in Zentral-Java – wird von einem Mitarbeiter an einem Entwicklungsprojekt so geschildert: „Einer Klasse mit etwa fünfzig Schülern standen pro Fach lediglich zwei Lehrbücher zur Verfügung [...]. Das Einzugsgebiet der Schule ist ferner relativ groß, so dass die Schüler in vielen Fällen auf kostenpflichtige Transportmittel angewiesen sind. Dies in Verbindung mit der obligatorischen Anschaffung von Schuluniformen und den auch in staatlichen Schulen fälligen Gebühren stellt für eine ganze Reihe von Familien – die gerade in den entlegenen Regionen zum Teil im kaum monetär geprägten Bereich einer Subsistenzwirtschaft leben – eine schwer zu bewältigende finanzielle Hürde dar. Selbst wenn es den Eltern gelingt, ihre Kinder in eine Grundschule zu schicken, fallen bei der Zulassung zu einer weiterführenden Schule erheblich höhere Aufnahme- und Schuljahresgebühren an, die von den wenigsten getragen werden können.

Dieser Sachverhalt stellt dann auch das größte Problem des indonesischen Bildungssektors dar, ist doch die Notwendigkeit unumstritten, Schüler über die Grundschule hinaus ausbilden zu müssen, um diesen eine nachhaltige berufliche Chance zu ermöglichen. Insbesondere in den Jahren nach der asiatischen Wirtschaftskrise hat sich im indonesischen Bildungswesen so ein Mehrklassensystem herauskristallisiert: Wohlhabendere gewährleisten, dass ihre Kinder in qualitativ besseren Privatschulen und in häufig nichtstaatlichen Universitäten ausgebildet werden. Bei der Entscheidung über die Aufnahme von Schülern und Studenten an angesehenen Privatschulen und -universitäten spielen dabei weit mehr die finanziellen Möglichkeiten der Eltern als die Leistungsfähigkeit der Kinder eine Rolle. Umgekehrt haben [...] finanziell unterprivilegierte Kinder nur in wenigen Fällen (gegebenenfalls über Stipendien) die Möglichkeit, ihren Fähigkeiten entsprechend ausgebildet zu werden" (Schuck 2008, S. 39).

Vor diesem Hintergrund mögen die offiziösen Daten des Global Monitoring Report der UNESCO von 2009 etwas mehr Profil gewinnen (vgl. UNESCO 2009). Demnach werden derzeit 96% der Kinder des entsprechenden Jahrgangs eingeschult. Davon beenden allerdings weniger als 80% die sechsjährige Grundschule. Die Übergangsquote für die Sekundarstufe I wird mit 78%, die für die Sekundarstufe II mit 51% angegeben. Die Verteilung nach Geschlecht ist dabei fast ausgeglichen; die Alphabetisierungsrate bei den Über-15-Jährigen liegt mit 86% bei Frauen allerdings noch unter der bei Männern, für die 94% angegeben werden. Institutionen des tertiären Bildungsbereichs erfassen 17% der Altersgruppe.

Literatur

Atchoarena, D./Mujanganja, E. (2003): Transition from School to Work in East Asia. In: Keeves, J.P./Watanabe, R. (Hrsg.): International Handbook of Educational Research in the Asia-Pacific Region, 2 Bde. Dordrecht: Kluwer, S. 701-714.

Bey, Ulrike (2008): Schlechte Noten für Birmas Bildungssystem, in: Husa, K./Jordan, R./Wohlschlägl, H. (Hrsg.): Ost- und Südostasien zwischen Wohlfahrtstaat und Eigeninitiative. Aktuelle Entwicklungstendenzen von Armut, Alterung und sozialer Unsicherheit. Wien: Inst. für Geographie und Regionalforschung der Univ. Wien, S. 61-74.

Blien, U./Phan, Thi Hong Van (2008): Das Bildungswesen in Vietnam. In: Kreklau, C./Siegers, J. (Hrsg.): Handbuch der Aus- und Weiterbildung, Köln: Wolters Kluwer, 193. Ergänzungslieferung, Oktober 2008, S. 1-15.

Bjork, Ch. (2005): Indonesian Education. Teachers, Schools, and Central Bureaucracy. New York, London.

Collins, J.T. (2008): Language Ecology and Language Communities in the Malay World, in: Creese, A., Martin, P., Hornberger, N.H. (Hrsg.): Encyclopedia of Language and Education, 2nd Edition, Volume 9: Ecology of Language. New York: Springer, S. 159-168.

Cummings, W./Malo, M./Sunarto, K. (1997): Indonesia, in: Postiglione, G./Mak, G. (1997) (Hrsg.): Asian Higher Education, Westport, CT: Greenwood, S. 93-114.

Dahm, B. (2003): Die Religionen Südostasiens im 20. Jahrhundert, in: Feldbauer, P./Husa, K./Korff, R. (Hrsg.): Südostasien. Gesellschaften, Räume und Entwicklung im 20. Jahrhundert, Wien: Promedia, S. 212-230.

Eberwein, P. (2005): Ein anderer Umgang mit Unterrichtsstörungen. Beobachtungen in einer südkoreanischen Grundschule, in: Die Deutsche Schule, 97. Jg., H. 2, S. 197-210.

Fremerey, M. (1994): Indonesien. In: Nohlen, D./Nuscheler, F. (Hrsg.): Handbuch der Dritten Welt. Bd. 7: Südasien und Südostasien. Bonn: Dietz Nachf., S. 384-415.

Geertz, C. (1991): Religiöse Entwicklungen im Islam. Beobachtet in Marokko und Indonesien (engl. 1968). Frankfurt a. M.: Suhrkamp.

Gonzalez, A. (1997): Philippines. In: Postiglione, G./Mak, G. (Hrsg.): Asian Higher Education, Westport, CT: Greenwood, S. 265-284.

Gopinathan, S./Ho, W.K. (2003): Issues and Concerns Regarding Teaching, Teachers and Higher Education. In: Keeves, J.P./Watanabe, R. (Hrsg.): International Handbook of Educational Research in the Asia-Pacific Region, 2 Bde. Dordrecht: Kluwer, S. 733-740.

Hadar, I. (1999): Bildung in Indonesien: Krise und Kontinuität. Frankfurt a. M.: IKO -Verlag für Interkulturelle Kommunikation.

Hanisch, R. (1994): Struktur- und Entwicklungsprobleme Südostasiens. In: Nohlen, D./Nuscheler, F. (Hrsg.): Handbuch der Dritten Welt. Bd. 7: Südasien und Südostasien. Bonn: Dietz Nachf., S. 54-113.

Helmke, A./Hesse, H.-G. (2010): Kindheit und Jugend in Asien, in: Krüger, H.-H./Grunert, C. (Hrsg.): Handbuch Kindheits- und Jugendforschung, 2., aktualisierte u. erw. Aufl., Wiesbaden: VS Verlag, S. 479-514.

Ho, W.K./Wong, R.Y.L. (1997): Bilingual Education in Singapore, Malaysia and Indonesia, in: Cummins, J./Corson, D. (Hrsg.): Bilingual Education. Encyclopedia of Language and Education, Vol. 5, Dodrecht: Kluwer, S. 177-185.

Houben, V. (2003): Südostasien von 1870 bis ca. 1920: Politik, Wirtschaft und Gesellschaft, in: Feldbauer, P./Husa, K./Korff, R. (Hrsg.): Südostasien. Gesellschaften, Räume und Entwicklung im 20. Jahrhundert, Wien: Promedia, S. 13-25.

Jordan, R. (2008): Einführung – Ost- und Südostasien zwischen Wohlfahrtsstaat und Eigeninitiative. In: Husa, K./Jordan, R./Wohlschlägl, H. (Hrsg.): Ost- und Südostasien zwischen Wohlfahrtstaat und Eigeninitiative. Aktuelle Entwicklungstendenzen von Armut, Alterung und sozialer Unsicherheit. Wien: Inst. für Geographie und Regionalforschung der Univ. Wien, S. 13-27.

Jordan, R./Reese, N. (2008): Von Manila nach Singapur ... und zurück – Migration philippinischer Frauen als widersprüchliche Praxis sozialer Sicherung. In: Husa, K./Jordan, R./Wohlschlägl, H. (Hrsg.): Ost- und Südostasien zwischen Wohlfahrtstaat und Eigeninitiative. Aktuelle Entwicklungstendenzen von Armut, Alterung und sozialer Unsicherheit. Wien: Inst. für Geographie und Regionalforschung der Univ. Wien, S. 185-199.

Jordan, S. (1992): Berufliche Bildung als Bestandteil der Bildungssysteme in den sozialistischen Ländern Ost- und Südostasiens, Hamburg: Institut für Asienkunde.

Kaiser, A. (1996): Mädchen und Jungen in einer matrilinearen Kultur. Interaktionen und Wertvorstellungen bei Grundschulkindern im Hochland der Minangkabau auf Sumatra, Hamburg: Kovač.

Kallauch-Stock, I. (1992): Sozialisation von Kindern auf Java (Indonesien) unter besonderer Berücksichtigung ihrer körperlichen und psychischen Lebenserschwernisse. Diss. Frankfurt/M.

Karcher, W./Alhadar, I. (1986): Pesantren-Ausbildung in Indonesien: Eine lebendige Tradition im Wandel. In: Gerighausen, J./Seel, P. C. (Hrsg.): Methodentransfer oder angepasste Unterrichtsformen, München: Goethe Institut, S. 213-283.

Kern, Th. (2007): Das südkoreanische Bildungssystem – Teil 1. In: Kreklau, C./Siegers, J. (Hrsg.): Handbuch der Aus- und Weiterbildung, Köln: Wolters Kluwer, 180. Ergänzungslieferung, März 2007, S. 1-21.

Kopp, B. v. (2002): Das Bildungssystem Malaysias: Zwischen Gestern und Cyberjaya. Münster: Waxmann.

Korff, R. (1999): Krisen der Weltwirtschaft und der Staaten. Überlegungen zur Situation in Südostasien. In: Feldbauer, P./Hardach, G./Melinz, G. (Hrsg.): Von der Weltwirtschaftskrise zur Globalisierungskrise: Wohin treibt die Peripherie? Frankfurt a. M.: Brandes & Apsel/Südwind, S. 85-104.

Korff, R. (2003): Politische Systeme südostasiatischer Modernisierung, in: Feldbauer, P./Husa, K./Korff, R. (Hrsg.): Südostasien. Gesellschaften, Räume und Entwicklung im 20. Jahrhundert. Wien: Promedia, S. 177-195.

Lanzendorf, U. (2009): Indonesien. In: dies. (Hrsg.): Wegweiser Globalisierung – Hochschulsektoren in Bewegung II, Kassel: Internationales Zentrum für Hochschulforschung, Verlag W. Jenior, S. 161-205.

Maclean, R. (2003): Secondary Education Reform in the Asia-Pacific Region. In: Keeves, J.P./Watanabe, R. (Hrsg.): International Handbook of Educational Research in the Asia-Pacific Region, 2 Bde., Dordrecht: Kluwer, S. 73-91.

Meek, V.L. (2003): Selection for Higher Education in the Asia-Pacific Region. In: Keeves, J.P./Watanabe, R. (Hrsg.): International Handbook of Educational Research in the Asia-Pacific Region, 2 Bde., Dordrecht: Kluwer, S. 839-852.

Menzel, U. (1994): Nachholende Modernisierung in Ostasien aus entwicklungstheoretischer Perspektive. In: Nohlen, D./Nuscheler, F. (Hrsg.): Handbuch der Dritten Welt. Bd. 8: Ostasien und Ozeanien. Bonn: Dietz Nachf., S. 14-51.

Messner, D. (1994): Republik Korea (Südkorea). In: Nohlen, D./Nuscheler, F. (Hrsg.): Handbuch der Dritten Welt. Bd. 8: Ostasien und Ozeanien. Bonn: Dietz Nachf., S. 168-211.

Metje, Ute (1995): Die starken Frauen. Gespräche über Geschlechterbeziehungen bei den Minangkabau in Indonesien. Frankfurt a. M., New York.

Müller, E. (2007): Indonesische Schulkulturen. Eine deutsch-indonesische Studie. Freiburg.

Pohl, F. (2009): Islamic Education and the Public Sphere. Today's Pesantren in Indonesia, Münster: Waxmann.

Pohl, M. (1994): Koreanische Volksdemokratische Republik (Nordkorea). In: Nohlen, D./Nuscheler, F. (Hrsg.): Handbuch der Dritten Welt. Bd. 8: Ostasien und Ozeanien. Bonn: Dietz Nachf., S. 139-167.

Pohlmann, M. (2006): Globalisierung und Modernisierung – Zentrale Annahmen der Globalisierungstheorien auf dem Prüfstand. In: Schwinn, Th. (Hrsg.): Die Vielfalt und Einheit der Moderne, Wiesbaden, VS Verlag für Sozialwissenschaften, S. 165-183.

Postiglione, G (1997): Introduction, in: Postiglione, G./Mak, G. (1997) (Hrsg.): Asian Higher Education, Westport, CT: Greenwood, S. xv-xxviii.

Ramirez, F.O./Chan-Tiberghein, J. (2003): Globalisation and Education in Asia. In: Keeves, J.P./Watanabe, R. (Hrsg.): International Handbook of Educational Research in the Asia-Pacific Region, 2 Bde., Dordrecht: Kluwer, S. 1095-1106.

Reese, N. (2008): Stehaufmenschen – Der Umgang mit sozialer Unsicherheit in den Philippinen, in: Husa, K./Jordan, R./Wohlschlägl, H. (Hrsg.): Ost- und Südostasien zwischen Wohlfahrtstaat und Eigeninitiative. Aktuelle Entwicklungstendenzen von Armut, Alterung und sozialer Unsicherheit. Wien: Inst. für Geographie und Regionalforschung der Univ. Wien, S. 217-232.

Rehbein, Boike (2004): Globalisierung in Laos. Transformation des ökonomischen Felds, Münster: Lit Verlag.

Reiterer, G. (2003): Südostasien in der Zwischenkriegszeit, in: Feldbauer, P./Husa, K./Korff, R. (Hrsg.): Südostasien. Gesellschaften, Räume und Entwicklung im 20. Jahrhundert, Wien: Promedia, S. 26-42.

Schneider, A. (2000): Laos: Geschichte, Bildungswesen und Humankapitalentwicklung im 20. Jahrhundert, Frankfurt/M. u.a.: Lang.

Schubert, V. (1999) (Hrsg.): Lernkultur. Das Beispiel Japan, Weinheim: Deutscher Studienverlag

Schuck, Chistoph (2008): Wohlfahrtsstaatliche Sicherungssysteme als Konditionalität für eine demokratische Konsolidierung in Indonesien, in: Husa, K./Jordan, R./Wohlschlägl, H. (Hrsg.): Ost- und Südostasien zwischen Wohlfahrtstaat und Eigeninitiative. Aktuelle Entwicklungstendenzen von Armut, Alterung und sozialer Unsicherheit. Wien: Inst. für Geographie und Regionalforschung der Univ. Wien, S. 29-43.

Seth, M. J. (2002): Education Fever. Society, Politics, and the Pursuit of Schooling in South Korea. Honolulu: University of Hawai'i Press.

Somers Heidhues, M. (2003): Die etwas andere Minderheit: Chinesen in Südostasien, in: Feldbauer, P./Husa, K./Korff, R. (Hrsg.): Südostasien. Gesellschaften, Räume und Entwicklung im 20. Jahrhundert, Wien: Promedia, S. 231-247.

Swart, I. (1983): Die traditionellen Grundlagen der Erziehung im zentralen Java. Wiesbaden: Franz Steiner Verlag.

Thawonphayak, P. (1997): Die Entwicklung des staatlichen Schulwesens in Thailand von 1851 bis 1997, Diss. Universität Passau.

Tilak, J.B.G. (2003): Higher Education and Development. In: Keeves, J.P./Watanabe, R. (Hrsg.): International Handbook of Educational Research in the Asia-Pacific Region, 2 Bde. Dordrecht: Kluwer, S. 809-826.

Tsuchiya, Kenji (1987): Democracy and Leadership. The Rise of the Taman Siswa Movement in Indonesia. Honolulu: University of Hawaii Press.

Ufen, A. (2004): Islam und Politik in Südostasien. Neuere Entwicklungen in Malaysia und Indonesien. In: Aus Politik und Zeitgeschichte, B 21-22; S. 15-21.

UNESCO 2009: EFA-Global Monitoring Report: Overcoming Inequality: Why Governance matters. Regional Overview: East Asia and the Pacific. http://unesdoc.unesco.org/images/0018/001801/180181e.pdf.

Vorlaufer, K. (2009): Südostasien. Darmstadt: Wissenschaftliche Buchgesellschaft.

Watkins, D. N. (2003): Student Learning: A Cross-Cultural Perspective. In: Keeves, J.P./Watanabe, R. (Hrsg.): International Handbook of Educational Research in the Asia-Pacific Region, 2 Bde. Dordrecht: Kluwer, S. 441-462.

Weggel, O. (1994): Die Asiaten. München: Deutscher Taschenbuch Verlag.

Weggel, O. (1994a): Vietnam. In: Nohlen, D./Nuscheler, F. (Hrsg.): Handbuch der Dritten Welt. Bd. 7: Südasien und Südostasien. Bonn: Dietz Nachf., S. 565-588.

Weidman, J. (1997): Laos, in: Postiglione, G./Mak, G. (Hrsg.): Asian Higher Education, Westport, CT: Greenwood, S. 165-173

Ziemek, Manfred (1986): Pesantren. Traditionelle islamische Bildung und sozialer Wandel in Indonesien. Frankfurt a. M.: IKO-Verlag für Interkulturelle Kommunikation.

Zimmermann, G. R. (2003): Indonesien. Eine geographische Landekunde. Nackenheim/Rh.: Edition Matahari.

Volker Schubert

Bildung in der Pazifikregion

Auf dem pazifischen Ozean, knapp einem Drittel der Erdoberfläche, gibt es nach Schätzungen mindestens 10 000 Inseln, von denen etwa 2 000 bis 3 000 dauerhaft bewohnt sind (vgl. Krosigk 1994, S. 298). Die Region wird unterschiedlich bezeichnet: Der Raumbegriff „Ozeanien" akzentuiert die riesige Wasserfläche und bezieht meist noch Australien mit ein; das aus der Kolonialsprache des 19. Jahrhunderts stammende „Südsee" ist nach wie vor gebräuchlich und klingt auch in „Südpazifik" an, das das heutige politische Vokabular dominiert und in vielen selbst gewählten Namen von Regionalorganisationen Verwendung findet (South Pacific Commission, South Pacific Forum). Da zahlreiche Inseln dieser pazifischen Inselwelt nördlich des Äquators liegen, gilt diese Bezeichnung als geographisch nicht ganz zutreffend; oft ist daher auch schlicht von Pazifik oder pazifischen Inseln die Rede (so heißt das South Pacific Forum seit 2000 Pacific Island Forum).

Politisch besteht diese ausgedehnte Inselwelt aus einer ganzen Reihe unterschiedlicher Territorien. Nach der Klassifikation der United Nations Educational, Scientific and Cultural Organisation (UNESCO) zählen, neben Australien und Neuseeland (die hier nicht berücksichtigt werden) und einer Reihe abhängiger Territorien, 14 formal selbständige Staaten dazu. Kulturräumlich wird die Inselwelt gemeinhin in drei Regionen aufgeteilt: Polynesien erstreckt sich über das sog. polynesische Dreieck zwischen Hawaii im Norden, den Osterinseln im Osten und Neuseeland im Süden. Westlich davon liegt südlich des Äquators Melanesien; in der Äquatorregion selbst und nördlich davon Mikronesien. Diese Aufteilung ist zwar umstritten und darf weder über die vielfältigen Verbindungen zwischen den Regionen noch über die unscharfen Abgrenzungen hinwegtäuschen (vgl. Buchholz 1984, S. 109); als allgemeine Orientierung mag sie aber durchaus ihren (begrenzten) Zweck erfüllen, zumal auch die politischen Einflussbereiche ihr in etwa entsprechen. Im Folgenden werden zunächst die verschiedenen Regionen und Staaten kurz vorgestellt (1), ergänzt durch eine knappe Darstellung der ökonomischen und kulturellen Situation (2). Die Bildungsentwicklungen werden nach Grund-, Sekundar- und Hochschulbildung gegliedert präsentiert, wobei es sich anbietet, unter anderem die grundlegende Sprachenproblematik im Kapitel über die Grundbildung zu diskutieren (3), während Fragen der Bildungsbeteiligung und der inhaltlichen Ausgestaltung stärker in den anderen beiden Kapiteln angesprochen werden (4) (5). Den Abschluss bildet – als kleine exemplarische Veranschaulichung – eine Skizze zur Lage in Samoa (6).

1. Die pazifische Inselwelt

Melanesien ist die bevölkerungsreichste und heterogenste der drei Regionen. Der Name („schwarze Inseln") wird bisweilen auf die dunklen Kiesstrände der meist vulkanisch geprägten Inseln zurückgeführt; er bezieht sich aber wohl vor allem auf die dunkle Hautfarbe der Bewohner und gilt insofern nicht mehr als politisch korrekt. Kennzeichnend für die melanesischen Gesellschaften ist eine extreme Fragmentierung, sowohl sprachlich als auch kulturell. Es wird davon ausgegangen, dass hier ein Drittel aller Sprachen dieser Welt gesprochen werden. Allein in Papua-Neuguinea sollen es um die 800 sein (vgl. Buchholz 1984, S. 184; Seib 1994, S. 411). Die Bevölkerung setzt sich zusammen aus einer Vielzahl kleiner und kleinster Gruppen mit egalitären, oft nur wenige Siedlungseinheiten umfassenden Sozialstrukturen ohne formelle Hierarchien oder erbliche Führungsfunktionen. „Macht und Ansehen werden durch Wohlhabenheit, Geschick, Großzügigkeit beim Austausch von Geschenken (eine der zentralen Handlungen der einheimischen Gesellschaft), Kampfgeist sowie Einfluss über Magie und Geister gewonnen. Die Entscheidungen im dörflichen Leben werden von einem Dorfrat gefällt; Grundeinheit der Gesellschaft und des Wirtschaftens ist die Familie" (Buchholz 1984, S. 186). Das Interesse von Ethnologen und Ethnologinnen an diesen sehr vielfältigen, oft relativ isoliert lebenden sog. „segmentären Gesellschaften", hat sich teilweise auch auf die Erziehungsverhältnisse ausgedehnt – von Malinowski (1930) über Mead (vgl. 1970) bis zu den wegweisenden Kindheitsstudien von Weiss (1981; 1993). Auch die älteren Berichte können – selbst wenn sie nicht immer frei sind von Projektionen – noch immer Impulse für eine kulturvergleichende pädagogische Anthropologie liefern.

Politisch besteht Melanesien heute aus den selbständigen Staaten Fidschi, Papua-Neuguinea, den Salomonen und Vanuatu sowie dem französischen Überseeterritorium Neukaledonien. *Papua-Neuguinea*, der östliche Teil der Insel Neuguinea – der Westteil war in niederländischem Kolonialbesitz, wurde 1963 von Indonesien annektiert und bildet heute die indonesische Provinz Papua – sowie einige Inselgruppen mit insgesamt 600 Inseln (darunter das Bismarck-Archipel, Bougainville und die Trobriand-Inseln) ist mit etwa 6 Mio. Einwohnern und Einwohnerinnen und einer Fläche von 460 000 qkm der weitaus größte Staat Melanesiens und der pazifischen Inselwelt überhaupt.[1] Der nördliche Teil war – zusammen mit West-Samoa und großen Teilen Mikronesiens – bis zum Ersten Weltkrieg deutsche Kolonie; danach wurde das Land bis zur Unabhängigkeit 1975 von Australien verwaltet. Auch die anderen melanesischen Staaten und Territorien bestehen neben vielen kleineren aus einer oder mehreren bedeutend größeren Hauptinseln, so die bis 1978 britischen *Salomon-Inseln* mit fast 600 000 Einwohnern, das französische *Neukaledonien* mit 250 000 Einwohnern und *Vanuatu*, früher Neue Hebriden, das bis 1980 als Kondominium von Briten und Franzosen gemeinsam verwaltet wurde und heute etwa 220 000 Einwohner hat. Schon an der Grenze (auch kulturell) zu Polynesien liegt *Fidschi*, das bis 1970 britisch war, eine Bevölkerung von beinahe einer Million zählt und ein regionales wirtschaftliches, politisches und kulturelles Zentrum darstellt. Die ethnischen Unterschiede, hinter denen sich soziale Probleme verbergen, haben auf den Salomonen und in Fidschi zu teilweise bürgerkriegsähnlichen Auseinandersetzungen und anhaltender politischer Instabilität geführt (vgl. Mückler 2001; Böge 2006).

Im Kontrast zu Melanesien erscheint Polynesien („viele Inseln") schon beinahe kulturell homogen. Anders als die melanesischen Gesellschaften mit

---

1 Diese und die folgenden aktuellen Daten wurden zusammengestellt nach den Informationen des Auswärtigen Amtes (http://www.auswaertiges-amt.de/diplo/de/Laenderinformationen/ LaenderReiseinformationenA-Z.jsp) und dem World Factbook des CIA (https://www.cia.gov/ library/publications/the-world-factbook/index.html).

ihren stark egalitären Sozialstrukturen ist Polynesien ebenso wie Mikronesien traditionell durch recht ausgeprägte aristokratisch-hierarchische Ordnungsmuster gekennzeichnet. Zu Polynesien zählen als selbständige Staaten: *(West-) Samoa* (mit fast 200 000 Einwohnern), das 1962 die Unabhängigkeit von Neuseeland erlangte; das offiziell nie kolonialisierte Königreich *Tonga* (etwa 120 000 Einwohner) und das winzige *Tuvalu* (ca. 10 000 Einwohner), die ehemaligen Ellice-Inseln, das aus fünf Atollen und vier Koralleninseln besteht und durch den Anstieg des Meeresspiegels akut gefährdet ist. Seit 1978 ist es (formal) unabhängig von Großbritannien. *Niue* und die *Cook-Inseln* sind selbstverwaltete Territorien in freier Assoziierung mit Neuseeland; Niue wird mit seinen etwa 1 500 Einwohnern (aber mehr als 20 000 Staatsangehörigen, die größtenteils in Neuseeland leben) von der UNESCO gleichwohl – anders als die etwas größeren Cook-Inseln (mit ca. 12 000 Einwohnern) – als selbständiger Staat geführt. *Tokelau* (1 400 Einwohner) ist Teil Neuseelands. Der Osten Samoas ist externes Territorium der Vereinigten Staaten von Amerika (*American Samoa* mit knapp 60 000 Einwohnern), und der aus fünf Inselgruppen bestehende Osten Polynesiens mit Inseln wie Tahiti und Bora Bora (und insgesamt immerhin fast 300 000 Einwohnern) ist französisches Überseeterritorium (*Polynésie Français*), ebenso *Wallis* und *Futuna* (zusammen 15 000 Einwohner). Die Osterinsel ist eine externe Provinz Chiles. Da Neuseeland und Hawaii von Polynesiern besiedelt wurden und für die Entwicklung dieses Kulturraums große Bedeutung hatten, werden auch sie zu Polynesien gerechnet, obwohl sie inzwischen durch Einwanderung stark europäische bzw. amerikanische Züge aufweisen. *Neuseeland/Aotearoa* (ca. 4,2 Millionen Einwohner) ist seit 1907 als Dominion Großbritanniens und seit 1947 als Mitglied im Commonwealth politisch selbständig. Das ehemalige Königreich *Hawaii* wurde 1898 von den USA annektiert; seit 1959 ist es der 50. Bundesstaat der USA; von den gegenwärtig etwa 1,2 Millionen Einwohnern ist nur noch eine kleine Minderheit polynesischer Herkunft. Gleichwohl gibt es sowohl in Hawaii als auch in Neuseeland ein Bewusstsein pazifischer Identität (vgl. Kreisel 2004, S. 3).

Ähnlich wie die polynesischen sind auch die mikronesischen („kleinen") Inseln über große Räume verstreut, arm an Ressourcen, oft flach und insofern besonders vom Anstieg des Meeresspiegels durch den Klimawandel bedroht. Die meisten von ihnen sind eng mit den Vereinigten Staaten von Amerika verbunden: *Guam* (fast 180 000 Einwohner), die größte dieser Inseln – laut CIA die strategisch wichtigste amerikanische Militärbasis im Pazifik –, und die *Nördlichen Marianen* (50 000 Einwohner) sind Territorien der USA. Die Föderierten Staaten von Mikronesien, die früheren Karolinen (107 000 Einwohner), und die *Marschall-Inseln* (60 000 Einwohner) wurden bis 1986 von den USA verwaltet, *Palau* (20 000 Einwohner) bis 1994, und sind heute mit ihnen „frei assoziiert". Lediglich der kleine Inselstaat *Nauru* (14 000 Einwohner), durch Phosphatabbau reich geworden, ökologisch verwüstet und inzwischen fast bankrott, war bis 1968 australisch; das weit ausgedehnte *Kiribati*, das sich über drei Inselgruppen – die Gilbert-Inseln, die Phoenix-Inseln, die Line-Inseln sowie die Insel Banaba (Ocean Island) erstreckt – und etwa 112 000 Einwohner zählt, bis 1979 britisch.

2. Überlebensstrategien

Die viel beschworene „pazifische Herausforderung" betrifft die Randstaaten des Pazifiks, nicht die pazifische Inselwelt selbst, die weltwirtschaftlich so gut wie keine Bedeutung hat. Es handelt sich um eine Region, die einer marktwirtschaftlichen oder kapitalistischen „Modernisierung" gleichsam „natürlichen" Widerstand entgegensetzt. Aufgrund der geringen Bevölkerungszahl, die sich überdies auf viele Inseln verteilt, sind die Märkte für industrielle Produktion generell zu klein und können weder durch die Aufhebung von Zollschranken noch durch elektronische Kommunikation vergrößert werden – die Entfernungen bleiben. Auch für die Belieferung des Weltmarktes sind die Distanzen zu groß. Nur seltene, besonders hochwertige oder exklusive Rohstoffe oder Erzeugnisse – Phosphat auf Nauru, Kupfer auf Bougainville, Nickel auf Neukaledonien, neuerdings Mineralwasser auf Fidschi – haben hier eine Chance. Andere wichtige Produkte – Kopra oder heute Kokosöl, Zuckerrohr usw. – lassen sich anderswo ebenso gut, wenn nicht sogar günstiger erzeugen.

Die vergleichsweise späte Kolonialisierung der Pazifikregion im 19. Jahrhundert erklärt sich auch aus dem für die Kolonialmächte ungünstigen Verhältnis von Aufwand und Ertrag.[2] Die Metropolen der Region sind Honolulu (Hawaii) und Auckland (Neuseeland), wenn man von den randpazifischen Städten Nordamerikas, Ostasiens und Australiens absieht. Von den Hauptstädten der (formal) unabhängigen Staaten haben lediglich Port Moresby (Papua-Neuguinea) und Suva (Fidschi) Einzugsgebiete, die über die jeweilige Inselgruppe hinausreichen (Kreisel 2004, S. 170ff.).[3]

Aber obgleich Kiribati, Samoa, die Salomonen, Tuvalu und Vanuatu von den Vereinten Nationen zu den am wenigsten entwickelten Ländern gezählt werden, sind weder diese noch die anderen pazifischen Staaten als arm zu bezeichnen, zumindest nicht im landläufigen Sinne absoluter Armut. Zwar sind generalisierende Aussagen angesichts der Heterogenität der Region problematisch, aber gewöhnlich sind die „Lebensbedingungen in den pazifischen Kleinstaaten besser [...] als in den großen Entwicklungsländern, wo Marginalisierung und Verelendung breiter Schichten der Bevölkerung zur Alltagswirklichkeit gehören" (Krosigk 1994, S. 315). Nicht Unterernährung, eher Fehlernährung ist ein verbreitetes Problem; das Gesundheits- und das Bildungswesen sind meistens besser entwickelt als in anderen Entwicklungsländern (vgl. ebd.). Die ökonomische Grundlage für dieses fragile Gleichgewicht von fehlenden Möglichkeiten im industriellen und agrarischen Produktionsbereich einerseits und relativem Wohlstand auf der Ebene der Deckung von Grundbedürfnissen andererseits bildet eine in den meisten Staaten noch immer dominierende Subsistenzwirtschaft, also eine marktunabhängige Selbstversorgung, die sich zwar teilweise auch zusätzlich am Markt orientiert, bei der die binnenmarktorientierte Produktion generell aber meist nur schwach entwickelt bleibt. Diese Subsistenzwirtschaft beruht auf traditionellen Landrechtssystemen, die in den verschiedenen Staaten zwar unterschiedlich aussehen, im Allgemeinen aber den Zugang der Dorf-, Sippen- und Familienverbände zu landwirtschaftlicher Nutzfläche gewährleisten können. „Mit Ausnahme von Guam und Hawaii gibt es bis heute in keinem südpazifischen Inselland das allgemeine individuelle Landeigentum mit dem unbegrenzten Recht des Landverkaufs. Einige Flächen sind zwar jeweils von dieser Regel ausgenommen, weil eingewanderte Siedler, Firmen und Institutionen Land in der frühen Kolonialzeit erworben haben. Aber zum Teil sind diese ausländischen Eigentumsansprüche mit der politischen Un-

---

2 Zu den bisweilen geradezu grotesken Schwierigkeiten bei der Verwaltung einer entlegenen Kolonie vgl. die Studie von Gerd Hardach (1990) zur deutschen Herrschaft über die Marianen.

3 Als Städte mit überregionaler Bedeutung nennt Kreisel außerdem Papeete (Tahiti), Nouméa (Neukaledonien) und Agana (Guam) – also Städte in den französischen bzw. US-amerikanischen Kolonialgebieten (vgl. Kreisel 2004, S. 172).

abhängigkeit der Inselländer erloschen, so dass gegenwärtig der Anteil des Landes, der nicht traditionellem Recht unterliegt, zumeist nur wenige Prozente ausmacht" (Buchholz 1984, S. 143).

Mit der Ausbreitung der cash flow economy reicht diese Art der Selbstversorgung allerdings nicht mehr aus; Lohnarbeit lässt sich aber, wenn überhaupt, eher in den Zentren finden, also in den wenigen Städten oder im Ausland. Arbeitsmigration nach Neuseeland, Australien und in die USA ist inzwischen fester Bestandteil der Inselökonomien. Schon seit geraumer Zeit wohnen „mehr Personen von den Cook-Inseln, von Niue und Tokelau in Neuseeland [...] als in den Heimatländern" (Buchholz 1984, S. 137). Da (bislang) viele der Arbeitsmigrantinnen und -migranten tatsächlich in ihr Heimatland zurückkehren, können die Reproduktionskosten der Arbeitskraft durch die Subsistenzwirtschaft niedrig gehalten werden. Von neuseeländischer Seite werden diese Pazifik-Insulaner „unverblümt als ‚Konjunkturpuffer' betrachtet [...], die bei einem Boom der Wirtschaft ins Land gebracht, bei einer Rezession wieder repatriiert werden könnten" (Kreisel 2004, S. 181). Jedenfalls wird die Subsistenzökonomie ergänzt, wenn nicht inzwischen getragen, durch Unterstützungsleistungen von im Ausland arbeitenden Familienmitgliedern (remittances). Für die Staaten stellen darüber hinaus ausländische Hilfen und Lizenzzahlungen für das Abfischen der Inselgewässer wichtige Einnahmequellen dar, wobei die Frage einer effizienten Kontrolle nach wie vor ungelöst ist (vgl. Kreisel 2004, S. 246).

„Ozeanien hat sich nicht entwickelt, weder nachholend noch autozentrisch (self-reliance) oder nachhaltig (sustainable development). Was sich dagegen im Südpazifik faktisch verändert hat, liegt fern der Vorstellung von Weltbank, IWF und anderen Entwicklungsagenturen und lässt sich am besten subsumieren unter der Begrifflichkeit einer Anpassungs- und Überlebensstrategie" (Krosigk 1994, S. 317). Insbesondere die sehr kleinen Staaten haben gewissermaßen den Sprung in die postindustrielle Ära vollzogen und sog. MIRAB-Ökonomien (*Migration, Remittance, Aid, Bureaucracy*) entwickelt, also „Ökonomien, für die Entwicklungshilfe, Migration, Rücküberweisung aus dem Ausland und Bürokratie – die wichtigste Quelle von Beschäftigung in allen pazifischen Mikrostaaten – nicht einfach supplementäre Bedeutung zum lokalen Einkommen gewonnen haben, sondern Grundlagen der modernen Wirtschaft geworden sind" (ebd.).

Durch Migration wurden die dörflichen und familialen Unterstützungsstrukturen unmittelbar an die globale Ökonomie angeschlossen. „Die Sozialsysteme und Netzwerke sind zunehmend nicht mehr lokal, sondern globalisiert. Nur noch ein Viertel der [in Samoa] befragten Haushalte (27%) sehen ihren primären sozialen Halt im Dorf gegeben, drei Viertel außerhalb, davon wiederum der größte Teil (insgesamt 50%) außerhalb von Samoa" (Hennings 2009, S. 151). Nicht nur die Familien werden auf diese Weise transnational; auch die Staaten selbst erscheinen weniger als territoriale Einheiten denn als multinationale Netzwerke von globalen Aktivitäten zur Erschließung von Finanzierungs- und Beschäftigungsmöglichkeiten (vgl. Krosigk et al. 1988, S. 97f.). Solche postindustriellen Ökonomien bleiben freilich auf die ganz traditionelle Basis einer relativ intakten Subsistenzwirtschaft angewiesen, mit der mögliche Störungen in den Bereichen von *remittance* und *aid* aufgefangen und die Grundbedürfnisse gesichert werden können (ebd. S. 98f.). Eben diese Subsistenzbasis wird in zunehmendem Maße gefährdet (ebd. S. 99) – unter anderem durch wachsende Ansprüche, wie sie nicht zuletzt auch durch Schule gefördert werden.

3. Grundbildung

Schrift und Schriftlichkeit und eine darauf bezogene Schulung kamen im Laufe des 19. Jahrhunderts mit der protestantischen Mission auf die Inseln. Die Vermittlung von Schreib- und vor allem Lesekenntnissen, die den Einheimischen in ihrer Sprache Zugang zur Heiligen Schrift ermöglichen sollte, ergänzte die traditionellen Formen der Unterweisung etwa im Rahmen von Initiationsriten und wird heute meist als „Beginn des formalen Schulwesens" (Küpper 1990, S. 276) gesehen. Unter anderem durch das Ausnutzen der vorhandenen politischen Strukturen und den Einsatz von mit den Verhältnissen vor Ort vertrauten einheimischen Missionaren konnten sich die verschiedenen Spielarten des Protestantismus auf den polynesischen Inseln relativ rasch durchsetzen[4]; im kulturell und sprachlich sehr viel heterogeneren Melanesien dauerte das bis weit ins 20. Jahrhundert hinein (vgl. Kreisel 2004, S. 107ff.; Koloto 1998, S. 123f.; Lotherington 1997, S. 88f.; Küpper 1990).

Bis heute ist das Schulwesen eng mit den verschiedenen Glaubensgemeinschaften verbunden. In einigen Staaten – so in Fidschi (vgl. Baehr 1994, S. 361) und Papua-Neuguinea (vgl. Seib 1994, S. 422) – werden viele Grundschulen nach wie vor von den Kirchen unterhalten; das Sekundarschulwesen ist fast überall überwiegend in kirchlicher Hand. „Der Südpazifik ist die am stärksten missionarisch erfasste Region der Dritten Welt und nirgendwo sonst verfügen die Kirchen über ein größeres Einflusspotential" (Krosigk et al. 1988, S. 139) – nicht nur im Blick auf Schulen, sondern auch im Gesundheitswesen, in Selbsthilfeorganisationen, Entwicklungsprojekten usw.

Die Möglichkeiten der allgemeinen Grundbildung und ihre Ausgestaltung sind in den einzelnen Staaten recht unterschiedlich und bieten insgesamt ein widersprüchliches Bild. In Tonga, wo es bereits seit 1897 eine allgemeine Schulpflicht gibt (Fensterseifer 1994, S. 450), oder in Samoa sind die Alphabetisierungsraten schon lange sehr hoch – nach den Daten des Global Monitoring Reports der UNESCO von 2009 liegen sie für Erwachsene gegenwärtig sogar bei angeblich 99%. In Papua-Neuguinea mit einer Alphabetisierungsrate von 57% (eine Zahl, hinter der sich eine beachtliche Steigerung verbirgt) und auf den Salomonen befindet sich das Schulwesen noch im Aufbau (vgl. UNESCO 2009). Schule beginnt in allen Staaten im Alter von fünf oder sechs Jahren und die Schulpflicht – soweit vorhanden – endet mit 14, 15 oder 16 Jahren, in Vanuatu schon mit zwölf. Nach den (nicht sehr aussagekräftigen und lückenhaften) UNESCO-Daten wird die meist sechsjährige Grundschule in der Regel von fast allen Kindern absolviert (so auch Thaman 2008); für die Cook-Inseln, die Marshall-Inseln, die Salomonen und Papua-Neuguinea liegt die Rate allerdings unter 80% (vgl. UNESCO 2009). Einerseits sind Fortschritte zu konstatieren: Noch 1994 lag der Anteil derer, die aus einer Alterskohorte die fünfte Klasse erreichten, nur in Fidschi, Kiribati, Tonga und Tuvalu bei etwa 90%, in Samoa und auf den Salomonen um 80%, in Papua-Neuguinea und Vanuatu deutlich darunter (vgl. Burke 2007, S. 1277). Andererseits gingen die Einschulungsraten zwischen 1999 und 2006 in einigen Ländern auch zurück, so auf den Cook-Inseln, in Vanuatu, Samoa und Fidschi (vgl. UNESCO 2009).

---

4 Der Katholizismus konnte sich – außer auf den Marianen, die schon im 16. Jahrhundert zusammen mit den Philippinen missioniert wurden – nur in den französischen Kolonialgebieten stärker durchsetzen. Mehr oder weniger große katholische Bevölkerungsteile gibt es allerdings auf vielen Inseln.

Allgemein gibt aber – trotz des hohen Bevölkerungswachstums[5] – weniger der Zugang zu den Grundschulen Anlass zur Sorge als deren Leistungsfähigkeit: Viele Schülerinnen und Schüler beenden die Schule – vorzeitig oder zum Ende der Pflichtschulzeit – ohne die grundlegenden Fähigkeiten erworben zu haben, die sie für eine Weiterqualifikation oder für eine Beschäftigung im formellen oder im informellen Sektor benötigen. Als Gründe werden genannt: der Mangel an hinreichend ausgebildeten Lehrpersonen, die schlechte Ausstattung der Schulen, die überfrachteten und unflexiblen Lehrpläne, aber auch fehlende Unterstützung durch Eltern und Gemeinde und unterschiedliche Wertorientierungen von Schule und Familie (vgl. Coxon/Munce 2008, S. 153, 155).

Über Unterricht und Schulleben selbst ist – jenseits solcher allgemeinen Klagen – kaum etwas in Erfahrung zu bringen. Aus einer Reihe autobiographischer Berichte kann man immerhin einen Eindruck gewinnen (vgl. Nabobo-Baba et al. 2008). Demnach scheint in den meisten Schulen ein recht rigides Disziplinarsystem vorzuherrschen, das im Gegensatz oder zumindest in einer gewissen Spannung zu den im Gemeinwesen vorherrschenden Orientierungen zu stehen scheint und den Betreffenden – heute Universitätsdozentinnen und Dozenten sowie Studierende – einen akademischen Aufstieg ermöglicht hat. Auf die Schulordnungen und die stark kontrollierte Lernumgebung wird in den Berichten immer wieder Bezug genommen. Mehrfach ist auch von Lehrern oder Lehrerinnen die Rede, die schnell ärgerlich werden und ihre Schützlinge anschreien, in einem Fall sogar so laut, dass eine Mutter herbeieilt, um ihren Sohn aus dem Klassenzimmer zu retten, und andere sich beim Schuldirektor beschweren (vgl. Tiko 2008, S. 37). Strafen – auch körperliche – scheinen üblich (gewesen) zu sein, auch um die Lernmotivation zu fördern: „One mistake meant one hit, ten mistakes meant ten hits, with a long wooden ruler" (Koya 2008a, S. 14). Der Unterricht wird als recht konventionell geschildert. Erwähnt werden – nicht immer in kritischer Absicht – Auswendiglernen, das gemeinsame Nachsprechen im Chor und das vielfach unterschätzte „chalk and talk". Gar nicht mal unzufrieden fasst ein Autor seine Erfahrungen so zusammen: „My class one year at primary school was full of new discoveries – new knowledge, new language, new friends and a new way of restrictive behaviour in a restrictive and highly controlled learning environment." (Houma 2008, S. 18).

Die Unterrichtsprache stellt ein besonderes Problem dar. Hier rivalisieren nicht nur Kolonialsprache – also meistens das Englische – und das lokale Idiom, sondern nicht selten auch verschiedene lokale Sprachen. Im gerade zitierten Beispiel aus Malaita (eine der Salomon-Inseln) wechseln in der Grundschule Englisch, salomonisches Pidgin und die lokale Sprache (ähnlich bei Hoe 2008, S. 158). In einem anderen Beispiel berichtet eine aus der Stadt in die Provinz gekommene Schülerin, wie sie in der Grundschule erst die lokale Sprache lernt, weil die Lehrerin sich weder auf Pidgin noch auf Englisch in der Klasse verständigen kann (Namoga 2008, S. 174f.). Es kann aber auch das Problem auftreten, dass eine Lehrperson nicht in der jeweiligen lokalen Sprache unterrichten kann, da sie diese aufgrund ihrer Herkunft nicht oder nur unzureichend beherrscht (vgl. Lotherington 1997, S. 92). Unabhängig von den curricularen Vorgaben existiert offenbar öfter so etwas wie eine inoffizielle Zwei- oder Mehrsprachigkeit in den Schulen, bei der man sich irgendwie über die auf Englisch gedruckten Lehrma-

---

5 In fast allen Staaten liegt der Anteil der 0-14-Jährigen zwischen 30 und 40%; lediglich im mikronesischen Palau bei 22%. Zum Vergleich: In Deutschland beträgt der Anteil 13,7%, in Österreich 14,5, in der Schweiz 15,6 (https://www.cia.gov/library/publications/the-world-factbook/index.html).

terialien verständigt (vgl. ebd.). Die Pidgin-Sprachen, die sich in den sprachlich sehr heterogenen melanesischen Staaten für die alltägliche Verständigung herausgebildet haben (Tok Pidgin in Papua-Neuguinea und auf den Salomonen, Bislama in Vanuatu), erleichtern die Situation auch nicht unbedingt, da für sie meist weder einheitliche Orthographien noch Aussprachekonventionen existieren.

Die offizielle Sprachpolitik sieht in den meisten Staaten eine Alphabetisierung in der jeweiligen eigenen Sprache vor, die dann ab der dritten oder vierten Klasse durch Englisch als Unterrichtssprache abgelöst wird. In einigen Staaten wie Tonga und Samoa wird die Landessprache auch in der Sekundarschule unterrichtet und so eine explizit bilinguale Schulbildung angestrebt (vgl. ebd. S. 89ff.). Die Lehrpläne in den multilingualen melanesischen Staaten sehen meist gleich Englisch (in Vanuatu auch Französisch) als Unterrichtsprache vor, wenngleich einzelne anspruchsvolle Programme zum Beispiel in Papua-Neuguinea den Kindern eine Alphabetisierung in ihrer eigenen Sprache ermöglichen sollen (vgl. Watts 1997, S. 236). Auch wenn ein langsamer, aber anhaltender Bedeutungszuwachs der indigenen Sprachen im Schulwesen konstatiert wird (Watts 1997), bleibt doch fraglich, ob sich deren allmähliches Verschwinden damit aufhalten lässt, zumal es die oft unterstellten einfachen und eindeutigen Verbindungen von Ethnizität, kultureller Identität und Sprache nicht oder zumindest immer weniger gibt (vgl. Burnett 2008). Andererseits ist es nicht einfach, Englisch (oder Französisch) als Unterrichtssprache wirklich durchzusetzen, zumal dort, wo es auch sonst nicht oder nur wenig gesprochen wird. Selbst in Fidschi, wo Englisch weit verbreitet ist, greifen Lehrer und Schüler offenbar noch in der Sekundarschule gerne auf eines der einheimischen Idiome zurück (vgl. Phan 2008, S. 79). So scheint auch in den Schulen – ähnlich wie im Alltag – ein Nebeneinander unterschiedlicher Sprachen vorzuherrschen. Die älteren sprachlichen Fragmentierungen werden durch neue ersetzt oder ergänzt, wobei die Grenzen vermutlich nicht nur sprachliche, sondern auch soziale Milieus und Schichten gegeneinander abheben.

Die eigenen Traditionen, deren stärkere Berücksichtigung seit der Unabhängigkeit in den 1960er und 70er Jahren immer wieder gefordert worden ist, werden unterdessen auf Englisch konstruiert, damit sie den Schülerinnen und Schülern so auf der gesamten Inselwelt zugänglich gemacht werden können. Dabei wird ein beträchtlicher Nachholbedarf konstatiert. Neben der Ausstattung insbesondere der ländlichen Schulen und der Qualität des Unterrichts wird vor allem die Relevanz der vermittelten Inhalte diskutiert (vgl. Coxon/Munce 2008). Dies bezieht sich zum einen auf die vielfach importierten Lehrmaterialien und Curricula, in denen die eigene Welt nicht vorkommt oder – implizit – sogar abgewertet wird; zum anderen aber auch auf die Entwertung des traditionellen Wissens, der überlieferten Fertigkeiten und kulturellen Orientierungen. Vermittelt würden fast ausschließlich Kenntnisse, Fertigkeiten und Haltungen, die anderen, nicht ohne Weiteres übertragbaren kulturellen Kontexten entstammen und dem Alltag sowohl der Schülerinnen und Schüler als auch der Lehrpersonen weitgehend fremd blieben (Thaman 1993; Pene et al. 2002). Andererseits, so ein Einwand, wandelt sich dieser Alltag und ist Kultur weder konstant noch einheitlich. Es kann nicht Aufgabe der Schule sein, Lebensverhältnisse und kulturelle Orientierungen zu konservieren und die Lernenden damit einseitig festzulegen. Würde man die Eltern fragen, so Burnett (2007, S. 270), so wünschten sie für ihre Kinder keineswegs eine Einschränkung ihrer Möglichkeiten und ihrer Mobilität durch eine an Kulturdifferenzen orientierte Pädagogik. Es tut sich hier ein schwer lösbares pädagogisches Dilemma auf zwischen dem berechtigten Anspruch auf eine umfassende Bildung, die sowohl sprachlich als auch von den Fähigkeiten und Wissensbeständen her eine umfassende Teilhabe am sozialen, politischen und kulturellen Leben der jeweiligen – schon seit längerem transnationalen – Gesellschaft ermöglicht, und den ebenso berechtigten Ansprüchen auf Anerkennung und Förderung der eigenen Sprache, Kultur und Lebensweise.

4. Sekundarschulen

Die Probleme des Schulwesens bündeln sich in den meisten pazifischen Staaten im Sekundarbereich, dessen Ausbau von internationalen Entwicklungsorganisationen massiv gefordert wird. Im Mittelpunkt stehen Fragen des Zugangs, der inhaltlichen Ausrichtung und wiederum der Qualität. Ähnlich wie für die Grundschulen wird über schlechte Ausstattung und teilweise nicht oder unzureichend ausgebildete Lehrpersonen geklagt. Hinzu kommt für die Sekundarschulen der Mangel an Fachlehrern und Fachlehrerinnen sowie Fachräumen (Dorovolomo 2008, S. 14f.; Maebuta 2008, S. 100). Insbesondere die zahlreichen Sekundarschulen, die von den verschiedenen Glaubensgemeinschaften unterhalten werden, gelten in dieser Hinsicht als Schwachpunkte, denen die Regierungen mangels finanzieller Ressourcen allerdings meist nur wenig entgegensetzen können (vgl. Thaman 2008; Koloto 1998).

Die Frage des Zugangs bezieht sich zunächst auf die naturräumlichen Gegebenheiten. Schon für die Grundschulen stellt die geographische Zersplitterung und die Aufteilung der Bevölkerung in kleine, oft sogar sprachlich heterogene Gruppen eine besondere Schwierigkeit dar. Die abgelegenen Inseln oder Täler wären auch dann ein Problem, wenn die Staaten mehr Geld für die Schulen und für infrastrukturelle Maßnahmen zur Verfügung stellen könnten. Pädagogisch müssten einklassige Dorfschulen zwar nicht unbedingt von Nachteil sein; soweit die Lehrkräfte in ihrer Ausbildung mit einem an sog. moderner Pädagogik orientierten Berufsverständnis konfrontiert wurden, sind sie darauf aber meistens nicht vorbereitet. Für Sekundarschulen lassen sich aber auch nicht mehr die Vorteile der ländlichen Grundschule – größere Übersichtlichkeit und günstigere Lehrer-Schüler-Relationen (vgl. Dorovolomo 2008) – geltend machen; hier scheitert Zugangsgerechtigkeit oft bereits an den geographischen Gegebenheiten. Dieses Problem ist schon von den Missionsgesellschaften durch die Einrichtung von Internaten zu lösen versucht worden. Diese Lösung ist kostspielig – sofern sich die Schülerinnen und Schüler nicht auf eigenen Feldern und in Schulgärten selbst versorgen, wie dies in vielen Missionsschulen der Fall war (vgl. die Berichte bei Nabobo-Baba et al. 2008) – und für alle Beteiligten aufwändig. Viele Sekundarschüler leben heute offenbar unter teils recht problematischen Bedingungen bei in die Städte migrierten Verwandten, bei denen sie nicht selten für ihren Unterhalt arbeiten müssen (für die Salomonen: Maebuta 2008, S. 104f.). Hier liegen wohl Gründe für die relativ hohen Abbrecherraten. In der unteren Sekundarstufe, die in den meisten Ländern noch in die Pflichtschulzeit fällt, sind die Schulbesuchsquoten teilweise noch recht hoch, vor allem in Fidschi, den Föderierten Staaten von Mikronesien, in Kiribati, Palau, Samoa und Tonga; sie nehmen aber in der oberen Sekundarstufe rasch ab; in Kiribati, Nauru, und Samoa übrigens mit einem Geschlechtergefälle zugunsten der Mädchen (vgl. UNESCO 2009).

Gleichzeitig gilt die Sekundarschule als das entscheidende Mittel sozialer Mobilität. Sowohl in der Wahrnehmung der Jugendlichen und ihrer Eltern als auch der meisten damit befassten politischen Instanzen geht es bei der Sekundarschule nicht – wie noch in den Grundschulen – um die Gewährleistung einer möglichst umfassenden Teilhabe der Mitglieder der nachwachsenden Generation am sozialen, politischen und kulturellen Leben der Gesellschaft, sondern um sozialen Aufstieg. Der Sekundarschulbesuch ist ein Mittel, um – jenseits der Subsistenzökonomie – eine bezahlte regelmäßige Beschäftigung zu finden; er öffnet den Weg in den modernen Sektor. Dies macht zum einen die stetig steigende Nachfrage erklärlich, der in einigen Staaten wie den Salomonen oder Vanuatu nicht mehr entsprochen werden kann (vgl. Thaman 2008, S. 414). Es weist zum anderen aber auch auf eine Ursache der Land-Stadt-Migration hin, wenn nicht bei den Eltern, so bei den Kindern, die nach dem Schulbesuch in ihrer Herkunftsregion keine angemessenen Beschäftigungsmöglichkeiten mehr finden. Das führt häufig „zu einem beträchtlichen Produktionsverlust und somit zu einer Schwächung von Außengebieten, die dadurch oft mit großen Entwicklungsschwierigkeiten zu kämpfen haben" (Kreisel 2004, S. 177). Das Problem wird durchaus gesehen; Gegenmaßnahmen sind aber schwierig (vgl. Bray 1997, S. 253). So erprobte man beispielsweise auf den Salomonen, wo „besonders die akademisch ausgerichteten Sekundarschulen, die alle als Internate betrieben werden, dafür kritisiert wurden, dass sie die Jugendlichen vom dörflichen Umfeld entfremden, [...] zu Anfang der siebziger Jahre einen anderen Typ der Sekundarschule. Das Projekt umfasste die Einrichtung sogenannter Provincial Secondary Schools in jeder ländlichen Region. Sie sollten praktischer orientiert sein, angepasst an die lokalen Bedürfnisse der dörflichen Wirtschaft, und die Vermittlung grundlegender moderner Kenntnisse der Betriebswirtschaft und des Gesundheitswesens ermöglichen. Man versuchte bei den Jugendlichen ein Gefühl von kultureller Identität zu vermitteln, um die starke Abwanderung von Schulabgängern und -abbrechern in die städtischen Bereiche zu unterbinden. [...] Doch die Zentralregierung, gehemmt durch die heikle Landrechtsfrage, hatte keinen Mut, die Forderung nach Land für die Absolventen durchzusetzen. Weiterhin waren die Schulen in aller Eile errichtet und schlecht organisiert [...]. Die Eltern hatten große Vorbehalte gegen diese Provincial Secondary Schools. Sie befürchteten, dass ihre Kinder mit einer Bildung zweiter Hand abgespeist würden, versteckt hinter dem Vorwand, die traditionelle Kultur und deren Werte stärken zu wollen" (Küpper 1990, S. 291).

Vorbehalte seitens der Eltern bestehen aber auch gegenüber beruflich oder technisch orientierten Sekundarschulen, deren Ausbau von vielen ausländischen Beratern mit Blick auf die angestrebte wirtschaftliche Entwicklung gewünscht und empfohlen wird (vgl. Lene 2003). Zwar besuchen inzwischen insgesamt immerhin etwa ein Drittel aller Sekundarschülerinnen und -schüler der Region solche Schulen (vgl. UNESCO 2009); sie gelten aber als zweite Wahl, als Notlösung für diejenigen, die an allgemeinbildenden Schulen Schwierigkeiten haben. Hinter der Bevorzugung allgemeinbildender Sekundarschulen steht die durchaus realistische Einschätzung, dass sich weiterführende Bildung am ehesten im Staatsdienst oder auf anderen Verwaltungsstellen amortisiert. Für handwerkliche oder technische Tätigkeitsfelder gibt es zumindest keine „Laufbahnen", wenn überhaupt Beschäftigungsmöglichkeiten im Inland. Die Hoffnung, dass gut ausgebildete Arbeitskräfte selbst entsprechende Arbeitsmöglichkeiten finden oder schaffen (vgl. Maebuta 2008, S. 95), wird von den Betroffenen offenbar nicht geteilt. Angesichts der fehlenden Beschäftigungsmöglichkeiten auf den sehr begrenzten Arbeitsmärkten wird Berufsausbildung inzwischen teilweise auch schon als Hilfe zur Migration propagiert – mit Verweis auf die große ökonomische Bedeutung der Transferzahlungen der Migranten für die Familien und die Ökonomien der Inselstaaten (vgl. Lene 2003, S. 692). Die Anerkennung der Abschlüsse durch die entwickelteren Länder Neuseeland und Australien – seit der Unabhängigkeit ein ständiges Thema – rückt damit erneut in den Vordergrund (ebd. S. 695).

Ein viel diskutiertes Thema sind schließlich die selektiven Prüfungen, von denen sowohl der Zugang zu den Sekundarschulen als auch die weitere Schulkarriere abhängen. Externe Aufnahmeprüfungen finden nach dem sechsten oder achten Schuljahr statt; in einigen mikronesischen Staaten und in Fidschi wird inzwischen auch mit internen Assessment-Verfahren experimentiert (vgl. Thaman 2008, S. 414; Koya 2008). Landesweite Tests begleiten den weiteren Schulweg. Auf den Salomonen sind das beispielsweise nach dem Solomon Islands Secondary Entrance Examination (SISEE) am Ende der Grundschule das Solomon Islands Form 3 Examination, das Solomon Islands School Certificate (SISC) und schließlich das Pacific Senior Secondary Certificate (PSSC) (vgl. Maebuta 2008, S. 94). Das zuletzt genannte Examen wird einheitlich in den meisten pazifischen Staaten durchgeführt.[6] Die Orientierung von Eltern, Schülern und Lehrern an diesen Prüfungen wird fast durchgehend als pädagogisch fragwürdig beklagt. Die Prüfungsvorbereitung sei gegenüber allen anderen Aufgaben des Schulwesens dominant geworden. Das verstärke die Neigung zu mechanischem Auswendiglernen und die Überbewertung der prüfungsrelevanten bei Vernachlässigung der anderen Fächer (vgl. für Fidschi: Koya 2008; für Tonga: Koloto 1998). Auch der Erfolg der Lehrkräfte werde oft danach bemessen, wie viele ihrer Schülerinnen und Schüler gut bei den landesweiten Examina abschneiden. Daher seien sie ebenfalls vor allem an den Examina interessiert und hielten die Beschäftigung mit Fächern und Inhalten, die nicht abgeprüft werden, für reine Zeitverschwendung (vgl. Dorovolomo 2008, S. 16). Alternativen sind freilich kaum zu erkennen. Die „output-orientierten" Assessments bleiben bislang hinter den Erwartungen zurück (vgl. Koya 2008); gefordert wird aber auch, weitere Fächer bei den Examina zu berücksichtigen, um sie auf diese Weise aufzuwerten (so Dorovolomo 2008, S. 21).

5. Hochschulen

Neben den – je nach Größe des Staates bzw. der Insel – begrenzten Angeboten zur technischen und beruflichen Bildung im Sekundarbereich, z.T. auch in Form von Berufsschulen, Fachschulen oder Fachoberschulen, gibt es eine Reihe von Ausbildungsinstitutionen, die meist als postsekundär eingestuft werden: Landwirtschaft, Krankenpflege, Fischerei, Seefahrt, Technik. Als besonders erfolgreiche Beispiele werden Schifffahrtsschulen genannt, z.B. in Kiribati und Tuvalu, die internationalen Standards genügen und deren Absolventen fast ausschließlich bei ausländischen Schiffseignern unterkommen (vgl. Lene 2003, S. 698). Oft sind solche Einrichtungen notgedrungen klein und müssen mit weniger als hundert Studierenden auskommen (vgl. Bray 1997, S. 250). Auch Lehrerinnen und Lehrer werden meist vor Ort an pädagogischen Seminaren oder Hochschulen ausgebildet, z.B. am Solomon Islands College of Higher Education (SICHE) oder am Tawara Teachers' College in Kiribati. Lediglich ein Teil der Studierenden, die sich

---

6 Zuständig dafür ist das *South Pacific Board for Educational Assessment* in Suva. Beteiligt sind Fidschi, Kiribati, Nauru, Tokelau, Tonga, Tuvalu, Samoa, die Salomonen und Vanuatu sowie Australien und Neuseeland als die wichtigsten Geldgeber. Vgl. http://www.spbea.org.fj/pssc.html

auf eine Lehrtätigkeit in der oberen Sekundarstufe vorbereiteten, besucht Universitäten (vgl. Thaman 2008).

Sieht man von Hawaii und Neuseeland ab, finden sich in der Region – je nach Definition – vielleicht sieben oder acht Universitäten. Die älteste ist die *University of Papua New Guinea*, die 1966, neun Jahre vor der politischen Selbstständigkeit, in *Port Moresby gegründet wurde. Die University of Guam entstand 1968 aus einem vormaligen Teachers' College. Die für die pazifischen Kleinstaaten wichtigste Universität ist die gemeinsam betriebene und wesentlich von Australien und Neuseeland finanzierte University of the South Pacific*, die seit 1968 aufgebaut wurde und in allen zwölf beteiligten Staaten (Cookinseln, Fidschi, Kiribati, Marschallinseln, Nauru, Niue, Salomonen, Samoa, Tokelau Tonga, Tuvalu und Vanuatu) kleine Niederlassungen unterhält. Der Hauptcampus befindet sich in Suva, Fidschi, die *School of Law* in Vanuatu und die *School of Agriculture and Food Technology* in Samoa. Insgesamt hat die Universität fast 20 000 Studierende. Sie bietet nicht zuletzt auch Fernstudiengänge an – ein Markt, auf den inzwischen auch kommerzielle Anbieter aus dem Ausland drängen – und ist für Weiterbildung zuständig (vgl. USP o.J.). Die Konzentration der wichtigsten Teile der Universität auf die Hauptstadt von Fidschi hat allerdings auch zu Spannungen unter den beteiligten Staaten geführt. Tatsächlich hat Fidschi von der Universität wahrscheinlich am meisten profitiert (vgl. Bray 1997, S. 256f.).

In Fidschi und Samoa gibt es inzwischen weitere, teilweise private Neugründungen, so die staatliche National University of Samoa (seit 1984) und die private Atenisi University in Tonga, eine Art „Graswurzeluniversität" *(Gizicky 1986, S. 113; vgl. auch Bray 1997, S. 247f.), die sich besonders um ein distanziertes, analytisches Verständnis der eigenen Kultur bemüht, und die* private *University of Fiji* (seit 2005) in der Nähe der alten Zuckermetropole Lautoka. Für den französischen Teil der Region gibt es seit 1987 die *Université Française du Pacifique*. Sie ist 1999 in die *Université de la Nouvelle Calédonie* und die *Université de la Polynésie Française* aufgeteilt worden.

6. Ein Beispiel: Samoa

Im Unterschied zu den Bewohnern vieler anderer Südsee-Archipele sprechen die Samoaner eine Sprache und haben eine gemeinsame Kultur, die sich durch eine eigene Lebensweise („fa'a Samoa") gegenüber anderen pazifischen Staaten abgrenzt. Obgleich in vielfältiger Weise in den Prozess der Globalisierung einbezogen, gilt die samoanische Kultur bis heute als ein in sich geschlossener Gegenentwurf zur sich global ausweitenden Lebensweise nach westlichem Muster (vgl. Kroeber-Wolf/Mesenhöller 1998, S. 30f.). Die ehemals (1899-1914) deutsche Kolonie West-Samoa erlangte als erste der kolonialisierten Inselnationen des westlichen Pazifik 1962 die politische Unabhängigkeit, nachdem sie bis dahin Mandatsgebiet Neuseelands gewesen war; der Osten des Archipels ist seit 1899 Außenterritorium der USA.

Traditionell ist das Dorf die zentrale ökonomische und politische Einheit; in West-Samoa spielt es nach wie vor eine bedeutende Rolle. Verfassungsrechtlich geschützt ist ein Großteil des landwirtschaftlich genutzten Landes „customary land", Gemeinschaftseigentum von Familien, das ihnen zur Subsistenzproduktion zur Verfügung steht, aber nicht veräußert werden kann (vgl. Hennings 2009). In West-Samoa wird bis heute in den Dörfern „Fischfang und Anbau in Form von Subsistenzwirtschaft betrieben. Nahrung ist für jeden reichlich vorhanden, doch als Einkommensquelle ist die Subsistenzwirtschaft nicht ausreichend. Möglichkeiten zum Gelderwerb gibt es in Samoa kaum. Der industrielle Sektor steht erst in den Anfängen. Es gibt nur kleine und mittlere Betriebe im Bereich der Nahrungsmittel- und Getränkeproduktion. Auch hat der kommerzielle Fischfang des Landes – im Gegensatz zu Amerikanisch-Samoa – bislang keine Bedeutung, da es dem Staat an entsprechender Ausrüstung zur Hochseefischerei mangelt. Über 90% der Fänge im Umkreis Samoas werden von Fangflotten aus asiatischen Ländern eingebracht" (Kroeber-Wolf/Mesenhöller 1998, S. 68). Entsprechend niedrig ist das Pro-Kopf-Einkommen. Aber Subsistenzproduktion geht keineswegs schon mit Unterentwicklung und Mangelwirtschaft einher. „Das samoanische Beispiel zeigt das Gegenteil: Subsistenzproduktion schafft eine Überproduktion; wie die meisten anderen (historischen) Subsistenzgesellschaften ist auch die samoanische Gesellschaft eine Überflussgesellschaft, [...] trotz der systematischen Beschränkung auf die notwendige Arbeitszeit" (Hennings 2009, S. 162). Aber in dem Maße, in dem die Monetarisierung zunimmt, werden nicht nur „die soziale Verteilung ungleicher, die sozialen Netzwerke enger (das heißt auf die Kleinfamilie begrenzt)" (ebd., S. 151), sondern zugleich auch die Zwänge größer, zumindest zeitweise Lohnarbeitsverhältnisse einzugehen. Das ist einer der Gründe dafür, dass inzwischen fast die Hälfte der samoanischen Bevölkerung in Neuseeland, Australien oder den USA arbeitet und lebt (vgl. ebd., S. 156). In Auckland leben heute mehr Samoaner als in Apia, der Hauptstadt Samoas.

Über Erziehung in Samoa gibt es sehr unterschiedliche Bilder. Bekannt sind Margaret Meads literarisch eindringliche Schilderungen, die vor allem in der Rezeption oft mit Südseeidyllen verschwimmen, und Derek Freemans verständnislose Kritik. Beide Studien sind nicht nur von unterschiedlichen Voreingenommenheiten beeinflusst, sondern beziehen sich auch zu unterschiedlichen Zeiten auf unterschiedliche Teile der samoanischen Gesellschaft. Mead (vgl. 1970; Bd. 1) hat vor allem Gruppen heranwachsender Mädchen untersucht, zu denen Freeman keinen Zugang hatte; Freeman (1983) hat sich (mindestens 20 Jahre später) mehr an politisch führende, hochangesehene erwachsene Männer (meist *matai*, „Oberhäupter und Titelträger der verschiedenen Familien", Hennings 2009, S. 35) gehalten, die Mead nur am Rande berücksichtigt. Dass dabei unterschiedliche Bilder entstanden sind, ist wohl weniger verwunderlich als die methodische und wissenschaftstheoretische Naivität, mit der sie gegeneinander ausgespielt werden.

Gegenwärtige Berichte betonen neben dem liebevollen Umgang mit Säuglingen Strenge gegenüber Kindern in Gesellschaft Erwachsener (einschließlich körperlicher Strafen) sowie die frühzeitige Einordnung in die soziale Rangordnung einerseits und die ebenso frühe Selbständigkeit im Kleinkindalter andererseits (vgl. Kroeber-Wolf 1998). Im Vergleich zu heutigen westlichen Gesellschaften fällt vor allem „die Verteilung der Elternschaft auf mehrere Personen" (ebd., S. 252) und die Selbstorganisation der Kinder in relativ eigenständigen Kindergruppen oder Kindergesellschaften auf. Samoanische Kinder wirken „im Alltag keineswegs nur scheu und unterwürfig in der Gegenwart der Erwachsenen, denn der Druck, den diese auf Kinder ausüben, trifft in der Regel weniger das einzelne Kind, als vielmehr die gesamte Gruppe, in der es heranwächst. Und in der Gruppe verteilt sich dieser Druck auf viele Kinder, löst sich mitunter gar auf. Die Gruppe bietet Zuflucht und mancherlei Möglichkeit, sich den Forderungen der Erwachsenen zu entziehen. Bei Arbeit und Spiel sind Kinder nie allein, sondern stets mit anderen Kindern zusammen. Und viele ihrer Tätigkeiten verrichten sie fernab vom häuslichen Geschehen, etwa am Meer, in der Plantage, also an

Orten, wo sie nicht unmittelbar unter der Kontrolle der Erwachsenen stehen. Dort finden sie immer auch Raum und Gelegenheit, unbeschwert herumzutollen und zu spielen. Spiele lösen Zwänge und durchbrechen Hierarchien. Spiele bieten somit auch jüngeren Kindern, die sonst stets im Schatten der Älteren stehen, die Möglichkeit, durch persönliche Leistung und Geschicklichkeit Lob und Anerkennung zu finden" (ebd. S. 260f.).

Schulen sind, zusammen mit einer samoanischen Schriftsprache, seit Mitte des 19. Jahrhunderts von (vor allem britischen) Missionaren eingeführt worden. Das Christentum ließ sich offenbar gut assimilieren und mit einheimischen Vorstellungen verknüpfen (vgl. Hoerschelmann-Schneider 1998). Schon Ende des 19. Jahrhunderts soll fast die gesamte Bevölkerung Samoas alphabetisiert gewesen sein (vgl. Kroeber-Wolf 1998, S. 263). Erst seit 1994 besteht allerdings allgemeine Schulpflicht für Kinder vom fünften bis zum vierzehnten Lebensjahr bzw. bis zum Abschluss der achten Klasse. Das Schulwesen gilt als gut entwickelt. „Alle Dörfer sind mit Primarschulen ausgestattet, die gemeinsam von der Regierung und den Dorfgemeinschaften finanziert werden. Jeder Distrikt (5-15 Dörfer) hat mindestens eine gemeinsame Sekundarschule, insgesamt 45, so dass alle Jugendlichen zwischen fünf und 18 Jahren Zugang zu (auch weiterführender) Schulbildung in einem Einzugsradius von nicht mehr als 10-12 km haben" (Hennings 2009, S. 184). Trotzdem würden – entgegen den höheren Zahlen des Global Monitoring Report der UNESCO von 2009 – „nur gut zwei Drittel einer Alterskohorte eine Primarschule [...], gut 28 Prozent [...] eine Sekundarschule, 23 Prozent ein College" (ebd.) besuchen.[7] „Die Daten belegen", so Hennings (ebd.), „dass die vorhandenen Bildungsmöglichkeiten bei weitem nicht ausgeschöpft werden, eine Beobachtung, die sich im Falle der Primärausbildung unter anderem dadurch erklärt, dass viele Haushaltsvorstände die Meinung vertreten, dass ihre Kinder für die noch weiterhin in ländlichen Regionen vorherrschende Subsistenzproduktion keine Schulbildung benötigen. Im Hinblick auf die geringe Inanspruchnahme der Sekundarausbildung ist wohl entscheidend, dass das Land den meisten Absolventen dieses Schultyps keine angemessene bzw. angemessen bezahlte Beschäftigung zu bieten hat, mithin eine monetär nicht lohnende Investition darstellt."

Literatur

Baehr, R. (1994): Fidschi. In: Nohlen, D./Nuscheler, F. (Hrsg.) (1994): *Handbuch der Dritten Welt. Bd. 8: Ostasien und Ozeanien*. 3. Aufl. Bonn: Dietz Nachf. S. 350-368.

Böge, V. (2006): Salomonen: Kein "Neuer Krieg" (aber auch kein alter). In: Waibel, M./Jordan, R./Schneider, H. (Hrsg.): *Krisenregion Südostasien. Alte Konflikte und neue Kriege* (Pazifik Forum, Bd. 11). Bad Honnef: Horlemann, S. 101-119.

Bray, M. (1997): Papua New Guinea and the Pacific Islands. In: Postiglione, G./Mak, G. (Hrsg.): *Asian Higher Education, Westport*. CT: Greenwood, S. 245-263.

Buchholz, H. J. (1984): *Australien – Neuseeland – Südpazifik* (Fischer Länderkunde Bd. 10). Frankfurt a. M.: Fischer.

Burke, G. (2007): Education Reform and the Labour Market in Pacific Island Countries. In: Keeves, J./Watanabe, R. (Hrsg.), *International Handbook of Educational Research in the Asia-Pacific Region*. Dordrecht: Kluwer Academic Publishers. S. 1271-1283.

Burnett, G. (2007): "Culture isn't what it used to be": Problematizing Pedagogics of Cultural Difference in Pacific Education. In: *Social and Economic Studies*, 56: 1&2. S. 261-276.

Burnett, G. (2008). Language policy work and teaching: Complicating Pacific language communities. In: Dorovolomo, J./Koya, C.F./Phan, Huy P./Veramu, J./Nabobo-Baba, U.

---

7 Die Zahlen beziehen sich auf 2004 und 2001 und stammen aus Regierungsquellen sowie dem „Samoa National Human Development Report" von 2006, die mir nicht zugänglich waren.

(Hrsg.): *Pacific Education: Issues and Perspectives.* Lautoka: Fiji, University of the South Pacific. S. 180-195.

Coxon, E./Munce, K. (2008): The global education agenda and the delivery of Aid to Pacific education. In: *Comparative Education,* Vol. 44, No. 2. S. 147-165.

Dorovolomo, J. (2008) Rural education matters: Access to Opportunities To Learn in physical education and school sport. In: Dorovolomo, J., et al. (Hg) (2008): *Pacific Education: Issues and Perspectives.* Suva, Fiji: The University of South Pacific. S. 5-27.

Fensterseifer (1994): Tonga. In: Nohlen, D./Nuscheler, F. (Hrsg.) (1994): *Handbuch der Dritten Welt. Bd. 8: Ostasien und Ozeanien.* 3. Aufl. Bonn: Dietz Nachf. S. 437-453.

Freeman, D. (1983): Liebe ohne Aggression. Margaret Meads Legende von der Friedfertigkeit der Naturvölker. München: Kindler.

Gizycki, R. von (1986): Nachbarn in der Südsee. Reiseberichte über Inseln im Pazifik. Frankfurt a. M.: Fischer.

Hardach, G. (1990): König Kopra. Die Marianen unter deutscher Herrschaft 1899-1914. Stuttgart: Steiner.

Hennings, W. (2009): Entwicklungsforschung. Eine Bestandsaufnahme am Beispiel Samoas. Frankfurt/M., New York: Campus.

Hoerschelmann-Schneider, D. von (1998): Anmerkungen zur Religion. In: Kroeber-Wolf, G./Mesenhöller, P. (Hrsg.): *Talofa! Samoa, Südsee. Ansichten und Einsichten.* Frankfurt am Main: Museum für Völkerkunde (Roter Faden zur Ausstellung 21). S. 270-289.

Hoe, D. (2008): Growing up and learning on *Savo* Island. In: Nabobo-Baba, U./Houma, S./Veramu, J. (Hrsg.) (2008): *Pacific Educational Journeys.* Suva, Fiji: The University of the South Pacific. S. 157-162.

Houma, S. (2008): From Palasu'u to the world – reflecting on my educational journey. In: Nabobo-Baba, U./Houma, S./Veramu, J. (Hrsg.) (2008): *Pacific Educational Journeys.* Suva, Fiji: The University of the South Pacific. S. 16-25.

Koloto, Ana (1998): Issues for Education in the South Pacific: education and change in the Kingdom of Tonga. In: Sullivan, K. (Hrsg.): *Education and Change in the Pacific Rim: meeting the challenges.* Wallingford: Triangle Books. S. 119-136.

Koya, C. F. (2008): The Quest for Authentic Assessment: What are we assessing and why? An Examination of the Internal Assessment Initiative at Secondary School Level in Fiji. In: Dorovolomo, J., et al. (Hrsg.): *Pacific Education: Issues and Perspectives.* Suva, Fiji: The University of South Pacific. S. 28-58.

Koya, C. F. (2008a): A Tree grows only as strong as its roots: From Schooling to Teaching – my educational journey. In: Nabobo-Baba et al. (Hrsg.): *Pacific Educational Journeys.* Suva, Fiji: University of the South Pacific. S. 2-15.

Kreisel, W. (2004): *Die pazifische Inselwelt. Eine Länderkunde.* (2., völlig neu bearbeitete Aufl.). Berlin, Stuttgart: Gebr. Borntraeger.

Kroeber-Wolf, G. (1998): Kinder warten bis zum Schluß. Aufwachsen in Samoa. In: Kroeber-Wolf, G./Mesenhöller, P. (Hrsg.): *Talofa! Samoa, Südsee. Ansichten und Einsichten.* Frankfurt a. M.: Stadt Frankfurt Dez. Kultur u. Wissenschaft, S. 247-267.

Kroeber-Wolf, G./Mesenhöller, P (Hrsg.) (1998): *Talofa! Samoa, Südsee. Ansichten und Einsichten.* Frankfurt a. M.

Krosigk, F. von/Rath, G./Leidhold, W. (1988): Südsee – Inselwelt im Umbruch. Einzelstaatlicher und regionaler Wandel im Südpazifik. Erlangen: Univ.-Bibliothek.

Krosigk, F. von (1994): Struktur- und Entwicklungsprobleme der südpazifischen Inselwelt. In: Nohlen, D./Nuscheler, F. (Hrsg.) (1994): *Handbuch der Dritten Welt. Bd. 8: Ostasien und Ozeanien.* 3. Aufl. Bonn: Dietz Nachf. S. 298-324.

Küpper, B. (1990): Bildungswesen und christliche Missionierung auf den Salomonen. In: Kreisel, W./Vossen, J./Dickmann, F. (Hrsg.): *Entwicklungstendenzen und Entwicklungsstrategien im pazifischen Inselraum.* Aachen: Alano Verlag. S. 275-293.

Lene, P.T. (2003): Pacific Island Issues in Vocational Education and Training. In: Keeves, J.P./Watanabe, R. (Hrsg.): *International Handbook of Educational Research in the Asia-Pacific Region,* 2 Bde. Dordrecht: Kluwer. S. 687-699.

Lotherington, H. (1997): Bilingual Education in the South Pacific, in: Cummins, J./Corson, D. (Hrsg.): *Bilingual Education. Encyclopedea of Language and Education,* Vol. 5, Dodrecht: Kluwer. S. 87-95.

Maebuta, J. (2008): Stiudens Wearem Unifom Nating: Examining the Qualitiy of Learning in Solomon Islands Urban Community High Schools. In: Dorovolomo, J., et al. (Hrsg.) *Pacific Education: Issues and Perspectives.* Suva, Fiji: The University of South Pacific. S. 92-108.

Malinowski, B.: Das Geschlechtsleben der Wilden in Nordwest-Melanesien, Leipzig und Zürich o. J. [1930].

Mead, M. (1970): *Jugend und Sexualität in primitiven Gesellschaften*, 3 Bde., München: dtv (Bd. 1.: Kindheit und Jugend in Samoa [1928]; Bd. 2: Kindheit und Jugend in Neuguinea [1930]; Bd. 3: Geschlecht und Temperament in drei primitiven Gesellschaften [1935].

Mückler, H. (2001): Fidschi. Das Ende eines Südseeparadieses. Wien: Promedia.

Nabobo-Baba, U./Houma, S./Veramu, J. (Hrsg.) (2008): *Pacific Educational Journeys.* Suva, Fiji: The University of the South Pacific.

Namoga, A. (2008): My Journey: From Isabel to Suva. In: Nabobo-Baba et al. (Hrsg.): *Pacific Educational Journeys.* Suva, Fiji: The University of the South Pacific. S. 173-180.

Pene, F./Taufe'ulungaku/Benson, C. (Hrsg.) (2002): *The Tree of Opportunity. Rethinking Pacific Education.* Suva, Fiji: The University of the South Pacific.

Phan, H.P. (2008): Teaching and Learning in the South Pacific. A Vygotskian classroom. In: Dorovolomo, J., et al. (Hg) (2008): *Pacific Education: Issues and Perspectives.* Suva, Fiji: The University of South Pacific. S. 68-91.

Seib, R. (1994): Papua-Neuguinea. In: Nohlen, D./Nuscheler, F. (Hrsg.) (1994): *Handbuch der Dritten Welt. Bd. 8: Ostasien und Ozeanien.* 3. Aufl. Bonn: Dietz Nachf. S. 350-368.

Thaman, K.H. (1993): Culture and the Curriculum in the South Pacific. In: *Comparative Education,* Vol. 29, No. 3. S. 249-260.

Thaman, K.H. (2008): Oceania. In: McCulloch, G./Crock, D. (Hrsg.): *The Routledge International Encyclopedia of Education.* London u.a.: Routledge. S. 413-416.

Tiko, L. (2008): Growing up in a rural and remote island village in Lau, Fiji. In: Nabobo-Baba, U./Houma, S./Veramu, J. (Hrsg.) (2008): *Pacific Educational Journeys.* Suva, Fiji: The University of the South Pacific. S. 36-40.

UNESCO 2009: EFA-Global Monitoring Report: Overcoming Inequality: Why Governance matters. Regional Overview: East Asia and the Pacific. http://unesdoc.unesco.org/images/0018/001801/180181e.pdf.

USP (o. J.): *The University of The South Pacific: Strategic Plan 2010-2012* http://www.usp.ac.fj/fileadmin/files/academic/pdo/Planning/USP_Strategic_Plan_2010_-_2012.pdf.

Watts, N. (1997): Innovative Second Language Education in the South Pacific. In: Tucker, G. R./Corson D. (Hrsg.): Second Language Education. In: *Encyclopedea of Language and Education,* Vol. 4, Dodrecht: Kluwer, S. 231-239.

Weiss, F. (1981): Kinder schildern ihren Alltag. Die Stellung des Kindes im ökonomischen System einer Dorfgemeinschaft in Papua New Guinea. Basel: Ethnologisches Seminar der Universität und Museum für Völkerkunde.

Weiss, F. (1993): Von der Schwierigkeit über Kinder zu forschen. Die Iatmul in Papua-Neuguinea. In: Loo van de, M.-J./Reinhart M. (Hrsg.): *Kinder. Ethnologische Forschungen in fünf Kontinenten,* München: Trickster. S. 96-153.

Christel Adick

Bildung in Subsahara-Afrika

Der folgende Beitrag befasst sich mit Erziehungswirklichkeiten und Bildungslandschaften in einer sehr großen Anzahl von Ländern, die geographisch den Großteil des Kontinents Afrika einnehmen. Ihre Gemeinsamkeit ist zunächst, dass sie südlich der Sahara liegen, während die Länder der oder nördlich der Sahara dem arabischen bzw. islamischen Kulturraum zugeordnet werden.

Laut der United Nations Educational, Scientific and Cultural Organisation (UNESCO) umfasst die Region Subsahara-Afrika die folgenden 45 Länder: Angola, Äquatorialguinea, Äthiopien, Benin, Botsuana, Burkina Faso, Burundi, Côte d'Ivoire (Elfenbeinküste), Eritrea, Gabun, Gambia, Ghana, Guinea, Guinea-Bissau, Kap Verde, Kamerun, Kenia, Komoren, Kongo (Demokratische Republik Kongo; Hauptstadt Kinshasa), Kongo (Republik Kongo; Hauptstadt Brazzaville), Lesotho, Liberia, Madagaskar, Malawi, Mali, Mauritius, Mosambik, Namibia, Niger, Nigeria, Ruanda, Sambia, São Tomé und Príncipe, Senegal, Seychellen, Sierra Leone, Simbabwe, Somalia, Südafrika, Swasiland, Tansania, Togo, Tschad, Uganda und die Zentralafrikanische Republik.

Im Folgenden soll zunächst ein Einblick in allgemeine geschichtliche Hintergründe (Kap. 1) und anschließend in die Bildungsgeschichte der Region (Kap. 2) gegeben werden. Danach werden Bildungsentwicklungen nach der Unabhängigkeit erörtert (Kap. 3). Am Länderbeispiel Senegal wird illustriert, wie verschiedene Bildungstraditionen (afrikanische, islamische und europäische) aufeinander treffen und wie diese dann ignoriert oder weiterentwickelt oder in ein Bildungswesen integriert werden (Kap. 4). Zum Abschluss werden einige spezifische Problemlagen und Herausforderungen der Region diskutiert (Kap. 5).

1. Geschichtliche Entwicklungslinien und Einflüsse

Afrika südlich der Sahara, gelegentlich auch heute noch in despektierlicher Weise ‚Schwarz'-Afrika oder der ‚schwarze Kontinent' genannt, galt lange Zeit als eine Weltregion ohne (nennenswerte) Geschichte, über die – wenn überhaupt – fast ausschließlich ‚Fremde' wie arabische und europäische Reisende, Händler, Abenteurer, Gelehrte und Wissenschaftler geschrieben hatten. Diesem Umstand abzuhelfen, begann vor nunmehr fast einem halben Jahrhundert (ab 1964) die UNESCO im Verein mit afrikanischen Wissenschaftlern und Institutionen das Projekt *General History of Africa* mit dem Ziel, umfassendes geschichtliches Wissen unter Leitung wissenschaftlicher Experten vor allem aus Afrika zusammen zu tragen und in einem umfangreichen achtbändigen Kompendium der afrikanischen wie auch der Weltöffentlichkeit zugänglich zu machen.[1] Dieses Geschichtswerk sollte aus einer afrikanischen Perspektive heraus verfasst und in mehreren Sprachen (Englisch, Französisch, Arabisch, Kiswahili, Hausa, Fulani und inzwischen in weiteren Sprachen) publiziert werden, um eine möglichst weite Verbreitung zu finden. Die Publikation der Bände wurde innerhalb von dreißig Jahren realisiert (1969-1999).[2] – Für das Thema dieses Aufsatzes ist bedeutsam, dass seit 2009 daran gearbeitet wird, diese *General History of Africa* für die Bildungsarbeit zu nutzen, da dies offenbar zuvor noch (zu) wenig geschehen war. Im Projekt *The Pedagogical Use of the General History of Africa* unter Schirmherrschaft der UNESCO und der Afrikanischen Union geht es darum, das Werk in den Schulunterricht, die Hochschulen und die sonstige Bildungsarbeit einzuführen und hierzu z.B. Curricula zu überarbeiten, Lehrerhandbücher und Arbeitsmaterialien zu entwickeln und Weiterbildung zu betreiben, um das Geschichtsbewusstsein in Afrika sowie Geschichtswissenschaft, Didaktik und Unterricht in jedweder Form zu fördern.[3]

Angesichts der unbestreitbar großen Diversität der hier betrachteten Länder kann im Folgenden nur auf eine Reihe von Gemeinsamkeiten und einige Entwicklungslinien hingewiesen werden[4]:

Bis auf Äthiopien und Liberia (die später noch gesondert angesprochen werden) wurden alle Länder von im Zeitverlauf teils wechselnden europäischen Kolonialmächten (Belgien, Deutschland, England, Frankreich, Portugal, Spanien) für unterschiedlich lange Zeiträume beherrscht. Legt man als Kriterium für formale Kolonialherrschaft die auf Dauer angelegte politische Beherrschung eines Territoriums durch eine fremde Kolonialmacht zugrunde, schließt also punktuelle und kurzzeitige Besetzungen oder Handelsstützpunkte und nonformale Einflussnahme aus, dann kann die territoriale Aufteilung Afrikas auf der Berliner Konferenz, der sog. Kongo-Konferenz (1884/85), als zentraler historischer Bezugspunkt für die koloniale Beherrschung gelten (Weiss & Mayer 1984). Auf dieser Konferenz wurden die europäischen Einflusssphären in Afrika festgelegt, um zu verhindern, dass diese sich gegenseitig in die Quere kämen. In den nächsten Jahrzehnten kam es zum *„Scramble for Africa'*, d.h. zum Wettlauf um die noch nicht von Europäern beherrschten Gebiete des Kontinents. Die dadurch entstandenen kolonialen Grenzen wurden jeweils nach der Unabhängigkeit weitgehend akzeptiert. Dies geschah insbesondere, um Konflikte zu vermeiden,

---

1 Ziele und Prozess finden sich kurz beschrieben im Vorwort des damaligen Generaldirektors der UNESCO Amadou-Mahtar M'Bow (www.unesco.org/culture/africa/html_eng/gha_preface_ammbow_en.pdf)

2 Neben Printversionen kann das gesamte Werk auf der UNESCO-Homepage kostenlos heruntergeladen werden (www.unesco.org/new/en/culture/themes/dialogue/general-and-regional-histories/general-history-of-africa).

3 The Pedagogical Use of the General History of Africa (www.unesco.org/culture/africa/flippdf/brochure_en)

4 Wo nicht eigens vermerkt, sei auf folgende deutschsprachige Überblicksliteratur verwiesen: Mabe (Hrsg.) 2001 und 2002; Hofmeier/Schönborn 1988; Hofmeier/Mehler (Hrsg.) 2004. Ein ‚Klassiker' ist die ins Deutsche übersetzte Geschichte Afrikas von Iliffe 1997 (engl. Orig. 1995). Ein kompakter geschichtlicher Überblick (19. u. 20. Jh.) findet sich in Harding 2006 mit ausführlichem Literatur- und Quellenteil sowie einem Register. Ferner sei darauf hingewiesen, dass das Institut für Afrika-Studien in Hamburg, inzwischen Teil des GIGA (German Institute of Global and Area Studies), laufend Kurzanalysen zu aktuellen Entwicklungen in Afrika herausgibt, die kostenlos im Internet verfügbar sind (www.giga-hamburg.de/giga-focus/afrika).

obwohl die Grenzverläufe zumeist keinerlei Rücksicht auf sprachliche oder ethnische Entitäten nehmen (Eckert 2009).

Vor der genannten Berliner Konferenz gab es jedoch bereits wichtige Einflüsse und Eingriffe europäischer und anderer Mächte in die Geschicke dieser Region. Hierzu zählt der über Jahrhunderte betriebene transatlantische Sklavenhandel europäischer Nationen nach den Amerikas, der insbesondere von den afrikanischen Westküsten von Senegal bis hinunter nach Angola aus florierte. Nach den ersten sog. Entdeckungsfahrten der Portugiesen kam es von diesen, aber auch von andere europäischen Mächten, darunter Brandenburger, Niederländer, Schweden, zur Errichtung von Stützpunkten meist an den Küsten. Zeugen jener Zeit sind die über 50 Festungen vom Senegalfluss entlang der westafrikanischen Küste und dann weiter südwärts, die in der Regel auch Sklavenumschlagdepots waren für Schiffe, die im sog. Dreieckshandel von Europa nach Afrika und von dort nach Amerika segelten. Der Sklavenhandel führte nicht nur zu Menschenraub, kriegerischen Auseinandersetzungen und gesellschaftlichen Verwerfungen in den afrikanischen Gesellschaften, sondern auch zum Aufbau von Plantagenwirtschaft und Rohstoffausbeutung in der sog. ‚Neuen Welt' und trug damit zur Prosperität der dortigen europäischen Ansiedlungen bei.

Ein weiterer externer Einflussfaktor war und ist der Islam: Jahrhunderte vor den kolonialen Grenzziehungen breitete sich diese für die Afrikaner neue Religion über transsaharische Handelswege nach Westafrika aus, zunächst nur in urbanen Zentren damaliger Reiche (z.B. Mali oder Songhay), später auch in ländlichen Gebieten, so dass heute der Anteil der muslimischen Bevölkerung in den Ländern der Sahelregion (Senegal, Mali, Niger, Tschad) die Anteile anderer Religionszugehörigkeiten übersteigt. Auch in Ostafrika war aufgrund von Handelsnetzen mit der arabischen Halbinsel bis hin zum indischen Subkontinent bereits ebenfalls seit Jahrhunderten vor der kolonialen Aufteilung eine starke Einflussnahme des Islams insbesondere an den Küsten und auf den vorgelagerten Inseln (wichtig hier z.B. Sansibar) zu verzeichnen. In den afrikanisch-arabischen Handelsbeziehungen florierte der Sklavenhandel ebenfalls, diesmal mit dem Orient und Asien, so dass neben dem transatlantischen auch der muslimische Sklavenhandel in Afrika berücksichtigt werden muss (N'Diaye 2010).

Wie eingangs bereits erwähnt, handelt es sich in der Subsahara-Region fast ausschließlich um ehemalige europäische Kolonialgebiete. Einen Sonderfall stellt Äthiopien dar, das sich bereits im 4. Jh. als ein christliches Reich konstituiert hatte. Den verschiedenen Dynastien gelang es, trotz etlicher Versuche verschiedener ausländischer Mächte (angrenzende Sultanate, Frankreich, Großbritannien und Italien), ihre Unabhängigkeit zu bewahren. Ras Tafari, der sich 1930 als Haile Selassie I. zum äthiopischen Negus krönen ließ, wurde 1974 gestürzt, was das Ende des dynastischen Äthiopien bedeutete (Brüne 1987; Hirt in: Hofmeier/ Mehler 2004; S. 26ff.). Eine weitere Ausnahme bildet Liberia: Nachdem dort seit 1822 eine von Amerika aus gesteuerte Wiederansiedlung von in den USA lebenden aus Afrika stammenden Ex-Sklaven erfolgt war, die dann ihre Herrschaft weiter ins Landesinnere ausdehnten, kam es bereits 1847 zu einer formalen Unabhängigkeitserklärung Liberias. Maßgeblich für die Remigration war die eigens für diesen Zweck gegründete *American Colonization Society*, die eine Zeitlang das Handelsmonopol besaß und staatliche Funktionen wahrnahm. Eine formale Beherrschung durch europäische Mächte oder die USA kam dennoch nicht zustande, wohl aber kam es zu Erscheinungen interner Kolonisierung der Einheimischen durch die aus Amerika zugewanderten Siedler und Händler, deren

Folgen bis heute zu spüren sind (Kappel 1987; Körner in: Hofmeier/Mehler 2004, S. 172ff.).

Als Gemeinsamkeit ist schließlich zu nennen, dass inzwischen alle Länder der Region souveräne Staaten sind. Die ehemalige Goldküste wurde 1957 als erstes Land südlich der Sahara unter dem Namen Ghana unabhängig. In den 1960er Jahren folgten weitere Länder, so dass inzwischen die meisten ihre 50 Jahre Unabhängigkeit als eigenständige Nationalstaaten feierlich begehen konnten (Kornes/Lentz 2011).

Alle Länder der hier betrachteten Region sind ferner in der Liste der ,Entwicklungsländer' des Development Assistance Committees (DAC) der OECD (Organisation for Economic Cooperation and Development) aufgeführt. Die meisten davon werden sogar als ,Least Developed Countries' (LDC) klassifiziert, und zwar: Angola, Äquatorialguinea, Äthiopien, Benin, Burkina Faso, Burundi, Eritrea, Gambia, Guinea, Guinea-Bissau, Komoren, Kongo (Demokratische Republik Kongo), Lesotho, Liberia, Madagaskar, Malawi, Mali, Mosambik, Niger, Ruanda, Sambia, São Tomé und Príncipe, Senegal, Sierra Leone, Somalia, Tansania, Togo, Tschad, Uganda und die Zentralafrikanische Republik. Als solche erhalten sie, wie andere Länder des ,Südens', technische und finanzielle ,Entwicklungshilfe' aus den Reihen der reichen Länder des ,Nordens' und von Seiten internationaler Organisationen.

Etwa im letzten Jahrzehnt sind jedoch neue externe Akteure in Afrika präsenter geworden. Hierzu zählt China, das insbesondere in den Rohstoffsektor investiert, aber ansonsten wenig in die Politik der Länder eingreift. Obwohl das Interesse Chinas an Afrika vielen unverdächtiger als das der westlichen Länder als ehemalige Kolonialmächte erscheint, zeigen sich vor Ort in manchen Ländern, z.B. in Ghana und Senegal, Konflikte zwischen einheimischen und chinesischen Händlern und Unternehmern (Kappel/Schneidenbach 2006; Marfaing/Thiel 2011). Arabische Staaten aus der Golfregion sowie Indien, China und Südkorea zeigen ebenfalls vermehrtes Interesse an der Region Subsahara Afrika, wo sie nach Pacht- und Investitionsmöglichkeiten in landwirtschaftliche Ländereien Ausschau halten, was derzeit unter dem Titel ,Landgrabbing' kritisch diskutiert wird (Lay/Nolte 2011). Daneben betreibt auch Brasilien eine verstärkte Afrika-Politik mit dem Ziel, Rohstoffe und Absatzmärkte zu erschließen; neben diesem ökonomischen Interesse ist Brasilien ferner kulturpolitisch in den portugiesisch-sprachigen Ländern der Region engagiert (Seibert 2009).

2. Die Bildungsgeschichte Afrikas südlich der Sahara

Neben einheimischen Traditionen von Erziehung und Bildung ist die Bildungsgeschichte dieser Region analog zu den Übersee-Handelsbeziehungen, dem Vordringen neuer Religionen und der Errichtung von Kolonialstaaten durch externe Bildungsmodelle gekennzeichnet, die in unterschiedlichem Ausmaß oktroyiert oder in Eigenregie übernommen und adaptiert wurden.[5]

---

5 Im Anschluss an die Unabhängigkeitswelle begann auch in Deutschland eine gewisse Beschäftigung mit Bildungsentwicklungen in der sog. Dritten Welt (vgl. die Bilanz in einem Beiheft der *Zeitschrift für Pädagogik*, hg. v. Goldschmidt 1981). Es gibt dennoch nur wenige (darunter keine neueren) Überblickswerke in deutscher Sprache, die Bildung in Afrika insgesamt und in größerer historischer Perspektive betrachten; hierzu zählen Röhrs 1971; Adick, C./Große-Oetringhaus,H.-M./Nestvogel, R. 1982; Keita 1983; Galega 1984. Eine Gesamtperspektive ist auch in (älteren) englischsprachigen Standardwerken wie Blakemore/Cooksey (1981) und Datta (1984) intendiert, wohingegen drei neuere Publikationen zu Bildung in Afrika sich als

Plakativ gesagt konkurrieren oder interagieren in dieser Region drei Bildungtraditionen miteinander: (a) autochthone afrikanische Erziehungsvorstellungen und Praktiken, die sich teils bis heute erhalten haben; (b) islamische Erziehung und Bildungsinstitutionen, die historisch betrachtet in immer mehr Staaten dieser Region Einzug gehalten haben; (c) europäische bzw. ,westlich' genannte Bildungsmodelle, die durch christliche und säkulare Akteure eingeführt wurden und die heute fast überall die Basis der nationalen Bildungssysteme darstellen.

Autochthone Erziehung und Bildung

Die autochthone Erziehung (in der Literatur auch vorkolonial oder traditionell genannt) war aufgrund der unterschiedlichsten kulturellen und politischökonomischen Bedingungen recht vielgestaltig (Bauer 1979). Erziehung fand in subsistenzwirtschaftlichen Dorfgemeinschaften innerhalb der Familie und Nachbarschaft statt und vollzog sich auf der Basis oraler Kommunikation und durch situativ angeleitetes Lernen. Je nach gesellschaftlicher Stratifikation gab es daneben auch berufsspezifisch ausgerichtete Anleitungen, z.B. für Handwerker, Händler oder Medizinkundige. Häufig finden sich auch Altersklassensysteme mit Initiationen (*rites de passage*), die neben den zeremoniellen auch einige formalisierte Erziehungselemente enthalten wie etwa eigens abgestellte Paten zur Unterweisung der Kinder oder Jugendlichen (Müller 1992).

Sozialisationsprozesse waren und sind bis heute manchmal in ein Geheimbundwesen integriert, wie im Falle der nach Geschlecht getrennten Geheimbünde *Poro* für männliche und *Sande* für weibliche Gesellschaftsmitglieder in Liberia, die in früheren Zeiten mehrjährige Phasen einer sog. ,Buschschule' umfassten (Schröder 1988). Da diese recht ausgedehnte traditionelle Erziehung mit dem Schulbesuch kollidiert, ist für Liberia postuliert worden, die Unterweisung in *Poro* und *Sande* beizubehalten und nach Modellen zu suchen, wie man die ,westliche' Schule und die traditionelle Erziehung integrieren könnte (Carlon 1975). Anderswo wurde gelegentlich versucht, Elemente traditioneller Erziehung zu modernisieren; ein Beispiel hierfür ist eine städtische katholische Gemeinde in Sambia, in der die Initiation als Tradition beibehalten, aber die körperliche Beschneidung der Mädchen in eine symbolische überführt wurde (Rasing 1995). Des Weiteren wird immer wieder dafür plädiert, den Schulunterricht durch eine Bezugnahme auf lokale afrikanische Wissensbestände, die in die schulischen Curricula integriert werden sollten, zu kontextualisieren (Omolewa 2007).

Nur in Äthiopien existierte seit Jahrhunderten ein rudimentäres auf Schriftlichkeit basierendes christliches Schulwesen, das daher in diesem Falle bildungsgeschichtlich als autochthon angesehen werden muss. Es war in gewisser Weise schon in Bildungsstufen eingeteilt: Im *Nebab-Bet*, dem ,Haus des Lesens', wurden in einem zweijährigen Lehrgang, nicht unähnlich den Synagogen- oder Koranschulen, die religiösen Schriften gelehrt. Hierauf folgte als weitere Bildungsmöglichkeit die *Qidassé*-Schule für die Kinder der Bauern und Priester. Daneben gab es das *Zema-Bet* (Haus der Musik), das *Quiné-Bet* (Haus der

---

Themenhefte von Zeitschriften bzw. Periodika der Vergleichenden Erziehungswissenschaft ohne synoptischen Anspruch darstellen, so Heft 5/6, Jg. 53 (2007) der *International Review of Education* (hg. v. Martial Dembélé & Joan Oviawe), Heft 1, Jg. 19 der *Oxford Studies in Comparative Education* (hg. v. David Johnson; gleichzeitig als Buchpublikation erhältlich) und H. 2, Jg. 54 (2010) der *Comparative Education Review* (ohne namentlich genannten Guest Editor).

gesungenen Dichtung) und das *Mets'haf-Bet* (Haus der Schriftauslegung) zur Vorbereitung auf religiöse Berufe (vgl. Röhrs 1971, S. 22ff.).

Islamische Erziehung und Bildung

Mit Ausnahme des geschilderten Beispiels Äthiopien kamen die ersten formalen Schulen mit dem Vordringen des Islams in die Region Subsahara-Afrika. Die neue Religion breitete sich vom Orient her nach Nord- und Ostafrika und dann durch die Sahara nach Westafrika aus. Dies geschah Jahrhunderte vor der christlichen Missionierung, die von den Küsten aus landeinwärts drang. Der Islam brachte in den islamisierten Gebieten südlich der Sahara neben der neuen Religion auch eine neue pädagogische Institution: die Koranschulen, die jedoch nicht von allen Kindern, darunter mehr Jungen als Mädchen, besucht wurden. Adressaten islamischer Bildung waren zunächst die konvertierten afrikanischen Herrscherfamilien und Händler, erst in späterer Zeit auch einfachere bäuerliche Bevölkerung.

Die islamische Religionserziehung ist auch in Afrika ungeachtet von lokalen und regionalen Varianten durch drei zentrale Merkmale gekennzeichnet: den Koran (erweitert um Kommentare und religiöse Rechtslehren), das Arabische (Lektüre und Memorieren des Korans im Original) und den Lehrer (der die Glaubenslehren und Weltinterpretation des Islams verkörpert). Neben den einfachen Koranschulen, die in Subsahara Afrika jahrhundertelang die Mehrheit der islamischen Bildungsangebote darstellten, gab es einige Möglichkeiten zum Erwerb höherer Bildung, zu deren Zweck die Schüler zu einem berühmten Gelehrten oder mit diesem zu Zentren der islamischen Gelehrsamkeit reisten (El-Garh 1971). Ein berühmtes Beispiel ist die Stadt Timbuktu, die zu ihrer Blütezeit im 15./16. Jh. eine Vielzahl von Koranschulen, Büchereien und Gelehrten hatte. Heute zählen historische Gebäude, Schriften und andere Artefakte Timbuktus zum von der UNESCO ausgerufenen Weltkulturerbe.

Im Unterschied zur autochthonen Erziehung implizierte die islamische Unterweisung den Gebrauch von Schrift und Zahl. Hiermit kam eine weitere Neuerung, die dazu führte, dass etliche afrikanische Sprachen bereits vor der europäischen Kolonialherrschaft in arabischen Buchstaben verschriftlicht worden waren. Islamisierten afrikanischen Völkern stand somit jenseits des religiösen Unterrichts im Arabischen ein neues Kommunikationsmedium in ihrer eigenen Sprache zur Verfügung, das sich auch für säkulare Zwecke nutzen ließ.

Die Tradition der islamischen Bildung hat sich bis heute in vielen afrikanischen Bildungswesen institutionell weiter ausdifferenziert und verbreitet, wie im weiteren Fortgang am Länderbeispiel Senegal gezeigt werden wird.

Westliche Erziehung und Bildung

Unter dem Etikett ‚westlich' verbergen sich unterschiedliche Traditionen, deren Gemeinsamkeit darin besteht, dass sie europäischen oder amerikanischen (daher: ‚westlichen') Ursprungs sind. Hierzu zählen die christlichen Missionsschulen, säkulare Bildungsanstalten, die in der Regel von den Kolonialregierungen errichtet wurden, und einige Schulgründungen sowie Reformversuche in der Regie von Afrikanern.

Die ersten christlichen Schulen europäischen Ursprungs entstanden sporadisch an den Handelsniederlassungen und waren oft in den oben genannten Küstenfestungen angesiedelt. Einige datieren lange zurück (vgl. Adick 1992,

S. 189ff.): So ist z.B. für die Festung Cape Coast (heutiges Ghana) eine erste Schulgründung bereits 1693 durch die Royal African Company mit einem englischen Lehrer bekannt. Zwischen 1766 und 1816 arbeitete der aus Cape Coast stammende Philip Quaque, der in England zum ersten afrikanischen anglikanischen Geistlichen ausgebildet wurde, als Lehrer in dieser Schule. Weitere englische und afrikanische Lehrer folgten ihm. Wie die von Quaque zeichneten sich auch andere Karrieren des afrikanischen Personals im 18. und 19. Jh. durch grenzüberschreitende Lebenswege und Identitäten aus und signalisierten, dass sich ‚westliche' und ‚afrikanische' Lebens- und Bildungswirklichkeiten nicht völlig unverbunden gegenüberstanden (Adick 1997).

Nach der Abschaffung des transatlantischen Sklavenhandels und im Zuge des ‚*Scramble for Africa*' kamen eine Vielzahl neu gegründeter christlicher Missionen aus Europa und Amerika in die Region. Praktisch jede Missionsgesellschaft eröffnete ihre eigenen Schulen vornehmlich als Mittel zur Bekehrung und Belehrung der Afrikaner. Je nach örtlichen Verhältnissen etablierte sich auf diese Weise ein mehr oder weniger weit ausdifferenziertes christliches Schulwesen, das aus einfachen Dorfschulen sowie aus mehrklassigen Elementarschulen und weiterführenden Bildungsanstalten auf den Missionsstationen bestand. Diesen wurden Sonntagsschulen, Internatserziehung und ein christliches Vereinswesen an die Seite gestellt.

Im Gefolge der territorialen Aufteilung Afrikas unter die Kolonialmächte wurden koloniale Regierungsschulen, die in der Regel eine säkulare Ausrichtung hatten, neben den vorhandenen Missionsschulen etabliert. Diese verfolgten das Ziel der Heranbildung einer kooperationswilligen und für bestimmte koloniale Hilfstätigkeiten qualifizierten einheimischen Vermittlerschicht. Die Kolonialregierungen übernahmen jedoch im Laufe der Zeit immer mehr die Kontrolle aller Schulen und Bildungsangebote. In bestimmten Gebieten (z.B. Nordnigeria) wurden Missionsschulen von der Kolonialverwaltung sogar ganz verboten, um keine Konkurrenz und Konflikte zu islamischen Herrschern, mit denen die Kolonialmächte kollaborierten, zu provozieren. Frankreich verordnete 1903 gar die komplette Laizisierung seiner kolonialen Bildungswesen und versagte den Missionsschulen die Anerkennung, so dass christliche Orden und Gesellschaften ihre Schularbeit in den französischen Kolonien meist gänzlich beendeten.

Die Rolle afrikanischer Akteure in der Verbreitung westlicher Erziehung und Bildung ist in der Bildungsforschung weitgehend ignoriert worden. Einerseits konnten sie als Adressaten der Missions- und Kolonialpädagogik einen gewissen Einfluss darauf ausüben, welche Art von Bildungsangebot Erfolg hatte. Betrachteten Eltern die Schule der einen Missionsgesellschaft als unpassend, konnten sie ihr Kind an einer anderen anmelden oder zu einer Regierungsschule wechseln. Andererseits konnten sie, obwohl ihnen von der Seite der Missionen und Kolonialverwaltungen keine große Mitsprache ermöglicht wurde, in den Bildungsinstitutionen selbst mitwirken. Denn das Missions- und Lehrpersonal vor Ort bestand meist überwiegend aus Afrikanern, hierunter, wenngleich in geringerer Zahl, auch Frauen (Beispiele in Akakpo-Numado 2007). Auch wenn diese Lehrpersonen unter europäischer Leitung arbeiteten, blieben ihnen einige Handlungsspielräume. Nicht zuletzt waren die afrikanischen Lehrer und Lehrerinnen auch Vorbilder und selbst wieder Mittler für einen vermehrten Zustrom zu schulischer Bildung. Schließlich gründeten Afrikaner aus Mangel kolonialschulischer Angebote z.B. selbst Sekundarschulen und andere Bildungsanstalten und verfochten pädagogische Reforminitiativen (Beispiele in Adick 1992, S. 229ff. u. 258ff.). Daher sollte in historischer Perspektive nicht vergessen werden, dass die

Kolonialuntertanen sich die extern herangetragene schulische Bildung durchaus auch im eigenen Interesse aneigneten und damit zur ‚modernen' Schulgeschichte dieser Region beitrugen.

Bildung als ‚Kolonialerbe'

Betrachtet man die verschiedenen Entwicklungslinien aus einem distanzierteren historisch-vergleichenden Blick, dann lässt sich trotz gewisser Unterschiede konstatieren, dass sie letztlich zu einer gemeinsamen kolonialstaatlichen Bildungspolitik verschmolzen und vereinheitlicht wurden. Am Ende der Kolonialzeit gab es daher Schulwesen, die den Charakter ‚moderner' staatlich kontrollierter Bildungssysteme angenommen hatten, wenngleich mit einigen kolonialtypischen Schieflagen. Die Gemeinsamkeiten lagen in den gestuften Bildungsangeboten mit Schulklassen, einem ähnlichen Fächerkanon, Prüfungen und Zeugnissen, ferner in einer rudimentären Lehrerausbildung,– dies alles mit großer Anlehnung an das jeweilige koloniale ‚Mutterland'. Die Deformation lag darin, dass weder eine flächendeckende Beschulung stattfand, noch höhere Bildungsangebote in ausreichender Zahl vorhanden waren. Darüber hinaus funktionierte das ganze System unter rassistischen Bedingungen. Denn den afrikanischen Untertanen wurden weder Bildungschancen noch berufliche Positionen, z.B. im Kolonialdienst, zugestanden, die europäischen Standards glichen, noch wurde von ihnen angenommen, sie seien befähigt, solche wahrzunehmen.

3. Bildungsentwicklungen nach der politischen Unabhängigkeit

Die Bilanz des kolonialen Bildungserbes bei der Unabhängigkeit der Länder südlich der Sahara war unterschiedlich. Ein flächendeckendes Bildungswesen für alle war nirgendwo entstanden. Colleges und Universitäten waren nur in einigen Kolonien und in der Regel erst gegen Ende der Kolonialherrschaft gegründet worden. Zum Zeitpunkt der Unabhängigkeit (1960) verfügte z.B. die belgische Kolonie Kongo nur über 30 Universitätsabsolventen und 466 Studenten im Insowie 76 im Ausland (Dias 1979, S. 44). Die Führer der Unabhängigkeitsbewegungen sowie die Politiker und Experten der neuen Staaten rekrutierten sich jedoch überwiegend aus der kleinen Schicht westlich Gebildeter und begannen vor diesem Hintergrund mit dem Aufbau nationaler Bildungssysteme als Beitrag zum sog. *nation-building*.

Laut der zu Beginn der Dekolonisationswelle abgehaltenen Bildungskonferenz in Addis Abeba (1961) sollte bis zum Jahre 1980 die Primarschule überall kostenlos und obligatorisch verwirklicht sein, während die Sekundarschülerquote 30% der Primarschulabgänger und die Studierendenquote 20% der Sekundarschulabgänger betragen sollte. Diese Ziele wurden trotz einer starken Bildungsexpansion nirgends erreicht. Laut Vergleichsdaten der Weltbank war die Einschulungsquote der Primarschüler zwar von 36% (1960) auf 75% (1983) beträchtlich gestiegen, hatte aber dennoch das Ziel der flächendeckenden Beschulung verfehlt. Auch die anderen Bildungsstufen waren nicht den Zielen gemäß gewachsen, da die Einschreiberate der Sekundarschule 1983 bei nur 20% (1960: 3%), im Hochschulbereich gar nur bei 1,4% (1960: 0,2%), lag (zit. in Adick 1992, S. 65). Stattdessen gab es in manchen Ländern sogar wieder Phasen der Stagnation oder Regression. Aus diesem Grunde galten insbesondere die 1980er Jahre als ‚verlorenes Jahrzehnt'. Inzwischen scheint es jedoch wieder einen Aufwärtstrend zu geben, wie im Folgenden gezeigt wird.

Education for All (EFA) in der Region Subsahara-Afrika

Auf der Weltbildungskonferenz in Jomtien/Thailand (1990) wurde Education for All (EFA) als weltweites Programm ausgerufen, in der Folgekonferenz von Dakar/Senegal (2000) noch einmal bekräftigt und bis ins Jahr 2015 hinein fortgeschrieben (Hinzen & Müller 2001). Seitdem gibt es auch in vielen Ländern südlich der Sahara wieder einen deutlichen Aufschwung im Bildungswesen. Das EFA-Programm wird unter Federführung der UNESCO koordiniert und wissenschaftlich begleitet. Der Monitoring-Prozess wird in den seit 2002 jährlich erscheinenden *Global Monitoring Reports* deutlich. Diese stehen jeweils unter einem Leitthema, enthalten aber zugleich immer einen umfangreichen Statistikteil mit Bildungsdaten aller Art.

Laut dem jüngsten Report (UNESCO 2011) mit Daten aus ca. 2008 sind in der Region folgende Entwicklungen zu verzeichnen: Das Ziel einer universalen Primarschulbildung ist in vielen Ländern fast erreicht oder wenigstens näher gerückt, wenngleich einige noch unter 70% Schulbesuch aufweisen. Aber nur durchschnittlich sieben von zehn Kindern besuchen die Primarschule bis zum letzten Schuljahr, d.h. die Drop-Out Rate ist weiterhin hoch. Im Durchschnitt besucht nur einer von drei Jugendlichen eine Sekundarschule. In reicheren Ländern der Region (middle-income countries) wie Südafrika, Botsuana, Mauritius, oder Seychellen gehen jedoch bereits 80% oder mehr zur Sekundarschule, wohingegen in ärmeren Ländern (z.B. Burkina Faso, Burundi, Tschad und Niger) ihr Anteil bei weniger als 20% liegt. Im tertiären Bildungsbereich ist die Anzahl der Studierenden deutlich gestiegen; sie liegt aber mit 6% weit unter dem weltweiten Durchschnitt von 26%. Die Zahl der erwachsenen Analphabeten ist zwar prozentual gefallen, hat sich aber aufgrund der Bevölkerungszunahme absolut sogar noch erhöht. In Burkina Faso, Tschad, Äthiopien, Guinea, Mali, Niger und Sierra Leone können nur 40% oder weniger Erwachsene Lesen, Schreiben und Rechnen; die anderen Länder weisen jedoch höhere Quoten bis zu 90% auf. Die unter 25-Jährigen betragen bis zu 60% der Bevölkerung oder mehr (Guinea, Liberia, Nigeria und Sierra Leone) und stellen damit eine besondere Herausforderung für den weiteren Ausbau der Bildungswesen dar. Trotz Zusagen der reichen Geberländer für die Umsetzung der EFA-Ziele zeigt sich hinsichtlich der subsaharischen Länder jedoch eine große Finanzierungslücke, obwohl bereits jetzt die Bildungsausgaben vieler Länder zu einem großen Teil durch externe private und zwischenstaatliche Geldgeber gedeckt werden, so etwa zu 26% in Senegal.

Folgende Länder gehören im Rahmen des EFA-Programms der Fast Track Initiative (FTI) an, die gewährleisten soll, dass alle Länder, die nachweislich die Umsetzung von EFA vorantreiben, auch entsprechende Unterstützung durch internationale Geber erhalten sollen: Äthiopien, Benin, Burkina Faso, Gambia, Ghana, Guinea, Kamerun, Kenia, Lesotho, Liberia, Madagaskar, Malawi, Mali, Mosambik, Niger, Ruanda, Sambia, São Tomé und Príncipe, Senegal, Sierra Leone, Togo und die Zentralafrikanische Republik.

An der Durchsetzung des EFA Programms hat es aber auch massive Kritik gegeben. So äußert eine Expertin für Bildung in Afrika den Verdacht, mit diesem Unterfangen würde die Kolonialpädagogik mit anderen Mitteln fortgesetzt oder wieder eingeführt (Brock-Utne 2000). Ihre Kritik bezieht sich vor allem auf die Einflussnahme der Weltbank als Kreditgeberin auf die nationalen Wirtschafts- und Bildungspolitiken, da diese ihre zinsgünstigen Kredite an Auflagen wie z.B. Strukturanpassungsmaßnahmen im öffentlichen Dienst und an eine in ihren Augen ‚richtige' Bildungspolitik des Landes knüpft.

Schulleistungen und Bildungsqualität

Die Qualität von Bildungssystemen wird weltweit zunehmend in standardisierten, international vergleichenden Schulleistungsstudien gemessen wie etwa in den PISA-Studien (Programme for International Student Assessment) der OECD, an denen sich zunehmend auch Länder beteiligen, die nicht OECD-Mitglieder sind. Ähnliche sog. *large scale assessments* scheinen jedoch auch in Afrika südlich der Sahara Verbreitung zu finden: Herausragendes Beispiel hierfür ist das *Southern and Eastern Africa Consortium for Monitoring Educational Quality* (SACMEQ). Bei dem Konsortium handelt es sich formal um eine internationale Non-Profit-Organisation, die 1995 gegründet wurde und heute 15 Länder des östlichen und südlichen Afrikas umfasst. Weitere Beitritte sind möglich. Unterstützt wird SACMEQ durch das International Institute for Educational Planning (IIEP) der UNESCO in Paris. Ziel dieser Kooperation ist – neben der Erhebung der Schulleistungsdaten – die Förderung der Bildungsstatistik und der empirischen Bildungsforschung in und zu afrikanischen Ländern. Die Daten sind im Internet kostenlos zugänglich und werden laut eigenem Anspruch der Organisation (mittels StatPlanet) so aufbereitet, dass sie ohne Probleme für weitere Auswertungen auf zwei Aggregationsebenen, und zwar auf Landes- oder Regionalebene, genutzt und importiert werden können (www.sacmeq.org).[6]

SACMEQ fokussiert Schülerleistungen am Ende der sechsten Jahrgangsstufe, d.h. in der Regel am Ende der Grundschulzeit. Bis heute fanden drei Erhebungswellen statt: SACMEQ I (1995-1998) bezog sich auf ca. 1 000 Schulen mit insgesamt 20 000 Schülern in sieben Ländern. SACMEQ II (1999-2004) umfasste 2 000 Schulen mit 40 000 Schülern und fand in 14 Ländern statt. Bei SACMEQ III (2006-2007) wurden 60 000 Schüler, 8 000 Lehrer und 2 800 Schulleiter in 15 Ländern untersucht.

Erste Auswertungen der letzten Runde (IIEP 2010) erbrachten schlaglichtartig folgende Ergebnisse: Die Leistungen im Lesen und im Rechnen haben sich – bei großer Variation zwischen den Teilnahmeländern – zur letzten Erhebung hin nicht sonderlich verbessert. Die Kluft zwischen den Geschlechtern blieb in allen Ländern konstant, fiel aber im Vergleich der Länder untereinander teils zu Gunsten, teils zu Ungunsten der Mädchen aus. Die Anzahl derjenigen, die in ihrer Grundschulzeit mindestens eine Klasse wiederholen mussten, ist zwar gesunken, liegt aber immer noch bei über einem Drittel (37,1%; Durchschnitt aller SACMEQ-Staaten). Schulleitungen sind in der Regel männlich, d.h. der Anteil von Schulleiterinnen differierte zwar zwischen den Ländern, lag aber immer weit unter dem Anteil männlicher Kollegen und zugleich unter dem Anteil der Lehrerinnen (d.h. der Rekrutierungsbasis). Schulbücher sind in vielen Ländern weiterhin Mangelware: Oft müssen sich zwei oder mehr Schüler ein Schulbuch teilen; teilweise ist auch gar keines vorhanden. Im SACMEQ III-Durchschnitt haben weniger als die Hälfte (42%) der Kinder ein eigenes Schulbuch.

Eine ähnliche Zielsetzung wie SACMEQ verfolgt auch PASEC (Programme d'Analyse des Systèmes Educatifs de la CONFEMEN), in dem zehn frankophone Länder der Conférence des Ministres de l'Education des Pays Ayant le Francais en Partage (CONFEMEN) zusammen geschlossen sind. Es stellt sich jedoch die Frage, welche Rolle *large scale assessments* in den hier diskutierten Ländern

---

6 Zhang 2006 untersucht das Stadt-Land-Gefälle; Hungi & Thuku 2010 analysieren verschiedene Faktoren, die die Lesekompetenz beeinflussen; Lee & Zuze 2011 untersuchen Merkmale schulischer Ressourcen und deren Einflüsse in Botsuana, Malawi, Namibia und Uganda. Alle drei Studien operieren mit Daten aus SACMEQ II.

spielen bzw. spielen sollten, da sie ‚westliche' Konzepte von Schulleistungen widerspiegeln und Armutsfaktoren wie etwa den Ernährungs- und Gesundheitszustand der Schüler, sowie den Umstand, dass die Tests in einer Sprache bearbeitet werden, die nicht die Muttersprache vieler oder sogar der meisten Schüler darstellt, nicht oder nur unzureichend berücksichtigen (Naumann 2004; Ouane/Singh 2004).

Mädchen und Frauen im Bildungswesen

Die Bildung des weiblichen Geschlechts ist in vielen Ländern der Region noch defizitär, obwohl es seit langem Anstrengungen gibt, den Bildungszugang für Mädchen und Frauen zu erweitern. Das Ziel einer gleich großen Bildungsbeteiligung von Mädchen und Jungen ist laut UNESCO (2011) in der Primarschule fast erreicht. Für die Sekundarschule ergibt sich eine recht unterschiedliche Diagnose; denn dort zeigen sich sowohl Disparitäten zugunsten des männlichen (z.B. Tschad, Niger, Guinea und Burkina Faso) als auch solche zugunsten des weiblichen Geschlechts (z.B. Lesotho, Südafrika und Namibia).

Neben der Bildungsbeteiligung sind auch andere Faktoren zum Zusammenhang von Geschlecht und Bildung zu berücksichtigen, so z.B. die Schulbücher (Blumberg 2008): Stereotype Geschlechterdarstellungen in Schulbüchern sind weltweit betrachtet bemerkenswert uniform und langlebig. Sie sind aber jenen, die mit Schulbüchern zu tun haben, wie Schulbuchautoren, Verlagen, Lehrpersonen, aber auch Eltern und Schülern, häufig nicht bewusst, obwohl bis zu 80% der Unterrichtszeit auf ihnen basiert (ebd., S. 345ff.).

Eine Auswertung kenianischer Schulbücher verschiedener Unterrichtsfächer (Obura 1991) erbrachte, dass Mädchen und Frauen in Text und Bild in der Regel unterrepräsentiert sind und zugleich stereotyp dargestellt werden. Einzig in den Erstlesefibeln erscheinen mehr weibliche Charaktere als männliche, jedoch ausschließlich als Mütter, Hausfrauen und Subsistenzbäuerinnen. Obwohl Frauen in Kenia überwiegend die Nahrungsmittel produzieren, kommen sie im Schulbuch des Faches Landwirtschaft fast nie vor. Wenn arbeitende Frauen dargestellt werden, dann sind diese fast immer bei unbezahlten hauswirtschaftlichen und kleinbäuerlichen Tätigkeiten zu sehen. Männer hingegen verdienen Geld in ‚modernen' Wirtschaftstätigkeiten z.B. als Fabrikarbeiter oder in einer mechanisierten Landwirtschaft.

Als Reaktion auf diese Befunde kam es in Kenia zu einem *Gender Sensitizing Program* im Rahmen der Curriculumentwicklung auf der Basis einer Konzeption der afrikanischen Frauenorganisation FEMNET (vgl. Kabira/Masinjila 1993). FEMNET (The African Women's Development and Communication Network) ist eine internationale Nichtregierungsorganisation. Sie wurde 1988 gegründet, hat ihren Hauptsitz in Nairobi und ist inzwischen in über 30 afrikanischen Ländern zur Förderung der Rechte und Chancen von Frauen in Afrika aktiv. Ihr Ziel ist eine übernationale Zusammenarbeit afrikanischer Frauenorganisationen auf dem gesamten Kontinent und umfasst Aufklärung, Kommunikation, Lobbyarbeit und *Capacity Building* in Bereichen wie Gesundheit, Menschenrechte, Erwerbsarbeit und anderen Themen (vgl. www.femnet.co). Das Ziel bestand darin, die Lehrplan- und Schulbuchproduktion insgesamt geschlechtergerechter zu gestalten. So wurden z.B. Schulbuchworkshops veranstaltet, in denen geschlechtergerechte Schreibtechniken erprobt wurden (vgl. Adick 1995).

4. Parallele Bildungssysteme und unverbundene traditionelle Erziehung und Bildung: das Länderbeispiel Senegal

In der historischen Perspektive wurde eingangs auf drei Traditionen hingewiesen, die für Bildung im Raum Subsahara-Afrika eine Rolle spielen: das ‚afrikanische‘, das ‚islamische‘ und das ‚westliche‘ Erbe.[7] An Senegal soll im Folgenden gezeigt werden, welche Herausforderungen sich daraus ergeben und wie im Prozess der Bildungssystementwicklung damit umgegangen wird. Die zugrunde liegende Problematik zeigt sich jedoch auch in anderen Staaten der Region, vor allem in jenen mit einer etablierten Tradition islamischer Bildung.

Die bildungsgeschichtliche Perspektive

Das ‚islamische Erbe‘ im Schulwesen stellt sich wie folgt dar: Seit dem 11. Jh. verzeichnete das heutige Senegal durch den Transsahara-Handel islamische Einflüsse und erste Koranschulen. Die Islamisierung begann zunächst nur langsam und bezog sich vor allem auf die afrikanischen Handelspartner. Während der Kolonialzeit expandierten die Koranschulen (*daaras*) trotz kolonialer Kontrollversuche (Loimeier 2002, S. 195ff.): Bereits 1857 wurde verfügt, Koranschulen müssten eine offizielle Lizenz haben. Zwischen 1903 und 1913 erfolgten weitere Reglementierungsversuche: Die Lehrer (*marabouts*) sollten eine Prüfung vorweisen, die Schulen ein Schülerregister führen und sich inspizieren lassen, Lehrer, die neben dem Koranunterricht Französisch anböten, sollten kolonialstaatliche Zuwendungen erhalten. Diese Kontrollversuche fruchteten jedoch kaum, so dass sie 1913 eingestellt wurden, auch weil inzwischen die französische Kolonialmacht aus Wirtschaftsinteressen (Erdnussproduktion) die Kooperation mit den einflussreichen *Marabouts* suchte.

Nach der Unabhängigkeit (1960) expandierten nicht nur die traditionellen *daaras*, sondern die islamischen Schulen diversifizierten sich unter Bezeichnungen wie *écoles arabes*, *écoles franco-arabes* oder *instituts Islamiques*. Bereits in den 1950er Jahren hatte eine islamische Reformbewegung in Senegal gegen die traditionellen Koranschulen opponiert und diesen das Alternativmodell die *écoles franco-arabes* gegenüber gestellt (Loimeier 2002, S. 201ff.): In diesen Schulen, die in der senegalesischen Bevölkerung immer mehr Zuspruch erhielten, wurden ‚moderne‘ Lehrmethoden und neben Französisch auch ‚säkulare‘ Fächer wie Geschichte, Geographie und Sport eingeführt. Einige bezeichnen sich auch als ‚*Institut*‘ (anstelle von *école*) und wurden zu Sekundarschulen ausgebaut, die das arabische Abitur anbieten und damit für eine Hochschulbildung in arabischen Ländern qualifizieren. Viele werden (inzwischen) aus dem arabischen Ausland finanziert oder unterstützt. Daneben existierten und existieren aber weiterhin die aus der Tradition bekannten (einfachen) Koranschulen (*daaras*) in großer Vielfalt

---

7 Die im Folgenden verwendete Rede vom ‚afrikanischen‘, ‚islamischen‘ und ‚westlichen‘ Erbe (jeweils eigens in Apostrophe gesetzt) dient der historischen Rekonstruktion der Bildungsentwicklungen, ist jedoch plakativ und verkürzt. Denn es gibt nicht ‚die‘ jeweilige intern homogene Tradition (im Singular), und im Laufe von Generationen haben sich, wie auch anderswo auf der Welt, kulturelle Neuschöpfungen und Hybridisierungen ergeben, die eine eindeutige Zuordnung im Sinne eines essistentialistischen bzw. naturalistischen Kulturverständnisses verbieten. Im hier gegebenen Fall sind die ‚Erbstücke‘ ferner noch logisch inkompatibel, da das ‚afrikanische‘ Erbe ethnisch, das ‚islamische‘ religiös, das ‚westliche‘ politisch konnotiert ist. Dennoch wird immer wieder gerne z.B. vom ‚westlichen‘ Schulmodell oder von der notwendigen Berücksichtigung oder Wiederbelebung ‚afrikanischer‘ Traditionen im Bildungswesen gesprochen.

in Bezug auf Größe bzw. Anzahl der Schüler (*talibés*), Ausstattung, Lehrpensum etc. Aus den genannten Entwicklungen ist abzuleiten, dass islamische Schulen gleich welcher Art zum festen Bestandteil Senegals zählen.

Das ‚*westliche Erbe*' in der senegalesischen Schulgeschichte begann 1815 mit der französischen Kolonialherrschaft, unter der bereits 1817 die erste Schule von einem Regierungslehrer errichtet wurde (Valette/Adick 2002): Eine Sonderstellung hatten die *quatre communes* Gorée, Saint-Louis, Rufisque und Dakar, vier Gemeinden an der Küste, deren Bewohner französische Bürger (*citoyens francais*) im Unterschied zu den Kolonialuntertanen (*sujets francais*) waren. In diesen vier Gemeinden diente Bildung dem Ziel der Assimilierung einer einheimischen Elite an die französische Kultur. Etwa ab Mitte des 19. Jh. entstanden Schulen katholischer Orden und erste kolonialstaatliche Schulen im Landesinneren. Erst 1884 wurde eine Sekundarschule errichtet, die ein Zertifikat verlieh, mit dem Schüler in Frankreich das Abitur machen konnten. 1903 erfolgte die Laizisierung und Vereinheitlichung des kolonialen Bildungswesens nach französischem Vorbild, d.h. die christlichen Schulträger wurden aus dem Bildungswesen gedrängt (ebd., S. 55ff.). Der Erlass galt für ganz Französisch-Westafrika und sah folgende Schultypen vor: einfache Primarschulen (dörfliche, regionale und städtische), berufsbildende Schulen, weiterführende berufliche Primarschulen und eine für ganz Französisch-Westafrika zuständige *École Normale* in Saint Louis als Lehrerbildungsstätte (vgl. Ndoye 2002, S. 96ff.). Bei der Unabhängigkeit (1960) lag die Bildungsbeteiligung in der Primarschule bei nur 36% (Sylla, zit. in Wiegelmann 2002, S. 66); es gab nur wenige Sekundarschulen; die Universität Dakar war erst kurz zuvor (1957) gegründet worden.

Das französisch geprägte Bildungswesen wurde nach der Unabhängigkeit zwar weiter ausgebaut und der Primarschulbesuch expandierte (1997/98: 71%; ebd., S. 70f.), aber an der Struktur hat sich trotz etlicher Reformversuche bis heute nicht viel geändert. Französisch ist die Unterrichtssprache, obwohl es Schulversuche zur Einführung afrikanischer Sprachen gegeben hat, die aber nicht umgesetzt wurden (ebd., S. 76ff.). Der sechs Jahre umfassenden Elementarschule (*école élémentaire*) folgt die vierjährige Mittlere Sekundarbildung (*enseignement moyen: collège, lycée*), an die sich eine drei Jahre umfassende Obere Sekundarbildung (*enseignement moyen supérieur: lycée*) anschließt, die zur Hochschulreife führt, oder eine zwei bis drei Jahre umfassende Berufliche Bildung, die aber nicht sehr verbreitet ist (ebd., S. 76ff.). Der Versuch, im Sekundarbereich eine dritte Säule praktischer Bildung (*enseignement moyen pratique*) einzurichten, in der 80% der Primarschulabsolventen ihren Platz finden sollten, kam über eine Pilotphase nicht hinaus (Naumann/Wolf 2002, S. 255f.). Seit 1990 besteht Schulpflicht für Kinder im Alter von sechs bis zwölf Jahren, d.h. für die sechsjährige öffentliche *école élémentaire* (Huet-Gueye/Léonardis 2009, S. 371).

Eine grundlegende Neuerung wurde jedoch inzwischen vollzogen: Im offiziell laizistischen Schulwesen Senegals gab es nach französischem Vorbild keinen Religionsunterricht. Reformideen, diesen in das öffentliche Schulwesen einzuführen, wurden zwar bereits 1981 detailliert vorgebracht, scheiterten jedoch immer wieder am fehlenden Konsens über dessen Art (Fakultativ? In welcher Sprache? Welche Art von Lehrpersonen?), obwohl die Mehrheit der Bevölkerung (90%-95% Muslime, 5%-10% Christen) durchaus religiöse Unterweisung wünscht (Asdonk 2002). Im Oktober 2002 hat die senegalesische Regierung jedoch entschieden, Religionsunterricht in die öffentlichen Schulen einzuführen und damit einen Bruch mit dem französischen Modell vollzogen (Charlier 2004a).

Was das *‚afrikanische Erbe'* anbetrifft, so zeigt sich dieses bis heute in der Familienerziehung und in der alltäglichen Sozialisation. In Bezug auf Praktiken, die (potentiell) mit dem formalen Bildungswesen verbunden werden könnten, sind die bis heute weit verbreiteten Formen informeller Berufsausbildung zu nennen, die zu Erwerbskarrieren in informellen Wirtschaftstätigkeiten führen (Naumann/Wolf 2002, S. 267ff.; Marfaing 2002, S. 305ff.): Kinder und Jugendliche werden als ‚Lehrlinge' einem ‚Meister' anvertraut, der nicht selten zum Kreis der Verwandten zählt und in dessen Haushalt sie auch leben. Sie lernen dort über Jahre hinweg ihr Handwerk oder ihre Handelsgeschäfte durch Mittun, Üben, informelle Unterweisungen und schrittweise eigenständiges Handeln, bis sie schließlich ihr eigenes Geschäft oder ihren eigenen Betrieb eröffnen. Mit der schulischen beruflichen Bildung, die in Senegal, wie bereits erwähnt, kaum ausgeprägt ist, ist diese Art Vorbereitung auf den Beruf jedoch (noch?) nicht verknüpft. Gelegentlich finden sich Querverbindungen zur traditionellen Koranschule, wenn dort neben dem Koranunterricht einige praktische Kenntnisse vermittelt werden (Marfaing 2002, S. 300).

Das *‚afrikanische Erbe'* spielt ferner in der außerschulischen Bildung eine Rolle, etwa in Alphabetisierungskursen in afrikanischen Sprachen, in denen ‚kulturelle Traditionen' weitergegeben werden, so dass ein Zusammenhang von kultureller Identität und Literalität entsteht (Fagerberg-Diallo 2002, S. 174). Oder in Bereichen, die hier als ‚Sozialpädagogik' bzw. ‚Soziale Arbeit' bezeichnet werden. In Senegal garantieren traditionelle Solidaritätsformen wie Nachbarschaftsgruppen und lokale freiwillige Vereinigungen (Frauengruppen, informelle Sparvereine usw.) gegenseitige Hilfe. Diese Variante der sozialen Absicherung ist vermutlich auch anderswo in Afrika immer noch die wichtigste, da formalisierte Formen professionell betriebener Sozialpädagogik und sozialer Arbeit wenig verbreitet sind (Götte/Gierlich 2002, S. 224f.).

Betrachtet man die genannten Beispiele im Hinblick auf das formale Bildungswesen, dann hat das ‚afrikanische' Erziehungserbe in Senegal, wie in anderen Ländern der Region, offenbar nur eine geringe Anschlussfähigkeit an die Bildungssystementwicklung, obwohl die genannten Praxen der ‚traditionellen afrikanischen Erziehung und Bildung' einen bedeutsamen Wirklichkeitsbereich für große Teile der Bevölkerung darstellen. De facto werden sie jedoch gleichsam neben dem formalen Bildungswesen her praktiziert, ohne dass sich die verschiedenen Bildungswelten aufeinander beziehen.

Die Systemfrage im Bildungswesen

Die Systemfrage im senegalesischen Bildungswesen spitzt sich angesichts der geschilderten Situation auf die mögliche oder unmögliche Integration des staatlichen (‚westlichen') und des islamischen Schulwesens zu (Wiegelmann 1994; Adick 1997; Huet-Gueye/de Léonardis 2009). Da nur wenige islamische Schulen bisher staatlich anerkannt sind, ist das senegalesische Bildungswesen bis heute zweigespalten geblieben; d.h. es existieren praktisch zwei parallele Bildungswesen. Die Option für eine Bildungslaufbahn in einem der beiden führt dazu, dass sich ein Teil der Bevölkerung, z.B. hinsichtlich eines Studiums im Ausland, zur ehemaligen Kolonialmacht Frankreich hin und damit ‚westlich', ein anderer Teil zu arabischen Staaten hin und damit ‚islamisch' orientiert. Weitere mögliche Auswirkungen betreffen z.B. sprachlich-kulturelle Kompetenzen, Migrationsoptionen und Lebensstile. Es mag daher längerfristig betrachtet zu einem Auseinanderdriften einer frankophonen und einer arabophonen Elite kommen.

Laut einem UNICEF-Bericht von 2000 (zit. in Huet-Gueye/de Léonardis 2009, S. 372) befanden sich zu jener Zeit 50% der Kinder gleichzeitig in einer öffentlichen wie in einer Koranschule; 25% besuchten gar keine Schule, 15% nur die öffentliche und 10% nur die Koranschule. Eine im Jahre 2009 durchgeführte umfangreiche Erhebung in vier Regionen des Landes (Dakar, Louga, Saint-Louis und Matam) ermittelte über 68 000 Koranschüler, darunter fast 20 000 Mädchen. Die meisten *daaras* befanden sich zudem in den urbanen Regionen Dakar und Saint-Louis (MEN/Emergence Consulting 2010, S. 8). Daraus ist abzuleiten, dass die traditionellen Koranschulen offenbar keineswegs aus der Bildungslandschaft verschwinden. Um der religiösen Erziehung willen entscheiden Eltern beispielsweise pragmatisch, ihr Kind einige Jahre in die Koranschule und anschließend in die öffentliche Schule zu schicken, so dass beide weiterhin unverbunden nebeneinander her laufen. Die inzwischen erfolgte Integration eines verpflichtenden Religionsunterrichts in das öffentliche Schulcurriculum mag jedoch das Interesse mancher Eltern an religiöser Erziehung befriedigen und den zusätzlichen Koranschulbesuch überflüssig machen.

Die traditionellen Koranschulen sollen laut aktuellen bildungspolitischen Programmen zu ‚modernen' *daaras* umstrukturiert werden, jedoch ist über die tatsächliche Verwirklichung noch nichts bekannt.[8] Durch Hinzunahme von mehr curricularen Pflichtelementen und staatlichen Prüfungen könnten die *écoles arabes* und die bereits staatlich anerkannten *écoles franco-arabes* weiter ausgebaut werden, so dass sich daraus ein nach bestimmten Qualitätskriterien konsolidierter islamischer Privatschulsektor ergeben könnte.

Interviews (N=97) mit Entscheidungsträgern aller Schulformen in Senegal ergaben, dass sich die Befragten hinsichtlich der Vorzüge und Nachteile der jeweiligen Institutionen immer am Modell der öffentlichen Schule (l'*école publique* bzw. l'*école officielle*) orientieren, die damit sozusagen den Maßstab für die Systementwicklung abgibt. Es stellte sich ferner hinsichtlich der Nähe bzw. Ferne zu diesem Modell folgende Rangfolge heraus: „l'école officielle, l'école privée catholique, l'école privée laique, l'école franco-arabe, l'école arabe, le daara" (Charlier 2004b, S. 42).

Es ist schwer vorherzusagen, ob und wann aus alldem im Laufe der weiteren Entwicklungen ein einheitliches senegalesisches Bildungswesen hervorgehen wird, möglicherweise mit öffentlichen Schulen auf der einen und staatlich anerkannten und subventionierten Privatschulen auf der anderen Seite; im letzteren Segment hätten dann auch die inhaltlich umgestalteten und bildungspolitisch aufgewerteten islamischen schulischen Varianten Platz.

5. Spezifische Problemlagen und Herausforderungen der Region

Im Folgenden sollen einige Fragen angesprochen werden, die sich für die meisten Länder südlich der Sahara stellen.

Hierbei handelt es sich zunächst um die wohl langlebigste Problematik in den afrikanischen Bildungswesen: die Sprachenfrage im Unterricht. Anschließend wird das Thema Bildung zwischen Urbanisierung und ländlicher Entwicklung aufgegriffen. Ferner sollen besondere Krisenfaktoren wie die Auswirkungen von Aids auf Erziehung und Bildung und Erscheinungen wie Kinderarbeit und Kindersoldaten angesprochen werden.

---

8 Für persönliche Informationen zu dieser Frage (E-Mail Kontakt im Juni 2012) danke ich Jean-Emile Charlier.

Die Sprachenfrage im Unterricht

In Subsahara-Afrika herrscht mit ca. 1 500 untereinander nicht verständlichen Sprachen vermutlich die größte Sprachenvielfalt der Welt[9]: Die größten Sprachen sind Swahili und Hausa mit ca. 60 Mio. Sprechern. Als Amtssprachen wurden meist die Sprachen der ehemaligen Kolonialmächte beibehalten. Ausnahmen bilden Amharisch in Äthiopien und Swahili in Tansania; letzteres war schon während der deutschen Kolonialzeit als Schul- und Amtssprache benutzt worden und ist auch in Kenia als offizielle Sprache anerkannt. Ferner behauptet sich in Madagaskar Malagasy[10] neben Französisch, das aufgrund der Annektierung durch Frankreich (von 1890 bis1960) etabliert worden war.

Eine Reihe von Ländern verfolgt eine explizite Politik des Ausbaus afrikanischer Sprachen. Allen voran steht hier Südafrika, wo Zulu, Xhosa, Tswana, Nord-Sotho, Süd-Sotho, Tsonga, Swati, Ndebele und Venda neben Afrikaans und Englisch als offizielle Sprachen anerkannt sind. Die starke pro-aktive Sprachenpolitik ist in Südafrika eng verknüpft mit dem seit 1992 betriebenen Forschungs- und Entwicklungsprojekt PRAESA (Project for the Study of Alternative Education in South Africa) unter der langjährigen Leitung des Erziehungswissenschaftlers Neville Alexander an der Universität Cape Town. Die südafrikanische Perspektive auf die Sprachenfrage ist eng verknüpft mit einer entwicklungs- und gesellschaftspolitischen Zielsetzung für Bildung in einer multilingualen Gesellschaft (Rassool/Edwards/Bloch 2006; Niedrig 2000).

Hervorzuheben ist ferner das bereits seit vorkolonialer Zeit landesweit gesprochene Kinyarwanda in Ruanda, wo heute, neben dieser einheimischen Sprache, Französisch und seit 1996 auch Englisch als offizielle Sprachen fungieren. Ziemlich einmalig in der Region dürfte hingegen die Entscheidung in Ruanda sein, ab 2010 das ganze Bildungssystem komplett auf Englisch umzustellen, nachdem das Land, das niemals eine englische Kolonie war, 2009 auf eigenen Wunsch in den Commonwealth aufgenommen worden war[11].

In fast allen Ländern südlich der Sahara bildet die Sprachenfrage in verschiedenen Bereichen des Bildungswesens weiterhin ein ungelöstes Problem. Es sind unzählige Veröffentlichungen zu diesem Thema vorgelegt worden, in denen immer wieder die Notwendigkeit und die Sinnhaftigkeit einer Bildung in der Muttersprache und in afrikanischen statt in den ererbten Kolonialsprachen betont werden (statt vieler Angaben genüge hier der Hinweis auf Brock-Utne/Skattum 2009 und Ouane/Glanz 2010).

Im Überblick (Bamgbose 2004, S. 2ff.) zeigen sich die unterschiedlichen kolonialen Wurzeln des Problems: Länder mit englischer oder belgischer Kolonialvergangenheit benutzen in der Regel in den ersten drei oder vier Schulklassen die Mutter- oder eine einheimische Regionalsprache und haben bereits entsprechende Schulbücher und literarische Werke aufzuweisen. Diesen stehen die ehemaligen französischen, portugiesischen und spanischen Kolonialländer gegenüber, die über keine Tradition muttersprachlichen Unterrichts verfügen. Einige wenige Länder stellen Sonderfälle dar, wie etwa Kamerun, das nach dem Ende

---

9 Artikel „Sprachen" von L. Gerhardt in: Hofmeier/Mehler, 2004, S. 271ff. sowie die dortigen, hier nicht einzeln bibliographisch aufgeführten, Länderartikel.

10 Malagasy ist eine Sprache mit malaisch-polynesischem Hintergrund und enthält Elemente afrikanischer und europäischer Sprachen sowie des Arabischen und des Sanskrit.

11 Informationen über die (angeblich bis 2013 anvisierte) Umsetzung dieser Entscheidung beschränken sich auf den Pressebericht von Simone Schlindwein aus Kigali in der taz – Die Tageszeitung, 09.08.2010.

der deutschen Kolonialherrschaft in einem Teil englisch, im anderen französisch regiert wurde und daher bis heute zwei europäische Sprachen im Bildungswesen verwendet. Bezüglich der Frage, in welchen Bildungsbereichen denn muttersprachlich unterrichtet wird (ebd., S. 14), gibt es typologisch betrachtet Länder, in denen dies nirgendwo der Fall ist (Elfenbeinküste, Mosambik, Kap Verde, São Tomé und Príncipe), sowie solche, in denen einheimische Sprachen in Alphabetisierungsprogrammen und versuchs- oder teilweise im Anfangsunterricht oder für die gesamte Primarschulzeit verwendet werden. Hingegen finden sich kaum Länder, in denen dies in der Sekundarschule der Fall ist, und keines, in dem im tertiären Bildungssektor auf diese Weise gelehrt wird.

Die UNESCO verfolgt seit nunmehr sechzig Jahren unter Hinzuziehung wissenschaftlicher Expertisen explizit die Förderung einheimischer Sprachen (UNESCO 1953). Inzwischen proklamiert die Organisation ein trilinguales Modell der Kompetenzentwicklung in der Mutter- bzw. Erstsprache, einer regionalen oder nationalen und einer internationalen Sprache (UNESCO 2003). Trotz dieser bildungspolitischen Argumentationshilfe und obwohl es in vielen Ländern immer wieder Reformprojekte zur Einführung afrikanischer Sprachen gibt, scheint all dies in der Bildungspraxis (noch) nicht recht zu fruchten. Denn die jeweilige ererbte Kolonialsprache ist bis heute in der Regel die (hauptsächliche) Amts- und die Unterrichtssprache zumindest jenseits von formaler oder nonformaler Grundbildung geblieben. Die ungemein hohe Sprachenvielfalt in den Ländern der hier betrachteten Region mag eine der Ursachen für dieses Auseinanderklaffen von Programmatik und Realisation sein.

Urbanisierung und ländliche Entwicklung

Der Anteil der Bevölkerung, der in Städten lebt, ist zwar insgesamt gestiegen, unterscheidet sich aber deutlich zwischen Ländern mit hohen (über die Hälfte und mehr der Bevölkerung z.B. in Gabun, Kongo, Südafrika und Botsuana) und solchen mit niedrigen Anteilen (unter 20% und weniger z.B. in Ruanda, Burundi, Uganda, Äthiopien und Burkina Faso). In der Region befinden sich auch einige sog. Mega-Cities (Lagos, Kinshasha, Johannesburg). Der Zustrom in städtische Gebiete erklärt sich aus sog. Push- und Pull-Faktoren: In der Stadt werden bessere Erwerbs- und Lebensbedingungen erwartet, die man auf dem Lande nicht antrifft. Das Stadt-Land-Gefälle in der Bildungsbeteiligung und in Bezug auf die Verfügbarkeit von Sekundarschulen und beruflichen sowie höheren Bildungseinrichtungen zeigt einerseits bildungspolitischen Handlungsbedarf und fördert andererseits weiterhin die sog. Landflucht.

Dies illustriert eine Auswertung von frei formulierten Schüleraufsätzen zum Thema ‚Mon Avenir' bei einer Abschlussklasse (N=40) der Primarschule (6. Klasse; Altersdurchschnitt 12,7 Jahre) in einer Dorfschule in Senegal (Adick 2003): In fast allen Texten wird eine Berufstätigkeit ‚westlichen' Stils (entlohnt, formaler Wirtschaftssektor) genannt, wohingegen von landwirtschaftlichen Tätigkeiten fast nie, und wenn, dann im Sinne von nebenberuflicher Arbeit, die Rede ist. In vielen Aufsätzen wird ein Leben in der Stadt, oft in der Hauptstadt Dakar, imaginiert, mit Beschreibungen von ‚schönen' oder ‚großen' Häusern, ‚viel Geld' und einem ‚eigenen Auto'. Auf die Eltern und/oder erweiterte Familie wird in der Mehrzahl der Aufsätze jedoch ebenfalls Bezug genommen, teils mit Hinweis auf eigene zukünftige Hilfeleistungen (ebd., S. 236ff.). Das Ergebnis ähnelt dem einer großformatigen Erhebung im Jahre 1971 durch UNICEF, das Kinderhilfswerk der Vereinten Nationen, in Togo, bei der ebenfalls Schüleraufsätze zu „Mon Avenir" ausgewertet und drei typische Argumentationskomplexe ermittelt worden waren (referiert in Adick 1982, S. 75): (a) die unwiderstehliche Attraktion der Stadt und des formalen Dienstleistungssektors, (b) der Mythos eines modernen Lebensstils mit einem eigenen Auto und einem modernen Haus, (c) das Vertrauen in tragfähige Familienbande und Sozialbeziehungen. – Wie es scheint, sind Zukunftsvorstellungen dieser Art bei Jugendlichen in Afrika seit Jahrzehnten weit verbreitet, ungeachtet der Wahrscheinlichkeit ihres Eintreffens.

Krisenfaktoren: HIV/Aids, Straßenkinder, Kinderarbeit, Kindersoldaten

Afrika südlich der Sahara wird in der hiesigen Öffentlichkeit und in Medienberichten oft vor allem mit Krisen-Szenarien in Verbindung gebracht. Ohne hier diese Stereotype bedienen zu wollen, sind dennoch einige besondere Herausforderungen zu nennen[12]:

Die Ausbreitung von HIV/Aids unter Eltern, Lehrern, Schulverwaltung und Schülerschaft stellt vor allem Länder im östlichen und südlichen Afrika vor enorme Erziehungs- und Bildungsprobleme. In manchen Ländern sind teils 20% und mehr der Bevölkerung im Alter von 15-49 Jahren infiziert. Armut, kriegerische Konflikte, Wanderarbeit, bestimmte Facetten des Geschlechterverhältnisses und Sexualverhaltens meist zum Nachteil von Mädchen und Frauen fördern die Verbreitung der Krankheit. In der Region wachsen ca. elf oder zwölf Millionen Halb- oder Vollwaisen in Kinder- oder Großelternhaushalten oder in prekären Verwahranstalten auf und sind von Vernachlässigung, mangelndem Schulbesuch und Ausgrenzung bedroht. Viele dieser Kinder und Jugendlichen leben unter prekären Sozialisationsbedingungen. Erhöhte Krankenstände und Todesfälle des Lehrpersonals sowie in der Bildungsverwaltung verstärken Faktoren wie Unterrichtsausfall und ineffizientes Bildungsmanagement.

Viele Länder führen inzwischen jedoch auch Bildungsmaßnahmen in der Schule und in außerschulischen Bereichen durch, die der Prävention und Aufklärung dienen sollen (Jacob 2009). Die gesunkenen Infektionsraten in Uganda werden z.B. auf die dort bereits seit den 1990er Jahren durchgeführten öffentlichen Aufklärungskampagnen zurück geführt. Laut einer Erhebung der UNESCO (Coombe 2004) gibt es in den meisten besonders betroffenen Ländern inzwischen neue Schulfächer wie life skills oder health education oder Unterrichtsmaterialien zu HIV/Aids. In der Jugendarbeit wird mit theaterpädagogischen Mitteln handlungsorientierte peer education über die Aids-Problematik betrieben.

In der oben genannten SACMEQ III Studie wurde auch das Wissen über HIV/Aids bei Schülern und Lehrern abgefragt (IIEP 2010, S. 10f.): Dies geschah anhand eines Tests, der auf der Basis eines für die Teilnehmerstaaten gemeinsam entwickelten Pflichtcurriculums zu HIV und Aids konstruiert worden war. Demnach wissen Schüler am Ende ihrer Grundschulzeit, d.h. zu einem Zeitpunkt, an dem viele ihre Schullaufbahn beenden, kaum etwas oder nur wenig über die Krankheit und ihre Folgen; durchschnittlich nur wenige (2%-9%) der Schüler erreichen den erwünschten Kenntnisstand (Ausnahme Tansania: 24%). Bei den Lehrpersonen hatten jedoch praktisch alle das geforderte Minimum, die meisten sogar den erwünschten Kenntnisstand.

---

12 Aufgrund der großen Unterschiede innerhalb der Region sei für summarische und für Länderdaten zu den im Folgenden angesprochenen Problembereichen der Einfachheit halber auf den jährlich erscheinenden Bericht des UN-Kinderhilfswerks UNICEF „The State of the World's Children" (kostenlos abrufbar unter www.unicef.org) verwiesen.

Kinderarbeit und ‚Straßenkinder' sind weit verbreitet, wobei sich beide Erscheinungen häufig überlappen und für beide Phänomene keine verlässlichen Daten zur Verfügung stehen. Die betroffenen Kinder und Jugendlichen werden in unterschiedlichen staatlichen und privaten Maßnahmen, von Jugendgefängnissen über Erziehungsheime bis hin zu karitativen Tageseinrichtungen, (re-)sozialisiert und betreut (vgl. z.B. Mugo 2004 zu Kenia). In Bezug auf Kinderarbeit gibt es große Meinungsverschiedenheiten, was dazu zu zählen ist oder nicht (vgl. die neueren Studien in Spittler/Bourdillon 2012). Die Grenzen zwischen Mithilfe im Haushalt und in der Landwirtschaft, im Handel und im Handwerk von Eltern und Verwandten, im Unterschied zu (Erwerbs-)Arbeit und zu extremer Ausbeutung sind nicht immer einfach zu ziehen. Allerdings zeigen sich Erscheinungen, die mit kulturellen Traditionen kaum noch in Einklang stehen, wenn Kinder z.B. an Plantagen weitab ihrer Heimat regelrecht verkauft werden oder in fremden Haushalten arbeiten, die nichts mehr mit einer *extended family* zu tun haben.

Das Schicksal von Kindersoldaten, darunter auch Mädchen, die meist als Sexsklavinnen oder ‚Soldatenbräute' fungieren, erhält von Zeit zu Zeit nicht nur große Medienöffentlichkeit, sondern stellt auch eine Herausforderung für sozialpädagogische und schulische Maßnahmen zur Resozialisierung bzw. Rehabilitation dieser Jugendlichen dar (Druba 2002; Betancourt et al. 2008).

Ausblick

Die Bildungsentwicklungen der Länder südlich der Sahara sind unterschiedlich weit fortgeschritten – gemessen an den im Text genannten EFA- oder SAQMEC-Indikatoren. Obgleich in der Regel eine Bildungsexpansion und eine größere Angleichung der Bildungsbeteiligung von Mädchen und Jungen zu konstatieren ist, bleiben eine Reihe von Herausforderungen demographischer, sozialstruktureller, kultureller und bildungssystemspezifischer Art auf der Tagesordnung. Die Erreichung der EFA-Ziele bis 2015 steht vielerorts noch aus.

Nicht unwichtig ist dabei die Frage der Finanzierung der weiteren Bildungsentwicklungen. Ein teilweise recht großer Teil der öffentlichen Bildungshaushalte stammt von externen Gebern, seien diese die Weltbank oder andere internationale Organisationen, die Europäische Union oder einzelne Länder. Viele Bildungsprogramme, besonders solche im außerschulischen Bereich (Jugendbildung, Frauenbildung, berufliche Bildung) werden darüber hinaus durch internationale Nichtregierungsorganisationen oder auch durch private Initiativen finanziert. Das alles bedeutet, dass die nationalen Bildungsentwicklungen vielerorts noch stark außengesteuert und abhängig sind.

Jenseits dieser Nord-Süd-Abhängigkeiten finden sich jedoch auch Süd-Süd-Kooperationen. So waren z.B. die postkolonialen Bildungsentwicklungen in Angola zwischen 1976 und 1991 stark durch Kuba beeinflusst, das nicht nur Soldaten, sondern auch insgesamt ca. 10 000 pädagogische Berater, Lehrpersonen und Dozenten nach Afrika entsandt hatte (Hatzky 2008). Vor Ort gibt es ferner häufig recht aktive Lehrergewerkschaften, Frauenverbände, Kinderrechtsbewegungen und lokale Selbsthilfegruppen, die sich in und für Erziehungs- und Bildungsangelegenheiten engagieren. Dies signalisiert eine Abkehr von Erwartungen an externe Hilfe und eine stärkere Hinwendung zu Eigeninitiative und Eigenverantwortlichkeit.

Literatur

Adick. C. (1992): Die Universalisierung der modernen Schule. Eine theoretische Problemskizze zur Erklärung der weltweiten Verbreitung der modernen Schule in den letzten 200 Jahren mit Fallstudien aus Westafrika. Paderborn etc.

Adick, C. (1981): Bildung und Kolonialismus in Togo. Weinheim

Adick, C. (1982): Togo: Kolonialschulwesen und Probleme nachkolonialer Reformbestrebungen im Bildungswesen. In: Adick, C./Große-Oetringhaus,H.-M./Nestvogel, R.: Bildungsprobleme Afrikas zwischen Kolonialismus und Emanzipation. Hamburg, S. 61-791982

Adick, C. (1995): Mädchen und Frauen in kenianischen Schulbüchern. In: Zeitschrift für internationale Bildungsforschung und Entwicklungspädagogik, 18, 3, S. 7-13

Adick, C. (1997): Zur Begegnung von ‚Zivilisierten‘ und ‚Wilden‘. Eine sozialisations- und weltsystemtheoretische Analyse einiger Biographien von Westafrikanern in der frühen Neuzeit. In: Lüthe, C. et al. (Hrsg.). Der Umgang mit dem Fremden in der Vormoderne. Studien zur Akkulturation in bildungshistorischer Sicht. Köln etc., S. 268-289

Adick, C. (2003): Zukunftsvorstellungen senegalesischer Jugendlicher vor dem Hintergrund ihrer Lebenssituation im ländlichen Milieu. In: Gogolin, I. et al. (Hg.). Pluralismus unausweichlich? Blickwechsel zwischen Vergleichender und Interkultureller Pädagogik. Münster, S. 229-244

Adick, C./Große-Oetringhaus,H.-M./Nestvogel, R. (1982): Bildungsprobleme Afrikas zwischen Kolonialismus und Emanzipation. Hamburg 1982

Akakpo-Numado, S.Y. (2007): Mädchen- und Frauenbildung in den deutschen Afrika-Kolonien (1884-1914). Frankfurt etc.

Asdonk, B.: Religionsunterricht im öffentlichen Schulwesen? Eine senegalesische Debatte und ihre globalen Bezüge. In: Wiegelmann, U. (Hrsg.) (2002). Afrikanisch – europäisch – islamisch? Entwicklungsdynamik des Erziehungswesens in Senegal. Frankfurt, S. 135-162

Bamgbose, A. (2004): Language of Instruction Policy and Practice in Africa (www.unesco.org/ education/languages_2004/languageinstruction_africa.pdf)

Bauer, A. (1979): Kind und Familie in Schwarzafrika. Der Einfluß von Verwandtschafts- und Familienstrukturen auf familiale Erzieherrollen. Saarbrücken 1979

Betancourt, Th./et al. (2008): High Hopes, Grim Reality: Reintegration and the Education of Former Child Soldiers in Sierra Leone. In: Comparative Education Review 52, 4, 565-587

Blakemore, K./Cooksey, B. (1981): A Sociology of Education for Africa. London

Blumberg, R.L. (2008): The invisible obstacle to educational equality: gender bias in textbooks. In: Prospects, 38, S. 345-361

Brock-Utne, B. (2000): Whose Education for All? The Recolonisation of the African Mind, New York etc.

Brock-Utne, B./Skattum, I. (Eds.) (2009): Languages and Education in Africa. A comparative and transdisciplinary analysis. Oxford

Brüne, S. (1987): Äthiopien. In: Politisches Lexikon Afrika, hg. v. Hofmeier, R./Schönborn, M., München, 3. neubearb. Aufl. 1987, S. 19-30

Carlon, S.J. (1975): Black Civilizations and the Problem of Indigenous Education in Africa: The Liberian Experience. In: Présence Africaine, No. 95, S. 253-268

Charlier, J.-E. (2004a): Le retour de Dieu: l'introduction de lènseignement religieux dasn l'école del la R´rpublique laique due Sénégal. In: Education et sociétés. No. 2,S.95-111

Charlier, J.-E. (2004b):Les écoles au Sénégal: de l'enseignement officiel au daaras , les modèles et leurs répliques. In: Cahier de la recherché sur l'éducation et les savoirs. No. 3, S. 39-57

Comparative Education Review (2010): Focus on Sub-Saharan Africa, 54, 2, May 2010

Coombe, C. (Hrsg.) (2004): The HIV challenge to education. Paris (UNESCO)

Datta, A.: (1984): Education and Society. A Sociology of African Education. London

Dias, P.V. (1979): Erziehung, Identitätsbildung und Reproduktion im Zaire. Weinheim 1979

Druba, V. (2002): The Problem of Child Soldiers. In: International Review of Education 48, 3/4, S. 271-277

Eckert. A. (2009): 125 Jahre Berliner Afrika-Konferenz: Bedeutung für Geschichte und Gegenwart. GIGA Focus Afrika, Nr. 12/2009 (www.giga-hamburg.de/giga-focus)

El-Garh, M.S. (1971): The philosophical basis of Islamic education in Africa. In: West African Journal of Education, 15, S. 8-20

Fagerberg-Diallo, S. (2002): Searching for Signs of Success: Enlarging the Concept of <Education> to Include Senegalese Languages. In: Wiegelmann, U. (Hrsg.) (2002). Afrikanisch – europäisch – islamisch? Entwicklungsdynamik des Erziehungswesens in Senegal. Frankfurt, S. 165-191

Goldschmidt, D. (1981): Die Dritte Welt als Gegenstand erziehungswissenschaftlicher Forschung (Zeitschrift für Pädagogik, 16. Beiheft), Weinheim 1981

Galega, B.D. (1984): Bildung und Imperialismus in Schwarz-Afrika: historische und sozio-politische Hintergründe. Münster

Götte, K./Gierlich, G. (2002): Sozialpädagogik und Soziale Arbeit in Senegal. In: Wiegelmann, U. (Hrsg.) (2002). Afrikanisch – europäisch – islamisch? Entwicklungsdynamik des Erziehungs-wesens in Senegal. Frankfurt, S. 221-245

Harding, L. (2006): Geschichte Afrikas im 19. und 20. Jahrhundert, München, 2. durchges. Aufl.

Hatzky, C. (2008): Bildungspolitik und Transnationalismus im postkolonialen Angola – Dimensionen und Herausforderungen mit Kuba. In: Afrika Spectrum 43, 2, S. 245-268

Hinzen, H./Müller, J. (Hrsg.) (2001): Bildung für Alle – lebenslang und lebenswichtig. Bonn

HofmeierR./Schönborn, M. (Hrsg.) (1988): Politisches Lexikon Afrika.4.Aufl. München

Hofmeier, R./Mehler, A. (Hrsg.) (2004): Kleines Afrika-Lexikon: Politik – Wirtschaft – Kultur. München

Huet-Gueye, M./de Léonardis, M. (2009): L'école publique aud Sénégal: Approche psychosociale dess pratiques parentales de (non)scolarisation et des experiences éducatives des enfants. In: International Review of Education, 55, 4, S. 367-391

Hungi, N./Thuku, F.W. (2010): Variations in Reading Achievement Across 14 Southern African School Systems: Which Factors Matter? In: International Review of Education 56, 1, S. 53-101

Iliffe, J. (1997): Geschichte Afrikas, München (engl. Orig. 1995)

IIEP (UNESCO International Institute for Educational Planning) (2010): In search of quality: what the data tell us. IIEP Newsletter, Vol. XXVII, No. 3 (www.iiep.unesco.org)

International Review of Education (2007): Quality Education in Africa: Challenges and Prospects (Special Issue, Guest Editors: Dembélé, M./Oviawe, J.), Nos. 5/6, Vol. 53, November 2007

Jacob, W. J. (Guest Editor) (2009): HIV Education. Prospects No. 152, Vol. XXXIX, No. 4

Johnson, D. (Ed.) (2008): The Changing Landscape of Education in Africa: quality, equality and democracy. Oxford (zugleich Vol. 19, No. 1 Oxford Studies in Comparative Education)

Kabira, W.M./Masinjila, M. (1993): Gender and Development. The FEMNET Model. African Women's Development and Communication Network (FEMNET), Nairobi 1993

Kappel, R. (1987): Liberia (Republik Liberia). In: Politisches Lexikon Afrika, hg. V. Hofmeier, R./Schönborn, M., München, 3. neubearb. Aufl., S.187-196

Kappel, R./Schneidenbach, T. (2006): China in Afrika: Herausforderungen für den Westen. GIGA Focus Afrika, Nr. 12/2006 (www.giga-hamburg.de/giga-focus)

Keita, M. (1983): Erziehung und Entwicklung in der Dritten Welt: Problematik des Transfers von Bildungsinstitutionen und –ideen in die Länder der Dritten Welt. Heidelberg

Kornes, G./Lentz, C. (Hrsg.) (2011): Staatsinszenierung, Erinnerungsmarathon und Volksfest. Afrika feiert 50 Jahre Unabhängigkeit. Frankfurt

Lay, J./Nolte, K. (2011): Neuer 'Landraub' in Afrika? GIGA Focus Afrika Nr. 1/2011 (www.giga-hamburg.de/giga-focus)

Lee, V.E./Zuze, T.L. (2011): School Resources and Academic Performance in Sub-Saharan Africa. In: Comparative Education Review 55, 3, S. 369-397

Loimeier, R. (2002): Je veux étudier sans mendier: Die Kampagne gegen die Koranschulen in Senegal. In: Wiegelmann, U. (Hrsg.) (2002). Afrikanisch – europäisch – islamisch? Entwick-lungsdynamik des Erziehungswesens in Senegal. Frankfurt, S. 193-219

Mabe, J.E. (Hrsg.) (2001): Das Afrika-Lexikon. Stuttgart

Mabe, J.E. (Hrsg.) (2002): Das kleine Afrika-Lexikon (Sonderausgabe für die Zentralen für politische Bildung), Stuttgart

Marfaing, L. (2002): Informelle Berufsausbildung: Bildungsverläufe von Handelseliten in Senegal. In: Wiegelmann, U. (Hrsg.) (2002). Afrikanisch – europäisch – islamisch? Entwick-lungsdynamik des Erziehungswesens in Senegal. Frankfurt, S. 297-324

Marfaing, L./Thiel, A.. (2011): Ressentiments gegen chinesische Händler in Ghana und Senegal. GIGA Focus Afrika Nr. 8/2001 (www.giga-hamburg.de/giga-focus)

MEN (Ministère de l'Education du Sénégal)/Emergence Consulting (2010): Etude de la situation de reference des structures d'accueil, des structures de formation, des daaras, des enfants de la rue, des talibés, des associations de maitres coraniques et d'autres acteurs pour les regions de Dakar, Louga, Saint-Louis et Matam (www.daara.sn/IMG/pdf/CEV-UDAID_EDB-BASELINE.pdf)

Müller, K.E. (1992): Initiationen. In: Müller, K.E./Treml, A.K. (Hrsg.): Ethnopädagogik. Sozialisation und Erziehung in traditionellen Gesellschaften. Berlin, S. 61-82

Mugo, J.K. (2004): Rehabilitation of Street Children in Kenya. Frankfurt etc.

Naumann, J. (2004): TIMSS, PISA, IGLU und das untere Leistungsspektrum in der Weltgesell-schaft. In: Tertium Comparationis 10, 1, S. 44-63

Naumann, J./Wolf, P. (2002): Öffentliche und informelle Formen beruflicher Bildung in Senegal. In: Wiegelmann, U. (Hrsg.) (2002). Afrikanisch – europäisch – islamisch? Entwicklungsdynamik des Erziehungswesens in Senegal. Frankfurt, S.249-279

Ndoye, A.K. (2002): Die Politik der Lehrerausbildung in Senegal. In: Wiegelmann, U. (Hrsg.) (2002). Afrikanisch – europäisch – islamisch? Entwicklungsdynamik des Erziehungswesens in Senegal. Frankfurt, S. 93-134

N'Diaye, T. (2010): Der verschleierte Völkermord. Die Geschichte des muslimischen Sklavenhandels in Afrika. Hamburg

Niedrig, H. (2000): Sprache – Macht – Kultur. Multilinguale Erziehung im Post-Apartheid-Südafrika. Münster etc.

Obura, A. (1991): Changing Images. Portrayal of Girls and Women in Kenyan Textbooks. Nairobi

Omolewa, M. (2007): Traditional African Modes of Education: Their Relevance in the Modern World. In: International Review of Education 53, 5-6, S. 593-612

Ouane, A./Singh, M. (2004): Large scale assessments and their impact for education in the South. In: Zeitschrift für international Bildungsforschung und Entwicklungspädagogigk 27, 1, S. 2-8

Ouane, A./Glanz, C. (2010): Why and how Africa should invest in African languages and multilingual education. UNESCO Institute for Lifelong Learning, Hamburg & the Association for the Developement of Education in Africa (ADEA)

Rasing, Th. (1995): Passing on the Rites of Passage. Girls' initiation rites in the context of an urban Roman Catholic Community on the Zambian Copperbelt. Aldershot

Rassool, N./Edwards, V./Bloch, C. (2006): Language and Development in Multilingual Settings: A Case Study of Knowledge Exchange and Teacher Education in South Africa. In: International Review of Education 52, 6, S. 533-553

Röhrs, H.: Afrika – Bildungsprobleme eines Kontinents, Stuttgart 1971

Schröder, G. (1988): Eine verborgene Dimension gesellschaftlicher Wirklichkeit. Anmerkungen zur Geschichte und heutigen Bedeutung der Geheimbünde Poro und Sande in Liberia. Bremen

Seibert, G. (2009): Brasilien in Afrika: Globaler Geltungsanspruch und Rohstoffe. GIGA Focus Afrika Nr. 8/2009 (www.giga-hamburg.de/giga-focus)

Simpson, A. (Ed.): Language and National Identity in Africa. Oxford etc. 2008

Spittler, G./Bourdillon, M. (Eds.) (2012): African Children at Work. Working and Learning in Growing Up for Life, Münster

UNESCO (1953): The Use of Vernacular Languages in Education. Paris

UNESCO (2003): Education in a multilingual world. Paris

UNESCO (2011): Regional Overview: sub-Saharan Africa. Education For All Global Monitoring Report 2011 (www.efareport.unesco.org)

Valette, S./Adick, C. (2002): Entstehung und Entwicklung es französischen Kolonialschulwesens in Senegal. In: Wiegelmann, U. (Hrsg.) (2002). Afrikanisch – europäisch – islamisch? Entwicklungsdynamik des Erziehungswesens in Senegal. Frankfurt, S. 23-61

Weiss, R./Mayer, H. (Hrsg.) (1984): Afrika den Europäern! Von der Berliner Kongokonferenz 1884 ins Afrika der neuen Kolonisation. Wuppertal

Wiegelmann, U. (1994): Die Koranschule – eine Alternative zur öffentlichen Grundschule in einem laizistischen Staat? Ein Fallbeispiel: die Republik Senegal. In: Zeitschrift für Pädagogik 40, 5, s. 803-820

Wiegelmann, U. (2002): Allgemeine Bildungspolitik in Senegal von 1960 bis heute. In: Wiegelmann, U. (Hrsg.): Afrikanisch – europäisch – islamisch? Entwicklungsdynamik des Erziehungswesens in Senegal. Frankfurt, S. 63-91

Gregor Lang-Wojtasik

Bildung in Süd- und Westasien[1]

Die Region Süd- und Westasien blickt teils auf eine mehr als 5 000-jährige zivilisatorische und bildungsbezogene Geschichte zurück (Gupta 2007b). Nach der UNESCO-Klassifikation umfasst diese geographisch, religiös, ethnisch und sprachlich pluralistische Region neben Indien (Lang-Wojtasik, in diesem Band) die Länder Iran, Afghanistan, Pakistan, Nepal, Bhutan, Bangladesch, Sri Lanka sowie die Malediven.

Im Folgenden wird im ersten Kapitel der sozioökonomische Hintergrund Süd- und Westasiens dargestellt. Anschließend erfolgt im zweiten Kapitel ein allgemeiner historischer Überblick. Die Bildungsgeschichte der zu der Region gehörenden Länder wird im dritten Kapitel beschrieben. Das aktuelle Bildungswesen der jeweiligen Länder wird im vierten Kapitel geschildert. Aktuelle Herausforderungen für die Bildung in Süd- und Westasien werden im fünften Kapitel thematisiert.

1. Sozioökonomischer Hintergrund[2]

Die Einwohnerzahlen der Länder variieren (UNESCO 2008): Indien (ca. 1,2 Mrd.), Pakistan (159 Mio.), Bangladesch (157,8 Mio.), Iran (71,4 Mio.), Nepal (27,6 Mio.), Afghanistan (23,9 Mio.), Sri Lanka (20 Mio.), Bhutan (0,7 Mio.) und Malediven (0,31 Mio.). Das jährliche Bevölkerungswachstum (2009) ist mit Ausnahme von Sri Lanka hoch (zwischen 1,3% im Iran und 3,9% in Afghanistan).

Afghanistan, Bhutan und Nepal sind hochgebirgige Binnenstaaten ohne Zugang zum Meer. Das stark erosionsgefährdete Bhutan hat sich erst ab 1960 gegenüber der Außenwelt geöffnet. Afghanistan verfügt über vielfältige Bodenschätze und der Iran als Flächenland über riesige Öl- und Gasvorkommen. Die Malediven umfassen 24 natürliche Atolle mit fast 2 000 Inseln. Nur wenige der Inseln ragen zwei Meter über den Wasserspiegel hinaus, und von den 199 bewohnten Inseln haben 74 weniger als 500 und 60 Inseln mehr als 1 000 Einwohner (Latheef/Gupta 2007; „Malediven wollen eine neue Heimat kaufen" 2008). Sri Lanka, Bangladesch und die Malediven sind massiv durch den Klimawandel und einen prognostizierten ansteigenden Meeresspiegel sowie eine damit einhergehende Migrationsproblematik gefährdet. In Nepal schmelzen viele der Gletscher und es deuten sich Wasserprobleme für die gesamte Region an. Pakistan und Bangladesch gehören zu den weltweit am dichtesten besiedelten,

1 Dieser Beitrag ist Benjamin Pütter gewidmet.
2 Quellen im Folgenden v.a.: Ferdowsi 1993; Büscher 1994; Datta 1994; Donner/Thibaut 1994; Metzner 1994; Pfannholz 1994; Rieger 1994; Zingel 1994; UNESCO 2006a-e; Ali/Farah 2007; Amin 2007; Chhoeda 2007; Frauenfeld 2007; Latheef/Gupta 2007; Niraula 2007; Shirazi 2007; Heidegger 2008; „Malediven wollen eine neue Heimat kaufen" 2008; UNESCO 2008; UNDP 2009.

Afghanistan, Bangladesch, Bhutan, die Malediven und Nepal zu den am wenigsten entwickelten Ländern (LDCs). Betrachtet man den Index menschlicher Entwicklung (HDI des UNDP) so erreichen die Länder (von insgesamt 182) folgende Ränge: Iran (88), Malediven (95), Sri Lanka (102), Bhutan (132), Pakistan (141), Nepal (144), Bangladesch (146), Afghanistan (181). Der Anteil der Menschen, die unterhalb der Armutsgrenze (weniger als 2 US $/Tag) leben, ist hoch – mit Ausnahme des Iran (8%) (keine Angaben für Afghanistan und die Malediven): 81,3% (Bangladesch), 60,3% (Pakistan), 77,6% (Nepal), 49,5% (Bhutan) und 39,7% (Sri Lanka).

Die regionale *Bevölkerungsverteilung* ist sehr unterschiedlich. In Sri Lanka z.b. leben drei Viertel der Bevölkerung im feuchten Südwesten auf einem Drittel der Fläche des Landes. Alle Länder sind agrarisch geprägt, haben aber starke Tendenzen zur Verstädterung (zwischen 24% in Afghanistan und 68% im Iran). Zwar leben in Nepal nur etwa 17% (2009) in Städten, jedoch konzentriert sich die Bevölkerung v.a. auf die Mittelgebirge (südlich des Hochgebirges) und das Terai im Süden, in das Bergbewohner und Menschen aus Nordindien migrieren. Die Verstädterung konzentriert sich auf den Malediven auf die in ihrem Wachstum stark begrenzte Hauptstadt Male.

Die Region Süd- und Westasien beherbergt alle *Weltreligionen*. Buddhistisch und hinduistisch geprägte Länder sind Bhutan, Nepal und Sri Lanka. In Bhutan gilt der lamaistisch-tantrische Buddhismus als Staatsreligion. Nepal war bis 2008 ein hinduistisches Königreich. In Sri Lanka bekennt sich eine Mehrheit (69%) zum Theravada-Buddhismus, 18% sind Hindus, fast 10% sind Muslime und 7,5% Christen. Muslimische Länder sind Afghanistan, Iran, die Malediven, Pakistan und Bangladesch. Im Iran gibt es eine schiitische, in den anderen Ländern eine sunnitische Mehrheit.

Mit Ausnahme von Bangladesch mit mehrheitlich bengalischer Bevölkerung handelt es sich um *Vielvölkerstaaten: Iran* (50% Perser sowie Aseris, Kurden, Luren, Araber, Belutschen, Kaschkai, Turkmenen u.a.), *Afghanistan* (42% Paschtunen, 27% Tadschiken, je 9% Hazara und Usbeken u.a.), *Pakistan* (v.a. Sindhis, Punjabis, Baluchis, Seraikis, Pashtunen, Mohajirs), *die Malediven* (semitische und arabische Ethnien), *Sri Lanka* (75% Singhalesen, mehrheitlich Buddhisten; 18% Tamilen, mehrheitlich hinduistisch; 7% muslimische Mauren, weitere muslimisch-malaiische Bevölkerungsgruppen u.a.), *Bhutan* (Sharchop mit tibetisch-burmesischem Ursprung im Osten, Lhotshampa mit nepalischem Ursprung im Süden [zwischen 30 und 52%] sowie Ngalop mit tibeto-mongolischem Ursprung, zu denen auch die regierenden Drukpa gehören) und *Nepal* (altnepalesische Volksgruppen wie Tamang und Tharu, Newar als ‚Ureinwohner‘ des Kathmandu-Tals, sowie Rai, Limbu, Magar und Gurung mit altnepalesischen Wurzeln sowie Bhotia mit tibetischem Ursprung).

In *Bangladesch* sprechen 99% der Bevölkerung Bangla, auf den *Malediven* spricht die Mehrheit Dhivehi. In *Sri Lanka* sind Singhalesisch und Tamilisch die Hauptsprachen. In *Bhutan* wurde Dzongka ab Mitte der 1980er Jahre National-sprache (tibetische Schrift), ist aber nur von einer Minderheit die Muttersprache; etwa ein Drittel spricht Sharchopka, und je nach Zählung sprechen bis zu 50% Nepali (zeitweise verboten). Im *Iran* wird mehrheitlich Farsi (Persisch) gespro-chen (daneben v.a. Turksprachen, Kurdisch, Arabisch, Belutschisch). In *Nepal* ist die Nationalsprache Nepali die Muttersprache von 50% und Lingua Franca von 75% der Bevölkerung (zudem 50 Minderheitensprachen und -dialekte in zwölf Sprachgruppen). In *Pakistan* wird die Amtssprache Urdu als Muttersprache von nur 9% der Bevölkerung, Punjabi nur in der Region Punjab weitgehend homogen gesprochen (daneben existieren Sindhi, Pashtu, Seraiki und Baluchi). In *Afghanistan* werden das mit dem Persischen verwandte Dari (Lingua Franca) und Pashtu als Nationalsprachen gesprochen (außerdem mehr als 30 weitere Sprachen).

2. Historischer Überblick

Fast alle Länder der Region sind in Folge des (Post-)Kolonialismus von Konflikten oder Kriegen betroffen: Von den Islamischen Republiken ist der *Iran* (als Persien ab dem 5. Jh. v. Chr.) zwar nie offiziell Kolonie gewesen, war aber mit wechselvollen Auseinandersetzungen europäischer Kolonialpolitik zwischen Russland und Großbritannien konfrontiert. Nach einer ‚Konstitutionellen Revolution' (1905 bis 1911) und dem Putsch von Reza Khan (1921) regiert der Schah (1925 bis 1979), unterbrochen in den 1950er Jahren durch die reformorientierte Regierung von Mossadegh, die mit CIA-Unterstützung gestürzt wird. In Folge der ‚Islamischen Revolution' (1979) regiert der islamische Klerus mit Reformversuchen unter Mohamad Chatami (1997 bis 2005) und einer Re-Fundamentalisierung der Innen- und Außenpolitik unter Mahmud Ahmadinejad (seit 2005).

Afghanistan wird in Folge einer Loya Jirga (große Versammlung der Repräsentanten von Ethnien) ab 1748 Nationalstaat. Bis heute ist die Grenze zu Pakistan (‚Durand-Linie') umstritten, weil dadurch fast die Hälfte des Paschtunengebiets abgetrennt wird. Im 19. Jh. gibt es erfolgreiche britische Versuche, das Land unter koloniale Kontrolle zu bringen. Die Geschichte im 20. Jh. (unabhängig seit 1919, Monarchie von 1933 bis 1973, danach Republik) ist geprägt durch Konflikte zwischen einer ländlich-feudalen Gesellschaft, ethnischen Spannungen, Islamisierungstendenzen und kommunistischen Reformversuchen. Es herrscht Krieg seit mehr als 30 Jahren: sowjetische Besatzung (1979 bis 1989), ein sich anschließender Bürgerkrieg, die Herrschaft der Taliban, seit 2001 Krieg internationaler Kräfte zusammen mit der ‚Nordallianz' gegen die Taliban (Büscher 1994; Haq 1995; Shirazi 2007; Dorronsoro 2009).

Das heutige *Pakistan* umfasst seit 1971 nur noch das ehemalige Westpakistan. Die Konflikte zwischen West- und Ostpakistan nehmen nach der Unabhängigkeit von Großbritannien (1947) bis zum Unabhängigkeitskrieg Bangladeschs (1971) massiv zu. Bis dahin ist das Verhältnis der beiden Landesteile (ca. 1 500 km voneinander entfernt) durch massive Benachteiligungen des Ostens geprägt. In beiden Ländern gibt es extrem ungleiche Einkommens- und Vermögensverteilungen. Pakistan wird de facto durch ein militärisches Präsidialregime mit weitreichenden Sonderrechten des Präsidenten als Oberbefehlshaber der Streitkräfte regiert. Seit 1947 gibt es massive Spannungen und Kriege mit Indien um die Kashmir-Region mit der Gefahr eines nuklearen Militärschlags (Datta 1994; Zingel 1995; Ghafoor/Farooq 1995; Ali/Farah 2007; Racine 2009).

In *Bangladesch* existiert nach einer Phase verkappter Militärregime seit 1991 eine parlamentarische Demokratie mit Mehrheitswahlrecht. Bis heute sind Generalstreiks und die Verkündung des Ausnahmezustands an der Tagesordnung. Es gibt Unterdrückungen von Minderheiten, v.a. der Ahmaddiya, die einen weiteren Propheten nach Mohammed erwarten, der Indigenen in den Chittagong Hill Tracts, der Hindus sowie der ‚Biharis', die seit 1971 auf ihre Übersiedlung nach Pakistan warten (Datta 1994; Ali 1995; Amin 2007; Bangladesch-Forum 2009).

Die Gründung des Königreichs *Nepal* beginnt mit der Eroberung des Tals von Kathmandu (1768) durch Prithvi Narayan Shah und seiner Selbstausrufung zum

König. Zu diesem Zeitpunkt gibt es mehr als 100 Rajas (hinduistische Könige) mit eigenen Kleinstaaten auf nepalesischem Gebiet. Obwohl das Land nie offiziell Kolonie ist, verfolgt es nach Kriegen mit der Britisch-Ostindischen Handelskompanie einen pro-britischen Kurs und eine kolonialähnliche Sozial- und Wirtschaftspolitik. Historische Stationen im 20. Jh. sind die Revolution von 1950/51, die Rückkehr des Königs Tribhuvan und eine konstitutionelle Monarchie (1959), Einführung einer Panchayat-Verfassung (lokal-orientiert) bei gleichzeitig unangetasteter ‚göttlicher Herrschaft' des Königs (1960er Jahre), die Einführung einer Verfassung (1990) und erste Wahlen (1992) sowie den Krieg der Maoisten gegen die konstitutionelle Monarchie (Mitte der 1990er Jahre). Das 21. Jh. beginnt mit einem Massaker an der Königsfamilie. Im Jahr 2008 gewinnen die Maoisten die Wahl und rufen die Republik aus. In Nepal leben seit 1959 (d.h. seit der chinesischen Besetzung Tibets) ca. 20 000 tibetische Flüchtlinge und ca. 100 000 Lhotshampa aus dem Süden Bhutans. Das Terai im Süden Nepals ist aufgrund seiner wirtschaftlichen Anziehungskraft durch Binnenmigration und Migration aus Nordindien geprägt, was zu ethnischen Spannungen führt (Rieger 1994; Khaniya/Kiernan 1995; Sprung 2002; Niraula 2007).

Die offizielle Geschichte *Bhutans* beginnt wahrscheinlich im 8. Jh. n. Chr. In Folge der Reichsgründung (17. Jh.) entstehen zahlreiche Dzongs (Klosterburgen), die auch zur Verteidigung gegenüber tibetischen Invasionen dienen. Ab 1771 gibt es Kontakte mit der Britisch-Ostindischen Handelskompanie, die ein Interesse an einem Handelsweg nach Tibet hat. Ab 1907 wird Bhutan Erbmonarchie (Konstitutionelle Monarchie ab 1968) und unterzeichnet einen Schutzvertrag (1910) mit den Briten v.a. gegenüber China. Dem Ende des britischen Protektorats (1949) folgt ein bhutanisch-indischer Freundschaftsvertrag. Die Außenpolitik wird bis heute stark von Indien dominiert. Bhutan verschreibt sich einer nachhaltigen Entwicklung, die sich am ‚Gross National Happiness' (Bruttoinlandsglück) – und nicht am Bruttoinlandsprodukt – orientieren soll. Im Zuge der ‚Bhutanisierungskampagne' (seit 1989) werden staatlicherseits auch Lhotshampa vertrieben, die im 19. Jh. als Hindus aus Nepal in den wenig besiedelten Süden einwanderten und diesen kultivierten (Krämer 1992; Pfannholz 1994; Crellin 1995; Zastiral 2009).

Die Geschichte *Sri Lankas* beginnt mit der Einwanderung nordindischer Volksgruppen (Aryans; später Singhalesen/‚Löwenkinder') vor gut 3.000 Jahren, die ein buddhistisches Königs- und Mönchstum (Theravada) mit einer subsistenzorientierten Agrargesellschaft aufbauen. Die portugiesische Kolonialgeschichte (16. Jh.) wird durch eine holländische (17. Jh.) und britische abgelöst (ab 1750). Das Land (Ceylon) gilt als ‚Musterkolonie' mit Plantagenlandwirtschaft, die auf wenige Monokulturen beschränkt ist (Tee, Kautschuk und Kokosprodukte). Ab 1930 beteiligen die Briten einheimische Eliten an der Regierung und proklamieren ein allgemeines Wahlrecht; real wird allerdings eine ethnische Segregation der Parteien sichtbar. Mit der Unabhängigkeit (1948) wird das britische Westminstermodell eingeführt und die Außenpolitik westlich orientiert. Die Singhalesierung der Innenpolitik führt zu einer Zuspitzung des bis heute andauernden Konflikts mit den Tamilen, der zum Krieg zwischen der Liberation Tigers of Tamil Eelam (LTTE), mit Forderungen nach einem eigenen Staat im Nordosten der Insel, und der sri-lankischen Armee (1983 bis 2009) eskaliert (Donner/Thibaut 1994; Ranaweera 1995; Gouverneur 2009; Neelsen 2009; Raja 2009).

Auf den *Malediven* (Einwanderungen aus Kerala und Ceylon ab dem 4./5. Jh. v. Chr.) beginnt die Islamisierung 1153; in der Folge werden die Inseln durch

Sultanate regiert (bis 1968). Die Kolonialgeschichte ist dreigeteilt: portugiesische Eroberungsversuche (1507 bis 1573), holländische Kolonialisierung (1656 bis 1796) und britische Kolonialisierung (ab 1796; Protektorat bis 1976; ab 1960 nur Militärstützpunkt auf der südlichen Insel Gan). Seit der Unabhängigkeit (1965) sind die Malediven durch wechselnde autoritäre und korrupte Regime sowie Putschversuche geprägt (Metzner 1994; Hakeem 1995).

3. Bildungsgeschichte

Im *Iran* beginnt die Einführung säkularer Volksschulen und die Eröffnung der Universität Teheran (1935) unter der Herrschaft des Schahs mit dem Ziel einer europäischen Modernisierung des Landes in Anlehnung an Kemal Atatürk. Die Alphabetisierungsquote wird in den Jahren 1960 bis 1980 von 16% auf 50% der Bevölkerung erhöht. Nach der Islamischen Revolution wird das bis dahin existierende säkulare Bildungssystem ‚islamisiert‘ und die Folgen sind insbesondere für akademisch gebildete Frauen problematisch. Die Lebensbedingungen der Bevölkerung verschlechtern sich in den 1980er Jahren kriegsbedingt dramatisch. Die Alphabetisierungsrate liegt 1990 bei nur 54%. Es gibt nach wie vor eine starke Stadt-Land-Diskrepanz (Ferdowsi 1993; Aziz-Zadeh 1995; TISAMoE 2004; UNESCO 2006b; MEIR 2008; Shavarini 2009).

Die Bildungsgeschichte *Afghanistans* beginnt in der vedischen Zeit etwa 1 000 v. Chr., wird fortgesetzt in der zoroastrischen (ca. 5. Jh. v. Chr.) und griechisch-baktrischen Zeit sowie der Ankunft des Buddhismus (ca. 4. Jh. v. Chr). Letzterer konzentriert sich v.a. auf das Zentrum und den Südosten, zoroastrische Einflüsse finden sich v.a. im Norden und Westen. Ab dem 8. Jh. setzen sich islamische Bildungsinstitutionen durch. Habibullah legt in seiner Regierungszeit (1901-1919) die Grundlagen moderner, säkularer Bildung mit der Einrichtung des Council of Public Instruction (1913) und der Gründung verschiedener Bildungseinrichtungen. Die erste staatliche Primarschule (ab 1909) konzentriert sich auf eine islamisch geprägte Allgemeinbildung. Amanullah (1919 – 1929) versucht nach der Unabhängigkeit mit ausländischer Hilfe die Primar- und Sekundarbildung auszubauen. Auch die Idee einer westlich geprägten Universität fällt in seine Regierungszeit und scheitert zunächst an der Macht des islamischen Klerus. Bereits 1931 wird die allgemeine Schulpflicht in der Verfassung festgeschrieben und alle staatlichen Schulen werden unter staatliche Kontrolle gestellt. Im Jahr 1932 wird in Kabul eine medizinische Fakultät gegründet, worauf weitere Fakultäten folgen, die 1946 zur Universität Kabul zusammengeschlossen werden. Trotz massiver Anstrengungen mit internationaler (v.a. US-amerikanischer) Unterstützung in den 1940er Jahren gelingt es nicht, die Einschulungs- und Alphabetisierungszahlen signifikant zu steigern. Anfang der 1970er Jahre sind ca. 88% der Bevölkerung Analphabeten. Nur 5% der Frauen können Lesen und Schreiben. Während der sowjetischen Herrschaft (1979-1989) wird versucht, ein marxistisch-säkulares und expansives Bildungswesen für alle als Gegenpol zu islamischen Traditionen durchzusetzen. Die zwischen 1986 und 1992 im Rahmen US-amerikanischer Entwicklungshilfe in Flüchtlingslagern und Madrassas im pakistanischen Grenzgebiet verteilten Unterrichtsbücher betonen demgegenüber die nationale islamische Identität und werden im weiteren Verlauf auch unter den Taliban genutzt. In dieser Zeit ist es nur Jungen gestattet, religiöse Bildungsangebote zu besuchen, Mädchen hingegen sind vom Besuch der Bildungseinrichtungen ausgeschlossen (Büscher 1994; Haq 1995; Shirazi 2007; MEIRA 2008; Andrai 2009; Worldbank 2009a).

Für *Pakistan* und *Bangladesch* beginnt die Bildungsgeschichte für ausgewählte Volksgruppen vor mehreren tausend Jahren. Seit der Unabhängigkeit (1947 Pakistan, 1971 Bangladesch) wird zwar Bildung für alle gefordert; trotz bemerkenswerter Fortschritte, v.a. in Bangladesch (Alphabetisierung 1971: 17,6%), sind beide Länder von einer Durchsetzung allerdings weit entfernt. In Bangladesch gelten noch 1990 65% der Bevölkerung als Analphabeten (78% der Frauen), in Pakistan sind es im gleichen Jahr 53% der Männer und 79% der Frauen. In *Bangladesch* sind die 1980er und 1990er Jahre von verschiedenen Reformen auf allen Bildungsebenen geprägt. Dazu gehört z.B. der Ausbau außerschulischer Bildungsangebote oder die Durchführung eines doppelten Schichtbetriebes in den Schulen, um eine höhere Einschulungsrate zu gewährleisten. Die Bildungsreformen in *Pakistan* sind eng mit den wechselnden Regierungen verbunden. Es gibt groß angelegte Programme mit verschiedenen Schwerpunkten und wechselnden Erfolgen. In den 1980er und 1990er Jahren werden nicht-staatliche Bildungseinrichtungen für Jungen und Mädchen im Bereich der Moscheen ausgebaut, um mehr Kinder und Jugendliche beschulen zu können (Datta 1994; Zingel 1994; Ali 1995; Ghafoor/Farooq 1995; MoE 2004; MoEGoP 2004; Amin 2007; Ali/Farah 2007; Worldbank 2009b u. 2009f).

Die Bildungsgeschichte *Nepals* ist Teil der Verbreitung des Hinduismus und Buddhismus. Bis weit in das 20. Jh. hinein bleibt Bildung allerdings weitgehend den Eliten der Gesellschaft vorbehalten. Möglicherweise markiert die Einrichtung des Tri Chandra College (1918) während der Rana-Herrschaft (1847 bis 1950) einen Meilenstein in der Entwicklung eines modernen Bildungswesens. Die Entscheidung des ersten Rana-Königs Jang Bahadur Rana, seine Kinder ab 1854 in englischer Bildung zu unterweisen, bedeutet eine Abkehr von der traditionellen Sanskrit-Bildung. Am Beginn des 20. Jh. wird unter Dev Shamsher zum ersten Mal eine allgemeine Primarbildung gefordert. In der Folge wird Nepali zur Unterrichtssprache erhoben und es entstehen Bhasa Pathashala (Volksschulen). Nach seiner Absetzung bleiben einige der Schulen erhalten. Mit der Eröffnung englischsprachiger Sekundarschulen im Kathmandu-Tal und in anderen städtischen Regionen des Landes wird auch der Horizont für die Fortsetzung der Schulbildung in Indien eröffnet und es entsteht ein Bewusstsein für die ungerechte Bildungspolitik der Rana-Herrschaft. In den 1950er Jahren beginnen Versuche eines Ausbaus des Bildungswesens mit massiver internationaler Unterstützung. Zu dieser Zeit sind etwa 98% der Bevölkerung nicht alphabetisiert. Allerdings gelingt es nicht, das Bildungswesen im Sinne der *Panchayat* Verfassung zu dezentralisieren und auf mehrere administrative Einheiten zu verteilen. Die Verfassung (1991) garantiert kulturelle Rechte für alle Minderheiten – inklusive der Sprachen (bis 1990 auf Nepali und Englisch beschränkt). Die 1980er und 1990er Jahre sind in Nepal v.a. durch Reformen im Primarbereich mit internationaler Unterstützung und das neue Primarcurriculum geprägt. In der Zeit des bewaffneten maoistischen Kampfes (1996–2008) werden v.a. in ländlichen Regionen Kinder, Jugendliche und Lehrkräfte entführt und Schulen geschlossen (Rieger 1994; HMGN 2004; Khaniya/Kiernan 1995; UNESCO 2006d; Niraula 2007; Worldbank 2009e).

Ab dem 8. Jh. bis Mitte des 20. Jh. sind in *Bhutan* Klöster die einzigen Bildungsstätten des Landes. Diese stehen potentiell allen offen und es werden keine Gebühren erhoben. Allerdings werden sie v.a. von jenen besucht, in deren Familien eine Arbeitskraft entbehrt werden kann. Nach der ersten modernen Schule (frühe 1920er Jahre), setzt sich ab den 1950er Jahren mit den Reformbestrebungen des Königs Jigme Dorji Wangchuk (1952 bis 1972) ein weltliches Schulsystem durch, in dem zunächst ausländische Lehrkräfte (v.a. aus Indien) tätig sind. In diesem Zusammenhang werden auch Englisch als Schulsprache sowie Dzongkha als nationale Integrationssprache verpflichtend durchgesetzt; dagegen wird Nepali in den südlichen Distrikten abgeschafft. Mit der Einrichtung einer staatlichen Behörde für Sekundarerziehung und Ausbildung (1984) wird der Modernisierungs- und Bhutanisierungsprozess politisch unterstrichen. Das revidierte Curriculum New Approach to Primary Education (NAPE) von 1986 hat das Ziel einer Förderung bhutanischer Identität und Integration der verschiedenen Bevölkerungsgruppen. Es wird in den 1990er Jahren auf alle Primarschulen und Junior High Schools ausgeweitet und eine stärkere Diversifizierung der Bildungsangebote eingeführt. Die Einschulungen werden von 400 (1960) auf 160 000 (2005) gesteigert (Pfannholz 1994; Crellin 1995; UNESCO 2006a; Chhoeda 2007; Denman/Namgyel 2008; Zam/PPDMoE 2008; Gandhi 2009; Worldbank 2009c).

Die Bildungsgeschichte *Sri Lanka*s geht auf die hinduistische Guru-Tradition (nur für ausgewählte Jungen) zurück und wird bedeutsamer ab dem 3. Jh. v. Chr. mit der Ankunft des Buddhismus. Bereits in dieser Zeit gibt es verschiedene Formen informeller Lehre für technische und berufliche Bildung. Obwohl Frauen und Mädchen in dieser Zeit keine Bildungseinrichtungen besuchen dürfen, können sie doch am Sangha (buddhistische Versammlung) teilnehmen und so durch die Konfrontation mit religiösen Schriften einen bestimmten Grad von Bildung erreichen. Die Grundlagen des modernen Bildungswesens werden im 19. Jh. durch die britische Kolonialmacht gelegt (Kolonialverwaltung und Christianisierung). Die Wiederbelebung des Buddhismus im Süden und des Hinduismus im Norden (Mitte des 19. Jh.) führt zu verstärktem Widerstand gegenüber den Missionsschulen. Das eigenständige Bildungswesen wird früh ausgebaut (Free Education Scheme 1943) und das Land nimmt im südasiatischen Vergleich stets einen Spitzenplatz ein. In den 1960er Jahren besuchen mehr als 70% der Kinder zwischen sieben und 14 Jahren eine Schule. Sie erreichen mehrheitlich einen Primarschulabschluss. Auch sind geschlechtsspezifische Ungleichheiten nur gering. Allerdings manifestiert sich die ethnische Segregationspolitik auch in der Schule. Nach der Unabhängigkeit soll das Erlernen der Muttersprache gefördert werden. Zudem sollen Singhalesen Tamilisch und Tamilen Singhalesisch als erste Fremdsprache (mit jeweils eigenen Schriftsystemen) sowie Englisch lernen, was weitgehend misslingt. Mit der Bildungsreform (1997) werden ein gleichwertiger Zugang zur Primarbildung und eine Verbesserung der Bildungsqualität erhofft (Donner/Thibaut 1994; Ranaweera 1995; UNESCO 2006e; Jayaweera 2007; Worldbank 2009f).

Auf den *Malediven* gibt es eine lange Tradition islamischer Bildungsangebote mit einem Schwerpunkt lokaler Schulen im Grundbildungsbereich, die privat oder von der Inselgemeinschaft getragen werden. In der ersten staatlich-formalen Schule in der Hauptstadt Male (1927) werden ab 1944 auch Mädchen unterrichtet. Mit der Schaffung einer Abteilung für Basisbildung (1932) wird die staatliche Bildungshoheit unterstrichen. Bereits 1945 gibt es auf jeder bewohnten Insel mindestens eine islamische Primarschule und in jedem Atoll existiert eine islamische weiterführende Schule, die von der jeweiligen lokalen Verwaltung betrieben wird. Mit der ersten Englisch-Medium-School in Male (1960) beginnt die Umstellung auf das britische Bildungssystem. Ab 1978 wird dieses politisch durchgesetzt (Primar- und Mittelschule). Parallel werden in jedem Atoll zwei staatliche Schulen eingerichtet – die ASs (Atoll Schools) oder APSs (Atoll Primary Schools) und die AECs (Atoll Education Centers). Letzteren werden umfassende

Aufgaben in der Verwaltung und Verbreitung formaler und non-formaler Bildung übertragen nebst In-Service-Trainings und Alphabetisierungsarbeit. Beide Schulformen sollen als Modellschulen das einheitliche Curriculum im Prozess einer Grundbildung für alle von sieben Jahren voranbringen, was angesichts der islamisch-lokalen Bildungstradition und des hohen gesellschaftlichen Anspruchs an Bildung nur schwer realisierbar ist. Bis heute werden Verbindungen zwischen dem traditionellen und dem britischen Bildungssystem gesucht (Metzner 1994; Hakeem 1995; UNESCO 2006c; Latheef/Gupta 2007; Worldbank 2009d).

4. Das aktuelle Bildungswesen

Eine allgemein bildende *Schulpflicht* existiert in allen Ländern außer Bhutan, das ein kostenfreies Bildungsangebot für die sechs- bis 16jährigen vorsieht. Dies gibt es nach UNESCO-Angaben auch in Afghanistan (6 bis 15 Jahre), Bangladesch und Iran (6 bis 10 Jahre) sowie Nepal (5 bis 9 Jahre). Die Dauer der Schulpflicht variiert: Bangladesch, Nepal und Pakistan (5 J.), Malediven (7 J.), Iran (8 J.) sowie Afghanistan und Sri Lanka (9 J.). In Nepal, Pakistan und Sri Lanka wird regulär im Alter von fünf, in den anderen Ländern von sechs Jahren eingeschult.

Vorschulische Angebote gibt es in allen Ländern. Auf den Malediven werden derzeit die ehemaligen edhuruge (erster Teil des islamischen Bildungsangebotes) in eine zweijährige Vorschule überführt. In Bangladesch, Nepal und Pakistan existieren Vorschulen v.a. in städtischen Gebieten als privates Angebot für eine Minderheit, in Sri Lanka gibt es private Anbieter, lokale staatliche Stellen und NGOs. Die Vorschule ist vorgeschalteter Teil der Primarschule in Bhutan, so dass die sechs Jahre aus einem Jahr Vorschule und fünf Jahren Primarbildung bestehen.

Die Strukturen der Bildungssysteme sind weitgehend britisch geprägt (Iran eher französisch, Bhutan eher US-amerikanisch), wobei Dauer und Bezeichnung der Abschnitte variieren.[3] Die Primarschule dauert in Afghanistan und Bhutan sechs, in den anderen Ländern fünf Jahre. Im höheren Primar- bzw. Sekundarbereich wird in unterschiedlicher Weise in einen unteren und einen oberen Teil unterschieden (Upper Primary/Junior High/Middle/Lower Secondary, Secondary und Upper Secondary/High/Intermediate). Die Bildungsstruktur ist unterschiedlich: Iran (5-3-3), Afghanistan (6-3-3), Pakistan, Nepal und Bangladesch (5-3-2-2), Bhutan (1-5-2-2), Sri Lanka (5-4-2-2), Malediven (5-2-3-2). In Pakistan soll ein neues dreigeteiltes Bildungswesen umgesetzt werden (8-2-2) (Ali/Farah 2007, S. 165). Regelabschlüsse im Sekundarbereich sind das Secondary School Certificate (SSC) und das Higher Secondary School Certificate (HSSC).

Allgemeinbildung findet in staatlichen und in nicht-staatlichen Einrichtungen mit unterschiedlicher Gewichtung und verschiedenen Anbietern im nicht-staatlichen Bereich (NGOs, private Organisationen oder religiöse Gruppierungen) statt. In allen Ländern gibt es große Unterschiede in der Beschulung von

---

3 Im Folgenden beziehe ich mich v.a. auf folgende Quellen: Shirazi 2007; MEIRA 2008; Worldbank 2009a (Afghanistan), Chandra 2003a; MoEGoP 2004; Ali/Farah 2007; Worldbank 2009f (Pakistan); Chandra 2003c; Niraula 2007; UNESCO 2006d; Worldbank 2009e (Nepal); Chandra 2003e; UNESCO 2006a; Chhoeda 2007; MoEDoSE 2008; Worldbank 2009c (Bhutan); Chandra 2003d; MoE 2004; Amin 2007; Worldbank 2009b (Bangladesch); Chandra 2003b; UNESCO 2006e; Jayaweera 2007; Worldbank 2009f (Sri Lanka); Chandra 2003f; UNESCO 2006c; Latheef/Gupta 2007; Worldbank 2009d (Malediven); für den Iran ist die Quellenlage schwieriger: v.a. UNESCO 2006b; MEIR 2008.

Mädchen und Jungen, zwischen Stadt und Land sowie bezogen auf verschiedene sozioökonomische Gruppierungen.

Die allgemeine Schulbildung wird im *Iran* weitgehend staatlich und mono-edukativ angeboten. Die Unterrichtssprache ist Farsi (Persisch). In der Mittel-schule kann zwischen einem akademisch-wissenschaftlichen und einem beruflich-technischen Zweig gewählt werden. Englisch wird ab der siebten Klasse unterrichtet. Die Sekundarbildung wird zusammenfassend als High School bezeichnet. Die Höhere Sekundarbildung ist seit 1992 in drei Wahlbereiche aufgeteilt: akademisch-wissenschaftlich (Mathematik/Physik, Literatur- und Geisteswissenschaften, Naturwissenschaften, Islamwissenschaften), technisch (Industrie, Landwirtschaft, Dienstleistungen), beruflich (Wissensfertigkeiten, flexibler berufsbezogener Zweig). In einem einjährigen Universitätsvorberei-tungskurs (Mathematische Wissenschaft, Naturwissenschaften, Gesellschafts-wissenschaften, Philosophie oder Islamwissenschaft) können die Grundlagen für die tertiäre Bildung erworben werden, die dort durch Aufnahmeprüfungen abgetestet werden.

In Artikel 43 der Verfassung *Afghanistans* von 2004 wird das Recht auf allgemeine und kostenfreie Bildung für alle Menschen bis zum Abschluss des BA (Bachelor of Arts) erklärt. Dort wird auch festgelegt, dass Unterricht in lokalen Sprachen angeboten wird. Es gibt derzeit drei Anbieter für die Klassenstufen eins bis neun: staatliche Schulen, Schulen von NGOs sowie islamische Schulen, die mehrheitlich nach dem staatlichen Curriculum unterrichten. In der technischen und berufsfeldbezogenen Bildung (Kl. 10 bis 14) können öffentliche Verwaltung, Baubereich, Informations- und Kommunikationstechnologien, Landwirtschaft und Industrie studiert werden. Ein Schwerpunkt der Bildungsanstrengungen liegt derzeit im Wiederaufbau des Primarbereichs und einer Umsetzung der Schul-pflicht für die 1. bis 9. Klasse. Im Bereich der tertiären und beruflichen Bildung gibt es Aufbauprogramme. Afghanistan plant eine 100%ige Einschulung im Primarbereich bis 2015. Derzeit sind die Abbrecherquoten allerdings sehr hoch. Die Schulpflicht ist bisher nicht für die Sekundarbildung (Kl. 10 bis 12) durchgesetzt, bei der zwischen einem sozial- und einem naturwissenschaftlichen Zweig gewählt werden kann.

In der ersten Verfassung *Pakistans* wird das Recht auf kostenlose Allgemeinbildung für alle festgeschrieben. 1971 wird festgelegt, dass allen Menschen eine zehnjährige freie Schulbildung ermöglicht werden soll. Dennoch werden in den staatlichen Schulen geringe Schulgebühren erhoben. Bildung wird heute staatlich, non-formal und religiös angeboten. Gut 100 000 Schüler werden in 120 Bildungseinrichtungen (alle Bildungsstufen) der Armee unterrichtet (MoE 2003). In staatlichen Primar- und Sekundarschulen wird in der Nationalsprache Urdu unterrichtet. Teilweise werden die regionalen Sprachen berücksichtigt. Diese Schulen, die nur über geringe Ressourcen verfügen und in einem schlechten Zustand sind, werden meist von ärmeren Bevölkerungsgruppen besucht. Auch die Lehrkräfte gehören zu diesem Milieu.

Nepal verzeichnet staatliche, nicht-staatliche und private Bildungsangebote. Nepali ist Unterrichtssprache auf allen Ebenen des Bildungssystems, Englisch die zweite Sprache ab der 4. Klasse. Neben staatlichen Anstrengungen im allgemeinbildenden Bereich sollen durch das Higher Education Project mit internationaler Unterstützung der Sekundar- und der Tertiärbereich ausgebaut werden.

In *Bhutan* gibt es staatliche, private, non-formale und buddhistische Bildungsangebote. Wer die 12. Klasse erfolgreich abschließt, kann am staatlichen

Stipendienprogramm teilnehmen und in die tertiäre Bildung einsteigen. Für die anderen gibt es die Möglichkeit, staatliche oder private Bildungsangebote (auch in Indien) im beruflichen Bereich zu besuchen oder wieder in familiären Tätigkeiten aktiv zu sein.

Das Bildungsministerium von *Bangladesch* bewahrt eine strikte Kontrolle der öffentlichen und der staatlich anerkannten Privatschulen. Im Sekundarschulbereich gibt es mehrheitlich private Schulen, die allerdings bis zu 90% staatlich finanziert sind. Alle öffentlich anerkannten Schulen müssen der staatlichen Bildungspolitik und den staatlichen Curricula folgen. Etwa die Hälfte der Primarschulen wird derzeit staatlich, die andere Hälfte von NGOs (19%), religiösen Einrichtungen (6%) und privaten Anbietern (25%) betrieben. Viele der NGO-Schulen richten ihr Angebot an ältere Kinder, die die Schule abgebrochen oder noch nie eine Schule besucht haben. Alle staatlichen Primarschulen sind koedukativ, die Madrasas hingegen monoedukativ. Im Rahmen der NGO-Angebote gibt es häufig spezifische Mädchenförderprogramme. Englisch wird als zweite Sprache in Sekundarschulen gelehrt. In der 1. und 2. Klasse findet der Unterricht in den Fächern Bangla, Rechnen und Sozialkunde statt. Im Sekundarbereich gibt es sowohl ko- als auch monoedukative Schulen, in denen nach einem einheitlichen Curriculum unterrichtet wird. Es ist eine bemerkenswerte Zunahme mehrheitlich privater technischer Institute und Fortbildungszentren im höheren Sekundarbereich zu verzeichnen.

In *Sri Lanka* wird Allgemeinbildung mehrheitlich von staatlicher Seite in vier verschiedenen Formen angeboten: Typ I-Schulen mit dreizehn Jahren und einem naturwissenschaftlichen Schwerpunkt in Klasse 12 und 13 (Abschluss GCE/AL = General Certificate of Education/Advanced Level) (6,4% in 2004), Typ I-Schulen ohne naturwissenschaftlichen Schwerpunkt (18,1% in 2004), Typ II-Schulen mit elf Jahren bis zum GCE/Ordinary Level (43,8% in 2004) und Typ III-Schulen mit einem Schwerpunkt im Primarbereich und nur teilweise bis Klasse 8/9 (31,7% in 2004). Während es die Typ I-Schulen vor allem in den Städten im Westen gibt, befinden sich die – in der Regel zu kleinen und schlecht ausgestatteten – Typ III-Schulen vor allem in ärmlichen und abgelegenen Gegenden.

Auf den *Malediven* stellt das islamische Bildungsangebot ein seit Generationen existierendes paralleles, aus heutiger Perspektive non-formales, Bildungssystem dar, das in der Regel lokal angeboten wird und in starker Konkurrenz zur staatlich gewollten westlich-modernen formalen Schulbildung steht. In diese fast 80% (2006/2007) nicht-staatlichen Schulen gehen knapp 50% der eingeschulten Kinder. Der Sekundarbereich war lange nur in der Hauptstadt Male verfügbar, wird aber zusätzlich in den AECs, ASs und anderen Schulen mit hohen Einschulungszahlen angeboten. Zudem gibt es zwei Regionalzentren für Sekundarbildung (eins im Norden und eins im Süden). Die höhere Sekundarbildung, bis 2000 begrenzt auf das CSHE (Center for Higher Secondary Education) und das IIS (Institute of Islamic Studies) und wenige non-formale Zentren in der Hauptstadt, soll aktuell auf alle Atolle ausgeweitet werden.

Non-formale Bildungsangebote

Angebote nicht-staatlicher Stellen unterliegen – unterschiedlich ausgeprägt – staatlicher Kontrolle. Mit Ausnahme des *Iran*, wo es lediglich Alphabetisierungskurse für Erwachsene gibt, richten sie sich an Kinder, Jugendliche und Erwachsene mit einem Schwerpunkt in rückständigen Regionen. In allen Staaten, außer dem Iran, gibt es massive Tendenzen zum Ausbau oder zur Stärkung alternativer Bildungsformen im nicht-staatlichen Bereich. Diese sind Bildungs-angebote gemeinnütziger Organisationen oder international agierender NGOs, des privaten Sektors oder religiöser Einrichtungen. Dazu gehören auch Programme zur Alphabetisierung und Nach-Alphabetisierung von Erwachsenen (15-45 J.) sowie für Jugendliche (8-14 J.) zur Rückführung in die Regelschule. Auf den *Malediven* wird versucht, Nicht- oder Neualphabetisierte über Radio-programme und einen Ausbau der Fernstudien im Bildungssektor zu halten. Bei aller Euphorie für alternative Bildungsformen dürfen auch ihre Grenzen und spezifischen Herausforderungen nicht unterschätzt werden. In *Afghanistan* z.B. operiert eine kaum überschaubare Anzahl internationaler und nationaler NGOs, von denen die meisten mit der afghanischen Regierung im Bereich non-formaler Bildung zusammenarbeiten. Allerdings wird deutlich, dass die Vielfalt von Anbietern auch miteinander konkurrierende Bildungsvorstellungen und -strategien generiert, was an manchen Stellen zu einer Überschneidung von Programmen und einer ineffizienten Nutzung begrenzter Ressourcen führt. Zudem erschweren zeitlich befristete Schwerpunktprogramme mancher NGOs die Umsetzung einer nachhaltigen Bildungsstrategie (Shirazi 2007).

Nach wie vor ist zudem die Auffassung international verbreitet, non-formale Bildung sei eine erfolgversprechende Alternative zur formalen Bildung. Bei alledem scheint es bedeutsam zu sein, welcher bildungspolitische Stellenwert non-formalen Angeboten zuteil wird (Alternative, wesentlicher Bestandteil oder Ergänzung). Insbesondere bei Fragen der Rückführung in das Gesamtsystem müssen diese alternativen Bildungsformen auch in Südasien erst noch den Beweis des generellen Besserseins antreten – insbesondere was die Angebots-flexibilität, die Einbindung der dörflichen oder städtischen Gemeinschaften, die erfolgreiche Beschulung von Mädchen und den Bildungsabschluss betrifft. Zudem sind Bildungsanstrengungen dann vergeblich, wenn es keine weiterführenden Bildungs- oder Berufsmöglichkeiten gibt. Beispielsweise ist es für die Absolventen z.B. von Schulen der Organisation BRAC (Bangladesh Rural Advancement Committee) relativ unproblematisch, in staatliche Sekundarschulen zu wechseln. Da dort allerdings nur bedingt ihre spezifischen Lernbedürfnisse berücksichtigt werden können, kommt es zu hohen Abbrecherquoten (Rose 2009; auch: Lang-Wojtasik 2001).

In einem Grenzbereich zwischen nicht-staatlichen und privaten Anbietern bewegen sich die in *Pakistan* existierenden community-based schools. Sie werden von lokalen Gemeinschaften mit Unterstützung von NGOs oder internationalen Organisationen betrieben und die Unterrichtssprache ist in der Regel Urdu. Sie richten sich an einkommensschwache Bevölkerungsgruppen, da für den Besuch nur marginale Schulgebühren erhoben werden (Ali/Farah 2007). Hier wird ein Abgrenzungsproblem sichtbar, das sich auch an anderer Stelle Pakistans zeigt. In einer aktuellen Studie auf der Basis einer landesweiten Befragung von 20 der bekanntesten gemeinnützigen Bildungsanbieter (2003/2004) wird deutlich, dass es beachtliche Unterschiede in der Nachhaltigkeit von Bildungsvorhaben zwischen der Arbeit international finanzierter NGOs und national finanzierter TVOs (Traditional Voluntary Organizsations) gibt. Z.B. dauert bei den NGOs ein Programm so lange, wie die Finanzierung gesichert ist, bei den TVOs hingegen steht die Umsetzung inhaltlicher Zielsetzungen im Vordergrund. Zudem ist mit dem Ende der NGO-Finanzierung nicht nur der reguläre Unterricht beendet, sondern die Gesamtheit der Lehrerausbildung und der Bildungsadministration (inkl. des Monitoring) steht zur Disposition. Die Fortsetzung eines NGO-Programms ist letztlich nur dann möglich, wenn die Eltern der Kinder ab dem

Ausbleiben der internationalen Gelder selbst die Kosten tragen. Dies kann – vor allem dann, wenn der Staat nicht in der Lage ist, die Lücke zu füllen – als eine Wegbereitung für den privaten Sektor durch NGOs interpretiert werden (Bano 2008).

Private Bildungsangebote

Der private Bildungsmarkt wächst in fast allen Ländern, allerdings mit unterschiedlich starker staatlicher Kontrolle. Im *Iran* gibt es strikte Vorgaben für diesen Bereich (gemeinnützige Einrichtungen). Lehrkräfte der Primar-, Sekundar- und höheren Sekundarbildung müssen spezifische Anforderungen erfüllen (z.B. islamischer Glaube, iranische Nationalität, verheiratet und ohne Bezug zum Regime vor der islamischen Revolution). In *Afghanistan* ist die schrittweise Zulassung privater Bildungsanbieter geplant. Auf den *Malediven* sind diese bereits vorhanden, spielen aber derzeit keine herausragende Rolle; ähnlich in *Sri Lanka* (nur 3%), wo diese v.a. in den größeren Städten existieren (christliche Träger). Seit den 1980er Jahren gibt es eine zunehmende Zahl internationaler englischsprachiger Schulen, die allerdings als Unternehmen agieren müssen, da die gesetzlichen Verordnungen keine Zulassungen neuer Privatschulen in der Altersgruppe der 5- bis 14-Jährigen erlauben. In *Bangladesch* müssen die meisten Schulen von NGOs und privaten Anbietern sich zwar an der offiziellen Bildungspolitik und dem staatlichen Curriculum orientieren; ansonsten stehen sie aber nicht unter staatlicher Aufsicht. Sie können ihre eigenen politischen und administrativen Entscheidungen treffen (Schulgebühren, Anstellung von Lehrpersonal und Curriculumentwicklung). Dies führt z.B. dazu, dass die staatlichen Bengali Medium Schools nach dem staatlichen und die English Medium Schools nach dem britischen Curriculum unterrichten. Die Anzahl der Letzteren nimmt in verstädterten ländlichen Regionen und kleineren Städten massiv zu. Auch in *Pakistan* gibt es seit den 1990er Jahren eine umfassende und stets wachsende Anzahl privater Schulen, die im Jahr 2000 von 35% der Primarschülerschaft besucht wurden (Andrabi/ Das/Khwaja 2008) und für die es verschiedene Bildungsträger gibt. Der erste Typ (verstaatlicht von 1971 bis 1979) richtet sich traditionell an die höheren städtischen Gesellschaftsschichten, aus denen auch die Lehrkräfte kommen. Diese Schulen sind gut ausgestattet, erheben relativ hohe Gebühren (ab ca. 25 US $ pro Monat), bieten englischen Unterricht und Urdu als Pflichtfach an. Die Examen orientieren sich entweder an den Bundes- bzw. Provinzvorgaben oder aber an jenen aus Oxford und Cambridge. Ein anderer Typ richtet sich in städtischen und ländlichen Regionen mit geringeren Schulgebühren (zwischen 3 und 10 US $ pro Monat) an ökonomisch schwächere Bevölkerungsgruppen. Obwohl sie offiziell englischsprachige Schulen sind, findet der größte Teil des Unterrichts auf Urdu statt, da sowohl Lehrkräfte als auch die Schülerschaft nur geringe Kenntnisse in Englisch haben. In *Nepal* werden Dezentralisierungs-maßnahmen mit internationaler Unterstützung im Zuge des weltweiten von der UNESCO moderierten Education for All (EFA) Programms eingeleitet. Dazu gehört auch die massive Einrichtung von community-based oder -managed schools als Reformmodell, um eine qualitativ hochwertige Bildung für benachteiligte Bevölkerungsgruppen anbieten zu können. Dabei werden Erfolgselemente aus dem non-formalen Bereich (z.B. Einbindung in die lokale Umgebung) konsequent umgesetzt. Wie erfolgreich derartige Programme sind, hängt von den Rahmenbedingungen ab. Um die Hindernisse für den Zugang zu guter Bildung für alle zu überwinden, scheint es – wie in einer Dokumenten-analyse von Weltbank-Publikationen (2004/2005) sowie in Fallstudien in fünf Primarschulen deutlich wird – vor allem darauf anzukommen, dass die lokalen Gemeinschaften den Sinn und die Zielsetzung der neuen Bildungsangebote verstehen und sich alle Teile der jeweiligen Gemeinschaft an dem Prozess beteiligen (Carney/Bista/Agergaard 2007). Zudem werden im privaten Bildungs-bereich englischsprachige Bildungsangebote nachgefragt, da diese von vielen Eltern als wichtige Grundlage für bessere Berufsperspektiven jenseits des Agrarsektors und/oder im Ausland gesehen werden. Viele von ihnen unter-nehmen alles, um ihren Kindern durch Bildung eine bessere Zukunft zu ermög-lichen. Auch in Nepal gibt es teure Privatschulen für die Wohlhabenden der Gesellschaft und ‚budget private schools‘ mit schlechter Ausstattung, an denen schlecht qualifizierte und unterbezahlte Lehrkräfte arbeiten. Es geht also weniger um die bekannte Differenz gebildet/nicht gebildet, sondern um zwei neue Differenzen: staatlich/privat gebildet und privat elitär/preisgünstig privat gebildet. Bei alledem ist die Frage evident, in welchem Verhältnis Effektivitäts- und Effizienzkriterien gegenüber der staatlichen Pflicht stehen, Allgemeinbildung für die gesamte Bevölkerung zu ermöglichen. Es geht darum, ob Bildung ein allgemeines und individuelles Gut ist, oder ob sie gegenüber ökonomischen Prinzipien geöffnet werden soll, und ob der private Sektor den demokratischen Anspruch einer Bildung für alle überhaupt erfüllen kann (Caddel 2006).

Religiöse Bildungsangebote

Bhutan kennt eine lange buddhistische Bildungtradition (Lobdra, Shreda), die bis heute für viele Heranwachsende eine Alternative zum modern-europäischen Bildungswesen darstellt und 1980 in einem staatlichen Curriculum festge-schrieben wird. Buddhistische Bildung wird in *Sri Lanka* seit dem 3. Jh. v. Chr. dreigeteilt angeboten: *mulika pirivena* (Kl. 1 bis 6), *maha pirivena* (Kl. 6 bis 11), *pirivena vidyayathanaya* (10. Kl. bis Tertiärbildung).

Im *Iran* sind der Qu'ran und religiöse Erziehung Teil des Primar-, Sekundar- und Höheren Sekundarcurriculums. In Afghanistan, Pakistan, Bangladesch und auf den Malediven stellen islamische Bildungsangebote Alternativen zur staat-lichen Bildung dar. Ähnlich wie in der buddhistischen Tradition Bhutans, sind islamische Bildungsangebote auf den *Malediven* lange Zeit konkurrenzlos gewesen. Sie umfassen *edhurughe* oder *kiyavaage* (Nachbarschaftsschulen mit dem Ziel, den Qu'ran lesen sowie die Sprache Dhivehi und andere Basis-fähigkeiten, z.B. Rechnen, zu lernen) sowie *makhtab* mit einem etwas formelleren Charakter und Madrassen mit einem erweiterten Curriculum. In *Afghanistan* existieren islamische Schulen in zwei Formen parallel zum staatlichen Angebot. *Dar-ul-ulum* sind religiöse Schulen mit staatlichem Curriculum und *Dar-ul-hafiz* sind Islamschulen mit einem Schwerpunkt religiöser Studien.

Einschneidende Veränderungen bezüglich islamischer Bildungsangebote gibt es in Pakistan und Bangladesch. Sie sind in *Pakistan* mit unterschiedlichen religiösen Strömungen verbunden (Riaz 2008, S. 79-115) und ihre Anzahl soll massiv gestiegen sein – von 247 (1947) auf 6 761 (2000). Im Jahr 2001 wird ein staatliches Madrasah Education Board eingerichtet, an das einige der Einrich-tungen angegliedert sind. Das islamische Bildungsangebot umfasst alle Formen von der Primarschule bis zu Postgraduiertenstudien (insgesamt 17 Jahre). In der Regel werden die Einrichtungen nur minimal staatlich gefördert und finanzieren sich durch nationale oder internationale Geldgeber. Die meisten der

Schüler/innen und Lehrkräfte kommen aus unteren Einkommensgruppen. Für viele ist es der einzige Weg, einen Zugang zu Bildung zu bekommen. Es gibt Versuche, das islamische Bildungswesen über die Einführung weltlicher Elemente an das staatliche anschlussfähig zu machen. Seit 1995 wird in *Bangladesch* verstärkt versucht, islamische Bildungsangebote als staatlich kontrolliertes Äquivalent zur Allgemeinbildung zu stärken (Angebot mit kostenlosen Mahlzeiten und ohne sekundäre Kosten), was am Beginn des 21. Jh. auch umgesetzt werden kann. Von 1971 bis 2004 steht die Zahl der Einschulungen in islamische Bildungseinrichtungen massiv. Das Curriculum der *Ebtedayee* (Primar), *Dakhil*, *Alim* (beide Sekundar), *Fazil* und *Kamil*-Ebenen (5-5-2-2-2) wird um säkulare Anteile erweitert und ermöglicht, weiterführende Bildungsangebote auch im staatlichen Tertiärbereich nachzufragen. Es gibt islamische Anteile auch – im ansonsten säkularen Curriculum – in staatlichen Schulen ab Klasse 3. Die islamischen Bildungseinrichtungen unterstehen staatlicher Aufsicht. Es gibt zwei Curriculumbehörden: eine für die allgemeinen Schulen und eine für die Madrasahs.

Weiterführende Bildung

Im Anschluss an die allgemeine Bildung existieren in allen Ländern mögliche Übergänge zur Berufsbildung sowie Tertiärbildung in Colleges, Hochschulen und Universitäten, die unterschiedlich stark ausgebaut sind. In *Bangladesch* gibt es z.B. berufsbildende Zertifikatskurse (ein bis zwei Jahre) nach dem Abschluss der 8. Klasse in speziellen Training Instituten (auch non-formale Anbieter), Diplomkurse für Diplomingenieure mit verschiedenen Schwerpunkten (drei Jahre nach dem Abschluss des Secondary School Certificate/SSC) sowie Hochschulabschlüsse. In *Pakistan* existiert ein unabhängiger Technikzweig in polytechnischen Instituten und Colleges sowie ein Berufsbildungszweig, in dem Ein-Jahres-Zertifikate und Zwei-Jahres-Diplome erworben werden können. Auf den *Malediven* gibt es seit den 1990er Jahren ein Berufsbildungszentrum mit sieben Spezialisierungen für angelernte und ausgebildete Kräfte sowie vier Abteilungen in den Atollen für ländliche Jugendberufsbildung in fünf verschiedenen Spezialisierungen. Seit den 1980er Jahren wird der berufsbezogene Bildungsbereich in *Sri Lanka* ausgebaut und ist in vier Bereiche aufgeteilt: Universitäten (Ingenieure), Fachhochschulen, handwerkliche Berufsbildung (staatlich und nicht-staatlich) sowie Fortbildungsangebote. Die berufsbezogene Bildung umfasst seit den 1990er Jahren in *Nepal* v.a. informelle In-Service Trainings, Ausbildung im Rahmen der Lehre und Qualifizierungen in Berufsfachschulen (parallel bis zur höheren Sekundarbildung).

Im allen Ländern wird staatliche *Hochschul- und universitäre Bildung* – außer im Iran und in Bhutan auch privat – in verschiedenen Einrichtungen angeboten: Afghanistan (13)[4], Bangladesch (71)[5], Bhutan (1), Iran (152), Nepal (6; inkl. der buddhistischen Siddharta-Universität), Pakistan (122) und Sri Lanka (24). Auf den Malediven gibt es seit 1998 das MCHE (Maldive College of Higher

---

4   Hinzu kommen fünf pädagogische Institute. Der tertiäre Bildungsbereich soll in Afghanistan in den nächsten Jahren umfassend ausgebaut werden.

5   17 Universitäten werden staatlich, der Rest privat getragen. Darüber hinaus gibt es einen massiven Anstieg privater Anbieter im Bereich der technischen Institute und Weiterbildungszentren.

Education), aus der die Maldives National University (ab 2010[6]) hervorgehen soll. Sie ist zusammen mit der Königlich Bhutanischen Universität (seit 2003; mit mehreren Colleges im ganzen Land) eine der jüngsten tertiären Bildungseinrichtungen in Südasien.

Fernuniversitäten existieren in Bangladesch, im Iran, in Pakistan und Sri Lanka. Auf den Malediven gibt es Fernstudien als Teil des *MCHE*. Sowohl in Bhutan als auch in Nepal könnte der Ausbau des E-Learning eine Möglichkeit darstellen, einer größeren Zahl von Menschen einen Zugang zu weiterführender Bildung zu eröffnen. Dazu müssen technische Hürden überwunden und ein ‚kultureller Bewusstseinswandel‘ in der Balance oraler und literaler Kommunikationsformen sowie veränderten Interaktionsformen herbeigeführt werden (Jamtsho/Bullen 2007; Rennie/Mason 2007). Möglicherweise bietet ein Ausbau gerade für Frauen eine Möglichkeit, auch an höherer Bildung teilzuhaben. Nach einer Sekundäranalyse offizieller Daten Pakistans sind zumindest die dortigen Einschreibungszahlen Mitte des ersten Jahrzehnts im 21. Jh. mehr als doppelt so hoch wie im formalen tertiären Bereich (Buksh 2007).

Lehrerbildung und Erziehungswissenschaft

Für die Ausbildung von Primar- und Sekundarschullehrkräften gelten unterschiedliche Erfordernisse. Im *Iran* gibt es drei Möglichkeiten für Primarschullehrerinnen und -lehrer: (1) Universitärer Associate Degree nach zweijährigem Studium am Junior College; Voraussetzung für das Studium ist ein Diplom an einer High School und das Bestehen eines landesweiten Universitätseingangstests sowie die Absolvierung des Teacher Training Centres (TTC); (2) Post-secondary certificate in primary teaching; (3) Eingangstest und TTC (zwei oder vier Jahre) nach Abschluss der Lower Secondary oder der 10. Klasse (2. Klasse der Upper Secondary) im Bereich Naturwissenschaften/Physik/Mathematik. Graduierte der Upper Secondary können durch den Nachweis mindestens fünfjähriger Erfahrung in Alphabetisierungsorganisationen eine Lehrbefähigung bekommen. Für die Tätigkeit im Bereich der Lower Secondary ist ein Associate Degree in einem der zehn Unterrichtsfächer erforderlich; Voraussetzung sind der Abschluss der Upper Secondary und die Ausbildung am TTC. Um in der Upper Secondary tätig zu sein, wird ein B.A. gefordert, entweder als Abschluss des Colleges im Lehrendenbereich oder aber durch einen B.A. in anderen Fächern und einer speziellen Prüfung der Qualifikation. In *Afghanistan* gibt es zwei Möglichkeiten der Lehrerausbildung: Spezielle Colleges (13. bis 14. Kl.) mit Pre-Service- und In-Service-Training oder eine fünfjährige Lehrerausbildung (10. bis 14. Kl.). Um in *Bangladesch* als Lehrkraft tätig zu sein, reicht im Primarbereich i.d.R. der Abschluss der 10. Schuljahres und der Abschluss eines achtmonatigen Kurses an einem Primary Teacher Training Institute. Sekundarschullehrer müssen einen Bachelor of Education (B.Ed.) an einem universitätsangegliederten Teacher Training College erworben haben. Die Diplomkurse des Institute of Education and Research werden als äquivalent zum B.Ed. anerkannt. Beide Abschlüsse berechtigen zum einjährigen Studium des Masters of Education. Lehrende der Sekundarschule in technischen Fächern müssen mindestens ein Ingenieursdiplom vorweisen. Um als Lehrkraft in *Pakistan* tätig zu sein, reicht im

---

6 In verschiedenen Publikationen wird auf die baldige Eröffnung der Universität hingewiesen. Im aktuellsten verfügbaren Hinweis wird darüber berichtet, dass die Gesetzesvorlage in das Parlament eingebracht und verabschiedet wurde (MoERoM 2009).

Primarbereich i.d.R. der Abschluss der Sekundarschule und die Absolvierung eines Zwei-Jahres-Kurses an einer der Teacher Training Schools. Für Lehrende in Middle Schools ist der erfolgreiche Abschluss eines Teacher Training Colleges erforderlich. Lehrende an Secondary und Higher Secondary Schools benötigen einen Degree-Abschluss (B.A. od. B.Sc.) und müssen einen Ein-Jahres-Post-Graduate-Kurs (B.Ed. od. B.Teach.) an einer Universität absolvieren. Auf den *Malediven* reicht ein diplomiertes Zwei-Jahres-Programm, das im Institute for Teacher Education erworben wird. Etwa ein Drittel der mehrheitlich auf den Atollen unterrichtenden Primarlehrkräfte haben diesen Abschluss nicht (2006/2007). Demgegenüber gelten die überwiegend in Male unterrichtenden Sekundarschullehrkräfte als zu fast 100% formal ausgebildet. In *Bhutan* ist die Lehrerausbildung am National Institute of Education angesiedelt. Sowohl für das Primar-, als auch für das Sekundarlehramt gibt es dort einen dreijährigen B.Ed., für den der Abschluss der 12. Klasse (Abschluss in humanities, commerce oder science) sowie ein einjähriges Teacher Training Programme/Post Graduate Certificate in Education erforderlich ist. Eine weitere Möglichkeit besteht für Absolventen der 10. Klasse darin, einen zweijährigen Primary Teacher Certificate Course zu besuchen. Ausgangspunkt für die Lehrerausbildung in *Nepal* ist der Abschluss der Higher Secondary mit Kursen in Education (Kl. 11 bis 12; Certificate of Education). Im Anschluss daran erfolgt ein zweijähriges Bachelor-studium an der Tribhuvan University oder die Teilnahme am drei- bis vierjährigen Bachelor's degree programme der privaten Kathmandu School of Education. Hier wird auch ein zweijähriges Postgraduiertenstudium für Lehr-kräfte und Schulleitungen in Primar- und Sekundarschulen angeboten. Die Minimalqualifikation für ein Lehramtsstudium im Primarbereich ist der Abschluss der 10. Klasse (School Leaving Certificate) und in der Lower Secondary der Abschluss der 12. Klasse (proficiency certificate/intermediate). In beiden Fällen muss zusätzlich ein zehnmonatiges Training absolviert werden. Die Ausbildung von Lehrkräften wird in *Sri Lanka* in einem Teacher Education Network organisiert. Es gibt das National Institute of Education, vier Fakultäten (Departments) für Bildung an den Universitäten, 17 Colleges of Education, vier Teacher Education Institutes, 100 Teacher Centres, 30 regionale English Support Centres und weitere regionale Anbieter. Lehrende für den Unterricht in Klasse 1 bis 11 müssen einen Pre-Service von zwei Jahren in Colleges of Education mit residential training programmes sowie eine einjährige Praxisphase absolvieren. Lehrende für den Unterricht in Klasse 12 bis 13 benötigen einen Universitäts-abschluss. Darüber hinaus können bisher unausgebildete Lehrkräfte eine Weiter-bildung in Training Colleges sowie Fernstudienprogramme absolvieren. Die Fort- und Weiterbildung findet in Teacher Education Centres in verschiedenen Orten des Landes statt. Im Jahr 2004 galten 90% der Lehrkräfte als professionell ausgebildet; davon fast 70% Frauen.

5. Aktuelle Herausforderungen

Die Region Süd- und Westasien steht – gemessen an ihrem Anteil der unter 15-Jährigen (ein Viertel bis ein Drittel der Bevölkerung) – für junge Nationen. Gleichzeitig trägt sie zu einem erheblichen Teil dazu bei, dass die EFA-Ziele – global betrachtet – nicht erreicht werden können. Mit Ausnahme der Malediven, die als quasi voll alphabetisiert gelten (97%), sowie Sri Lanka (91%) und dem Iran (82%), gibt es weiterhin viele *nicht-alphabetisierte* Teile der Bevölkerung: Afghanistan (72%), Bangladesch und Bhutan (47%), Pakistan (46%) und Nepal

(43%). Die Länder Süd- und Westasiens stehen vor verschiedenen Herausforderungen, die hier abschließend erläutert werden sollen[7].

Qualitative Allgemeinbildung für alle

Die Brutto-Einschulungszahlen sind hoch und liegen zwischen 96% in Afghanistan und 160% in Nepal. Die *Netto-Einschulungszahlen* liegen jedoch mit Ausnahme der Malediven (98%) weit darunter: Bhutan (56%), Nepal (65%), Iran (82%) und Bangladesch (83%). Der Anteil der *Wiederholer in der Primarkohorte* liegt zwischen 0,8% in Sri Lanka und 20,6% in Nepal. Die *Schulabbrecherquoten* variieren: Sri Lanka (6,6%), Iran (12,2%), Bhutan (15,6%), Pakistan (30,3%), Nepal (38,4%) und Bangladesch (45,2%). Letztendlich wird die Primarschule nur von etwa 60% in Bangladesch und in Pakistan sowie ca. 80% in Nepal und Bhutan abgeschlossen. In absoluten Zahlen gehen 2006 mehr als 11 Mio. Kinder in den betrachteten Ländern nicht zur Primarschule. Die Unterrichtsbedingungen der allgemeinbildenden Schulen bleiben in den meisten Ländern schwierig. Daher gibt es massive Anstrengungen, curriculare Reformen und neue Lernformen zu implementieren oder durchzusetzen, die Bildungsqualität und Lehrerausbildung zu verbessern. Dabei bleibt jedoch die Spannung zwischen quantitativer Expansion und qualitativer Verbesserung der Bildung prominent. Dadurch können Erfolge, wie z.B. in *Bangladesch* die Erhöhung der Einschulungsquoten, um ca. 10% von 1990 bis 2006, durch das massive Bevölkerungswachstum immer wieder relativiert werden. Auf den *Malediven* steht der Expansionswunsch eines modernen Bildungswesens der spezifischen Landesstruktur (unzählige Inseln) gegenüber.

Bedenklich ist der niedrige Anteil von *Sekundarübergängen* in Afghanistan (12%), Pakistan (33%), Bangladesch, den Malediven und Nepal (jeweils 43%). Im Iran werden demgegenüber 81% und in Sri Lanka 87% der Primarabsolventen in den Sekundarbereich eingeschult. Selbst wenn eine Universalisierung der Primarbildung erreicht ist (z.B. offiziell in Bhutan 2007), geht es immer auch darum, den Anstieg von Schüler/innen im Sekundarbereich zu bewältigen. Bhutan und Nepal haben das Problem, große Bevölkerungsteile in Gegenden beschulen zu müssen, die weit abgelegen leben. Auf den Malediven gibt es höhere Sekundarbildung nur auf wenigen Inseln.

Der *Gender Parity Index* (GPI) im Primar- und Sekundarbereich zeigt lediglich für Afghanistan (0,70/0,28 in 2005) und Pakistan (0,80/0,76 in 2009) eine weibliche Benachteiligung. Diese kann im Sekundarbereich auch für Nepal (0,91), Bhutan (0,93) und den Iran (0,94) konstatiert werden. In Sri Lanka (1,02), Bangladesch (1,06) und den Malediven (1,07) schlägt demgegenüber das Pendel eher zugunsten der Mädchen aus.

Anschlussmöglichkeiten nach der Allgemeinbildung

Die *Übergänge zu tertiärer Bildung* sind am höchsten im Iran (27% in 2006 mit einer Mehrheit der Frauen). In Afghanistan sind dies 1% sowie in Bangladesch, Bhutan, Nepal und Pakistan zwischen 5% und 6%. Neben einer Verbesserung der tertiären und beruflichen Bildung in den meisten Ländern, geht es um die

---

7 Dies geschieht auf der Basis folgender Literatur: Gresch 2009; Guimbert/Miwa/Nguyen 2008; Fischer 2009; Gandhi 2009; Shirazi 2007; Amin 2007; Chhoeda 2007; Latheef/Gupta 2007; Niraula 2007; Ali/Farah 2007; Jayaweera 2007

grundsätzliche Frage von Anschlussmöglichkeiten nach der Allgemeinbildung. Auf den fast voll alphabetisierten *Malediven,* auf denen die Universalisierung der Primarbildung (sieben Jahre) als durchgesetzt gilt, verlässt z.B. nur eine kleine Gruppe von Heranwachsenden die Schule mit einer sich anschließenden Bildungsmöglichkeit. Um hoch qualifizierte Experten auszubilden, die die ökonomische und soziale Entwicklung der Länder eigenständig voranbringen können, bräuchte es einen dezentralen Ausbau höherer Bildungseinrichtungen. Für *Bhutan* wird berichtet, dass gut ein Drittel der Schüler/innen, die ab der sechsten Klasse die Schule verlassen, weder eine Berufstätigkeit in der Stadt finden, noch zurück in ihre ländliche Heimat gehen wollen. Das damit angesprochene Problem ist aus anderen Ländern wie Bangladesch oder Indien bekannt, wo Kinder aus unteren sozialen Schichten durch alternative Bildungs- angebote an weiterführende Bildung herangeführt werden und in der Folge v.a. akademische Berufe nachfragen und diese nicht unbedingt auf dem Land ausüben wollen.

Nationale Entwicklung und Globalisierung zwischen Tradition und Modernität

In den meisten Ländern ist ein Trend zu beobachten, zukünftige Generationen auf eine globale Gesellschaft vorzubereiten. Dabei stehen europäisch-US-ameri- kanische Modernisierung und regionale Traditionen häufig in einem Spannungs- verhältnis zueinander, wenn es um die Entwicklung nationaler Identitäten in den jungen Nationalstaaten geht. Die besondere Rolle von Bildung wird in der Regel im Umbau und in der Funktionalisierung der damit assoziierten Systeme gesehen (Lall/Vickers 2009); ein Phänomen, das bereits in der Kolonialzeit verschiedener Länder Südasiens sichtbar wird (Kumar/Oesterheld 2007). Das Gelingen einer Bildungsbeteiligung aller hängt auch davon ab, ob regional bedeutsame Ver- ständnisse gesellschaftlicher und kultureller Werte sowie philosophischer Grund- lagen für Bildungsvorstellungen berücksichtigt werden, ohne dabei durch post- kolonialistische und europäisch normierte Vorstellungen westlicher Zivilisation und ,Weltkultur' (Meyer 2005) dominiert zu werden.

Insbesondere in den islamischen Ländern ist die Frage prominent, wie mit dem Spagat zwischen religiösen Bildungstraditionen und säkular-expansiver Bildungspolitik einer globalisierten Moderne umgegangen wird. Im *Iran* wird in diesem Zusammenhang von den Universitäten ein umfassendes akademisches Demokratisierungspotenzial erhofft. Auf den *Malediven* wird zu beobachten sein, wie sich das traditionell gewachsene und an die Atoll-Struktur angepasste islamische gegenüber dem expansiven, global orientierten Bildungswesen behaupten kann. Auch in *Bhutan* ist zu fragen, welche Bedeutung die traditionelle und an die Gegebenheiten des Landes angepasste buddhistische Bildung haben wird. Ein weiteres Problem ist der massive Brain Drain in *Bangladesch* und *Pakistan,* wo gut ausgebildete Fachkräfte bevorzugt in die Golfstaaten migrieren.

Der Umgang mit religiösen und ethnischen Minderheiten wird für fast alle Länder als konflikthaft beschrieben. Zu beobachten bleibt, welche Konsequenzen daraus für ein zukunftsfähiges Bildungswesen gezogen werden, das den univer- sellen Menschenrechten standhält. Beispielsweise durchschreitet *Bhutan* eine intensive Phase einer selbst verordneten ,Bhutanisierung' von Gesellschaft und Bildungswesen mit der Folge einer restriktiven Minderheitenpolitik. In *Afghanistan* sollten die beeindruckenden Fortschritte (z.B. Einschulung von drei Mio. Kindern im Jahre 2002) trotz des anhaltenden Krieges nicht darüber hinwegtäuschen, dass viele Schulen zerstört sind, die neu gebauten kaum für die prognostizierten Schülerzahlen ausreichen und die Rekrutierung sowie Ausbildung von Lehrkräften schwierig ist. Auch in der post-bellizistischen Gesellschaft *Sri Lankas* geht es einerseits um die Bewältigung der Kriegsfolgen und andererseits um die Förderung von Demokratie durch Berücksichtigung einer multireligiösen und multiethnischen Gesellschaft.

Ausblick

Die weltweite Erreichung der EFA-Ziele erfordert eine Konzentration auf die Region Süd- und Westasien. Ein wichtiger Schritt ist die Orientierung vieler Länder am Konzept einer Inclusive Education (UNESCO 2009), um mittelfristig alle potentiellen Bildungsadressaten erreichen zu können. Es geht um eine Förderung der Gleichberechtigung, Überwindung sozialer und kultureller Barrieren, stärkere Berücksichtigung von Minderheiten und Sprachenvielfalt, Stärkung lokaler Gemeinschaften sowie Ausbau von Alphabetisierungs- und nonformalen Bildungsprogrammen. Zudem sollen die technische, berufsbezogene, und die tertiäre Bildung ausgeweitet und verbessert werden. Auch werden die Zusammenarbeit staatlicher und nicht-staatlicher Stellen sowie qualitative Verbesserungen von Monitoring-Strukturen und eine stärkere Dezentralisierung der Bildungsverwaltung angestrebt.

Literatur

Ali, M.M. (1995): Bangladesh. In: Postlethwaite, T.N. (Hg.): International encyclopedia of national systems of education. Oxford et al: Elsevier Science (2. Aufl.), S. 70-77.

Ali, Sajid/Farah, Iffat (2007): Schooling in Pakistan. In: Gupta, Amita (Hg.): Going to school in South Asia. Westport/London: Greenwood Press, S. 143-166.

Amin, Sajeda (2007): Schooling in Bangladesh. In: Gupta, Amita (Hg.): Going to school in South Asia. Westport/London: Greenwood Press, S. 37-52.

Andrabi, Tahir/Das, Jishnu/Khwaja, Asim Ijaz/Zajong, Tristan (2006): Religious school enrolment in Pakistan: A look at the data. In: Comparative Education Review 50.3, S. 446-477.

Andrabi, Tahir/Das, Jishnu/Khwaja, Asim Ijaz (2008): A dime a day: The possibilities and limits of private schooling in Pakistan. In: Comparative Education Review 52.3, S. 329-In: Comparative Education Review 52.3, S. 329-355.

Andrai, Non Più (2009): Bullets, burqas, books – education policy and its discontents in communits and Taleban Afghanistan. In: Lall, Marie/Vickers, Edward (Hg.): Education as political tool in Asia. London/New York: Routledge, S. 198-218.

Aziz-Zadeh, H. (1995): Iran. In: Postlethwaite, T.N. (Hg.): International encyclopedia of national systems of education. Oxford et al: Elsevier Science (2. Aufl.), S. 448-452.

Bangladesch-Forum (2009): Informationsmappe zur Situation von Minderheiten in Bangladesch. Wetzlar 2008; veröffentlicht unter: http://amnesty-bangladesch.de/uploads//Pressemappe_Minderheiten.pdf, 10.9.2009.

Bano, Masooda (2008): Non-profit education providers vis-à-vis the private sector: comparative analysis of non-governmental organizations and traditional voluntary organizations in Pakistan. In: Compare 38.4, S. 471-482.

Büscher, Horst (1994): Afghanistan. In: Nohlen, Dieter/Nuscheler, Franz (Hg.): Handbuch der Dritten Welt. Bd. 7. Bonn: Dietz (3. Aufl.), S. 138-161.

Caddel, Martha (2006): Private schools as battlefields: contested visions of learning and livelihood in Nepal. In: Compare 36.4, S. 463-479.

Carney, Stephen/Bista, Min/Agergaard, Jytte (2007): ‚Empowering' the ‚local' through education? Exploring community-managed schooling in Nepal. In: Oxford Review of Education 33.5, S. 611-628.

Chandra, Ramesh (2003a): Encyclopedia of Education in South Asia. Pakistan: Volume 4. Delhi: Kalpaz Publications.

Chandra, Ramesh (2003b): Encyclopedia of Education in South Asia. Sri Lanka: Volume 5. Delhi: Kalpaz Publications.

Chandra, Ramesh (2003c): Encyclopedia of Education in South Asia. Nepal: Volume 6. Delhi: Kalpaz Publications.

Chandra, Ramesh (2003d): Encyclopedia of Education in South Asia. Bangladesh: Volume 7. Delhi: Kalpaz Publications.

Chandra, Ramesh (2003e): Encyclopedia of Education in South Asia. Bhutan: Volume 8. Delhi: Kalpaz Publications.

Chandra, Ramesh (2003f): Encyclopedia of Education in South Asia. Maldive: Volume 9. Delhi: Kalpaz Publications.

Chhoeda, Tenzin (2007): Schooling in Bhutan. In: Gupta, Amita (Hg.): Going to school in South Asia. Westport/London: Greenwood Press, S. 53-65.

Crellin, C.T. (1995): Bhutan. In: Postlethwaite, T.N. (Hg.): International encyclopedia of national systems of education. Oxford et al: Elsevier Science (2. Aufl.), S. 103-109.

Datta, Asit (1994): Bangladesh. In: Nohlen, Dieter/Nuscheler, Franz (Hg.): Handbuch der Dritten Welt. Bd. 7. Bonn: Dietz (3. Aufl.), S. 162-191.

Denman, Brian D./Namgyel, Singye (2008): Convergence of monastic and modern education in Bhutan? In: International Review of Education 54, S. 475-491.

Donner, Jochen/Thibaut, Bernhard (1994): Sri Lanka. In: Nohlen, Dieter/Nuscheler, Franz (Hg.): Handbuch der Dritten Welt. Bd. 7. Bonn: Dietz (3. Aufl.), S. 336-367.

Ferdowsi, Mir. A. (1993): Iran. Nohlen, D./Nuscheler, F. (Hg.): Handbuch der Dritten Welt. Bd. 6. Bonn: Dietz (3. Aufl.), S. 340-364.

Frauenfeld, Katharina (2007): Pakistans ethnischer Flickenteppich und die Probleme der Verfassungsbildung. Heidelberg: Ruprecht-Karls-Universität zu Heidelberg/Südasien-Institut 2007; veröffentlicht unter: http://archiv.ub.uni-heidelberg.de/savifadok/volltexte/2007/33; 10.9.2009.

Gandhi, Miloni (2009): Bhutanese education systems: A look toward the future. In: Raby, Rosalind Latiner/Valeau, Edward J. (Hg.): Community College Models. Dordrecht: Springer, S. 589-601.

Ghafoor, A./Farooq, R.A. (1995): Pakistan. In: Postlethwaite, T.N. (Hg.): International encyclopedia of national systems of education. Oxford et al: Elsevier Science (2. Aufl.), S. 751-758.

Gouverneur, Cédric (2009): Sri Lanka: Kein Frieden nach dem Sieg. In: Le Monde Diplomatique: Atlas der Weltverwicklungen. Paris: Le Monde Diplomatique, S. 196-197.

Guimbert, Stephane/Miwa, Keiko/Nguyen, Duc Thanh (2008): Back to school in Afghanistan: Determinants of school enrolment. In: International Journal of Educational Development 28, S. 419-434.

Gupta, Amita (2007a) (Hg.): Going to school in South Asia. Westport/London: Greenwood Press.

Gupta, Amita (2007b): Introduction: Culture, curriculum, and points of intersection. In: Gupta, Amita (Hg.): Going to school in South Asia. Westport/London: Greenwood Press, S. 1-13.

Hakeem, A.H.A. (1995): Maldives. In: Postlethwaite, T.N. (Hg.): International encyclopedia of national systems of education. Oxford et al: Elsevier Science (2. Aufl.), S. 609-614.

Haq, F. (1995): Afghanistan. In: Postlethwaite, T.N. (Hg.): International encyclopedia of national systems of education. Oxford et al: Elsevier Science (2. Aufl.), S. 1-7.

Heidegger, Patrizia (2008): Die Flut aus dem Norden, aus dem Süden Sturm. Naturkatastrophen fordern rund 4000 Menschenleben in Bangladesch. In: Südasien 4(2007)/1(2008), S. 80-82.

HMGN 2004 = His Majesty Government of Nepal. Ministry of Education and Sports (2004): The Development of Education. National Report of Nepal. Kathmandu, September 2004.

Jamtsho, Sangay/Bullen, Mark (2007): Distance Education in Bhutan: Improving access and quality through ICT use. In: Distance Education 28. 2, S. 149-161.

Jayaweera, Swarna (2007): Schooling in Sri Lanka. In: Gupta, Amita (Hg.): Going to school in South Asia. Westport/London: Greenwood Press, S. 167-194.

Khaniya, T.R./Kiernan, M.A. (1995): Nepal: In: Postlethwaite, T.N. (Hg.): International encyclopedia of national systems of education. Oxford et al: Elsevier Science (2. Aufl.), S. 691-698.

Krämer, Karl-Heinz (1992): Bhutan – Land des friedlichen Drachens? Bericht einer internationalen Juristenkommission. In: Südasien 6, S. 48-49.

Kumar, Krishna/Oesterheld, Joachim (2007) (Hg.): Education and Social Change in South Asia. New Delhi: Orient Longman.

Lall, Marie (2009): Education dilemmas in Pakistan. In: Lall, Marie/Vickers, Edward (Hg.): Education as political tool in Asia. London/New York: Routledge, S. 179-197.

Lall, Marie/Vickers, Edward (2009) (Hg.): Education as political tool in Asia. London/New York: Routledge.

Lang-Wojtasik, Gregor (2001): Bildung für alle! Bildung für alle? Zur Theorie non-formaler Primarbildung am Beispiel Bangladesh und Indien. Hamburg: LIT.

Lateef, Mohamed/Gupta, Amita (2007): Schooling in Maldives. In: Gupta, Amita (Hg.): Going to school in South Asia. Westport/London: Greenwood Press, S. 112.125.

„Malediven wollen eine neue Heimat kaufen" (2008); veröffentlicht unter: Welt-Online; http://www.welt.de/wissenschaft/article2699726/Malediven-wollen-eine-neue-Heimat-kaufen.html, 22.2.2010.

Metzner, Joachim (1994): Malediven. In: Nohlen, Dieter/Nuscheler, Franz (Hg.): Handbuch der Dritten Welt. Bd. 7. Bonn: Dietz (3. Aufl.), S. 244-258.

Meyer, John W. (2005): Weltkultur. Wie die westlichen Prinzipien die Welt durchdringen (hg. v. Georg Krücken). Frankfurt/M.: Suhrkamp.

MEIRA 2008 = Ministry of Education Islamic Republic of Afghanistan (2008): The Development of Education. National Report. Islamic Republic of Afghanistan. Kabul, 15.10.2008.

MEIR 2008 = Ministry of Education of the I.R. of Iran (2008): National Report on Development of Education in the I.R. of Iran. With an Emphasis on Inclusive Education a way to the Future (devised by Bureau of International Scientific Cooperation). Tehran, October 2008.

MoE 2003 = Ministry of Education/Government of Pakistan: Ministry of Defence (Army Public Schools/Colleges); veröffentlicht unter: www.moe.gov.pk/mod.htm, 29.11.2006.

MoEGoP 2004 = Ministry of Education. Government of Pakistan (2004: The Development of Education. National Report of Pakistan. Islamabad, July 2004.

MoE 2004 = Ministry of Education (2004): Development of Education. National Report of Bangladesh. Dhaka, September 2004.

MoEDoSE 2008 = Ministry of Education. Department of School Education (2008): Guideline for the establishment of private schools in Bhutan; veröffentlicht unter: http://www.education.gov.bt/Guidelines/rgfps.pdf, 22.2.2010.

MoERoM 2009 = Ministry of Education. Republic of Maldives (2009): The Maldives National University, 12.10.2009; veröffentlicht unter: http://www.moe.gov.mv/v3/moe/en/?p=details&node=501, 22.2.2010.

Neelsen, John (2009): Ende des Krieges – Fortsetzung des Konflikts. Wird der militärische Erfolg zur Niederlage des Staates in Sri Lanka? In: Südasien 2, S. 45-47.

Niraula, Tara (2007): Schooling in Nepal. In: Gupta, Amita (Hg.): Going to school in South Asia. Westport/London: Greenwood Press, S. 126-142.

Pfannholz, Maria J. (1994): Bhutan. In: Nohlen, Dieter/Nuscheler, Franz (Hg.): Handbuch der Dritten Welt. Bd. 7. Bonn: Dietz (3. Aufl.), S. 192-204.

Racine, Jean-Luc (2009): Indien und Pakistan, misstrauische Nachbarn mit Bombe. In: Le Monde Diplomatique: Atlas der Weltverwicklungen. Paris: Le Monde Diplomatique, S. 194-195.

Ranaweera, A.M. (1995): Sri Lanka. In: Postlethwaite, T.N. (Hg.): International encyclopedia of national systems of education. Oxford et al: Elsevier Science (2. Aufl.), S. 912-919.

Raja, Vasantha (2009): Was wird aus Sri Lanka? Nach dem militärischen Sieg über die LTTE: In: Südasien, 3, S. 55-59.

Rennie, Frank/Mason, Robbie (2007): The development of distributed learning techniques in Bhutan and Nepal. In: International Review of Research in Open and Distance Learning 8.1, S. 1 -11.

Riaz, Ali (2008): Faithful Education. Madrassahs in South Asia. New Brunswick/New Jersey/London: Rutgers University Press.

Rieger, Hans Christoph (1994): Nepal. In: Nohlen, Dieter/Nuscheler, Franz (Hg.): Handbuch der Dritten Welt. Bd. 7. Bonn: Dietz (3. Aufl.), S. 287-301.

Rose, Pauline (2009): NGO provision of basic education: alternative or complementary service delivery to support access to the excluded? In: Compare 39. 2, S. 219-233.

Shavarini, Mitra (2009): The social (and economic) implications of being an educated woman in Iran. In: Harvard Educational Review 79. 1, S. 132-140.

Shirazi, Roozbeh (2007): Schooling in Afghanistan. In: Gupta, Amita (Hg.): Going to school in South Asia. Westport/London: Greenwood Press, S. 14-36.

Sprung, Christoph S. (2002): Nepal. Bevölkerung, Kultur und Gesellschaft. Südasien-Info, 7. Mai 2002; www.suedasien.info/laenderinfos/270, 18.9.2009.

TISAMoE 2004 = Transitional Islamic State of Afghanistan. Ministry of Education (2004): National Report on the Development of Education in Afghanistan. Kabul, 10.4.2004.

UNDP (2009): Human Development Report 2009. Overcoming barriers: Human mobility and development. New York; veröffentlicht unter: http://hdr.undp.org/en/media/HDR_2009_EN_Complete.pdf.

UNESCO (2006a): Bhutan. World Data on Education, August 2006; www.ibe.unesco.org.

UNESCO (2006b): Iran. World Data on Education, October 2006; www.ibe.unesco.org.

UNESCO (2006c): Maldives. World Data on Education, August 2006; www.ibe.unesco.org.

UNESCO (2006d): Nepal. World Data on Education, September 2006; www.ibe.unesco.org.

UNESCO (2006e): Sri Lanka. World Data on Education, August 2006; www.ibe.unesco.org.

UNESCO (2008): Education for All. Overcoming inequality: why governance matters. EFA Global Monitoring Report 2009. Paris: UNESCO.

UNESCO (2009): Inclusive Education: The Way of the future. Final Report. Paris 2009; veröffentlicht unter: http://www.ibe.unesco.org/fileadmin/user_upload/Policy_Dialogue/48th_ICE/ICE_FINAL_REPORT_eng.pdf; 30.1.2010.

Winthrop, Rebacca/Kirk, Jackie (2008): Learning for a bright future: Schooling, armed conflict, and children's well-being. In: Comparative Education Review 52. 4, S. 639-661.

Worldbank (2009a): Education in Afghanistan; www.worldbank.org, 1.9.2009.

Worldbank (2009b): Education in Bangladesh; www.worldbank.org, 1.9.2009.

Worldbank (2009c): Education in Bhutan; www.worldbank.org, 1.9.2009.

Worldbank (2009d): Education in Maldives; www.worldbank.org, 1.9.2009.

Worldbank (2009e): Education in Nepal; www.worldbank.org, 1.9.2009.

Worldbank (2009f): Education in Pakistan; www.worldbank.org, 1.9.2009.

Worldbank (2009f): Education in Sri Lanka; www.worldbank.org, 1.9.2009.

Zam/PPDMoE 2008 = Zam, Dechen/Policy and Planning Division. Ministry of Education (2008): The Development of Education. National Report of Bhutan. Thimphu.

Zastiral, Sascha (2009): Die Vermesser des Glücks. In: die tageszeitung, 5./6.12.2009, S. 20-21.

Zingel, Wolfgang-Peter (1994): Pakistan. In: Nohlen, Dieter/Nuscheler, Franz (Hg.): Handbuch der Dritten Welt. Bd. 7. Bonn: Dietz (3. Aufl.), S. 302-335.

TEIL II:

LÄNDERSTUDIEN

Claudia Richter

Das Bildungswesen in Brasilien

Brasilien zählt heute neben Russland, Indien und China zu einem der vier aufstrebenden Schwellenländer, die auch als BRIC-Staaten[1] bezeichnet werden. In den vergangenen Jahren hat das Land einen kontinuierlichen wirtschaftlichen Aufschwung und internationale Anerkennung erfahren. Doch gleichzeitig gehört es zu den Ländern mit der ungerechtesten Besitz- und Einkommensverteilung weltweit. Dies spiegelt sich u.a. auch im Bildungswesen wider, indem die individuellen Bildungschancen eng mit der sozialen Herkunft verbunden sind. Hinzu kommt, dass verschiedene nationale und internationale Schulleistungsmessungen gezeigt haben, dass viele Kinder und Jugendliche in Brasilien über nicht hinreichende Grundkompetenzen verfügen, um die Anforderungen in einer globalisierten Welt bewältigen zu können.

Der vorliegende Beitrag möchte einen systematisch strukturierten Überblick über die historischen Entwicklungen und die aktuelle Bildungssituation in Brasilien liefern. Im Kapitel 1 werden zunächst die historisch-politischen Entwicklungen seit Ankunft der Portugiesen dargestellt. Im Anschluss daran wird mit Hilfe verschiedener sozialstruktureller Daten die aktuelle soziale und politisch-wirtschaftliche Situation Brasiliens skizziert (Kap. 2). Die brasilianische Bildungsgeschichte, angefangen von der portugiesischen Kolonialherrschaft bis heute, folgt im Kapitel 3, und das Kapitel 4 beschreibt Aufbau und Struktur des Bildungswesens. Kapitel 5 beschäftigt sich mit der Lehrerbildung in Brasilien. Die aktuelle Bildungssituation wird unter Verwendung verschiedener Indikatoren (z.B. Einschulungs- und Abschlussrate, Schülerleistungen, Bildungsausgaben etc.) im Kapitel 6 dargestellt. Zentrale Ergebnisse des Aufsatzes werden schließlich im Ausblick noch einmal eingeordnet und diskutiert.

1. Historisch-politischer Überblick

Es ist heute schwierig, die Geschichte der indigenen Bevölkerungsgruppen im frühkolonialen Brasilien zu rekonstruieren, da bei der Ankunft der Portugiesen (1500) keine ‚Hochkulturen' lebten, die schriftliche oder architektonische Zeugnisse hinterließen. Allein schon bei der Frage nach der Zahl der damals lebenden Einheimischen, lassen sich keine eindeutigen Aussagen machen. Allerdings gehen Wissenschaftler heute davon aus, dass sie „meist in verwandtschaftlich miteinander verbundenen Sippenverbänden mit bis zu mehreren hundert Mitgliedern [lebten]" und dass ihre Ernährungsgrundlage aus dem Fischfang, der Jagd oder dem Sammeln von Früchten bestand sowie dem landwirtschaftlichen Anbau (Bernecker et al. 2000, S. 22). Nach der Inbesitznahme Brasiliens beschränkte sich die portugiesische Kolonisation lange Zeit auf einen schmalen Küstenraum

---

1 BRIC steht für die Anfangsbuchstaben der vier Länder.

und war anfänglich durch gute Beziehungen zwischen den Einheimischen und den Portugiesen gekennzeichnet. Bernecker et al. nennen „eine erste Phase des friedlichen Einvernehmens", die auf Tauschhandel basierte und bei der beide Seiten gegenseitig alles Notwendige erlernten, um entweder im Land überleben bzw. sich auf die Europäer einstellen zu können. Allerdings änderte sich dies recht schnell (ebd., S. 24).

Die portugiesische Krone unternahm im Gegensatz zu Spanien zunächst nur wenige Anstrengungen, um das neu entdeckte Land zu kolonisieren. Vielmehr ging es ihr um die wirtschaftliche Ausschöpfung. Die erste bedeutende Handelsware blieb bis Ende des 16. Jh. das Brasilholz. Später dominierten die Zuckerrohrgewinnung und der Anbau von Tabak sowie die Viehzucht.[2] Mit der Einführung des Zuckerrohranbaus intensivierte sich die Sklaverei. Der Sklavenhandel aus Afrika expandierte.[3] Hintergrund hierfür war, dass zum einen die männlichen Einheimischen nicht ‚robust' genug für die Arbeiten auf den Plantagen waren, zum anderen sich viele von ihnen aus kulturellen Traditionen weigerten, die erforderlichen Arbeiten zu verrichten.

Erste Kolonisationsversuche erfolgten ab den 1530er Jahren, allerdings ohne größere Erfolge. Um seine Kolonie vor europäischen Eindringlingen, vor allem Franzosen, Spanier und Niederländer, zu schützen, veranlasste Johann III. die brasilianische Küste in 50 Meilen lange Küstenstreifen aufzuteilen und sie an sogenannte Kolonisationsunternehmer, meist Adlige, zu verschenken. Als Pächter auf Lebenszeit mussten sie diese Kapitanien produktiv nutzen und durften sie nicht weiterverkaufen (Mädche 1995, S. 24). Anfänglich kamen die Kolonisten ohne Frau und Familie nach Brasilien. Aus ihren Verbindungen zu den einheimischen Frauen bzw. den afrikanischen Sklavinnen entstammten die ersten Brasilianer, die *mamelucos* bzw. die *mestiços*. Die ‚Mischlinge' galten als Menschen zweiter Klasse und wurden meist für die schwere Arbeit auf den Plantagen eingesetzt (ebd. S. 29f.).

1549 wurde Tomé de Sousa zum ersten Generalgouverneur ernannt und Bahia als Sitz der Zentralregierung bestimmt. Mit ihm kamen die ersten Jesuiten nach Brasilien, um die Einheimischen zu christianisieren. Weitere Mönchsorden folgten in den 1580er Jahren (Bernecker et al. 2000, S. 46f.).

Im 18. Jh., als die Ausbeutung von Gold und Diamanten boomte und einen riesigen Einwanderungsstrom von Portugal auslöste, entstanden erste größere urbane Siedlungen im Landesinneren. 1808 siedelte das portugiesische Königshaus nach Brasilien um, um vor der Verfolgung Napoleons zu fliehen. In Folge dessen wurde 1805 Brasilien zu einem gleichberechtigten Königreich aufgewertet. 1821 kehrte König João mit seinem Hof nach Portugal zurück. Sein Sohn blieb zunächst als regierender portugiesischer Prinz zurück und wurde nach der Unabhängigkeit (1821) erster Kaiser Brasiliens (Costa 2010, S. 115). Nach der Unabhängigkeitserklärung bestanden die sozialen, politischen und wirtschaftlichen

---

2   Bis Anfang des 18. Jh. entwickelte sich die Viehzucht in Brasilien zum viertwichtigsten Wirtschaftszweig und war gegenüber dem Zuckerrohr- und Tabakanbau weniger exportabhängig und daher weniger krisenanfällig (Bernecker et al. 2000, S. 96).

3   Im Jahr 1570 lebten schätzungsweise bis zu 3 000 Schwarzafrikaner im kolonialen Brasilien. Aus finanziellen Gründen wurden zu dieser Zeit noch bevorzugt die Einheimischen durch Zwang oder Versklavung auf den Plantagen zur Arbeit eingesetzt. 30 Jahre später gab es allerdings schon 13 000-15 000 Schwarzafrikaner. Nach Aussagen von Bernecker et al. war Brasilien der größte Sklavenimporteur im atlantischen Raum (ebd., S. 54-57).

ungleichen Machtverhältnisse fort[4]: Einer kleinen Elite mit großer wirtschaftlicher und politischer Macht gehörte weiterhin ein Großteil der Ländereien. Die breite Masse jedoch profitierte in keiner Weise von der Unabhängigkeit, wenngleich die neue Verfassung Besitz-, Meinungs- und Religionsfreiheit garantierte. Auch die Sklaverei blieb erhalten und wurde erst im Jahr 1888 abgeschafft. Darüber hinaus verstärkte sich die ökonomische Abhängigkeit. „Brasilien hatte sich [zwar] von Portugal frei gekauft, aber an England verkauft" (Mädche 1995, S. 36).[5]

1831 trat Dom Pedro I. zu Gunsten seines damaligen fünfjährigen Sohnes zurück und kehrte nach Portugal zurück, wo er den Thronfolgerkrieg gegen seinen Bruder gewann. Grund für seinen Rücktritt war der zunehmende Verlust seines politischen Einflusses in Brasilien und die Aussicht auf die portugiesische Krone (Bernecker et al. 2000, S. 149f.).

Nach einer fast 20jährigen Zwischenregentschaft bestieg im Jahr 1840 der damals erst 14jährige Dom Pedro II. als zweiter und letzter Kaiser den Thron. Während seiner Regierungstätigkeit (1844-1889) gelang es ihm, den innenpolitischen Kampf zwischen den Liberalen und Konservativen zu beenden und eine Versöhnung innerhalb der politischen Elite herbeizuführen. Eine Reihe von Reformen im Bereich des Wahlrechts, des Justizwesens und der Finanzpolitik wurden durchgeführt (ebd., S. 158). Darüber hinaus erfuhr Brasilien einen wirtschaftlichen Aufschwung durch den Kaffeeanbau, der die Zuckerrohrproduktion in den Nordosten verdrängte. Die Kaffeebarone nahmen einen immer größeren Einfluss auf die nationale Politik. Die Koalition zwischen Liberalen und Konservativen, auch als *Conciliação* (Versöhnung) bezeichnet, wurde jedoch nicht von allen getragen, so dass im Laufe der Zeit erneut Randgruppierungen entstanden, die unweigerlich zu politischen Auseinandersetzungen führten. Im Jahr 1889 wurde das Kaiserreich durch einen Militärputsch abgelöst und die Republik proklamiert. General Manuel Deodoro da Fonseca (1827-1892) übernahm die provisorische Regierung und wurde zwei Jahre später zum Präsidenten gewählt, im gleichen Jahr, als auch die neue Verfassung Brasiliens ausgerufen wurde.[6] Die erste Republik Brasiliens, die *República Velha* ('Alte Republik') dauerte bis 1930. Ihr folgte die *República Nova* ('Neue Republik').

Aufgrund innerpolitischer Spannungen, Unruhen innerhalb des Militärs und der Weltwirtschaftskrise (1929) verlor die amtierende Regierung Washington Luis die Regierungsgewalt an Getúlio Vargas, der zunächst ein Übergangsmandat erhielt und 1934 für weitere Jahre als Präsident gewählt wurde. 1937 putschte Vargas und ließ eine neue Verfassung ausrufen. Grund hierfür war, dass er gemäß der republikanischen Verfassung bei den nächsten Präsidentschaftswahlen (1938)

---

4 Im Hinblick auf die Unabhängigkeitsbewegungen in Lateinamerika wird Brasilien in der Literatur häufig als ein ‚historischer Sonderfall' dargestellt. Bernecker et al. (2000, S. 139) nennen drei zentrale Merkmale hierfür: (1.) erfolgte der Übergang zur Unabhängigkeit in Brasilien auf einem recht friedlichen Wege; (2.) nach der Unabhängigkeit blieb eine monarchische Staatsform erhalten und (3.) entwickelte sich Brasilien von einem Staat zu einer Nation, d.h. es konnte trotz der Größe eine nationale Einheit gewahrt werden.

5 England zwang das verschuldete Portugal, die Unabhängigkeit Brasiliens anzuerkennen. Als Gegenleistung musste sich jedoch Brasilien verpflichten, die Schulden seines früheren Mutterlandes zu übernehmen. Bereits 1823 war Brasilien aufgrund seiner wirtschaftlichen Situation gezwungen neue Kredite bei englischen Banken aufzunehmen (Mädche 1995, S. 35f.).

6 Die Verfassung der *República Velha* war stark an der der Vereinigten Staaten von Amerika orientiert. Sie blieb 43 Jahre gültig. „Keine der sechs im 20. Jh. noch folgenden oktroyierten oder demokratisch verabschiedeten Konstitutionen erreichte auch nur annähernd eine solche »Lebensdauer«" (Bernecker et al. 2000, S. 217).

nicht hätte wieder kandidieren dürfen. Um dieses Gesetz zu umgehen, täuschte er eine kommunistische Verschwörung vor, so dass der Kongress daraufhin die Ausrufung des Kriegszustandes und die Aufhebung der Verfassung billigte. Dies wiederum ermöglichte Vargas die Auflösung des Kongresses durch das Militär (ebd., S. 252).

Vargas verfolgte eine zentralistische und nationalpopulistische Politik. Während seiner Amtszeit versuchte er, die Industrialisierung voranzutreiben und verschiedene Sozialreformen zu realisieren. So führte er beispielsweise den Mindestlohn ein, die 48-Stunden-Woche, den Mutterschutz, die Krankenkassen oder die Invaliden- und Altersrente etc. „Er weckte [sogar] ein noch nie dagewesenes Nationalbewusstsein. Von Demokratie war jedoch nichts zu sehen. Andersdenkende blieben weiterhin ungehört und verfolgt" (Mädche 1995, S. 47). Seine Alleinherrschaft dauerte 15 Jahre. Unter Druck des Militärs dankte er 1945 ab. Dutra, der langjährige Kriegsminister Vargas, wurde demokratisch zum neuen Präsidenten (1946-1951) gewählt und Vargas zum Senator für Rio Grande do Sul. 1951 übernahm Vargas erneut die Regierung, diesmal auf legitimem und demokratischem Weg, wobei seine Machtübernahme sowohl politisch als auch wirtschaftlich „unter keinem guten Stern stand" (ebd., S. 48). Wirtschaftliche und politische Schwierigkeiten sowie verstärkte Spannungen zwischen ihm und der Militärführung führten schließlich dazu, dass er sich 1954 das Leben nahm.

In den darauffolgenden 19 Jahren kam es zu insgesamt zehn Regierungswechseln. Dennoch erfuhr Brasilien einen wirtschaftlichen Aufschwung, vor allem während der Regierungszeit von Juscelino Kubitschek (1956-1960), dessen Ziel es war, „in fünf Jahren Amtszeit 50 Jahre Fortschritt [zu bringen]" (Bernecker et al. 2000, S. 262). Allerdings nahmen die sozialen Probleme wie wachsende Armut und steigende Analphabetenzahlen drastisch zu.

1964 beendete ein weiterer Putsch des Militärs die Periode des populistischen Regimes. Es folgte eine 21 Jahre andauernde Militärdiktatur, deren Ziel es war, eine soziale Ordnung zu schaffen und die wirtschaftliche Entwicklung voranzubringen. Das Militärregime erzielte in dieser Zeit keine unbedeutenden wirtschaftlichen Erfolge. So werden in der Literatur beispielsweise die Jahre zwischen 1968 und 1974 auch als die ‚goldenen Jahre' bezeichnet, da die Volkswirtschaft jährlich im Durchschnitt um 10% wuchs. Nolte (1994, S. 25) nennt als Ursache hierfür die niedrigen Löhne, die durch die Unterdrückung der Gewerkschaften und durch die drastischen Lohnkontrollen zustande kamen, die Erleichterung der Zuflüsse ausländischer Investitionen, die Inanspruchnahme von Auslandskrediten und die Förderung nationaler und internationaler Großunternehmen. Ab Mitte der 1970er Jahre begann in Brasilien unter General Ernesto Geisel (1974-1979) eine allmähliche politische Öffnung, die von seinem Nachfolger General João Baptista Figueiredo (1979-1985) fortgesetzt wurde. In diese Zeit fallen erstmals nach 1964 die direkten Gouverneurswahlen (1982), die Gründung des Gewerkschaftsdachverbandes *(Central Unica dos Trabalhadores, CUT)* sowie die landesweite Kampagne für Direktwahlen des Präsidenten (1983/84). Schließlich kommt es 1985 zur Nominierung eines nicht militärischen Präsidenten und 1988 zur Verkündung einer neuen demokratischen Verfassung. Bei den ersten direkten Wahlen seit 29 Jahren wurde der junge Populist Fernando Collor de Mello zum neuen Präsidenten Brasiliens gewählt, der jedoch aufgrund von Korruptionsvorwürfen 1992 zurücktrat. Seine Präsidentschaft führte der Vizepräsident Itamar Franco zu Ende.

Im April 1993 entschied das brasilianische Volk in einem Plebiszit über die zukünftige Staatsform. 66% der Bevölkerung stimmten erwartungsgemäß für die

Republik (Bernecker et al. 2000, S. 307). Ein Jahr später wurde mit dem *Real* eine neue inflationsfreie Währung eingeführt und Fernando Henrique Cardoso zum neuen Präsidenten gewählt. Damit wurde der frühere Finanzminister der zweite Präsident Brasiliens in 32 Jahren, der durch demokratische Wahlen in sein Amt gelangte (www.brasilien.de). „Als Ziele seiner Regierung nannte [er] neben der wirtschaftlichen Stabilisierung die Modernisierung des Staates und die Bekämpfung der sozialen Ungerechtigkeit" (Bernecker et al. 2000, S. 309). Während seiner ersten Amtszeit führte er verschiedene Reformansätze durch, z.B. in der Sozialversicherung, im Haushaltswesen oder bei der Privatisierung der Staatsbetriebe. 1996 wurde auch ein neues Rahmengesetz zum Bildungswesen verabschiedet (ebd., S. 309f., 351).

Im Jahr 1998 gewann Cardoso, aufgrund seiner Popularität, erneut bei den Präsidentschaftswahlen mit absoluter Mehrheit und blieb für weitere vier Jahre im Amt. Im Oktober 2010 wurde Dilma Rousseff von der Arbeiterpartei *(Partido dos Trabalhadores, PT)* als Nachfolgerin des populären Präsidenten Lula (2002-2010) gewählt. Damit ist sie die erste Regierungschefin des fünftgrößten Landes der Welt.

2. Sozioökonomischer Hintergrund

Als die Portugiesen 1500 Brasilien entdeckten lebten schätzungsweise 4,5 Mio. Einheimische dort. Aufgrund von Kolonisierungskriegen und eingeschleppten Krankheiten reduzierte sich die Bevölkerung in der Kolonialzeit drastisch. Im Jahr 1871 lebten nur noch 440 000 Indigenas in Brasilien (Costa 2010, S. 114). Heute ist Brasilien das bevölkerungsreichste und zudem das größte lateinamerikanische Land, das fast die Hälfte der Fläche Südamerikas einnimmt (2008: ca. 192 Mio. EW; Der Fischer Weltalmanach 2011, S. 528). Die Mehrheit der Brasilianer lebt in Städten (Stand 2008: 86%), vor allem im Südosten des Landes, z.B. in den Großstädten São Paulo (11 Mio. EW.) und Rio de Janeiro (6 Mio. EW) (ebd., S. 530, 532).

Trotz tendenziell leicht sinkender demographischer Wachstumsraten (2008: 1,2%), steigen die absoluten Bevölkerungszahlen jährlich noch immer an. Seit dem vergangenen Jahrhundert verzehnfachte sich die brasilianische Einwohnerzahl aufgrund gesunkener Mortalitätsraten bei verhältnismäßig gleichbleibenden hohen Geburtenziffern (1905: 20 Mio. EW; Prutsch 2005). Die Fertilitätsrate lag 2008 bei 1,9 Kindern. Der Bevölkerungsanteil der unter 15-Jährigen ist mit durchschnittlich 26% nach wie vor hoch (Lateinamerika: 30%), obwohl auch in Brasilien – ähnlich wie in anderen lateinamerikanischen Ländern – eine zunehmende Alterung der Gesellschaft und eine Erhöhung der Lebenserwartung zu beobachten sind. Die Lebenserwartung der Brasilianer beträgt derzeit 72 Jahre (Der Fischer Weltalmanach 2011, S. 528).[7]

Die Verteilung der Bevölkerung nach ethnischen Gruppen ist nicht ganz einfach zu beschreiben, da eine klare Zuordnung nicht möglich ist. Allerdings geht man heute davon aus, dass etwa die Hälfte der brasilianischen Bevölkerung von afrikanischen Vorfahren abstammt, die zwischen dem 16. und 19. Jh. als Sklaven nach Brasilien gebracht wurden, um auf den Zuckerrohr- und Kaffeeplantagen zu arbeiten. Im Gegensatz zu den brasilianischen Indigenas haben sich die Schwarzen im Laufe der Zeit mit der europäischstämmigen Bevölkerung vermischt. Nach

---

7 Die Lebenserwartung zwischen Frauen und Männern variiert hierbei um sieben Jahre: Frauen 76 Jahre; Männer 69 Jahre (UNESCO 2010a, S. 302).

statistischen Angaben setzt sich die brasilianische Bevölkerung aktuell wie folgt zusammen: 53,7% Weiße, 38,5% Mulatten und Mestizen, 6,2% Schwarze, 1,2% Sonstige und ca. 0,5% indigene Gemeinschaften (Der Fischer Weltalmanach 2011, S. 88; Richter 2012a, S. 209). Ungefähr 210 indigene Völker (z.b. Guarani, Yanomami, Akuntsu oder Kanoê) leben heute noch überwiegend in Amazonien (Ströbele-Gregor 2004, S. 2). Die brasilianische Indianerbehörde *(Fundação Nacional do Índio, FUNAI)* schätzt, dass ungefähr 69 der 210 indigenen Gruppen fern jeder Zivilisation in den Regenwäldern Brasiliens leben (Suhr 2008, S. 1). Neben Portugiesisch werden schätzungsweise rund 180 Sprachen gesprochen (z.B. Aweti, Akwáwa, Guajajara, Guarani, Jê, Karib u.a.). Damit ist Brasilien das Land mit der größten Sprachenvielfalt und das einzige portugiesischsprachige Land Lateinamerikas (ebd.).

Ähnlich wie andere lateinamerikanische Länder ist Brasilien aufgrund der gewaltsamen Christianisierung und Missionarisierung durch die Europäer vorherrschend katholisch geprägt. 74% der brasilianischen Bevölkerung sind Katholiken, 15% Protestanten (v.a. Pfingstler und Evangelikale) und 7% religionslos. Darüber hinaus gibt es eine Minderheit von Buddhisten, Bahai, Muslimen, Juden und Anhängern indigener und afrobrasilianischer Religionen (z.B. Candomblé, Umbanda).[8] Der religiöse Pluralismus ist in der brasilianischen Verfassung heute anerkannt (Montoya Bonilla 2008).

Seit 1988 ist Brasilien eine präsidiale Bundesrepublik. Die gesetzgebende Gewalt wird vom brasilianischen Parlament, dem Nationalkongress *(Congresso Nacional)* ausgeübt, der aus zwei Kammern besteht: das Abgeordnetenhaus *(Câmara dos Deputados)* mit 531 Mitgliedern (Wahl alle 4 J.) und der Senat *(Senado Federal)* mit 81 für acht Jahre gewählten Mitgliedern. Gemäß der Verfassung wird der Präsident für die Dauer von vier Jahren direkt mit absoluter Stimmenmehrheit gewählt. Eine einmalige Wiederwahl ist möglich.

Obwohl Brasiliens Verfassung als fortschrittlich gilt, widerspricht das Gesetz in verschiedenen Gesellschaftsbereichen der Praxis. Grund hierfür ist das drastische Ausmaß an sozialer Ungleichheit im Land. Während die soziale Oberschicht „über so viele materielle Machtmittel verfüg[t], dass sie das Gesetz zu ihren Gunsten biegen [kann] und sich damit über die Bürgerrechte stell[t], fehlt [der sozialen Unterschicht] das Minimum an Ressourcen, das die Inanspruchnahme rechtsstaatlicher Möglichkeiten voraussetzt. Sie kenn[t] weder ihre Rechte noch das demokratische Institutionsgefüge, auf das sie zurückgreifen [kann], um sich gegen Gefährdungen ihres Bürgerstatus zu wehren" (Costa 2010, S. 118). Ferner leidet das politische System Brasiliens an der hohen Zahl an Parteien, die stabile politische Koalitionen fast unmöglich machen, und an der Unfähigkeit des Staates, in allen Regionen des Landes präsent zu sein. Dies wiederum erleichtert Korruption und andere Formen des Machtmissbrauchs (ebd.).

In wirtschaftlicher Hinsicht gilt Brasilien als eine der größten und am schnellsten wachsenden Volkswirtschaften der Welt. Beim G-8-Gipfel 2007 in Heiligen-

---

8 *Candomblé* ist eine Religion mit Wurzel in Benin und Nigeria. Im 18. und 19. Jh. wurden schätzungsweise 3,5 Mio. Afrikaner als Sklaven nach Brasilien verschleppt. Mit ihnen kamen unterschiedliche religiöse Glaubensvorstellungen und -praktiken nach Brasilien, die sich dort vermischten und eine eigene Entwicklung annahmen (Montoya Bonilla 2008). Der *Umbanda* ist eine Mischung aus Candomblé und Spiritismus. Er ist ebenfalls eine afrobrasilianische Religion mit verschiedenen Wurzeln. Seine heutige Version stammt aus Brasilien, die erst in den 1920er Jahren entstand und heute vor allem im Südosten Brasiliens verbreitet ist. Seine Anhänger stammen vornehmlich aus der brasilianischen Mittelschicht, deren Candomblé zu stark von der Kultur der Schwarzen geprägt ist (www.brasilien.de).

damm wurde Brasilien gemeinsam mit China, Indien, Mexiko und Südafrika in den Club der reichsten Industrieländer eingebunden (Flemes 2007, S. 1). Das Bruttonationaleinkommen je Einwohner lag im Jahr 2008 bei 7.300 US-Dollar. Die Erwirtschaftung des Bruttoinlandsprodukt (BIP; 2009: 1.574 Mrd. US-Dollar)[9] erfolgt zu 65% im Dienstleistungsbereich, zu 28% im industriellen Sektor und zu 7% in der Landwirtschaft. Damit ist Brasilien keine Agrarwirtschaft mehr. Allerdings zählt das Land zu einer der wichtigsten Zuckerrohr-, Soja- und Fleischproduzenten weltweit. In allen drei Bereichen ist die Produktion zwischen 2000 und 2008 stark angestiegen. Die Zuckerrohrproduktion hat sich sogar fast verdoppelt (2000: 328 Mio. t; 2008: 649 Mio. t). Schon jetzt steht Brasilien vor gewaltigen sozialen und ökologischen Problemen (z.B. Entwaldung, verstärkter Pestizideinsatz, schlechte Arbeitsverhältnisse etc.), die sich bei einer weiteren Ausweitung der Wirtschaft noch mehr verschärfen würden (Der Fischer Weltalmanach 2010, S. 89).

Die brasilianische Wirtschaft befindet sich derzeit in einem stabilen Zustand und ist trotz Finanzkrise nach wie vor Hauptmotor der lateinamerikanischen Wirtschaftsdynamik. Die anhaltenden Rekorde beim Wachstum, beim Außenhandel, bei Investitionen und auch beim Beschäftigungszuwachs erhöhen das wirtschaftspolitische Interesse an dem Amazonasstaat (www.auswaertiges-amt.de).

3. Zur Bildungsgeschichte Brasiliens

Die Entstehung des brasilianischen Bildungswesens ist eng mit der Bildungs- und Kolonialpolitik Portugals und der missionarischen Tätigkeit der Jesuiten verbunden. Ab Mitte des 15. Jh., nachdem der portugiesische König Johann III. im Jahr 1548 die Leitung der brasilianischen Kolonie unter ein Generalgouvernement stellte, kamen zahlreiche Jesuitenmönche nach Brasilien, deren Aufgabe zunächst darin bestand, die Einheimischen zu christianisieren. Mit anfänglicher finanzieller Unterstützung des portugiesischen Königshauses errichteten sie Schulen. Später sorgte der Jesuitenorden jedoch selbst für deren Finanzierung, indem er u.a. Zuckermühlen und Fazendas (Landgüter/Farmen) errichtete (Berger 1977, S. 125). Bei den von den Jesuiten gegründeten Schulen handelte es sich zum einen um sogenannte Lese- und Schreibschulen *(Escolas de ler e escrever)*, um den Einheimischen den Katechismus nahezubringen und sie zum katholischen Glauben zu bekehren. Zum anderen gründeten die Jesuiten gegen Ende des 16. Jh. zahlreiche Kollegs *(Colégios)* für die Söhne der Kolonisatoren und der indianischen Elite.[10] In diesen Priesterseminaren, in denen vorrangig Moral, Philosophie und klassische Sprachen gelehrt wurden, bereiteten die Jesuiten sie entweder auf den Priesterberuf oder auf eine Verwaltungstätigkeit vor. Ziel war es, eine gebildete und religiöse Elite zu schaffen (Schuchart 2000, S. 8; Bernecker et al. 2000, S. 48). Darüber hinaus errichtete im 17. Jh. eine kleine Gruppe von Jesuiten im Süden Brasiliens, gemeinsam mit den als Nomaden lebenden Guarani, sogenannte Reduktionen (Stadtrepubliken). Isoliert von der übrigen Gesellschaft sollten die Guarani durch ein demokratisches und gemeinschaftliches Zusammenleben mit den Jesuitenmönchen missioniert und

---

9 Im Jahr 2006 erbrachte Brasilien mit einem Bruttoinlandsprodukt von 940 Mrd. US-Dollar ungefähr ein Drittel der Wirtschaftsleistung ganz Lateinamerikas (Flemes 2007, S. 1).

10 Im Laufe der Zeit verlagerte sich der Schwerpunkt von der Alphabetisierung der Einheimischen hin zur Elitebildung. Die Zahl der Kollegs für die Oberschicht stieg an, vor allem in wichtigen Zentren (Mädche 1995, S. 31), wohingegen die Lese- und Schreibschulen immer weniger wurden. Schwarzen war der Schulbesuch sogar gänzlich verboten.

sesshaft gemacht sowie vor den Kolonisatoren beschützt werden (Schroeder 1989, S. 53ff.).

Ähnlich wie im Mutterland, schufen die Jesuiten während ihrer Erziehungs- und Bildungstätigkeit in Brasilien ein ,absolutes Bildungsmonopol' (Berger 1977, S. 162) und gewannen dadurch an Einfluss und Macht, die jedoch in der zweiten Hälfte des 18. Jh. durch den portugiesischen Staatsmann Pombal[11] gebrochen wurde, indem er 1759 den Jesuitenorden verbot. Schätzungsweise 2 600 Jesuiten wurden aus Portugal und seinen Kolonien vertrieben bzw. inhaftiert; ein Großteil des kirchlichen Besitzes ging in staatliche Hände über (Hanke 2006, S. 73; Hanke 2002). In Brasilien wurden zahlreiche jesuitische Bildungseinrichtungen zerstört und viele Indigenas kamen bei den kriegerischen Auseinandersetzungen in den Reduktionen im Süden des Landes ums Leben. Das von den Jesuiten geführte Bildungswesen brach völlig zusammen; eine Neuorganisation erfolgte nicht und die Reformen im portugiesischen Erziehungswesen hatten auch kaum Auswirkungen auf Brasilien, da es für die zentralisierte Verwaltung im Mutterland kaum möglich war, die Schulen in der Kolonie zu beaufsichtigen. Daher blieben zwischen 1759 und 1808 die Schulen in Brasilien weitgehend geschlossen. Privatunterricht fand nur in den Häusern der Oberschicht statt (Mädche 1995, S. 32; Berger 1977, S. 126).

Erst mit der Flucht des portugiesischen Könighauses vor Napoleons Truppen und dessen Übersiedlung von Portugal nach Brasilien im Jahr 1808 wurden vereinzelt neue Schulen wieder eröffnet, so zum Beispiel die Königlichen Schulen *(Escolas e Aulas Régias)* für die hiesige Mittelschicht, die später in *Liceus* integriert wurden. Hierbei handelte es sich um Latein-, Griechisch- und Rhetorikschulen, die nach Berger (1977, S. 126) in ihrer Zahl unbedeutend waren und zudem schlecht funktionierten. Darüber hinaus wurden verschiedene Fakultäten oder Hochschulkurse eingerichtet (z.B. Militärakademie, Medizin, Waffenschmieden, Landwirtschaft etc.), die erste Bibliothek eröffnet und eine Druckerei installiert (ebd.). Allerdings wurden keine ernsthaften Bemühungen unternommen, den Primarschulbereich auszubauen (Fritsche 2003, S. 24; Mädche 1995, S. 33; Schuchart 2000, S. 8). Die Schulsituation in Brasilien während der Monarchie war vielmehr gekennzeichnet „durch die Akademisierung seiner aristokratischen Jugend und den Ausbau des höheren Schulwesens" (Schäfer 2004, S. 38).

1822 erlangte Brasilien seine Unabhängigkeit. Die Verfassung, die 1824 in Kraft trat, sah ein nationales Bildungswesen vor. Im ganzen Land sollten erstmalig Primar- und Sekundarschulen sowie Universitäten[12] errichtet werden, allerdings verpflichtete sich der Staat lediglich zur Finanzierung des Primarschulbereiches.

Hinzu kam, dass die Umsetzung des allgemeinen kostenlosen Primarschulwesens im Land recht bald scheiterte. Ursachen hierfür waren die fehlenden finanziellen und technischen Ressourcen und, dass die öffentliche Schulbildung kein prioritäres Ziel der damaligen Politik war. Aus diesem Grund übergab die Zentralregierung 1834 die Verantwortung für die Primarschulen an die Provinzen und befasste sich fortan nur noch mit dem Hochschulwesen und den Schulen in der Hauptstadt. Die Konsequenz war, dass der Versuch, ein nationales Bildungs-

---

11 Sebastião José de Carvalho e Mello, seit 1769 Markgraf von Pombal (1699-1782), war erster Regierungschef Portugals und einer der bedeutendsten portugiesischen Staatsmänner des 18. Jh. Inspiriert von der Aufklärung, versuchte er das zu jener Zeit noch immer mittelalterliche Portugal zu reformieren und somit den Bedürfnissen der Moderne anzupassen.

12 1827 wurden die ersten zwei Fakultäten gegründet. In beiden Fällen handelte es sich um juristische Fakultäten (Berger 1977, S. 126).

wesen aufzubauen, vorerst zunichte gemacht wurde, „da die Provinzen der neuen Aufgabe nicht gewachsen war[en]" (Schuchart 2000, S. 9). Die privaten Primar- und Sekundarschulen, die von verschiedenen Ordensgemeinschaften unterhalten wurden, erfuhren hingegen einen Aufschwung (ebd.). Ab 1842 waren auch die Jesuiten wieder in Brasilien tätig. Ähnlich wie andere Ordensgemeinschaften gründeten sie private Schulen, meistens Internate für Jungen, die gebührenpflichtig waren. Die ersten Mädchenschulen wurden von französischen Orden gegründet (Mädche 1995, S. 39). Vereinzelt entstanden auch protestantische Schulen (errichtet von Methodisten und Presbyterianern), die erstmals Mädchen und Jungen gemeinsam unterrichteten (Berger 1977, S. 128). Die zentrale Bedeutung der privaten kirchlichen Schulen für das brasilianische Bildungswesen ist bis heute ungebrochen.

Etwa um 1840 wurde der portugiesische Bildungsminister Marques de Pombal[13] beauftragt, sowohl das portugiesische Schulwesen als auch das in den Kolonien zu reformieren. Bei den von Pombal eingerichteten Schulen handelte es sich um öffentliche Schulen, die vorrangig in größeren Städten neu eröffnet wurden und nur für eine geringe Zahl an Brasilianern zugänglich waren.

Aufgrund des wirtschaftlichen Aufschwungs, ausgelöst durch die Kaffeeproduktion seit 1840, wurden in der zweiten Hälfte des 19. Jh. jedoch einige bedeutsame bildungspolitische Maßnahmen umgesetzt, so z.B. die Schaffung eines Lehrerausbildungssystems (1854) oder die Einführung der Prinzipien Freiheit der Lehre und Freiheit des Lernens im Sekundar- und Hochschulbereich (1879), wobei nach wie vor die Grundversorgung an Bildung für die damalige Bevölkerung im Schulalter nicht sichergestellt werden konnte. Etwa nur 10% der Bevölkerung hatte in der Zeit des brasilianischen Königreichs einen Zugang zur Primarschulbildung; die weiterführenden Schulen standen vorrangig nur männlichen Schülern offen (Fritsche 2003, S. 26).

Im Jahr 1889 wurde schließlich der Kaiser abgesetzt und eine Republik ausgerufen. Hintergrund waren tiefgreifende wirtschaftliche Veränderungen. Ein Jahr später wurde das Ministerium für Schulwesen, Post und Telegraphie gegründet, das jedoch nur ein Jahr existierte. Danach übernahm das Justizministerium die Aufgaben des Bildungswesens (Berger 1977, S. 128). Ferner wurde die Bildungsreform von Benjamin Constant Botelho de Magalhães[14] erlassen, die 1891 eingeleitet wurde. Im Mittelpunkt dieser Reform standen eine freie und laizistische Bildung sowie eine kostenlose Primarschulbildung, die zukünftig in zwei Stufen unterteilt werden sollte: Stufe 1 *(1° Grau)* für Kinder im Alter von sieben bis 13 Jahren und Stufe 2 *(2° Grau)* für Kinder zwischen 13 und 15 Jahren.

Bis 1930 folgten eine Reihe von z.T. zusammenhangslosen Reformen (1901, 1911, 1915, 1925), die die Struktur des Bildungswesens nicht grundsätzlich änderten, sondern sich vorrangig auf die Lehrinhalte auswirkten. So blieb beispielsweise die Zuständigkeit für die Primarschulbildung bis in die 1940er Jahren in den Händen der Einzelstaaten mit der Folge, dass sich kein einheitliches Primarschulwesen entwickeln konnte. Zudem fehlte noch immer ein gesamtgesellschaftliches Bildungskonzept. Die Schulen dienten nach wie vor der Oberschicht. Sie waren realitätsfremd, ohne Praxisbezug und stark intellektualistisch

---

13 Es wird von der Autorin angenommen, dass es sich bei diesem Marques de Pombal um einen Nachfahren des bedeutenden portugiesischen Staatmanns Sebastião José de Carvalho e Mello (1699-1782), seit 1769 Markgraf von Pombal, handelt.

14 Benjamin Constant Botelho de Magalhães (1836/37-1891) war „[g]eistiger Vater der republikanischen Politik [...], Dozent an der Offiziersakademie und führender Positivist, der 1876 die Positivistische Vereinigung ins Leben gerufen hatte" (Prutsch 2005, S. 1).

ausgerichtet (ebd., S. 129). Allerdings begann nach dem Ersten Weltkrieg unter Einfluss von Europa und den USA eine Reformbewegung, die die gesamte Regierungsperiode Vargas währte und die Einführung der *Escola Nova* und eine Reformierung der Verwaltung forderte. Ziel war es, ein einheitliches öffentliches Primarschulwesen aufzubauen und mit der intellektualistischen Orientierung der Lehrinhalte zu brechen (Schuchart 2000, S. 9). Der Mensch sollte zukünftig ins Zentrum gerückt werden (Mädche 1995, S, 51). Nach Aussage von Berger (ebd., S. 129f.) wurde erstmals „die brasilianische Bildungsrealität von Brasilianern kritisch überdacht", und es entwickelte „sich allmählich ein Bildungsbewußtsein [...], das in der Öffentlichkeit eine steigende Anerkennung [fand]".

1930 wurde die Republik durch einen Militärputsch beendet, bei dem Getúlio Vargas an die Macht kam. In seiner 15 Jahre andauernden Alleinherrschaft wurden verschiedene Sozial- und Bildungsreformen durchgesetzt (Schäfer 2004, S. 39). Eine bedeutsame bildungspolitische Erneuerung war die Gründung des ersten Erziehungsministeriums (1930), dessen Aufgabe darin bestand, das öffentliche Schulwesen zu erweitern und einen einheitlichen Lehrplan einzuführen.

Brasilien hatte zu jener Zeit die erste Industrialisierungsphase bereits hinter sich gebracht, und sowohl die Regierung als auch das Industriebürgertum hatten erkannt, dass Schule der Wirtschaft dienen kann. Immer mehr Industriearbeiter mit einem gewissen Bildungsniveau wurden benötigt (Mädche 1995, S, 51). Im Zuge dessen wurde 1931 eine umfassende Bildungsreform eingeleitet. Die sogenannte Reform Francisco Campos umfasste folgende bildungspolitischen Maßnahmen: Einrichtung einer nationalen Schulaufsichtsbehörde, Senkung bzw. später gänzlicher Erlass der Schulgebühren für öffentliche Primarschulen, Erweiterung und Neuorganisation des Sekundarschulbereichs sowie Gründung neuer Universitäten (ebd., S. 49f.; Schuchart 2000, S. 9; Berger 1977, S. 131). 1934 wurde die erste Universität Brasiliens gegründet, in der erstmalig Lehrer für Sekundarschulen in der Philosophischen Fakultät ausgebildet werden sollten (Berger 1977, S. 131). In dem selben Jahr wurde zudem eine neue Verfassung nach dem Vorbild der Verfassungen von Weimar (1919) und Spanien (1931) verabschiedet, die der Bildung erstmalig eine zentrale Bedeutung einräumte, die Schulpflicht für die Primarschule einführte[15], den Bildungsetat festlegte und von der Pflicht der Industrien sprach, Berufs- und Fachschulen zu errichten. Dieser Pflicht wurde in den 1940er Jahren schließlich nachgegangen, als es zur Gründung der Berufsschulen SENAI *(Serviço Nacional de Aprendizagem Industrial; 1942)* und SENAC *(Serviço Nacional de Aprendizagem Comercial; 1946)* kam mit dem Ziel, die Berufsbildung in Brasilien auszubauen und zu verbessern.[16]

Im Jahr 1945 musste die Vargas-Regierung aufgrund der zunehmend stärker werdenden Opposition abdanken. „Die ‚Redemokratisierung' Brasiliens [...] und die neue Bundesverfassung von 1946 führten zur Wiederaufnahme der bildungstheoretischen und -politischen Diskussionen der ersten Hälfte der 30er Jahre" (Berger 1977, S. 131). Nahezu 15 Jahre dauerte die Diskussion im Parlament, bis schließlich 1961 das neue Schulgesetz „Richtlinien und Grundlagen der nationa-

---

15 Die schulpflichtige Primarschule sollte zukünftig auch für Erwachsene zugänglich sein.

16 Nach dem Staatsstreich von Vargas und der Ausrufung des *Estado Novo* oktroyierte Vargas 1937 eine neue Verfassung mit höchst zentralistischer Ausrichtung. Im Bereich der Bildung wurde dem Erlernen handwerklicher Fertigkeiten eine große Bedeutung beigemessen. 1942 erfolgte eine weitere Bildungsreform, die Reform von Campanema, mit der „die faschistische Ideologie Eingang in das brasilianische Schulsystem fand" (Bernecker et al. 2000, S. 347; Fritsche 2003, S. 38). Bei dieser Reform kam es zur „horizontale[n] Aufgliederung und Gleichstellung der verschiedenen Schultypen des Sekundarbereiches" (Berger 1977, S. 131).

len Bildung" *(Lei 4024/61)* von Präsident Quadros verabschiedet wurde, welches aber zu jenem Zeitpunkt bereits überholt war. Grund für die lang anhaltenden bildungspolitischen Diskussionen war, dass bis in die 1960er Jahre hinein rivalisierende Interessengruppen das politische und ökonomische Klima des Landes bestimmten und größere Veränderungen im nationalen Bildungswesen durch ihre unterschiedlichen politischen Positionen verhinderten (Schuchart 2000, S. 9f.). Allerdings kam es durch die wirtschaftliche Entwicklung zu einer enormen quantitativen Ausdehnung, insbesondere im Sekundarschulbereich, wenngleich eine allgemeine und umfassende Schulbildung der Bevölkerung nach wie vor nicht gewährleistet werden konnte. Das bestehende Bildungswesen orientierte sich unverändert an den Interessen der Oberschicht. So sicherte das neue Schulgesetz von 1961 „besonders den Privatschulen Vorteile, da es ihnen auf Primar- und Sekundarschulebene weiterhin eine exponierte Position bezüglich des Angebots qualitativ hochwertigen Unterrichts überließ, sowie ihnen durch die Aufnahme ihrer Vertreter in staatliche Gremien Mitbestimmungsmöglichkeiten zugestand" (ebd., S. 10).

Die 1960er Jahre begannen mit „wichtige[n], schnell aufeinanderfolgende[n] gesamtgesellschaftliche[n] Ereignisse[n], die die Situation im brasilianischen Bildungswesen nicht unberührt ließen. Es [war] eine Periode intensiver Politisierung und Mobilisierung von Studenten (Protestzüge), Gewerkschaften (Streiks) und Landarbeitern („Bauernligen") (Berger 1977, S. 134). Ab 1961 startete eine große Alphabetisierungskampagne *(Mobilização Nacional contra o Analfabetismo)*, bei der die Alphabetisierungsmethode Paulo Freires[17] eingesetzt wurde (Mädche 1995, S. 84f.). Seitens der Parteien, Gewerkschaften, Studenten etc. wurde eine umfassende Bildungsreform gefordert. Auch sollte eine Universitätsreform erfolgen (Berger 1977, S. 134).

Mit dem Militärputsch 1964 setzte eine 20 Jahre andauernde Militärdiktatur ein, die die eingeleiteten bildungspolitischen Maßnahmen sofort stoppte und „das Bildungswesen in neue Bahnen lenkte" (ebd.). So wurden beispielsweise eine von der Universität Brasília ausgehende Universitätsreform nicht fortgeführt, der Nationale Alphabetisierungsplan (1964) außer Kraft gesetzt und verschiedene Volksbildungszentren in ihrer Arbeit behindert (Fritsche 2003, S. 46). Ähnlich wie in anderen Diktaturen kam es zur Instrumentalisierung des brasilianischen Bildungswesens. Zügig wurden neue Schulen errichtet, um der Bevölkerung „eine ‚verbesserte Schulsituation' vorlegen zu können" (Mädche 1995, S. 72).

Bedeutsame bildungspolitische Maßnahmen in den 1960er und 1970er Jahren waren u.a. folgende (lt. Angaben in: Berger 1977, S. 135; Freitag 1977, S. 82; Schäfer 2004, S. 44):

- 1964: Durchführung eines Schulzensus *(Censo Escolar)*, der alle zwischen 1950 und 1964 geborenen Kinder umfasste;
- 1967/1968: Einleitung der Alphabetisierungsbewegung MOBRAL *(Movimento Brasileiro de Alfabetização de Adultos)*, die jedoch erst 1970 aufgrund finanzieller Probleme ihre Arbeit aufnahm[18];

---

17 Der brasilianische Pädagoge Paulo Reglus Neves Freire (1921-1997) ist weltweit durch seine Methode politischer Alphabetisierung bekannt geworden, die in der zweiten Hälfte des 20. Jh. in vielen Projekten umgesetzt und in verschiedene pädagogische Bereiche übertragen wurde. Seine Pädagogik steht im engen Zusammenhang mit dem Kampf gegen Unterdrückung und für Freiheit, Gerechtigkeit und Demokratie. Sie ist gekennzeichnet durch einen aufklärerischen und emanzipatorisch-politischen Anspruch (Richter 2012b, S. 227f.).

18 Nach Aussagen von Berger (1977, S. 135) wurde MOBRAL im Jahr 1967 als Stiftung gegründet. Es handelte sich hierbei um eine Erwachsenenalphabetisierungskampagne, die z.T. aus Steuer-

- 1968: Verabschiedung des Hochschulrahmengesetzes;
- 1971: Bildungsreform für das Primar- und Sekundarschulwesen[19]

Ende der 1970er, Anfang der 1980er Jahre ging die Expansion im brasilianischen Bildungswesen leicht zurück. Anstatt weiter Schulen zu bauen, ging es nun verstärkt um die Verbesserung der Bildungsqualität und der Lehrerbildung, der Demokratisierung des Bildungssystems und der Chancengleichheit. Die Bildungschancen von Arbeiterkindern, Schwarzen und anderen sozial Benachteiligten sollten verbessert werden (Conçalves Vidal/Mendes de Faria Filho 2008, S. 71).

1982 wurde die Militärregierung durch eine Übergangsregierung abgelöst. Nach 18 Jahren erfolgten erstmals wieder direkte Gouverneurswahlen. Mit der 1988 verabschiedeten Verfassung wurde Bildung als ein Grundrecht und als eine Verpflichtung sowohl für die Familie als auch für den Staat deklariert. In den darauffolgenden Jahren wurde an einem neuen Bildungsgesetz gearbeitet *(Lei de Diretrizes e Base da Educação, Nr. 9394/96)*, das schließlich 1996 veröffentlicht wurde und bis heute die gesetzliche Grundlage für das brasilianische Bildungssystem darstellt.

4. Aufbau und Struktur des aktuellen Bildungssystems

Wie in den meisten lateinamerikanischen Ländern ist auch in Brasilien die Zweiteilung des Bildungswesens in einen öffentlich-staatlich getragenen und einen privaten Bildungssektor charakteristisch. Gemäß der Verfassung von 1988 (Art. 209) ist die Gründung und Unterhaltung von Privatschulen rechtlich erlaubt, wenn die allgemeinen Normen der nationalen Erziehung erfüllt werden. Der Staat genehmigt die Öffnung von Schulen und Kursen und ist zuständig für die Qualitätskontrolle des Unterrichts (Schuchart 2000, S. 14). Der Ausbau des privaten Sektors hat in den vergangenen Jahrzehnten stark zugenommen, insbesondere private Einrichtungen für höhere Bildung.

Das heutige brasilianische Bildungssystem unterteilt sich in zwei Bildungsstufen: in die Grundschulbildung *(Educação Básica)*, die seit 2010 zwölf Jahre umfasst, und in die Hochschulbildung *(Educação Superior)*. Die Grundschulbildung wiederum ist aufgegliedert in die vorschulische Erziehung *(Educação Infantil)*, in die Fundamentalbildung *(Educação Fundamental/Primeiro Grau)* und in die mittlere Schulbildung *(Ensino Médio/Segundo Grau)* (UNESCO 2010b, S. 5).[20]

---

vergünstigungen finanziert wurde, und die die Alphabetisierungsmethode Paulo Freires für eine nationalistische Indoktrination missbrauchte (Mädche 1995, S. 74).

19 Im August 1971 trat das Gesetz Nr. 5692/71 in Kraft, das Leitlinien und Grundsätze für die Primar- und Sekundarschulbildung umfasste. In der Literatur wird dieses Gesetz als eine Fortführung des Bildungsrahmengesetzes gesehen, das mit der Universitätsreform (1968) eingeleitet wurde (Schäfer 2004, S. 45). Diese neue gesetzliche Regelung sah vor, die bis dato obligatorische vierjährige Primarschule auf acht Jahre zu erweitern, indem sie durch die Sekundarstufe I ergänzt wurde. Dabei sollten die ersten sechs Jahre auf eine allgemeine Wissensvermittlung abzielen, und in den letzten beiden Schuljahren (7. und 8. Klasse) sollte der Unterricht stärker beruflich orientiert erfolgen. Die öffentliche Schulbildung sollte fortan unentgeltlich sein (Berger 1977, S. 135; Conçalves Vidal/Mendes de Faria Filho 2008, S. 69; Schuchart 2000, S. 10f.).

20 Im Bildungsgesetz *Lei de Diretrizes e Bases da Educação (LDB)* von 1996 wird die brasilianische Schulbildung unterteilt in so genannte drei Grade: Die Fundamentalbildung stellt hierbei den 1. Grad *(1° Grau)* dar, die mittlere Schulbildung den 2. Grad *(2° Grau)* und die Hochschulbildung den 3. Grad *(3° Grau)*.

Die vorschulische Erziehung richtet sich an Kinder bis zu fünf Jahren. Sie besteht aus zwei Zyklen und ist nicht obligatorisch: Kinder bis zu drei Jahren haben die Möglichkeit, einen Kindergarten oder Hort *(Creche)* zu besuchen. Mädchen und Jungen zwischen vier und fünf Jahren besuchen die Vorschule *(Pré-Escola)* (ebd., S. 8f.). In Regionen, vor allem im Nordosten und im Norden des Landes, gibt es zudem so genannte Alphabetisierungsklassen *(Classes de Alfabetização)* für Kinder, die älter als sieben Jahre sind und im Folgejahr ihre Grundschulbildung beginnen (Fritsche 2003, S. 47).

Die obligatorische Primarschulbildung umfasst seit 2010 neun Jahre und setzt sich zusammen aus zwei Zyklen: Zyklus I (1.-5. Klasse; 6.-10. Lebensjahr) und Zyklus II (6.-9. Klasse; 11.-14. Lebensjahr). Aufgabe der Primarschulbildung ist es, zum einen die Kulturtechniken *(literacy skills)* zu vermitteln (vorrangig in den ersten drei Schuljahren), zum anderen die Schülerinnen und Schüler zu mündigen Bürgerinnen und Bürgern auszubilden und sie auf eine Berufsausbildung bzw. auf die weiterführende Sekundarstufe *(Ensino Médio)* vorzubereiten. Ein Schuljahr umfasst 200 Tage und 800 Unterrichtsstunden. Der Besuch an öffentlichen Schulen ist kostenfrei.

Die mittlere Schulbildung hat eine Dauer von mindestens drei Jahren. Dabei wird unterschieden zwischen weiterführenden allgemeinbildenden Schulen, die auf eine universitäre Ausbildung vorbereiten und weiterführenden berufsbildenden Schulen. Diese vermitteln eine erste Berufsbefähigung, z.B. für Büro- und Gesundheitsberufe, für technische Gehilfentätigkeiten oder für Primarschullehrer (Bauer o.J., S. 1). Schülerinnen und Schüler weiterführender berufsbildender Schulen erhalten nach erfolgreicher Beendigung ein Techniker-Diplom *(Técnico de Nível Médio/Diploma de Ensino Médio com Habilitação)* (Netherlands Organization for International Cooperation in Higher Education 2011, S. 2). Dieser Abschluss ermöglicht ebenfalls den Hochschulzugang, sofern eine fachspezifische Zulassungsprüfung *(Vestibular)* bestanden wurde.

Die brasilianische Hochschulbildung bietet vier Ausbildungsformen an: In der Regel wählen die Schulabgänger einen Studiengang im Rahmen der *Gradução,* der mit einem Bachelor *(Bacharel)* abschließt. Dieses am angelsächsischen Muster orientierte Studium umfasst bis zum ersten Abschluss vier bis fünf Jahre; in der Medizin sechs Jahre. Eine Berufqualifizierung mit Lehrberechtigung (vergleichbar mit dem deutschen Lehramtsstudium) dauert vier Jahre und endet mit der Verleihung des Titels *Licenciatura.* Eine weitere Form der Graduierten-Studiengänge sind die sogenannten Fortbildungskurse *(Cursos Seqüenciais),* deren Dauer zwei Jahre beträgt.[21] Auf der Ebene der postgraduierten Studiengänge besteht die Möglichkeit, ein weiterführendes Studium ‚im engeren Sinne‘ (‚Stricto Senu‘; Dauer: 2 bis 3 Jahre mit Aufnahmeprüfung) zu absolvieren, bei dem man den *Grad Mestrado* erlangt und der gleichzeitig die Voraussetzung für ein Promotionsstudium *(Cursos de Doutorado)* darstellt.[22] Dieses umfasst in der Regel drei bis vier Jahre. Darüber hinaus gibt es im postgradualen Bereich zwei weitere Ausbildungsformen ‚im weiteren Sinne‘ (‚Lato Sensu‘; Dauer 1-2 Jahre):

---

21 Unterschieden werden bei diesen Fortbildungskursen ‚Fortbildungskurse zur Ergänzung des Studiums‘ *(Cursos Seqüenciais de Complementação)* und Fortbildungskurse zur Spezialisierung *(Cursos Seqüenciais de Formação Específica).* Sie qualifizieren nicht zu einem Postgraduierten-Studium, da sie sich lediglich auf einen Spezialbereich eines Fachstudiums konzentrieren (Fritsche 2003, S. 50).

22 Neben einem abgeschlossenen Masterstudium ist zudem eine Aufnahmeprüfung Voraussetzung für die Teilnahme an einem Promotionsstudium (Kooperation international. Bildungslandschaft: Brasilien 2010, S. 2).

die Fortbildungen *(Cursos de Aperfeiçoamento)* und die Spezialisierungen *(Cursos de Especializaçao).* Schließlich existieren noch gesonderte nationale Weiterbildungsprogramme *(Programas de Extensão)* (Fritsche 2003, S. 49ff.).

Die Berufsbildung *(Educação Profissional)* findet auf drei verschiedenen Ausbildungsebenen statt: auf der untersten Ebene *(Nível Básico)* richtet sich die Aus- und Weiterbildung an Jugendliche und Erwachsene mit geringer schulischer Bildung. Sie ermöglicht ihnen einen (Wieder-)Eintritt ins Berufsleben. Bei erfolgreichem Abschluss erhält man ein Berufszeugnis mit dem Titel *Certificado de Qualificação Profissional.* Die zweite Ausbildungsebene *(Nível Técnico)* richtet sich an Jugendliche und Erwachsene mit schulischer Vorbildung (mittlere Bildung). Es handelt sich hierbei um ein formales Berufsschulstudium *(Habilitação Profissional)* an weiterführenden berufsbildenden Schulen, dessen Curriculum unabhängig von dem der allgemeinen mittleren Schulbildung ist.[23] Die Dauer umfasst vier Jahre (drei Jahre Berufsschule, ein Jahr Betriebspraktikum). Seit der Neuerung des Bildungsgesetzes (1996) ist diese Ausbildungsebene in die bestehende Systemstruktur des formalen Bildungssystems integriert, d.h. mit dem mittleren Schulabschluss ist gleichzeitig ein beruflicher Bildungsabschluss *(Técnico)* verbunden (Bezerra Andrade 2005, S. 33).[24]

„Daneben existieren [...] vierjährige staatliche Technikerschulen, deren Abschluss auf eine Facharbeitertätigkeit mittleren Niveaus vorbereiten und die Hochschulzugangsberechtigung vermitteln (Doppelqualifikation)" (Bauer o.J., S. 2). Diese dritte Ausbildungsebene *(Nível Tecnológico)* auf Hochschulniveau „wendet sich an Absolventen der Mittelstufe bzw. des technischen Niveaus" (Fritsche 2003, S. 126).

Der überwiegende Teil der Berufsbildung in Brasilien findet jedoch außerhalb des staatlichen Bildungssystems statt, und zwar in sektorbezogenen, dezentral organisierten, privatwirtschaftlichen Berufsbildungsinstitutionen, die privatwirtschaftlich finanziert werden und den Arbeitgeberverbänden unterstehen (Bauer o.J., S. 2).

5. Lehrerbildung in Brasilien

In der ersten Hälfte des 19. Jh. wurde in Niteroi, Rio de Janeiro, die erste brasilianische *Escola Normal* (Normalschule) gegründet, wobei sich in der Literatur keine exakten Datierungen finden lassen. Zu Beginn war der Zugang ausschließlich Männern vorbehalten. Erst im 20. Jh. öffneten sich die Normalschulen auch für Frauen, die zu jener Zeit meist aus der Mittelschicht stammten. Viele sahen in dieser Ausbildung primär eine Vorbereitung auf ihre spätere Rolle als Ehefrau und Mutter. Die wenigen Frauen, die nach der Ausbildung als Lehrerinnen arbeiteten, blieben meist unverheiratet. Die Ausbildung war anfänglich sehr rudimentär. Sie beschränkte sich auf einfache Studieninhalte und verfügte über eine geringe methodisch-didaktische Ausrichtung. Zudem wurden viele der gegründeten Normalschulen kurze Zeit später wieder geschlossen, da man aus-

---

23 In Brasilien wird zwischen Beschäftigung *(Ocupação)* und Beruf *(Profissão)* unterschieden. „Der größte Teil der beruflichen Tätigkeiten fällt unter den Begriff „Beschäftigung" und bedarf in Brasilien keiner formalen Ausbildung. Die unter dem Begriff „Ocupação" geführten Tätigkeiten (ca. 3 800) sind in der brasilianischen Klassifikation für Beschäftigungen (CBO) des Ministeriums für Arbeit festgelegt. Daneben gibt es ca. 80 offizielle Berufe, für die eine staatlich anerkannte Ausbildung absolviert werden muss" (Kooperation international 2010, S. 7).
24 Das Techniker-Diplom wird nur vergeben, wenn die Mittelstufe erfolgreich abgeschlossen werden konnte (Fritsche 2003, S. 126).

gebildete Lehrer in den ersten Klassenstufen der Primarschule nicht als zwingend notwendig ansah (De Souza Ide 2003, S. 91).

Mit Beginn der Industrialisierung in den 1930er Jahren wandelte sich diese Auffassung. Der Bedarf an qualifizierten Arbeitskräften nahm stetig zu. Es entstanden erste Lehramtsstudiengänge für Gymnasial- und Sekundarschullehrer an Universitäten, und die Lehrerbildung, für die bis dato die einzelnen Bundesstaaten zuständig waren, sollte nun durch eine nationale Gesetzgebung geregelt werden. In diesem Zusammenhang wurden erziehungswissenschaftliche Institute geschaffen, die für die Ausbildung von Primarschullehrern und Schulleitern verantwortlich waren und zudem Fortbildungen für bereits tätige Lehrer anboten. Sie wurden zu den Eliteeinrichtungen der Lehrerbildung. Im Zuge der Bildungsreform, bei der auch eine Umgestaltung der Lehrerbildung erfolgte, verloren sie allerdings ab den 1970er Jahren zusehends an Bedeutung (ebd., S. 91ff.).

In den 1990er Jahren wurde die Lehrerbildung erneut reformiert. Ziel war es, die Ausbildung der Primar- bzw. Grundschullehrer auf Universitätsebene anzuheben. Doch nach wie vor werden in Brasilien Lehrer(innen) sowohl auf Sekundarschulebene als auch auf Universitätsebene ausgebildet. Gemäß dem Bildungsgesetz von 1996 *(Lei de Diretrizes e Bases da Educação, LDB)* ist die heutige Lehrerbildung in Brasilien wie folgt organisiert: Auf Sekundarschulebene werden in sogenannten *Cursos Normales de Nivel Médio* Vorschul- und Grundschullehrer(innen) (1.-4.Klasse) ausgebildet, d.h. für die es erforderlich ist, einen dreijährigen *Curso Magistério* sowie einen einjährigen *Curso Aditivo* (pädagogische Qualifizierung) zu absolvieren (Schuchart 2000, S. 23). Sekundarschullehrer hingegen müssen eine akademische Ausbildung durchlaufen *(Curso Superior)*, entweder an einer Universität oder an einer nicht-universitären Lehrerbildungseinrichtung. Allerdings werden mittlerweile auch Vorschul- und Grundschullehrer(innen) (1.-9. Klasse) an Universitäten und anderen nicht-universitären Lehrerbildungseinrichtungen ausgebildet (UNESCOb 2010, S. 30).

6. Die heutige Bildungssituation in Brasilien: Probleme und Herausforderungen

Bis Anfang des 20. Jh. war die allgemeine Grundschulbildung in Brasilien von keiner größeren Bedeutung. Vielmehr ging es um den Ausbau der höheren Schulbildung und der damit verbundenen Akademisierung der aristokratischen Kinder und Jugendlichen. Erst seit den 1930er Jahren, nachdem Getúlio Vargas durch einen Militärputsch an die Macht kam, existierte ein verstärktes Bewusstsein für bildungspolitische Fragen und Probleme. Doch trotz der zahlreichen Reformen und der quantitativen Fortschritte in den darauffolgenden Jahren konnten die erheblichen Mängel im Bildungsbereich nicht behoben werden. Zwar scheint eine ,quasi'-universelle Grundschulbildung in Brasilien erreicht zu sein; denn 2007 betrugen die Nettoschulbesuchsraten im Primar- und Sekundarschulbereich 93% bzw. 77%.[25] Doch zur gleichen Zeit befanden sich schätzungsweise immer noch 901 000 Kinder und Jugendliche, vor allem aus abgelegenen ländlichen Regionen, städtischen Armutsvierteln oder aus indigenen Herkunftsfamilien, außerhalb des Schulsystems (UNESCO 2010a, S. 343, 365). Nach wie vor ist es der

---

[25] Im Zeitraum von 1999 bis 2008 erhöhte sich die Bruttoschulbesuchsrate im Vorschulbereich für Kinder im Alter von drei bis fünf Jahren von 58% auf 61% und lag damit weit über dem weltweiten Durchschnitt (41%), jedoch unter dem lateinamerikanischen Durchschnitt von 65% (UNESCO 2010a, S. 326, 330).

brasilianischen Regierung nicht gelungen, die verschiedenen Eingangsvoraussetzungen der Kinder armer bzw. reicher Familien auszugleichen, obwohl das Sozialprogramm *Bolsa Família*[26] seit 2003 die Lebensverhältnisse von rund 47 Mio. Armen bedeutsam verbessern konnte. Soziale Ungleichheit, mangelhafte Qualität und Bildungsarmut bestimmen zu einem großen Teil noch immer die Bildungslandschaft Brasiliens. Zu erkennen ist dies u.a. an den hohen Abbrecher- und Wiederholungsraten, an der geringen Anzahl an Schuljahren, an den niedrigen Abschlussraten oder an den schlechten Schülerleistungen.[27] Im Jahr 2007 besuchte der durchschnittliche Brasilianer sieben Jahre die Schule.[28] Um die obligatorische achtjährige Grundschulbildung[29] zu beenden, benötigte er rund 11 Jahre. Lediglich 38% der Brasilianer (25-34 J.) hatten zu diesem Zeitpunkt die Sekundarstufe erfolgreich abgeschlossen und nur 8% verfügten über einen Hochschulabschluss; im Vergleich dazu lag die Abschlussrate im Tertiärbereich in Chile und Mexiko bei ungefähr 18%. Die hohen Wiederholungsraten bedeuten für Brasilien eine enorme zusätzliche finanzielle Belastung. Beispielsweise besuchten 2007 rund 22 Mio. Schülerinnen und Schüler eine öffentliche Schule. Die Bildungsausgaben pro Schüler beliefen sich auf 2.487 Real (ca. 1.050 €). Eine Erhöhung der Wiederholungsrate um 1% bedeutet zusätzliche Ausgaben pro Jahr von mehr als 500 Mio. Real (>21 Mio. €) (PREAL 2009, S. 12-15).

Eng verbunden mit den hohen Abbrecher- und Wiederholungsraten in Brasilien sind die schlechten Schülerleistungen. Seit 2000 beteiligt sich Brasilien an der PISA-Studie *(Program for International Student Assessment, PISA)*, bei der die Schülerleistungen der 15-Jährigen in Mathematik, Sprache und Naturwissenschaften getestet werden. 2006 erlangte Brasilien Rang 49 von 56. Die Studie ergab, dass die Mehrheit der brasilianischen Schülerinnen und Schüler ernsthafte Schwierigkeiten hat, ihr Wissen mit Hilfe eines Textes zu erweitern. In den Naturwissenschaften erreichten sie lediglich die Kompetenzstufe 1 bzw. lagen darunter; in Mathematik befand sich fast die Hälfte (46,6%) unterhalb der Kompetenzstufe 1. Unter den lateinamerikanischen Ländern, die an PISA (2006) teilnahmen, erreichten Chile, Mexiko und Uruguay eine bessere Platzierung. Argentinien und Kolumbien hingegen schnitten schlechter als Brasilien ab. Nationale Schülerleistungsmessungen (z.B. SAEB) zeigten ebenfalls, dass die brasilianischen Kinder und Jugendlichen vergleichsweise wenig lernen.[30] Zwischen

---

26 Das Hilfsprogramm *Bolsa Família* ersetzt verschiedene Programme im Sozialsektor, die bislang nebeneinander existiert haben, z.B. das Schulstipendium-Programm *Bolsa Escola* des Bildungsministeriums, das versucht, Kinder armer Familien in das Schulsystem zu integrieren oder das Ernährungsprogramm *Bolsa Alimentação* des Gesundheitsministeriums (Fritsche 2004, S. 4).

27 Nach Aussagen der UNESCO (2010a, S. 351, 355) lag die Wiederholungsrate im Primarschulbereich bei 18,7% (2007). Damit ist Brasilien das lateinamerikanische Land mit der höchsten Wiederholungsrate (Kuba: 0,5%; Ecuador: 1,4%; Guatemala: 12,2%; Lateinamerika: 5,6%). Zuverlässige Zahlen für die Abbrecher- und Abschlussraten konnten leider nicht gefunden werden.

28 1997 legte die *Economic Commission for Latin America and the Caribbean (ECLAC)* eine Mindestschulbesuchsdauer von zwölf Jahren fest. Man ging davon aus, dass diese Dauer erforderlich ist, um die Armutsspirale zu durchbrechen.

29 Seit 2010 umfasst die obligatorische Primarschulbildung neun Jahre. Davor waren es acht Jahre.

30 SAEB *(Sistema Nacional de Avaliação)* ist ein breit angelegtes Evaluierungsprogramm, das seit 1991 aller zwei Jahre vom Institut für Bildungsforschung des Bildungsministeriums durchgeführt wird. Es erhebt die Schülerleistungen der Viert- und Achtklässler sowie der Drittklässler der Sekundarstufe II (Fritsche 2003, S. 112).

1995 und 2007 haben sich die Schülerleistungen nicht bedeutsam verbessert. Bei den Mittelwerten in Mathematik und Portugiesisch konnte 2005 sogar eine Verschlechterung festgestellt werden (Da Trindade Prestes/Pfeiffer 2010, S. 47). Das zeigt, dass noch immer die meisten Schülerinnen und Schüler am Ende der Sekundarstufe über kein Grundschulniveau verfügen (PREAL 2009, S. 19). Vor allem Kinder und Jugendliche aus armen Verhältnissen sind besonders benachteiligt. Zwar sind die Einschulungsraten der ärmsten Kinder seit 1995 in allen Schulbereichen enorm gestiegen, doch ergab schon die PISA-Studie (2003), dass die Mathematikleistungen der ärmsten Kinder in Brasilien fast zwei Niveaustufen unter denen der reichsten Kinder lagen (PREAL 2006).

Ein weiteres zentrales Problem des brasilianischen Bildungssystems stellt die Unterfinanzierung dar (Ausgaben pro Primarschüler in US-$: OECD-Durchschnitt 4.800; Brasilien 1.257), obwohl die öffentlichen Bildungsausgaben, gerechnet am Bruttonationaleinkommen, in den vergangenen Jahren von 4% (1999) auf 5,2% (2007) angestiegen sind.[31] Damit liegt Brasilien über dem weltweiten Durchschnitt (4,9%). In absoluten Zahlen reichen allerdings die öffentlichen Bildungsausgaben nicht aus, um eine adäquate staatliche Bildungsversorgung zu gewährleisten. Ein weiterer Grund kann sicherlich auch in der ungleichen Verteilung der Mittel gesehen werden. Brasilien ist weltweit eines der Länder, in dem die soziale Ungleichheit bei der Finanzierung von Bildung am höchsten ist. 2007 betrugen bspw. die Bildungsausgaben pro Student 12.322 Real (ca. 6.296 US-$) und die für Schüler im Grundschulbereich zwischen 1.220 und 2.500 Real (ca. 950 US-$), je nach Bundesstaat variierend (PREAL 2009, S. 40f.), d.h. eine vergleichsweise geringe Anzahl der brasilianischen Bevölkerung (1,2 Mio. Studierende), meist aus der Mittel- und Oberschicht, profitiert stärker von der staatlich finanzierten Bildung als die breite Masse (46,6 Mio. im Grundschulbereich).

Alphabetisierung stellt noch immer ein primäres Ziel der brasilianischen Bildungspolitik dar, obwohl nach offiziellen Schätzungen der UNESCO die Alphabetisierungsrate der über 15-Jährigen bei 90% (2000-2007) liegt. Dennoch konnten 2007 rund 14 Mio. Brasilianer nicht lesen und schreiben und ca. 32% der Bevölkerung waren funktionale Analphabeten (UNESCO 2010a, S. 310). In diesem Zusammenhang hat die Regierung unter dem Präsidenten Lula (2007) im Rahmen des Planes für die Entwicklung des Bildungswesens *(Plano de Desenvolvimento da Educação, PDE)* einige Handlungsvorschläge und Anreize für Gemeinden zur Alphabetisierung von Kindern, Jugendlichen und Erwachsenen gemacht. So wurden bspw. zwei „Auszeichnungen" eingeführt: „Stadt ohne Analphabeten" und „Alphabetisierungsstädte". Die erste Auszeichnung wird Gemeinden überreicht, die eine Alphabetisierungsquote von mindestens 97% nachweisen können, und die zweite Gemeinden, die ihre Analphabetenquote (2010) um 50% gegenüber dem Jahr 2001 senken konnten. Im Hinblick auf die Alphabetisierung von Kindern und Jugendlichen sollen Lehrer des öffentlichen Schulwesens während ihrer Arbeitszeit sich um diese besonders kümmern. Als Anreiz für ihre Leistungen sollen sie Stipendien vom Bundesministerium für Bildung erhalten (Fontoura 2007, S. 7).

Fehlende Schulgebäude und mangelnde Ausstattung (z.B. fehlende Stromanschlüsse) sind auch in Brasilien noch immer ein zentrales Problem und führen

---

31 Im PREAL-Bildungsreport für Brasilien (2009, S. 41) ist angegeben, dass Brasilien in dem Zeitraum von 1996 bis 2006 3,8% des Bruttonationaleinkommens in die Grundschulbildung investiert hat. Dieser Prozentsatz ist vergleichbar mit dem OECD-Durchschnitt.

nicht selten dazu, dass Kinder und Jugendliche nicht die Schule besuchen können. Im Bundesstaat Pernambuco, im Nordosten, fiel 2007 über einige Wochen für ca. 100 000 Schüler im Alter von 7 bis 14 Jahren der Unterricht mangels Lehrer aus oder weil das Dach ihrer Schulen fehlte; vergleichbare Situationen ereigneten sich auch in anderen Bundesstaaten (ebd., S. 3).

Ähnlich wie in anderen lateinamerikanischen Ländern sind die schlechte Bezahlung und die mangelhafte berufliche Qualifikation vieler Lehrer ein immer wiederkehrendes Streitthema in der bildungspolitischen Diskussion. Nach Aussagen von Hamm (2011, S. 2f.) beträgt derzeit das Einstiegsgehalt eines brasilianischen Lehrers bei einer 40-Stundenwoche 1.024 Real (ca. 450 €); eine Krankenschwester verdient im Vergleich dazu 1.750 Real, wobei die Gehälter je nach Region und Träger (privat/öffentlich) stark variieren. Gemeinden zahlen i.d.R. am Schlechtesten (Fritsche 2004, S. 59; PREAL 2009, S. 37). Dies führt nicht selten zu Lehrermangel bzw. sind Lehrer gezwungen, an mehreren Schulen gleichzeitig zu unterrichten, um ihr monatliches Einkommen zu erhöhen. Hinzu kommt, dass der Lehrerberuf gesellschaftlich wenig angesehen ist, und es kaum Aufstiegschancen gibt. Insofern verwundert es nicht sonderlich, dass eine Mehrzahl der Lehramtsstudienplätze unbesetzt bleibt bzw. ein Großteil der Lehramtsstudierenden den Studiengang für den Erwerb eines Hochschulabschlusses nutzt, um später in anderen Bereichen arbeiten oder an einer teuren Privatschule unterrichten zu können (Hamm 2011, S. 2).

Zwar ist die Anzahl an selbstbesuchten Schuljahren brasilianischer Lehrer in den vergangenen Jahren gestiegen, und zwischen 1997 und 2007 erhöhte sich auch der Anteil der Lehrer mit einem Hochschulabschluss von 19% auf 61%. Doch nach wie vor hat fast ein Drittel der Grundschullehrer nur einen Sekundarschulabschluss vorzuweisen (PREAL 2009, S. 35ff.). Aus diesem Grund hat die brasilianische Regierung die Lehreraus- und -fortbildung zu einem Schwerpunkt ihrer Bildungspolitik ernannt. Im Juli 2004 wurde in diesem Zusammenhang das Bildungssekretariat für Fortbildung, Alphabetisierung, Vielfalt und Inklusion (*Secretaria de Educação Continuada, Alfabetização, Diversidade e Inclusão, SECADI*) gegründet. Dieses richtet sich vorrangig an Lehrer, die zukünftig regelmäßig außerschulische Fortbildungen erhalten sollen (Fritsche 2004, S. 3).

Ausblick

Der vorliegende Beitrag hat versucht, einen systematisch strukturierten Überblick über die historischen Entwicklungen und die aktuelle Bildungssituation Brasiliens im 21. Jh. zu liefern und dabei länderspezifische Besonderheiten aufzuzeigen. Dabei wurde deutlich, dass das brasilianische Bildungswesen eng mit der Kolonialpolitik Portugals und der missionarischen Tätigkeit der Jesuiten verbunden ist. Während ihrer Erziehungs- und Bildungszeit im frühkolonialen Brasilien schufen die Jesuiten ein Bildungsmonopol, das mit ihrer Vertreibung (1759) völlig zum Erliegen kam. Erst Anfang des 19. Jh. wurden vereinzelt neue Schulen wieder eröffnet, allerdings nicht für die einfache Bevölkerung. Diese blieb lange Zeit unberücksichtigt, obwohl eine kostenlose Primarschulbildung seit 1824 theoretisch existierte. Stattdessen war die Aristokratie während des Kaiserreiches bestrebt, ihre höhere Bildung auszubauen. Erste bedeutsame Reformbestrebungen im Bildungsbereich wurden in den 1930er Jahren während der Vargas-Ära durchgeführt. In dieser Zeit kam es u.a. zum Ausbau des Bildungswesens und zur Gründung der ersten Universität Brasiliens.

Kennzeichnend für das brasilianische Bildungswesen ist, dass Schulbildung, sowohl in der Vergangenheit als auch aktuell, ein wirtschaftliches und soziales Privileg war und ist. Lange Zeit wurden der Ausbau und die Reformierung des öffentlichen Schulwesens vernachlässigt. Zwar besuchen heute über 90% der schulpflichtigen Kinder im Alter von 6 bis 14 Jahren eine Schule, doch noch immer bestimmt die soziale Ungleichheit die Bildungslandschaft Brasiliens. Hinzu kommt die mangelhafte Bildungsqualität, die es in den kommenden Jahren zu verbessern gilt. Inwieweit die dafür vorgesehenen finanziellen Mittel ausreichen, ist fraglich, da die Ausgaben pro Schüler nur einem Viertel des OECD-Durchschnitts entsprechen.

Literatur

Bauer, Waldemar (o.J.): *Brasilien*. Verfügbar unter: http://gc21.inwent.org/ibt/opengc21/ibt/public/IFKA/bbs/download/Brasilien-BBS.pdf [21.08.2011]

Berger, Manfredo (1977): *Bildungswesen und Dependenzsituation*. Beiträge zur Soziologie und Sozialkunde Lateinamerikas. München

Bernecker, Walther L. et al. (2000): *Eine kleine Geschichte Brasiliens*. Frankfurt/M.

Bezerra Andrade, Francisca R. (2005): Die Entwicklung der mittleren und beruflichen Bildung in Brasilien. In: *Berufsbildung in Wissenschaft und Praxis (BEP)*, 1, S. 30-34. Verfügbar unter: http://www.bibb.de/veroeffentlichungen/de/publication/show/id/1686 [21.08.2011]

Conçalves Vidal, Diana; Mendes de Faria Filho, Luciano (2008): Schooling in Brazil. In: Givirtz, Silvana; Beech, Jason (Hrsg.): *Going to School in Latin America*. London, S. 55-75

Costa, Sergio (2010): Das politische System Brasiliens. In: Stüwe, Klaus; Rinke, Stefan (Hrsg.): *Die politischen Systeme in Nord- und Lateinamerika. Eine Einführung*. Bonn

Da Trindade Prestes, Emília M.; Pfeiffer, Dietmar K. (2010): Überwindung der Bildungsarmut in Brasilien durch staatliche Bildungspolitik: Möglichkeiten und Grenzen. In: Sandkötter, Stephan (Hrsg.): *Bildungsarmut in Deutschland und Brasilien*. Frankfurt/M. u.a., S. 39-67

De Souza Ide, Maria H. (2003): Lernkonzept und Lernstil von brasilianischen Lehramtsstudenten unter besonderer Berücksichtigung der Typologien von Kolb, Schmeck und Pask. Göttingen

Der Fischer Weltalmanach 2011. Zahlen. Daten Fakten. Frankfurt/M.

Flemes, Daniel (2007): Brasilien – Regionalmacht mit globalen Ambitionen. In: *GIGA-Focus Lateinamerika*, 6. Verfügbar unter: http://www.giga-hamburg.de/dl/download.php?d=/-content/publikationen/pdf/gf_lateinamerika_0706.pdf [20.09.2011]

Fontoura, Joana (2007): Die Zukunft der Ausbildung in Brasilien. Der neue Plan zur Entwicklung des Bildungswesens. *Focus Brasilien*, 5. Verfügbar unter: http://www.kas.de/wf/doc/-kas_11080-544-1-30.pdf [15.09.2011]

Freitag, Barbara (1977): Bildungsreform und Bildungsrealität in Brasilien. Eine soziologische Analyse der letzten zehn Jahre. In: Kellenbenz, Hermann et al. (Hrsg.): *Lateinamerika Studien, 3*, S. 71-99

Fritsche, Michael (2004): Bildungspolitik in Brasilien – Der erste Schritt ist getan. *Focus Brasilien*, 6. Verfügbar unter: http://www.kas.de/wf/doc/kas_4799-544-1-30.pdf?04072711_1643 [15.09.2011]

Fritsche, Michael (2003): Bildungspolitik und wirtschaftliches Wachstum in Brasilien. Marburg

Hamm, Esther (2011): Die brasilianische Bildungsmisere – Hindernis für den sozialen Aufstieg. *Online-Publikation der Konrad-Adenauer-Stiftung e.V.* Verfügbar unter: http://www.-kas.de/wf/doc/kas_23172-1522-1-30.pdf?110908224221 [20.09.2011]

Hanke, René (2006): Absolutismus, Aufgeklärter (Portugal): In: Reinalter, Helmut (Hrsg): *Lexikon zum aufgeklärten Absolutismus in Europa: Herrscher – Denker – Sachbegriffe*. Wien u.a., S. 65-75

Hanke, René (2002): Pombal und die Jesuiten. In: Reinalter, Helmut; Klueting, Harm (Hrsg.): *Der aufgeklärte Absolutismus im europäischen Vergleich*. Wien u.a., S. 129-155

Mädche, Flavia (1995): Kann Lernen wirklich Freunde machen? Der Dialog in der Erziehungskonzeption von Paulo Freire. München

Montoya Bonilla, Sol (2008): Ilê Ashé Oyáa: Ein Candomblé-Raum in Berlin. In: journal-ethnologie.de. Verfügbar unter: http://www.journal-ethnologie.de/Deutsch/Aktuelle_Themen/Aktuelle_Themen_2009/index.phtml [19.08.2011]

Netherlands Organization for International Cooperation in Higher Education (2011): *Country module: Brazil. Evaluation of Foreign degrees and qualifications in the Netherlands 2010*.

Verfügbar unter: http://www.nuffic.nl/international-organizations/docs/diplomarecognition/country-modules/country-module-brazil.pdf [21.08.2011]

Nolte, Detlef (1994): Die Vorherrschaft der Militärregime in den sechziger und siebziger Jahren In: *Lateinamerika II. Politische Entwicklung seit 1945. Informationen zur politischen Bildung, Heft 244*, S. 15-30

PREAL (2009): *Saindo da Inercia? Boletim da Educacao em Brasil*. Verfügbar unter: www.preal.org [19.09.2011]

PREAL (2006): *Cantidad sin Calidad*. Un Informe del Progreso Educativo en América Latina. Verfügbar unter: www.preal.org [15.08.2011]

Prutsch, Ursula (2005): *Brasilien 1889-1985*. Von der Ersten Republik bis zum Ende der Militärdiktatur. Verfügbar unter: http://www.lateinamerika-studien.at/content/geschichtepolitik/brasilien/brasilien-titel.html [19.08.2011]

Richter, Claudia (2012a): Brasilien. In: Horn, Klaus-Peter et al. (Hrsg.): *Lexikon der Erziehungswissenschaft*. Bad Heilbrunn: Klinkhardt-Verlag, S. 209-211

Richter, Claudia (2012b): Paulo Freire. In: Horn, Klaus-Peter et al. (Hrsg.): *Lexikon der Erziehungswissenschaft*. Bad Heilbrunn: Klinkhardt-Verlag, S. 227f.

Schäfer, Karl-Heinz (2004): Das brasilianische Bildungssystem im Spiegel von Demokratisierung und Globalisierung. Idstein/Ts.

Schroeder, Joachim (1989): Arbeit, Selbstbestimmung, Befreiung: lateinamerikanische Gegenentwürfe zur europäischen Schule. Frankfurt/M.

Schuchart, Claudia (2000): Probleme des brasilianischen Primarschulwesens. Zwei Fallstudien zur schulischen Alltagsstruktur. Erfurt

Ströbele-Gregor, Juliana (2004): Indigene Völker und Gesellschaft in Lateinamerika: Herausforderungen an die Demokratie. In: Deutsche Gesellschaft für Technische Zusammenarbeit (Hrsg.): *Indigene Völker in Lateinamerika und Entwicklungszusammenarbeit*. Eschborn, S. 1-27. Verfügbar unter: http://www. gtz.de/de/dokumente/de-Reader_komplett. pdf [21.08.2011]

Suhr, Henning (2008): Brasiliens Indianerpolitik zwischen neuer Gewalt und alten Problemen. In: *Focus Brasilien, 2*. Verfügbar unter: http://www.kas.de/brasilien/de/publications/13908/ [21.08.2011]

UNESCO (2010a): EFA Gobal Monitoring Report 2010. Reaching the marginaized. Oxford

UNESCO (2010b): World Data on Education Données mondiales de l'éducation Datos Mundiales de Educación. VII Ed. 2010/11. Brazil. Verfügbar unter: http://www.ibe.unesco.org/ [15.08.2011]

Internetadressen

www.auswaertiges-amt.de
www.brasilien.de
www.kooperation-international.de

Caroline Glöckner

Das Bildungswesen in China

Im folgenden Beitrag wird Bildung in China mit dem Schwerpunkt Volksrepublik China (VR China) unter den Aspekten der Bildungsgeschichte, der Bildungsadministration, der Bildungsplanung, der Struktur des Bildungssystems, des privaten Bildungssektors und der Erwachsenenbildung abgehandelt. Zu einem besseren Verständnis werden zunächst einige Angaben zur Geschichte Chinas gemacht sowie aktuelle landeskundliche Informationen gegeben (Kap. 1). Im weiteren Verlauf werden die Bildungsgeschichte im frühen und kaiserlichen China (Kap. 2) sowie die Entwicklungen im 19. Jh. und während der Republikzeit (Kap. 3) geschildert. Die Bildungsentwicklung in der VR China seit 1949 wird im vierten Kapitel erläutert. Das fünfte Kapitel befasst sich mit der Bildungsadministration und der Bildungsplanung. Im nachfolgenden sechsten Kapitel wird auf das heutige Schul- und Hochschulwesen in der VR China eingegangen. Die Veränderungen des privaten Bildungssektors (Kap. 7) und im Bereich der Erwachsenenbildung (Kap. 8) werden anschließend dargestellt.

1. Geschichtlicher Überblick

China entwickelte sich in allmählicher Ausdehnung seit 5 000 v. Chr. von kleinen Siedlungsgebieten am Gelben Fluss zu den Grenzen von 1759, die fast identisch sind mit dem Gebiet der VR China (Schmidt-Glintzer, 1995, S. 124). Der zentrale Einheitsstaat bildete sich nur schrittweise. Die Shang-Dynastie (ca. 1600-1046 v. Chr.), bis zu der sich die chinesische Bildungsgeschichte zurückverfolgen lässt (Lee, 2000, 40), war bereits eine Hochkultur, geprägt von Schrift, Kriegsführung, Städten und einem Lehnssystem als Herrschaftssystem (Franke, 1968, S. 27ff.). Erst gegen Ende der Zhou-Dynastie entstanden Teilstaaten, die sich auch territorial gegeneinander abgrenzten (Schmidt-Glintzer, 1995, S. 19). Unter den Qin (221-207 v. Chr.) fand schließlich eine Reichseinigung statt. Während etwa zwei Drittel der chinesischen Kaiserzeit war China geeint, rund ein Drittel der Zeit war es geteilt oder zersplittert.

Zu den Grundkonstanten der Entwicklung Chinas gehörte die Aufteilung in unterschiedliche Dynastien. Aus kriegerischen Auseinandersetzungen oder Aufständen um die Herrschaft, deren Ursachen oft in sozialem Ungleichgewicht oder militärischem Machtstreben lagen, ergaben sich die Dynastiewechsel. Das Eindringen von Fremdvölkern und kriegerische Auseinandersetzungen mit ihnen, ihre Assimilation oder ihr Etablieren eigener Dynastien, waren ebenfalls ausschlaggebend für Machtwechsel.

Die Staatsform Chinas war von Beginn an bis 1912 monarchisch. China war eine Feudalgesellschaft, deren soziale Stratifikation aus fünf Klassen bestand: dem König oder Kaiser an der Spitze, den Beamten, den Bauern, den Handwerkern und den Händlern.

Wesentlicher Bestandteil der chinesischen Geistesgeschichte war der Konfuzianismus, eine Philosophie, die einen besonderen Schwerpunkt auf Ethik legt. Der Konfuzianismus geht von der Gutartigkeit und Bildungsfähigkeit des Menschen aus. Er gliedert die Gesellschaft durch fünf Beziehungen, von denen die ersten vier hierarchischer Natur sind: Vater und Sohn, Fürst und Untertan, Eltern und Kinder, schließlich Mann und Frau. Die fünfte Beziehung – Freunde untereinander – ist die einzige egalitäre Beziehung. Während der Han-Dynastie (206 v. Chr. bis 220 n. Chr.) wurde der Konfuzianismus in modifizierter Form zu einer „Staatsdoktrin" erhoben (Franke, 1974, S. 656f.).

Im Folgenden werden einige landeskundliche Daten auf Basis verschiedener Nachschlagewerke dargestellt[1]: In der VR China mit seiner Hauptstadt Beijing (Peking) und der Amtssprache Chinesisch (Putonghua) leben auf einer Fläche von 9 572 419 Quadratkilometern 1 311 904 000 Einwohner. Der Human Development Index (HDI) beträgt 0,777 (Stand: 2005). Die Bevölkerung besteht aus 91,6% Han-Chinesen sowie 55 nationalen Minderheiten, davon Zhuang (1,4%), Mandschu (0,8%), Hui (0,8%), Miao (0,7%) sowie Sonstige (u.a. Mongolen, Koreaner, Turkvölker und Tibeter: 4,3%). In China leben ca. 100 Mio. Buddhisten, 30 Mio. Daoisten, 20 Mio. Muslime, 15 Mio. Protestanten sowie 4 (inoffizielle Schätzung ca. 14) Mio. Katholiken.

Die demografische Entwicklung der VR China ist trotz der seit Ende der 1970er Jahre propagierten Ein-Kind-Politik noch nicht rückläufig. Die mehr als 1,3 Milliarden Menschen machen ein Fünftel der Weltbevölkerung aus. Bei der aktuellen Entwicklung wird erst bei Erreichen von 1,5 Mrd. Menschen die Bevölkerung abnehmen. Die Bevölkerungsverteilung im Land ist nicht gleichmäßig. Die meisten Chinesen leben im Osten des Landes. Wüsten und Gebirge bestimmen landschaftlich die westlichen Provinzen, wo die Lebensbedingungen hart sind und die Siedlungsgebiete der nationalen Minderheiten Chinas liegen.

Das Herrschaftssystem der VR China ist bestimmt von einem Ein-Parteien-Staat marxistisch-leninistischer Prägung, der sich inzwischen insbesondere im wirtschaftlichen Bereich von den Vorstellungen der Planwirtschaft entfernt hat und eine sozialistische Marktwirtschaft propagiert. Bei aller wirtschaftlichen Reformfreudigkeit und dem gesellschaftlichen Wandel besteht jedoch das absolute Machtmonopol der Kommunistischen Partei Chinas (KPCh) weiterhin fort. Oberstes verfassungsgebendes Organ ist der Nationale Volkskongress, das Parlament der VR China. Seine 2 972 Delegierten werden alle fünf Jahre von den Parlamenten der Provinzen, autonomen Regionen, regierungsunmittelbar abhängigen Städten und der Volksbefreiungsarmee gewählt. Dazwischen leitet der Ständige Ausschuss des Nationalen Volkskomitees mit 154 Mitgliedern die unterschiedlichen ihm unterstehenden Ausschüsse. Das 150-200 Mitglieder umfassende Zentralkomitee der KPCh ist maßgeblich an politischen Entscheidungen beteiligt. Die oberste politische Führung liegt in den Händen des Ständigen Ausschusses des Politbüros der KPCh, der etwa 20 Mitglieder umfasst. Der Vorsitzende dieses Ausschusses ist zugleich der Generalsekretär der KPCh, der Staatspräsident der VR China und der Vorsitzende der Zentralen Militärkommission. Wesentliches Kennzeichen der Herrschaftsform ist neben der

---

[1] Anders als während der Kulturrevolution (1966-1976) sind nun Chinesische Statistiken vorhanden, aber sie entsprechen nicht generell den internationalen Standards „harter Daten" und sind nur bedingt verlässlich (cf. Heilmann, 2004, S. 170). Die Angaben zu den landeskundlichen Daten sind dem Fischer-Weltalmanach 2010, dem Meyers Atlas China 2010 sowie Fischer 2004 entnommen.

autoritären Parteidiktatur mit der Alleinherrschaft der KPCh, die alle Verwaltungsinstanzen durchdringt, eine fehlende Gewaltenteilung.

Die Wirtschaft der VR China ist seit Beginn der Periode der Reform- und Öffnungspolitik (seit 1978) von Wachstum geprägt. Die Wachstumsraten kamen durch öffentliche Investitionen für Wirtschaft und Infrastruktur, die kontinuierliche Zunahme ausländischer Investitionen für den industriellen Sektor, einen Anstieg von Exporten sowie eine Zunahme der Ausgaben für Konsumgüter zustande. Wirtschaftlich ist die VR China eine der wichtigsten Wachstumsregionen weltweit. Mit ihren Wachstumsraten (BIP 2008: 4 329 Mrd. US $, Wachstumsrate 2008: 9,0%) ist sie die viertgrößte Wirtschaftsmacht nach den USA, Japan und Deutschland. Das kontinuierliche Wirtschaftswachstum schafft allerdings auch Probleme. Zu den Herausforderungen gehört der Ausgleich von sozialen Spannungen und wirtschaftlichen Differenzen zwischen den unterschiedlichen Regionen. Vom Wirtschaftswachstum profitieren vor allem die östlichen und südlichen Provinzen. Sie vereinen rund 90% der wirtschaftlichen Leistung auf sich (Stand: 2006).

Weitere soziale Probleme werden durch die rund 155 Mio. Arbeitslosen (2006) verursacht. Die Städte bieten nicht genügend Arbeitsplätze für die vom Land abgewanderte Bevölkerung. Nach Schätzungen gibt es zudem ca. 150 Mio. Wanderarbeiter, Chinesen, die aus den ländlichen Gebieten in die Großstädte gehen, um dort meist als Bauarbeiter, in der Leichtindustrie oder als Hausangestellte ein Auskommen zu finden. Diese Wanderarbeiter haben eingeschränkte Rechte und keine Sozialversicherung. Schließlich kämpft man mit den bestehenden Umweltproblemen. Bei der Höhe der Emission von Treibhausgasen hat die VR China die USA inzwischen abgelöst.

2. Die Bildungsgeschichte im frühen und kaiserlichen China

Bereits während der Shang-Dynastie (ca. 1600-1046 v. Chr.) bestand in China ein Bildungswesen. Archäologische Funde von Orakelknochen beweisen die Existenz von Schulen. Genauere Angaben zum Zweck des Bildungswesens und zu Bildungsinhalten liegen seit der Epoche der Zhou (1046-256 v. Chr.) vor. Die Zhou-Herrscher boten jungen Aristokraten eine schulische Bildung, damit sie ihnen dienten. Außer Lesen und Schreiben orientierten sich die Bildungsinhalte am militärischen Leben der Aristokraten jener Zeit. Bogenschießen und die Einübung des korrekten Vollzugs der Riten waren zentrale Unterrichtsinhalte. Neben den staatlichen Schulen für den Nachwuchs der Aristokratie finden sich die ersten Belege für andere Schulen seit der Han-Dynastie (206 v. Chr. bis 220 n. Chr.). Bis auf wenige Ausnahmen koexistierten unterschiedliche Schultypen. Eine Schule konnte entweder staatlich sein, wurde teilweise mit staatlichen Mitteln unterhalten, oder sie war privat.

Schulische Bildung fand häufig im Rahmen eines Familienclans statt. Ein Privatlehrer unterrichtete meist ausschließlich die männlichen Familienmitglieder. Elementarbildung führte man mittels Handbücher durch, die konfuzianisch beeinflusste Inhalte vermittelten. Das Erlernen der Schriftzeichen verlangte viel Zeit. Methodisch war der Unterricht von Auswendiglernen geprägt. Ebenfalls während der Han-Zeit wurde in der damaligen Hauptstadt Chang'an die erste „Kaiserliche Universität" gegründet. In der Han-Zeit war der Bildungskanon dieser Einrichtung streng konfuzianisch ausgerichtet. Die Studenten waren überwiegend Angehörige von Beamten. Ausnahmen zeigten sich durch das von

Konfuzius vertretene Bildungsideal, dass jeder bildungsfähig sei und Zugang zu Bildung haben solle.

Die politischen Umstände prägten die Entwicklung der Akademien (*Shuyuan*), die ebenfalls Bildung auf einem universitären Niveau anboten und die es seit dem 9. Jh. gab. Ursprünglich als unabhängige Einrichtungen gegründet und privat finanziert, beteiligte sich der Staat immer wieder an der Finanzierung und erhob Ansprüche der Regulierung, was die Leitung der Akademien oder die Berufung von Lehrern anbelangte. Die Ausrichtung und Breite des Angebots der Akademien berücksichtigte mitunter ebenso konfuzianische wie daoistische Lehren. Auch daoistische und buddhistische Klöster fungierten als Bildungseinrichtungen, waren jedoch weniger einflussreich verglichen mit dem Konfuzianismus (Lee, 2000, S. 8ff.).

Die im Jahre 606 während der Sui-Dynastie (581-618) zur Erneuerung der Verwaltung eingeführte Beamtenprüfung (*keju*), die mit wenigen Ausnahmen bis zu ihrer Abschaffung 1905 durchgeführt wurde, prägte das chinesische Bildungswesen nachhaltig. Mit der Beamtenprüfung wurde das zu prüfende Wissen genau festgelegt, und es fand die eigentliche Institutionalisierung von Bildung im chinesischen Kaiserreich statt: Die chinesische Staatsmacht griff in erster Linie durch die Organisation und Durchführung der Beamtenprüfungen in das Bildungswesen ein. Die Akademien zu besuchen, um an den Prüfungen teilzunehmen, war nicht notwendig, zumal diese Institutionen auch immer wieder geschlossen wurden. Viele Anwärter bereiteten sich in Form des Selbststudiums auf die Prüfungen vor. Eine staatlich institutionalisierte formale Erziehung gab es nicht (Liu, 1996, S. 139ff., zit. nach Chen, 1999, S. 1).

Technische oder naturwissenschaftliche Inhalte waren in der schulischen und in der akademischen Bildung marginalisiert (Lee, 2000, S. 66). Der Hof benötigte zwar Mathematiker, insbesondere für astronomische Berechnungen, und so wurde an der „Nationalen Universität" Mathematik gelehrt. Auch einige wenige Akademien boten das Fach an, doch die Mehrheit der Studenten strebte eine Beamtenkarriere an und widmete sich dem dazu notwendigen konfuzianischen Wissenskanon (Jami, in: Elman, 1994, S. 247).

Inhalt der Beamtenprüfung waren die konfuzianischen Klassiker, die das letzte Mal von Zhu Xi im 12. Jh. kanonisiert und von ihm und anderen Neo-Konfuzianern mit Kommentaren versehen und seit 1 313 als Prüfungsinhalte festgelegt worden waren (Lee, 2000, S. 160). Vom Prüfling – nur Männer waren zugelassen – wurde erwartet, diese Klassiker, inklusive der Kommentare, wörtlich zitieren zu können. Die diskursive Darlegung eigener Gedanken spielte im Gegensatz dazu eine untergeordnete Rolle. Die chinesischen Klassiker beschrieben relevante Grundsätze staatlicher und gesellschaftlicher Ordnung, beinhalteten einen persönlichen Verhaltenskodex auf Basis der konfuzianischen Moral und Philosophie sowie die historische Darstellung modellhafter Herrscher (Franke, 1974, S. 656ff.).

Die erste Ebene der Beamtenprüfung fand in der Qing-Dynastie (1644-1911) in zwei von drei Jahren auf Bezirksebene statt. Die Erfolgsquote lag im einstelligen Prozentbereich. Darauf folgten die beiden Examina auf der Präfekturebene; wer diese bestand, hatte den Titel eines Shengyuan oder Xiucai erreicht. Diese berechtigten noch nicht zu einem Beamtenposten, sondern lediglich zur Teilnahme an der Prüfung auf der nächsthöheren, der Provinzebene. Bestand der Prüfling dieses Examen – Quoten waren für jede Provinz vorgegeben (40 bis 90 Teilnehmer) –, war er berechtigt den Titel eines Juren zu tragen, mit dem die Bekleidung eines Amtes im niederen Beamtendienst einherging. Das Bestehen des Hauptstadtexamens verlieh die Berechtigung zur Teilnahme am kaiserlichen Palastexamen. Wer dieses bestand, erhielt den Titel eines Jinshi und war für den höheren Beamtendienst zugelassen. Quoten gab es für das letzte Examen keine, und der Kaiser hatte die endgültige Entscheidungskompetenz, wer bestanden hatte (Myazaki, 1976, S. 18ff.).

Nur wer in allen Prüfungen erfolgreich war, konnte in den hohen Staatsdienst eintreten. Die anderen Ränge brachten gewisse soziale Vorteile mit sich. Schon das Tragen eines Shengyuan Titels schützte vor körperlichen Strafen, vor dem Absolvieren des Militärdienstes und bot dem Träger auch steuerliche Entlastungen. Die meisten Träger niederer Titel arbeiteten im Staatsdienst auf unteren Ebenen oder als Lehrer (Pepper, 1996, S. 50). Da es keine Altersbeschränkung gab und die Durchfallquoten sehr hoch waren, absolvierten viele die Prüfungen mehrmals (ebd., S. 48).

Oberstes Erziehungsziel des Staates war es, eine Bildungselite zu generieren, die den Status Quo auf Basis konfuzianischer Vorstellungen erhalten würde. Da der soziale Aufstieg über Bildung im Prinzip jedem offen stand, bezeichnet man das Prüfungssystem gerne als Meritokratie. Bei dieser Einschätzung ist allerdings zu berücksichtigen, dass der zukünftige Prüfungskandidat Schule und Akademie besuchen musste beziehungsweise Zeit für ein Selbststudium benötigte, was kostspielig war, sodass der Erfolg an eine solide finanzielle Basis gebunden war. Der Weg an die Spitze der Examen war lang, das Alter der Prüflinge konnte beim Jinsheng Examen 40 Jahre und mehr betragen (Fairbank, 1989, S. 167).

Immer wieder wurde Kritik an der Beamtenprüfung geäußert, insbesondere hinsichtlich ihrer als einseitig betrachteten Inhalte und des rigiden Auswendiglernens, das die Grundvoraussetzung war, wollte man die Prüfungen bestehen. Das Examenssystem war jedoch gesellschaftlich fest etabliert, und die herrschende Elite hatte lange Zeit kein Interesse es abzuschaffen. Die Zulassung zum Beamtendienst war gleichbedeutend mit hohem Sozialprestige und einem guten Einkommen (ebd., S. 40).

3. Entwicklungen im 19. Jahrhundert und während der Republikzeit

Anstöße zu Reformen kamen von innen durch reformwillige Beamte und Intellektuelle. Doch sie wurden überlagert vom Eindringen westlicher Kolonialmächte im 19. Jh. Anders als Japan, das die Meiji-Reformen auf den äußeren Druck der Kolonialmächte hin durchführte, reagierte das chinesische Kaiserhaus zu langsam und nicht nachhaltig genug. Die chinesische Gesellschaft des 19. Jh. litt unter sozialer Ungleichheit, einer zunehmenden Steuerlast der Bauern und korrupten Beamten. Eine beginnende Modernisierung oder auch die Ansichten radikaler Reformer wie Kang Youwei konnten dem nichts entgegensetzen (Fairbank, 1989, S. 50ff.).

Die Niederlage im ersten Opium-Krieg (1839-1842), in dem die Chinesen den Briten unterlagen, und der zum ersten der „Ungleichen Verträge" führte, war ein einschneidendes Ereignis. In dem Vertrag mussten die Chinesen Hongkong abtreten und fünf Häfen für ausländischen Handel und den Aufenthalt von Ausländern öffnen. Durch den Vertrag war es Missionaren gestattet in China tätig zu werden. Insbesondere amerikanische Missionare und Missionarinnen strömten ins Land und sahen eine ihrer Hauptaufgaben in der Vermittlung von Bildung. Maßgeblichen Einfluss hatten Missionarinnen auf die formale Frauenbildung, die vor ihren Aktivitäten in China nicht existierte (Lee, 2000, S. 12). Die erste Schule für Mädchen wurde 1844 von Missionarinnen gegründet (Bailey, 2007, S. 12).

Chinesen folgten ihrem Vorbild und eröffneten Schulen für Mädchen. Ein Erlass von 1907 legte fest, dass öffentliche Schulen Klassen für Mädchen einrichten sollten. Mittelschulen für Mädchen gab es ab 1912 (Pepper, 1996, S. 60f.). Die 1908 entstandene „Yanjing Frauen Universität in Peking" gründeten ebenfalls Missionare. 1919 wurde die Verordnung verabschiedet, gemäß der Pädagogische Hochschulen für Frauen erlaubt waren, und kurze Zeit darauf wurde in Beijing die erste eröffnet. 1920 nahm schließlich die „Peking-Universität" die ersten Frauen auf (Bailey, 2007, S. 108f.).

Als noch demütigender als den Opium-Krieg und seine Folgen, empfanden die Chinesen ihre Niederlage im chinesisch-japanischen Krieg (1894-1895). Der Sieg Japans, eines Staates, den die Chinesen traditionell als von China abhängig ansahen, führte 1898 zu den von Kaiser Guangxu verabschiedeten Reformen, die allerdings erfolglos verliefen (Fairbank, 1989, S. 139). Von 1901 bis 1905 erließ der Kaiser wiederum Dekrete für eine Neugestaltung des Bildungswesens. Nach 1904 begann man ein Erziehungssystem aufzubauen, das in vielerlei Hinsicht dem japanischen Modell der Meiji-Reformen ähnelte (Pepper, 1996, S. 60). Da die Entwicklung Japans erfolgreich war, es offensichtlich dem Westen gleichzog und zahlreiche Chinesen in Japan studiert hatten, wurde Japan zu einem wichtigen Vorbild. Beabsichtigt war, ein modernes Schulsystem einzuführen, das dreistufig in Primarstufe, Sekundarstufe und Hochschule aufgeteilt war (ebd., S. 57). Die vormalige Reformunwilligkeit schlug nun in eine Reformeuphorie um – das neue Erziehungssystem veränderte sich ständig. Zwischen 1900 und dem Beginn des Sino-Japanischen Krieges (1937) machte keine Schülergeneration den Mittelschulabschluss in demselben System, in dem sie eingeschult worden war (ebd., S. 60). Weil das neue chinesische Bildungswesen gegenüber den auf die Beamtenprüfung vorbereitenden Schulen und Akademien nicht konkurrenzfähig war, schuf man 1905 das Beamtenexamen ab (ebd., S. 57).

Das vorm 1998 bis 1914 bestehende deutsche Kolonialgebiet in Jiaozhou (deutsch: Kiautschou) mit der Hauptstadt Qingdao (deutsch: Tsingtau) war bildungspolitisch ambitioniert aktiv. Mittels Bildung sollte langfristig die wirtschaftliche Prosperität der Kolonie gesteigert werden. Man wollte eine Akzeptanz unter der chinesischen Bevölkerung erreichen, die indirekt zur Stabilisierung der Herrschaft beitragen sollte (Mühlhahn, 1999, S. 182). Die Bildungsbeteiligung war allerdings gering. 8% der Bevölkerung hatten eine Schulbildung. Lediglich ein Drittel der Jungen im schulfähigen Alter und noch weniger Mädchen besuchten die in dem Gebiet eingerichteten Schulen. Trotz der Bestrebungen des Gouverneurs war die Universalisierung von Bildung nicht realisierbar – es fehlte an den Mitteln (Kim, 2004, S. 212). Die von Deutschen in Zusammenarbeit mit der chinesischen Regierung 1909 gegründete Hochschule in Qingdao (Fächerkanon: Jura, Natur- und Ingenieurwissenschaften, Medizin sowie Forst- und Landwirtschaft) bestand zu kurze Zeit um einen nachhaltigen Einfluss auf das chinesische Bildungswesen auszuüben. Bis zum Ausbruch des Ersten Weltkrieges erhielten lediglich 30 Studenten einen Hochschulabschluss (Mühlhahn, 1999, S. 188).

Gegen Ende des Kaiserreiches waren nach vorsichtigen Schätzungen 80% der Bevölkerung Analphabeten. Von den Frauen, die etwas weniger als die Hälfte der Bevölkerung ausmachten, konnten allenfalls 2% bis 10% lesen und schreiben. Von den Männern hatten zwischen 30% und 45% lange genug eine Schule besucht, um nicht mehr als Analphabeten zu gelten (Rawski, 1979, S. 23). Das Kaiserreich überlebte die Abschaffung der Beamtenprüfung um lediglich sechs Jahre. Die Revolution von 1911 war erfolgreich und China wurde eine Republik. Die Regierung der 1912 gegründeten Republik erließ Reformen für das

Schulsystem, mit dem Ziel, es stärker an westlichen Vorbildern, vor allem dem der USA, auszurichten. Man verringerte die Schulzeit für die Mittelschulen von ehemals 14 Jahren auf elf Jahre. Die chinesischen Klassiker strich man aus dem Curriculum und berücksichtigte stattdessen naturwissenschaftliche Fächer stärker (Pepper, 1996, S. 61f.).

Die nationalistische Regierung setzte sich für die Verbreitung aller Bildungssektoren ein. Bildung wurde als ein Teil des Nationsbildungsprozesses und der wirtschaftlichen Entwicklung verstanden. Es herrschte Einigkeit darüber, dass man ein umfassendes Bildungssystem wollte, das die Gelegenheit böte, das Bedürfnis nach Modernisierung im Sinne einer technischen Entwicklung zu befriedigen, gleichzeitig der chinesischen kulturellen Identität gerecht würde und eine Zunahme an Bildungschancen bedeutete. Allein die Umsetzung konnte mit den hoch gesteckten Zielen nicht mithalten. Die finanzielle und die administrative Situation gestatteten es nicht, mit einer Elementarbildung auf breiter Ebene zu beginnen (ebd., S. 70ff.). Zwar wurden Steuern eingetrieben, aber das System war so korrupt, dass das Bildungswesen ständig unterfinanziert war. So konnte man das ambitionierte neue Curriculum nicht umsetzen. In den Mittelschulen strich man als erstes den aufwändigeren Unterricht in den naturwissenschaftlichen Fächern, und in vielen Grundschulen, insbesondere auf dem Lande, unterrichtete man lediglich Chinesisch und Geschichte (ebd., S. 81).

Zu Beginn des 20. Jh. gründeten Chinesen die erste Hochschule: die „Peking-Universität". Zahlreiche Chinesen, die im Ausland studiert hatten und in ihre Heimat zurückkehrten, beteiligten sich am Aufbau von Universitäten und arbeiteten als Professoren. Die Gesamtzahl der Studenten war angesichts des Riesenreichs jedoch gering. Um 1930 hatten höchstens 100 000 Menschen in China ein Universitätsstudium abgeschlossen (Fairbank, 1989, S. 199). Die Missionare hatten sich von der Elementarbildung dem tertiären Bereich zugewandt und waren vor allem Ende der 1920er Jahre aktiv bei der Gründung von Hochschulen. Sie waren nun überzeugt, dass man China leichter reformieren könne mit einer akademischen Elite, die nach westlichen Standards ausgebildet war. An den Universitäten existierte kein ausgeglichenes Verhältnis zwischen den Fächern. In Anlehnung an das konfuzianische Bildungsideal entschied sich die größte Zahl der Studenten für geisteswissenschaftliche Fächer oder für Jura, in der Hoffnung im Staatsdienst eine Anstellung zu finden (Pepper, 1996, S. 81).

Der 1937 ausgebrochene Sino-Japanische Krieg hatte negative Auswirkungen auf das Bildungswesen. Der darauf folgende Bürgerkrieg (1945-1949), der zwischen den Nationalisten und Kommunisten ausgetragen wurde, brachte eine weitere Verschlechterung der Bildungssituation mit sich.

4. Bildungsentwicklungen in der Volksrepublik China (seit 1949)

Erst nach der Gründung der Volksrepublik China 1949 schenkte man dem Aufbau eines nationsweiten Bildungswesens wieder Aufmerksamkeit. In der ersten Verfassung der VR China wurde anvisiert eine allgemeine Schulpflicht einzuführen (Artikel 47), die zunächst nur die Grundschule betraf. Mittelschulwesen und Hochschulwesen sollten ebenfalls weiter entwickelt werden (Artikel 47). Zentral für die Bildung waren die Vorstellungen einer „Verbindung von Theorie und Praxis" (Artikel 46), der nationale Aufbau (Artikel 41) sowie die Entwicklung der Naturwissenschaft (Artikel 43) (Das gemeinsame Programm der politischen Konsultativkonferenz des chinesischen Volkes, 1949).

Die Anfangsjahre der kommunistischen Herrschaft

Zur Umsetzung der angestrebten Ziele orientierte man sich in den ersten Jahren des neu gegründeten Staates am Vorbild der Sowjetunion. Sowjetische Berater waren ins Land gekommen, um beim Aufbau eines Universitätswesens zu helfen. Unterrichtsmaterialien wurden aus der Sowjetunion importiert und übersetzt und der Fächerkanon sowohl an Schulen als auch an Universitäten an dem des sowjetischen Bildungswesens ausgerichtet. Für die Hochschulen bedeutete diese Entwicklung, dass die Anzahl der Universitäten mit einem breiten Fächerangebot nach amerikanischem Vorbild reduziert wurde, und dass die Menge der Institutionen zunahm, die nur ein begrenztes Fächerspektrum – insbesondere im technischen Bereich (z.B. Bergbau oder Ingenieurwesen) – anboten. Zudem zentralisierte man die administrative Entscheidungskompetenz (Pepper, 1996, S. 157ff.). Der Enthusiasmus, dem sowjetischen Vorbild zu folgen, hielt bis Mitte der 1950er Jahre an. Als Folge der in der Sowjetunion beginnenden Entstalinisierung kam es zum Bruch mit der Sowjetunion.

Der „Große Sprung nach vorn" war eine politische Kampagne, deren Ziele eine umfassende Industrialisierung und eine Landreform waren, aus der jedoch die Herstellung unbrauchbarer industrieller Produkte, Massenarmut und Hunger resultierten. Das Bildungswesen wurde 1958 gemäß der Strategie „Rot und Experte" sein, reformiert (Renminribao, 09.04.1958, zit. nach: Pepper, 1996, S. 272). Als Resultat richtete man zahlreiche „Arbeits- und Lernschulen" ein, in denen jeder Schüler oder Student dazu angehalten war, nicht nur zu lernen, sondern auch zu arbeiten, beispielsweise in der schuleigenen Fabrik oder den schuleigenen Gärten. Zudem gab es Schulen, die Unterricht in Teilzeit anboten. Diese neu gegründeten Schulen senkten die Bildungskosten und mehr Schüler gingen auf eine Schule. 1965 besuchten bereits rund 85% der Altersgruppe eine Grundschule (Peking Review Nr. 5, 3. Feb. 1978, S. 16f, zit nach: Pepper, 1996, S. 284). Doch die Lehrerausbildung hielt nicht Schritt mit der gestiegenen Schülerzahl, ein erhöhter Bildungszugang bedeutete gleichzeitig eine Verschlechterung der Bildungsstandards (Pepper, 1996, S. 288). Die neu eingeführten landwirtschaftlichen Mittelschulen akzeptierte die Bevölkerung kaum. Auch auf dem Lande herrschte das Bildungsideal eine allgemeinbildende Mittelschule zu besuchen, die Zugang zu sozialem Aufstieg und tertiärer Bildung bot (ebd., S. 303ff.). Das konfuzianische Bildungsideal bestand fort.

Auf Hochschulebene nahmen die Neugründungen und die Studierendenzahlen zu; beides erwies sich als nicht dauerhaft. 1957 gab es 227 Hochschulen, 1960 1 289 und 1963 fiel die Zahl auf 407; dies geschah bei einer Zunahme der Studierenden von 441 000 (1957) auf 961 623 (1960) und dann wieder einer Abnahme auf 750 118 (1963) (ebd., S. 286).

Die Kulturrevolution (1966-1976)

Infolge des „Großen Sprungs nach vorn" musste Mao sein Amt als Staatspräsident abgeben. Der Versuch, seine politische Macht zurückzuerobern, löste die Kulturrevolution aus (Pepper, 1996, S. 297). Am 8. August 1966 definierte man auf der 11. Vollversammlung des Parteikomitees der KPCh das Ziel der Kulturrevolution: Die von Mao angenommene Kontrolle der Erziehung durch sogenannte bürgerliche Intellektuelle sollte bekämpft und ein neues, auf Maos egalitären Vorstellungen basierendes Erziehungssystem eingeführt werden. Maos erfolgreiche Rückkehr auf die politische Bühne brachte gewalttätige Auseinandersetzungen zwischen den „Roten Garden" und Teilen der Bevölkerung mit sich.

Für die Bildung bedeuteten die zehn Jahre der Kulturrevolution einen massiven Rückschritt.

Zunächst Schülerinnen und Schüler, dann auch Studierende, organisierten sich in den „Roten Garden" und bekämpften – Maos Anweisungen folgend – die „Vier Alten" (alte Denkweisen, alte Kulturen, alte Gewohnheiten und alte Sitten). Die Aktionen der „Roten Garden" führten zur Verfolgung zahlreicher Mitbürger und zur Zerstörung von Eigentum und Kulturstätten. Zu den ersten Opfern der Kulturrevolution gehörten Hochschullehrer und Lehrer, denen die Rotgardisten fehlende Loyalität gegenüber dem kommunistischen System vorwarfen. Hochschullehrer wurden schikaniert, gefoltert und einige ermordet. Die Bewegung der Rotgardisten dehnte sich auf Fabriken aus, auch Arbeiter bildeten nun „Rote Garden" und suchten in ihren Reihen nach „Konterrevolutionären". Als schließlich die verschiedenen Rotgardisten-Gruppierungen anfingen, sich untereinander zu bekämpfen, überdies vor bewaffneten Auseinandersetzungen nicht zurückschreckten und gleichzeitig die Welle, „Rote Garden" zu bilden, auf die Armee überzuschwappen drohte, gebot die politische Führung der Bewegung 1969 Einhalt (Joseph, 1991, S. 15ff. und Pepper, 1996, S. 358ff.). Die Roten Garden lösten sich auf und wurden aufs Land geschickt, mit ihnen zahlreiche andere Schulabgänger, um dort von der ländlichen Bevölkerung zu lernen. Dies war ein Vorwand, um die Jugendlichen und jungen Erwachsenen zu disziplinieren und von einem städtischen Arbeitsmarkt fernzuhalten, auf dem es keine Arbeit für sie gab.

Aus bildungspolitischer Perspektive dominierte während der gesamten Kulturrevolution eine nochmalige Aufwertung des Aspektes „rot sein", mithin war politische Loyalität wichtiger als Fachkenntnisse oder wissenschaftliche Leistung. Fast alle Hochschulen wurden geschlossen, das Schulcurriculum reduzierte man auf wenige Kernfächer, und Maos „Rotes Buch" war Pflichtlektüre. Die einseitige Ausrichtung auf die als richtig angesehene politische Gesinnung, verbunden mit der nachhaltigen Diskriminierung derjenigen, die beschuldigt wurden diese nicht zu haben oder die lediglich Angehörige von Opfern der Kulturrevolution waren, führten zu einer Verengung des Bildungsangebotes und dem Verlust von Bildungschancen, insbesondere im tertiären Bereich. Noch heute wird die davon am stärksten betroffene Generation als die „verlorene Generation" bezeichnet (Bonnin, 2004).

Die Zeit der Reform- und Öffnungspolitik (seit 1978)

Erst Maos Tod 1976 ermöglichte das Ende der Kulturrevolution. Nachdem Deng Xiaoping seine Machtposition etabliert hatte, verkündete er 1978 das politische Programm der „Vier Modernisierungen" (Entwicklung der Bereiche Landwirtschaft, Industrie, nationale Verteidigung sowie Wissenschaft und Technologie). Die politische Führung sah Bildung als eine wichtige Ressource zur Modernisierung an und startete entsprechende Initiativen. Neue Curricula wurden erlassen, und Kommissionen erstellten neue Unterrichtsmaterialien. Außerdem erfuhr der Markt für Schulbücher eine Liberalisierung. Ab 1984 konnten mehrere Verlage Unterrichtsmaterialien veröffentlichen. Eingeschränkt wurde und wird diese Öffnung durch die bestehende Zensur.

Die Neuerungen in der Organisation des Schulwesens visierten eine 6-3-3 Struktur an, d.h. sechs Jahre Primarschule, drei Jahre Unterstufe der Mittelschule und drei Jahre Oberstufe der Mittelschule. Nach der Kulturrevolution legte man nun wieder eindeutig Wert auf Qualität in der Bildung. So eröffnete man die in den 1950er Jahren bereits eingeführten und während der Kulturrevolution abgeschafften „Schlüsselschulen" auf Mittelschulniveau wieder. Diese Schulen waren in ihrer finanziellen und personellen Ausstattung bevorzugt, sie sollten die besten Schüler anziehen und die zukünftige Elite des Landes erziehen. Gleichzeitig schloss man Schulen auf dem Lande, die man als qualitativ unzureichend ansah.

Die Zugangskriterien für die Universitäten wechselten, je nachdem wer politisch machtvoller war. Zunächst war der „Klassenhintergrund" der zukünftigen Studierenden ausschlaggebend (Arbeiter, Bauer, revolutionärer Kader, revolutionärer Märtyrer etc.). Zu Beginn der 1960er Jahre gab es eine kurze Zeit, in der man die akademische Leistung höher bewertete. Erst Deng Xiaoping brach endgültig mit der Notwendigkeit, einen Klassenhintergrund nachweisen zu müssen. Den Hochschulzugang regelte ab 1977 die nationale Zugangsprüfung für Hochschulen (Pepper, 1996, S. 479).

Die Restrukturierung durch die Reform- und Öffnungspolitik bedeutete zunächst, den Status Quo des Bildungswesens vor der Kulturrevolution wieder herzustellen. Aber es gab auch Neuerungen wie die Entwicklung der finanziellen und administrativen Diversifizierung (Lin, 1993, S. 71). Seitdem konnten Schulen und Hochschulen einen Teil ihres Personals auswählen, und sie hatten die Möglichkeit, z.B. über Studiengebühren, Einnahmen zu generieren.

5. Bildungsadministration und Bildungsplanung

Auf administrativer Ebene wurde 1985 die „Staatliche Bildungskommission" eingerichtet, die direkt gegenüber dem „Ständigen Ausschuss des Staatsrates" weisungsgebunden war. Damit machte die politische Leitung Bildung zu einem ihrer Hauptanliegen und beabsichtigte eine zügige Umsetzung von Reformen.

Seit 1998 ist die höchste administrative Institution das Erziehungsministerium (*jiaoyubu*) in Beijing, darunter befinden sich die Bildungsministerien auf Provinzebene, darunter die auf städtischer Ebene und darunter die auf Ebene des Stadtviertels oder der Kreisebene. Hochschulen unterstehen entweder direkt dem Erziehungsministerium oder dem Erziehungsministerium auf Provinzebene. Schulen unterstehen entweder dem Provinzministerium oder der Ebene darunter, Kindergärten entweder dem städtischen Erziehungsministerium oder der Ebene darunter. Bildung ist jedoch trotz dieser gestuften Administration in der VR China zentralstaatlich organisiert. Die politischen Entscheidungen der KPCh werden von der Bildungsverwaltung auf den unterschiedlichen Ebenen umgesetzt. Besonders ist dabei die bestehende Doppelstruktur: auf jeder Verwaltungsebene gibt es neben Verwaltungsbeamten einen Parteivertreter, der bei Entscheidungen bestimmt.

In dem 1986 verabschiedeten Erziehungsgesetz wurde die Universalisierung einer neunjährigen Schulpflicht für alle (Artikel 2) ohne Schulgebühren (Artikel 10) festgeschrieben (Nationaler Volkskongress, 1986).

Neben dem Beginn eines Verrechtlichungsprozesses wandte man sich nun auch der Bildungsplanung zu. In ihrer Diskussion, wie die „Vorläufige Entscheidung des ZK der KPCh zur Reform des Erziehungssystems" umgesetzt werden sollte, legte die „Nationale Konferenz zur Erziehung" 1985 fünf Entwicklungsfelder fest: 1. Einführung einer neunjährigen Schulpflicht, 2. Erhöhung der Standards an Mittelschulen und der beruflichen und technischen Bildung und Ausbildung, 3. Verbesserung des Systems zur Vergabe von Arbeitsplätzen an Hochschulabsolventen, 4. Entscheidungsspielraum für Hochschulen hinsichtlich ihres

Managements, 5. mehr Autonomie für die Bildungsverwaltung, mit dem Ziel die angestrebten Reformen voranzubringen.

Für die Umsetzung der neunjährigen Schulpflicht – der zentrale Aspekt des Dokuments – teilte die „Nationale Konferenz zur Erziehung" von 1985 die VR China in drei Großräume ein, um der regionalen Heterogenität des Landes gerecht zu werden. Zunächst war von den Städten und den Küstenregionen sowie wirtschaftlich entwickelten Gebieten die Rede, dann von den Kreisen und ländlichen Regionen westlich davon, schließlich von den Regionen weiter westlich, in denen zu einem signifikanten Teil ethnische Minderheiten beheimatet sind und die wirtschaftlich am rückständigsten waren. Diese Dreiteilung ist auch heute noch im Wesentlichen gültig. Die Planung sah vor, dass Ende 1995 die neunjährige Schulpflicht in der ersten Region (ca. 25% der Bevölkerung) und in der zweiten Region (ca. 50% der Bevölkerung) voll realisiert sein sollte. Für die dritte Region (ca. 25% der Bevölkerung) gab es keine entsprechenden Zielvorgaben (US Department of the Army, 1994).

Als absehbar war, dass die Ziele nicht erreicht würden, erließ der Staatsrat 1992 „Maßnahmen zur Stärkung des Gesetzes zur neunjährigen Schulpflicht", in dem er zwei Hauptziele festlegte, die bis 2002 erreicht werden sollten: 1. die Reduktion des Analphabetentums von Jugendlichen und Erwachsenen auf 5% und 2. eine Einschulungsrate für die Grundschule von 99% und für die Sekundarstufe 1 von 85% in den Gebieten, in denen 85% der Bevölkerung wohnen. Seit den 1990er Jahren bestanden drei Strategien zur Umsetzung dieser bildungspolitischen Ziele: Initiativen zur Armutsbekämpfung, die Mobilisierung der Ressourcen von Gemeinden und die Annahme internationaler Hilfen (Zhang und Zhao, 2006, S. 266).

Mit dem langfristigen Ziel der Armutsbekämpfung durch Bildung wurde 1995-2005 eine zweiphasige Bildungsinitiative, das „Nationale Projekt für die Pflichtschulzeit in armen Gebieten", gestartet. In ihr legte man Wert auf die Errichtung sicherer Schulräume, die Ausstattung der Räume mit Tischen und Stühlen, die für die Umsetzung des Curriculums notwendigen Einrichtungen und Weiterbildungsmaßnahmen für Lehrer sowie Schulleiter. Die Initiativen zeigten, dass die Entwicklung des Schulwesens auf der politischen Agenda weit oben stand. Die Projekte wiesen Erfolge auf, auch wenn von 852 ausgewählten Kreisen lediglich 570 die gesetzten Standards erreichten (ebd.).

Die Finanzierung von Bildung ist ein anhaltendes Thema der Bildungsadministration und Bildungsplanung. Insbesondere bei der Erhebung von Gebühren bestehen eigenmächtige Entscheidungen. Schulen erheben Extragebühren für den Bau oder die Ausstattung von Schulgebäuden und wenn Schüler nicht in der betreffenden Stadt gemeldet sind. Davon sind häufig Migrantenkinder betroffen. Sie ziehen wegen der Arbeitsmigration ihrer Eltern vom Lande in die Stadt, verfügen jedoch nicht über die für den Schulbesuch notwendige Aufenthaltserlaubnis. Das im Jahre 2006 reformierte Gesetz zur Schulpflicht wendet sich explizit gegen das Erheben von Schulgebühren für die Dauer der Schulpflicht; auch Extragebühren dürfen nicht erhoben werden (Artikel 12). Zudem sollen arme Schüler beim Kauf von Schulbüchern und beim Internatsbesuch unterstützt werden (Artikel 44). Internatsbesuche nehmen seit Beginn des Jahrtausends zu, nachdem die Politik aufgegeben wurde, dass jedes Dorf eine Schule haben solle und sich mehrere Dörfer eine Zentralschule teilen (Ständiger Ausschuss des Nationalen Volkskongresses, 2006).

Finanziell prekäre Situationen entstanden durch das „Gesetz zur Erziehung" von 1995, das den lokalen Regierungsebenen das Recht gab, Einnahmen aus

Bildung und Erziehung zu generieren, um diese dann wieder zu investieren (Artikel 57,3 und Artikel 59) (Ständiger Ausschuss des Nationalen Volkskongresses, 1995). Die finanzielle und personelle Diversifizierung führte auf dem Lande zu finanziellen Engpässen. Lehrer, die nur unregelmäßig ein Gehalt erhielten oder deren Gehalt in Naturalien ausbezahlt wurde, sowie marode Schulgebäude sind nur einige Beispiele für die unzureichende Umsetzung der finanziellen Autonomie.

In den Städten war die finanzielle Situation besser, so dass sich hier die Reformen in anderer Weise Bahn brachen. Ein mangelndes Angebot an Bildungschancen – insbesondere für die Hochschulen – traf auf den hohen Stellenwert, den Bildung in der chinesischen Kultur einnimmt. Der Wettbewerb um den Hochschulzugang schuf eine Nachfrage nach Bildung, auf die die bestehenden Schulen reagierten. Durch die neu geschaffene Möglichkeit, als privater Bildungsinvestor aufzutreten, wurde Bildung zum profitablen Geschäft. Konkret bedeutete dies, dass beispielsweise eine bestehende Schlüsselschule auf Mittelschulniveau eine private Grundschule errichtete und leitete, mit dem Wettbewerbsvorteil, dass Kinder, die diese Grundschule besuchten, leichter Aufnahme in die Mittelschule fänden. Hier wurden die neuen Möglichkeiten – unter marktwirtschaftlichen Aspekten betrachtet – effizient und effektiv umgesetzt.

Diese Form der Gewinnerzielung soll aber in Zukunft nicht mehr möglich sein. In einer 2009 veröffentlichten Novellierung der Gesetze der VR China schuf der „Ständige Ausschuss des Nationalen Volkskongresses" die beiden Artikel zur finanziellen Diversifizierung ab. Gleichzeitig verlagerte er die Zuständigkeit für Bildung von den untersten administrativen Ebenen der Dörfer und Gemeinden auf die nächsthöhere Ebene. Damit wurde die 1995 beschlossene Dezentralisierung in Teilen wieder aufgehoben und ein Schritt hin zur Zentralisierung der Verwaltung unternommen (Ständiger Ausschusses des Nationalen Volkskongresses, 2009).

Die staatlichen Investitionen haben über die letzten Jahrzehnte stetig zugenommen, allerdings nicht proportional zur Erweiterung des Bildungswesens und zur tatsächlichen Kostensteigerung. Das selbst gesetzte Ziel der Investition von 4% des Bruttosozialprodukts für Bildung wurde nicht erreicht. Ein weiterer Kritikpunkt ist, dass für Eliteförderung mehr Geld ausgegeben wird als für die Umsetzung der Pflichtschulzeit (Li, 2004, S. 19f.).

Der gesellschaftliche Wandel – verstärkt durch die wirtschaftlichen Reformen – führte auch zu Reformen im Bildungswesen. Der Arbeitsmarkt änderte sich, der Bedarf an qualifizierten Arbeitskräften sowie Arbeitskräften für den tertiären Bereich stieg. Mit der Liberalisierung des Arbeitsmarktes stellte man an Bildung andere Ansprüche. Dass man Menschen brauchte, die in höherem Maße als zuvor zu Initiative und Selbstorganisation fähig sind, drückte auch das Erziehungsgesetz von 2006 aus. Es sieht Schüler als Personen an, die respektvoll behandelt werden sollen (Artikel 29); sie sollen eine umfassendere Erziehung erhalten, ihre kreativen Fähigkeiten sowie die Fähigkeit zu „unabhängigem Denken" (*dulisikao*) entwickeln (Artikel 34) und mit Methoden unterrichtet werden, die stärker schülerzentriert sind (Artikel 36) (Ständiger Ausschusses des Nationalen Volkskongresses, 2006). Seit Beginn des neuen Jahrtausends wurden neue Curricula eingeführt, mit dem Ziel, Schüler und Studierende auf die gesellschaftlichen Veränderungen vorzubereiten sowie den Herrschaftsanspruch der KPCh abzusichern. Dabei rückten das Individuum sowie subjektive Aspekte der Bildung deutlich ins Zentrum des Interesses.

In diesem Prozess öffnete sich die VR auch internationalen Standards und Vorstellungen von Erziehung und Bildung. Gleichzeitig fand aber auch eine Rückkehr zu traditionellen Bildungsinhalten wie dem Konfuzianismus statt. Heute spiegelt der Stand der Curriculumentwicklung eine Gemengelage verschiedener Ansprüche und Ziele wider, die zum Teil eine Anpassung an globale Normen und Standards zeigen, zum Teil eine Rückbesinnung auf Eigenes sind, mithin zwischen Wandel, Kontinuität und Neuinterpretation schwanken – nicht ohne frei von Widersprüchen zu sein.

Seit dem Ende der Kulturrevolution profitieren die Curriculumentwicklung und der gesamte Bildungssektor von einer Akademisierung und Professionalisierung, einer Reformfreudigkeit und Deregulierung sowie dem Einführen internationaler Standards. Eingeschränkt wurde die Reformfreudigkeit allerdings durch die regionale Heterogenität, da insbesondere der Osten des Landes und größere Städte von den Reformen profitierten. Eine zunehmende Internationalisierung zeigt sich in Kooperationsprojekten. Deutschland ist z.B. ein gefragter Partner für Wissenstransfer in der Berufsbildung. Mit deutscher Hilfe wurde ein multimediales Informationssystem zur Berufsbildung in beiden Ländern erstellt sowie erkundet, inwieweit Bildungsmaterialien und -konzepte transferiert werden könnten (Zimmermann, 2003, S. 198). Seit Mitte der 1990er Jahre sucht die VR China auch verstärkt den Anschluss an internationale Bildungsstandards. Zur Verbesserung von Forschung und Lehre an den Universitäten wurden die Bestrebungen intensiviert, chinesische Akademiker aus dem Ausland anzuwerben um dem „brain-drain" entgegenzuwirken. Aufgrund der sich verschlechternden wirtschaftlichen Lage in den USA, der verbesserten Lebensbedingungen in der VR China und der Freiheit, sich seinen Arbeitsplatz selbst wählen zu können, war die Regierung durchaus erfolgreich in diesen Bestrebungen (vgl. hierzu Zweig, 2002).

Der 1998 veröffentlichte „Aktionsplan zur Belebung der Bildung für das 21. Jahrhundert" setzte den Fokus neben der Breitenbildung auf die Förderung und Internationalisierung des Hochschulwesens. Studierende, Dozenten und Professoren sollen zu kurzzeitigen Studien- und Forschungsaufenthalten an ausländische Spitzenuniversitäten reisen. Außerdem sollen ausländische Dozenten und Professoren angeworben werden, die für kurze Dauer in der VR China unterrichten (Artikel 16) (Erziehungsministerium, 1998). Auch die Teilnahme an dem unter der Leitung der UNESCO stehenden weltweiten Bildungsprogramm „Education for All" (EFA) ist Teil der Internationalisierung. Hervorgehoben wurde z.B. im Global Monitoring Report zu diesem Programm der Rückgang des Analphabetentums bei den über 15-Jährigen um 62% seit 1985. Zwischen 1990 und 2000 stieg die Zahl der Alphabetisierten um 4 Mio. (UNESCO, 2010, S. 97).

Die Entwicklung der Bildungsplanung lässt sich abschließend unter den Schlagworten einer erneuten Zentralisierung, einer fortgesetzten Internationalisierung, einer Aufwertung von Breitenbildung bei einer gleichzeitigen Intensivierung der Elitenbildung, verbunden mit weiterbestehenden finanziellen Problemen, zusammenfassen.

6. Das heutige Schul- und Hochschulwesen in der VR China

Im Folgenden wird der Aufbau des chinesischen Bildungswesens anhand der verschiedenen Bildungsstufen erläutert. Die zugehörige Tabelle (Tab. 1) vermittelt einen Eindruck von der Bildungsbeteiligung auf den verschiedenen Stufen des Bildungssystems (Stand: 2007).

Tab. 1: Bildungssystem und Bildungsbeteiligung (VR China 2007)

	Alter (Jahre)	Dauer (Jahre)	Typ und Bildungsbeteiligung	Gesamt
Universität/ Doktor				222.508
Universität/ Master				972.539
Universität/ Bachelor	18-23	4		18.849.000
Mittelschule/ Oberstufe	15-19	3	25.224.000 (allgemeinbildend)	31.910.500
			6.686.500 (berufsbildend)	
Mittelschule/ Unterstufe	13-16	3 oder 4	57.209.000 (allgemeinbildend)	57.362.000
			153.000 (berufsbildend)	
Grundschule	6 o.7-14	5 oder 6		105.640.000
Kindergarten	3	3		23.488.300

Daten aus: Zhong guo jiaoyu tongji nianjian, (Statistisches Jahrbuch zur Erziehung in der VR China), 2008, S. 10ff.

Die Vorschulerziehung

1996 erließ die „Staatliche Erziehungskommission" ein nationales Regelwerk für Kindergärten, um die Standards in den Kindergärten zu vereinheitlichen und zu verbessern. Der Besuch des Kindergartens beginnt in einem Alter von drei bis fünf Jahren und dauert bis zum Alter von sechs oder sieben Jahren. Kindergärten können zwischen einem und drei Jahren ganztags, halbtags oder auch nur stundenweise besucht werden. Die Größe einer Kindergruppe soll 40 nicht überschreiten. Die Kinder sollen eine moralische und emotionale Erziehung erhalten. Hinzu kommt der Anspruch an die Sozialisation in die sozialistische Gesellschaft: Bereits im Kindergarten sollen den Kindern die „Fünf Lieben" (Liebe zum Vaterland, zur Partei, zur Arbeit, zu öffentlichem Eigentum und zum Lernen) vermittelt werden (Staatliche Erziehungskommission, 1996). Seither fand bezüglich der Ausbildung der Erzieher und Leiter von Kindergärten eine Professionalisierung statt (Erziehungsministerium, 2001). Kindergärten gibt es nicht im gesamten Land. Über die Jahre hat die Zahl der Kinder, die einen Kindergartenplatz haben, zugenommen. Dennoch ist einen Kindergarten zu besuchen in hohem Maße ein städtisches Phänomen und der Besuch ist gebührenpflichtig.

Die Grundschule

Die Grundschulzeit dauert sechs Jahre, aber in manchen ländlichen Gegenden nur fünf Jahre. Das Einschulungsalter beträgt sechs Jahre, in ländlichen Gegenden im Allgemeinen sieben Jahre. Grundschulen sind in den Städten und wirtschaftlich entwickelten Gebieten Ganztagsschulen. Die Anzahl der Schulstunden beträgt 26 bis 30 pro Woche, eine Unterrichtseinheit dauert 50 Minuten. Das Schuljahr ist in zwei Halbjahre aufgeteilt. Zu den Fächern gehören: Chinesisch, Mathematik, Sport, Moralerziehung im Sinne von Moral und Leben (Klasse 1 und 2), bzw. Moral und Gesellschaft (Klasse 3 bis 6), Naturwissenschaften, Musik und

Kunst; ab der 3. Klasse wird Englisch erteilt. Daneben gibt es eine Stunde für Klassenversammlungen. In manchen ländlichen Gebieten wird nur Chinesisch und Mathematik angeboten. Bereits in der ersten Klasse tritt die Klasse geschlossen der kommunistischen Kinderorganisation der „Jungen Pioniere" bei, sodass auch die Sozialisation in der Freizeit geregelt ist.

In einem Dokument zur Curriculumreform von 2001 sind folgende Erziehungsziele für alle Schultypen formuliert: „Patriotismus, Kollektivismus, innige Liebe zum Sozialismus, die außerordentliche Tradition und die revolutionäre Tradition annehmen und weiterführen". Neben den Werten des Sozialismus gibt es eine Erweiterung hinsichtlich handlungsorientierter Erziehungsziele. Es finden sich Schlagworte wie lebenslanges Lernen, autonomes Lernen sowie Selbstständigkeit. Im Lernprozess soll dem Entwicklungspotenzial des Schülers Rechnung getragen werden, und zumindest programmatisch wird eine Entwicklung vom rein lehrerzentrierten Unterricht zum schülerzentrierten angestrebt. Schüler sollen sowohl Kenntnisse als auch Fähigkeiten entwickeln, um möglichst aktiv am Lernprozess teilzunehmen. Die Schüler sollen ihre Unabhängigkeit (*dulixing*) und Autonomie (*zhudongxing*) entwickeln können (Erziehungsministerium, 2001). Seit der zweiten Hälfte der 1980er Jahre sind auch konfuzianische Lehrinhalte wieder Teil des schulischen Bildungskanons. Die schulische Bildung soll einem der wichtigsten politischen Ziele, der Fortsetzung der Modernisierung, dienen sowie staatstreue Bürger erziehen.

Die Sekundarstufe

Die Sekundarstufe ist im Allgemeinen aufgeteilt in drei Jahre Unterstufe und drei Jahre Oberstufe Mittelschule. An Mittelschulen gibt es allgemeinbildende und berufsbildende oder technische Schultypen. In den allgemeinbildenden Schulen gehören zu den unterrichteten Fächern: Chinesisch, Mathematik, eine Fremdsprache (meist Englisch), Physik, Chemie, Biologie, Technik/Informationstechnologie, Sport, Kunst, Musik, Ideologie und Moral, Wirtschaftskunde, Geschichte und Erdkunde. Eine Unterrichtseinheit beträgt 45 Minuten, und pro Woche sind 35 Unterrichtseinheiten zu absolvieren. In den allgemeinbildenden Mittelschulen wird von den Schülern erwartet, dass sie mindestens eine Stunde vor Unterrichtsbeginn in der Schule sind und ein bis zwei Stunden nach Unterrichtsende in der Schule bleiben für ihr „Selbststudium". Für den Übergang von der Unterstufe der Mittelschule in die Oberstufe gibt es provinzweit einheitlich geregelte Abschluss- und Aufnahmeprüfungen. Es gibt mehr Interessenten für die Oberstufe als angebotene Plätze, und die Wahl der Mittelschule kann entscheidend sein für die Aufnahmeprüfung an der Universität. So lastet schon im letzten Jahr der Unterstufe der Mittelschule ein erheblicher Druck auf den Schülern, die auf eine Universität gehen möchten. Es ist üblich, samstags und sonntags zusätzlichen Unterricht zu besuchen, um in den Prüfungen möglichst gut abzuschneiden. Der Unterricht in der Oberstufe der Mittelschule beträgt 35 Unterrichtsstunden pro Woche, hinzu kommen die Zeit für das Selbststudium und extra Lektionen an den Wochenenden. Zu den unterrichteten Fächern gehören: Chinesisch, Mathematik, eine Fremdsprache (meist Englisch), Physik, Chemie, Biologie, Technik, Sport, Kunst, Musik, Politik, Geschichte und Erdkunde.

Ab der 11. Klasse haben die Schüler der allgemeinbildenden Mittelschule die Möglichkeit zwischen einem naturwissenschaftlichen oder einem geisteswissenschaftlichen Typus zu wählen. Die Unterschiede im Curriculum der beiden Typen bestehen darin, dass in dem geisteswissenschaftlichen Typus bis zu acht Unterrichtseinheiten Politik und Ideologie sowie Geschichte unterrichtet werden, in dem naturwissenschaftlichen Zweig lediglich zwei, dafür acht in Physik und Chemie; von diesen Fächern absolviert man im geisteswissenschaftlichen Zweig nur zwei Unterrichtseinheiten.

Die Eingangsprüfung für die Universitäten wird von den Provinzen erstellt und einmal oder zweimal im Jahr (im Juni und mancherorts zudem im Januar) durchgeführt. Die zukünftigen Universitätsstudenten müssen zunächst die Abschlussprüfung nach 12 Jahren Mittelschule bestehen. Die geprüften Fächer beinhalten: Chinesisch, Mathematik, eine Fremdsprache, Physik, Chemie, Politik, Geschichte, Geographie und Biologie. Die Notenskala folgt einem Punktesystem von 1 bis 100; bestanden ist ab einer Punktzahl von 60. Die Prüfungsfächer für die Aufnahmeprüfung an die Universitäten sind die Kernfächer Chinesisch, Mathematik und Englisch. Dazu wählen die Schüler des naturwissenschaftlichen Zuges zwei Fächer aus den Fächern Physik, Biologie oder Chemie, die des geisteswissenschaftlichen Zuges zwei aus den Fächern Ideologie und Politik, Geschichte oder Erdkunde.

Neben den allgemeinbildenden Mittelschulen, die auf die Universitäten vorbereiten, gibt es berufsbildende sowie technische Mittelschulen, die die Schüler für zukünftige Berufe qualifizieren. Diese Schulen, die es sowohl für die Unterstufe der Mittelschule als auch für die Oberstufe gibt, lassen sich für die Oberstufe in folgende Typen aufteilen: Spezielle Fachmittelschulen (Vorbereitung auf spezielle technische Berufe), Technische Facharbeiterschulen (Vorbereitung auf gewerblich-technische Berufe) und Berufsmittelschulen (Vorbereitung auf kaufmännische Berufe und solche des Dienstleistungssektors). Die speziellen Fachmittelschulen werden von für die Erziehung, Technik oder Arbeit verantwortlichen Büros auf lokaler, Kreis- oder Provinzebene geleitet. Die Schüler müssen neun Jahre Pflichtschulzeit absolviert haben und eine Aufnahmeprüfung bestehen. Die Fachbereiche, die von den speziellen Fachmittelschulen abgedeckt werden, umfassen: Landwirtschaft, Kunst, Wirtschaft, Ingenieurwesen, Forstwirtschaft, Medizin, Politik, Jura und Erziehungswesen. Die Berufsmittelschulen leiten unter anderem die Ausbildung buddhistischer Mönche und Nonnen oder auch die von Flugbegleitern. Die Dauer der Ausbildung beträgt zwei bis vier Jahre.

Die technischen Fachmittelschulen werden meist von Fabriken oder großen Unternehmen direkt geleitet. Sie bilden die benötigten Fachkräfte für die Stahlindustrie, die Textilindustrie, die Ölindustrie, die Landwirtschaft und für die botanische Industrie aus. Außerdem bieten sie Ausbildungsmöglichkeiten für Angestellte oder Arbeiter auf der mittleren Ebene in den Bereichen Jura, Finanzen, Gesundheitswesen, Kunst und Sport. Die Dauer der Ausbildung beträgt drei Jahre. Anders als bei den speziellen Schulen wird das Curriculum der technischen Schulen nicht von Ministerien festgelegt, sondern orientiert sich an den Bedürfnissen der jeweiligen Unternehmen. Die Auswahl der zukünftigen Schüler findet auf der Basis von Eignungstests und der gewünschten Fachrichtung statt (Ming, 2004; Gigl, 2000, S. 28).

Für die Sekundarstufe wird ein zahlenmäßiger Ausgleich an Schülern zwischen den allgemeinbildenden und berufsbildenden Mittelschulen angestrebt. Ein Kritikpunkt an der beruflichen Bildung ist ihre Praxisferne und Theorielastigkeit (Gigl, 2000, Vorwort).

Das Hochschulwesen

Für die Zulassung zu einer Hochschule sind je nach Ort verschiedene Quoten festgelegt. In Städten wie Beijing oder Schanghai müssen Bewerber aus dieser Region weniger Punkte erreichen als Bewerber aus anderen Regionen. Diese Form der Zulassung bevorzugt Mittelschulabsolventen aus der eigenen Region, was zu einer Perpetuierung des bestehenden Bildungsgefälles zwischen Ost- und Westchina führt (Henze, 2006, S. 87ff.).

Bereits vor der Zugangsprüfung zu einer Hochschule müssen die Schüler festlegen, welches Fach sie wo studieren wollen. Erreichen sie die dafür von der gewählten Universität festgelegten Punkte nicht, so bekommen sie diesen Studienplatz nicht. Die Hochschulzugangsprüfung ist nach wie vor das wichtigste Entscheidungskriterium, nicht aber das einzige. Den Universitäten ist es heute überlassen eine Anzahl von Studierenden selber auszuwählen, deren Leistungen einen Zugang zu einer Universität nicht ermöglichten, die aber ihr Studium selber finanzieren. Das Hochschulstudium ist gebührenpflichtig. Es gibt aber auch die Möglichkeit eines Erlasses von Studiengebühren, von Stipendien oder Darlehen.

Die Universitäten sollen international wettbewerbsfähiger werden. Im Zuge dieses Vorhabens lancierte die Regierung verschiedene Projekte. Zwei Initiativen hatten das Ziel, die Hochschulen finanziell besser auszustatten: 1. das „Projekt 985", das Jiang Zemin 1995 anlässlich der Hundertjahrfeier der Peking Universität verkündete, 2. das „Projekt 211", das das Erziehungsministerium 1996 bekanntgab. In das „Projekt 211", das 106 Universitäten betraf, wurden von 1996 bis 2000 rund 2,2 Mrd. US Dollar investiert. An dem „Projekt 985" nahmen zunächst neun Universitäten teil, die von 1999 bis 2001 217,65 Mio. US Dollar erhielten. Später wurde die Anzahl der teilnehmenden Universitäten auf 39 erhöht (Li, 2004, S. 17).

Auf der Makroebene fanden Reformen statt mit dem Ziel, mehr Universitäten zu schaffen, die einen umfassenden Fächerkanon anbieten. Damit wollte man die Relikte aus der Zeit, als die Sowjetunion das Vorbild war, hinter sich lassen. Seit Mitte der 1990er Jahre besteht eine Restrukturierung des Hochschulwesens. Die Aufsicht über die Hochschulen liegt nun entweder beim Regierungsministerium direkt oder bei den Erziehungsbehörden der Provinzen. Aktuell unterliegen 72 Universitäten direkt der Leitung des Erziehungsministeriums, deutlich weniger als die ehemals rund 100 Schlüsseluniversitäten (Li, 2004, S. 16).

Neben der Eliteförderung auf Hochschulebene ist auch die Tendenz zu verzeichnen, Bildungschancen zu erhöhen. Seit Mitte der 1990er Jahre hat sich die Anzahl der Hochschulzugänge stark erhöht. Im Jahre 2005/2006 sollten von allen 18-22 Jährigen 15% eine Hochschule besuchen, um dem international akzeptierten Standard für einen Massenzugang zur Hochschule zu entsprechen. Die chinesischen Statistiken weisen für 2005/2006 mehr als die geplante Zahl, nämlich 19% aus. Da die chinesische Statistik allerdings neben den regulären Hochschulstudierenden zudem Erwachsene erfasst, die sich im Selbststudium auf die entsprechenden Examen vorbereiten, sowie Erwachsene, die andere Bildungsangebote auf Hochschulniveau wahrnehmen, sind diese Zahlen im internationalen Vergleich nur bedingt aussagekräftig (Henze, 2006, S. 86). Wichtig in der Hochschulbildung bleibt die ideologische Erziehung. Entsprechende Kurse sind Pflicht für alle Studierenden; in ihnen sollen sie sich mit dem Marxismus-Leninismus, den Gedanken Mao Zedongs oder der Theorie Deng Xiaopings auseinandersetzen.

7. Der private Bildungssektor

Bildungspolitisch favorisierte die Regierung der VR China seit der Einführung der Reform- und Öffnungspolitik die Entwicklung des privaten Bildungssektors, um ohne staatliche Investitionen Bildungschancen zu erhöhen. Bereits in der Verfassung von 1982 wurde private Bildung wieder erlaubt (Nationaler Volkskongress, 1983). Damals fehlten klare gesetzliche Vorgaben für die Entwicklung des privaten Bildungssektors. Der Prozess der allmählichen Verrechtlichung ist seither fortgeschritten. Doch Handlungsbedarf besteht weiterhin, wie bei der Unterscheidung zwischen profitorientierter und nicht-profitorientierter privater Bildung. Das Erziehungsgesetz von 1995 sah private Bildungsangebote als nicht profitorientiert an; die Regularien, die die Regierung 1997 erließ, wiederholten diesen Anspruch. Dennoch existierten private Einrichtungen, die sich bei den örtlichen Industrie- und Handelsbüros registrierten, dadurch steuerpflichtig waren und das Recht hatten, Gewinne zu verbuchen. Auch andere Bildungsträger sahen ihre Einrichtungen als lukrative Unternehmen an. Das Gesetz von 2002 sucht einen Ausgleich und erlaubt in Artikel 51 auch denjenigen Organisationen, die als nicht profitorientiert angesehen werden, dass sie eine angemessene Rendite haben dürfen (Yan und Levy, S. 2003). Zahlenmäßig ist der private Sektor angestiegen, spielt aber im Vergleich zum staatlichen Sektor weiterhin eine untergeordnete Rolle.

Tab. 2: Private und staatliche Einrichtungen (2007)

Schulart	*Private Einrichtungen*	*Staatliche Einrichtungen*	*%-Anteil privater Einrichtungen an der Gesamtzahl aller Einrichtungen*
Hochschulen	297	1.908	13,46%
Mittelschulen Oberstufe	6.059	92.267 (gesamt), davon: 15.681 (allgemeinbildend) 14.832 (berufsbildend)	6,16%
Mittelschulen Unterstufe	4.488	61.012 (gesamt), davon: 59.109 (allgemeinbildend) 275 (berufsbildend)	6,85%
Grundschulen	5.798	320.061	1,77%
Kindergärten	77.616	129.086	37,54%

Daten aus: Zhongguo jiaoyu tongji nianjian, (Statistisches Jahrbuch zur Erziehung in der VR China), 2007, S. 4ff.

Private Einrichtungen gibt es auf allen Ebenen des Bildungssystems, ihre Verteilung entspricht der unterschiedlichen Nachfrage (vgl. Tab. 2). Die Bildungsqualität privater Hochschuleinrichtungen bleibt oft hinter dem Niveau staatlicher zurück. Sie können häufig keine Abschlüsse verleihen. Bei ihren Angeboten handelt es sich um sogenannte „sub-degree programs" (ebd.).

8. Erwachsenenbildung

Mit der Orientierung am sowjetischen Erziehungssystem kam nach 1949 ein institutionalisiertes Erwachsenenbildungssystem nach China (Chen, 1999, 121). Dieses ist breit angelegt. Es existiert eine dem allgemeinen schulischen Bildungssystem parallel angelegte Struktur (Grundschule, Mittelschule und Hochschule für Erwachsene). Ferner gibt es die berufliche Bildung als einen Zweig der Erwachsenenbildung. Alle Schulen können in Teilzeit oder Vollzeit besucht werden. Besonders bedeutsam waren nach der Gründung der VR China Alphabetisierungsprogramme.

Mitte der 1950er Jahre richtete man Radio- und Fernsehschulen ein, die Weiterbildungsprogramme anboten. Im Zuge der Ausdehnung der Informationstechnologie sind seit Beginn des neuen Jahrtausends zunehmend Online-Angebote verbreitet, die zur Weiterbildung genutzt werden. Der bekannteste Anbieter ist CORE („China Open Ressources for Education"), der über ein umfassendes akademisches Angebot verfügt.

Hat man die Aufnahmeprüfung an die Universität nicht bestanden, kann man ein „Selbststudium-Examen" absolvieren. Man meldet sich in einem Büro für ein Studienfach an und erwirbt dann im Selbststudium die für die Prüfungen notwendigen Kenntnisse. Mitunter besucht man zusätzlich einige Kurse an einer Universität oder einer privaten Institution. Besteht man die Prüfungen, erlangt man einen Bachelor-Abschluss oder einen akademischen Abschluss darunter. Der Teilnehmende hat maximal acht Jahre Zeit, um alle Prüfungen für ein Fach abzulegen. Die Prüfungen finden zwei Mal jährlich statt. Anmeldung, etwaige Kurse und die Prüfungen sind kostenpflichtig, aber erschwinglich.

Da der Arbeitsmarkt 1981 bei Einführung des „Selbststudium-Examens" noch nicht liberalisiert war, bestand zunächst eine geringe Nachfrage. Doch in den 1990er Jahren wurde dieses Selbststudium zum größten Sektor in der Erwachsenenbildung. Nicht mehr der Staat wies die Arbeitsstellen zu, man konnte selbstbestimmt wählen, wo man arbeiten wollte. Durch Weiterbildung erschloss man sich nun neue und bessere Chancen auf dem Arbeitsmarkt. Gleichzeitig boten höhere Einkommen die Gelegenheit, Geld in Weiterbildung zu investieren (Chen, 1999, S. 226). 2007 schlossen 373 980 Teilnehmer das „Selbststudium-Examen" mit einem Bachelor ab; 208 116 beendeten die Kurzzeit-Kurse (Statistisches Jahrbuch zur Erziehung in der VR China, 2008, S. 18). Da keine formalen Voraussetzungen für die Teilnahme an dem „Selbststudium-Examen" bestehen, bietet es all jenen, die entweder keinen Zugang zum formalen Bildungssystem hatten oder dort scheiterten, eine Chance auf Hochschulbildung.

9. Ausblick

Bildung war in China ein Gut, das mit sozialem Aufstieg verbunden war und daher hoch geschätzt wurde. Wenngleich der Einfluss des Westens insbesondere für die Frauenbildung und das Hochschulwesen bedeutsam war, besteht in China eine lange Bildungstradition, wie eingangs mit Blick auf die Schulgeschichte Chinas dargelegt.

Das Bildungssystem der VR China war und ist von den Entscheidungen abhängig, die auf parteipolitischer Ebene getroffen werden. Lange Zeit bedeuteten die dort geführten Machtkämpfe eine Auseinandersetzung zwischen Kräften, die der als korrekt empfundenen politischen Gesinnung den Vorrang einräumten, und solchen, denen akademische Leistung wichtiger war. Die gesamte Bildungsentwicklung der VR China schwankte zwischen diesen beiden Ansätzen bis zum

Ende der Kulturrevolution. Erst Deng Xiaoping brach, nachdem ihm 1978 die Etablierung seiner Machtposition gelungen war, mit der einseitigen Ausrichtung an der korrekten politischen Gesinnung für den Zugang zu höherer Bildung. Die Auseinandersetzung zwischen der Bedeutung von Breitenbildung und Eliteförderung ist zumindest kein Politikum mehr.

Ähnlich wie in der Wirtschaftsverwaltung fand in der Bildungsverwaltung eine Deregulierung statt; Kompetenzen wurden an untere Ebenen abgegeben, und diese sollten Bildung in finanzieller und personeller Hinsicht autonom umsetzen. Was für die wirtschaftliche Entwicklung vorteilhaft war, funktionierte im Bereich der Bildung nicht zufriedenstellend. Die Entwicklung von Bildung war den Verantwortlichen entweder nicht wichtig genug oder sie waren mit deren Finanzierung überfordert.

Bei allen positiven Bestrebungen, die sich in der Bildungsplanung ablesen lassen, bleiben – will man den heterogenen Bedingungen im Lande gerecht werden – zwei Herausforderungen für die erfolgreiche Implementierung von Bildung: die angemessene Finanzierung sowie die zureichende institutionelle Durchdringung des Bildungssektors.

Literatur

Bailey, Paul J., 2007, Gender and Education in China: Gender Discourses and Women's Schooling in the Early Twentieth Century, New York: Routledge.

Bastid, Marianne, 1988, Educational Reform in Early-20th-Century China, Ann Arbor: University of Michigan.

Bonnin, Michel, 2004, Génération Perdue: Le mouvement d'envoi des jeunes instruits à la campagne en Chine, 1968-1980, Paris: Éditions de l'École des Hautes Études en Sciences Sociales.

Chen, Kai-Ming e.a, 1999, From Training to Education: Lifelong Learning in China, in: Comparative Education, Band 35, Nr. 2, 119-129.

Emrich, Ulrike (Red. Leitung), 2010, Meyers Atlas China. Auf dem Weg zur Weltmacht, Mannheim.

Fairbank, John K., 1989, Geschichte des modernen China 1800-1985. Frankfurt/ Main.

Fischer-Weltalmanach 2010: Zahlen, Daten, Fakten, Frankfurt/Main 2009.

Franke, Herbert und Trauzettel, Rolf, 1968, Das chinesische Kaiserreich (Fischer Weltgeschichte Bd. 19), Frankfurt/ Main

Franke, Wolfgang und Staiger, Brunhild, 1974, China-Handbuch, Düsseldorf.

Gigl, Franz u.a,, 2000, Das Bildungssystem in der VR China: Beispiel Shanghai, ChinaInfo, Nr. 53, Januar.

Heilmann, Sebastian, 2004, Das politische System der VR China, Wiesbaden.

Henze, Jürgen, 2006, Chinas Hochschulwesen im Zeichen der „Zweiten Moderne": Unordnung als Voraussetzung neuer Ordnung?, in: Bildung und Erziehung, 59, 83-96.

Jami, Catherin, Learning Mathematical Sciences, in: Elman, Benjamin A. und Woodside, Alexander, Hg., 1994, Education and Society in Late Imperial China, 1600-1900. Berkeley: University of California Press, 223-257.

Joseph, William A., Hg., 1991, New Perspectives on the Cultural Revolution, Cambridge/Mass.: Harvard University Press.

Kim, Chun-Shik, 2004, Deutscher Kulturimperialismus in China. Deutsches Kolonialschulwesen in Kiautschou (China) 1998-1914, Wiesbaden: Franz Steiner Verlag.

Lee, Thomas H. C., 2000, Education in Traditional China: A History, Leiden: Brill.

Li, Lixu, 2004, China's Higher Education Reform 1998-2003: a Summary, in: Asia Pacific Education Review, Bd. 5, Nr. 1, 14-22.

Lin, Jing, 1993, Education in Post-Mao China, Westport, Connecticut and London: Praeger.

Liu, H.F., 1996, Keju: kaoshi de jiaoyu shijiao, (Zivile Examen: Erziehungswissenschaftliche Betrachtung der Examen), Wuhan: Hubei Verlag für Erziehung.

Miyazaki, Ichisada, 1976, China's Examination Hell: The Civil Service Examinations of Imperial China, New York: Weatherhill.

Mühlhan, Klaus, 1999, Der Alltag an der Hochschule in Qingdao: Deutsche, Chinesen und die universitäre Bildung, in: Hiery, Hermann J. und Hinz, Hans-Martin, Hg., Alltagsleben und Kulturaustausch. Deutsche und Chinesen in Tsingtau 1897-1914, Beron.

Pepper, Suzanne, 1996, Radicalism and Education Reform in 20th-Century China: The Search for an Ideal Development Model, Cambridge: Cambridge University Press.

Rawski, Evelyn Sakakida, 1979, Education and Popular Literacy in Ch'ing China, Ann Arbor: University of Michigan Press.

Schmidt-Glintzer, Helwig, 1995, Das alte China, München.

Zimmermann, Hildegard, 2003, Berufsbildung in China. Besonderheiten und aktuelle Entwicklungen, 198-213, in: Franke, Renata Fu-Sheng und Mitter, Wolfgang, Hg., Das Bildungswesen in China. Reform und Transformation, Köln, Weimar und Wien: Böhlau Verlag.

Zhang, Tiedao und Zhao, Minxia, 2006, Universalizing Nine Year Compulsory Education for Poverty Reduction in Rural China, in: Review of Education, Nr. 52, 261-286.

Zhonghua renmin gong he guo jiaoyubufa zhangui huasi, (Abteilung für Entwicklung und Planung des Erziehungsministeriums der VR China), 2008, Zhongguo jiaoyu tongji nianjian 2007, (Statistisches Jahrbuch zur Erziehung in der VR China 2007), Beijing.

Zweig, David, 2002, Internationalizing China: Domestic Interests and Global Linkages, Ithaca: Cornell University Press

Internetquellen

Guojia jiaoyu weiyuanhui (Staatliche Erziehungskommission), 1996, Youeryuan gongzuo guicheng, (Bestimmungen zur Arbeit in Kindergärten) http://www.moe.edu.cn/edoas/website18/level3.jsp?tablename=1156&infoid=687, (22.02.10).

Jiaoyubu (Erziehungsministerium), 1998, Mianlin ershi shiji jiaoyu chenxing xingdong jihua, (Aktionsplan zur Belebung der Bildung für das 21. Jahrhundert), http://www.ncct.gov.cn/zcwj/ShowArticle.asp?ArticleID=106 (21.11.09).

Jiaoyubu (Erziehungsministerium), 2001, Jichujiaoyu kecheng gaige de gangyao, (Programm zur Curriculumreform für Elementarbildung), http://www.edu.cn/20010926/3002911.shtml (27.10.09).

Jiaoyubu (Erziehungsministerium), 2001, Youeryuan jiaoyu zhidao gangyao (Kurze Anleitung für die Kindergartenerziehung) http://www.moe.edu.cn/edoas/website18/level3.jsp?tablename=821&infoid=7259 (22.05.10).

Ming, Hu, 2004, Berufsbildung in China und Deutschland – ein internationaler Vergleich. http://www.chinaweb.de/china_wirtschaft/berufsausbildung_china/ausbildung_studium_schule_china.htm#1.2%C2%A0%C3%9Cberblick%20%C3%BCber%20die%20Historie%20undStruktur%20des%20chinesischen%20Berufsbildungssystem (08.09.09).

Quanguo renmin daibiao dahui changwu weiyuanhui, (Ständiger Ausschuss des Nationalen Volkskongresses), 2009, Quanguo renmin daibiao dahui changwu weiyuanhui guanyu xiugai bufen falü de jueding, (Beschlüsse zur Gesetzesnovellierung des Ständigen Ausschusses des Nationalen Volkskongresses), http://www.gov.cn/flfg/2009-08/27/content_1403326.htm (25.11.2009).

Zhongguo renmin zhengzhi xieshang huiyi gongtong gangling, (Das gemeinsame Programm der politischen Konsultativkonferenz des chinesischen Volkes), 1949, http://baike.baidu.com/view/319203.htm (12.01.10).

Quanguo renmin daibiao dahui changwu weiyuanhui, (Ständiger Ausschuss des Nationalen Volkskongresses), 1995, Zhonghua renmin gong he guo jiaoyufa, (Erziehungsgesetz der VR China), http://www.china.com.cn/policy/txt/2009-08/27/content_18416528.htm (21.01.10).

Quanguo renmin daibiao dahui, (Nationaler Volkskongress), 1986, Zhonghua renmin gong he guo yiwujiaoyufa, (Erziehungsgesetz zur Pflichtschulzeit der VR China), http://www.lawinfochina.com/law/display.asp?db=1&id=1166&keyword=education (27.10.09).

Quanguo renmin daibiao dahui changwu weiyuanhui, (Ständiger Ausschuss des Nationalen Volkskongresses), 2006, Zhonghua renmin gong he guo yiwujiaoyufa, (Erziehungsgesetz zur Pflichtschulzeit der VR China), http://www.tov.cn/ziliao/flfg/2006-06/30/content_323302.htm, (22.11.2009).

Quanguo renmin daibiao dahui, (Nationaler Volkskongress), 1983, Zhonghua renmin gong he guo xuanfa, (Verfassung der VR China), http://www.chinalawedu.com/news/1300/12/21721/2006/4/li2091496192460021044-0.htm (28.09.09).

Unesco Education for all, 2010, Global Monitoring Report, http://unesdoc.unesco.org/images/0018/001866/186606e.pdf (02.03.2012).

US Department of the Army, 1994, Army Area Handbook, China, Chapter 4: Education and Culture, http://www.chaos.umd.edu/history/part3 (27.12.07).

Yan, Fengqiao und Levy, Daniel C., 2003, China's New Private Education Law, in: International Higher Education, http://www.bc.edu/bc_org/avp/soe/cihe/newsletter/News31/text005.htm (23.12.09).

Gregor Lang-Wojtasik

Das Bildungswesen in Indien[1]

Seit den 1990er Jahren des 20. Jh. hat sich Indien (Bharat Ganrajya, Republic of India) als Teil der Region Südasien auf den Weg der Globalisierung gemacht und es wurden insbesondere im ökonomischen Kontext weit reichende Reformen eingeleitet. Mit dem ‚Aufstieg einer asiatischen Weltmacht' (Rothermund 2008) und dem damit einhergehenden ‚Abschied von Gandhi?' (Imhasly 2006) stellt sich die Frage, inwieweit es der nach eigenem Bekunden größten Demokratie der Welt gelingen wird, die gesamte Bevölkerung in den fundamentalen Transformationsprozessen zu begleiten und die lange Tradition partizipativer Strukturen in einem konstruktiven Sinne für die Anpassungsfähigkeit an neue Gegebenheiten zu nutzen. Dabei stehen seit der Unabhängigkeit – neben der Umsetzung einer allgemeinen und qualitativ hochwertigen Schulbildung für alle – folgende Bereiche auf der Agenda: Erhöhung des Lehrpersonals und Verbesserung der Infrastruktur v.a. in ländlichen Regionen, Förderung der Alphabetisierung und Gleichberechtigung von Frauen sowie ein Gleichheit fördernder Umgang mit Minderheiten (NUEPA 2008, S. 17; Lall 2009).

Schulische Bildung gilt als entscheidender Motor gesellschaftlichen Fortschritts und nationaler Identität (Pathak 2007; Lall 2009) – insbesondere im Zeitalter der Globalisierung (Lang-Wojtasik 2008). Dabei stehen Modernisierung und Traditionalität in einer spannungsreichen Beziehung. Interessant ist, was die Entwicklungen der Globalisierung für die Gegenbewegung einer Fundamentalisierung bedeuten (Lall 2009).

Im folgenden Beitrag wird versucht, Eckpunkte des indischen Bildungswesens zunächst im Kontext historischer und gesellschaftlicher Aspekte zu beschreiben. Daran anknüpfend wird die Geschichte des indischen Bildungswesens dargestellt (Kap. 2). Das dritte Kapitel befasst sich ausführlich mit dem heutigen Bildungswesen. Im vierten Kapitel werden schließlich aktuelle Herausforderungen als Zukunftsaufgabe erläutert.

1. Historischer und gesellschaftlicher Kontext

Ab dem vierten Jh. v. Chr. gibt es eine Zivilisation im Indus-Tal (Indus- oder Harappa-Kultur) (Rothermund 1995a). Im ersten gesamtindischen Großreich der Maurya-Dynastie (ca. 320 bis 180 v. Chr.) ist die Zeit Ashokas (294 bis 232 v. Chr.) hervorzuheben, in der sich das Reich ausbreitet und von einer kulturellen Blüte im Kontext eines ‚säkularisierten Buddhismus' gesprochen werden kann. In der Folge regieren Brahmanen und von ihnen legitimierte Könige. Im Vorfeld der Errichtung des Delhi-Sultanats (1206) wird ab der Herrschaft von Muhammad

---

1 Dieser Beitrag ist Asit Datta gewidmet. Für kritische Anregungen danke ich Vibha Surana, Mumbai und Benjamin Pütter, Freiburg.

von Ghor ein militärfeudalistisches Staats- und Verwaltungssystem von Westasien nach Indien gebracht, in dessen Folge sich der Islam ausbreitet und die Moghul-Herrschaft v.a. in Nord- und Zentralindien (16. bis Mitte des 18. Jh.) etabliert. Der Großmogul Akbar (1542 bis 1605) bemüht sich um einen Ausgleich zwischen Hindus und Moslems.

Ab dem 16. Jh. gibt es Handelsstützpunkte der Portugiesen (ab ca. 1505) v.a. an der West- und der Franzosen v.a. an der Ostküste (ab ca. 1673) (Rothermund 1995a). Mit der privaten Ostindiengesellschaft beginnt die britische Kolonialherrschaft, die ab 1857 direkt von der britischen Krone verwaltet wird. Die Einbindung in den Weltmarkt und massive Veränderungen der agrarisch geprägten Gesellschaft bedeuten eine Zerschlagung der eigenständigen Textilproduktion und die Veränderung des Steuerrechts unter dem Motto ‚teile und herrsche'. Die Steuereintreiber werden als Landeigentümer mit Erbrecht etabliert (zuvor alle zwei bis drei Jahre ausgetauscht). Diese setzen Personen ein, die das Agrarland an die Bauern verpachten und für sie die Steuern eintreiben (Datta 1993, S. 65ff.). Das über Jahrhunderte gewachsene und bewährte Gleichgewicht von Ackerbau und Handwerk sowie Landwirtschaft und Handel wird fundamental gestört.

Nach der Rückkehr aus Südafrika beginnt Mohandas K. Gandhi 1915 seine dort entwickelte Methode des gewaltfreien Widerstandes auf den Unabhängigkeitskampf Indiens (1885-1947) zu beziehen. Die Unabhängigkeit geht einher mit der Dreiteilung in West- und Ost-Pakistan sowie Indien und einer der größten Völkerwanderungen der Menschheitsgeschichte (ca. 15 bis 20 Mio. Menschen) von Hindus in West- und Ostpakistan nach Indien sowie Moslems in umgekehrter Richtung.

Indien ist eine sozialistisch-demokratische Republik (Verfassung von 1950) mit einer stabilen parlamentarischen Demokratie, trotz Spannungen und kriegerischen Auseinandersetzungen mit Pakistan und China, die alle im Besitz von Atomwaffen sind (Racine 2009). Insbesondere im Nordosten (eine Region zwischen Bhutan, China, Myanmar und Bangladesch) gibt es über 70 verschiedene bewaffnete Gruppen, die teilweise mit Unterstützung Pakistans oder Bangladeschs operieren (Nepram 2009).

Die Bevölkerung von ca. 1,2 Mrd. Menschen (www.censusindia.net/) lebt auf einer Landfläche von ca. 3,28 Mio. qkm und wird zentralistisch-föderativ verwaltet. Derzeit existieren 28 Bundesländer (*states*), sechs Bundesterritorien (*Union Territory*) und das Hauptstadtterritorium von Delhi[2]. Es gibt 593 *districts* (Regierungsbezirke) und 5 463 *sub-districts*. Uttar Pradesh ist am dichtesten, Sikkim am niedrigsten besiedelt. Gut ein Drittel der Bevölkerung ist jünger als 15 Jahre und etwa 7,5% der Bevölkerung sind über 65 Jahre alt. Etwa 70% der Bevölkerung leben in ländlichen Regionen (www.censusindia.gov.in/). Die Schere der Wohlstandsverteilung öffnet sich immer mehr und die ‚20:80-Gesellschaft' (Rifkin) wird auch in Indien greifbarer. Während nach UNDP-Angaben etwa 40% der Bevölkerung als absolut arm gelten ($ 1,25/Tag) und etwa 76% von weniger als zwei Dollar pro Tag leben (UNDP 2009), orientiert sich eine wachsende Mittelschicht (ca. 20%) an westlichen Lebensstandards. Seit 2001 gilt Indien – gemessen an der Kaufkraft – als viertgrößte Wirtschaftsnation der Welt (http://business.gov.in/indian_economy/index.php) und als eine der sechs am stärksten wachsenden Ökonomien (9% von 2007-2008; Regierungsprognosen für 2008/09: 7,1%) (www.worldbank.org.in/). Diese Platzierung wird relativiert, wenn man das Pro-Kopf-Einkommen nach Kaufkraft betrachtet, wo Indien den

---

2 Union Territories (inkl. Delhi) unterstehen der zentralen Verwaltung des Präsidenten.

108. Platz erreicht, was ein Hinweis auf die sehr unterschiedliche Verteilung der ökonomischen Mittel ist (Bulard 2009, S. 42). Bezogen auf den Stand der menschlichen Entwicklung belegt Indien beim Human Development Index Platz 134 von 182 Ländern (UNDP 2009). Nach Weltbank-Angaben liegt die durchschnittliche Lebenserwartung bei Geburt bei 64 Jahren und die Kindersterblichkeit beträgt 57 pro Tausend Lebendgeburten. 450 Frauen sterben pro 100 000 Lebendgeburten und 46% der Kinder unter fünf Jahren gelten als untergewichtig (World Bank 2009b). Die beschriebenen Unterschiede können regional stark variieren.

Indien ist durch ethnische Vielfalt geprägt, die sich in drei Gruppen einteilen lässt: Indo-Arier im Norden, Draviden im Süden sowie *Adivasis*[3] auf dem gesamten Subkontinent (Schwerpunkt im ‚Tribal Belt‘ Nordwest- und Zentralindiens). Es gibt 22 offizielle Hauptsprachen (Amtssprachen Hindi[4] und Englisch) sowie zwischen 544 und fast 1 600 lokale Sprachen und Dialekte (Berger 1995, S. 101; NUEPA 2008, S. 9). In Indien sind vier Sprachgruppen vertreten. Dies sind in der Mehrzahl indoarische Sprachen vor allem im Norden (v.a. Asamiya, Bengali, Dogri, Gujarati, Hindi, Kashmiri, Konkani, Maithili, Marathi, Nepali, Oriya, Panjabi, Sanskrit, Sindhi, Urdu), dravidische Sprachen im Süden (v.a. Kannada, Malayalam, Tamil, Telugu) sowie Mundasprachen der *Adivasis* und sinotibetische Sprachen v.a. in Nordostindien (Berger 1995). Die verschiedenen Sprachen haben bezüglich ihrer Struktur nichts miteinander zu tun und dadurch wird die Förderung einer gemeinsamen nationalen Sprache erschwert. Die meisten gebildeten Menschen Indiens sind bi- oder häufig trilingual. In den Schulen wird spätestens seit den Empfehlungen der Kothari-Kommission (1964) eine Drei-Sprachen-Politik favorisiert – Muttersprache oder Sprache des Bundeslandes/-territoriums, Hindi oder Englisch als Amtssprachen, weitere moderne indische Sprache oder Fremdsprache, die keine der beiden anderen Sprachen ist (Gupta 2007, S. 89f.).

Im säkularen Indien werden alle Religionen gesetzlich als gleichwertig betrachtet. 80,5% der Bevölkerung sind Hindus, fast 13,4% Moslems (eine der weltweit größten muslimischen Populationen). Weitere Religionen sind Christentum (2,3%), Sikhismus (1,9%), Buddhismus (0,8%), Jainismus (0,4%) und viele andere (z.B. Parsismus, Judentum) (www.censusindia.gov.in/).

In Indien leben mehr Männer als Frauen (1 000/933). Dabei ist das Verhältnis in den Städten (1 000/946) ausgewogener als auf dem Land (1 000/900) (www.cenusindia.gov.in/). Das Frauendefizit ist vor allem ein Phänomen der nordindischen Bundesländer Uttar Pradesh, Bihar und Rajasthan, während es im südlichen Bundesland Kerala sogar einen Frauenüberschuss gibt. Die weibliche Diskriminierung ist eher ein Phänomen patriarchal-ländlich geprägter Gegenden Nordindiens, in denen Jungen gegenüber Mädchen bezüglich ihrer Ernährung, medizinischen Versorgung und ihren Bildungsmöglichkeiten bevorzugt werden (Rothermund 2008, S. 226ff.). Verallgemeinerbare Aussagen sind allerdings auch hier schwierig. Nach wie vor werden – auch in den südlichen Bundesländern – gezielt weibliche Föten abgetrieben, da ihr ‚Nachhaltigkeitswert‘ im Vergleich zu Jungen geringer eingeschätzt wird – immerhin muss für sie –

---

3 Wörtlich ‚Erster Bewohner‘/‚Ureinwohner‘ oder auch *Scheduled Tribes*; zur aktuellen Situation der *Adivasis* in Indien: Südasien 3/2008.

4 Bei der Klassifizierung der Nationalsprache Hindi als Mehrheitssprache muss bedacht werden, dass eigenständige Sprachen wie Bhojpuri, Magahi, Maithili oder Rajasthani eher aus politischen Gründen (hohe Sprecherzahl) als Dialekte des Hindi betrachtet werden (Berger 1995).

gesetzlich verbotene – Mitgift bezahlt werden. Um den Anteil von Frauen in politischen Ämtern zu erhöhen, gibt es für sie z.B. Quoten von 33% bei Kommunalwahlen. Zudem gibt es eine sehr aktive Frauenbewegung mit einer langen Tradition.

Die ‚Einheit der Vielfalt' ist das herausragende Charakteristikum des Sub-kontinents, womit gleichzeitig die größten Herausforderungen für die Anstren-gungen eines nationalen Zusammenhalts verbunden sind. In Artikel 46 der indi-schen Verfassung wird ein besonderer Schutz benachteiligter Bevölkerungs-gruppen festgelegt, zu denen insbesondere die *Dalits*[5] und die *Adivasis* gehören[6] (zit. n. Bhatt 2005, S. 1). Staatlicherseits existieren Quoten positiver Diskriminie-rung zum Ausgleich sozialer Disparitäten für *Dalits* (16,2% der Bev.), *Adivasis* (8,2% der Bev.) und OBC (Other Backward Classes; ca. 25%)[7] im Bildungsbereich, im Staatsdienst und in den Parlamenten. Neben diesen staatlichen Versuchen zur Verbesserung der Situation marginalisierter Gruppen gibt es in der ‚größten Demokratie der Welt' eine lange Tradition unzähliger sozialer Aktionsgruppen, die immer wieder an die bekannten Missstände erinnern, neue aufdecken und versuchen, den Benachteiligten eine Stimme zu geben und sie an partizipativen Prozessen zu beteiligen.

2. Geschichte des Bildungswesens

Die Geschichte der Bildungsinstitutionen beginnt in Indien mit der Einrichtung von Schulen und höheren Bildungsanstalten in Hindu-Tempeln (ab etwa 1 000 v. Chr.). Die Bildung im Gurukul (Familie des Guru/Lehrer) war allerdings nur einer kleinen Elite vorbehalten. Ab etwa 600 v. Chr. etabliert sich buddhistische Klosterbildung; z.B. in der Universität von Nalanda, die zu ihrer Zeit die größte Asiens war. Mit der Ankunft des Islams entstehen auch damit assoziierte Bildungseinrichtungen (v.a. Maktabs und Madrasahs) (Gupta 2007, S. 70-84; Pathak 2007, S. 28-44). Darüber hinaus gibt es mit der Verbreitung anderer Religionen auch entsprechende – durch die Verfassung geschützte (Artikel 29 und 30) – Bildungseinrichtungen (z.B. Jains und Sikhs) (Gupta 2007, S. 89). Die Wurzeln eines modernen Bildungssystems nach europäischem Vorbild gehen zurück auf Schulen christlicher Missionare im allgemeinbildenden Bereich und in

---

5 Wörtlich ‚die Zertretenen, Zerbrochenen'; in Indien offiziell Scheduled Castes (SC). Der Begriff umfasst die ‚Unberührbaren', ‚Paria' (Ausgestoßener) oder ‚Harijan'/‚Kinder Gottes', wie Gandhi positiv diskriminierend formulierte. Der Begriff ‚Kastenlose' ist zu undifferenziert, da Dalits zwar außerhalb des vierstufigen Varna-Systems (Brahmanen/Priester und Intellektuelle, Kshatriya/Krieger und Fürsten, Vaishya/Händler und Landwirte, Shudra/Handwerker und Pachtbauern) stehen, aber gleichzeitig Teil des Jati-Systems (Jati = Geburtsgruppe) sind.

6 Dabei ist der Zusammenhang von Kaste, Religion und Klasse im Kontext eines universalen Verständnisses der Menschenrechte besonders hervorstechend. Einen gelungenen Überblick zur Situation der *Dalits* und *Adivasis*, die an manchen Stellen auch als ‚indische Apartheid' bezeichnet wird, bietet: Evangelisches Missionswerk Deutschland 2009.

7 Nach dem Abschlussbericht der Mandal-Kommission (1978-1980) gehören zu den Benachteiligten neben den *Dalits* und *Adivasis* auch die Other Backward Classes (3 743 gesellschaftliche Gruppen). Der Bericht geht auf eine Mitte der 1950er Jahre tagende Kommission zurück, deren Empfehlungen politisch nicht durchgesetzt werden konnten. Die Vorschläge der Mandal-Kommission traten 1990 in Kraft. Demnach werden 49,5% der Be-völkerung als ‚backward' eingestuft (Böck/Rao 1995, S. 128ff.). Auf der Grundlage aktueller Untersuchungen in Westbengalen muss festgehalten werden, dass die *Dalits* und *Adivasis* hinsichtlich ihrer ‚Rückständigkeit' auf jeden Fall um muslimische Menschen in ländlichen Regionen erweitert werden müssten (Sen 2009b).

der College-Bildung (Bhatt 1995). Folgenreich für heutige Trends ist die britische Kolonialherrschaft, in der Bildungsvorstellungen zur Förderung kolonialer Verwaltung institutionalisiert werden. Dabei hat es v.a. im Bereich der höheren Bildung bemerkenswerte Versuche gegeben, nationale Bildungsanstalten in einer Synthese nationalen Bewusstseins und den Prinzipien der Kolonialmacht zu etablieren (Fischer-Tiné 2003). Die Universitäten von Mumbai (Bombay), Chennai (Madras) und Kolkata (Kalkutta) werden 1857, die Universität von Allahabad 1887 gegründet. Sie dienen zunächst als Prüfbehörden für die ihnen angeschlossenen Colleges und geben so die Standards britischer höherer Bildung vor (Rothermund 2008, S. 231). Ab Ende der 1890er Jahre werden jene Bewegungen stärker, die eine Rückbesinnung auf die indische Bildungstradition im Sinne einer Abkehr von der Kolonialmacht fordern. Im Unabhängigkeitskampf (1885 bis 1947) wird massiv die Forderung nach einer Bildung für alle erhoben. Stellvertretend für andere seien hier die 1901 von Rabindranath Tagore gegründete dörfliche Ashram-Schule Santiniketan (‚Ort des Friedens'), die 1919 zur Reformuniversität Visvabharati (‚Welt-Universität') erweitert wurde (Datta 2002), und die Bildungsidee Nai Talim (‚Neue Bildung') von Mohandas K. Gandhi genannt (Lang-Wojtasik 2002).

Ein Ringen um nationale Identität ist für den Bildungsbereich bis heute bedeutsam. Das ‚nationbuilding' durch Bildung war z.B. eines der zentralen Anliegen der hindunationalistischen BJP (Bharatiya Janata Party), die von 1998 bis 2004 die Zentralregierung stellte. Als eine der ersten Maßnahmen der neuen Regierung wurde ein Neuentwurf des nationalen Rahmen-Curriculums vorgelegt, das alle zehn Jahre neu erscheint und für die Ministerien der Landesregierungen als Richtschnur für die Gestaltung der Lehrpläne im Allgemeinen Bildungsbereich sowie zur Erstellung der Schulbücher dient. Nach Auffassung der BJP-Kritiker enthält das Rahmen-Curriculum – neben einem konservativen Frauenbild – eine Verherrlichung hinduistischer Leistungen in der indischen Geschichte, eine Abwertung muslimischer Errungenschaften und marginalisierter Bevölkerungsgruppen – insbesondere der *Dalits* (Fischer-Tiné 2003). Das Ziel sei gewesen, die Hindutva (einheitliche Hindu-Nation) im Bildungsbereich als nationale Identität zu etablieren, was deshalb erstaunlich ist, weil diese seit Generationen auf der Einheit in Vielfalt basiert und spätestens seit der Unabhängigkeit eine säkulare Demokratie verfassungsmäßige Grundlage ist.

In Artikel 45 der 1950 verabschiedeten Verfassung ist das visionäre Ziel festgeschrieben, eine achtjährige Grundbildung (*Elementary Education*[8]) für alle Kinder und Jugendlichen (sechs bis 14 Jahre) innerhalb von zehn Jahren umzusetzen. Das bis heute nicht erreichte Ziel wird immer wieder verschoben (Bhatt 2005, S. 49), derzeit auf das Jahr 2012.

Die Bildungsgeschichte Indiens nach 1947 ist geprägt von Expertenrunden, die meist dezidiert bekannte Probleme benennen und in politische Empfehlungen gießen (Aggarwal 2000, S. 85-94).

Die Empfehlungen der Kothari-Kommission (1964 bis 1966) gelten als Grundlage der folgenden Bildungsreformen (Kothari-Commission-Report; zit. n. Aggarwal 2000, S. 75). Rajiv Gandhi kündigt 1985 eine neue National Policy on Education (NPE) an (1986 verabschiedet und 1992 überarbeitet). Parallel dazu wird ein Programme of Action (PoA) verkündet (Government of India 1986; 1992). Mit der NPE sollen die bildungspolitischen Grundlagen Indiens gelegt

---

8 Elementary Education umfasst in Indien acht Jahre (Grundschule und weiterführende Sekundarbildung) und ist somit etwas anderes als Elementarbildung im deutschen Kontext.

werden, um die Bevölkerung und Gesellschaft wissenschaftlich und ökonomisch für das 21. Jh. fit zu machen. Zentrales Ziel ist die Universalisierung der Bildung bis zum Beginn des 21. Jh. Offiziell werden die Forderungen der Kothari-Kommission bekräftigt, aber nicht umgesetzt, wie der Bericht des CABE (Central Advisory Board of Education; ‚Acharya Rammamurti Report') unterstreicht (Gupta 2007, S. 90).

3. Das heutige Bildungswesen

Strukturelle Charakteristika

Das nach China zweitgrößte Bildungssystem der Welt ist weiterhin britisch geprägt und in seiner Komplexität und Vielfalt schwer darstellbar. Seit der NPE von 1986 soll bundesweit ein für alle Menschen zugängliches Bildungswesen mit vergleichbarer Qualität und Struktur eingerichtet werden. Nach optionalen Vorschulangeboten[9] sollen die ersten zehn Jahre in eine achtjährige *Elementary Education* (fünf Jahre Primary und drei Jahre Upper Primary oder Middle School) und eine zweijährige Sekundarbildung aufgeteilt sein. Nach wie vor gibt es aber in den einzelnen Bundesländern und Bundesterritorien auch variable Längen der *Elementary Education* (5+3 od. 4+4 sowie 4+3 od. 5+2) und der Sekundarbildung (zwei und drei Jahre) (Chandra 2003a; Gupta 2007)[10]. Daran soll die zweijährige höhere Sekundarbildung (akademisch oder berufsorientiert) sowie die tertiäre Bildung angeschlossen werden können. Die tertiäre Bildung wird an über 18 000 Colleges und derzeit 425 Universitäten angeboten (davon 20 zentral verwaltete Bundeseinrichtungen) (NUEPA 2008, S. 46ff.). Es gibt bis zum Abschluss der 12. Klasse das Angebot alternativer Bildungsgänge – *Elementary Education* in Non-Formal Centers, Sekundar- und Höhere Sekundarbildung in Open Schools (Chandra 2003a, S. 27f.; Sujatha 2002) sowie tertiäre Bildung in neun Open Universities (Chandra 2003a, S. 43f.). Das Open School Angebot Indiens ist mit über 1,4 Mio. Schüler/innen das größte der Welt (Gupta 2007, S. 98).

---

9 Vorschulen in städtischen Regionen werden weitgehend privat angeboten, in ländlichen Regionen sollte nach der überarbeiteten NPE von 1992 und nach den Konferenzen von Jomtien und Dakar ein Ausbau stattfinden. Derzeit gibt es v.a. Anganwadis (finanziert aus Bundesmitteln des Integrated Child Development Services, einem der größten Anbieter für über 12 Mio. Kinder im Alter zwischen drei und sechs Jahren) und Balwadis (finanziert aus Landes- oder kommunalen Mitteln) mit einem Fokus auf unterprivilegierte Gruppen der Gesellschaft, NGO-organisierte Zentren für frühkindliche Erziehung, private Kinderkrippen und -gärten sowohl außerhalb, als auch als Teil von Privatschulen, mobile Kinderkrippen (finanziert durch das Central Social Welfare Board), städtische Tageszentren (organisiert durch ehrenamtliche Organisationen oder NGOs) v.a. für benachteiligte Kinder sowie selbstorganisierte Kindergruppen in Dörfern (Chandra 2003a, S. 10f.; Gupta 2007, S. 93ff.).

10 Darüber hinaus gibt es Variationen in den Bundesländern und Bundesterritorien nach wie vor z.B. beim Einschulungsalter (zwischen fünf oder sechs), der Unterrichtssprache (staatliche Schulen unterrichten in der Regel in der Landes- oder Regionalsprache, während in Privatschulen Englisch Standard ist), dem Beginn der Schuljahre, den Ferienzeiten (in den meisten Gegenden in den heißen Sommermonaten, in den Gebirgsregionen eher in den Wintermonaten) (Gupta 2007, S. 93).

Bildungsadministration

Die zentralistisch-föderative Struktur des Subkontinents hat auch Konsequenzen für die Bildungspolitik und -administration. Zwar liegt die Bildungshoheit weitgehend bei den Ländern, es gibt aber zentrale Institutionen auf der Bundesebene mit weitreichenden Konsequenzen für das Bildungswesen[11]. Das NCERT (National Council of Educational Research and Training) in Neu Delhi hat die Aufgabe, die Zentralregierung und die Regierungen der Bundesländer in allen Fragen der Schulbildung akademisch zu unterstützen und zu beraten. Eine seiner Aufgaben ist es auch, alle zehn Jahre ein nationales Rahmen-Curriculum für die allgemeinbildenden Schulen vorzulegen, das in einen grundlegenden Lehrplan übersetzt wird, an dem sich die (Fort-)Entwicklung der Schulbücher auf den verschiedenen Schulstufen orientieren sollen (www.ncert.nic.in). Diese werden dann den 42 Prüfungskommissionen des Landes empfohlen[12]. In den Prüfungen geht es vor allem darum, den Stoff des im Schulbuch vorgesehenen Schuljahres wiedergeben zu können (Gupta 2007, S. 92).

Die NUEPA (National University of Educational Planning and Administration) untersteht direkt dem Bildungsministerium bei gleichzeitiger wissenschaftlicher Autonomie. Durch die Institution werden Forschung, Training und Beratung im Bereich Bildungsplanung und -verwaltung durchgeführt, gefördert und koordiniert (derzeit zehn Abteilungen) (www.nuepa.org). Die *University Grants Commission* (UGC) hat seit 1956 die Aufgabe der Mittelverteilung sowie der Koordination, Festlegung und Einhaltung von Standards der Institutionen in der tertiären Bildung, wozu auch die Richtlinien für Lehre, Prüfungen und Forschung gehören. Neben der Hauptstelle in Neu-Delhi operiert die UGC von sechs regionalen Zentren in Pune (Maharashtra), Hyderabad (Andhra Pradesh), Kolkata (Westbengalen), Bhopal (Madya Pradesh), Guwahati (Assam) und Bangalore (Karnataka) aus (www.ugc.ac.in).

Elementary Education

Im allgemeinbildenden Bereich gibt es eine Koexistenz staatlicher, semi-staatlicher und privater Schulen. Der Ausbau des letzteren Typs betrifft zwei Formen: Schulen für Kinder aus unteren sozialen Schichten (low-fee-private)[13] und Schulen, die vor allem von der städtischen Mittel- und Oberschicht präferiert werden. Beide Formen erfahren eine vermehrte Unterstützung durch die Regierungen der Bundesländer und Bundesterritorien; allerdings ist dieser Sektor weitgehend unreguliert, da staatliche Auflagen nur dann verbindlich sind, wenn staatliche Mittel fließen (Informationen 2009). Private Schulen des zweiten Typs werden zunehmend auch von weniger privilegierten Bevölkerungsgruppen nachgefragt, die massive finanzielle Belastungen auf sich nehmen. Hauptgründe dafür sind die

---

11 Das Management im Primarbereich reicht von der Ebene der Zentralregierung (Government of India, Department of Education im Ministry of Human Ressource Development), über das Ministerium des Bundeslandes, das Zilla Parishad auf der Distriktebene, das Panchayat Samiti auf der Blockebene bis hin zur lokalen Ebene des Gram Panchayat Surpanch (auf dem Dorf) als politischer Partner des Schulleiters oder Dorf-Bildungskommitees und schließlich zur Lehrkraft in den Schulen (Ramachandran et al 2005, S. 4).

12 Prüfungen werden des Weiteren von verschiedenen Stellen abgenommen: Central Board of Secondary Education (CBSE), Indian Certified School Examination (ICSE), State Board of Examinations (SBE), Matriculation Board of Examination (MBE) (Gupta 2007, S 92).

13 Die Grenze zum non-formalen Angebot von NGOs, die in der Regel auch eine geringfügige Schulgebühr erheben, scheint an manchen Stellen fließend zu sein.

Unzufriedenheit mit der Qualität staatlicher Schulen und das zunehmende Bewusstsein für die ökonomische Notwendigkeit der Globalisierung, Englisch zu lernen (Gupta 2007, S. 99f.). Der Faktor (Un)Zufriedenheit wird auch in einer Studie im ländlichen West-Uttar Pradesh deutlich. Eltern von Kindern in low-fee-private-Schulen sind in der Regel mit dem dortigen Bildungsangebot zufriedener als in staatlichen Schulen. Gleichzeitig wird darauf hingewiesen, dass die Hälfte des betrachteten Samples nicht die Kosten für diese Schulform aufbringen kann (Härmä 2009).

Im Public Report on Basic Education von 1999 (Feldstudien in ländlichen Regionen Bihars, Madhya Pradeshs, Rajasthans, Uttar Pradeshs und Himachal Pradeshs) wird deutlich, dass 20 % der staatlichen Schulen nur eine Lehrkraft haben und über keine adäquaten Räumlichkeiten verfügen, 58% der Schulen hätten kein Trinkwasser für die Schüler/innen und 70 % keine sanitären Einrichtungen. Im gleichen Bericht wird darauf hingewiesen, dass zwar die Löhne der Lehrkräfte an staatlichen Schulen ein Drittel höher seien als an privaten, dass aber 25% der Lehrkräfte nicht zum Unterricht kämen und 50% der anwesenden Lehrkräfte keinen Unterricht hielten (PROBE-Team 1999; Gupta 2007, S. 100). Dieser Trend wird im Pratichi-Report (Pratichi Trust 2002; Sen 2005) mit einem Schwerpunkt in drei Distrikten Westbengalens[14] und in einer Weltbank-Studie aus dem Jahr 2004 bestätigt (Kremer et al 2004). Auf der Grundlage von Überraschungsbesuchen in 20 Bundesländern wird hier bundesweit eine Abwesenheit von 25% festgestellt. Diese variiert von 15% in Maharashtra bis zu 42% in Jharkhand mit einer Tendenz zu höheren Prozentzahlen in den ärmeren Bundesländern. Interessant ist dabei, dass trotz höherer Bezahlung der älteren und höher qualifizierten Lehrkräfte bzw. Schulleitungen die Abwesenheit dieser Personen gegenüber den regulären Lehrkräften zunehmend ist.

Die Einführung des Shiksha Karmi (‚Bildungsarbeiter') Projekts im Bundesland Rajasthan (1987) gilt als hoffnungsvolles Beispiel, um das Problem des Lehrenden-Absentismus in den Griff zu bekommen. Mit finanzieller Unterstützung der Swedish International Development Cooperation Agency wird die abwesende Primarschullehrkraft in ländlichen, schlecht zugänglichen Gegenden durch eine lokale ‚Barfuß-Lehrkraft' ersetzt, die für ihre Tätigkeit ein Honorar bekommt. Die Voraussetzung dafür ist der Abschluss der *Elementary Education* und die Teilnahme an einem intensiven Trainingsprogramm. Durch dieses Bildungsangebot sollen insbesondere Mädchen gefördert werden. Als Erfolgsfaktor gilt, dass die Shiksha Karmis durch ihre lokale Ansässigkeit die Adressaten umfassend erreichen können. Die Motivation für die Tätigkeit wird wichtiger als eine lange formale Ausbildung eingeschätzt. Letztere könne durch spezifisches Training ausgeglichen werden (Chandra 2003c, S. 169f.; Ramachandran et al 2005, S. 18).

Ein qualitativ hochwertiges Bildungsangebot kann dann sein Potential entfalten, wenn die Lehrenden motiviert sind, Lernende mit Bildungsangeboten zu konfrontieren und sie gesellschaftsfähig zu machen. In einer Studie zur Motivation und Tätigkeit von Lehrkräften in Indien mit qualitativen Teilstudien in Rajasthan wird ein ernüchterndes Bild gezeichnet. Die erfreuliche Steigerung der Einschulungszahlen würde mit der Tatsache korrespondieren, dass eine Mehrzahl der Kinder die Primarschule verließe, ohne sich die Basiskenntnisse im Lesen und Schreiben anzueignen. Dabei überwiegt im untersuchten Sample ein anderes Ver-

---

14 Hier gibt es – bei aller Vorsicht – Hoffnungsschimmer. In Untersuchungen des Pratichi-Trusts (2001/02 bis 2008/09) wird eine Abnahme des Lehrenden-Absentismus in Primarschulen (von 20% auf 14%) und eine Verbesserung der Lehrendenversorgung festgestellt (Sen 2009a).

ständnis von Motivation als es die Forschenden annehmen. Weit verbreitet scheint die Annahme zu sein, es reiche, zum Job zu erscheinen, seine Pflicht zu erfüllen und das zu machen, was die Administration vorgibt. Dies ist ein Trend unabhängig von der Qualifikation, der Teilnahme an Trainings, dem Wohnort, Gender-Fragen oder der Bezahlung. Vor dem Hintergrund von Gesprächen mit weiteren Akteuren jenseits der Lehrenden (z.B. Schulverwaltung, NGOs) wird deutlich, dass es drei Gruppen von Lehrkräften gibt: 25 bis 30% werden als Lehrkräfte eingeschätzt, die – unabhängig von den Bedingungen – ihrer Tätigkeit motiviert nachgehen. Weitere 30% sind durch andere schulbezogene Tätigkeiten (Verwaltung, Organisation der Mittagsmahlzeiten etc.) so beschäftigt, dass sie Schwierigkeiten haben, ihrer Tätigkeit umfassend nachzukommen. Die verbleibenden 40 bis 45% werden als gleichgültig eingeschätzt; sie seien nicht motiviert und kümmerten sich um nichts jenseits der Vorgaben (Ramachandran et al. 2005).

Infolge der NPE (1986) wurde 1995 das 1973 initiierte NCTE (National Council for Teacher Education) aus dem NCERT als eigenständige Einrichtung ausgegliedert. Es hat die Aufgabe, die Zentralregierung und die Regierungen der Bundesländer in allen Angelegenheiten der Lehrerbildung zu beraten sowie eine geplante und koordinierte Entwicklung des Lehrerbildungssystems voranzutreiben (Normen und Standards). Trotz Innovationsbestrebungen reicht für die Tätigkeit als Lehrkraft im Primarbereich in vielen Bundesländern der Abschluss der 10. Klasse. Upper-Primary-Lehrkräfte müssen die 11. Klasse abgeschlossen und an einem ein- oder zweijährigen Lehrerausbildungskurs der Schulverwaltung teilgenommen haben. Lehrende in Sekundarschulen haben i.d.R. die Sekundarschule abgeschlossen und in einem Ein-Jahres-Kurs den B.Ed. an einem universitätsangegliederten College erworben. Des Weiteren existieren verschiedene bundesfinanzierte Institutionen (vier regionale Colleges for Education sowie das National Institute for Education, Delhi). Die Abschlüsse M.Ed. und Ph.D. können an verschiedenen Universitäten erworben werden.

Die meisten der indischen Lehrkräfte in Primar- und Sekundarschulen haben ihre Ausbildung in Institutionen absolviert, die keinen Bezug zu Universitäten haben. Zur Verbesserung der Aus- und Fortbildung von Lehrenden werden verschiedene Vorschläge diskutiert und in den letzten Jahren sind 500 District Institutes of Education and Training (DIET) und 87 Colleges of Teacher Education (CTE) sowie 38 Institutes of Advanced Studies in Education neu eröffnet worden. Die Tätigkeit als Lehrkraft bedeutet einen Aufstieg insbesondere für Personen aus unteren Schichten, deren Familien dafür enorme Lasten auf sich nehmen. Die Aufnahmegebühren für das Studium müssen im Anschluss refinanziert werden. Eine Möglichkeit dazu ist z.B. die parallele Tätigkeit in einer Privatschule oder die Erteilung privater Nachhilfestunden für Schüler/innen, die im regulären Unterricht nicht mitkommen. Dies öffnet erneut Türen für Benachteiligungen jener Bevölkerungsgruppen, die aufgrund ihrer ökonomischen Situation Schwierigkeiten haben, den Sinn von Bildungsinvestitionen nachzuvollziehen (z.B. wenn die Kinder die erste Generation repräsentieren, die zur Schule gehen kann) und das Geld aufzubringen, private Nachhilfestunden zu bezahlen. Amartya Sen schlägt in diesem Zusammenhang auf der Grundlage aktueller Untersuchungen in Westbengalen vor, eine Curriculumreform auf den Weg zu bringen, um zumindest im Primarbereich den Druck der Stofffülle von den Kindern und ihren Eltern zu nehmen. Es sei nicht hinzunehmen, dass Kinder ab der ersten Klasse darauf angewiesen wären, das Klassenziel nur mit häuslicher oder privater Nachhilfeunterstützung erreichen zu können. Dies gelte insbesondere für die benachteiligten Bevölkerungsgruppen, wenn *Elementary Education* für alle aufrichtig umgesetzt werden und nicht ein Recht der Privilegierten bleiben solle (Sen 2009b).

Mit den im Rahmen der NPE (1986) vorgeschlagenen und seit 1991 umgesetzten *Minimum Levels of Learning* (MLL) wird im Primarbereich der Versuch unternommen, curriculare Standards festzuschreiben, ihre Übersetzbarkeit auf die konkrete Schulsituation zu gewährleisten, darauf bezogene Evaluationsinstrumente zu entwickeln und Orientierungen für Lehrkräfte zu schaffen. Am Umsetzungsprozess sind staatliche Stellen auf Bundes-, Länder-, Regionen- und Distriktebene sowie NGOs und andere Initiativen beteiligt. Dabei geht es um eine Überarbeitung existierender Curricula im Hinblick auf Kompetenzorientierung und pädagogische Wertschätzung sowie eine stärker schulbezogene Aus- und Fortbildung der Lehrkräfte. Die MLLs gelten mittlerweile in fast allen Primarschultypen als Orientierungspunkt (Chandra 2003b, S. 5; 2003c, S. 129-141). Das 2005 verabschiedete und ab 2006 geltende nationale *Rahmencurriculum* für allgemeinbildende Schulen sieht ein Lernen vor, das stärker ‚fun and child-friendly‘ gestaltet sein soll (NCERT 2005; Gupta 2007, S. 101).

Höhere Bildung

Verschiedene Tertiärbildungseinrichtungen sind international renommierte Eliteinstitutionen v.a. im Ingenieurs-, Wirtschafts- und Medizinbereich, die auch einen beachtlichen Brain Drain – v.a. in die USA – nach sich ziehen. Mögliche Abschlüsse sind Bachelor-, Master- und Pre-Doctoral-/Doctoral- sowie Diplomabschlüsse. Die Erfolge Indiens im Bereich der neuen Informationstechnologien, Nuklear- und Weltraumforschung sind beeindruckend. Immerhin war es Jawaharlal Nehru als erster Premierminister des unabhängigen Indiens, der – im Gegensatz zu Gandhi – in den Wissenschaften eine Produktivkraft sah und sich massiv für die Förderung der IITs (Indian Institutes of Technology) einsetzte. In diesen Einrichtungen, die sich am Vorbild des MIT (Massachusetts Institute of Technology) orientierten, sollte Spitzenforschung betrieben werden, um die zukunftsorientierte Entwicklung des Landes maßgeblich voranzubringen (Hartnack 2003). Bedeutsam ist, dass sich das Land nicht nur weltweite Spitzenpositionen in den ‚Zukunftstechnologien‘ erobert, sondern gleichzeitig bemerkenswerte „indigene Wissenschaftraditionen vor allem in den Bereichen der Bewässerungskunde, der Metallurgie, den medizinischen Wissenschaften, der Astronomie, der Psychologie und der Mathematik" existieren (ebd., S. 113). Die Teilhabe an höherer Bildung hängt nach wie vor allerdings weitgehend vom sozioökonomischen Status ab.

Um an einer der tertiären Bildungseinrichtungen aufgenommen zu werden, muss der All India Entrance Test absolviert werden. Dies streben die meisten der besten indischen Absolvierenden nach dem Abschluss der 12. Klasse an. Denn durch die Aufnahme in eine der Spitzeninstitutionen wird eine sich anschließende nationale oder internationale Karriere erhofft.

Der Anteil privater Anbieter (mit einem Schwerpunkt im Ingenieurs- und Medizinbereich) soll bis 2011/12 von 8% (2008) auf 20% erhöht werden. Im Bereich der technischen Bildung ist eine Steigerung auf 60% bis 2011/12 in Form des PPP (Public-Private-Partnership) geplant. Geplant ist auch der verstärkte Ausbau von Fachhochschulen v.a. in bisher nicht erschlossenen Gebieten (NUEPA 2008, S. 56f.). Auch hier wird die Frage zu stellen sein, wo die steigenden Absolventenzahlen tätig sein sollen. Immerhin gibt es bereits jetzt eine zunehmende Zahl von College-Absolventen ohne Job-Perspektiven.

Aktuelle Situation

Indien beherbergt eine der größten Zahlen von Analphabet/innen in Südasien und hat eine der größten Zahlen von Schulabbrecher/innen weltweit. Gleichzeitig verfügt das Land über ein beeindruckendes Potential internationaler tertiärer Bildung mit Höchstleistungen in den Zukunftsbereichen einer globalen Ökonomie.

Nach UNESCO-Angaben (2008) gelten etwa zwei Drittel der Bevölkerung als alphabetisiert (76% der Männer und 53% der Frauen). Gemessen an der Situation nach der Unabhängigkeit (1951: 18,33%; Chandra 2003a, S. 89) ist dies eine enorme Steigerung. Allerdings gibt es große Unterschiede zwischen den Bundesländern (Kerala: 90,1% vs. Bihar: 47%[15]), den Regionen und Distrikten innerhalb der Bundesländer sowie zwischen Stadt und Land (79,9% vs. 58,7%). Vergleichbares gilt für die Einschulung von Kindern. Zwar sind die Bruttoeinschulungsraten in die Primarschulen erfreulich (Gesamt: 130%; Jungen: 129%; Mädchen: 111%), bei der Betrachtung einer tatsächlichen Beschulung müssen jedoch auch andere Aspekte berücksichtigt werden. Z.B. brachen 2004 fast 15% die Primarschule bereits in der ersten Klasse ab. Den Abschluss der fünften Klasse erreichen lediglich 73% und nur 44% die Sekundarbildung. Aktuelle indische Studien gehen davon aus, dass derzeit etwa 59 Mio. der schulfähigen Kinder nicht zur Schule gehen (Chauhan 2009). Die regionalen Unterschiede sind auch hier gravierend. Probleme bei der Einschulung im Primarbereich gibt es v.a. in Uttar Pradesh, Bihar, Rajasthan, Haryana, Jammu und Kashmir sowie Meghalaya (Chandra 2003a, S. 72-166).

Die Erreichung des seit 1950 anvisierten Ziels einer universalen Grundbildung wird immer wieder im Rahmen groß angelegter Initiativen und Programme formuliert. Bekräftigt wird dies im Right To Education Bill (2005), das mit dem 86sten Zusatzartikel zur indischen Verfassung (2002) gesetzlich vorbereitet wird und freie sowie verpflichtende Schulbildung für alle sechs- bis 14jährigen Kinder festschreiben soll. Darin sind klare Bestimmungen über Organisation und Struktur der *Elementary Education* formuliert worden. Das Gesetz wird zunächst 2006 vom Finanz-Kommittee und der Planungskommission wegen Finanzierungsvorbehalten abgelehnt. Parallel verschreibt sich Indien einer Inclusive Education (UNESCO 2009) und unterstreicht damit, dass alles unternommen werden muss, um den Zugang zu guter Bildungsqualität und die Berücksichtigung grundlegender Lernbedürfnisse für alle Menschen im Hinblick auf Lebenslanges Lernen umzusetzen (NUEPA 2008). Erst 2009 tritt das Gesetz in Kraft, und garantiert das Recht auf kostenlosen Besuch der achtjährigen *Elementary Education* ab 2012. Damit ist die flächendeckende Einrichtung staatlicher Nachbarschaftsschulen verbunden (Verwaltung durch Lehrkräfte, Eltern und staatliche Beamte). Abgeschafft wird so auch das Privileg der Schulleiter, über die Aufnahme von Schülern eigenständig zu entscheiden oder aber Aufnahmegebühren zu fordern. Zudem werden Privatschulen verpflichtet, ein Viertel

---

15 Betrachtet man in den beiden Bundesländern die Verteilung zwischen Frauen und Männern, wird das Bild noch extremer. Alphabetisierungsraten in Kerala (m/w) 94,2%/87,7%; Bihar (m/w) 59,7/33,1 (www.censusindia.gov.in/).

der Plätze für sozial Benachteiligte und Kinder mit Behinderungen bereitzustellen (ab der 9. Kl. dürfen allerdings Gebühren erhoben werden) (Zastiral 2009a; b). Neuere indische Studien (z.b. Sankar 2007; Tara 2007; Chauhan 2009; Sen 2009a) zeigen durchweg, dass es beeindruckende Fortschritte in den Bemühungen um eine Bildung für alle gibt. Gleichzeitig wird deutlich, dass die Kernziele der Konferenzen von Jomtien im Jahre 1990 und Dakar im Jahre 2000 in weiter Ferne liegen. Das hat vor allem damit zu tun, dass die wahrnehmbare Expansion im Bildungswesen nicht mit dem Bevölkerungswachstum Schritt halten kann, und dass es insbesondere in der *Elementary Education* – und hier vor allem im ländlichen Bereich – nicht gelingt, soziale und regionale Ungleichheiten auszugleichen (z.b. Kumar 2006; Chauhan 2009). Benachteiligte Gruppen sind nach wie vor v.a. Mädchen, *Dalits*, *Adivasis*, *OBC* und Moslems. Hinzu kommen Kinderarbeiter in verschiedenen Formen (Kabeer/Nambissan/Subrahmanian 2003). Zur Erreichung der EFA-Ziele wird zu berücksichtigen sein, dass soziale Klassenschranken ein entscheidender Faktor für das schlechte Abschneiden vieler Kinder in ländlichen Regionen sind. Auch müssen die Bildungskontexte der Kinder in Betracht gezogen werden (v.a. bildungsferner Elternhäuser), das Primarcurriculum verschlankt, die Erreichbarkeit der gesetzten Ziele angestrebt und die Last der kaum finanzierbaren privaten Nachhilfe von den entsprechenden Bevölkerungsgruppen genommen werden (Sen 2009b).

Trotz der positiven Diskriminierung von Benachteiligten, die über Quotierung festgelegt wird, und der verschiedenen staatlichen Förderprogramme (Bhatt 2005, S. 143-147), stellt sich die Situation der betroffenen Bevölkerungsgruppen insbesondere im Bildungsbereich als schwierig dar. In einer Sekundäranalyse staatlicher Erhebungen bis Ende der 1990er Jahre kommt Bhatt (2005) zu dem Schluss, dass sich zwar die Alphabetisierungsraten von 1961 bis 1991 erhöht haben, dass sich aber der Abstand zu den Nicht-*Dalits* und Nicht-*Adivasis* vergrößert hat. Zudem wird auf die enormen Unterschiede dieses Abstandes im Vergleich der Bundesländer und im Vergleich bestimmte Distrikte hingewiesen sowie auf die erfreulichen Einschulungsraten im Primarbereich, die allerdings mit zunehmender Schuldauer abnehmen (ebd., S. 135-143).

Die aus dem Bereich der *Elementary Education* bekannten Herausforderungen setzen sich in der Sekundarbildung fort. Der demokratische Anspruch einer Sekundarbildung für alle scheint angesichts hoher Abbrecherquoten und Benachteiligung der bekannten gesellschaftlichen Gruppen noch schwieriger als in der *Elementary Education* zu sein. Um auch hier die Absolventenzahlen zu erhöhen, gibt es politische Anstrengungen, die Sekundarbildung – zu fast 60% in privater Hand – für alle zugänglich und abschließbar zu machen (NUEPA 2008, S. 42-46). Im Bereich der tertiären Bildung haben sich zwar die Anteile der benachteiligten Gruppen erhöht, sie entsprechen aber immer noch nicht den politisch gesteckten Zielen (ebd., S. 46-56).

Spätestens seit der National Policy on Education von 1986 und intensiviert in den 1990er Jahren (Lang-Wojtasik 2001) gibt es verstärkt spezielle Bildungsangebote für Drop- und Push-Outs von NGOs – auch in Zusammenarbeit mit staatlichen Stellen –, um marginalisierte Gruppen der Gesellschaft zu erreichen. Dabei ist zu bedenken, dass die Vielfalt und Qualität der NGOs in Indien kaum zu überblicken ist. Erfolgreiche Organisationen wie RIVER (Rishi Valley Institute for Educational Resources) in Andhra Pradesh, Digantar, Bodh Shiksha Samiti oder SWRC (Social Work and Research Centre) in Rajasthan, Eklavya in Madhya Pradesh und Nali Kala in Karnataka können in der Regel durch ihre spezifischen Ansätze Modellcharakter beanspruchen, der bildungspolitisch bezogen auf

Zugang und Qualität gewürdigt wird – lokal begrenzt und verankert, flexiblere Organisation sowie Innovationsmöglichkeiten im Bereich der Curriculumentwicklung und der Lehrerbildung (Blum 2009). In diesem Kontext gibt es auch Versuche – z.b. in Assam und Uttar Pradesh –, muslimische Bildungseinrichtungen gezielt für die Bildung benachteiligter muslimischer Mädchen zu fördern (Chandra 2003b, S. 49). Des Weiteren existiert seit 1993/94 ein Programm zur Modernisierung islamischer Bildungseinrichtungen (Aufnahme von Fächern der allgemeinbildenden Schulen, wie z.b. Hindi, Englisch, Mathe usw.) (Chandra 2003c, S. 35f.).

Bei alledem bleibt die Frage prominent, in welcher Form staatliche und nichtstaatliche Stellen zusammen arbeiten können. Die Auffassung, non-formale Bildung von NGOs sei letztlich die ‚second-best‘-Alternative im Vergleich zu formaler Bildung, ist international verbreitet. Insbesondere bei Fragen des Überganges, also der Rückführung in das Gesamtsystem, müssen diese alternativen Bildungsformen auch in Indien erst noch den Beweis des generellen Besserseins antreten – insbesondere was die Angebotsflexibilität, die Einbindung der dörflichen oder städtischen Gemeinschaften, der erfolgreichen Beschulung von Mädchen und des Bildungsabschlusses betrifft. Zudem sind Bildungsanstrengungen dann vergeblich, wenn es keine weiterführenden Bildungs- oder Berufsmöglichkeiten gibt (Rose 2009). Zudem ist zu bedenken, dass bei aller Euphorie alternativer Bildungsformen eine entscheidende Größe nicht aus den Augen verloren werden darf: Schulische Bildung für alle ist zunächst eine Angelegenheit des Staates, insbesondere in einer Demokratie (Sadgopal 2006; Saxena 2006). Angesichts der angedeuteten Expansion privater Bildungsangebote ist somit Vorsicht bei der weiteren Liberalisierung des Bildungsmarktes geboten.

In der neueren Bildungsgeschichte Indiens mangelt es nicht an Ideen für groß angelegte Programme, um die bekannten Probleme anzugehen. Vielmehr mangelt es an ihrer nachhaltigen Umsetzung, damit sich die Reformen entfalten können (Chandra 2003b; Gupta 2007, S. 97f.).

4. Aktuelle Herausforderungen als Zukunftsaufgabe

Eine Steigerung der Alphabetisierungszahlen im ganzen Land und die Ermöglichung einer universalen *Elementary Education* bleiben die großen Handlungsfelder der indischen Bildungsagenda. Politisch gibt es einen immer wieder bekräftigten Willen, die bekannten Probleme des Bildungswesens anzugehen – etwa im 2005 verkündeten Aktionsplan, der als Rahmen des aktuellen 11. Fünf-Jahres-Planes (2007 bis 2012) gilt (NUEPA 2008, S. 11f.). Entscheidend scheint bei der Umsetzung Folgendes zu sein: Die Überwachung der Umsetzung beschlossener Ziele (Monitoring) und die Steigerung der Bildungsausgaben. Die in der National Policy on Education von 1986 avisierten 6% des Bruttoinlandsprodukts erscheinen angesichts der aktuellen 3,5% äußerst ambitioniert (Chauhan 2009). Wenn eine stärkere Finanzierung im Bildungsbereich nicht gelingen sollte, könnte es eine Option sein, über eine Umverteilung der Geldflüsse von der technischen und tertiären in die Elementary- und Sekundarbildung nachzudenken. Denn an der prozentualen Verteilung dieser beiden Bereiche hat sich innerhalb von 15 Jahren kaum etwas geändert. Lediglich zwischen Elementar- und Sekundarbildung gibt es Verschiebungen; von 1990/91 bis 2005/06 steigen die Ausgaben im Bereich der *Elementary Education* leicht (von 48 auf 53%) und sinken im Sekundarbereich (von 32 auf 29%). Sie sind weitgehend konstant in der nur wenigen Bevölkerungsgruppen zugänglichen technischen und tertiären

Bildung (NUEPA 2008, S. 72). Diese Überlegung wird noch greifbarer, wenn man davon ausgeht, dass zwischen 60 und 70 Kinder für die Kosten eines universitären Studienplatzes im Primarbereich beschulbar wären, und dass mehr Akademiker ausgebildet werden, als letztlich beschäftigt werden können (Aggarwal 2000, S. IIIf.).

Für den Bereich der Alphabetisierung sind im elften Fünf-Jahres-Plan vier Ziele leitend: Erreichung einer 80%igen Alphabetisierung – mit einem Fokus auf *Dalits* und *Adivasis*, anderen Minderheiten und Frauen in ländlichen Regionen – eine Reduzierung des Abstands zwischen Frauen und Männern in der Alphabetisierung auf 10%, eine generelle Verringerung der regionalen, sozialen und gender-bezogenen Disparitäten, eine Ausweitung der Alphabetisierungsprogramme auf die Altersgruppe der über 35jährigen – mit einem Fokus auf gering alphabetisierte Bundesländer, Regionen der *Adivasis*, andere benachteiligte Gruppen und Jugendliche (NUEPA 2008, S. 31). Im Bereich der Alphabetisierung ist die *National Literacy Mission* (NLM) seit 1988 das zentrale Programm. Es richtet sich schwerpunktmäßig an Frauen und ländliche Analphabeten im Alter zwischen 15 und 35 Jahren. Im Fokus stehen von Beginn an Fragen der Motivation für Bildung, die Partizipation der Beteiligten im Bildungsprozess, die Einbindung sozialer Aktionsgruppen sowie die Förderung der Weiterbildung. Um dies zu gewährleisten gibt es *Jana Shiksha Nilayams* (JSN), d.h. Lernzentren, in denen Bücher und Leseräume, Fortbildungen im Bereich der Gesundheits- und Familienfürsorge sowie weitere kulturelle Aktivitäten angeboten werden. In diesem Zusammenhang werden verschiedene Teilprogramme initiiert, z.B. das *Mass Program of Functional Literacy* (MPFL) im Rahmen der Kampagne *Each One Teach One*, in der ein Student auf freiwilliger Basis einen 150-Stunden-Kurs mit einem Analphabeten innerhalb von vier Monaten begleitet. Ein weiteres groß angelegtes Programm ist die *Total Literacy Campaign*, die von der Distriktebene aus operiert und die 1989 im Ernakulam District von Kerala zu einer offiziellen Vollalphabetisierung geführt haben soll (Chauhan 2009, S. 232f.).

Das *District Primary Education Programme* (DPEP) wurde 1994 im Nachgang der Konferenz von Jomtien ins Leben gerufen. Es lief – mit Unterstützung der Weltbank und der Europäischen Union – bis 2008 und konzentrierte sich auf die Reform des Primarbereichs (Klasse eins bis vier oder fünf). Der angenommene Erfolgsfaktor sollte in der Dezentralisierung des Managements und der verschiedenen Abläufe durch eine Verlagerung der Entscheidungs- und Umsetzungsstrukturen auf die Distriktebene (271 Distrikte in 18 Bundesländern) liegen sowie einer stärkeren Förderung alternativer Beschulung in verschiedenen Varianten (Ramachandran 2004, S. 23-25; Chandra 2003b, S. 27-105). Es ging um Verbesserungen vor allem in vier Bereichen: Zugang zu Bildung, Steigerung der Einschulungszahlen, Verhinderung des vorzeitigen Abbruchs, Verbesserung der Lernleistungen (Tara 2007).

Parallel dazu werden während des zehnten Fünf-Jahres-Plans weitere Programme in Angriff genommen; z.B. das *National Programme of Nutritional Support to Primary Education* bzw. *Mid-Day Meal Scheme* (MDMS, d.h. das Angebot einer Mittagsmahlzeit für Schüler/innen der *Elementary Education*), das *Teacher Education Scheme*, das *Kasturba Gandhi Balika Vidyalaya Scheme* (KGBVS) als besondere Förderung von Mädchen, die darüber hinaus zu anderen benachteiligten Gruppen der Gesellschaft gehören (NUEPA 2008, S. 18f.). Zur Förderung von Frauen sei das *Mahila Samakya (Programme for Women's Empowerment)* erwähnt, mit dem seit 1989 die Benachteiligung und Diskriminierung von Frauen und Mädchen v.a. auf der lokalen Ebene verringert werden soll. Schwerpunkte liegen im Gesundheits- und Bildungsbereich sowie der Teilhabe an Zivilgesellschaft (Chandra 2003a, S. 47; NUEPA 2008, 19f.). Gemessen daran, dass die Bildungsmöglichkeiten für Mädchen und andere marginalisierte Gruppen gesteigert werden sollen, zeigt sich in einer vergleichenden Untersuchung der Bundesländer Tamil Nadu, Kerala und Andhra Pradesh von 1997 bis 2001 ein ernüchterndes Bild des DPEP. Bezüglich des veränderten Managements wird hervorgehoben, dass die Anlage des Programmes angepasst gewesen sei, sich jedoch die Umsetzung als schwierig erwiesen habe, was mit großer Wahrscheinlichkeit auch an der fehlenden Übereinstimmung alter und neuer Strukturen gelegen hätte. Das Hauptproblem wird in der unzureichenden Monitoring-Struktur gesehen (Tara 2007). In einer Analyse des offiziellen DPEP-Datenmaterials wird zudem deutlich, dass die Expansionsbemühungen im Bereich der Primarbildung von einer zunehmenden gesellschaftlichen Trennung entlang von Klasse, Kaste und Gender begleitet sind (Ramachnadran 2008).

Am Ende des Jahres 2000 initiiert die indische Regierung ein neues Bildungsprogramm mit Unterstützung der Weltbank. Im Rahmen des *Sarva Shiksha Abhiyan* (SSA/Education For All Mission) geht es darum, alle menschlichen, finanziellen sowie institutionellen Ressourcen zu bündeln und die existierenden Reformprogramme darin aufgehen zu lassen, um eine achtjährige *Elementary Education* für alle Kinder und Jugendlichen im Alter von sechs bis 14 Jahren umzusetzen. Die zentralen Ziele sind: (1) Einschulung aller Kinder in der entsprechenden Altersgruppe in staatliche Schulen und andere alternative Bildungsangeboten bis 2003; (2) Abschluss einer fünfjährigen Schulbildung für alle bis 2007 und achtjährigen Schulbildung für alle bis 2010; (3) Angebot qualitativ hochwertiger Bildung mit einem Schwerpunkt lebenslangen Lernens; (4) Überwindung aller sozialen und geschlechtsbezogenen Disparitäten bis 2007 im Primar- und bis 2010 im gesamten Elementarbereich; (5) Erhöhung der Anzahl von Lehrkräften; mindestens zwei Lehrkräfte für 40 Schüler/innen im Primarbereich und eine Lehrkraft im gesamten Elementarbereich, (6) Existenz einer staatlichen oder nicht-staatlichen Schule im Umkreis von maximal einem Kilometer zum Wohnort, (7) Bau neuer Schulgebäude, Ausstattung neuer Klassenzimmer, Schaffung von Ressource Centers und Ermöglichung eines Klassenraumes pro Lehrkraft (Chauhan 2009, S. 231f.).

Das Programm wird im *Sarva Shiksha Abhiyan II* bis 2012 fortgesetzt. Um die herausfordernden Ziele umzusetzen, setzt die indische Regierung zusammen mit der Weltbank auch auf die Zusammenarbeit mit mehr als 7 000 NGOs, um v.a. die bisher Nicht-Eingeschulten (Out-of-school children) durch alternative Bildungsangebote und Brücken-Schulen (Rückführung zu formaler Bildung durch non-formale Angebote) zu erreichen. Um weitere Anreize zum Schulbesuch zu schaffen gibt es das Angebot eines warmen Mittagessens in den beteiligten staatlichen Primarschulen. Von den in der zweiten Phase vorgesehenen 17,75 Mrd. US $ finanziert die Weltbank 6% (World Bank 2009)[16]. In der zweiten

---

16 Die internationale Unterstützung beim nachhaltigen Ausbau des Bildungswesens erscheint notwendig, um eine Basis für eigenständige Anstrengungen zu schaffen. Dabei wird angesichts der Finanzierung neuerer Programme wie DPEP und SSA deutlich, dass Bildung ein öffentliches Gut bleiben muss. Indische Kollegen weisen darauf hin, dass es eine Staatsaufgabe sei, Bildungsangebote für die gesamte Bevölkerung zu schaffen und nicht auf private Bildungssektoren zu setzen, um für ein bestimmtes Segment der Gesellschaft ökonomische Entwicklung zu fördern (Jha/Das/Mohanty/Jha 2008, S. 419).

Phase soll insbesondere auch der Ausbau der Sekundarbildung in den Blick genommen werden.

Zentrale Herausforderungen am Beginn des 21. Jh. bleiben die Ermöglichung und der Abschluss einer qualitativ hochwertigen *Elementary Education* für alle, der Ausbau und die Qualitätsverbesserung der Sekundarbildung, eine Reform der Berufsbildung und -fortbildung sowie der Ausbau und die Qualitätsverbesserung der technischen und tertiären Bildung. Dazu erscheinen verschiedene Maßnahmen als notwendig (Chandra 2003c, S. 206-227): (1) Fortsetzung der Dezentralisierungsanstrengungen in der Bildungsplanung und -administration (Distrikte als zentrale Planungseinheiten), (2) Ausbau des frühkindlichen Bereichs, (3) spezifische Förderung von Minderheiten im Rahmen der inklusiven Bildung auf allen Ebenen, (4) eine verstärkte Teilhabe an Entwicklungsprozessen durch NGOs (v.a. für eine Stärkung partizipatorischer Entwicklung, Abschaffung der Kinderarbeit, Verringerung der Zahl von Schulabbrechern), (5) eine Förderung partnerschaftlicher Initiativen zwischen dem öffentlichen und dem privaten Sektor, (6) Förderung alternativer Bildungsformen (Teilzeit-formal, non-formal, saisonale Lernzentren z.B. für Kinder von Wanderarbeitern, zusätzliche Schulen von NGOs usw.), (7) Verbesserung der Attraktivität der Open Universities, (8) Realisierung des 6%-Zieles der Bildungsausgaben. Bildung wird politisch als Schlüssel zum Umgang mit den Herausforderungen des 21. Jh. angesehen, um in der Globalisierung handlungsfähig zu bleiben (NUEPA 2008, S. 70-80). Indische Bildungspolitiker bleiben zuversichtlich, dass die angestrebten Ziele zum Umgang mit den beschriebenen Herausforderungen erreicht werden können, dass dies aber nur mit Blick auf alle Teile der Gesellschaft geht (NUEPA 2008, S. 80).

Betrachtet man die bisherigen Absichtserklärungen gegenüber den realen Entwicklungen, so sind Zweifel angebracht. Gleichzeitig ist kaum zu übersehen, dass Indien sich auf den Weg gemacht hat, um den Herausforderungen der Globalisierung durch Bildung und ökonomische Prosperität zu begegnen. Die Voraussetzungen dafür sind gut: Weitgehend stabile Demokratie und lange Tradition sozialer Aktionsgruppen, gelebte Einheit in Vielfalt als praktisches Ideal, englischsprachige Mittelschicht und ökonomische Stärke. Dies provoziert gleichzeitig Anschlussfragen:

– Unter welchen Bedingungen und zu welchem Preis kann achtjährige Bildung für alle realisiert werden?

– In welcher Spannung werden Bildung für alle (*Elementary Education*) und tertiäre Bildung dabei angesichts einer immer sichtbarer werdenden Schere zwischen Mittelschicht und verarmten Bevölkerungsgruppen stehen, wobei erstere die letzteren ökonomisch immer weniger braucht (‚20:80-Gesellschaft')?

– Wie stabil bleibt die Demokratie angesichts zunehmender ökonomischer Unterschiede und inwieweit kommt die ökonomische Stärke der gesamten Bevölkerung zugute oder wie können Ideen einer sozialen Marktwirtschaft umgesetzt werden?

– Welche Bedeutung werden fundamentalistische Tendenzen im Bildungswesen in Zukunft bekommen und inwieweit wird dadurch die Pluralität als ‚gelebte Normalität' herausgefordert?

– Welche Bedeutung werden die verschiedenen regionalen Sprachen jenseits des Englischen für die zukunftsorientierte Förderung nationaler Identität haben?

Dabei geht es um die grundsätzliche Funktion, die Bildung für gesellschaftliche Entwicklung in der Welt des 21. Jh. zugedacht wird. Indien hat sich auf den Weg gemacht und es ist zu hoffen, dass die lange bekannten und geforderten Bildungsziele der ‚größten Demokratie der Welt' tatsächlich umgesetzt werden. Denn dies könnte Modellcharakter für den Rest der Welt haben. Immerhin ist der Subkontinent ein herausragendes Feld zur Beschäftigung mit Globalisierung im Allgemeinen und Globalem Lernen im Besonderen (Lang-Wojtasik 2010).

Literatur

Aggarwal, J.C. (2000): Educational Reforms in India for the 21st Century. Delhi: Shipra.

Berger, Helmut (1995): Die Vielfalt der indischen Sprachen. In: Rothermund, Dietmar (Hg.): Indien. Kultur, Geschichte, Politik, Wirtschaft, Umwelt. Ein Handbuch. München: Beck, S. 101-110.

Bhatt, B.D. (1995): Modern Indian Education. New Delhi: Kanishka Publishers.

Bhatt, G.D. (2005): Educational Development of Scheduled Castes. Delhi: Himalayan Region Study & Research Institute.

Blum, Nicole (2009): Small NGO schools in India: implications for access and innovation. In: Compare 39. 2, S. 235-248.

Böck, Monika/Rao, Aparna (1995): Aspekte der Gesellschaftsstruktur Indiens: Kasten und Stämme. In: Rothermund, Dietmar (Hg.): Indien. Kultur, Geschichte, Politik, Wirtschaft, Umwelt. Ein Handbuch. München: Beck, S. 111-131.

Chandra, Ramesh (2003a): Encyclopedia of Education in South Asia. India: Volume 1. Delhi: Kalpaz Publications.

Chandra, Ramesh (2003b): Encyclopedia of Education in South Asia. India: Volume 2. Delhi: Kalpaz Publications.

Chandra, Ramesh (2003c): Encyclopedia of Education in South Asia. India: Volume 3. Delhi: Kalpaz Publications.

Chauhan, C.P.S. (2009): Education for all in India: A second look. In: International Journal of Lifelong Education, 28. 2, S. 227-240.

Datta, Asit (1993): Welthandel und Welthunger. München: dtv (2. Aufl.).

Datta, Asit (2002): Ein Ashram namens Santiniketan. Zum Versuch Tagores, die koloniale Bildung zu verändern. In: Datta, Asit/Lang-Wojtasik, Gregor (Hg.): Bildung zur Eigenständigkeit. Vergessene reformpädagogische Ansätze aus vier Kontinenten. Frankfurt/M.: IKO, S. 169-183.

Evangelisches Missionswerk in Deutschland (2009) (Hg.): Dalits. Religion und Menschenrechte der ehemaligen ‚Unberührbaren' in Indien (Weltmission Heute; 67). Hamburg: EMW.

Fischer-Tiné, Harald (2003): Vom Wissen zur Macht. Kolonial und ‚nationale' Bildungsmodelle in Britisch Indien, ca. 1871-1920. In: Preisendanz, Karin/Rothermund, Dietmar (Hg.): Südasien in der ‚Neuzeit'. Geschichte und Gesellschaft, 1500-2000. Wien: Verlag für Geschichte und Sozialkunde & Promedia Verlag, S. 90-112.

Government of India (1986): National Policy on Education and Programme of Action 1986. New Delhi: Government of India.

Government of India (1992): National Policy on Education and Programme of Action 1992. New Delhi: Government of India.

Gupta, Amita (2007): Schooling in India. In: Gupta, Amita (Hg.): Going to school in South Asia. Westport/London: Greenwood Press, S. 66-111.

Härmä, Joanna (2009): Can choice promote Education for All? Evidence from growth in private primary schooling in India. In: Compare 39. 2, S. 151-165.

Hartnack, Christiane (2003): Die Wissenschaften in Indien im 20. Jh.. In: Preisendanz, Karin/Rothermund, Dietmar (Hg.): Südasien in der ‚Neuzeit'. Geschichte und Gesellschaft, 1500-2000. Wien: Verlag für Geschichte und Sozialkunde & Promedia Verlag, S. 113-128.

Imhasly, Bernhard (2006): Abschied von Gandhi? Eine Reise durch das neue Indien. Freiburg/Basel/Wien: Herder.

Informationen (2009) = Informationen Privatschulen Indien; veröffentlicht unter: http://www.privatschulen-vergleich.de/asien/indien/privatschulen-in-indien.html, 30.9.2009.

Jha, Praveen/Das, Subrat/Mohanty, Siba Sankar/Jha, Nandan Kumar (2008): Public provisioning for Elementary Education in India. Los Angeles/London/New Delhi/Singapore: SAGE.

Kabeer, Naila/Nambissan, Geetha B./Subramanian, Ramya (2003) (Hg.): Child Labour and the Right to Education in South Asia. Needs versus rights. New Delhi/Thousand Oaks/London: Sage.

Kremer et al 2004 = Kremer, Michel/Chaudhury, Nazmul/Rogers, F. Halsey/Muralidharan, Karthik/Hammer, Jeffrey (2004): Teacher Absence in India: A Snapshot; veröffentlicht unter: http://siteresources.worldbank.org/DEC/Resources/36660_Teacher_absence_in_India_EEA _9_15_04_-_South_Asia_session_version.pdf, 30.9.2009.
Kulke, Hermann/Rothermund, Dietmar (1998): Geschichte Indiens. Von der Induskultur bis heute. München: Beck (2. Aufl.).
Kumar, Ravi (2006) (Hg.): The Crisis of Elementary Education in India. New Delhi/Thousand Oaks/London: Sage.
Lall, Marie (2009): Globalization and the fundamentalization of curricula. In: Lall, Marie/Vickers, Edward (Hg.): Education as political tool in Asia. London/New York: Routledge, S. 157-178.
Lang-Wojtasik, Gregor (2001): Bildung für alle! Bildung für alle? – Zur Theorie non-formaler Primarbildung am Beispiel Bangladesh und Indien. Hamburg: LIT.
Lang-Wojtasik, Gregor (2002): Gandhis Nai Talim im Kontext einer Education for all. In: Datta, Asit/Lang-Wojtasik, Gregor (Hg.): Bildung zur Eigenständigkeit. Vergessene reformpädagogische Ansätze aus vier Kontinenten. Frankfurt/M.: IKO, S. 185-200.
Lang-Wojtasik, Gregor (2008): Schule in der Weltgesellschaft. Herausforderungen und Perspektiven einer Schultheorie jenseits der Moderne. Weinheim/München: Juventa.
Lang-Wojtasik, Gregor (2010): Globales Lernen in interkulturellen Begegnungen. Indisch-deutscher Dialog als Chance. In: Lehren und Lernen, 36, Sonderheft, S. 7-12.
NCERT 2005 = National Council of Educational Research and Training (2005): National Curriculum Framework. New Delhi: NCERT.
Nepram, Binalakshmi (2009): Halbmond über dem Nordosten. Der Einfluss Pakistans und Bangladeschs auf Konflikte in der indischen Peripherie. In: Südasien 2, S. 21-23.
NUEPA 2008 = National University of Educational Planning & Administration (2008): Status of Education in India. National Report. Delhi; veröffentlicht unter: http://www.ibe.unesco.org/ National_Reports/ICE_2008/india_NR08.pdf; 30.9.2009.
Pathak, R.P. (2007): Education in the Emerging India. New Delhi: Alantic.
PROBE-Team (1999): Public Report on Basic Education in India. New Delhi: Oxford University Press.
Racine, Jean-Luc (2009): Indien und Pakistan, misstrauische Nachbarn mit Bombe. In: Le Monde Diplomatique: Atlas der Weltverwicklungen. Paris: Le Monde Diplomatique, S. 194-195.
Ramachandran, Vimala (2004) (Hg.): Gender and Social Equity in Primary Education. Hiearchies of Access. New Delhi/Thousand Oaks/London: Sage.
Ramachandran et al (2005) = Ramachandran, Vimala/Pal, Madhumita/Jain, Sharada/Shekar, Sunil/Sharma, Jitendra (2005): Teacher Motivation in India. Jaipur; veröffentlicht unter: http://www.research4development.info/PDF/Outputs/policystrategy/3888teacher_motivatio n_india.pdf, 21.12.2009.
Rose, Pauline (2009): NGO provision of basic education: alternative or complementary service delivery to support access to the excluded? In: Compare 39. 2, S. 219-333.
Rothermund, Dietmar (1994): Indien. In: Nohlen, Dieter/Nuscheler, Franz (Hg.): Handbuch der Dritten Welt. Bd. 7. Bonn: Dietz (3. Aufl.), S. 205-243.
Rothermund, Dietmar (1995a): Epochen der indischen Geschichte. In: Rothermund, Dietmar (Hg.): Indien. Kultur, Geschichte, Politik, Wirtschaft, Umwelt. Ein Handbuch. München: Beck, S. 77-100.
Rothermund, Dietmar (1995b) (Hg.): Indien. Kultur, Geschichte, Politik, Wirtschaft, Umwelt. Ein Handbuch. München: Beck.
Rothermund, Dietmar (2008): Indien. Aufstieg einer asiatischen Weltmacht. München: Beck.
Sadgopal, Anil (2006): A Post-Jomtien reflection on the education policy. In: Kumar, Ravi (Hg.): The Crisis of Elementary Education in India. New Delhi/Thousand Oaks/London: Sage, S. 92-136.
Sankar, Deepa (2007): What is the progress in elementary education in India during the last two decades? An Analysis using NSS Education rounds. Washington: The World Bank; veröffentlicht unter: http://siteresources.worldbank.org/INTINDIA/2132853-1191444019328/ 21497941/SankarProgressinElementaryEducationusingNSS.pdf, 21.12.2009.
Saxena, Sadhna (2006): Marginalisation of the equity agenda. In: Kumar, Ravi (Hg.): The Crisis of Elementary Education in India. New Delhi/Thousand Oaks/London: Sage, S. 176-199.
Sen, Amartya (2005): Deficiencies of Primary Education in India. In: Zeitschrift für international Bildungsforschung und Entwicklungspädagogik, 28. 1, S. 7-12.
Sen, Amartya (2009a): Primary Schooling: I. A report on improvements and problems in West Bengal schools. In: The Telegraph Calcutta, 19. Dezember 2009.

Sen, Amartya (2009b): Primary Schooling: II – Private Tution, home tasks and class boundaries. In: The Telegraph Calcutta, 20. Dezember 2009. Südasien 3/2008: Adivasis im 21. Jh.. Bonn.

Sujatha, K. (2002): Distance Education at secondary level in India: the National Open School. Paris: UNESCO; veröffentlicht unter: http://www.col.org/SiteCollectionDocuments/Distance_ education_at_secondary_level_in_India_The_national_Open_School.pdf, 30.9.2009.

Tara, S. Nayana (2007): Indian elementary education at the crossroads: way forward. In: Education3 – 13: international journal of primary, elementary and early years education 35. 1, S. 29-45.

UNDP (2009): Human Development Report 2009. Overcoming barriers: Human mobility and development. New York; veröffentlicht unter: http://hdr.undp.org/en/media/HDR_2009_ EN_Complete.pdf; 30.1.2010.

UNESCO (2008): Education for All. Overcoming inequality: why governance matters. EFA Global Monitoring Report 2009. Paris: UNESCO.

UNESCO (2009): Inclusive Education: The Way of the future. Final Report. Paris 2009; unter: http://www.ibe.unesco.org/fileadmin/user_upload/Policy_Dialogue/48th_ICE/ICE_FINAL_ REPORT_eng.pdf; 30.1.2010.

World Bank (2009a): Education for All: Sarva Shiksha Abhiyan; veröffentlicht unter: http://www.worldbank.org.in/WBSITE/EXTERNAL/COUNTRIES/SOUTHASIAEXT/INDIA EXTN/0,,contentMDK:21974897~pagePK:141137~piPK:141127~theSitePK:295584,00.html, 29.12.2009.

World Bank (2009b): India Country Overview 2009; veröffentlicht unter: http://www.worldbank. org.in/WBSITE/EXTERNAL/COUNTRIES/SOUTHASIAEXT/INDIAEXTN/0,,contentMDK:2 0195738~pagePK:141137~piPK:141127~theSitePK:295584,00.html; 31.1.2010.

Zastiral, Sascha (2009a): Bildung wird zu einem Recht. In: die tageszeitung, 7. August 2009.

Zastiral, Sascha (2009b): Die Entmachtung der Direktoren. In: die tageszeitung, 10. August 2009.

Aufgesuchte Homepages:

http://business.gov.in/indian_economy/index.php
www.censusindia.gov.in/
www.ncert.nic.in
www.nuepa.org
www.ugc.ac.in
www.worldbank.org.in/

Sabine Meise & Volker Schubert

Das Bildungswesen in Japan

Japan war nicht nur der erste hochentwickelte Industriestaat außerhalb der nord-
europäisch-nordamerikanischen Hemisphäre, sondern gehört auch zu den Ländern, die nach allen Vergleichsuntersuchungen über ein quantitativ wie auch qualitativ außerordentlich erfolgreiches Bildungswesen verfügen. Bildungsentwicklungen in Japan können daher besondere Aufmerksamkeit beanspruchen. Mit der
seit Jahrzehnten schwelenden Wirtschaftskrise scheint allerdings auch im Bildungswesen eine gewisse Stagnation eingetreten zu sein. Nachdem die seinerzeit
viel beschworene Aufholjagd zum „Westen" auch im Bildungsbereich ihren Abschluss fand und Japan schon in den 1970er Jahren als Prototyp einer modernen
Bildungsgesellschaft firmieren konnte, die den Entwicklungen in anderen hoch-
entwickelten Industriestaaten weit voraus war, erschien die offizielle japanische
Bildungspolitik einige Zeit lang eher ratlos. Zwar wurde beginnend in den 1960er
und dann verstärkt in den 1980er Jahren eine dritte große Bildungsreform verkündet – nach der ersten im Zuge der Meiji-Reformen (ab 1868), die in der japanischen Gesellschaft eine Modernisierung von oben einleitete, und der zweiten
nach der Niederlage im Pazifischen Krieg (1945). Aber die ebenso groß propagierten wie umstrittenen Reformbemühungen der letzten Jahrzehnte – teils als
längst überfälliger bildungspolitischer Aufbruch gefeiert, teils als Versuch
verdammt, die demokratischen Errungenschaften der Nachkriegsreformen zu-
rückzunehmen – scheinen größtenteils in hektischer Betriebsamkeit zu ver-
sanden. So wirken die aktuellen Bildungsentwicklungen wenig spektakulär,
gleichwohl beachtlich. Noch immer lassen sie Züge erkennen, die – positiv oder
negativ – auf mögliche künftige Entwicklungen bei uns und anderswo verweisen
oder auf Lösungen für Probleme, die sonst womöglich noch kaum als solche
erkannt sind. Sie richten aber auch die Aufmerksamkeit auf Fragen, die neu
emergieren. Diese sind zwar nicht unbedingt für Japan spezifisch, scheinen im
japanischen Kontext jedoch eine besondere Bedeutung gewonnen zu haben.

1. Zu Kultur und Gesellschaft

Nihon bzw. *Nippon* – Land des Sonnenursprungs – erstreckt sich über vier
Haupt- und fast 7 000 kleinere Inseln in Ostasien. Es enthält einige der am dichtesten besiedelten Gebiete der Erde und gehört zu den tektonisch bewegtesten
Regionen, die überdies regelmäßig von Taifunen heimgesucht werden. Diese drei
Faktoren – Insellage, Naturgewalten und Enge – gelten als prägend für das
Selbstverständnis der derzeit 127 Mio. Bewohner Japans und beeinflussen ihre
kulturellen Entwicklungen. In permanenter Gegenwärtigkeit von Vernichtung
und Neubeginn formt sich eine Kultur zwischen gelassenem *Shô-ga-nai* (das lässt
sich nicht ändern) und arbeitsamem *Gambaru* (Anstrengungsbereitschaft; vgl.
u.a. Sato 2004, S. 208; Singleton 1995). Darüber hinaus erhält die japanische

Gesellschaft für ihre Vielschichtigkeit und Dynamik starke Impulse aus dem triangulären Verhältnis „Japan" – „Asien" – „Westen" (vgl. Richter 1998, S. 13). Zeiten der Zuwanderung und Abschließung, Okkupation und Kolonialisierung anderer asiatischer Staaten führten zu komplexen Vernetzungen autochthoner und allochthoner Elemente (vgl. Coulmas 2000, S. 109), sowohl als Ergebnis integrierender Verschmelzungen als auch erzwungener Assimilationen der Minderheiten wie Ainu, Ryûkyûer, Chinesen und Koreaner. Zusätzlich unterstützt der synkretistische Umgang mit Religionen und Weltanschauungen[1] das Entstehen transdifferenter Strukturen, die zwar vom animistischen *Shintô* (Weg der Götter), *Bukkyô* (Buddhismus)[2] und *Jukyô* (Konfuzianismus) dominiert, aber ebenso durch Christentum und neue Religionen geprägt sind.[3] So wird verständlich, dass die Idee einer auf Hybridität beruhenden nationalen Identität wiederkehrend Aufwind erhält (vgl. u.a. Tokuyasu 2002, S. 207ff.), aber auch die mythisch überhöhte Konstruktion eines „urjapanischen Gebräus" (Nakane 1985, S. 200) das Selbstverständnis vieler Japaner bestimmt.

Selbst- und Fremddarstellungen Japans setzen oft auf Exotisierung und Essentialisierung und können beliebig erweitert und auf verschiedenste Interessen appliziert werden. Phänomene wie die sehr heterogenen Nihonron (Japandiskurse), die in ihrer „großen Tradition" (Vollmer 2003) Harmonie und Konsens als kulturelle Grundpfeiler beschwören (vgl. u.a. Nakane 1985), Medien, die Stereotype und Autostereotype repetieren (vgl. u.a. Rubner 2004), aber auch ästhetizistischer Asianismus (vgl. u.a. Kakuzo 2002) hemmen das Aufbrechen des noch immer vorherrschenden monolithischen Japanbildes. Doch wie repräsentativ sind Toyota, Ikebana oder Manga, was ist japanisch an Judo, Sushi oder Kamikaze?

Seit einigen Jahren erfasst der in vielen Teilen der Welt zu beobachtende ethnisierende-genderisierende Heterogenitäts-Boom auch Japan. Während 1980 die japanische Regierung noch in einem Bericht an die UN-Menschenrechtskommission die Existenz von Minderheiten im Land leugnete (Wolferen 1993, S. 351), zeigen anhaltende Auseinandersetzungen um Anerkennung einer Heteronormalität in Japan Wirkungen. Ignoranz, versteckte und offene Diskriminierungen bleiben jedoch auf der Tagesordnung, wie die aktuelle Verwendung des Begriffs *Tan `itsu minzoku* (einheitliche/einzige Rasse) durch Politiker wie Außenminister Tanaka 2001 und Bildungsminister Ibuki 2007 beweisen (vgl. Burgess 2008, S. 8). Die beanspruchte Dominanz der *Yamato*-Japaner (auch *Wa*-Japaner) übersieht Minoritäten, gesellschaftliche Widersprüche und Konflikte.

Erst 2008 erhielten die ca. 20 000 Ainu[4] im Norden Japans offiziell den Status eines indigenen Volkes. Diese kaukasuide/protokaukasuide Bevölkerung teilt mit vielen anderen autochthonen Gruppierungen die Erfahrung der Dezimierung durch eingeschleppte Krankheiten, Verarmung und Alkohohlmissbrauch im Zuge

---

1 Religiöse Toleranz hat jedoch Grenzen: Japan blickt nicht nur auf ein Zeitalter der Christenverfolgung (1614 und 1873) zurück, sondern verwehrt bis heute Frauen den Zutritt zu einigen „heiligen" Orten wie Bergen, speziellen Sumoringen o. ä.

2 vor allem des Mahayana-Buddhismus in verschiedensten Facetten

3 Japan verfolgt eine strikte Trennung von Staat und Religion, so dass religiöse Symbolik, Religionsunterricht u. ä. keinen Platz in öffentlichen Schulen finden. Buddhistische und christliche Religionsgemeinschaften unterhalten jedoch private Bildungs- und Erziehungseinrichtungen.

4 Statistiken zu ihrer Verbreitung geben kein genaues Bild über die Quantität ihrer Existenz (vgl. Sugimoto 2007, S. 185). Auch die anderen hier genannten Zahlen treten in den Statistiken variabel auf und können nur als Schätzwerte interpretiert werden, da sie transdifferente Gegebenheiten nicht repräsentieren.

von Assimilationszwang und Kolonialisierung, aber auch des erfolgreichen Durchsetzens ihrer Rechte durch internationalen Austausch und Unterstützung. Das Narrativum „*Ainu moshiri*" (ruhige Erde, wo Menschen leben) vom nachhaltigen, egalitären Jäger-Sammler-Lebensstil, das Ainu-Aktivisten gegen das Negieren durch die Wissenschaft verteidigen, spielt eine wichtige Rolle beim Markieren anhaltender Diskriminierung, wird jedoch auch als Gegenkultur und Kapitalismuskritik gedeutet (Siddle 2006, S. 127). Ainu-Kultur ist heute meist kommerzialisiert, erlebt jedoch mit zunehmender Anerkennung eine Befreiung aus der folkloristischen Erstarrung. Das Einkommen der Angehörigen dieser ethnischen Minderheit liegt aber weiterhin unter dem Durchschnitt; 38,3% von ihnen leben von Wohlfahrt (im Vergleich 24,6% der anderen Bewohner Hokkaidos; vgl. u.a. Ito 2008; Sugimoto 2007, S. 202ff.).

Diskriminierungen anderer Art sehen sich die ca. 3 Mio. *Burakumin* (Webseite BLL) – „Japans unsichtbare Rasse" – gegenüber, die sich explizit nicht als ethnische Minderheit verstehen. Ihre Diskriminierung lässt sich als Nachhall des feudalen Kastensystems interpretieren, aber auch als Nichtakzeptanz ihres Anteils an der japanischen Kultur (Gordon 2008, S. 116; Vollmer 1998, S. 82). In der Vergangenheit übten Vorfahren dieser Japaner „unreine" Berufe wie Gerber, Fleischer oder Totengräber aus. Sie mussten in speziellen Ghettos als *Eta* (viel Schmutz) bzw. *Hinin* (Nicht-Menschen) von der übrigen Bevölkerung abgesondert leben. Durch den sog. Befreiungserlass (*kaihôrei*) von 1871 erhielten sie zwar den Status von Bürgern, aber erst nach langem Kampf verbesserten sich seit den 1960er Jahren ihre Arbeits- und Lebensbedingungen. Bemühungen um bessere Bildung der *Burakumin* und das Etablieren der *Dôwa kyôiku* (Integrationserziehung) als Teil der Menschenrechtserziehung, die Zeichen gegen Diskriminierungsleugnung und für eine positive *Burakumin*-Identität setzt, bleiben durch anhaltende Benachteiligungen – besonders bei Familiengründung und Arbeitsplatzsuche – in ihrer Wirkung beschränkt (vgl. Shimahara 1971, S. 90; Hawkins 1995; Ikeda 2001; Ishikida 2005, S. 242-299; Sugimoto 2007, S. 189-193).

Besondere Ausgrenzung erleben Angehörige von Minderheitengruppen durch Missachtung ihrer Muttersprachen. Die größten nicht-japanischen Sprachgruppen bilden Koreaner und Chinesen mit jeweils ca. 600 000 Sprechern. Menschen mit Hörschädigungen, von denen ca. 400 000 *Shuwa* (Japanische Gebärdensprache) oder gebärdetes Japanisch verwenden, führten einen langen Kampf um Anerkennung ihrer Erstsprache[5]. Sprachen anderer Minderheiten erhielten im Zuge der monolingualen Politik seit der *Tokugawa*-Zeit (1600-1868) ebenfalls kaum Aufmerksamkeit, so dass heute nur ein Teil der 1.4 Mio. Ryûkyûer im Süden Japans eine der vielen *Ryûkyûgo* (Japanisch-Ryûkyû-Sprachfamilie) spricht und nur einzelne Ainu kompetent *Ainugo* (eine der „isolierten Sprachen" – Makro-Altaisch) verwenden. Acht der in Japan gesprochenen Sprachen gelten mittlerweile als „gefährdete Sprachen" (Webseite UNESCO). Seit dem UN-Jahr der indigenen Völker 1993 lässt sich eine Revitalisierung der Sprachen erkennen, die u.a. *Ainugo* vor dem völligen Verschwinden zu retten scheint. Doch noch immer beansprucht das Japanische sein Recht als *Kokugo* (Nationalsprache: *koku*=Land; *go*=Sprache) und wird nicht als *Nihongo* (*Nihon*=Japan; *go*=Sprache) den anderen in Japan gesprochenen bzw. gebärdeten Sprachen gleichgestellt.

---

5   1993 erfolgte die Anerkennung des gebärdeten Japanisch als Unterrichtssprache. *Shuwa*, mit eigenständiger Gebärdensprachgrammatik, bleibt jedoch als indigene Sprache der gehörlosen Menschen in Japan weiterhin unzureichend respektiert (Maher 1997, S. 120; Nakamura 2006).

Diese knappe Darstellung ausgewählter Gruppen lässt Problemlagen erahnen, deren Komplexität durch Zulassen transdifferenter Realitäten zunimmt. Zahlen von nur 1,5% Ausländeranteil, aber 4-10% Minderheitenanteil an der Gesamtbevölkerung (vgl. u.a. de Vos 1983, S. 3) verweisen auf „Various types of ‚Japanese'" (Sugimoto 2007, S. 186). Untersuchungen zur spezifischen Situation der *Burakumin*-Frauen (Kanegae 2010) oder Äußerungen wie „class is now more significant than ethnicity in understanding inequality among resident Koreans in Japan" (Burgess 2008, S. 3; vgl. auch Kim 2008) weisen auf Differenzierungen in einer Gesellschaft hin, die sich seit den späten 1990er Jahren als *Kakusa shakai* (Differenz/Gefälle-Gesellschaft) versteht. Zugleich bildet die propagierte *Kyôsei shakai* (kohärente/inklusive Gesellschaft), die 85% der Japaner bejahen, eine Klammer und führt in weiten Teilen der Bevölkerung zu einer erhöhten Sensibilität für Differenzen (vgl. Zachmann 2010, S. 87, Fujita 2010. S. 44ff.). Langsam weicht die essentialistisch ausgerichtete Japanizität, die sich gleichermaßen aus Innen- und Außensichten speist, und schafft Perspektiven, die japanische Kultur als „Kitt" für Vielfalt zu verstehen. Doch die „celebration of diversity" geht einigen zu weit (Burgess 2008, S. 1). Die dröhnenden Hetzparolen der durch die Straßen der Großstädte ziehenden *Gaisensha* (schwarzen Autos der Ultra-Nationalisten) bleiben unüberhörbar und das „Ende der Exotik" (Hijiya-Kirschnereit 1988) ist nicht in Sicht. Vielmehr setzt Neo-Orientalismus wirkungsvoll auf das Einzigartige, sodass Japan ein Antipode des Westens bleiben kann.

2. Volksbildung – Bildung der Nation

Bereits im feudalen Japan verfügten gegen Ende der *Tokugawa*-Zeit (1600-1868) nach Schätzungen etwa 10 bis 15% der Mädchen und 40 bis 50% der Jungen über Schulbildung (vgl. Dore 1965, S. 256). Sie wurde in den ca. 15 000 *Terakoya*[6] vermittelt. Diese von Samurai niederen Ranges, Mönchen, *Shintô*-Priestern und anderen Intellektuellen – unter ihnen auch Frauen – geführten kleinen Schulen dienten dem Erwerb von Wissen und Können sowohl bei vielen Samuraikindern als auch bei Kindern niederer Stände, also der Bauern, der Handwerker und vor allem der Kaufleute. Schreibübungen bildeten den Schwerpunkt der Ausbildung; in den Städten lernten die Kinder der Kaufleute auch (das sonst als minderwertig angesehene) Rechnen mit dem *Soroban* (Abakus). Zu anderen Fachgebieten entstanden ebenfalls Lehrmaterialien. Beauftragt wurden die Lehrer zumeist von der Gemeinde; erst im Verlauf der Geschichte erzwang die Shogunats-Regierung eine zentrale Autorisierung. Lernen in *Terakoya* wird heute oft als individualisiertes Lernen in einer Gemeinschaft interpretiert. Der Lehrer wählte am Entwicklungsniveau des einzelnen Schülers orientierte Lernmaterialien aus. Die Schülerinnen und Schüler studierten diese vor allem selbständig, hatten aber auch Gelegenheit, einem Mitschüler beim Lernen über die Schulter zu schauen und so gemeinsam zu lernen. Die monatlichen Prüfungen bezogen sich auf einen gerade vom Lernenden bearbeiteten (auswendig gelernten) Text und orientierten sich damit an den Fortschritten des Einzelnen. Auf diese Weise lernten auch einige Schüler mit Behinderungen erfolgreich in diesen Schulen, deren Konzept bis heute in einigen *Juku* (privaten Ergänzungs- und Nachhilfeschulen) weiterlebt und in den letzten Jahren auch für Regelschulen wieder in Anspruch genommen wird.

---

6 Der Ausdruck Terako (wörtlich „Tempelkinder") steht ganz allgemein für „Schülerin" oder „Schüler"; Terakoya ist ein Ort, der Schüler aufnimmt, also eine Schule. Andere Schätzungen gehen sogar von 40 000 bis 50 000 Terakoya aus (Ishikawa 2003, S. 234).

Die Terakoya bildeten den Grundstein für die nach der 1854 erzwungenen Öffnung Japans aufgebaute allgemeine Elementarschule. Die vom neuen kaiserlichen Modernisierungsregime forcierte Umgestaltung der Schule und der Aufbau eines nationalen Bildungssystems während der Meiji-Zeit (1868-1912) spielten neben der Erneuerung der Armee die wichtigste Rolle bei der Modernisierung des Landes. Im Mittelpunkt stand dabei die Grundbildung der breiten Masse der Bevölkerung, die auf eine „universale zivilisatorische Mobilisierung" (Teichler 1975, S. 34) und die Schaffung einer homogenen Staatsbürgerschaft zielte (vgl. Horio 1998; Schubert 1998; 2005). Die planmäßige Aneignung und Übernahme westlichen Gedankenguts – vor allem durch Forschungsreisen vieler Gelehrter und Beamter nach Nordamerika und Europa (z.B. die Iwakura-Mission 1871-1873; vgl. Pantzer 2002) – erhielt sukzessive ein Gegengewicht in der Wiederbelebung oder eher Erfindung mythischer kaiserlicher Traditionen, die dem neuen Nationalstaat eine eigene Identität verschaffen sollten.

Allerdings führten die despotischen Umstrukturierungen während der ersten Bildungsreform zu beträchtlichen Spannungen zwischen dem 1871 gegründeten Monbushô (Bildungsministerium bis 2001) und der Bevölkerung. Der 1872 veröffentlichte Gakusei (Erziehungserlass), der jede Gemeinde verpflichtete, eine gebührenpflichtige Volksschule mit Unterricht in Jahrgangsklassen einzurichten, führte mehrere Jahre zu erheblichem Widerstand. Mit der Abschaffung des Unterrichtsgeldes 1900 wuchs die Zahl der Lernenden, so dass nach offiziellen Angaben 1910 bereits 98% der Schülerpopulation eine sechsjährige Volksschule mit einer 6-Tage-Schulwoche besuchten. Die Zahl der Mittelschulabsolventen wuchs von 2 500 im Jahre 1897 auf 18 000 im Jahre 1912 (Inoue 2001, S. 489). Andere pädagogische Einrichtungen entstanden, so 1876 der erste Kindergarten, 1877 die erste moderne staatliche Universität (Kaiserliche Universität Tokyo) und bald Senmon gakkô (höhere Fachschulen), 1878 die erste Sonderschule für Kinder mit Seh- und Hörbehinderungen[7] und 1900 die ersten Kankain „Besserungsanstalten" für verwahrloste Kinder.

Die Universität entwickelte sich ab 1886 nach preußischem Modell unter Fürsprache des ersten Bildungsministers Mori Arinori zum Hort der Elitebildung. Aus dieser Einrichtung und vor allem aus dem 1872 in Tokyo gegründeten ersten Lehrerseminar[8] rekrutierten die Schulen zunehmend ihr Lehrpersonal. Als Studientexte standen sowohl einheimische Schriften aus der Feudalzeit als auch Übersetzungen aus westlichen Sprachen zur Verfügung. Die von Samurai, Gelehrten, Ärzten, aber auch städtischen Bürgern oder Bauern verfassten Schriften basierten sowohl auf chinesischen und koreanischen Denktraditionen als auch auf umfassenden Beobachtungen von Kindern (vgl. Kojima 1985, S. 14). Zu diesen Kangaku (chinesische Studien) und Wagaku (japanische Studien) trat auch in der Pädagogik das dritte Kulturelement Yôgaku (westliche Studien) mit dem Ziel, Erziehungsarbeit wissenschaftlich zu fundieren (vgl. Terasaki 2009, S. 64). Diese Vielfalt der Quellen forderte die Synthesefähigkeit der Japaner heraus – andere sagen: ihre Neigung zum Eklektizismus (vgl. Maruyama 1988, S. 29ff., 74; Inoue 2001, S. 14, 27f.). Im Fortschreiben bereits bewährter Traditionen studierten Japaner im Ausland, und ausländische Lehrkräfte – früher aus China und Korea, diesmal aus den USA und Europa – lehrten in Japan. Zu den treibenden Kräften

---

7 Sonderklassen für Kinder mit Behinderung etablierten sich in den Gemeindeschulen. Die Schulpflicht für seh- und hörgeschädigte Schüler wurde jedoch erst 1948 verfügt, für körperlich und geistig Behinderte sogar erst 1979.

8 Schnell folgten weitere: 1874 speziell für Frauen eingerichtete Joshi shihan gakkô (Lehrerinnenseminare) und 1886 Jinjô shihan gakkô (Lehrerseminare für Grundschulen).

der Umgestaltungsprozesse dieser Zeit zählten ausländische Pädagogen wie Marion McDonnel Scott, der mit der „San-Francisco-Methode" eine Methodik des Klassenunterrichts und eine amerikanisierte Interpretation Pestalozzischer Ideen einführte, oder Emil Hausknecht, der für die Pädagogik Herbarts eine neue Heimstatt gewann (vgl. Möller 1995), aber auch Japanerinnen wie Tsuda Umeko, die sich nach umfangreichen Studien in den USA aktiv für höhere Bildung der Mädchen einsetzte (vgl. Yamazaki 1989, S. 125-147; Webseite: Tsuda University).

Fukuzawa Yukichi, einer der bedeutendsten Intellektuellen der Meiji-Zeit und Gründer der ersten privaten Universität (1858; heute Keiô-Universität), der mit liberalen Ideen aus dem Ausland zurückkehrte, formulierte in seinem 1872 erschienenen „*Gakumon no susume*" („Anregung zum Lernen") die Idee eines nach Unabhängigkeit strebenden Einzelnen in einem nach Unabhängigkeit strebenden *Ie* (Haus/Familiensystem) in einer nach Unabhängigkeit strebenden Nation (Fukuzawa 1966, S. 393). Damit griff er die zunehmend nationalistischen Strömungen seiner Zeit auf. Diese setzten sich mit dem 1890 veröffentlichten „Kaiserlichen Erziehungsedikt" (*Kyôiku ni kansuru chokugo*; dt. in Murakami 1934, S. 75-85; Wittig 1976, S. 89-91; englisch in Passin 1965, S. 226-228) durch, das (neokonfuzianistische) Werte wie Liebe der Kinder zu ihren Eltern, Zuneigung unter den Geschwistern, Respekt vor den Errungenschaften der Vorfahren mit dem übergeordneten Ziel der Loyalität gegenüber Kaiser und Staat verknüpfte und Verehrung des *Tennô* (Kaisers) und Liebe zum Vaterland als zentrale Ziele der Schule formulierte. Auch wenn die Bevölkerung dieses Dokument keinesfalls jubelnd begrüßte, entfaltete es im Verlauf der Jahre seine Erziehungswirkung. Moralunterricht (*shûshin*) bildete den neuen Kern der schulischen Unterweisung und leistete gemeinsam mit der zunehmenden Militarisierung der staatlichen Schule einen bedeutenden Beitrag zur Herausbildung treuer Untertanen. Der Staat richtete außerdem ein kostenloses Studium an Militärakademien ein, sodass Jungen aus Mittel- und Unterschichten Ausbildungsmöglichkeiten erhielten. „Das Tennô-System verfügte damit über eine vortreffliche Einrichtung, Begabte aus dem Volk für Führungsaufgaben auszubilden" (Inoue 2001, S. 384). Zugleich konnte damit die Modernisierung von oben als Chance zu sozialem Aufstieg für breitere Volksschichten an Attraktivität gewinnen.

Während der kurzen *Taisho*-Demokratie (1912-26) erstarkte eine reformpädagogische Bewegung in Auseinandersetzung mit Ideen Deweys, Parkhursts, Kilpatricks u.a., die zu vielen privaten Schulgründungen und zur kritischen Auseinandersetzung mit dem inzwischen etablierten Herbartianismus führte. Auch die schülerzentrierte Methodik der *Terakoya* erhielt wieder Aufwind, und „Open schools", deren pädagogische Ansätze heute in „Free Schools" für Schüler, die die Regelschule verweigern, genutzt werden, erlebten in diesen Jahren ihre Anfänge. Zusammen mit illegaler Gewerkschaftsarbeit und der bis heute lebendigen „Bewegung, das Leben in Worte zu fassen" („*Seikatsu tsuzurikata kôiku undo*"; vgl. Buchholz 2003), die Schüler an staatlichen Schulen ermunterte, ihr Leben – auch durchaus kritisch – zu reflektieren, bildete diese reformpädagogische Bewegung[9] eine wichtige Quelle für eine politische und pädagogische Neuorientierung nach der Niederlage im Pazifischen Krieg 1945.

---

9 In dem Bestseller „Totto-chan. So wunderbar kann Schule sein" beschreibt Kuroyanagi Tetsuko ihr Schülerdasein während des Krieges in einer alternativen Schule (in deutscher Übersetzung: Kuronayagi 1994).

3. Der Prototyp einer modernen Bildungsgesellschaft

Die zweite große Bildungsreform vollzog sich auf Druck der Alliierten – besonders der USA – während der Besatzungszeit. Konsequent richteten sich die durch General MacArthur bestimmten „Four Directives Regarding Education" (vgl. Horio 1989, S. 106f.) gegen nationalistische und militaristische Praktiken in japanischen Erziehungsinstitutionen. Die intensiven Diskussionen um das „Kaiserliche Erziehungsedikt" endeten aber nicht mit der Verabschiedung des Erziehungsgrundgesetzes (*Kyôiku kihonhô*) von 1947 (dt. Luhmer 1972, Bd. I, S. 285-289; engl. Beauchamp/Vardaman 1994, S. 109-111), sondern bildeten den Auftakt für bis heute anhaltende Auseinandersetzungen um das Bild des erwünschten Japaners (vgl. Horio 1989). Progressive Kräfte, besonders stark in der wichtigsten Lehrergewerkschaft *Nikkoyôso*, die u.a. gegen Moralunterricht und nationale Symbolik in Schulen Stellung beziehen, stehen konservativen gegenüber, die zwar das in der Vorkriegszeit betonte ‚Sendungsbewusstsein' Japans nicht mehr offen propagieren, umso mehr jedoch seine (spirituelle) Einzigartigkeit. 2006 gelang es der konservativen Politik, das demokratische Erziehungsgrundgesetz – das seit 1947 unangetastet bestand – so zu verändern, dass es patriotische Erziehung oder (wie Kritiker sagen) nationalistische Indoktrination in der Schule wieder legitimiert.

Mit den Nachkriegsreformen entwickelte sich aber zugleich eine strikt egalitäre Ausrichtung des Schulwesens. Das Schulerziehungsgesetz (*Gakkô kyôikuhô*) legte 1947 (dt. Teilübers. Luhmer 1972, Bd. II, S. 291-297; engl. Beauchamp/Vardaman 1994, S. 101-109) die bis heute existierende 6-3-3-4(2)-Struktur des Bildungswesens fest: Einer einheitlichen sechsjährigen *Shôgakkô* (Grundschule) folgt eine ebenfalls einheitliche dreijährige *Chûgakkô* (Mittelschule), an die sich drei Jahre *Kôtô gakkô* (Oberschule) und eine zwei- bzw. vierjährige *Kôtô kyôiku* (Hochschul(aus)bildung) anschließen können[10]. Elitäre Strukturen im Sekundarschulbereich der öffentlichen Schule, die sich an europäischen ‚aristokratischen' Modellen orientiert hatten, wichen mit der zweiten Bildungsreform amerikanisch beeinflussten ‚demokratischen' eingleisigen. Die Pflichtschulzeit umfasst die Grund- und Mittelschulzeit (9 Jahre), die auf Klassenwiederholungen und fast vollständig auf äußere Differenzierungen verzichtet (vgl. etwa von Kopp 1990; Conduit 1996; Lewis 1994, 1996; Benjamin 1997). Die Schülerinnen und Schüler durchlaufen gleichzeitig nach einem zentral geregelten – alle zehn Jahre vollständig überarbeiteten – Curriculum die Schullaufbahn; die Abschlusszeugnisse der Mittelschulen dienen vor allem dem Nachweis von Anwesenheit und Anstrengungsbereitschaft. Selektions- und Allokationsfragen kommen erst durch zwei für den weiteren Lebensweg entscheidende Eingangsprüfungen ins Spiel: die zur Oberschule und die zur Hochschule. Diese Prüfungen bilden wichtige Zäsuren in der sog. *Gakureki shakai* (Bildungsganggesellschaft), weil die Reputation der besuchten Hochschule die spätere Erwerbsbiographie maßgeblich bestimmt und die verschiedenen Oberschulen ihrerseits unterschiedliche Möglichkeiten der Vorbereitung auf diese Zugangsprüfungen bieten. Aus der privaten Prüfungsvorbereitung ist in den vergangenen Jahrzehnten ein eigenes, kommerziell erfolgreiches Ergänzungsschulwesen (*Juku* und *Yobikô*) entstanden, das in eine pädagogisch problematische Konkurrenz zur öffentlichen Schule tritt und einen beträchtlichen Teil der Jugendlichen zeitlich stark belastet (vgl. etwa Rohlen 1980; Ackermann 1999).

---

10 Übersicht zur Schulstruktur mit Bildungsbeteiligung: http://www.mext.go.jp/english/statist/07070310/004.pdf

37% der Grundschüler und 51% der Mittelschüler (MEXT 2005a, S. 11) lernen in Ergänzungsschulen, in denen sie nicht nur Nachhilfe erhalten, sondern auch vielfältige, über den Unterrichtsstoff der Schule hinausgehende Inhalte lernen und Hobbys wie Kalligraphie o. ä. nachgehen können. Zuschreibungen einer Kompensationsfunktion für die öffentliche Schule (Drinck 2002, S. 2) oder Darstellungen über das „Doppelleben" der Schüler zwischen harmonischer öffentlicher Schule und dem Einüben von Konkurrenzverhalten in der Ergänzungsschule (Ito 2007, S. 141) beschreiben nur Segmente der Praxis. Die Vielfalt der *Juku* reicht von Mini-Einrichtungen, in denen ein Lehrer einzelne Schüler oder kleine Gruppen unterrichtet, bis zu japanweit agierenden *Juku*-Ketten wie die sich mittlerweile auch international etablierenden Kumon-Schulen[11]. Roesgaard (2006) unterscheidet vier *Juku*-Typen, deren Zielsetzung von Hausaufgabenbetreuung über den Erwerb von Basiswissen und interessenerweiternden Lerninhalten bis zur Vorbereitung auf Eingangstests reichen. Auch die methodisch-didaktischen Ansätze und der Umgang mit den Schülern unterscheiden sich erheblich. Während beispielsweise Kinder, die bereits im Kindergartenalter *Juku* besuchen, angeleitet werden, die sie umgebende Natur durch poetische Vorbilder wie *Haiku* und *Tanka* (Kurzgedichte) zu spiegeln, lassen sich *Yobikô* eher als „Paukschulen" beschreiben. Dort bereiten sich Oberschüler und *Rônin* (herrenlose Samurai), denen die Aufnahme in die gewünschte Universität nicht gelang, intensiv auf die Universitätseingangsprüfung vor. Nicht zuletzt erfüllen einige *Juku* die Funktion, Schulverweigerern neue Wege zum schulischen Lernen zu eröffnen (vgl. u.a. Rohlen 1980; Russell 1997; Miller & Kanazawa 2000, S. 31f.; Dierkes 2009; Dawson 2010).

Die 6-3-3-Grundstruktur der Regelschule bildete einerseits den Rahmen für eine sehr rasche und international fast beispiellose Bildungsexpansion. Seit Mitte der 1970er Jahre schließen mehr als 90% aller japanischen Schülerinnen und Schüler ihre Schulbildung mit dem Ende der Oberschule ab und etwa die Hälfte davon setzt ihre Studien an einer Universität oder einem Junior College, ein weiteres Viertel an anderen tertiären Bildungsinstitutionen fort (vgl. MEXT 2005b, S. 19). Andererseits hat diese Bildungsexpansion der japanischen Gesellschaft mit der viel beklagten Examenshölle (*Shiken jigoku*) die „Exzesse der fortgeschrittensten Meritokratie der Welt" (Rohlen 1983, S. 82) beschert. Ihre Bedeutung erhalten die Zugangsprüfungen zu den Oberschulen und Universitäten vor allem durch die Rekrutierungspraktiken besonders attraktiver Großbetriebe und staatlicher Institutionen (mit entsprechenden Arbeitsplatzgarantien, sozialen Sicherheiten und Karrierechancen), die sich bei der Auswahl ihrer Stammbelegschaften bzw. ihres Bürokratennachwuchses gern an einer informellen Prestigehierarchie unter den Hochschulen orientieren. Dabei stehen die staatlichen – ehemals kaiserlichen – Universitäten in Tokyo und Kyoto nach wie vor an der Spitze, gefolgt von einigen traditionsreichen privaten und einer größeren Anzahl staatlicher Hochschulen. Die meisten privaten Einrichtungen, die die Bildungsexpansion überhaupt erst ermöglicht haben und die von etwa drei Viertel aller Studierenden besucht werden, finden sich eher an den breiten unteren Rängen der Skala. Da den Oberschulen nachgesagt wird, dass sie – obwohl sie formal gleich gestellt sind und weitgehend den gleichen verbindlichen Lehrplänen folgen – unterschiedlich auf diese Zugangsprüfungen oder – für weniger ambitionierte Jugendliche – den Einstieg in das Erwerbsleben vorbereiten, hat sich auch unter ihnen

---

11 Kumon arbeitet bereits mit Regelschulen zusammen, so dass deren Methoden in den Schulalltag einiger Schulen einfließen (Untersuchung Meise 2007).

eine Prestigehierarchie herausgebildet, so dass die Zugangsprüfung zur Oberschule als entscheidende Weichenstellung für die künftige Position in der Gesellschaft gelten kann.

Damit gehört Japan zu den Ländern, an denen man das „Dilemma der modernen Bildungsgesellschaft" (Teichler 1976), den Widerspruch zwischen Möglichkeiten und Versprechungen einer sozialen Öffnung des Bildungswesens einerseits
und den Folgewirkungen der verschärften Selektion andererseits, schon frühzeitig studieren konnte. Insofern ist Japan der Prototyp einer Bildungsgesellschaft, in der berufliche und soziale Perspektiven in hohem Maße durch den Bildungserfolg präjudiziert werden – ein Muster, das sich inzwischen in weiten Teilen der Welt durchgesetzt hat. Am japanischen Beispiel lässt sich auch zeigen,
dass bildungspolitische und pädagogische Maßnahmen nur sehr begrenzt in der
Lage sind, den Zwängen der Statuszuteilung entgegenzuwirken. Freilich kann der
scharfe Wettbewerb auch als Indiz für den Erfolg des Schulwesens gelten. Denn
nur, wenn die Schule mit ihren Bemühungen, möglichst allen Kindern und Jugendlichen eine qualitativ hohe Bildung zu vermitteln, erfolgreich ist, kann die
Legitimation von fortwirkenden sozialen und ökonomischen Ungleichheiten vermittels Selektions- und Allokationsentscheidungen überhaupt zu einem derart
grundlegenden Problem werden.

4. Lernkultur

Der hohe Leistungsstand japanischer Schülerinnen und Schüler, den internationale Vergleichsstudien (vgl. etwa Baumert et al. 1997; Klieme/Bos 2000;
Schleicher 2006; Pauli/Reusser 2006) regelmäßig bestätigen, kann nicht (zumindest nicht allein) aus dem Druck erklärt werden, der von den Zulassungsprüfungen ausgeht. Vielmehr ist immer wieder – in Beobachtungen von außen, aber
auch in Japan selbst – auf die stark ausgeprägte Lernkultur (vgl. etwa Singleton
1995, Lewis 1996) verwiesen worden. Die japanische Kultur erscheint in dieser
Sichtweise als eine Kultur, in der das Lernen nicht nur eine besondere Wertschätzung genießt, sondern die geradezu um das Lernen herum organisiert zu
sein scheint. Dem Lernen kommt eine besondere Würde zu (vgl. Schaarschmidt
1996); Leben ist Lernen, und Lernen ist ebenso Königsweg menschlicher Selbst-
vervollkommnung wie Dienst an der Gesellschaft, Privileg wie lebenslange Verpflichtung. Der „Weg des Kriegers" (*Budô*) im feudalen Japan kann dafür ebenso
stehen wie der auch im modernen Japan immer wieder beschworene und er-
neuerte „Geist des Übens" (Bollnow 1987). Der Weg (*Dô*) – Vervollkommnung
durch Übung – der ein am Original orientiertes ständiges Werden impliziert,
steht in Wechselwirkung mit den im Zen-Buddhismus entwickelten Künsten der
Selbsterziehung, z.B. *Shodô* (Weg des Schreibens, Kalligraphie). Das Verhältnis
von Meister und Schüler (fast jeden Alters) prägt eine durch beiderseitige Anstrengung verbundene Nachahmung des Vorbilds, Ausdruck eines spezifischen
Verhältnisses von Original und Kopie. Dieses Üben bleibt dabei ein im höchsten
Grade persönlicher Akt, wurzelt doch die mit konzentrierter Leidenschaft ausge-
führte Handlung stets im Atem des Einzelnen. Noch heute stellt diese Art der
Selbstkultivierung einen festen Bestandteil der ganzheitlichen Erziehung in japanischen Schulen dar. Auf ihr gründet sich die Hochbewertung ausdauernden
Übens auch anderer Lerninhalte, die oft fälschlicherweise als „Drill" interpretiert
wird (vgl. z.B. Drinck 2002, S. 263).

Damit deutet sich an, dass die Lernkultur nicht allein (und nicht in erster
Linie) auf bestimmten Wertsetzungen, sondern ganz wesentlich in materiellen

Praktiken fundiert ist. Diese legitimieren sich teilweise im Blick auf explizite Wertsetzungen, teilweise verstehen sie sich aber auch schlicht von selbst – als kulturelle Selbstverständlichkeiten. Eine Lernkultur lebt im gemeinsamen Handeln, in der kooperativen Praxis. Sie ist nicht ein für alle Mal gegeben, sondern wird im gemeinsamen Handeln praktisch umgesetzt, mit Leben erfüllt und an den verschiedenen Schauplätzen in konkreten sozialen und pädagogischen Arrangements produziert und reproduziert (vgl. Schubert 1999; 2005).

In Japan beginnt der Bildungsweg heute für 90% der Kinder in einer vorschulischen Einrichtung, deren Bedeutung sich nicht nur an den Zuwachsraten zeigt – seit 1947 hat sich die Beteiligung fast verzehnfacht – sondern auch an der Hochschulausbildung der *Sensei* (wörtl. voraus sein und leben: Doktor/in, Erzieher/in, Lehrer/in, Meister/in, Professor/in). Die *Yôchien* (Kindergärten), die dem Bildungsministerium unterstehen, nehmen Kinder vom dritten bis sechsten Lebensjahr auf und sind für vier bis sechs Stunden vormittags geöffnet. Ein umfassenderes Betreuungs- und Bildungsangebot mit täglich mindestens acht Stunden bieten die *Hoikuen/Hoikusho* (Kinderkrippen/- tagesstätten/-horte) die dem *Kôseishô* (Gesundheits- und Wohlfahrtsministerium) unterstehen (vgl. Schubert 1992; 2005).

Bei den Schulen handelt es sich durchweg um Ganztagseinrichtungen, die zahlreiche außercurriculare Angebote einschließen und insgesamt eher als Lebens-, denn als Unterrichtsschulen charakterisiert werden können. Es entspricht der egalitären Grundorientierung im Bildungswesen, wenn Grundschulen, wie schon zuvor Kindergärten und in anderer Weise auch Mittel- und Oberschulen, der systematischen Hervorbringung einer gemeinsamen Lernatmosphäre besondere Aufmerksamkeit schenken. Von Interesse ist dabei nicht nur das, was die Lehrerin oder der Lehrer tut, vorschlägt, anbietet, anordnet, bereitstellt, nicht nur, wie die Lehrperson mit den Kindern um- und auf sie eingeht, sondern vor allem auch das, was die Kinder selbst tun, wie sie miteinander interagieren, Aufgaben untereinander verteilen, sich gegenseitig unterstützen und das Leben in Kindergarten und Schule selbst gestalten. Die Atmosphäre gemeinsamen Lernens ist mehr als ein einvernehmliches Nebeneinander, mehr als eine günstige Lernumgebung, die es dem Einzelnen ermöglicht, sich unter sorgfältiger Anleitung möglichst ungestört mit den jeweiligen Gegenständen oder Aufgaben auseinanderzusetzen und dabei seinen eigenen Rhythmus zu finden; sie bezeichnet vielmehr einen pädagogisch strukturierten und organisierten Zusammenhang von verschiedenen Aktivitäten aller Beteiligten, die auf ein gemeinsames Ziel hin fokussiert sind: die möglichst optimale Förderung aller in der Institution versammelten Kinder.

Erst vor diesem Hintergrund wird die Heftigkeit der Klagen über die Zulassungsexamina nach Abschluss der Mittelschule (vgl. etwa Fujita 1995) verständlich. Anders als beispielsweise in Deutschland, wo Wettbewerb und Konkurrenz nicht nur größere allgemeine Akzeptanz finden, sondern auch im Unterrichtsgeschehen in vielfältiger Weise institutionalisiert sind, erscheinen sie im japanischen Schulwesen als Fremdkörper. Sie werden von den Beteiligten – Kindern, Eltern wie Lehrern – als mehr oder weniger notwendige Übel empfunden, die in eklatantem Gegensatz zu dem sonst in Schulen (und Kindergärten) gepflegten Idealbild der erfüllenden gemeinsamen Anstrengung stehen.

Die bislang kostenpflichtigen – seit April 2010 kostenfreien – Oberschulen unterscheiden sich durch spezifische Profile (vgl. etwa Rohlen 1983), wesentlich stärker jedoch durch ihr Renommee, das durch Erfolge ihrer Absolventen bei Eingangsprüfungen an bedeutenden Universitäten bestimmt wird. Einige Schulen verfügen über berufsvorbereitenden Unterricht oder bieten Fernlernkurse bzw. Teilzeitunterricht an. Um den Druck, der von den Zulassungsprüfungen ausgeht, zu reduzieren, experimentieren derzeit viele Schulen mit einer Kombination aus wenigen schriftlichen Prüfungen, Beurteilungen durch die Mittelschullehrer und Bewerbungsgesprächen mit Schülern und ggf. Eltern (vgl. Erbe 2001).

Vorgeblich sollte auch die Einführung einer integrierten Sekundarschule, die die bisherige Mittel- und Oberschule zusammenfasst, den Druck durch die Eingangsprüfungen vermindern. Seit 1999 wächst die Zahl dieser *Chûtô kyôiku gakkô*, die durch ein geschlossenes sechsjähriges Bildungsprogramm die ungestörte Entfaltung individueller Fähigkeiten ermöglichen sollen, teilweise aber auch durch vorgezogene Lerninhalte ein höheres Niveau ermöglichen. Dieser durch Industrie und Politik forcierte Weg der Elitebildung stößt jedoch bei den meisten Lehrkräften auf Widerstand. Der Unwille japanischer Lehrer, Schüler vor dem Ende der Pflichtschulzeit nach ausgewählten Kriterien zu gruppieren, steht einer elterlichen Nachfrage gegenüber, den eigenen Kindern einen Bildungsvorsprung zu sichern. Das veranlasst private Träger zum massiven Ausbau ihrer Mittel- und Oberschulen, während die öffentliche Hand pro Präfektur vorerst nur eine solche integrierte Sekundarschule finanziert[12].

5. Hochschule als Regelausbildung

Das Gros der Jugendlichen setzt seinen Bildungsweg im tertiären Bereich fort. Die wenigen Schülerinnen und Schüler, die nach der Oberschule direkt in das Berufsleben wechseln, arbeiten meist in kleinen oder mittleren Firmen – eher in der Provinz als in den Metropolen, wo nur noch sehr wenige nicht in den tertiären Bereich wechseln. Bisher übernahmen Firmen die Ausbildung, aber in Zeiten zunehmender Teilzeitbeschäftigung erreicht diese innerbetriebliche Ausbildung junge Menschen immer weniger. Phänomenen wie NEET (Not in Education, Employment, or Training), *Hikikomori* (in Zurückgezogenheit Lebende), *Furitâ* (Freeter)[13] oder *Parasaito shinguru* (Parasite single/Twixter) sieht sich auch Japan gegenüber. Das Bildungsministerium steuert diesen Entwicklungen sowohl mit Ausbildungsprogrammen während und nach der Oberschulzeit – unter Einbeziehung lokaler Firmen – entgegen als auch mit 3-Monats-Camps, die Interesse an Arbeit durch berufliche Bildung wecken sollen. Instabile Erfolge dieser Maßnahmen zeigen die folgenden Daten: Die Zahl der Freeter erreichte 2003 mit 2,17 Mio. Menschen einen Höhepunkt und sinkt seitdem. Die Anzahl der NEET dagegen stieg zwischen 1993 und 2002 mäßig von 0,4 Mio. auf 0,64 Mio., zeigte leichte Rückgänge 2006/07 und nimmt seitdem wieder moderat zu (Webseite: Ministry of Health, Labour and Welfare).

Nicht allein die (informellen) Rangunterschiede unter den Institutionen prägen die japanische Hochschullandschaft, auch Studienangebote und Studiendauer variieren erheblich. Trotzdem lassen sich die Einrichtungen in drei Formen zusammenfassen: *Daigaku* (Universitäten), *Senmon Gakkô* (Fachhochschulen)

---

12 Offizielle Daten spiegeln den Stand der Verbreitung unzureichend wider. Die für das Jahr 2009 dokumentierten 42 Sekundarschulen – 29 öffentlich und 13 privat – (Statistical Yearbook Japan 2009) widersprechen eigenen Beobachtungen (Meise 2007).

13 Zusammensetzung aus dem engl. „free" und der letzten Silbe des deutschen Wortes „Arbeiter"; Teilzeitbeschäftigte, die (zum Teil) freiwillig regelmäßig Jobs wechseln und so den negativen Seiten einer Vollzeitbeschäftigung entgehen. Zunächst als neuer Lebensstil gefeiert, entwickelt sich dieser für die meisten Menschen, die unfreiwillig in Teilzeitstellen wechseln müssen, zu einem Problem.

und *Tanki daigaku* (Kurzstudienhochschulen/Colleges). Zur facettenreichen Hochschullandschaft gehört auch die *Tsukuba gijutsu daigaku* (Tsukuba Technologie Universität), in der Studenten mit Seh- und Hörbehinderungen barrierefrei studieren können.

Die meisten Studierenden schließen ein vierjähriges Studium mit dem *Gakushi* (international als Bachelor gewertet) ab. Die Studienabbruchsquote ist relativ niedrig; über 90% der Studierenden beenden ihr Studium. Damit liegt Japan weit über dem OECD-Durchschnitt von 70%; dies ist jedoch keineswegs – wie Schleicher (2006: 2) die Statistik in Unkenntnis der Gegebenheiten interpretiert – ein Indiz für die interne Effizienz des japanischen Universitätssystems. Vielmehr gibt es – ähnlich wie in den Schulen – nicht nur kaum interne Selektion; die Hochschulen offerieren den Studierenden nach dem intensiven Lernen in der Oberschulzeit überdies meist Angebote unter deren Leistungspotentialen, um damit Freizeitaktivitäten vor dem Eintritt ins Berufsleben Raum zu geben (vgl. etwa Decke-Cornill 1996; McVeigh 2002). Diese jahrzehntelange Praxis weicht in den letzten Jahren allerdings sukzessiv neuen Realitäten durch Veränderungen in der Schule, flexible Formen des Übertritts in tertiäre Bildung und die Universitätsreform. Letztere setzte mit der Neudefinition staatlicher Universitäten als *Dokuritsu gyôsei hôjin* (unabhängige administrative Körperschaften) 2004 eine Zäsur in den seit den 1970er Jahren wiederkehrenden Diskussionen u.a. um Effizienz der Universitäten; aktuell soll ein Evaluationssystem die Qualität steuern, ein Teil der Finanzierung basiert auf dessen Ergebnissen.

Neue Herausforderungen für das Hochschulsystem ergeben sich mit der demographischen Entwicklung. Mit dem Geburtenrückgang und der Existenz einer hochqualifizierten Rentner- und Hausfrauengeneration wird die Öffnung für andere Adressaten nötig und möglich. Private Einrichtungen entwickeln neue Rekrutierungsstrategien, denn sie erhalten nur bei Vergabe von 50% ihrer Studienplätze Subventionen. Prestigeträchtige Institutionen erweitern ihr Geschäftsfeld z.B. durch Monopolbildungen, indem sie unbedeutende Privatschulen aufkaufen und Schüler lange vor dem Eintritt in die Universität durch die Erweiterung von Mittel- oder Oberschulen zu integrierten Sekundarschulen (*chûtô kyôiku gakkô*) sowie durch Gründungen von Grundschulen an sich binden. Die Expansion gelingt diesen Einrichtungen nicht nur in Richtung voruniversitärer Bildung und Erziehung, sondern auch durch Kooperationen mit der Geschäftswelt, indem sie u.a. Off-the-job-Angebote für Firmen planen und durchführen.

Zur Neugestaltung des Universitätssystems gehört auch der Ausbau des Graduiertenstudiums, das bisher mit einer Übergangsquote von ca. 12% im internationalen Vergleich unterdurchschnittlich ausfällt, auch wenn sich die absoluten Zahlen zwischen 1980 und 2007 fast verfünffachten (Statistical Yearbook 2009). Mit 40% Anteil an Studierenden in Master-Studiengängen beteiligen sich vor allem die Ingenieurwissenschaften an dieser Form der Qualifizierung (Ishikawa 2009, S. 159). Bei den einstellenden Firmen scheint sich allmählich ein Umdenken anzukündigen. Legten sie bisher Wert darauf, junge, formbare Absolventen – mit dem Idealalter 22 Jahre – einzustellen, scheinen mittlerweile Absolventen mit Master-Abschluss nicht nur indirekt bei Einstellungstests vom Wissensvorsprung zu profitieren, sondern diese Abschlüsse Beschäftigungsvoraussetzung zu werden. Firmen unterstützen Mitarbeiter inzwischen auch beim Erwerb höherer Qualifikationen. Der Master-Abschluss gewinnt nicht nur Bedeutung für Berufstätige, sondern etabliert sich als neues Statussymbol, auch für die oben genannten neuen Zielgruppen. Seit 1999 besteht die Möglichkeit, auch ohne Bachelor-Abschluss – nach umfangreichen Tests – ein Graduierten-Studium aufzunehmen, so dass weitere Bevölkerungsgruppen für höhere Abschlüsse gewonnen werden.

Damit erhält die Bildungsexpansion eine neue Qualität: Nach dem bisherigen zyklischen Verlauf – der Vorbereitungsphase vor 1960, dem ersten Stadium der Expansion zwischen 1960 und 1975, einer Periode der Stabilität und Stagnation von 1976 bis 1985 und schließlich einer zweiten Expansionsphase nach 1986 (Ishida 2003, S. 12) – stagnieren die Zuwächse in der Gruppe der 18-Jährigen, zeitgleich bewirkt die Rekrutierung neuer Gruppen Studierwilliger und die Verlängerung der Verweildauer junger Menschen im Bildungssystem einen Ausgleich.

Erwartungshaltungen der Studierenden und Reaktionen des Beschäftigungssystems stehen in Wechselwirkung und entwickeln sich in folgende zwei Richtungen: Der Erwerb von Abschlüssen renommierter Universitäten ermöglicht einem Teil der Absolventen den Eintritt in sichere, gut bezahlte Vollzeitbeschäftigungsverhältnisse, behindert aber bei einem kleineren Teil – durch relative ‚Überqualifikation‘ – den Zugang zum Arbeitsmarkt, da dieser unfähig ist, die Potentiale wirkungsvoll zu integrieren. Besonders in Zeiten zunehmender Arbeitslosigkeit stellt der Übergang von tertiären Einrichtungen in den Beruf junge Menschen vor besondere Hürden. Nach Ishikida (2005, S. 157ff.) fanden 2003 nur 55% der Universitäts- und College-Absolventen mit 4-Jahres-Ausbildung eine Vollzeitstelle; ein geringer Teil von ihnen finanziert sich durch Teilzeitjobs oder qualifiziert sich weiter, aber 22,5% geraten relativ perspektivlos in die Gruppe der NEET. Absolventinnen und Absolventen der weniger qualifizierenden Junior Colleges übernehmen zu 60% Vollzeitjobs, 11% studieren an 4-Jahres-Colleges weiter, aber auch für 19,4% dieser Absolventen beginnt der geplante Einstieg ins Berufsleben fernab von bezahlter Beschäftigung.

Fachliche Qualifizierung und Weiterbildung finden fast ausschließlich in den Betrieben statt. Gelingt der Eintritt in eine Firma, erhalten die Anfänger gewöhnlich umfangreiche Schulungen als On-the-job-training und Unterstützung durch ein Mentorensystem. Übliche Rotationen der Tätigkeiten ermöglichen den Ewerb aller notwendigen Kenntnisse und Fähigkeiten für die Arbeit im Unternehmen, so dass sich Professionalisierung weniger an einem Berufsbild orientiert, sondern polyvalent firmenspezifisch entsteht (vgl. etwa Metzler 1999; Demes/Georg 2007).

Daneben gibt es nur wenige subsidiäre Leistungen des Staates. So entstand zur Stärkung der innerbetrieblichen Ausbildung, vor allem aber für die marktgerechte Qualifikation Arbeitsloser, das Lifelong Human Resources Development Center „Ability Garden", das seit 20 Jahren – neben privaten Bildungsträgern – einem Fachkräftemangel vorbeugt. Mit verbesserten Rahmenbedingungen zielt der japanische Staat auf eigenverantwortliches Lernen und fördert die Schaffung einer spezifischen ‚Bildungsbiographie‘. Die viel gescholtene ‚Zertifizierungsgesellschaft‘, in der für fast jedes Wissensgebiet mehrstufige Tests existieren und die jeden noch so kleinen Lernfortschritt mit einer Urkunde prämiert, expandiert auf diese Weise weiter.

Einrichtungen der beruflichen Aus- und Weiterbildung sind neben anderen Erziehungs- und Bildungsinstitutionen wie *Juku* und *Yobikô* (Ergänzungsschulen) Bestandteil des seit vielen Jahrzehnten wachsenden Netzwerks für lebenslanges Lernen (*Shôgai gakushû*). Auf der Basis zivilbürgerlichen Engagements entsteht ein reges Gemeinschaftsleben in 17 143 öffentlichen Bürger- und 1 885 Kulturzentren, die z.T. über Konzertsaal, große Küche oder ähnliche Möglichkeiten für gemeinschaftliche Bildungsaktivitäten verfügen. Daneben existieren 183 Frauenbildungszentren, 1 320 Zentren für Kinder und Jugendliche sowie viele andere Einrichtungen für Freizeitaktivitäten (Statistical Handbook 2005), in denen das vom *Monbukagakushô* (Bildungsministerium ab 2001; engl. MEXT) erklärte Ziel mit Leben erfüllt wird: „shifting from a focus on materialistic wealth to a focus on cultural/spiritual wealth and leading a meaningful life" (Webseite: MEXT).

Neue Formen und Möglichkeiten erhält dieses Netzwerk für lebenslanges Lernen durch die Nutzung der Informationstechnologien. Im Zuge der „E-Japan-Strategy" wurde Japan von 2001 bis 2005 mit einem Ultra-Hochgeschwindigkeitsnetz ausgestattet. Außerdem erhielten Schulen bzw. andere Einrichtungen flächendeckend Computer. Für den qualifizierten Umgang mit Informationstechnologien erfolgt eine bedarfsgerechte kontinuierliche Weiterbildung und Unterstützung der Bevölkerung (vgl. IT-Strategy Headquarters 2001).

6. Chancengleichheit?

Die Antwort auf die Frage, ob sich im Zuge des Demokratisierungsprozesses in der japanischen Gesellschaft Chancengleichheit durchsetzen konnte, oder ob sich eher die seit der Meiji-Zeit angenommene Tendenz zu Konformismus und Gleichmacherei fortgesetzt hat, entscheidet über ganz unterschiedliche Perspektiven auf die Nachkriegsentwicklungen. Das kontinuierliche Bemühen um schichtunabhängigen Bildungserfolg während der Pflichtschulzeit trägt Früchte, die sich in den positiven Ergebnissen der TIMSS- und PISA-Studien offenbaren: Japan gehört nicht nur zu den Ländern, die sowohl bei den erworbenen Lesefertigkeiten als auch bei Kenntnissen in Mathematik und Naturwissenschaften regelmäßig hervorragend abschneiden, sondern auch zu denen, die diese Höchstleistungen im Vergleich zu anderen relativ unabhängig vom sozioökonomisch-kulturellen Hintergrund der Schülerinnen und Schüler erzielen. Laut OECD (2009, S. 8) erklären sich in Japan nur 9% der Varianz der Schulleistungen aus der Qualität des familiären Milieus. Die Zusammenstellung der Daten von 54 untersuchten Ländern der TIMSS- und PISA-Studien zum FBE (Family Background Effekt) zeigt Japan auf Platz 40 (Schütz 2009, 68f.)[14] und unterstützt damit die aktuellen PISA-Befunde. Die Resultate beeindrucken umso mehr unter Beachtung der geringen Segregation von Schülern mit Behinderung (vgl. Meise 2000; 2010). Nicht einmal 1% der Schülerpopulation erhält Unterricht in Sonderschulen, d. h. viele Schüler, die in Deutschland als lernbehindert bzw. verhaltensauffällig gelten und separiert werden, erwerben in der japanischen Regelschule durch binnendifferenzierende Maßnahmen umfassende Kenntnisse und Fähigkeiten. Japan gehört jedoch auch zu den Ländern, in denen der Abstand zwischen leistungsstarken und leistungsschwachen Schülern relativ groß ist (OECD 2007, S. 38) und die Zahl der Schüler ohne ausreichende Lesefähigkeit (unter Level 1) von 2,7% (PISA 2000) auf 7, 4% (PISA 2003) zunahm (MEXT 2006, S. 14). Die sich seit 2007 etablierende *Tokubetsu shien kyôiku* (Spezielle Unterstützungserziehung), die u.a. neue Ressourcen für die Bildung und Erziehung von Kindern mit Entwicklungsstörungen erschließt, ist nur ein Beispiel für die vielfältigen Anstrengungen, die unternommen werden, um Benachteiligungen in der Schulbildung frühzeitig entgegenzuwirken.

Gezielte Untersuchungen zur verfassungsrechtlich garantierten Chancengleichheit stehen erst seit wenigen Jahren auf der Agenda des Bildungsministe-

---

14 Deutschland auf Platz 5

riums, obwohl Fujita bereits seit Ende der 1970er Jahre auf Korrelationen zwischen sozioökonomischem Hintergrund und Schulleistung hinweist (Fujita 2010, S. 33f.; 1995). Auch andere Autoren merken die Reproduktion sozialer Ungleichheiten an, die sich vor allem nach der Pflichtschulzeit offenbart, da sekundäre Effekte klassenspezifischer Einflüsse bei der Herausbildung unterschiedlicher Lernhaltungen den weiteren Bildungsweg bestimmen (Kariya 2008, S. 29; 2010b; Ishida 2003; Fujimura-Fanselow 1995; Ishikida 2005; Okano/ Tsuchiya 1999). Aktuelle Ergebnisse der PISA-Studie 2009 verweisen auf die Benachteiligungen Heranwachsender aus Familien mit alleinerziehendem Elternteil (OECD 2009, S. 9). Aber auch Kinder und Jugendliche aus Minderheiten wie *Ainu*, Ryûkyûer, *Burakumin*, anderen Gruppen mit nicht-japanischer Muttersprache[15] oder Kultur, Menschen mit Behinderung und arbeitende Arme sehen sich zusätzlichen Schwierigkeiten in einer mythisch verklärten „homogenen Gesellschaft" gegenübergestellt. Zwar zeigt die zunehmende Anerkennung von Vielfalt verbesserte Bildungschancen (z.B. auch durch *Minzokugakkyu* – „ethnic class") für diese Gruppen während der Pflichtschulzeit, aber die schon länger andauernde Krise führte zum Zurückdrängen affirmativer Maßnahmen wie Stipendienprogramme (vgl. u.a. Gordon 2008, S. 112). Nur 17,4% der *Ainu* erwerben einen tertiären Bildungsabschluss, und die Bildungsbeteiligung in Oberschulen liegt für Heranwachsende aus Minderheitengruppen unter dem Durchschnitt (z.B. für Osaka 2002 81,6% der *Burakumin* und 76,5% der Koreaner; Ito 2008, S. 1; Ahn 2009, S. 261).

Auch Mädchen und Frauen sind nach wie vor benachteiligt. Ihnen Bildung zu ermöglichen, gehört zwar seit alters her zu den Merkmalen japanischer Kultur (vgl. etwa Beauchamp 1989, S. 221-240; Drinck 2000, S. 53f.), in der Vergangenheit geschah dies jedoch vorwiegend in separierenden Lernarrangements. Der Versuch, diese getrennten Welten aufzuheben, führte während der Nachkriegsreformen zur Etablierung koedukativer öffentlicher Grund- und Mittelschulen. Getrenntgeschlechtliche Lernangebote blieben gleichwohl an privaten Schulen (für alle Schulstufen) und an öffentlichen Oberschulen erhalten. Meist blicken diese Schulen auf eine lange Tradition zurück und pflegen ihr Profil als Mädchen- bzw. Jungenschule. Mädchenoberschulen weisen z.T. ein über dem Durchschnitt liegendes akademisches Niveau auf, doch Elitebildung in der Sekundarstufe bleibt Domäne der Jungenschulen. Gemischtgeschlechtliche Oberschulen verfügen teilweise über nach Geschlechtern getrennte Klassen als reguläre Angebote einer facettenreichen Oberschullandschaft.

Doch nicht nur in der Oberschulbildung zeigen sich Unterschiede. Japan gehört zu den Ländern, in denen Jungen nach den Daten der PISA-Studie 2006 am Ende der Pflichtschulzeit in Mathematik einen überdurchschnittlichen Leistungsvorsprung gegenüber Mädchen verzeichnen und Einstellungen zu Naturwissenschaften geschlechtsspezifisch besonders stark variieren (OECD 2007, S. 59 und 33). Eine Befragung von 142 japanischen Lehrern[16] – 35% weibliche und 65%

---

15 Die Zahl der Schüler, die als „requiring Japanese language instruction" vom Bildungsministerium erklärt werden, hat sich in den letzten 15 Jahren vervierfacht, liegt aber bei nur 0,13% der Schülerpopulation (Kanno 2008, S. 1). Unter ihnen befinden sich auch Kinder illegaler Einwanderer, deren Recht auf kostenlose Pflichtschulbildung in öffentlichen Schulen garantiert ist.

16 Der Frauenanteil bei den Lehrpersonen an japanischen Schulen liegt unter dem OECD-Durchschnitt: Grundschulen 62,7%, Mittelschulen 41,1%, Oberschulen 27,6%. (MEXT 2005b: School Basic Survey). Da der Lehrberuf in Japan als statushoch und gut bezahlt gilt, ist er für Männer attraktiv.

männliche – im Jahre 2007 zum Umgang mit Unterschieden bei Schülerinnen und Schülern zeigt, dass Geschlechtsspezifik im Vergleich zu anderen Unterschieden relativ wenig Aufmerksamkeit findet; 8% der Lehrer widmen sich dieser „besonders viel", 51% „ein wenig", 41% beachten sie „überhaupt nicht"[17]. Das Bewusstsein für diese Problematik wächst, seit sich japanische Erziehungs- und Bildungseinrichtungen als eine Quelle des Fortschreibens geschlechts- stereotypen Verhaltens erkennen und als Ressource zur Beseitigung sozialer Ungleichheit zwischen Frauen und Männern verstehen. Einen wichtigen Anstoß bildete die Diskussion um den seit 1994 an allen Schulen etablierten Hauswirt- schaftsunterricht für beide Geschlechter, die auch für Japans Schulen einen gar nicht mal verborgenen „heimlichen Lehrplan" aufspürte. Äußerlich sichtbar an Uniformen der Schülerinnen und Schüler reproduziert die japanische Schule offen die geschlechtsspezifischen Normen und Bilder sowohl im Unterricht als auch in außerunterrichtlichen Aktivitäten, so dass „*Danjyo kyôdô sankaku gakushû*" („Gender oriented learning") – durch ein Gesetz seit 1999 verankert – in den Schulen nur langsam Fuß fasst (vgl. Mizusaki 2009, S. 221).

Statistiken, die Zugangsgleichheit beider Geschlechter zur Oberschule suggerieren, vertuschen die tatsächliche Diskriminierung der Mädchen. Dass junge Frauen in weniger renommierten Schulen lernen als ihre männlichen Mitschüler, tritt erst beim Übergang in den tertiären Bereich zu Tage, liegt doch der weibliche Anteil bei Universitätsstudierenden nur bei 40%, während 88% der Junior-College-Absolventen (meist nur zwei Jahre Studium) junge Frauen sind (Statistical Yearbook 2009). Das ‚akademische Frauensterben' zeigt sich in Japan in anderen Dimensionen als etwa in Deutschland, denn die Ausbildung an weniger angesehenen Einrichtungen erschwert den Übergang zu *Daigakuin kenkyû-ka* (Magister- und Doktorandenkursen). Durchschnittlich beträgt der Frauenanteil an diesen Kursen 31% (Statistical Yearbook 2009). Der geringe Anspruch der japanischen Gesellschaft, statushohe Positionen mit Frauen zu besetzen, drückt sich in der Planung des Verbandes der staatlichen Universitäten (*Kokuritsu daigaku kyôkai*) aus, den Anteil der Professorinnen von 6,6% (1998) bis 2010 auf gerade 20% zu erhöhen (Ishikawa 2009, S. 153).[18]

Zweifellos hegt die heutige Elterngeneration größere Ambitionen hinsichtlich der Bildungsabschlüsse ihrer Töchter als noch die vor wenigen Jahrzehnten (vgl. Hilgendorf 1985, S. 273 f.), aber das Ideal einer hochqualifizierten Hausfrau und Mutter bleibt weithin unangefochten. Die oben genannte Unfähigkeit des Arbeits- marktes, Arbeitskräfte entsprechend ihrer Qualifikation einzusetzen, unter der aktuell immer mehr Männer leiden, stellt für weibliche Absolventen kein neues Problem dar. Selbst für Frauen mit einem vierjährigen Studium an einer Spitzen- Universität bestanden bisher nicht die gleichen Chancen in der Arbeitswelt wie für Männer. Die Studienmotivation vieler junger Frauen reduziert sich deshalb oft auf die Partnerwahl am Studienort bzw. in einer prestigeträchtigen Firma, in der sie dann noch immer als „Blume am Arbeitsplatz" (Herold 1980) bis zur

---

17 Auf einer Skala von 1-3 (viel bis keine Beachtung) gaben die befragten Lehrerinnen und Lehrer aller Schulstufen durchschnittlich das Beachten geschlechtsspezifischer Unterschiede mit 2,3 Punkten an, während die anderen Schülerunterschiede durchschnittlich 1,72 Punkte erhielten. Lehrer für Mathematik und Naturwissenschaften unterschieden sich in dieser Frage nicht von anderen Lehrern (eigene Untersuchung von 2007: Meise).

18 2005 lag der Frauenanteil bei „ordentlichen Professoren" bei 10%; bei den Lehrkräften an staatlichen Universitäten insgesamt bei 23%; bei privaten Universitäten und Junior Colleges liegt die Quote höher; bei letzteren liegt der Anteil von Frauen an den Lehrkräften insgesamt bei 47%, bei den „ordentlichen Professoren" bei 34% (vgl. MEXT).

Hochzeit nicht ihrer Qualifikation entsprechende Tätigkeiten und später schlecht bezahlte Teilzeitarbeit ausführen.

Der Blick auf private Bildungsinstitutionen offenbart andere Formen ungleich verteilter Bildungschancen. Falls nicht eine Neuausrichtung der Bildungspolitik den aktuellen neoliberalen Entwicklungstendenzen entgegensteuert, droht Japan ein Bildungssystem im „Cafeteria-Stil"[19], das je nach ‚Hunger', ‚Appetit' und ‚Verträglichkeit', vor allem aber entsprechend der Finanzstärke der Eltern unterschiedliche Bildungs-Menüs, für Heranwachsende bereit hält. Schon heute verfügt Japan über ein umfassendes Netz privater Bildungseinrichtungen. Mit der hohen Wertschätzung von Lernen und Bildung geht die Bereitschaft vieler Eltern – nicht nur einkommensstarker Schichten – einher, ihren Kindern durch zusätzliche finanzielle Aufwendungen optimale Bildungschancen zu eröffnen. Schon jetzt finanzieren sich mehr als die Hälfte der vorschulischen Einrichtungen, ein Viertel der Oberschulen und drei Viertel der Universitäten aus privater Hand.

Neben dem öffentlichen Bildungssystem entstanden Parallelstrukturen, an denen Heranwachsende vom Kindergarten bis zur Festanstellung[20] ohne Kontakt zu öffentlichen Angeboten partizipieren. Die *Elito kyôiku* (Elite-Bildung)[21] vollzieht sich zunehmend in solchen privaten Einrichtungen, auch wenn private Hochschulen nach wie vor über durchschnittlich schlechtere Studienbedingungen verfügen als staatliche.

7. Reformverdruss oder Flexibilität?

Neben den zahlreichen kleineren Veränderungen in den vergangenen Jahrzehnten, die trotz der politischen Rhetorik von der dritten großen Bildungsreform eher auf pragmatische Anpassungen an veränderte Bedingungen oder internationale Trends hinauszulaufen scheinen, gibt es Themen, die immer wieder neu aufgegriffen und variiert werden. Dazu gehört die Frage nach Art und Ausmaß der nationalen Erziehung oder Indoktrination. Seit der Konsolidierung der Meiji-Regierung im kaiserlichen Familienstaat gehörten das Hissen der Flagge und das Singen der Hymne *Kimi ga yo*, einer Lobpreisung des Kaisers, zu allen schulischen Zeremonien. Der liberale Umgang mit Flagge und Kaiserhymne nach dem zweiten Weltkrieg fand 1999 durch die Verabschiedung des „Gesetzes zum Umgang mit Nationalfahne und -hymne" (*Kokki oyobi kokka ni kansuru hôritsu*) ein Ende. Lehrer und Schüler öffentlicher Schulen wurden dazu verpflichtet, *Kimi ga yo* zu intonieren. Auch wenn in einigen Schulen die Flagge „invisible" und die Hymne „inaudible" (Goodman 2003, S. 14) bleiben, sehen sich Lehrer anderer Schulen dienstrechtlichen Sanktionen ausgesetzt, wenn sie ihren Schülern durch Verweigerung eine kritische Haltung gegenüber nationaler Symbolik vermitteln wollen. Diese Repressalien gehen mit der forcierten Durchsetzung des Erziehungsgrundsatzes *Kyôdo yakuni wo aisuru kokoro* („Heimat und Land liebendes Herz") im schulischen Alltag einher, der im Erziehungsgrundgesetz 2006 verankert wurde.

Ein anderes, stetig wiederkehrendes Thema ist die Klage über Standardisierung und Uniformierung im Schulwesen. Hier treffen sich Vertreter einer

---

19 Bezeichnung für die zukünftige Schullandschaft Japans vom Schulleiter der Ritsumeikan Mittel-Oberschule, Shiozaki Sensei (Interview 2007: Meise).

20 Wolferen beschreibt dieses System unter dem Titel „From the cradle to the ministries" (Wolferen 1993, S. 114f.).

21 Im Kontrast zur „Tax-Payer-Education" der öffentlichen Schule.

politischen Bildungssoziologie (wie Horio, Teruhisa; Fujita, Hidenori; Kariya, Takehiko) und eher reformpädagogisch orientierte Kritiker an der als nicht hinreichend empfundenen expliziten Förderung individueller Eigenarten und Stärken der einzelnen Kinder mit neoliberal argumentierenden Reformbefürwortern, die eine stärkere Diversifizierung von Bildungsgängen fordern (vgl. u.a. Kariya 2010a, S. 12). Neuerdings greifen diese Positionen verstärkt auf ein Vorbild aus der eigenen Tradition zurück: Die schülerzentrierte Methodik der *Terakoya*. Möglicherweise wird es auf diese Weise eher möglich, die Forderung nach individualisierenden Maßnahmen mit dem in der dominierenden konservativen politischen Szene nach wie vor stark ausgeprägten Wunsch zu versöhnen, angesichts der Globalisierungstendenzen die kulturelle Homogenität des japanischen ‚Staatsvolkes' vermittels Schule zu sichern und zu stärken.

Angesichts der heute gerade durch die PISA-Studien aufgedeckten unzureichenden Leistungsfähigkeit der Schule in Deutschland werden Ambitionen, in Japan ein segregierendes Schulsystem einzuführen, allerdings zurückgedrängt. Eine Position, wie sie Anfang der 1930er Jahre Murakami notierte, ist heute kaum mehr denkbar: „Der Verschiedenheit menschlicher Begabungen und Fähigkeiten muss sich auch der ganze Aufbau des Schulwesens anpassen. In dieser Hinsicht ist die Vielgestaltigkeit der deutschen höheren Schulen auch für Japan mustergültig" (Murakami 1934, S. 272). Durch die Ablehnung interschulischer Differenzierung während der Pflichtschulzeit entstanden in japanischen Schulen demgegenüber äußerst flexible Strukturen intraschulischer und innerer Differenzierung, die auf Vereinzelung der Schüler und Separierung nach Leistungsfähigkeit weitestgehend verzichten.

Die Forderung nach einer stärkeren Beachtung von Individualität führte 2002 zur Propagierung von *Yutori kyôiku* („Lernen ohne Druck"). Die Reduzierung des Lehrplans um 30%, die Durchsetzung der 5-Tage-Woche, die (Wieder)einführung[22] von *Sôgô teki na gakushû no jikan* (Projektunterricht; wörtl. „Zeit für integrierendes Lernen") u.a. sollten Freiräume schaffen und damit der zunehmenden Vielfalt der Schülerinnen und Schüler besser Rechnung tragen. Aber gegen diese Neuerungen protestierten nicht nur Eltern[23], sondern auch 40% der Schüler äußerten nach einem Jahr, dass sie mehr lernen wollten (MEXT 2004, S. 108). Daraufhin öffneten Schulen sonnabends wieder ihre Türen und die Reduktion der Lerninhalte wurde schrittweise zurückgenommen. Die Diskussionen um eine kindgerechtere Schule hinterließen jedoch Spuren. So sollen die 2007 nach Jahrzehnten erstmals wieder durchgeführten nationalen Leistungstests am Ende der Grund- und Mittelschule nicht im Widerspruch zu einer *Kosei jûshi no kyôiku* („Individualität respektierenden Erziehung") stehen, sondern deren Rahmen bilden.

Auch diese Beispiele dokumentieren je nach Interpretation Reformverdruss, Flexibilität oder Orientierungslosigkeit. Eine treffende Formel für die sog. dritte Bildungsreform hat Terasaki gefunden. Er betrachtet sie als „großes Projekt", in dem die unterschiedlichen Interessen von Industrie und Politik sowie die Erziehungsideale der verschiedenen sozialen Schichten nur schwer zu einem Konsens finden (Terasaki 2009, S. 64). Umfangreiche Befragungen wie die von 36 000 Schülern, Eltern, Lehrern, Mitarbeitern der Bildungsadministration und Bürgermeistern im Jahre 2005 dokumentieren das anschaulich: Während Eltern zu 67%

---

22 Nach dem Krieg etablierte sich die Projektmethode, verschwand dann jedoch aus dem Stundenplan der Regelschule (vgl. Kojima 1985, S. 4ff).

23 61% der Eltern sprachen sich bei einer Befragung im Jahre 2005 für zusätzlichen Unterricht am Sonnabend aus (MEXT 2005a, S. 261).

für mehr Unterrichtszeit eintreten, meinen nur 36% der Lehrpersonen, dass die Zahl der Unterrichtsstunden wieder erhöht werden muss. Intraschulische Leistungsdifferenzierung unterstützt ein Drittel der Bürgermeister und Mitarbeiter der Bildungsadministration besonders stark, während andere Befragtengruppen dieser Form der Differenzierung skeptischer gegenüberstehen. Relativ einmütig lehnen die Befragten jedoch Klassenwiederholung und Einschulung mit fünf Jahren ab und befürworten leistungsunabhängige Differenzierungen wie Teamteaching und Teilungsunterricht (ohne Leistungsbezug). Vereint distanzieren sich Eltern und Lehrer von nationalistischer Indoktrination in der Schule, während knapp die Hälfte der Bürgermeister und Leiter der Schuladministration für den Slogan *Kyôdo yakuni wo aisuru kokoro* („Heimat und Land liebendes Herz") eintreten (MEXT 2005a, S. 250ff.).

8. Ausblick

Reißerische Katastrophenmeldungen – in den Medien wie in der Wissenschaft – zeichnen seit der Jahrtausendwende ein Bild der japanischen Gesellschaft als „Nation at Risk" (einschließlich der aus den USA geborgten Krisen-Rhetorik; vgl. u.a. Willis 2008, Takayama 2007) mit einem Schulalltag, der von „Zusammenbrüchen der Schulklasse" (*Gakkyû hôkai*) [24], „sinkendem Fähigkeitsniveau" (*Gakuryoku teika*) [25] usw. geprägt sei. Im ersten Bericht des *Kyôiku saisei kaigi sôkai* (Education Rebuilding Council) finden sich Aussagen wie: „Public education can even be said to have fallen into a state of dysfunction" (o. A. 2007, S. 20). Ideologisch verkürzte Dispute aus sehr verschiedenen Lagern begründen die Probleme schnell mit dem Auftauchen der *Yutori kyôiku* („Lernen ohne Druck") und ignorieren, dass sich das japanische Bildungssystem tatsächlich vielfältigen Schwierigkeiten gegenübersieht, die weder pädagogisch noch bildungspolitisch zu bewältigen sind.

Der rapide Anstieg des Gini-Index von 24,9 (1993) auf 38,1 (2009) (CIA World Factbook 2009) markiert das ökonomische Auseinanderdriften der japanischen Bevölkerung im Zuge neoliberaler Wirtschaftspolitik, die nach dem Zusammenbruch der „Japan AG" 1990 die Krise deutlich verschärfte. Der Regierungswechsel 2009, der eine – schon bald schwächelnde – „Brüderliche Revolution" (*Yûai kakumei*) einleitete und damit der Jahrzehnte bestehenden „Trinität" aus LDP (Liberaldemokratische Partei *Jiyûminshutô*), Industrie und Bürokratie ein Ende bereitete, verdeutlicht das Drängen nach Veränderungen. Zu den ersten Maßnahmen der neuen DPJ-Regierung (Demokratische Partei *Minshutô*) zählten nicht nur das Durchsetzen der Schulgeldfreiheit für die Oberschulbildung, die die Familien erheblich entlastet und die öffentliche Schule stärkt, sondern auch die sofortige Aufhebung der erst im April 2009 eingeführten Pflicht für Lehrer, alle zehn Jahre ihre Lehrerlizenz zu erneuern. Damit sind Zeichen gegen die konservativ ausgerichtete Bildungspolitik der vergangenen Jahre gesetzt. Im Kontrast zu massiven Kürzungen der letzten Jahrzehnte im vergleichsweise restriktiven Sozialsystem Japans erhöhte die neue Regierung die Sozialausgaben um ca. 10%, sodass das Kindergeld angehoben wurde (allerdings

---

24 Eine beobachtete Unterrichtsstunde, die nach Auffassung eines japanischen Erziehungswissenschaftlers als „Zusammenbruch der Schulklasse" zu werten ist, erscheint einem deutschen Beobachter zwar als wenig fokussiert und unruhig, aber von „Zusammenbruch" kann keine Rede sein (Untersuchung 2007: Meise).

25 Z.B. erreichte Japan in PISA-Studien im Bereich Mathematik 2000 Platz 1 und blieb 2007 mit Platz 6 weiterhin in der Spitzengruppe.

nur um die Hälfte des angekündigten Betrages), Alleinerziehende besser gestellt und Steuererleichterungen für Non-Profit-Organisationen (NPO), die nicht selten Unterstützung für benachteiligte Kinder und Jugendliche leisten sowie einen der Grundpfeiler des zivilbürgerlichen Engagement der Japaner bilden, gewährt werden (vgl. Saaler 2010, S. 1).

Es bleibt abzuwarten, ob diese zu begrüßenden Aktionen der neoliberalen Bildungspolitik der letzten Jahrzehnte etwas entgegensetzen und ob weitere integrierende Maßnahmen einem Bildungssystem mit „Tax-Payer-Education" (in öffentlichen Schulen) vs. „Elite-Education" (in privaten Parallelschulsystemen) vorbeugen können. Der Disput um „educational autonomy" und „equal opportunity" im Vorfeld der Revision des Bildungsgrundgesetzes 2006 verweist auf anhaltende Spannungen zwischen konservativen und progressiven Kräften (Okada 2002, S. 438).

Im Vergleich zu vielen anderen Industriestaaten besitzt Japan mit einer ausgeprägten Lernkultur, den Erfolgen einer Bildungsgesellschaft und einem hoch entwickelten IT-Bereich gute Voraussetzungen, die viel beschworene Wissensgesellschaft (*Chishiki shakai*) als ein Projekt für alle zu gestalten. Ob diese kulturellen Errungenschaften ohne eine tiefgreifende Umgestaltung der Gesellschaft umfassend genutzt werden können, ist allerdings fraglich.

Literatur

Ackermann, P. (1999): Menschenbildung, von der niemand spricht – Die „Aufnahmeprüfungsvorbereitungsindustrie". In: Schubert, V. (Hg.): Lernkultur – Das Beispiel Japan. Weinheim: Deutscher Studien Verlag, S. 77-84.

Ahn, R. (2009): Schooling Minorities: An Examination of Dowa and Minzokugakkyu Educational Models in Japan. In: Wiggan, G./Hutchison, C. (Hg.): Global Issues in Education – Pedagogy, Policy, Practice, and the Minority Experience. Lanham/NY/Toronto/Plymouth: Rowman & Littlefield Publisher.

Baumert, J./Lehmann, R./Lehrke, M./Schmitz, B./Clausen, M./Hosenfeld, I./Köller, O./ Neubrand, J. (1997): TIMSS – Mathematisch-naturwissenschaftlicher Unterricht im internationalen Vergleich – Deskriptive Befunde. Opladen: Leske + Budrich.

Beauchamp, E./Vardaman, J. (Hg.) (1994): Japanese Education since 1945: a documentary study. New York, London: M. E. Sharpe.

Beauchamp, E. (1989): Education in Japan: a source book. New York und London: Garland Publishing.

BLL - Buraku Liberation Leage: Webseite - http://www.bll.gr.jp/index.html (Stand Jan. 2011).

Benjamin, G. (1997): Japanese Lessons. A Year in a Japanese School through the Eyes of an American Anthropologist and Her Children. New York: New York Univ. Press.

Bollnow, O. (1987): Vom Geist des Übens – Eine Rückbesinnung auf elementare didaktische Erfahrungen. Oberwil b. Zug: Verlag Rolf Kugler.

Buchholz, P. (2003): Schreiben und Erinnerung. Über Selbstzeugnisse japanischer Kriegsteilnehmer. München: Iudicium.

Burgess, C. (2008): Celebrating 'Multicultural Japan'. Writings on 'Minorities' and the Discourse on 'Difference'. In: Electronic journal of contemporary Japanese studies, Article 7 in 2008, http://www.japanesestudies.org.uk/articles/2008/ Burgess.html (Stand Juli 2009).

CIA World Factbook (2009). https://www.cia.gov/library/publications/the-world-factbook/ fields/2172.html (Stand: Juni 2010).

Conduit, A. (1996): Educating Andy – The Experience of a Foreign Family in the Japanese Elementary School System. Tokyo u.a.: Kodansha International.

Coulmas, F. (2000): Japan auf dem Weg in die multikulturelle Gesellschaft? In: Interkulturell, H. 1/2 Jg. 2000; S. 108-120.

Decke-Cornill, A. (1996): Sozialisationsprozesse an japanischen Hochschulen. In: Schründer-Lenzen, A. (Hg.): Harmonie und Konformität. Tradition und Krise japanischer Sozialisationsmuster, München: Iudicium, S. 104-127.

Demes, H./Georg, W. (2007): Bildung und Berufsbildung in Japan. In: Bellmann, K.; Haak, R. (Hg.): Der japanische Markt. Herausforderungen und Perspektiven deutscher Unternehmen. Wiesbaden: Deutscher Universitäts-Verlag.

De Vos, G./Wetherhall, O.: Japan's Minorities – Burakumin, Koreans, Ainu und Okinawans. In: Minority Rights Groups Report No. 3, London.

Dierkes, J. (2010): Teaching in the shadow: operators of small shadow education institutions in Japan. In: Asia Pacific Education Review 11; S. 25-35.

Dore, R. (1965): Education in Tokugawa Japan. Berkeley/Los Angeles: Univ. of California Press.

Dawson, W. (2010): Private tutoring and mass schooling in East Asia: reflections of inequality in Japan, South Korea, and Cambodia. In: Asia Pacific Education Review 11; S. 14-24.

Drinck, B. (2000): Das Bildungswesen in der Tokugawa- oder Edo-Zeit von 1600-1867. In: Haasch, G. (Hg.): Bildung und Erziehung in Japan. Berlin: Edition Colloquium im Wissenschaftsverlag Volker Spiess, S. 37-65.

Drinck, B. (2002): Marktorientierung im japanischen Bildungssystem - Einblick in den gegenwärtigen japanisch-deutschen Diskurs. Zeitschrift für Erziehungswissenschaft, 5. Jahrg., Heft 2; S. 261-278.

Erbe, A. (2001): Neue Konstellationen und alte Hemmnisse – Anmerkungen zur Umsetzung zweier zentraler Bildungsreformvorhaben. In: Bosse. F./Köllner, P. (Hg.): Reformen in Japan, Hamburg: Institut für Asienkunde, S. 285-292.

Fujimura-Fanselow, K. (1995): Women's Participation in Higher Education in Japan. In: Shields, J. J. (Hg.): Japanese Schooling – Patterns of Socialization, Equality, and Political Control. The Pennsylvania State University Press, S. 163-175.

Fujita, H. (1995): A Crisis of Legitimacy in Japanese Education – Meritocracy and Cohesiveness. In: Shields, J. (Hg.): Japanese Schooling – Patterns of Socialization, Equality, and Political Control. Pennsylvania: The Pennsylvania State University Press, S. 124-138.

Fujita, H. (2010): Whither Japanese Schooling? Educational Reforms and Their Impact on Ability Formation and Educational Opportunity. In: Gordon, J./Fujita, H./Kariya, T./LeTendre, G. (Hg.): Challenges to Japanese Education – Economics, Reform, and Human Rights. New York, London: Teachers College Press und Yokohama: Seori-shobo, S. 17-53.

Fukuzawa, Y. (1966): The Autobiography of Yukichi Fukuzawa und Encouragement of Learning. NY: Columbia University Press.

Goodman, R. /Phillips, D. (Hg.) (2003): Can the Japanese Change Their Education System? Oxford: Symposium Books.

Gordon, J. (2008): Japan`s Outcaste Youth – Education for Liberation. Boulder/London: Paradigm Publishers.

Hawkins, J. (1995): Educational Demands and Institutional Response: Dowa Education in Japan. In: Shields, J. J. (Hg.): Japanese Schooling – Patterns of Socialization, Equality, and Political Control. University Park: The Pennsylvania State University Press, S. 194-211.

Herold, R. (1980): Die Blume am Arbeitsplatz. Japans Frauen im Beruf. Tübingen, Basel: Erdmann.

Hijiya-Kirschnereit, I. (1988): Das Ende der Exotik. Frankfurt/M.: Suhrkamp.

Hilgendorf, E. (1985): Förderung besonders befähigter Schüler in Japan im einheitlichen Ganztagsunterricht. Informationen zur schulischen Hochbefähigtenförderung, Teil 4-1, Berlin: Pädagogisches Zentrum.

Horio, T. (1998): Tenno-Staat und Nationalerziehung: Das kaiserliche Japan – ein Erziehungsstaat? In: Benner, D./Schriewer, J./Tenorth, H. (Hg.): Erziehungsstaaten – Historisch vergleichende Analysen ihrer Denktraditionen und nationaler Gestalten. Weinheim: Deutscher Studien Verlag; S. 305-322.

Horio, T. (1989): Educational Thought and Ideology in Modern Japan – State Authority and Intellectual Freedom. Tokyo: University of Tokyo Press.

Howell, L./Morimoto, H. (2009): An Etymological Dictionary of Chinese Character Interpretations (http://www.kanjinetworks.com/eng/kanji-dictionary/online-kanji-etymology-dictionary. cfm?kanji_id=KUARx18 (Stand: November 2010).

Ikeda, H. (2001): Buraku Students and Cultural Identity: The Case of Japanese Minority. In: Shimahara, K. (Hg.): Ethnicity, Race, and Nationality in Education – A Global Perspective. Mahwah/ London: Lawrence Erlbaum Associates Publishers, S. 81-100.

Inoue, K. (2001): Geschichte Japans. Frankfurt/M./New York: Campus Verlag.

Ito, M. (2008): Diet officially declares Ainu indigenous. In: The Japan Times 7.6.2008. IT-Strategy Headquarters (2001): e-Japan Strategy. http://www.kantei.go.jp/foreign/it/network/ 0122full_e.html (Stand: Juni 2010).

Ishida, H. (2003): Educational Expansion and Inequality of Access to Education in Japan. http://www.allacademic.com//meta/p_mla_apa_research_citation/1/0/7/7/3/pages107738/p107738-1.php (Stand: Juni 2010).

Ishikida, M. (2005): Japanese Education in the 21st Century. NY, Lincoln, Shanghai: iUniverse.

Ishikawa, M. (2002): Terakoya (Tempelschulen). In: Hirahara, H./Terasaki, M. (Hg.): Shinban kyôiku shôjiten (Neuauflage des Kleinen Erziehungswörterbuches). 2. Aufl., Tokyo: Verlag Gaku yô shobo, S. 234.

Ito, T. (2007): Übergänge und Kontinuitäten – Studien zur Rezeptionsgeschichte westlicher Pädagogik in Japan. München: Iudicium Verlag.

Kakuzo, O. (2002): Das Buch vom Tee. Frankfurt/M., Leipzig: Insel-Verlag.

Kanegae, H. (2010): Schooling of Buraku Women: Life Histories in Eastern Japan. In: Gordon, J./Fujita, H./Kariya, T./LeTendre, G. (Hg.): Challenges to Japanese Education – Economics, Reform, and Human Rights. New York, London: Teachers College Press; Yokohama: Seori-shobo, S. 131-146.

Kanno, Y. (2008): Language Minority Education in Japan. In: Creese, A. /Martin, P./Hornberger, N. (Hg.): Encyclopedia of Language and Education, 2nd Edition, Vol. 9: Ecology of Language, S. 237-248.

Kariya, T. (2010a): Views from the Japanese Side. In: Gordon, J./Fujita, H./Kariya, T./LeTendre, G. (Hg.): Challenges to Japanese Education – Economics, Reform, and Human Rights. New York, London: Teachers College Press; Yokohama: Seori-shobo, S. 11 -13.

Kariya, T. (2010b): The End of Egalitarian Education in Japan? In: Gordon, J./Fujita, H./Kariya, T./LeTendre, G. (Hg.): Challenges to Japanese Education – Economics, Reform, and Human Rights. New York, London: Teachers College Press; Yokohama: Seori-shobo, S. 54-66.

Kariya, T. (2008): Gakuryoku to kaisô (Academic Achievement and Social Class). Tokyo: Asahi Shimbun.

Kim, B. (2008): Bringing class back in: the changing basis of inequality and the Korean minority in Japan. In: Ethnic and Racial Studies, 31:5; S. 871-898.

Klieme, E. Bos, W. (2000): Mathematikleistung und mathematischer Unterricht in Deutschland und Japan – Triangulation qualitativer und quantitativer Analysen am Beispiel der TIMSS-Studie. In: Zeitschrift für Erziehungswissenschaft Vol. 3, Nr. 3; S. 359-379.

Kopp, B. v. (1990): Zeit für Schule: Japan. Köln, Wien: Böhlau (Studien und Dokumentationen zur vergleichenden Bildungsforschung, Bd. 48/2).

Kuroyanagi, T. (1994): Totto-chan. So wunderbar kann Schule sein. Frankfurt/M.: Fischer.

Kojima, H. (1985): The Influence of Western Philosophy and Theories of Psychology and Education on Contemporary Educational Theory and Practice in Japan. Washington: Office of Educational Research and Improvement. http://www.eric.ed.gov/PDFS/ED271390.pdf (Stand: Juni 2010).

Lewis, C. (1996): Die „Kultur des Klassenzimmers" in japanischen Grundschulen. In: Elschenbroich, D. (Hg.): Anleitung zur Neugier. Grundlagen japanischer Erziehung. Frankfurt a.M.: Suhrkamp, S. 275-298.

Lewis, C. (1994): Educating Hearts and Minds. Japanese Preschool and Early Elementary Education. Cambridge: Cambridge University Press.

Lewis, P. (2009). Ethnologue: Languages of the World. 16. Aufl.; Dallas: Online edition: http://www.ethnologue.com/show_country.asp?name=JP (Stand November 2010).

Luhmer, K. (1972): Schule und Bildungsreform in Japan. Bd. I, Tokyo: Japanisch-Deutsche Gesellschaft.

Maher, J. (1997): Lingustic Minorities and Education in Japan. In: Educational Review, Vol. 49 No.2; S. 115-127.

Maruyama, M. (1988): Denken in Japan. Frankfurt a. M.: Suhrkamp.

McVeigh, B. J. (2002): Japanese Higher Education as Myth. New York, London: M. E. Sharpe.

Meguro, Y. (2001): Education for Women and Girls in Japan – Progress and Challenges. http://www.unescobkk.org/fileadmin/user_upload/appeal/gender (Stand: Juni 2010).

Meise, S. (2000): Normalization is best – Einstellung japanischer Lehrer zur Integration behinderter Schüler in das Regelschulsystem; In: Die neue Sonderschule 45/2000/5, Neuwied: Luchterhand Verlag; S. 352-362.

Meise, S. (2010): Land mit hörgeschädigtem Glücksgott – Glück für hörgeschädigte Schüler? Aktuelle Tendenzen der Bildung und Erziehung von Schülern mit Hörschädigung in Japan; In: Wildemann, A. (Hg.): Bildungschancen hörgeschädigter Schüler und Schülerinnen. Beiträge zur aktuellen Bildungsdebatte. Bad Heilbrunn: Klinkhardt, S. 227-248.

Metzler, M. (1999): Die vorläufige Qualifizierung. Betriebliche Erstqualifizierung von Hochschulabsolventen in japanischen Großunternehmen. Opladen: Leske + Budrich.

MEXT (Ministry of education, culture, sports, science and technology Japan) (2005a): Gimu kyôiku ni kansuru ishiki chyôsa (Untersuchung über das Bewusstsein über die Pflichtschule. In: Kôiku anketo chyôsa nenkan (Forschungsjahrbuch über Fragebögen in Bildung und Erziehung). Tokyo: Verlag Sou iku sha, S. 250-272.

MEXT (2005b): School basic survey. http://www.mext.go.jp/english/statist/07070310.htm (Stand: Juni 2010).

MEXT (2004): Shin gakushû shidô yôryô (Hauptpunkte der neuen Lernführung). In: Nihonjin no kosodate kyôiku wo yomitoku deeta sôran (Gesamtüberblick aufbereiteter Daten über Kinderbetreuung und Erziehung der Japaner). Tokyo: Seikatsu jôhô sentaa (Zentrum für Lebensinformation); S. 108.

MEXT (2006): Education at glance. http://www.mext.go.jp/english/statist/07070310/005.pdf (Stand: November 2010).

MEXT: Webseite des Bildungsministeriums (Englisch). http://www.mext.go.jp/english/ (Stand: Juni 2010).

Miller, A./Kanazawa, S. (2000): Order by Accident – The Origins and Consequences of Conformity in Contemporary Japan. Boulder, Oxford: Westview Press.

Ministry of Health, Labour and Welfare: Webseite des Ministeriums (Englisch). http://www.mhlw.go.jp/english/policy/affairs/dl/04.pdf (Stand: Juni 10).

Mizusaki, T. (2009): Danjo kyôdô sankaku gakushû (Das Lernen der Geschlechter - gemeinsam geplantes teilnehmendes Lernen) In: Hirahara, H./Terasaki, M. (Hg.): Shinban kyôiku shôjiten (Neuauflage des Kleinen Erziehungswörterbuches). 2. Aufl. Tokyo: Verlag Gakuyôshobo; S. 221.

Möller, J. (1995): Damit „in keinem Haus ein Unwissender zu finden sei" – Zum Wirken von Emil Hausknecht und der Herbart-Rezeption in Japan. Köln: Iudicium Verlag.

Murakami, K. (1934): Das japanische Erziehungswesen; Japanisch-Deutsches Kulturinstitut Tokyo: Verlag Fuzambo.

Nakamura, K (2006): Deaf in Japan – Signing and the Politics of Identity. Ithaca, London: Cornell University Press.

Nakane, C. (1985): Die Struktur der japanischen Gesellschaft. Frankfurt a. M.: Suhrkamp.

O. A. (2007): First Report of the Education Rebuilding Council. In: Japan Echo, No. 4; S. 20-22.

OECD (2007): PISA Naturwissenschaftliche Kompetenzen für die Welt von Morgen. http://www.kooperation international.de/japan/themes/info/detail/data/2242/ (Stand: Okt. 09).

OECD (2009): Viewing the Japanese school system through the prism of PISA. www.oecd.org/dataoecd/33/9/46623994.pdf (Stand: Jan. 11).

Okada, A. (2002): Education of whom, for whom, by whom? Revising the Fundamental Law of Education in Japan. In: Japan Forum, Vol. 14, No. 3,1; S. 425-441.

Okano, K./Tsuchiya, M. (1999): Education in Contemporary Japan – Inequality and Diversity. Cambridge: University Press.

Pantzer, P. (Übers., Hg.) (2002): Die Iwakura-Mission. Das Logbuch des Kume Kunitake über den Besuch der japanischen Sondergesandtschaft in Deutschland, Österreich und der Schweiz im Jahre 1873. München: Iudicium.

Passin, H. (1965): Society and Education in Japan. New York: Teachers College Press, Columbia University.

Pauli, C./Reusser, K. (2006): Von international vergleichenden Video Surveys zur videobasierten Unterrichtsforschung und -entwicklung. In: Zeitschrift für Pädagogik, 52. Jg. H. 6; S. 774-798.

Richter, S. (1998): Modernen in Ostasien. Leipziger Universitätsverlag.

Roesgaard, M. (2006): Japanese Education and the Cram School Business – Functions, Challenges and Perspectives of the Juku. Copenhagen: NIAS Press.

Rohlen, T. (1983): Japan's High Schools. Berkeley, Los Angeles, London: University of California Press.

Rohlen, T. (1980): The Juku phenomenon: An exploratory essay. In: Journal of Japanese Studies, 6 (2), S. 207-242.

Russell, N. (1997): Lessons from Japanese Cram Schools. In: Cummings, W./Altbach, P. (Hg.): The Challenge of Eastern Asian Education – Implications for America. Albany: State Univ. of New York Press, S. 153-170.

Saaler, S. (2010): Regierungswechsel in Japan. Sozialdemokratie ohne Sozialdemokraten? Friedrich Ebert Stiftung. http://library.fes.de/pdf-files/id/07288.pdf (Stand: Juni 2010).

Sato, N. (2004): Inside Japanese Classrooms – The Heart of Education. NY/London: RoutledgeFalmer.

Schütz, G. (2009): Educational Institutions and Equality of Opportunity, ifo Beiträge zur Wirtschaftsforschung, Nr. 34; München: ifo Institut für Wirtschaftsforschung.

Singleton, J. (1995): Gambaru: A Japanese Cultural Theory of Learning. In: Shields, J. (Hg.): Japanese Schooling – Patterns of Socialization, Equality, and Political Control. Pennsylvania: The Pennsylvania State University Press, S. 8-15.

Schaarschmidt, S. (1996): Die Würde des Lernens. Zur Geschichte der Erziehung in Japan. In: Elschenbroich, D. (Hg.): Anleitung zur Neugier. Grundlagen japanischer Erziehung. Frankfurt a. M.: Suhrkamp, S.144-161.

Schleicher, A. (2006): Education at a Glance 2006 – OECD Briefing Note for Japan. http://www.oecd.org/dataoecd/52/2/37392708.pdf (Stand: Juni 2010).

Schubert, V. (2005): Pädagogik als vergleichende Kulturwissenschaft. Wiesbaden: Verlag für Sozialwissenschaften.

Schubert, V. (Hg.) (1999): Lernkultur. Das Beispiel Japan. Weinheim: Deutscher Studien Verlag.

Schubert, V. (1998): Japan in der Meiji-Zeit – Schule im Prozess der Formierung des „modernen" Alltagslebens. In: Benner, D./Schriewer, J./Tenorth, H. (Hg.): Erziehungsstaaten – Historisch vergleichende Analysen ihrer Denktraditionen und nationaler Gestalten. Weinheim: Deutscher Studien Verlag; S. 323-337.

Schubert, V. (1992): Die Inszenierung der Harmonie. Erziehung und Gesellschaft in Japan. Darmstadt: Wissenschaftliche Buchgesellschaft.

Shimahara, N. (1971): Burakumin – A Japanese Minority and Education. The Hague: Martinus Nijhoff.

Siddle, R. (2006): The making of Ainu moshiri – Japan's indigenous nationalism and its cultural fictions. In: Shimazu, N. (Hg.): Nationalisms in Japan. New York, Abingdon: Routledge.

Singleton, J.: (1995): Gambaru: A Japanese Cultural Theory of Learning. In: Shields, J.J. (Hg.): Japanese Schooling – Patterns of Socialization, Equality, and Political Control. University Park: The Pennsylvania State University Press; S. 8-15.

Statistical Handbook of Japan (2005): Ministry of Internal Affairs and Communications/Statistics Bureau, Director-General for Policy Planning (Statistical Standards) & Statistical Research and Training Institute. http://www.stat.go.jp/english/data/handbook/index.htm (Stand: Juni 2010).

Statistical Yearbook Japan (2009): Ministry of Internal Affairs and Communications/Statistics Bureau, Director-General for Policy Planning (Statistical Standards) & Statistical Research and Training Institute. http://www.stat.go.jp/english/data/nenkan/index.htm (Stand: November 2010).

Sugimoto, Y. (2007): An Introduction to Japanese Society. 2nd edition; Cambridge: Cambridge University Press.

Takayama, K. (2007): A Nation at Risk Crosses the Pacific: Transnational Borrowing of the U.S. Crisis Discourse in the Debate on Education Reform in Japan. In: Comparative Education Review, Vol. 51, No. 4; S. 423-446.

Teichler, U. (1976): Das Dilemma der modernen Bildungsgesellschaft – Japans Hochschulen unter den Zwängen der Statuszuteilung. (Hochschule und Gesellschaft in Japan. Bd. II); Stuttgart: Klett Verlag.

Teichler, U. (1975): Geschichte und Struktur des japanischen Hochschulwesens. Hochschule und Gesellschaft in Japan. Bd. 1. Stuttgart: Klett Verlag.

Tsuda University: Webseite. http://www.tsuda.ac.jp/en/about/index.html. (Stand: Juni 2010).

Terasaki, A. (1989): Feminismus in Japan. In: Hackner, G. (Hg.): Die anderen Japaner – Vom Protest zur Alternative. 2. Aufl.; München: Iudicium, S. 284-294.

Terasaki, M. (2009): Kyôiku kaikaku (Educational Reform). In: Hirahara, H./Terasaki, M. (Hg.): Shinban kyôiku shôjiten (Neuauflage des Kleinen Erziehungswörterbuches). 2. Aufl. Tokyo: Verlag Gaku yô shobo, S. 64.

Tokuyasu, A. (2002): Formation and Transformation of Japanese National Identity. In: Teichler, U./Trommsdorf, G.: Challenges of the 21st Century in Japan and Germany. Lengerich u.a.: Pabst Science Publishers; S. 207-213.

UNESCO (o. J.): Atlas of the World's Languages in Danger http://www.unesco.org/culture/ich/index.php?pg=00206 (Stand: Nov. 2010).

Vollmer, K. (2003): Missverständnis und Methode: Zur Rezeption der Japandiskurse. In: Japanstudien 15: Missverständnisse in der Begegnung mit Japan. München: Iudicium Verlag, S. 37-68.

Vollmer, K. (1998): Modernisierung und Ausgrenzung – Zur Dialektik der buraku-Befreiungsbewegung. In: Derichs, C./Osiander, A. (Hg.): Soziale Bewegungen in Japan. Hamburg: Gesellschaft für Natur- und Völkerkunde Ostasiens.

Wittig, H. (1976): Pädagogik und Bildungspolitik in Japan. Quellentexte und Dokumente von der Tokugawa-Zeit bis zur Gegenwart, München, Basel: Ernst Reinhardt.

Willis, D./Yamamura, S./Rappleye, J. (2008): Frontiers of Education: Japan as "Global Model" or "Nation at Risk"? In: International Review of Education 54; S. 493-515.

Wolferen, K. (1993): The Enigma of Japanese Power – People and Politics in a Stateless Nation. Tokyo: Charles E. Tuttle.

Yamazaki, T. (1989): Tsuda Ume. In: Duke, B. (Hg.): Ten Great Educators of Modern Japan – A Japanese Perspective. Tokyo: University of Tokyo Press.

Zachmann, U. (2010): Eine andere Form der Ungleichheit: Behinderung und soziale Stratifikation in Japans *kakusa shakai*-Diskussion. In. Contemporary Japan 22, S. 75-98.

Laura Patricia Cruz Ruiz & Esther Hahm

Das Bildungswesen in Mexiko

Mexiko ist ein Sozialraum der sprachlichen, ethnischen und kulturellen Heterogenität, des politischen und wirtschaftlichen Wandels sowie zahlreicher geschichtlicher Umbrüche. Es ist „ein Land, welches einem multikulturellen und pluriethnischen Mosaik (*un mosaico multicultural y pluriétnico*) gleicht" (Vogler 2006, S. 166). Der folgende Beitrag umfasst vier Kapitel: die Darstellung des historischen und gesellschaftlichen Hintergrundes, die Geschichte des Bildungswesens, die Betrachtung des aktuellen Bildungssystems sowie abschließend dessen Chancen und Herausforderungen für die Zukunft.

1. Historischer und gesellschaftlicher Hintergrund

Geschichtlicher Überblick

Die Geschichte Mexikos umfasst grob gesagt vier Epochen: die vorspanische Zeit, die spanische Eroberung und Kolonialgesellschaft, die Zeit der Unabhängigkeit (1810-1910) sowie die Revolution und ihre Folgen (1910-2011).

Die vorspanische mesoamerikanische Kultur kann in drei Perioden unterschieden werden: zum Ersten die Epoche der Präklassik von 2500 v. Chr. bis 200 n. Chr. mit dem Merkmal der sich permanent ausbreitenden Bauerndörfer, zum Zweiten die Zeit der Klassik von 200 bis 900 n. Chr., in der viele der großen zeremoniellen Zentren gebaut wurden, zum Dritten die Epoche der Postklassik, die von 900 n. Chr. bis zur Ankunft der Spanier im Jahr 1517 reicht und durch den Aufstieg und Fall des Aztekenreiches geprägt wurde (SEP Historia Cuarto Grado 2010, S. 17; 29-32; 48-49).

1519 marschiert der Spanier Hernán Cortés und seine Truppen in die Hauptstadt des aztekischen Imperiums, Tenochtitlán ein, wo sie zunächst durch den Aztekenherrscher Moctezuma II. als Ehrengäste empfangen werden. 1521 erobert Cortés das Aztekenreich, indem er sich eine Verbündetengemeinschaft indigener Völker aufbaut, die ihn bei der Eroberung unterstützen (Pietschmann 2007, S. 33ff.). Bis ca. 1530 erfolgen die Unterwerfung weiterer Gebiete des ehemaligen Aztekenreiches sowie die Kolonisation des sog. Taraskenreiches. Das eroberte Gebiet wird zu Neu-Spanien (*Nueva España*) erklärt und es entsteht eine Gesellschaft aus sog. Mestizen (Kinder von indigenen und spanischen Eltern) und Kreolen (Kinder spanischer Eltern), während die indigene Bevölkerung nach 1521 rapide abnimmt, da die sog. Indígenas europäischen Krankheiten zahlreich zum Opfer fallen (ebd., S. 47).

Die Besetzung Spaniens durch Napoleon und die Unabhängigkeitserklärung der USA sowie die Französische Revolution begünstigen 1810 das Streben Mexikos nach Unabhängigkeit. Als allgemeiner Beginn der Unabhängigkeitsbewegung gilt der Ruf des Priesters Miguel Hidalgo y Costilla in Dolores, der mit seinem *Grito de Dolores* zu den Waffen ruft. 1821 kommt es zum Sieg der Mexikaner, dem sich eine „Ära der Anarchie" im unabhängigen Mexiko anschließt (Bernecker 2007, S. 140). Politische Instabilität, eine archaische Agrarstruktur sowie die negative Rolle der Kirche als Wirtschaftsinstitution erklären den Rückschritt der mexikanischen Wirtschaft und Gesellschaft (ebd., S. 130). Kriegerische Unruhen entfachen auch in der Auseinandersetzung mit dem nördlichen Nachbarn USA (ebd., S. 199f.). 1847 wird die mexikanische Hauptstadt von US-amerikanischen Truppen besetzt, so dass Mexiko 1848 neben Texas (Unabhängigkeit 1845) die Hälfte seines Territoriums (Nevada, Utah, New Mexico, Arizona, Teile von Wyoming und Colorado) an die USA verliert. Zwischen 1855 und 1859 beginnen Kriege zwischen den Konservativen der katholischen Kirche und den Liberalen, deren Führer Benito Juárez ist, der zum ersten indigenen mexikanischen Präsidenten ernannt wird. Es wird eine neue Verfassung erarbeitet, die Kirche und Staat voneinander trennt. Zwischen 1862 und 1867 besetzen französische Truppen Mexiko-Stadt. Der österreichische Erzherzog Maximilian wird daraufhin auf Betreiben Napoleons III. zum mexikanischen Kaiser ernannt. Die USA können allerdings den Abzug der Franzosen erzwingen, sodass Juárez erneut in sein Amt zurückkehrt und Maximilian hingerichtet wird (ebd., S. 215ff.). Zwischen 1867 und 1876 setzt die Zeit der sog. Restaurierten Republik (*República Restaurada*) ein. Ab 1877 beginnt das sog. Porfiriat, die autoritär-oligarchische Herrschaft des Generals Porfirio Díaz, der 34 Jahre lang als Diktator regiert (ebd., S. 226f.). In dieser Zeit kommt es durch Investitionen aus den USA, England, Frankreich und Deutschland zu einem Aufschwung in den Bereichen Bergbau, Öl, Strom, Eisenbahnbau sowie der Kommunikations- und Textilindustrie. Mexiko erlangt in weiten Teilen des Staates wieder wirtschaftliche Stabilität.

Durch aufkommende Proteste unter den Bergarbeitern, Bauern und in der Textilindustrie wird die mexikanische Revolution ausgelöst, die von 1910 bis 1920 andauert. Emiliano Zapata und Francisco Villa spielen dabei eine bedeutende Rolle als Führer der Aufständischen. Die Revolution hat die Entwicklung Mexikos bis gegen Ende des 20. Jh. nachhaltig beeinflusst und gilt als komplexes historisches Phänomen (Tobler 2004, S. 65 und 66, weiterführend Tobler 1984 und 2007). Politischer Veränderungswille und bäuerlich-agrarische Reformziele gelten als Hauptmotive für die Revolution gegen das Porfiriat (ebd., S. 68). 1917 wird die Mexikanische Verfassung eingeführt. Sie bildet die Grundlage für gesellschaftliche und individuelle Rechte sowie für die Anerkennung sozialer Grundrechte, die Vereinigungsfreiheit, die Meinungsfreiheit, das Recht auf Bildung und die Regulierung des Eigentums im Interesse der Gemeinschaft. Die Jahre zwischen 1920 und 1940 werden mit spätrevolutionärer Stabilisierung und gesellschaftlichen Reformen verbunden (ebd., S. 75ff.). Bis in die 1970er Jahre ist Mexiko von hohem Wirtschaftswachstum bestimmt, dem sog. „Mexikanischen Wunder" *(Milagro Mexicano)*. Es ist die Zeit des Aufbaus mexikanischer Institutionen und Ministerien für Gesundheitswesen, Landwirtschaft, Bildung etc. 1929 wird die Nationale Revolutionäre Partei (*Partido Nacional Revolucionario*) gegründet, die 1946 in die Partei der institutionalisierten Revolution *(Partido Revolucionario Institucional,* PRI) unbenannt wird und ununterbrochen bis zum Jahr 2000 regiert. Die 1980er Jahre kennzeichnen eine zunehmende Krise des politischen Systems, verbunden mit einer tiefen Wirtschafts- und Schuldenkrise (ebd., S. 77ff.). Ein Trend zur Öffnung der Wirtschaft nach außen erfolgt in den 1990er Jahren (ebd., S. 80). Zugunsten von Privatisierung und Deregulierung verliert die wirtschaftliche Rolle des Staates an Bedeutung (Schirm 1995 und

Heigl 2009). 1986 erfolgt der Betritt zum ‚Allgemeinen Zoll- und Handelsabkommen' (General Agreement on Tariffs and Trade, GATT), 1994 tritt das Nordamerikanische Freihandelsabkommen (NAFTA) zwischen Mexiko, Kanada und den USA in Kraft. Außerdem wird Mexiko im gleichen Jahr das 25. Mitglied der OECD. Neben diesen Schritten zur Internationalisierung kommt es 1994 zu Unruhen in Chiapas. Die sog. Nationale Zapatistische Befreiungsarmee (*Ejército Zapatista de Liberación Nacional*) greift zu den Waffen und fordert mehr Rechte für die Indígenas (Fix-Fierro & Martínez-Uriarte 1995). In den 1990er Jahren wird die Vormachtstellung der PRI zugunsten eines sich langsam entwickelnden Mehrparteien-Systems aufgebrochen (Tobler 2004, S. 80f.). Seit 2000 wird Mexiko erstmals von der Partei der Nationalen Aktion (*Partido de Acción Nacional*) mit Vicente Fox Quesada (2000-2006) und Felipe Calderón Hinojosa (2006-2012) als Präsidenten regiert.

Angesichts der vielfältigen mexikanischen Geschichte ist das Jahr 2010 ein besonderes für das Land gewesen: Mexiko feierte den 200. Jahrestag der Unabhängigkeit von den spanischen Eroberern und den 100. Jahrestag der Revolution von 1910.

Politische und sozioökonomische Rahmenbedingungen

Die Vereinigten Mexikanischen Staaten (*Estados Unidos Mexicanos*) werden auch kurz als ‚Mexiko' bezeichnet. Das Land ist eine präsidiale Bundesrepublik und besteht aus 31 Staaten und einem unabhängigen Bezirk, dem Hauptstadt-Bundesdistrikt. Alle sechs Jahre wird das Staatsoberhaupt direkt gewählt, wobei der gewählte Präsident seine Amtsperiode nicht erneuern kann. Bis 2012 ist Felipe Calderón Hinojosa mexikanischer Präsident.

Mexiko hat über 112 Mio. Einwohner (nach der letzten Zählung aus dem Nationalen Institut für Statistik, Geographie und Informatik 2010), davon sind 51% Frauen und 49% Männer. Die Altersstruktur setzt sich wie folgt zusammen: 29% sind 14 Jahre alt oder jünger, 6% sind 65 Jahre alt und älter; den größten Teil mit 64% machen die 15-64-Jährigen aus, (vgl. *Instituto Nacional de Estadística y Geografía*, INEGI, *http://www.inegi.org.mx*). Über die Hälfte der Bevölkerung (60%) sind Mestizen, 30% sind Indígenas und 10% Weiße oder andere (Weltatlas & Lexikon 2008, S. 750).

Die Amtssprache Mexikos ist Spanisch. Es gibt 68 indianische Sprachgruppen, die offiziell von dem Nationalen Institut für indigene Sprachen (*Instituto Nacional de Lenguas Indígenas*) identifiziert sind (vgl. *http://www.cdi.gob.mx*). Rund 6%, d.h. ca. 6,7 Mio. Mexikaner sprechen indigene Sprachen. Die katholische Konfession ist mit 89,3% am weitesten verbreitet (vgl. *http://www.inegi.org.mx*).

Die Währung des Landes ist der mexikanische Peso. 2009 betrug das Bruttoinlandsprodukt laut Weltbank 874 810 Mio US $, was auf der Rangliste der Staaten der Welt den 14. Platz bedeutet und Mexiko als Land mittleren Einkommens einstuft (vgl. http://siteresources.worldbank.org). Rund 62,9% der Erwerbstätigen sind im Dienstleistungssektor beschäftigt, während 23,4% in der Industrie und 13,7% in der Landwirtschaft arbeiten (vgl. https://www.cia.gov). Für die wirtschaftliche Entwicklung Mexikos wird ein positiver Trend konstatiert, wobei zu berücksichtigen ist, dass der Entwicklungsstand in den einzelnen Regionen des Landes sehr unterschiedlich ist (Lanzendorf 2005, S. 315). Laut der *Economic Commission for Latin America* (ECLAC) sind in Mexiko im Jahr 2008 rund 46 Mio. Menschen als arm einzustufen (vgl. http://websie.eclac.cl).

Der Handel hat sich aufgrund der wirtschaftlichen Öffnung des Landes und insbesondere durch das Nordamerikanische Freihandelsabkommen (NAFTA) gut entwickelt. So sind 2009 die USA mit 80,5% und Kanada mit 3,6% die wichtigsten mexikanischen Handelspartner für den Export. An dritter Stelle steht Deutschland mit 1,4% (vgl. https://www.cia.gov). Damit gilt Deutschland unter den EU-Ländern als wichtigster Investor in Mexiko (Lanzendorf 2005, S. 318). Auch im Bereich des Imports sind die USA wichtigster Handelspartner mit einem Anteil von 48%, gefolgt von China (13,5%), Japan (4,8%), Südkorea (4,6%) und Deutschland (4,1%).

2. Geschichte des Bildungswesens

Die vorkolonialen Formen des Bildungswesens von Mexiko waren eng an die Staatsordnung der Azteken geknüpft. Den Herrscher des aztekischen Imperiums, der als militärischer Oberbefehlshaber und Verwalter der religiösen Traditionen fungierte, umgab der Adelsstand, dem entweder die Laufbahn des Kriegers oder der Bildungsweg des Priesters offen stand (Pietschmann 2007, S. 17).

Während Azteken aus dem einfachen Volk mit vier Jahren in die Schule eintraten, kamen Kinder des Adels bzw. des führenden Herrscherhauses erst mit 12 oder 13 Jahren zu schulischer Bildung (Riese 2011, S. 107, S. 300).[1] Mädchen und Jungen des Adels wurden in verschiedenen Schulen unterrichtet. Die weiblichen Adelsnachkommen traten in Schulen ein, die von adligen Damen geleitet wurden (ebd., S. 107). Zentraler Bildungsort der männlichen Adelsnachkommen war der im Tempelbezirk gelegene sog. *Calmecac*. Dort wurden sie von Priestern in Rhetorik, Gesang, Religion und Politik unterrichtet, bevor sie sich für eine der für sie vorgesehenen Laufbahnen entschieden (Pietschmann 2007, S. 17 und Vázquez 2006, S. 17-23). Die Unterrichtsweise der Priester war streng und nüchtern, die Schüler hatten den Unterrichtsstoff auswendig zu lernen und vorzutragen (Vázquez 2006, S. 19). Zentrale Lerninhalte waren Wertvorstellungen wie Demut, Strenge, Ehrlichkeit und ein sittlicher Lebenswandel (Riese 2011, S. 301). Die Zöglinge hatten sich im Dienen und Ertragen von Entbehrungen zu üben. Sie mussten bspw. frühmorgens im Dunkeln aufstehen, im Wald Holz sammeln, den Tempel fegen oder ähnliche einfache Dienste verrichten (ebd., S. 107). Des Weiteren wurden die Jungen in Spezialkenntnissen ausgebildet. So standen neben Kampftechniken auch das Kunsthandwerk, Land- und Gartenwirtschaft, Himmelskunde und Religion sowie eine musische Ausbildung in Gesang und Instrumentalmusik auf dem Unterrichtsplan (ebd.). Die Schulentlassung fiel bei Mädchen und Jungen in die Zeit der Pubertät. Die Mädchen kamen ins heiratsfähige Alter, während die Jungen als Krieger ins Feld ziehen sollten. Zu diesem Anlass richteten die Schulen ein Abschlussfest aus, das mit Ratschlägen und Reden der Eltern und Lehrer begleitet wurde und damit als Übergangsritus in verbaler Form gestaltet war (Riese 2011, S. 108).

Die Kinder aus den einfachen Volksschichten der Azteken gingen zur Ausbildung in das sog. *Telpolchcalli*, wo sie in handwerklichen Berufen, Landwirtschaft, Fischerei und Kriegsführung unterrichtet wurden (Pietschmann 2007, S. 20). Auch die Mädchen des einfachen Volkes erfuhren eine schulische

---

[1] Männliche Heranwachsende des Adels erhielten ab dem sechsten Lebensjahr eine höfische Erziehung, die sich gezielt dem guten Benehmen und geschliffener Rede widmete. Eine kunstvolle und anmutige Ausdrucksweise markierte den Rang und die Stellung eines Menschen im aztekischen Gesellschaftssystem (Riese 2011, S. 300).

Ausbildung im sog. *Ichpochcalli*. Dort wurden sie auf ihre spätere Rolle als Ehefrau und Mutter vorbereitet (Figueras Valles 2003, S. 28).

Nach der Eroberung Mexikos durch die Spanier kam es auch zu Veränderungen im Erziehungs- und Bildungswesen. Cortés veranlasste die Entsendung von Missionaren, vornehmlich Franziskaner, Dominikaner und Augustiner. Um die indigene Bevölkerung möglichst überzeugend zum Christentum zu bekehren, nahmen sich insbesondere die Franziskanermönche vor, die wichtigsten Sprachen der Indígenas zu erlernen (Pietschmann 2007, S. 51). So wird heute durch die Forschung betont, dass die Franziskaner in Bezug auf die „Inventarisierung der indigenen Kultur" große Leistungen vollbracht hätten (ebd.). Sie verschriftlichten indigene Sprachen, erstellten dazu Lexika und Grammatiken, entwickelten didaktische Methoden zur Glaubensvermittlung und unternahmen eine ausführliche Erforschung der gesamten indigenen Kultur.

Im Jahre 1523 wurde die erste katechetische Schule für Kinder wohlhabender Eltern in Texcoco gegründet. Da die Indígenas den spanischen Einwanderern jedoch nicht trauten, schickten sie zunächst Kinder aus einfachen Familien in die Schule, mit dem Ergebnis, dass diese dann später Gouverneure wurden (Vázquez 2006, S. 19). 1536 öffnete die Schule von Santa Cruz de Tlatelolco mit 60 Schülern (Vázquez 2006, S. 23). Als Unterrichtsmethode diente die Malerei, da diese den Indígenas bereits aus den handschriftlichen Aufzeichnungen ihrer Vorfahren vertraut war. Die Spanier beabsichtigten damit, die Götter der Sonne und des Mondes durch ihren christlichen Gott ablösen zu können (ebd., S. 21). Neben der Unterrichtung der lateinischen Sprache erhielten die Schüler der Franziskaner und Dominikaner ebenso eine handwerkliche Ausbildung. Sie erlernten den Bau von Bewässerungskanälen, Brunnen und Windmühlen sowie landwirtschaftliche Techniken (ebd., S. 22).

Die Mädchenbildung in der mexikanischen Kolonialzeit beinhaltete verschiedene Ausbildungsmöglichkeiten. Mädchen aus wohlhabenden Familien erhielten Zuhause Unterricht durch Privatlehrer. Junge Frauen dagegen, die aus der Mittelschicht stammten, konnten entweder Schulen für Mädchen, sog. *Amigas*, besuchen oder *Colegios de Niñas* (Schulen für Waisenmädchen), alternativ auch das Kloster (Gonzalbo 1990, S. 320). In den *Amigas* lernten sie lesen und schreiben und mussten den Katechismus auswendig lernen (ebd., S. 322). Zunächst waren die *Amigas* private kostenpflichtige Schulen, später wurden aber auch kostenlose und öffentliche Einrichtungen ihrer Art gegründet (ebd., S. 326). Die *Colegios de Niñas* wurden von armen Waisenmädchen zwischen 10 und 25 Jahren besucht. Nach Abschluss der Schule blieb ihnen die Option zu heiraten oder als Nonne ins Kloster zu gehen. Die Klöster für Mädchen waren durch den Franziskaner- oder Dominikanerorden ins Leben gerufen worden. Die Mädchen, die dort ähnlich wie Nonnen lebten, beschäftigten sich mit Kochen, Nähen und Handarbeit (ebd., S. 336).

Das koloniale Mexiko erlebte, vorwiegend durch den Einfluss des Bettelordens, eine neue kulturelle Blüte. Beiträge zur kulturellen Entwicklung waren die Verschriftlichung der indigenen Sprachen, die Erforschung indigener Kultur und Geschichte, die Gründung von Schulen für indigene Kinder, die erste Druckerpresse im Jahre 1539, die von dem Deutschen Jakob Cromberger eingeführt wurde, sowie die Einrichtung der ersten Universität im Jahre 1556 (Pietschmann 2007, S. 90). So konnten auch zahlreiche Publikationen zu Theologie, Philosophie, Pädagogik, Literatur und Naturwissenschaften ihre Verbreitung finden (ebd., S. 91).

Das Einsetzen des Kirchenbaus sowie die Ankunft der Jesuiten in den 1570er Jahren förderten die weitere kulturelle Entwicklung Mexikos (ebd., S. 92). Jesuiten gründeten Grundschulen sowie Schulen für lateinische Grammatik und Philosophie. Katholische Priesterseminare gewannen in der religiösen Erziehung an Bedeutung. Zu Beginn des 17. Jh. nahmen auch Privatlehrer der spanischen ‚Gilde der Lehrer der ersten Buchstaben' zunehmend Einfluss in der häuslichen Ausbildung von Nachkommen wohlhabender Familien (Tanck 2006, S. 31-34).

Ab Mitte des 18. Jh. (1753) wurde der Besuch kastilischer Schulen für alle Kinder indigener Völker obligatorisch, damit diese die Sprache der Eroberer lernen konnten. So betonten die Spanier den politischen und wirtschaftlichen Vorteil der spanischen Sprache in Neu-Spanien und forderten die kulturelle Anpassung der Indígenas. Im Zuge dessen kam es auch ab 1782 zur Expansion öffentlicher Grundschulen. 1793 wurde ebenso eine öffentliche Schule für Mädchen eröffnet, die zum Colegio von Vizcainas gehörte, einem spanischen Internat für Mädchen. In Gebieten wie Yucatan, die von Landwirtschaft geprägt waren, wurde die Schulzeit für Jungen auf das Alter von 12 Jahren, für Mädchen auf das Alter von 10 Jahren begrenzt. So konnten die Jungen die Eltern bei der landwirtschaftlichen Arbeit unterstützen, während die Mädchen bei der Hausarbeit zu helfen hatten (ebd., S.70).

Ein heterogenes Bild in Bezug auf Ausbildungsformen und die Institutionalisierung von Bildung spannt sich für das unabhängige Mexiko des 19. Jh. auf. In Nuevo León kam es beispielsweise 1848 zur Gründung öffentlicher Schulen, die mit öffentlichen Mitteln finanziert wurden (Staples 2006, S. 110-111). Daneben existierten aber auch Privatschulen, die von wohlhabenden Eltern bezahlt wurden. Andere Familien engagierten Privatlehrer aus dem Ausland, vorzugsweise Franzosen oder Lehrer aus einem gebildeten katholischen Land. Zudem wurden Kinder wohlhabender Familien oftmals auf Bildungsreise ins Ausland geschickt. Bevorzugte Ziele waren Frankreich, Italien, Deutschland, England und die USA (ebd., S. 114). Im Gegensatz dazu herrschte in anderen Staaten, wie z. B. in Tepeaca in Puebla, so große Armut, dass die für die Erziehung vorgesehenen Finanzen für den Ankauf von Mais verwendet werden mussten (ebd., S. 113). Eine weitere Option zur Ausbildung boten die Priesterseminare, die aber nicht kostenlos waren, sondern Schulgeld in unterschiedlicher Höhe erhoben. Gleichzeitig gab es vereinzelt Schulen und Klöster für Mädchen, die sie zu guten Christen und Müttern ausbilden sollten (ebd., S. 125).

Die Einführung der mexikanischen Verfassung im Jahre 1857 brachte schließlich erste allgemeine Gesetze bezüglich des Bildungswesens. So formulierte ihr 3. Artikel die Einführung des kostenlosen und obligatorischen primären Unterrichts (vgl. *http://www.diputados.gob.mx*). Bestrebungen bezüglich des Aufbaus eines allgemeinen Bildungswesens entwickelten sich während des 19. Jh. zwar schleppend, wurden aber explizit mit der Entwicklung des unabhängigen Nationalstaates verbunden (Deutscher 1996, S. 636). Bildung stand seit dieser Zeit stets unter einem Modernisierungsparadigma und galt als Mittel zur Entwicklung einer nationalen kulturellen Identität, der sog. *Mexicanidad* (Mexikanische Identität) (ebd.). Deutscher hat diesbezüglich fünf Funktionsmerkmale formuliert, welche auf den Reformgesetzen des Jahres 1867 beruhen: zum Ersten erhob der Staat beim Aufbau des Bildungswesens Monopolanspruch; zum Zweiten sollte das Bildungswesen zur Einheit der Nation beitragen; an dritter Stelle wurde Bildung mit sozialer Integration, insbesondere für die indianische Bevölkerung verbunden; an vierter Stelle stand die programmatische Forderung nach Vereinheitlichung des Bildungswesens; die fünfte

Funktion beinhaltete die Forderung nach einer Laizisierung von Bildung, d.h., dass sich die Kirche aus dem Bildungsbereich zurückziehen sollte (ebd., S. 637). Die Herrschaftszeit des Porfiriats im Übergang zum 20. Jh. war durch das Bestreben, durch Bildung wirtschaftlichen Fortschritt und sozialen Aufstieg zu generieren, gekennzeichnet. In dieser Zeit existierten zahlreiche unterschiedliche Erziehungsmethoden, die eine heterogene Bildungslandschaft fortleben ließen. Katholische Erziehungsbestrebungen standen einer säkularen Ausbildung gegenüber. Ebenso erlangten sozialistische Bildungstheorien Verbreitung (Arce 2006, S. 147). Fortschritte machte dagegen die Institutionalisierung der Lehrerbildung. 1888 wurde die sog. Höhere Normalschule (*Escuela Normal para Maestros*) nach dem französischen Modell der *Écoles Normale Supérieures* gegründet; 1900 existierten bereits 45 Höhere Normalschulen in Mexiko (vgl. *Asociación Nacional de Universidades e Instituciones de Educación Superior*, ANUIES, *http://www.anuies.mx*). Zudem veranlasste der Präsident Porfirio Díaz 1905 die Gründung des SIP (*Secretaria de Instrucción Pública y Bellas Artes*), dessen erster Direktor Justo Sierra wurde. Das SIP entstand aus der Notwendigkeit, durch öffentliche Bildung die wirtschaftliche und soziale Entwicklung zu fördern. Während der mexikanischen Revolution (1910-1920) verschwand das SIP allerdings wieder; es wurde aber 1921 als *Secretaría de Educación Pública* (SEP) wiederbelebt. Im Zuge dessen wurden 1924 die Höheren Normalschulen zu staatlichen Schulen ernannt, die dem Bildungsministerium unterstanden (vgl. *http://dgenp.unam.mx*).

Auch im Bereich der Höheren Bildung gab es 1910 ein bedeutendes Ereignis mit der Gründung der staatlichen ‚Nationalen Universität Mexikos‘ mit den Studiengängen Jura, Medizin, Ingenieurwissenschaften, Kunst und Architektur.

Durch die Revolution des 20. Jh. wurde des Weiteren im Jahr 1917 eine neue mexikanische Verfassung eingeführt, die in Artikel 3 festlegt, dass öffentliche Bildung kostenlos, obligatorisch und frei von religiöser Weltanschauung zu sein habe (vgl. *http://www.sep.gob.mx*). Der Aufbau des nachrevolutionären Bildungswesens wurde dabei entscheidend durch den Pädagogen und späteren Erziehungsminister José Vasconcelos (1882-1959) beeinflusst (Deutscher 1996, S. 638; weiterführend Gruihn 2005). Er formulierte, dass alle Mexikaner, einschließlich der Indígenas, befähigt werden sollten, an den Freiheitsideen der Revolution teilzuhaben und eine Ausbildung zu erhalten (Deutscher 1996, S. 636). Endziel seiner kulturphilosophischen Ideen war das Bestreben, die Völker Lateinamerikas zu einer Einheit zusammenzuschließen. Deren kulturelle Identität, die iberischen Ursprungs sei, sollte gegenüber dem angelsächsischen Raum verteidigt werden (ebd., S. 639).

Das entstehende Bildungssystem des 20. Jh. wurde in der nachrevolutionären Zeit vor keine leichte Aufgabe gestellt: Der Staat und seine Bildungsbestrebungen waren mit einer schnell anwachsenden Bevölkerungszahl konfrontiert, wobei sich ein Großteil der Bevölkerung aus unterschiedlichen indigenen Gruppen zusammensetzte. Im Zuge dessen entstand bspw. das Programm der ‚Kulturellen Mission‘, das nicht nur den Spanischunterricht für indigene Kinder implizierte, sondern auch Erwachsenen die Möglichkeit bot, Spanisch zu lernen (Arce 2006, S. 153). 1926 wurde im Zuge dessen das sog. ‚Indigene Studentenhaus‘ mit der Idee gegründet, Indígenas zu Agenten des Wandels auszubilden. Deutscher beschreibt dieses Programm als einen Bildungsfeldzug, der mit missionarischem Eifer betrieben wurde (Deutscher 1996, S. 638). So entsandte das Bildungsministerium sog. Wanderlehrer, die in abgelegenen Dörfern Bildung zu predigen hatten. Diese hatten oftmals auch nur drei Jahre Elementarausbildung erhalten.

Sie vermittelten größtenteils praktische Kenntnisse und Fertigkeiten an die ländliche Bevölkerung (ebd., S. 639).

Die im 19. Jh. angestrebten Funktionsmerkmale des Bildungswesens wurden auch nach der Revolution fortgeführt (ebd.). So fasst Deutscher zusammen, dass der Staat die uneingeschränkte Aufsicht über die Bildungseinrichtungen führte und private Bildungseinrichtungen ebenso seiner Kontrolle unterlagen. Die Installierung nationaler Einheit und die Bildung sozialer Integration waren nach wie vor die Hauptfunktionen des Bildungswesens, während besonders die indigene Bevölkerung in den institutionalisierten Bildungsprozess eingeschlossen werden sollte. Gemäß der Verfassung durfte die Kirche keine eigenen Bildungseinrichtungen ohne staatliche Aufsicht einrichten. Auch Religionsunterricht wurde in Bildungseinrichtungen nicht erteilt. Zudem wurde eine Zentralisierung der Verwaltung des Bildungswesens vorgenommen. Daher sollte eine Vereinheitlichung der Lehrpläne in den verschiedenen Schulstufen und Erziehungsbereichen durchgesetzt werden (weiterführend Deutscher 1989 sowie Weiß 1983).

Für die mexikanische Bildungsgeschichte des 20. Jh. ist anzuführen, dass die Bildungspolitik des Staates immer stark an die jeweilige Amtszeit eines Präsidenten geknüpft war. So ging ab 1924 mit den Präsidentschaften von Obregón und Calles eine pragmatische ‚Aktionspädagogik' einher, die auf den Ideen des Pädagogen John Dewey (1859-1952) beruhte und sich als Pädagogik verstand, die den Arbeitern und Bauern zugewandt war und gesellschaftliche Integration versprach (Deutscher 1996, S. 640). Die Ausbildung der ländlichen Bevölkerung galt als zentral, und die Schule sollte als Mittelpunkt des Dorfes im ländlichen Erziehungssystem fungieren. Wie Olivera (2002) beschrieben hat, wurden auch im Rahmen des ‚Projektes der Ländlichen und Indianischen Erziehung' zwischen 1924 und 1942 ländliche Grundschulen, Höhere Schulen für Landwirtschaft und sog. Industrielle Schulen gegründet.

Mit dem Amtsantritt des Präsidenten Lázaro Cárdenas im Jahre 1934 wurde die auf die ländliche Bevölkerung ausgerichtete Erziehungspolitik weiter ausgebaut. Zudem wurde betont, dass der Unterricht antireligiös zu erfolgen habe. Der Klerus sollte keinen Einfluss auf die öffentliche Erziehung nehmen. Demgegenüber wurde eine sozialistische Erziehung gefördert. Zentrale Erziehungsmethode war damit die Arbeit im Kollektiv, welche ein sozialistisches Bewusstsein fördern sollte (Deutscher 1996, S. 641). Während diese Erziehungsmaximen auf dem Papier eindeutig formuliert waren, führte der Gegenstand der sozialistischen Erziehung unter der Lehrerschaft und im Ministerium allerdings zu kontroversen Diskussionen, die bis 1940, dem Ende der Präsidentschaft Cárdenas', anhielten.

Mit Amtsantritt Ávila Camachos wurde die Erziehungspolitik wiederum unter anderen Vorzeichen diskutiert. Als zentrale Begriffe galten fortan die Friedenserziehung sowie Erziehung zur Demokratie und sozialen Integration (ebd.). Die Verfassung wurde um den Aspekt der sozialistischen Erziehung reduziert und demgegenüber das Ideal der individuellen Erziehung in den Mittelpunkt gestellt. Die Erziehungspolitik der 1940er und 1950er Jahre wurde zudem von verstärkter Industrialisierung und wirtschaftlicher Expansion begleitet. Höchstes Ziel dieser Zeit war die Modernisierung des Erziehungssektors im industriell städtischen Bereich (Deutscher 1996, S. 642). Die Bildungsaufwendungen des staatlichen Haushaltes wurden kontinuierlich angehoben, die Analphabetenrate sank (ebd.).

Ab 1970 übernahm Luis Echeverría das Amt des Präsidenten und versprach weitere Reformen im Erziehungssystem. Pläne der Bildungsreform beinhalteten den Auf- und Ausbau der Schulstufen und Bildungseinrichtungen sowie die

Neugestaltung von Lehrplänen und Schulbüchern. So wurden bspw. im Rahmen des ‚Projekts der Technischen Erziehung' Programme, Schulen und Institute zu Technologie und Forschung ins Leben gerufen, wobei die Beteiligung des Privatsektors an der Hochschulbildung gefördert werden sollte. Ein neues Erziehungsgesetz (*Ley Federal de Educación*) trat 1973 in Kraft und versprach die Durchsetzung einer Schulerziehung für alle Mexikaner. Deutscher macht an dieser Stelle darauf aufmerksam, dass trotz der Pläne und Anstrengungen im Bildungsbereich Anspruch und Realität weit auseinander klafften (ebd., S. 643). Denn weiterhin bestand das Problem der enormen kulturellen Heterogenität der Bevölkerung und des damit einhergehenden Stadt-Land-Gefälles, das zunehmende Modernisierung und Industrialisierung mit steigender Verarmung der ländlichen Gebiete kontrastierte (ebd., S. 642). Diese Problematik setzte sich auch für das ausgehende 20. Jh. fort und sollte mit Programmen wie ‚Erziehung für alle' und ‚Grundschule für alle Kinder' behoben werden.

Die 1980er Jahre wurden von der Dezentralisierung des Bundesministeriums für Bildung bestimmt. Zwischen 1985 und 1988 wurde die Verantwortung des Bildungsministeriums an die Bildungsgewerkschaft delegiert, die wiederum eine starke Machtzentralisierung anstrebte und verwirklichte. Daraufhin wurde zwischen 1989 und 1992 eine vollständige Neuordnung der Dezentralisierung erarbeitet und als Ergebnis das sog. ‚Nationale Abkommen für die Modernisierung der Grundbildung' unterbreitet (Covarrubias 2000, S. 40-55). Das Modernisierungsprogramm umfasste dabei nahezu alle zentralen Themen, die ein modernes Bildungssystem beinhalten kann: Reformen in Bezug auf die grundlegende Erziehung, Professionalisierung der Lehrer, Erwachsenenbildung, Mittlere Höhere Bildung, Hochschulbildung mit Graduiertenstudium und Forschung sowie Projekte zum Konzept des sog. ‚Offenen Unterrichts' und der Evaluierung. 1993 wurde das sog. allgemeine Bildungsgesetz (*Ley General de Educación*) erlassen. Es legt die dreiteilige Struktur des Bildungssystems fest und regelt die Erziehung, die Rolle von Staat, Bundesländern und Gemeinden sowie die dezentralisierten und privatisierten Organe des Bildungswesens. Zudem formuliert es, dass das Bildungsministerium (SEP) für die Planung und Evaluierung des Nationalen Bildungssystems zuständig ist (vgl. *http://www.sep.gob.mx*). Dieses allgemeine Bildungsgesetz, das 2002 nochmals modifiziert wurde, ist bis heute gültig und legitimiert das aktuelle mexikanische Bildungswesen, das im folgenden Kapitel beschrieben werden soll.

3. Das aktuelle Bildungswesen

Die mexikanische Verfassung garantiert (in Art. 3), dass jeder das Recht auf Bildung hat und die Bundesländer, Städte und Gemeinden die Angebote der Vorschule sowie der Primar- und Sekundarstufe sicherzustellen haben. Des Weiteren ist die Grundbildung obligatorisch und kostenlos und die Erziehung wird durch den Staat gewährt. Alle Fähigkeiten der Menschen sollen harmonisch entwickelt und die Vaterlandsliebe sowie das Bewusstsein für internationale Solidarität, Unabhängigkeit und Gerechtigkeit gefördert werden. Die Bildung muss dabei frei sein, d.h. ohne religiöse Einschränkungen, und besonders soll der wissenschaftliche Fortschritt und Demokratie vorangetrieben werden. Der Bund hat über die Pläne und Curricula der Grundbildung zu entscheiden. Der Staat fördert und pflegt alle Arten und Formen der Bildung, einschließlich der frühkindlichen Bildung und der Hochschulbildung. Er hat die wissenschaftliche und technologische Forschung zu unterstützen und die Verbreitung der Kultur zu fördern. Daneben können Privatpersonen und -einrichtungen alle Arten und Formen der Bildung anbieten. Der Staat entscheidet jedoch über die offizielle Anerkennung, Gültigkeit und den möglichen Entzug von Bildungsangeboten. Die Pläne und Programme für die Grundbildung müssen bei Privatanbietern denen der staatlichen Ausbildung entsprechen. Zudem herrscht Respekt vor der Autonomie der Universitäten, der akademischen Freiheit und Forschung. Außerdem wird festgehalten, dass der Bund (*El Congreso de la Unión*) die Gesetze für die soziale Funktion der Erziehung für Bundesländer, Städte und Gemeinden erlässt. Des Weiteren beinhaltet die mexikanische Verfassung (in Art. 31), dass die Kinder mexikanischer Eltern öffentliche oder private Schulen zur Grundbildung besuchen müssen. Außerdem ist eine militärische Ausbildung für männliche Mexikaner obligatorisch (vgl. *http://www.diputados.gob.mx*).

Aus der mexikanischen Verfassung ergibt sich ein dezentralisiertes mexikanisches Bildungssystem (*Sistema Educativo Nacional*, SEN), dessen Struktur vom Allgemeinen Bildungsgesetz (*Ley General de* Educación) vorgegeben und vom Bildungsministerium (SEP) umgesetzt wird. Das Bildungsministerium veröffentlicht auch die offiziellen statistischen Daten zur Bildung in Mexiko. So ist in Bezug auf Bildungsaufgaben zu konstatieren, dass der Bildungsanteil am Bruttoinlandsprodukt (BIP) für 2008 6,9% beträgt (SEP 2010, S. 13). Mexiko liegt damit sogar über dem OECD-Durchschnitt von rund 5,7% (OECD 2010, S. 247). Bezüglich der Bildungsbeteiligung ist anzuführen, dass 2010 rund 32,4 Mio. Menschen an Bildung teilnehmen; davon befinden sich 25,6 Mio. Menschen in der Grundbildung (14,8 Mio. in Primärschulen), 4 Mio. in der Mittleren Höheren Bildung und 2,8 Mio. in der Hochschulbildung (ebd., S. 15). Die Schüler- und Studentengesamtzahl im Bildungssystem macht damit rund ein Drittel der Gesamtbevölkerung Mexikos aus. Gleichzeitig gilt als Herausforderung, dass Mexiko von starken regionalen Unterschieden und einer heterogenen Gesellschaft geprägt ist. So steht nach dem Human Development Index des United Nations Development Programme (UNDP) für die Bundesstaaten Mexikos fest, dass die soziale Herkunft und das Einkommen stark mit dem Bildungsniveau korrelieren. Reichere Bundesstaaten schneiden damit bei innerstaatlichen Bildungsvergleichen besser ab als Bundesstaaten, die einen hohen indigenen Bevölkerungsanteil und ein niedriges BIP pro Kopf aufweisen (UNDP 2003, S.63). Das mexikanische Bildungssystem setzt sich aus drei Bildungsniveaus zusammen (siehe Tab. 1).

An erster Stelle steht die Grundbildung (*Educación Básica*) für Kinder ab dem dritten Lebensjahr. Sie setzt sich aus drei Teilen zusammen. Die Vorschule (*Preescolar*), auch ‚Jardín de niños' oder ‚El kinder' genannt, ist in drei Jahrgangsstufen unterteilt. Es gibt drei verschiedene Arten: die allgemeine, die indigene sowie die gemeinschaftliche Vorschule (vgl.:*www.reformapreescolar. sep.gob.mx*). Der Besuch dieser Bildungseinrichtung ist seit dem Schuljahr 2008/09 verpflichtend und stellt eine notwendige Bedingung für die Einschulung in die Grundschule dar (Popp 2009, S. 6). Die anschließende Grundschule (*Primaria*) besteht aus sechs Jahrgangsstufen und wird vom sechsten bis zum elften Lebensjahr besucht. 1993 wurde ein neues Schema implementiert, bei dem sechs Jahre Grundschule und drei Jahre Sekundarschule obligatorisch sind, als Voraussetzung für den Übergang zur Sekundarbildung.

Tab.1: Das Mexikanische Bildungssystem (2011)

	Typen	Schuljahre	Alter
Grundbildung	Vorschule	3 (*)	3-5
	Grundschule	6 (**)	6-11
	Sekundärbildung /Ausbildung	3 (**)	12-14
Mittlere Höhere Bildung	Hochschulreife/ Allgemeines Abitur	3	15-17
	Technische Berufsausbildung	3	15-17
Hochschul-bildung	Technische Universitäten	2-3	18-20
	Lehrerausbildung	8 Semester	18-21
	Aufbaustudium/ Technologischen Instituten	8/9 Semester	18-22
	Spezialisierung	1	23-24
	Master	2	23-25
	Promotionsstudium	3	26-28
Spezielle Bildungsangebote	Anfangsausbildung/ Hort, Spezialschulen, Erwachsenenbildung, Berufsausbildung, Außerschulische Indigene Ausbildung, Mexikaner im Ausland.		

Schulpflicht: * seit 2002; ** seit 1993

Quelle: Dirección General de Acreditación Incorporación y Revalidación. (SEP), http://www.sep.gob.mx/es/sep1/Que_hacemos, Stand: Juli 2011.

Unterrichtsfächer der Grundschule sind Spanisch und eine Fremdsprache (meist Englisch), Mathematik, Naturwissenschaften, Geographie und Geschichte sowie Kunst und Sport. Des Weiteren gibt es das Fach ,Staatsbürgerkunde und Ethik' (*Formación Civica y Ética),* das durchgängig von der ersten bis zur sechsten Klasse erteilt wird (vgl. *http://basica.sep.gob.mx*). Kernthemen dieses Faches sind nationale Identität und Anerkennung von Vielfalt sowie politische Bildung und Demokratieerziehung. Der anschließende Bildungsabschnitt der Sekundarstufe (*Secundaria)* dauert drei Jahre und wird in der Regel im Alter von zwölf Jahren begonnen. Der Abschluss der Sekundarbildung ist zwingende Voraussetzung für die Zulassung zur Mittleren Höheren Bildung, die wiederum die Wissensgrundlage für die Hochschulreife oder eine Technische Berufsausbildung darstellt. Unterrichtsfächer der Sekundarstufe sind Spanisch und eine Fremdsprache (Englisch oder Französisch) sowie Mathematik, Geographie, Biologie, Physik, Chemie und Geschichte. Außerdem wird Sport und Kunst erteilt sowie Ethik, Technologie und Wissenschaft. Des Weiteren gibt es die Fächer Schul- und Berufsberatung sowie Sprache und einheimische Kultur und zusätzlich solche Fächer, die auf die jeweiligen Bundesländer bezogen sind (z.B. Bundesländer-Geschichte). Der Lehrplan von 2009 (*Plan de estudios* 2009) für die Grundbildung wurde von der SEP veröffentlicht und ist online abrufbar (vgl. *http://www.siracfc.sep.gob.mx*).

Nach der Grundbildung besteht die Option zur sog. Mittleren Höheren Bildung (*Educación Media),* welche zwei verschiedene Bildungswege beinhaltet: Zum einen führt diese Bildungsstufe nach drei Schuljahren zur Hochschulreife bzw. zum Allgemeinen Abitur (*Bachillerato).* Zum anderen kann man sich mit einer Technischen Berufsausbildung auf den Arbeitsmarkt vorbereiten und innerhalb von drei Jahren technische Berufsausbildungen in verschiedenen

Bereichen absolvieren (Beispiele sind KFZ-Mechaniker, Krankenpfleger oder Elektroinstallateur).

Auf der dritten Stufe steht die Hochschulbildung (*Educación Superior*), welche die Hochschulreife voraussetzt und verschiedene Studienwege beinhaltet: Zum Ersten kann man innerhalb von zwei bis drei Jahren Technische Universitäten besuchen, die eine Ausbildung zum Höheren Techniker (*Técnico Superior*) anbieten und mit deutschen Fachhochschulen vergleichbar sind. Sie bieten ein stark praxisorientiertes Studium und beinhalten Fachrichtungen wie Elektromechanik, Informationstechnik oder Umwelttechnik. Zum Zweiten existiert der sog. ‚einfache' Universitätsabschluss (*Licenciatura*), der mit einem Bachelorstudiengang vergleichbar ist und auch die Lehrerbildung beinhaltet. Das Studium dauert in der Regel acht Semester und ist Voraussetzung für weitere Aufbaustudiengänge (*Posgrado*), die Master-, Diplom- oder Staatsexamensstudiengängen gleichen. Ein Aufbaustudium dauert ca. vier Jahre und beinhaltet eine Spezialisierung, die nach ca. zwei Jahren mit einem Master und nach ca. drei Jahren mit einer Promotion abgeschlossen werden kann.[2]

Am Beispiel der Lehrerbildung lässt sich des Weiteren der Stellenwert des privaten Sektors im Bereich der Höheren Bildung erläutern. Im Jahr 2005 gab es insgesamt 249 staatliche (57,5%) und 184 private (42,5%) Hochschulen für die Ausbildung der Lehrer für die Grundbildung, an denen 146.308 Studierende eingeschrieben waren (Rubio 2006, S. 37). Bis 2009 ist die Anzahl der Institute für die Lehrerbildung (> 430), der Anteil von öffentlichen (57%) und privaten (43%) Hochschulen und auch die Zahl der Studierenden (ca. 150 000) nahezu konstant geblieben (World Data on Education 2011, S. 51). Diese Zahlen verdeutlichen, dass der private Ausbildungssektor gleichwertig neben öffentlichen Bildungseinrichtungen besteht.

Noch vor der Vorschule besteht die Möglichkeit zur Anfangsausbildung, auch als Hort oder frühe Bildung bezeichnet (*Educación inicial*). Diese Erziehung dient der Förderung der körperlichen, kognitiven, affektiven und sozialen Entwicklung von Kindern unter vier Jahren (vgl. *http://www.sep.gob.mx*). Außerdem existieren sog. Spezialschulen (*Educación Especial*), die einen sonderpädagogischen Förderbedarf abdecken sollen. Adressaten sind Kinder mit Behinderungen, aber auch hochbegabte junge Menschen mit herausragenden Fähigkeiten (vgl. *http://www.educacionespecial.sep.gob.mx*). Des Weiteren besteht die Möglichkeit zur Erwachsenenbildung (*Educación para Adultos*), worunter das Nationale Institut für Erwachsenenbildung spezielle Bildungsangebote für Menschen über 15 Jahren fasst, die eine unvollständige primäre oder sekundäre Ausbildung vorweisen oder Analphabeten sind. Dazu zählen auch spezielle Angebote für indigene Erwachsene (vgl. *http://inea.gob.mx*). Der Bereich der Berufsvorbereitung (*Capacitación para el Trabajo*) wird vom sog. Ausbildungszentrum für Industrie-Berufe angeboten und bietet Schulungen für Jugendliche und Erwachsene, die sich in relativ kurzer Zeit auf die spezifischen Anforderungen des Arbeitsmarktes vorbereiten müssen (vgl. *http://conevyt.org.mx*). Zusätzlich gibt es außerschulische Bildungsangebote, die sich speziell an die indigene Bevölkerung wenden. Der Unterricht umfasst Inhalte zu Grundbildung und Kultur, welche in verschiedenen indigenen Sprachen angeboten werden (vgl. *http://basica.sep. gob.mx*).

---

2 Vgl. http://www.kooperation-international.de/mexiko/themes/international/fub/laender/ forschungsbildungslandschaft/bildungslandschaft/?PHPSESSID=06bab9ceec498fd02cf18777 be96a32c&tx_ikcouinfo_pi1[sword]=Bildungslandschaft%20Mexiko, Stand: Juli 2011.

Die angesprochenen Bildungsangebote, die innerhalb von und neben dem dreistufigen Bildungssystem stehen, werden durch zahlreiche Bildungsorganisationen flankiert, die sich auf Bundes- und Länderebene aufteilen und neben staatlichen auch private Einrichtungen beinhalten.

Als die zwei wichtigsten Akteure in der mexikanischen Bildungspolitik gelten das nationale Bildungsministerium (*Secretaria de Educación Pública*, SEP) und die nationale Lehrergewerkschaft (*Sindicato Nacional de Trabajadores de la Educación*, SNTE). Das Bildungsministerium wurde, wie bereits erwähnt, 1921 durch José Vasconcelos gegründet. Es sollte das Bildungswesen Mexikos zentral koordinieren und die Förderung nationaler Identität durch Bildung vorantreiben. Betrachtet man die Bildungsprogramme des SEP im Jahr 2011, so verdeutlichen sie auch das Bestreben, Defizite des Bildungssystems zu beheben. So wurde bspw. das Programm 'Qualität der Schulen' bereits 2001 initiiert und hat die Zielsetzung, die institutionelle Verwaltung der Schulen zu reformieren und den Bildungserfolg zu verbessern. Daneben steht bspw. auch ein Programm zur PISA-Bewertung (vgl. *http://basica.sep.gob.mx*).

Das mexikanische Bildungssystem gilt auch heute noch als stark zentralistisch, obwohl in den 1990er Jahren während der Amtszeit von Präsident Salinas der Beschluss zur Dezentralisierung des Bildungswesens zwischen der Regierung und der Lehrergewerkschaft gefasst wurde (Popp 2009, S. 8). Dementgegen entscheiden SEP und SNTE heute nach wie vor über Veränderungen im Bildungsbereich, bestimmen über Lehrergehälter und treffen Entscheidungen zu Lehrplänen oder Lehrbüchern. Das SNTE ist mit etwa 1,2 Mio. Mitgliedern die größte Gewerkschaft Lateinamerikas, denn jeder Lehrer oder Schulleiter einer öffentlichen Schule Mexikos ist per Gesetz verpflichtet, in die Lehrergewerkschaft einzutreten. Das Verhältnis zwischen diesen Bildungsorganisationen wird durch Popp als komplex beschrieben, da sie durch zwei gegensätzliche Leitideen bestimmt werden: Während die Vertreter der SEP für ein globalisiertes Bildungswesen einstehen und dem Vorbild westlicher Bildungsmodelle nacheifern, gilt das SNTE als traditionell und betont gemäß der Maxime der mexikanischen Revolution die Ausbildung einer nationalen Identität (ebd., S. 9ff.).

4. Chancen und Herausforderungen für die Zukunft

Das mexikanische Bildungswesen im Spiegel internationaler Bildungsgovernance

Mexiko ist seit 1994 Mitglied der OECD. Es ist damit das erste außereuropäische Land im Entwicklungsstadium gewesen, das in die OECD aufgenommen wurde und zu dieser Zeit zum wichtigsten Brückenland zwischen Industrie- und Entwicklungsländern geworden ist. Die Empfehlungen der OECD und der Erfahrungsaustausch mit anderen Mitgliedsstaaten haben für Mexiko einen hohen Stellenwert eingenommen (Popp 2009, S. 14f.). Die PISA-Ergebnisse lagen bislang in allen Runden (2000, 2003, 2006, 2009) signifikant unter dem OECD-Durchschnitt am Ende der Rangliste. Im Bereich der Lesekompetenz erzielte Mexiko 2009 im Durchschnitt 425 Punkte (Klieme et al. 2010, S. 35). Betrachtet man die Entwicklung der Lesekompetenz zwischen PISA 2000 und PISA 2009, so liegt lediglich eine Differenz von drei Testpunkten vor, wobei die Entwicklung von Schwankungen gekennzeichnet ist. So startete Mexiko bei PISA 2000 mit durchschnittlich 422 Punkten, erzielte dann aber 2003 nur 400 und 2006 im

Durchschnitt 410 Testpunkte (ebd., S. 60). Auch in den Bereichen der mathematischen und naturwissenschaftlichen Kompetenz bleibt Mexiko der letzte Platz der Rangliste erhalten und liegt sowohl in Mathematik (419 Punkte) als auch in Naturwissenschaften (501 Testpunkte) signifikant unter dem OECD-Durchschnitt (ebd., S. 163 und 184).

Der Frage, wie Mexiko auf Einflüsse internationaler Bildungsgovernance geantwortet hat, ist Marie Popp in einer Untersuchung zum OECD-Einfluss auf die mexikanische Bildungspolitik nachgegangen. Popp macht darauf aufmerksam, dass internationale Organisationen und ihre Bildungsgovernance als Antriebskraft für bildungspolitische Veränderungen auf der nationalen Ebene fungieren können (Popp 2009, S. 2). Konkret betrachtet sie den Grad des OECD-Einflusses anhand des Umfangs und der Wirkung der mexikanischen Bildungsaktivitäten im Zeitraum von 1994 bis 2008. Während die Ergebnisse von 2000 von der mexikanischen Öffentlichkeit weitgehend unbeachtet blieben, folgte auf die Bekanntgabe der Resultate von 2003 ein starkes Medienecho (ebd., S. 29). Erstmalig waren die Ergebnisse in spanischer Sprache präsentiert worden. Zudem veröffentlichte das National Institute for Educational Assessment and Evaluation (*Instituto Nacional para la Evaluación de la Educación*, INEE) Informationen über die Bildungssituation Mexikos und richtete den Fokus auf die großen Leistungsunterschiede zwischen Nord und Süd bzw. Stadt und Land des Staates Mexiko. Popp referiert dazu weiter, dass das Bildungsministerium daraufhin die Reform des Sekundarbereichs anstrebte, eine Reformblockade durch die Lehrergewerkschaft jedoch den Druck der SEP abschwächte und sich letztlich nur noch wenige geplante Ziele und Programme zur Verbesserung der Bildungsqualität durchsetzten (ebd.). Erst nach den weiterhin schlechten Ergebnissen der dritten PISA-Runde kam es zur Annäherung zwischen der nationalen Regierung und der Lehrergewerkschaft im Rahmen der sog. ‚Allianz für die Qualität von Bildung' (*Alianza por la Calidad de la Educación*). Ziel war die grundlegende Bildungsreform zur Verbesserung der Qualität im Bereich der Grundbildung (ebd., S. 30). Bedeutend ist, dass die OECD während dieser Reformphase als ‚Verbündete' der Regierung eingesetzt wurde. Die Regierung um Calderón nutzte die Vergleichsstudie und die Empfehlungen der Organisation als Instrument politischer Gestaltung, um die Öffentlichkeit für die Bildungsreform zu gewinnen und dadurch seine Position gegenüber der Lehrergewerkschaft zu verbessern (ebd., S. 32). So beauftragte das Bildungsministerium die OECD mit der Anfertigung eines Berichts, der Empfehlungen zur Verbesserung des mexikanischen Bildungssystems enthalten sollte. Die SEP konnte damit die PISA-Ergebnisse zeitgleich mit einem Maßnahmenkatalog zum nationalen Bildungsprogramm (*Programa Sectorial de Educación,* PSE) vorlegen (ebd., S. 33).

Es werden an dieser Stelle zwei Kernaspekte deutlich gemacht: Zum einen werden Bildungsfragen und -reformen in Mexiko stark von der Dualität zwischen mexikanischer Regierung und Lehrergewerkschaft geprägt. Bildungspolitische Differenzen verhindern das Vorankommen nützlicher Bildungsreformen und stellen damit politische Machtkonflikte vor die Realisierung eines mexikanischen Bildungssystems, das der Bildungsbenachteiligung entgegenwirken möchte und im internationalen Leistungsvergleich Verbesserungen erzielt. Zum anderen hat die internationale Bildungsgovernance der OECD die Funktion inne, dass sie Bildungsdebatten legitimieren und mitsteuern kann. Die Studie von Popp hat gezeigt, dass die OECD einen sichtbaren Einfluss auf die mexikanische Bildungspolitik ausübt, der sich auch jenseits der Empfehlungen zu PISA durch andere

Untersuchungen verdeutlichen ließe (Education at a Glance, OECD Briefing Note for Mexico 2007).

Auch andere Untersuchungen internationaler Organisationen illustrieren die Herausforderungen für Mexiko und sein Bildungssystem. So führt der ‚Global Monitoring Report – Education for all‘ der UNESCO aus dem Jahr 2010 vor Augen, dass Kinder von Eltern aus dem reichsten Viertel der Bevölkerung in Mexiko im Durchschnitt 25 bis 30% bessere Ergebnisse in Mathematik erzielen als Kinder von Eltern aus den ärmsten Vierteln des Landes (UNESCO 2010, S. 7-9). Des Weiteren enthält der Bericht der UNESCO Informationen zu Programmen für Schulen, die in sozial schwachen Gemeinden eingesetzt werden sollen. Ein Beispiel dafür ist das Programm *Oportundidades*, das der Unterstützung einkommensschwacher Eltern in Mexiko dienen soll. Es besteht aus den Komponenten Gesundheit, Ernährung und Bildung und setzt Mütter als Verwalterinnen des Programms und somit auch der Fördergelder ein. Diese sollen für eine ausgewogene Ernährung des Kindes bereitgestellt werden. Ziele sind die Reduzierung von Wachstumsstörungen, die Verbesserung der kognitiven Entwicklung des Kindes sowie die Ausrottung von Armut in Mexiko bis zum Jahr 2030 (ebd., S. 48; vgl. auch *http://www.oportunidades.gob.mx*).

Die Bildungssituation der indigenen Bevölkerung

In Mexiko leben 60% der indigenen Bevölkerung in indigenen Gemeinden. Eine Gemeinde wird dabei dann als indigen bezeichnet, wenn mindestens 40% der Mitglieder dieser Gemeinde Indígenas sind. Nur drei von 32 Staaten in Mexiko haben keine indigenen Gemeinden: Zacatecas, Baja California Sur und Nuevo Leon (Serrano 2006, S. 7 und 21).

Die Wahrscheinlichkeit, dass indigene mexikanische Frauen, die nur eine indigene Sprache sprechen, lesen können, ist etwa fünfzehn Mal geringer als bei Frauen, die nur Spanisch sprechen. Bei Frauen, die nicht Spanisch sprechen, beträgt der Grad der Alphabetisierung lediglich 5%. Aus diesem Grund ist die zweisprachige Erziehung entscheidend für den Erfolg der Alphabetisierung bei indigenen Völkern und ethnischen Minderheiten (UNESCO 2010, S. 100). Nichtsdestotrotz hat der Human Development Report für indigene Völker in Mexiko aus dem Jahr 2010 vom UNDP (Entwicklungsprogramm der Vereinten Nationen) berichtet, dass im Zeitraum 2000-2005 die Zahl der Indigenen, die in das Bildungssystem eintraten, gestiegen ist. Ebenso ist im Bereich der Alphabetisierung der indigenen Bevölkerung, die über 15 Jahre alt ist, ein leichter Anstieg zu verzeichnen (von 72,6% auf 74,3%). Allerdings verstärkt sich die prekäre Bildungssituation der indigenen Bevölkerung dadurch, dass Angehörige dieser Bevölkerungsgruppe ihre Schullaufbahn meist frühzeitig beenden. Der Anteil der Bevölkerung ohne Schulbildung oder mit unvollständiger primärer Ausbildung beträgt immer noch 46,5% und ist bei den Frauen (50,6%) höher als bei den Männern (42,1%). Die Schulbesuchsraten sind bei der indigenen Bevölkerung niedriger als die der nicht-indigenen Bevölkerung, und die Kluft zwischen den Bevölkerungsgruppen wird ab dem Alter von 12 Jahren noch größer, da mit dem Ende der Grundbildung die meisten indigenen Jugendlichen die Ausbildung abbrechen (De la Torre 2010, S. 54)

Der mexikanische Staat antwortet auf die prekäre Bildungssituation der indigenen Bevölkerung mit der Einrichtung unterschiedlicher Behörden und der Initiierung diverser Programme, die sich der Bildungsförderung der Indígenas verschrieben haben: So unterstützt der Nationale Rat für Bildungsförderung

(*Consejo Nacional de Fomento Educativo*, CONAFE) Schulen in Gebieten, die durch niedriges Leistungsniveau und Benachteiligung gekennzeichnet sind, mit zusätzlichen Mitteln, Lernmaterialien (einschließlich Lehrbüchern in den indigenen Sprachen) und Lehrern. Analysen zeigen, dass durch diese Bemühungen die Lücke in der Grundbildung (z.B. bei Mathematik) verringert werden konnte, obwohl sie wenig Einfluss auf die Noten in Spanisch haben (UNESCO 2010, S. 111).

Für die Behandlung indigener Themen sind generell verschiedene mexikanische Bundesbehörden zuständig: Das Nationale Institut für Indigene Sprachen (*Instituto Nacional de Lenguas Indígenas*, INALI), die Allgemeine Koordinierung für zweisprachige interkulturelle Erziehung (*Coordinación General de Educación Intercultural Bilingüe*, CGEIB) und die Nationale Kommission für die Entwicklung der indigenen Völker (*Comisión Nacional para el Desarrollo de los Pueblos Indígenas*, CDI). Die Pläne für die Entwicklung der indigenen Bildung werden von der CDI festgelegt, wie Aufbau und Konsolidierung von indigenen Universitäten oder Schutz der indigenen Migranten. Darüber hinaus werden neue Formen der Betreuung und spezielle Modelle für den Schutz und die Fürsorge für die Bedürfnisse von Migranten der indigenen Völker entwickelt. Hierbei stehen Arbeits- und Menschenrechte, Gesundheit und Ernährung von Kindern, Frauen und Migranten sowie die Bildung dieser Bevölkerungsgruppe im Fokus (De La Torre 2010, S. 80). Zusätzlich möchte Mexiko verstärkt Programme zur interkulturellen Bildung initiieren und in den Fokus der schulischen Bildungsarbeit stellen. So wurde auch im Jahr 2001 die CGEIB im Bildungsministerium gegründet, um die interkulturelle Bildung für die gesamte mexikanische Bevölkerung und die indigene Bildung auf allen Ebenen zu planen (vgl. *http://www.inali.gob.mx*).

Expansion und Internationalisierung des Hochschulsektors

Mexiko kann im Bereich der tertiären Bildungsabschlüsse einen kontinuierlichen Zuwachs verzeichnen, der sich durch Erhebungen der OECD mit statistischen Zahlen belegen lässt. Zwar befindet sich der Prozentsatz der Abschlüsse im Tertiärbereich immer noch unter dem OECD-Durchschnitt (28%), doch ist für den Zeitraum 1998 bis 2008 eine Steigerung zu verzeichnen. 2008 hatten 16% der 25- bis 64-Jährigen in Mexiko einen Abschluss im Tertiärbereich erlangt (Bildung auf einen Blick 2010, S. 41). Der Anteil der Studierenden, die sich in der Ausbildung im Bereich der Höheren Bildung befinden, ist zwischen 2000 und 2006 von 20% auf 26% gestiegen. Im Jahr 2008 gab es etwas mehr als 2,7 Mio. Studierende in der Hochschulbildung, 1,8 Mio. an öffentlichen und 895 000 an privaten Universitäten (vgl. *Asociación Nacional de Universidades e Instituciones de Educación Superior*, ANUIES: *http://www.anuies.mx*).

Einhergehend mit der angestrebten Expansion im tertiären Bildungsbereich fördert Mexiko bereits seit den 1970er Jahren die Internationalisierung des Hochschulsektors. Zwischen 1970 und den 1990er Jahren wurde diese durch die Unterstützung zweier Bereiche fokussiert: 1. Die Förderung des akademischen Austausches von Wissenschaftlern und 2. die Mobilität von Studierenden, um einen Bildungsabschluss zu erlangen. Hierbei hat CONACyT eine wichtige Rolle als Sponsor gespielt (Didou 2007, S. 1). Ebenso kam es zu Neugründungen von Bildungsbehörden für den Hochschulsektor. Anfang der 1990er Jahre wurde – beeinflusst durch das Freihandelsabkommen NAFTA – das Konsortium für grenzübergreifende Zusammenarbeit in der Hochschulbildung in Nordamerika

(*Consortium for North American Higher Education Collaboration,* CONAHEC) gegründet. Ziel ist es, die Akademiker- und Studentenaustauschprogramme sowie den Informationsaustausch und gemeinsame Infrastrukturen zu fördern. Zusätzlich sind auf der nationalen Ebene die sog. Interinstitutionellen Komitees für die Evaluation der Hochschulbildung (*Comités Interinstitucionales para la Evaluación de la Educación Superior,* CIEES) gegründet worden.

Im Jahr 2002 haben Gacel und die ‚Mexican Association for International Education' (AMPEI) eine Studie über die internationale Situation von mexikanischen (staatlichen und privaten) Hochschulen einschließlich ihrer Programme erstellt. Hierbei kamen sie zu folgendem Ergebnis (Rubio 2006, S. 263): Es existieren rund 2201 Internationale Übereinkommen, wobei 1294 davon an öffentlichen und 907 an privaten Institutionen bestehen. 926 Abkommen sind in Bezug auf den Akademikeraustausch geschlossen worden, davon 696 an öffentlichen und 230 an privaten Institutionen. 1 253 Übereinkommen regeln den studentischen Austausch, 835 davon an privaten und 418 an öffentlichen Institutionen, welche Subventionen erhalten haben. Internationale Forschung wird in Bezug auf 553 Vereinbarungen mit ausländischen Institutionen betrieben und 306 Projekte an staatlichen Universitäten im Vergleich zu 60 Vereinbarungen und 41 Projekten an privaten Universitäten. Außerdem wurde erhoben, dass 69% der befragten Institutionen an internationalen Kooperationsnetzwerken beteiligt sind. Zusätzlich macht Rubio darauf aufmerksam, dass die Zusammenarbeit mit dem British Council zwischen 2002 und 2004 den Prozess der Internationalisierung der öffentlichen Universitäten Mexikos erheblich unterstützt hat. 32 Universitäten haben an einem Programm zur Ausbildung der Lehrer von englischen Bildungseinrichtungen teilgenommen (Rubio 2006, S. 265).

Für den Bildungsimport nach Mexiko ist ein vielfältiges Angebot zu beobachten: Nach Lanzendorf sind ausländische Hochschulen über Franchising-Verträge, Konsortien oder Allianzen in Mexiko ansässig geworden (Lanzendorf 2005, S. 330). Zunächst sind amerikanische Hochschulen in Mexiko durch Außenstellen präsent, bspw. das Endicott College aus Boston (Massachussets), das 1996 eine Außenstelle in Mexiko-Stadt eröffnete. Zudem hat die ‚Grupo Educativo Apollo International' seit 2003 seine Tätigkeit in Mexiko aufgenommen und bietet als mexikanische Tochtergesellschaft von Apollo International Doppeldiplomprogramme mit dem US-amerikanischen Phoenix Institute for Professional Education an (ebd., S. 331). Ebenso hat die amerikanische ‚University of the Incarnate Word' aus Texas mit dem ‚Instituto Miguel Angel Valle' eine Außenstelle in Mexiko eröffnet. Die folgenden ausländische Hochschulen sind im Rahmen von Franchising-Abkommen mit Angeboten an mexikanischen Hochschulen vertreten: ‚Pacific Western University' über das ‚Instituto Mexicano de Educación a Distancia', ‚University of British Columbia' über das ‚Instituto Tecnológico y de Estudios Superiores de Monterrey', ‚Goldman School of Public Policies' der ‚University of California' in Berkeley über ‚Fondo de Información y Documentación para la Industria'. Seit 2000 werden auch vermehrt Online-Studienprogramme eingeführt, die die Zusammenarbeit nationaler und ausländischer Hochschulen vereinfachen sollen. So hat sich bspw. *Sylvan Learning Systems* im Jahr 2000 in die ‚Universidad del Valle de Mexiko' eingekauft und bietet seitdem Online-Programme und internationale Studiengänge an.

Wichtige Beispiele für Mexiko als Exportland für Hochschulbildung sind die ‚Universidad Nacional Autónoma de México' (UNAM) und die ‚Tecnológico de Monterrey'. Die UNAM hat zwei Campus-Büros im Ausland, eins in der Nähe von

Ottawa und ein anderes in San Antonio, Texas. Die TEC-Monterrey ist die größte und erfolgreichste Privatuniversität Mexikos und hat virtuelle Campus in Bogota, Guayaquil, Medellin, Panama, Caracas, Lima, Miami und Quito sowie physische und rekrutierende Campus in Peru, Kolumbien, Chile, Honduras, Venezuela und Barcelona. Außerdem gibt es internationale Liaison-Büros in Vancouver, Montreal, Boston, Dallas, Madrid, Schanghai, Paris, Freiburg (Schweiz) und Barcelona (Sáenz 2010).

Bei der Bewertung der Chancen und Herausforderungen für die Internationalisierung im mexikanischen Hochschulbereich und der Entwicklung von Vorschlägen für mögliche Formen der Kooperation spielen die Kosten eine entscheidende Rolle. Die Gebühren für eine private mexikanische Hochschule sind weitaus teurer als jene für eine staatliche Hochschule. Die Studiengebühren an der UNAM betragen 12,20 € (200 Pesos) pro Semester für mexikanische Studenten und 307 € (5.000 Pesos) für ausländische Studenten (vgl. *www. unam.mx*). Bei der TEC-Monterrey (Campus in Mexiko Stadt) betrugen sie für Bachelor-Studiengänge im Wintersemester 2011 durchschnittlich 4.873 € (77.975 mexikanisches Pesos) (vgl. *http://www.egap.itesm.edu*).

Aufgrund der geographischen Lage Mexikos an der südlichen Grenze der Vereinigten Staaten von Amerika sind folgende Zentren für die Internationalisierung relevant: Im Süden der USA bieten vor allem Texas und Arizona mehr und bessere Angebote für die Entwicklung der Internationalisierung, in Zentral-Mexiko ist es die Metropole Mexiko-Stadt. Hieraus könnte man bildungsgeographisch ein ,Dreieck der mexikanischen Internationalisierung im Hochschulbereich' ableiten. Dieses gilt sowohl für öffentliche als auch für private Institutionen.

Die Expansion und Internationalisierung des Hochschulsektors bietet für Mexiko eine große Chance für die Weiterentwicklung im Bildungsbereich sowie für wirtschaftliches Wachstum. Demgegenüber besteht die Gefahr, dass mit der fortschreitenden Internationalisierung auch die vorhandenen regionalen Unterschiede bzw. das soziale Gefälle weiter wachsen.

Ausblick

Vertreter der Bildungspolitik Mexikos haben in Zielsetzung und Programmatik für die Bildungsarbeit über Jahre hinweg viel gefordert und versprochen, aber nur wenig nachhaltig initiiert und erfolgreich umgesetzt. Diese Schlussfolgerung wird sowohl durch die geschichtliche Betrachtung des Bildungswesens Mexikos deutlich als auch durch die Darstellung des Einflusses der internationalen Bildungsgovernance und der mexikanischen Reaktion darauf. Bildungsprogramme haben sich in der Geschichte des Bildungswesens mit der jeweils aktuellen Präsidentschaft abgewechselt, und die Diskussion um die PISA-Ergebnisse hat illustriert, dass machtpolitisches Kalkül im Bildungsbereich dem Vorantreiben geeigneter Bildungsreformen im Weg zu stehen scheint. Zudem zeigt die Geschichte Mexikos seit Jahrzehnten, dass die einzigen Konstanten der Gesellschaft die Unterschiede zwischen den Bevölkerungsgruppen sind. Mexiko scheint ein ,Paradies für die Ungleichheit' zu sein. Dadurch ergibt sich ein sozioökonomisches Gefälle, das auch die Bildungschancen beeinträchtigt und einer umfassenden Bildungsreform Schwierigkeiten bereitet. Exemplarisch dazu wurde die Bildungssituation der indigenen Bevölkerung skizziert.

Doch es lassen sich auch Chancen für das mexikanische Bildungswesen benennen: In den letzten Jahrzehnten hat der Einfluss von internationalen

Organisationen und grenzüberschreitenden Bildungsinstitutionen, gerade auch im Zuge von Privatisierung und Dezentralisierung, auf die bundesweiten Entscheidungen im Bildungswesen zugenommen. Im Bereich der Hochschulbildung kann Mexikos Bemühen um die Internationalisierung von Bildung verdeutlicht werden. So wächst der mexikanische Markt im Bereich der Hochschulbildung dahingehend, dass Bildung zunehmend als Import- und Exportware verstanden wird und die Möglichkeiten im Tertiärbereich durch Kooperationen, Austauschprogramme und sonstige Abkommen mit ausländischen und privaten Bildungsanbietern vervielfacht werden.

Literatur

Arce, F. (2006): En busca de una educación revolucionaria: 1924-1934. In Ensayos sobre historia de la educación en México. 2. Auflage. México: El Colegio de México.

Bernecker, W. L. (2007): Mexiko im 19. Jahrhundert: Zwischen Unabhängigkeit und Revolution. In: Bernecker, W. L./ Pietschmann, H./ Tobler, H. W.: Eine kleine Geschichte Mexikos. Frankfurt am Main: Suhrkamp. S. 121-240.

Constitución Política de los Estados Unidos Mexicanos. Última reforma publicada DOF 13-04-2011. Cámara de Diputados. Verfügbar unter: http://www.diputados.gob.mx/LeyesBiblio/pdf/1.pdf [Mai 2011].

Covarrubias, O. (2000): Federalismo y Reforma del Sistema Educativo Nacional. México: Instituto Nacional de Administración Pública. Verfügbar unter: http://www.bibliojuridica.org/libros/libro.htm?l=1204 [Juni 2011].

De la Torre, G. 2010 (Coordinador) Informe sobre Desarrollo Humano de los Pueblos Indígenas en México (2010): El reto de la desigualdad de oportunidades. México: Programa de las Naciones Unidas para el Desarrollo – PNUD. Verfügbar unter: http://www.cdi.gob.mx/index.php?option=com_docman&task=doc_details&gid=161&Itemid=200019 [Mai 2011].

Deutscher, E. (1989): Politik und Pädagogik im nachrevolutionären Mexiko 1920-1940. Frankfurt am Main: Peter Lang.

Deutscher, E. (1996): Bildungswesen in Mexiko. In: Briesemeister, D./ Zimmermann, K. (Hrsg.): Mexiko heute. Politik Wirtschaft Kultur. Zweite überarbeitete und aktualisierte Auflage. Frankfurt am Main: Vervuert Verlag. S. 636-647.

Didou, S. (2007): La Internacionalización de la Educación Superior: Programas o Políticas. México: ANUIES.

Education at a Glance (2007): OECD Briefing Note for Mexico. Verfügbar unter: http://www.oecd.org/dataoecd/22/29/39317492.pdf [Juli 2011].

Figueras Valles, E. (2003): Pervirtiendo el orden del santo matrimonio. Bígamas en México: siglos XVI-XVII. Barcelona: Universitat de Barcelona.

Fix-Fierro, H./ Martínez-Uriarte, J. (1995): Chiapas: der Schauplatz eines Aufstandes. In: Lauth, H.-J./ Horn, H.-R. (Hrsg.): Mexiko im Wandel: Bilanz und Perspektiven in Politik, Wirtschaft, Gesellschaft und Kultur. Frankfurt am Main: Vervuert Verlag. S. 79-100.

Gonzalbo, P. (1990): Historia de la educación en la época colonial. La educación de los criollos y la vida urbana. México: El Colegio de México.

Gruihn, K. (2005): Die mexikanische Revolution und ihr Einfluss auf die Erziehungspolitik. In: Zimmering, R.: Der Revolutionsmythos in Mexiko. Würzburg: Königshausen & Neumann. S. 45-53.

Heigl, M. (2009): Der Staat in der Privatisierung. Eine strategisch-relationale Analyse am Beispiel Mexikos. Baden-Baden: Nomos.

Historia Cuarto Grado (2010): México: Secretaría de Educación Pública. Verfügbar unter: http://basica.sep.gob.mx/reformaintegral/sitio/librosdetexto/2010-2011/historia4.pdf [März 2011].

Klieme, E. et al. (Hrsg.) (2010): PISA 2009. Bilanz nach einem Jahrzehnt. Münster etc.: Waxmann.

Lanzendorf, U. (2005): Mexiko. In: Hahn, K. & Lanzendorf, U.: Wegweiser Globalisierung – Hochschulsektoren in Bewegung. Länderanalysen aus vier Kontinenten zu Marktchancen für deutsche Studienangebote. Kassel, S. 315-335.

OECD (Hrsg.) (2010): Bildung auf einen Blick 2010. OECD-Indikatoren. Bielefeld: OECD.

Olivera, M. (2002): Evolución histórica de la educación básica a través de los proyectos nacionales: 1921-1999. In: Diccionario de historia de la educación en México. CIESAS-

CONACYT. Verfügbar unter: http://biblioweb.tic.unam.mx/diccionario/htm/articulos/sec_6.htm [Mai 2011].

Pietschmann, H. (2007): Mexiko: Von der vorspanischen Zeit bis zum Beginn der Unabhängigkeitsepoche. In: Bernecker, W. L./ Pietschmann, H./ Tobler, H. W.: Eine kleine Geschichte Mexikos. Frankfurt am Main: Suhrkamp. S. 9-118.

Plan de estudios 2009. Educación básica. Primaria 2010. SEP México. Verfügbar unter: http://www.siracfc.sep.gob.mx/docs/Catalogo2009/PlanPrimaria.pdf [Juli 2011].

Popp, M. (2009): Der Einfluss der OECD auf die Bildungspolitik in Mexiko. TranState Working Papers 96. Bremen.

Programa Oportunidades. México: SEDESOL. Verfügbar unter: http://www.oportunidades.gob.mx/Portal/ [Juni 2011].

Programa Sectorial de Educación 2007-2012. México: SEP. Verfügbar unter: http://www.sep.gob.mx/work/appsite/prog_sec.pdf [April 2011].

Riese, B. (2011): Das Reich der Azteken. Geschichte und Kultur. München: C.H. Beck.

Rubio, J. (2006): La política educativa y la educación superior en México.1995-2006: un balance. México: Fondo de Cultura Económica. Verfügbar unter: http://ses2.sep.gob.mx/aye/ocde/pees/pees.pdf [Mai 2011].

Sáenz, I. (2010): International branch campuses: motivations, opportunities and challenges. Paris International Office Tecnológico de Monterrey. Verfügbar unter: www.britishcouncil.org/going_global_4_ _international_branch_campuses_-_dr_saenz_-_pp.pdf [Februar 2011].

Schirm, S. A. (1995): Mexikos internationale Beziehungen und die NAFTA. In: Lauth, H.-J./ Horn, H.-R. (Hrsg.): Mexiko im Wandel: Bilanz und Perspektiven in Politik, Wirtschaft, Gesellschaft und Kultur. Frankfurt am Main: Vervuert Verlag. S. 17-33.

Serrano, E. (2006): Regiones indígenas de México. México: Comisión Nacional para el Desarrollo de los Pueblos Indígenas. Programa de las Naciones Unidas para el Desarrollo. Verfügbar unter: http://www.cdi.gob.mx/regiones/regiones_indigenas_cdi.pdf [Mai 2011].

Staples, A. (2006): Panorama educativo al comienzo de la vida independiente. In: Ensayos sobre historia de la educación en México. México: El Colegio de México.

Tanck, D. (2006): Tensión en la Torre de Marfil. La Educación en la segunda mitad del siglo XVIII mexicano. In: Ensayos sobre historia de la educación en México. 2. Auflage. México: El Colegio de México.

Tobler, H. W. (1984): Die mexikanische Revolution. Gesellschaftlicher Wandel und politischer Umbruch, 1876-1940. Frankfurt am Main: Suhrkamp.

Tobler, H. W. (2004): Die Revolution und die Entwicklung Mexikos im 20. Jahrhundert. In: Bernecker, W. L./ Braig, M./ Hölz, K./ Zimmermann, K. (Hrsg.): Mexiko heute. Politik Wirtschaft Kultur. 3., vollständig neu bearbeitete Auflage. Frankfurt am Main: Vervuert Verlag. S. 65-85.

Tobler, H. W. (2007): Mexiko im 20. Jahrhundert: die Revolution und ihre Folgen. In: Bernecker, W. L./ Pietschmann, H./ Tobler, H. W.: Eine kleine Geschichte Mexikos. Frankfurt am Main: Suhrkamp. S. 243-365.

UNDP (2003): Informe Sobre Desarrollo Humano 2003. Verfügbar unter: http://hdr.undp.org/en/media/hdr03_sp_complete2.pdf [Mai 2011].

UNESCO (2010): EFA Global Monitoring Report 2010. Reaching the marginalized. Verfügbar unter: http://unesdoc.unesco.org/images/0018/001866/186606E.pdf [August 2011].

Vázquez, J. (2006): El pensamiento renacentista español y los orígenes de le Educación Novohispana. In Ensayos sobre historia de la educación en México. 2. Auflage. México: El Colegio de México.

Vogler, P. (2006): Interkulturelle Erziehung als Globalisierungsalternative: Interkulturalität und Pädagogik in Mexiko und Kuba und die Relevanz kreativ-künstlerischer Bildung. Frankfurt am Main: Peter Lang.

Weiß, E. (1983): Schule zwischen Staat und Gesellschaft (Mexiko 1920-1976). München: W. Fink.

Weltatlas & Länderlexikon (2008), Potsdam: Tandem Verlag.

Ina Gankam Tambo

Das Bildungswesen in Nigeria

Nigeria liegt an der Westküste Afrikas und ist mit rund 152 Mio. Menschen das bevölkerungsreichste Land des Kontinents. Die Bevölkerung lässt sich verschiedenen Sprachgruppen bzw. Ethnien zuordnen. Mit ca. 40Mio. sind die Yorùbá die größte ethnische Gruppe Nigerias und die zahlenmäßig überlegene Volksgruppe im Südwesten des Landes. Zur zweitgrößten zählen mit ca. 25-30 Mio. die Hausa im Norden Nigerias, und mit ca. 13 Mio. Menschen bilden die Igbos im Südosten Nigerias die drittgrößte Ethnie des Landes (Simpson & Oyètádé 2008, S. 172ff.). Nigeria ist seit 1999 eine föderale, demokratische Republik, die sich in 36 Bundesstaaten und die Hauptstadtregion Abuja unterteilt. Die offizielle Amtssprache des Landes ist Englisch (Bureau of African Affairs 2009). Aufgrund hoher Erdölvorkommen im Südwesten des Landes ist Nigeria seit dem Jahr 1971 Mitglied der OPEC (Vereinigung erdölexportierender Länder) und größter Erdölförderer Afrikas. Der Erdöl- und Erdgasexport brachten Nigeria im Jahr 2002 98% der Exporteinnahmen ein (ebd.). Trotzdem weist Nigeria einen Human Development Index (HDI)[1] von 0,423 (Tendenz steigend) und zählt zu den ‚low-income-countries‘ (UNDP database 2010). Das Land ist eins der ärmsten 20 Länder weltweit; rund 92% der Bevölkerung leben von weniger als zwei US Dollar pro Tag (The World Bank 2009, S.1); der größte Teil der Bevölkerung verdient sein Einkommen aus landwirtschaftlicher Arbeit (Canagarajah et al 2001, S. 148).

Mit diesem Aufsatz soll ein Einblick in die derzeitige Lage der nigerianischen Gesellschafts- und Bildungspolitik geboten werden, die versucht, das international gesetzte Bildungsziel der UNESCO „Education for All" (EFA) bis 2015 umzusetzen. Zunächst wird ein historischer Überblick geliefert (Kap. 1). Anschließend werden die vorkolonialen und kolonialen Bildungssysteme abgehandelt (Kap. 2). Weiterführend wird das derzeitige Schul- und Bildungssystem dargestellt (Kap. 3) und auf gegenwärtige sozialstrukturelle Aspekte der Bildungsverteilung in Nigeria eingegangen (Kap. 4).

1. Die Geschichte Nigerias im Überblick

Etwa in der Zeit des ersten Jahrtausends n. Chr. entwickelten sich erste zentralisierte staatliche Strukturen, basierend auf der Idee von Königreichen, z.B. das Königreich der Ile-Ife im Süden Nigerias oder die Königreiche Kanem und Borno im Norden (Falola & Heaton 2010, S. 16). Die Islamisierung des heutigen Nordnigeria wurde durch den trans-saharischen Handel etwa um das elfte

---

[1]   Der HDI setzt sich aus den drei Indikatoren Bildung, Gesundheit und Lebensstandard zusammen. Zum Vergleich: Deutschland weist einen HDI von 0,855 auf (UNDP database 2010).

Jahrhundert begleitet und führte allmählich zur Etablierung einer islamisierten nigerianischen Mittelklasse sowie größerer Handelsstädte (Falola & Heaton 2010, S. 29; Reichmuth 1998, S. 179; Simpson & Oyètádé 2008, S. 177).

Der erste Kontakt mit europäischen Kolonialmächten fand im Jahr 1471 im Zuge der Ankunft von Portugiesen im Königreich Benin im heutigen Südnigeria statt. Im 16. Jh. folgten die Briten, Holländer und Franzosen. Der Kontakt zu Europäern sollte zunächst auf dem Handel von Waren und Menschen (transatlantischer Sklavenhandel) beruhen und beabsichtigte keine Missionierung oder Bildung der dort lebenden Menschen. Allerdings fand der Sklavenhandel mit dem Einzug der Europäer ein neues Ausmaß: In der Zeit zwischen 1400 und 1900 wurden laut Nunn (2008, S. 142ff.) schätzungsweise über 2 Mio. Nigerianer und Nigerianerinnen über folgende Wege versklavt: transatlantisch ca. 1 500 000, trans-saharisch ca. 560 000 und über das Rote Meer ca. 56 000. Im Jahr 1807 verbot das House of Parliament in London den Sklavenhandel für sämtliche britische Untertanen. Großbritannien, damals einer der größten Sklavenexporteure von Nigeria zum Kontinent Amerika, entzog somit seine dort aufgestellten Handelsflotten. Dies hatte schwerwiegende wirtschaftliche Konsequenzen für einige Regionen in Nigeria (z.B. Oyo), in denen der Sklavenhandel bzw. die Sklaverei sich in der Zeit zwischen dem 14. und 19. Jh. zunehmend institutionalisiert und zur Etablierung einiger Städte beigetragen hatte (Falola & Heaton 2010, S. 52-61; 89).

In den Jahren 1804-1809 fand im Zuge der Islamisierung Westafrikas ein Dschihad in Nordnigeria, unter der Führung des der Volksgruppe der Fulani angehörenden Usman dan Fodio, statt. Die anschließende Gründung des Sokoto Kalifats stellt den Höhepunkt der Islamisierung Westafrikas dar. Im 19. Jh. erfuhr das Kalifat mit einer Ausdehnung von über 1 500 km vom Norden des heutigen Burkina Fasos, der Stadt Dori, bis hin zu Adamawa im heutigen Kamerun, seine Blütezeit. Nach der Berliner Konferenz von 1884/85 wurde der britische Einfluss in der Region immer ausgeprägter und unter dem „High Commissioner" des nördlichen Protektorats Nigerias, Lord Frederick Lugard, nach der „Indirect Rule" verwaltet. Darauf basierend blieb ein Großteil der präkolonialen Verwaltungsstrukturen unberührt; auch das Maliki-Gesetz (die Gesetzgebung nach dem sunnitischen Islam) blieb weiterhin in Kraft (Reichmuth 1998, S. 179; Simpson & Oyètádé 2008, S. 177).

In den 1840er Jahren nahm der politische Einfluss christlicher Missionare in den südlichen Teilen des heutigen Nigeria zu und breitete sich stark in dieser Region aus. Später vertiefte sich der politische Einfluss der Briten aufgrund ihrer zunehmenden Handelsinteressen in der Region. Von besonderer Bedeutung für den britischen Einfluss im nigerianischen Hinterland war die Royal Niger Company, welche dort die britischen Handelsinteressen zunehmend durchsetzen versuchte und mit der Zeit ein Handelsmonopol errichtete. Mit der Berliner Konferenz in den Jahren 1884/85 wurden Verträge über die „Protektorate" der indigenen Bevölkerung beschlossen und den Briten die Kolonie Nigeria offiziell zugeteilt (Falola & Heaton 2010, S. 86ff.).

In den Jahren 1903/04 wurde unter Lord Lugard das Sokoto-Kalifat eingenommen und dem Protektorat Nordnigeria unterstellt. Somit konnten die drei Regionen, das Protektorat Nordnigeria, die „Crown Colony of Lagos" und das Protektorat Südnigeria, im Jahr 1914 miteinander zur Kolonie Nigeria verschmolzen werden. Diese Dreiteilung wurde mit dem Erlass der Verfassung von 1954 beibehalten und Nigeria entsprechend in drei administrative Zonen eingeteilt. Widerstand gegenüber dieser Aufteilung regte sich von Seiten der kulturellen und sprachlichen Minderheiten der jeweiligen Region; ihnen wurde mit der späteren Gründung weiterer Staaten politisches Entgegenkommen geäußert (Simpson & Oyètádé 2008, S. 181).

Das Kolonialland, ein föderaler Staat, bestehend aus drei Bundesstaaten, die über eine jeweils eigenständige legislative und exekutive Macht verfügten, beugte sich dem Druck nationaler anti-kolonialer Freiheitsbewegungen, die sich in den 1930er Jahren gegründet hatten und hielt im Jahr 1959 erste freie demokratische Wahlen ab. Mit Abubakar Tafawa Balewa als Premierminister und Nnamdi Azikiwe als Präsident wurden die Regierungschefs der ersten nationalen Regierung (die sog. erste Republik) ernannt (Falola & Heaton 2010, S. 156.).

Im Oktober des Jahres 1960 erlangte Nigeria seine politische Unabhängigkeit von den britischen Kolonialmächten. Doch die darauffolgenden Jahre waren überschattet von politischer Instabilität, blutigen Konflikten – u.a. vom stets anhaltenden Nord-Süd Konflikt des Landes –, die nach dem Putsch von Lt. Col. Gowon gegen den demokratisch gewählten amtierenden Präsidenten Azikiwe in einem genozid-ähnlichen Bürgerkrieg gipfelten. In dem zweieinhalb Jahre währenden Bürgerkrieg (1967-1970) starben ungefähr drei Mio. Igbos. Die Vereinten Nationen verhielten sich in dieser Zeit politisch sehr zurückhaltend und unterstützten damit indirekt die durch einen Putsch an die Macht gelangte damalige Regierung (Edeh 2011; Falola & Heaton 2010, S. 136f.; Simpson & Oyètádé 2008, S. 184f). In der Folge des Bürgerkriegs versuchte die Regierung unter General Gowon das Land innerstaatlich zu versöhnen. Positiv wirkte sich auf das Land, neben der Gründung acht weiterer Bundesstaaten zum Schutze der ethnischen Minderheiten, vor allem der Anstieg der Rohölpreise in den 1970er Jahren aus, der die Wirtschaft und den Wohlstand des Landes steigern konnte und auch dazu beigetragen hat, dass die Regierung hohe Ausgaben im öffentlichen Bereich tätigen konnte (Simpson & Oyètádé 2008, S. 185f.).

Im Jahr 1979 wurde die sog. zweite demokratische Republik ausgerufen und die Macht von der regierenden Militärregierung unter Murtala Mohammed, welcher in seiner Amtszeit den politischen Hauptsitz des Landes von Lagos nach Abuja verlagert hatte, an Präsident Shehu Shagari übertragen. Als ein weiterer Emanzipationsschritt von der britischen Kolonialherrschaft galt die neue Verfassung des Jahres 1979, mit der sich Nigeria von der britischen Queen als nigerianisches Staatsoberhaupt endgültig lossagte. Ferner verkündete die neue Verfassung das Doppelziel der Alphabetisierung der Bevölkerung sowie der kostenlosen Schulbildung, womit auch die Schulpflicht für alle nigerianischen Kinder eingeführt wurde (Afigbo 2005, S. 439ff.; Falola & Heaton 2010, S. 197f.; Simpson & Oyètádé 2008, S. 187).

Mit einem preislichen Rückgang für Rohöl in den 1980er Jahren litt die nigerianische Wirtschaft, die nahezu ausschließlich auf diesem Rohstoff basierte. Gleichzeitig übernahm das Militär die Regierung für weitere 18 Jahre. Zunehmende Korruption behinderte Bestrebungen, die Situation des Landes, welche durch Arbeitslosigkeit, Kriminalität und politisch-religiöse Konflikte gekennzeichnet war, zu verbessern. Nigeria – noch in den 1970er Jahren größter Erdölexporteur Afrikas – zählte im Jahr 1980 zu den ärmsten und korruptesten Ländern der Welt. Das Pro-Kopf-Einkommen, welches noch in den 1970er Jahren bei 1 500 Pfund lag, sank bis 1998 auf 300 Pfund. Mit diesem finanziellen Einsturz musste der Staat Einsparungen im öffentlichen Sektor vornehmen, welche auch den Bildungsbereich betrafen. Wegen der bestehenden Missstände ergriff im Jahr 1983 erneut das Militär, zunächst unter General Muhammadu Buhari, die Macht. Gedrängt durch den Kampf um knappe Ressourcen, forderten die Minderheiten die Gründung weiterer Bundesstaaten; im Jahr 1991 bestand Nigeria aus 30 Bundesstaaten (Edeh 2011; Falola & Heaton 2010, S. 208; Simpson & Oyètádé 2008, S. 187).

Weiterhin bestimmte das Militär die Politik und annullierte die Wahlergebnisse des Jahres 1993, aus denen der rechtmäßig gewählte Südnigerianer M.K.O. Abiola hervorgehen sollte. Regierungschef wurde aber der Nordnigerianer General Sani Abacha; dies verschärfte das ohnehin angespannte Nord-Süd-Verhältnis. Schließlich übergab im Jahr 1998 das Militär nach dem Tod Abachas die Macht an den südnigerianischen General Obasanjo und deutete damit den Versuch an, die Macht an eine zivile Regierung übertragen zu haben, während noch im Parlament ehemalige Machthaber der diktatorischen Militärregierung saßen. Dennoch wird mit diesem Machtwechsel die sog. dritte Republik eingeleitet (Edeh 2011; Afigbo 2005, S. 506).

Auslöser jüngster politischer Unruhen sind nach wie vor die Spannungen zwischen dem Süden und dem Norden des Landes, welche sich im Zuge der Wahlen des Jahres 2011 erneut zugespitzt haben. Als Gewinner ist der südnigerianische Präsident Goodluck Jonathan hervorgegangen, was entgegen den Erwartungen der Bevölkerung des Nordens verlief; diesen zufolge sollte der Fulani und ehemalige Regierungschef unter der Militärherrschaft (1983-85), Muhammadu Buhari, Präsident werden. Dass dieser Fall nicht eingetreten ist, sorgte im Norden des Landes für zahlreiche gewalttätige Auseinandersetzungen (Oluwarotimi & Shuaib 2011).

2. Erziehungs- und Bildungssysteme vor der politischen Unabhängigkeit Nigerias

Traditionelle Erziehung

Vor Einführung von Missions- und Kolonialschulen wurde Erziehung traditionell in non-formalen Institutionen unter der Leitung von Eltern, Großeltern, sog. Altersgruppenvereinigungen („*Age-grades*'), Geheimbünden („*secret societes*') etc. durchgeführt (Fafunwa, 1974, S. 18f.). Beispielhaft werden im Folgenden das traditionelle Bildungswesen der Igbos und das der Yorùbá vorgestellt.

Tradition und Kultur der Igbos waren ein auf Oralität basierendes Kultur- und Wissenssystem. Sie basierten auf einer gemeinschaftlich geführten Erziehung („*community based education*'). Bei dieser war die gesamte Gemeinschaft für die Erziehung und Ausbildung eines Kindes bzw. Heranwachsenden zuständig. Sensibilisiert wurde zu sozialer Verantwortung und Solidarität in der Gemeinschaft (Esu & Junaid, 2011). Das damalige Curriculum bestand aus sechs Hauptbestandteilen, die eng miteinander verflochten waren und die – im Gegensatz zum westlichen Bildungssystem – nicht als voneinander abgetrennte Kategorien zu verstehen sind. Neben musischer Erziehung, Sport, moralischer Erziehung, Religion und sozialem Lernen, wurden praktische Kompetenzen in Bereichen wie der Landwirtschaft und der Fischerei erworben. Dabei galt in der Regel das Prinzip „*learning by doing*", also das Lernen im Prozess; gelernt wurde durch Imitation und Beobachtung und partizipatorisch etwa durch Teilnahme an Zeremonien oder Ritualen. Erziehung stellte einen ganzheitlichen Prozess dar, der intellektuelle mit handwerklichen und sportlichen Aktivitäten vereinte und der Charakterbildung diente. Am Ende einer Phase fand ein Test entsprechend des Lernniveaus zur Initiation in das Erwachsensein statt. Bei dieser Initiation spielten Kulte und Geheimnisse eine besondere Rolle, deren religiöser bzw. philosophischer Hintergrund angeeignet werden musste, um die entsprechenden Riten erfolgreich praktizieren zu können (Fafunwa 1974, S. 16 & 26).

Ein wesentlicher Bestandteil des traditionellen Erziehungssystems der Igbos, das bis heute noch neben dem formalen Schulsystem eine weite Verbreitung hat, ist das als ein System von Auszubildenden und Ausbildern organisierte *apprenticeship-System* im Bereich handwerklicher Berufsausbildung. Innerhalb dieses Systems finden Alphabeten aber auch Analphabeten, behinderte und nicht behinderte Menschen auf informellem Weg einen Arbeitsplatz (Fafunwa 1974, S. 42). Eltern entscheiden für ihre Kinder, welches Handwerk sie erlernen sollen und schicken ihr Kind zu einem Verwandten innerhalb des Großfamiliensystems (*extended family system*), um ihrem Kind eine Ausbildung zu ermöglichen. Damit versuchen sie durch die Externalisierung dieses Lernprozesses die Selbständigkeit und den Fleiß des Kindes zu fördern. Mädchen und Jungen wurden in geschlechtsspezifisch unterschiedlichen Berufen ausgebildet (bspw. das Friseurhandwerk für Mädchen und die Schusterei für Jungen), während einige Berufe für beide Geschlechter zugänglich waren (z.B. die Palmölproduktion). Generell galt ein geschlechtshomogenes Zuweisen von Ausbildern zu Auszubildenden, weswegen auszubildende Mädchen eine Ausbilderin hatten und Jungen einen Ausbilder. Am Ende erhielt der fertige Lehrling ein Zertifikat zum Leiten eines eigenen Betriebes und wurde dabei unterstützt, einen solchen aufzubauen und eigenständig zu leiten (ebd., S. 34ff.).

Neben dem traditionellen Ausbildungssystem spielte die dialogische Erziehung durch das in afrikanischen Gesellschaften übliche Geschichtenerzählen (*Storytelling*) und die traditionelle Vermittlung von Sprichwörtern (*Proverbs*) eine wesentliche Rolle in der Erziehung der Heranwachsenden. Sprichwörter verbildlichten lebhaft die spezifischen Lebensprinzipien, Sitten und Moral sowie Gebräuche, Geschichte und Weltanschauung der Gesellschaft. Sie dienten ferner der indirekten Hervorhebung von Argumenten in Konversationen, aber auch dem vermittelnden Antworten auf Fragen (Ozele 2006, S. 8).

Parallelen zur traditionellen Igbo-Erziehung findet man auch in der traditionellen Yorùbá-Erziehung. Auch die Yorùbá verfolgten mit Erziehung das Ziel, eine in die Gemeinschaft integrierte Persönlichkeit heranzubilden. Erziehung ist dabei ein lebenslanger Lernprozess, in dem gemeinsam mit einem Lehrer bzw. Mentor Werte wie Respekt gegenüber den Älteren, Ehrlichkeit, Großzügigkeit, Mut, vor allem aber auch Fleiß angeeignet worden sind. Auch hier spielten Sprichwörter, Geschichten erzählen und Lieder in der Erziehung eine reflexions- und wahrnehmungsfördernde Rolle. Erziehung vollzog sich dabei nicht innerhalb eines formalisierten Systems, sondern war vielmehr funktional ausgerichtet. Der Erwerb von praktischen Fertigkeiten (Kanubau, Schwimmen, Jagen, landwirtschaftliche Kenntnisse, Weben) sowie die Sozialisation zu einer verantwortungsvollen Persönlichkeit waren Teil der Erziehung und Bildung von Kindern und Jugendlichen (Fayemi 2009, S. 49).

In beiden Volksgruppen versuchte das traditionelle Bildungs- und Erziehungswesen sozial inklusiv ausgerichtet zu sein und strebte an, basierend auf dem Prinzip der gesellschaftlichen Solidarität, allen Bevölkerungsmitgliedern einen Platz innerhalb der Gesellschaft zuzuweisen. Somit fand das Erziehungsziel der sozialen Verantwortung seine Erfüllung in der Tatsache, dass jedes Gesellschaftsmitglied durch den Beruf zum Wohl der Gesamtgesellschaft beitrug (ebd.; Fafunwa 1974).

Islamisches Bildungswesen

Erste Koranschulen (sog. *madrasas*) in Nordnigeria lassen sich bereits im 15. Jh. in Borno und um 1650 im Hausaland nachweisen. Sie dienten vorwiegend der islamischen Bildung der Notablen der dortigen Gesellschaft. Jedoch schon im 12. Jh. wurden Studierende der islamischen Lehre zum Koranunterricht in islamische Regionen Afrikas, etwa nach Kairo, geschickt (Falola & Heaton 2010, S. 30). Der Koranunterricht stellte seit dem 19. Jh. die Grundlage der islamischen Bildung dar und ermöglichte den Erhalt sozialer Anerkennung und Initiation. Darüber hinaus förderte er die Abgrenzung zu Nichtmuslimen und damit zugleich die Solidarität unter Muslimen (ebd., S. 143).

Der Besuch einer Koranschule galt nicht nur der Erziehung und Disziplinierung der Schüler, sondern war auch ein Schritt zur weiteren Abnabelung vom Elternhaus. Vielfach wurden die Schüler (*Almajirai*) in entferntere Dörfer und Städte geschickt, wo sie von einem *Malam*, einem islamischen Gelehrten, unterrichtet wurden (Ja'afaru Bamable 2007). Während damals die Schüler ein Schuleingangsalter von ca. 30-40 Jahren verzeichneten, werden die Kinder seit den 1950er Jahren im Zuge der Verwestlichung des nigerianischen Schulsystems schon im Alter von drei bis vier Jahren in Koranschulen geschickt. In manchen Regionen, wie beispielsweise bei den Hausa, werden die Jungen erst nach ihrer Beschneidung im Alter von ca. sieben bis neun Jahren eingeschult. Das Ende der Schullaufbahn an einer Koranschule endete damals häufig mit der Heirat (Reichmuth 1998, S. 101), beziehungsweise Zeremonien bildeten Höhepunkte der Ausbildung oder auch zum Abschluss bestimmter Abschnitte des Korans (ebd., S. 111). Dies galt auch für Mädchen, sofern diese in manchen Regionen Schülerinnen einer Koranschule waren. Allerdings war ihr Anteil mit ca. 30-50% niedriger als der der Jungen und in manchen Fällen schichtbedingt. In Bida war der Besuch der Koranschule nur für die Mädchen der aristokratischen Schicht vorgesehen. In Ilorin hingegen hatten Frauen eine bedeutende wirtschaftliche Position inne, welche ihnen den Besuch der Koranschule ermöglichte (ebd., S. 101).

Die Verbreitung des islamischen Bildungssystems im Norden und Westen Nigerias eröffnete Kindern der Fulbe und Yorùbá die Möglichkeit, in die Gesellschaft aufgenommen zu werden, was ihnen zuvor ausschließlich durch Kulte möglich gewesen war. Sklaven, die die islamische Religion ihrer Herren annahmen, hatten in vielen Fällen die Chance der Freilassung und Patronage, und es stand ihnen frei, ihre islamische Schulausbildung weiter fortzusetzen oder Ämter in Moscheen ihrer Herren einzunehmen, oder aber auch eine eigene Schule zu gründen (ebd., S. 103).

In der islamischen Schulbildung bilden zwei Schulen, nämlich die sog. ´Ilm-Schulen und die Koranschulen, die Grundlage des islamischen Bildungssystems. Beide Typen bauen aufeinander auf: Während in der Koranschule die Fähigkeiten vermittelt werden, den Koran zu lesen und zu rezitieren sowie die Durchführung islamischer Gebetsrituale erlernt werden, werden in den ´Ilm-Schulen Kenntnisse im Lesen, Schreiben und in der arabischen Grammatik erworben sowie arabische Texte in verschiedenen wissenschaftlichen Disziplinen gelesen (Reichmuth 1998, S. 100).

In Koranschulen wird nach wie vor nach demselben Lernprogramm unterrichtet: „(a) Erlernen kurzer Korantexte (…), (b) Erlernen der Rituale für Gebet und Waschung, (c) Erlernen der Namen für Buchstaben und Zeichen der arabischen Schrift; Buchstabieren arabischer Korantexte (…), (d) flüssiges Rezitieren des gesamten arabischen Korantextes, (e) Erlernen der arabischen

Schrift, Schreiben von Korantexten" (ebd., S. 105). Stefan Reichmuth hat in seiner Forschung über die Verbreitung und Entwicklung des Islams in Nigeria ab dem 18. Jh. drei Stadien des Koranunterrichts differenzieren können (ebd., S. 106f.): Die erste Phase ist „ògeere"; in dieser werden arabische Verse durch mündliche Wiederholung im Sprechgesang auswendig gelernt. Die zweite Phase „hàjìtú" dient dem Erlernen des arabischen Buchstabierens. Hierzu werden, so Reichmuth, je nach Schülerkreis bis heute Namen arabischer Buchstaben mit Schriftzeichen der vier verschiedenen nigerianischen Sprachen, der Fulfulde, Yorùbá, Hausa oder Nupe verwendet. Am Ende dieser Phase war der Schüler im Stande, selbständig zu lesen. In der dritten Phase „ògeere" (zweites Stadium) lernten die Schüler längere Korantexte flüssig zu lesen. Lehrer der Koranschulen erhielten in der Regel keine Bezahlung. Stattdessen fand ihre Leistung in Form von Spenden oder Geschenken Anerkennung (ebd., S. 110). Schüler mussten für ihre Lehrer allerdings gewisse Arbeitsleistungen erbringen, wie bspw. Betteln gehen, Wasser holen oder Arbeiten in der Landwirtschaft verrichten.

Das arabische Wort ´Ilm steht für ein Bildungsgut und Wertesystem, das auf Vernunft beruht. Gemeint ist damit ein religiöser Sinn das Wissen und die Erkenntnis bzw. die Kommunikation mit Gott. ´Ilm ist dabei aber ein universales Wissenskonzept, welches lokale Wissensformen auch nicht-islamischer Herkunft erlaubt (ebd., S. 143). Die ´Ilm-Schulen, die sich für manche Schüler an die Koranschule anschlossen, boten den Schülern breite Unterrichtsinhalte wie das Rezitieren und die Übersetzung aus dem Arabischen elementarer Fiqh[2]- und Tauhid[3]-Texte (ebd., S. 115); aber auch das Studium der arabischen Sprache, Literatur, Arithmetik, Zeitrechnung, Astrologie sowie der Ethik und Moral (ebd., S. 125). Der Unterricht fand meist in den frühen Morgenstunden statt. Die Vergütung der Lehrenden war in den ´Ilm-Schulen allerdings im Vergleich zu den Koranschulen weniger formal geregelt. Durch das Kopieren von Manuskripten oder die Mitteilung und Anfertigung von Texten zu therapeutischen Zwecken versuchten diese ihren Lebensunterhalt zu bestreiten. Schüler der ´Ilm-Schulen waren überwiegend Jungen (ebd., S. 115).

Unter der Führung des Sultans und Präsidenten der nördlichen Region Nigerias Alhaji Sir Ahmadu Bello sollte nach der Unabhängigkeit Nigerias ein Bildungssystem geschaffen werden, in dem die islamischen Schulen an das staatliche Bildungssystem angeglichen werden sollten (Reichmuth 1998, S. 309). Der Islamunterricht erhielt im Jahr 1968 eine eigene Prüfungsordnung, und die religiöse und moralische Unterweisung durch den Islam war für die Grundschule verfassungsmäßig vorgeschrieben; islamische Religionskunde und Arabisch waren im Oberschulbereich fakultativ. Mit der Bildungsexpansion im Norden Nigerias und dem Universal Primary Education Programme (UPE) wuchs auch die Dringlichkeit der Lehrerausbildung für arabisch-islamische Fächer. Doch zunächst war das Gehalt islamischer Lehrkräfte nur gering; nach deren Vereinigung zur Islamic Missionaries Association, die ihre Interessen nach mehr Anerkennung ihres Berufsstandes politisch durchsetzen sollte, konnten im Kwara State im Jahr 1979 erste Erfolge in der offiziellen Einstufung als Religionslehrer mit entsprechendem Gehalt erzielt werden. In den 1980er Jahren erfolgte die Einrichtung eines arabisch-islamischen Diplomstudienganges (arab-islamic studies) zunächst an der Universität Ilorin (ebd, S. 309).

---

2 Fiqh: Islamische Rechtslehre (arab.: die Einsicht, das Verstehen in etwas haben). Es handelt sich dabei um die Gesetze, die im Koran und in den Suren enthalten sind.
3 Tauhid: Muslimisches Glaubensbekenntnis; der Glaube an die Einheit und Einzigartigkeit Gottes.

Mit der Etablierung des Islams als ein im staatlichen Bildungswesen Nigerias anerkanntes Unterrichtsfach, verbreiteten sich auch zunehmend islamische soziale Jugendbewegungen. Im Jahr 1954 kam es zur Gründung der Jugendorganisation Muslim Students' Society of Nigeria, die im Jahr 1960 große Popularität genoss. Es ereigneten sich Vortragsveranstaltungen, Ferienlager und dergleichen, in denen es stets um die Vermittlung der Werte des Islams ging, aber auch um die Stärkung der Solidarität innerhalb der muslimischen Gemeinschaft. Im Zuge der im Jahr 1977 stattgefundenen iranischen Revolution nahm die Bewegung politischen Charakter an und wurde zeitweilig verboten. In den 1980er Jahren entstanden Bewegungen junger militanter islamischer Prediger, die den Islam vor den Christen zu schützen versuchten (ebd., S. 320ff.).

Missionsschulen

1842 wurde von den Geistlichen Rev. Thomas Freeman und De Graft von der Weslyan Methodist Church mit der Gründung einer Schule in Lagos die erste Initiative zur Gründung von Missionsschulen unternommen (Okonkwo & Ezeh 2008, S. 186). Neben der Church Missionary Society (CMS) gab es die Wesleyan Methodist Missionary Society (WMMS), die Presbyterian Church of Scotland, the Southern Baptists Convention, die Society of African Missions (Catholic Mission) (Bassey 1999, S., 28). Jede Mission unterrichtete zunächst nach ihrem eigenen Bildungssystem (Ukeje & Aisiku 1982, S. 207). Ihnen allen aber war gemeinsam, dass sie den Unterricht in der Muttersprache der Schulkinder abhielten (Akinnaso 1993, S. 259), mit dem Ziel: „(to) form an intelligent and influential class of society and become the founders of a Kingdom which will render incalculable benefits to Africa and hold a position among the states of Europe" (Webster 1963, S. 420 zit. in Bassey 1999, S.199).

Die Missionierung der Afrikaner lässt sich nach Garvey (1994) in drei Schultypen anhand einer bipolaren Skala unterscheiden. An einem Pol befinden sich die eher gemäßigten Missionare, die die Afrikaner zu Christen zu konvertieren versuchen, ohne sie zu sehr in ihrer Kultur und in ihrem Lebensstil zu beeinträchtigen. Am anderen Pol sind diejenigen verortet, die einen radikalen Missionierungsansatz vertreten, die die Gesellschaften der Afrikaner „modernisieren" wollen und Erziehung dabei als eine Möglichkeit betrachten, um sowohl sozio-ökonomische als auch religiöse Umstrukturierungen in der Gesellschaft vorzunehmen. In der Mitte positioniert Garvey die Missionare, die erkennen, dass sie ihre Arbeit in einer Zeit ausüben, in der weltweit gravierende kulturelle Veränderungen stattfinden und mit diesen einen spezifischen Umgang pflegen. Mitunter zählen hierzu die Missionsschulen, in denen (europäische) Werte an afrikanische Gesellschaften vermittelt worden sind.

Hinter einem sich im 19. Jh. verbreitenden Protestantismus, der eine Kombination von "Commerce and Christianity" war, verbarg sich allerdings die spirituelle Ausbeutung der Afrikaner durch die Kolonialherren. Dabei handelte es sich um die subtile Vermittlung von christlichen Werten und Pflichten zu Gunsten der Missionare, durch die Ausbeutung der Arbeitskraft von Afrikanern unter dem Deckmantel des Christentums. „Christianity was one of the subtle methods adopted by the missionaries and their humanitarian supporters — the merchants and administrators — in their crusade for the spiritual salvation of Africa." (Adeniji 1986, S. 44). Eine missionarische Schulbildung wurde somit zum Pflichtprogramm, um die Konvertierung nachhaltig zu gestalten. Dazu zählte auch die Verschriftlichung oraler Sprachen wie das Yorùbá. Es erfolgte auch die

Übersetzung der Bibel in die Sprachen der sog. Einheimischen. Mit dem Bau von Missionsschulen, zunächst im Südwesten Nigerias, wurde in diesen die Schuluniform eingeführt. Später setzten die Missionare ihren Bildungsauftrag u.a. mit der Ausbildung von einheimischen Lehrern fort (Bassey 1999).

Die Alphabetisierung und die Vermittlung der westlich-europäischen Kultur spielten allerdings nicht nur in der Schulbildung für Kinder, sondern auch in der für Erwachsene eine Rolle. Es fand die sog. Arbeitserziehung (*agro-economic education*) statt, in der die Missionare nach dem Schema „*the bible and the plough*" christliche Landwirte Waren zum weltweiten Verkauf produzieren ließen, die sich so am weltweiten Handel beteiligten (Adeniji 1986, S. 44).

Die zunehmende Rivalität zwischen den unterschiedlichen Missionsgesellschaften führte u.a. zu einem rasanten Anstieg der Anzahl von Schulen und einer entsprechenden Zunahme von Schülern. Die Anzahl der Schüler stieg von anfänglich 418 (in sechs Schulen) im Jahr 1909 auf insgesamt 9 561 Schüler und Schülerinnen in 150 Schulen im Jahr 1849 und auf 33 229 im Jahr 1919 (eine Angabe der Anzahl von Schulen für dieses Jahr liegt nicht vor) (Talbot 1949, S. 128 zitiert in Bassey 1999, S. 65).

Koloniale Bildungspolitik

Erste finanzielle Unterstützung in Höhe von jährlich 200 Pfund erhielten die Missionsschulen in Nigeria von der Administration in Lagos in den Jahren 1877 bis 1882. Im Jahr 1886 wurde ein Ausschuss (*Education Board*), bestehend aus dem Gouverneur, dem Verwaltungsrat und vier weiteren ernannten Mitgliedern, etabliert. Dieser Ausschuss sollte zukünftig die finanzielle Unterstützung der Schulen regeln und sich dabei nach bestimmten Qualitätsmaßstäben richten, wie etwa guter organisatorischer Führung, der Anzahl der Schüler, dem Einhalten von Disziplin und akademischer Leistung (Okonkwo & Ezeh 2008, S. 187).

Mit dem Einzug der Briten als Kolonialherren änderten sich neben den Verwaltungsstrukturen auch die Schulstrukturen. 1882 versuchte die Kolonialverwaltung das Schulsystem der Missionare durch eine „*Education Ordinance*" erstmalig zu verbessern, im Jahre 1887 wurde in einer zweiten „*Education Ordinance*" entschieden, dass Schulen nicht nur Hilfen erhielten, sondern dass auch Vorkehrungen für eine professionalisierte, institutionalisierte Lehrer- und Lehrerinnenausbildung getroffen werden sollten. In diesem Erlass wurde nach britischen Standards ein dreigliedriges Schulsystem, bestehend aus Grund-, weiterführender und Oberschule eingeführt (Fabunmi 2005, S. 2). Dennoch war lange Zeit keine einheitliche Struktur und Organisation in den im Land verteilten Missionsschulen erkennbar. Hinzu kam, dass die Schulen bescheiden ausgestattet waren und sich zum Teil in den privaten Wohnhäusern der Lehrenden befanden, wobei zudem die Qualität der Ausbildung von Lehrkräften oftmals unprofessionell war (ebd., S. 85).

Als im Jahr 1900 das Protektorat über die südlichen Landesteile errichtet worden war, wurde in Benin City die erste Kolonialschule gegründet (Okonkwo & Ezeh 2008, S. 187). Fernerhin entschied das Department of Education, eine Unterteilung der Schulen in unterstützte (*assisted*), nicht unterstützte (*unassisted*) und staatliche (*government*) Schulen vorzunehmen. Unterstützte und staatliche Schulen wurden finanziell von der Kolonialverwaltung unterhalten, nicht unterstützte Schulen wurden autonom verwaltet. Mitunter führten britische Missionen das gleiche Schulsystem wie in Großbritannien ein, bestehend aus

Haupt- und Nebenschulen sowie die in Britannien in Grund-, evtl. Mittel- und Oberschulen üblichen Schulfächern (Krause 2007, S. 340).

Im Jahr 1901 wurde J. Gordon vom damaligen Gouverneur der südlichen Protektorate, Sir Ralph Moor, zum ersten Schulinspektor (*Inspector of Education*) des Schulamts (*Department of Education*) der südlichen Protektorate ernannt und koordinierte die bislang verstreuten Missionsschulen in einer einheitlichen Struktur. Zentral für ihn war u.a. die Begabtenförderung, welche darin bestand, begabte Schüler entweder mindestens die zweite Stufe abschließen zu lassen (*second class*), um ein Gewerbe leiten, in der Regierung arbeiten oder Handel betreiben zu können, oder aber ihnen die Möglichkeit zu geben, die Oberschule (*finishing schools*) zu besuchen und z.B. als Lehrer bzw. Lehrerin arbeiten zu können (Afigbo 2005, S. 604ff.).

1909 wurde ein neues Schulgesetz erlassen, welches eine neue Schulgliederung begründete und Vorschule (*infant schools*), Primarstufe (*primary schools*), Mittelstufe (*secondary schools*), technische Schule (*technical schools*), Landwirtschaftsschule (*agricultural schools*) und Schulen zur Lehrer- und Lehrerinnenausbildung etablierte. Paragraph VII des neuen Schulgesetzes regelte die Curricula der Schulen (Okonkwo & Ezeh 1992, S. 187f.).

Ein weiterer Erlass aus dem Jahr 1919 entschied über die gesamte Kooperation der Regierung und der Missionen im Bereich des Schulwesens und erteilte den Schulinspektoren weitere Befugnisse, u.a. die Möglichkeit, Schulen, die den verordneten Qualitätsstandards nicht genügten, zu schließen (Fabunmi 2005, S. 3).

Maßgebliche Neuerungen im nigerianischen Bildungssystem kamen mit der Veröffentlichung des Phelps-Stokes Berichts von 1922 sowie den Memoranden über das Bildungssystem Britischer Kolonien in Afrika. Mit dem Phelps-Stokes Report von 1922 gab es erstmalige Bestrebungen, Bildungsmaßnahmen an spezifische Bedingungen, welche im Hinblick auf die dortige wirtschaftliche und soziale Lage herrschten, anzupassen. Dies geschah mit finanzieller Unterstützung der US-amerikanischen Phelps-Stokes Stiftung (Phelps-Stokes Fund 1922, S. 51f.). In den späteren bildungspolitischen Maßnahmen wurden afrikanische Bildungsgänge an das britische Bildungssystem adaptiert; dabei wurde angeblich versucht, bereits vorhandenes Wissen der einheimischen Bevölkerung zu integrieren. Allerdings wurde dabei davon ausgegangen, dass die sog. Einheimischen über keinerlei Wissen, Kenntnisse und Kultur verfügten, dies aber von den Europäern durch Bildung vermittelt bekämen und dadurch quasi „kultiviert" würden. Dennoch bezeichnete sich die Vereinigung selber als philanthropisch, da sie mit ihren Maßnahmen die Situation der Afrikaner aus ihrer Sicht „verbessern" wollte (ebd.).

Ähnliche Bestrebungen folgten mit dem Entschluss des britischen Außenministers, im Jahr 1923 eine Kommission für die Bildung der sog. Einheimischen in britischen Kolonien einzurichten. Der erste Bericht der Kommission aus dem Jahr 1925 mit dem Titel „Education Policy in British Tropical Africa" enthielt Empfehlungen zur Einrichtung einer ständigen Bildungskommission in einem Kolonialbüro; ferner sollte das Bildungswesen der Missionsgesellschaften stärker koordiniert werden. Der Bericht war der Grundstein sämtlicher Bildungsbestrebungen in den Britischen Kolonien. Auch hier wurde der Fokus auf die Anpassung an die dort herrschenden Bedingungen gerichtet. Afrikaner sollten ferner darin unterstützt werden, vertrauenswürdige Führungspersönlichkeiten heranzubilden, insbesondere durch moralische und religiöse Bildung und Erziehung (Scanlon 1964, S. 90ff.).

Im Jahr 1946 erstellte die Kolonialverwaltung Nigerias einen Zehnjahresplan, der unter anderem auch bildungspolitische Ziele beinhaltete, die sich sowohl verstärkt an den spezifischen Bedürfnissen des Landes ausrichten als auch einer verbesserten Ausbildung von Lehrern und Lehrerinnen dienen sollten; ferner sollten Missionen und freie Bildungsträger vermehrt finanzielle Unterstützung erfahren (Abernethy 1969, S. 208f).

Die Bildungspolitik der 1950er Jahre bis zur Unabhängigkeit

In den 1950er Jahren – der politischen Übergangsphase (,*transitional phase*') – spielte Bildung in der Politik eine wesentliche Rolle. Ausgelöst durch die Macpherson Verfassung von 1951 entflammte in Nigeria ein regelrechter Bildungsenthusiasmus, der eine Ausweitung des Schulsystems, insbesondere im Primarschulsektor, vorsah (Abernethy 1969, S. 127). Die Anzahl von Sekundarschulen nach britischem Modell verdoppelte sich innerhalb sehr kurzer Zeit von 161 im Jahr 1955 auf 325 im Jahr 1960 (Ukeje & Aisiku 1982, S. 207f.).

Auf Grundlage der Verfassung von 1954 wurde 1955 das bildungspolitische Gesetz für die westliche Landesregion, 1956 für den Norden des Landes und 1957 für den Raum Lagos erlassen.[4]

Die wohl wichtigste Maßnahme war die sog. UPE (*Universal Primary Education*), die im Jahr 1955 in der Westregion des Landes als kostenlose und universale Schulpflicht ins Leben gerufen wurde, und die schnell Nachahmung im Osten des Landes fand (Abernethy 1969, S. 127). Dabei handelte es sich um die teuerste und verwaltungstechnisch anspruchsvollste Maßnahme der 1950er Jahre. Für die Bevölkerung des südlichen Nigerias war Bildung ein zentrales Anliegen, denn sie sah in verbesserten Bildungsmöglichkeiten mehr Chancen zu sozialer Mobilität und politischer Einflussnahme. Allerdings vernachlässigte die Regierung beim verstärkten Bau von Bildungseinrichtungen für Kindern und Jugendliche den Bildungssektor für Erwachsene (ebd., S. 129ff.). Aber auch die „Randgruppen" der Gesellschaft, nämlich Mädchen und Muslime, galten als die sog. „Bildungsverlierer" der nigerianischen Gesellschaft – und sind es auch heute nach wie vor. Gründe hierfür sind möglicherweise in einer stärker säkularisierten Bildungspolitik wie auch der Erhebung von Schulgebühren im Grundschulbereich zu suchen (ebd., S. 280). Andererseits hat die Bildungsexpansion der 1950er Jahre in Nigeria eine starke politische Wirkung ausgeübt, indem Schulen für die Verbreitung und Standardisierung der englischen Sprache als intra-nationaler Sprache sorgten und somit auch den integrativen als auch „*nation-building-purpose*", also einen nationsbildenden Zweck förderten (Simpson & Oyètádé 2008, S. 198).

Im Jahr 1959 wurde die Ashby-Kommission (benannt nach dem Vorsitzenden Eric Ashby) einberufen, die sich aus je drei Nigerianern, drei US-Amerikanern und drei Briten zusammensetzte. Sie sollte in den folgenden 20 Jahren die Standards von Bildung, von der Primarstufe bis zur Universität, in Nigeria überprüfen. Aus ihren Untersuchungen resultierte u.a. die Empfehlung zur Ausweitung und Verbesserung des Primar- und Sekundarschulwesens und zur Standardisierung der Qualitätsstandards der Universitäten. Des Weiteren sollten die Hochschulen – so die Kommission – den Bedarf an qualifiziertem Personal des Landes in der Zeit nach der Unabhängigkeit decken (Fabunmi 2005, S. 4f.).

---

4 Ein ausführlicher Überblick über die verschiedenen Erlasse der Bildungspolitik Nigerias von 1882–2004 findet sich in Fabunmi (2005).

3. Das Bildungssystem seit der politischen Unabhängigkeit Nigerias

Von der Unabhängigkeit bis zur Dritten Republik

In der ersten Ära unter Militärherrschaft (1966-1979) oblag es jedem einzelnen Bundesstaat eigenständig sein Bildungssystem zu verwalten. Demzufolge wurde z.b. im Bundesstaat Lagos im Jahr 1970 das Lagos State's Education Law Edict/No. 11 oder im Jahr 1973 das Mid-Western State's Education Edict, No. 5 erlassen (Fabunmi 2005, S. 5).

Die sog. zweite Republik Nigerias stellte mit der Verfassung aus dem Jahr 1979 eine rechtliche Grundlage für das Bildungssystem des Landes. Basis hierfür ist Kapitel 2, Abschnitt 18 der Verfassung, welche besagt, dass die Regierung Chancengleichheit in der Bildung gewährleisten soll. Des Weiteren soll die Regierung Wissenschaft und Technologie sowie die universelle Grundbildung, weiterführende Schulen und Alphabetisierungskurse für Erwachsene fördern (ebd.).

Überdies wurden in dieser Zeit zentrale, das Bildungssystem regulierende nationale Beschlüsse gefasst. Hierzu zählen u.a. die National Policy on Education aus dem Jahre 1977, welche der erste sozusagen indigen von Nigerianern verfasste Bildungsbeschluss ist und der im Jahr 2004 revidiert wurde. Jedoch auch nach erneutem Einzug des Militärregimes wurden weitere das Bildungssystem betreffende Maßnahmen und Beschlüsse gefasst. Mit dem Decree No. 16 (1985) wird die Begabtenförderung geregelt; der Decree No. 17 (1990), befasst sich mit der Alphabetisierung der nigerianischen Gesellschaft (Mass Literacy), der Erwachsenenbildung und der nonformalen Erziehung; im Decree No. 16 (1993) sind Organisation und Finanzierung der Primarschulbildung festgelegt; letztlich regelt der Education National Minimum Standards and Establishment of Institution Act No. 16 (1985), bzw. Decree No. 9 (1993) die Autorität des Erziehungs- und Bildungsministeriums in der Einrichtung von einheitlichen Bildungsstandards. Im Jahr 1993 wurde mit dem TRCN Act No. 31 (1993) der Teachers Registration Council gegründet (UNESCO-IBE 2010; S. 2f.).

Bildungspolitik ab der Dritten Republik

Mit dem Wiedereinzug der zivilen demokratischen Regierung bzw. der dritten Republik wurde der Free Universal Basic Education Act No. 66 (2004) erlassen, welcher die bereits im Jahr 1999 eingeführte kostenlose Elementarbildung (*Universal Basic Education, UBE*) gesetzlich verankert und somit jedem nigerianischen Kind eine kostenfreie obligatorische neunjährige Elementarbildung zusicherte (UNESCO-IBE 2010; S. 2f.).

Heutzutage existieren in Nigeria neben dem staatlich organisierten und finanzierten modernen Bildungssystem (welches die Regierung von den britischen Kolonialherren übernommen hat), Privatschulen (insbesondere die in Nordnigeria existierenden Koranschulen, die vor der Einschulung in eine Grundschule im Alter von drei bis fünf Jahren besucht werden) und informelle traditionelle Bildungssysteme (etwa gemeinschaftlich durchgeführte Tätigkeiten wie der Landwirtschaft, vgl. Kap. 2.1) (Qualifications Recognition 2010).

Wesentliche staatliche Organe, die das nigerianische Bildungssystem organisieren, sind u.a. das Bildungsministerium (Federal Ministry of Education), welches die gesamtstaatlichen Bildungsmaßnahmen überwacht, sowie die im Ministerium angesiedelte föderale Aufsichtsbehörde (Federal Inspectorate Service), die die Implementierung der Maßnahmen überprüft. Der nationale Bildungsrat (National Council of Education) ist das höchste Organ zum Erlass von Maßnahmen und Gesetzen im Bildungssystem und wird dabei vom Beratenden Komitee (Joint Consultative Committee) unterstützt. Der Nigerianische Bildungsforschungs- und -entwicklungsrat (Nigerian Educational Research and Development Council) erarbeitet Schulcurricula (ebd., S. 4f.).

Das nigerianische Bildungssystem gliedert sich in ein „6-3-3-4"-System: sechs Jahre Primarstufe, drei Jahre Sekundarstufe I (*junior secondary school*) und weitere drei Jahre Sekundarstufe II (*senior secondary school*); gegebenenfalls können weitere vier Jahre auf einer Hochschule angeschlossen werden. In der National Policy of Education (2004) werden neben der Vor-, Primar- und Sekundarschule sowie der tertiären Bildung Alphabetisierungsmaßnahmen, Erwachsenenbildung und non-formale Bildung, Fernbildungskurse, spezielle Bildungsmaßnahmen, die Planung, Administration und Überwachung sowie die Finanzierung des Bildungssystems festgehalten. Organisationen der jeweiligen Bundesländer, des Staates sowie private Bildungsträger sind dazu legitimiert, Schulen nach nationalen Vorschriften zu gründen und Unterricht anzubieten.

Finanziert wird das Bildungssystem aus Mitteln des Bundes sowie der Länder (für die untere Sekundarstufe und die Bildungsmaßnahmen für Nomaden), sowie unter Hinzuziehung weiterer finanzieller Mittel der Kommunen für Erwachsenenbildungsprogramme. Der Primarschulbereich unterliegt der alleinigen finanziellen Verantwortung des Bundes (UNESCO-IBE 2006/07, S. 1). Allerdings sind die staatlichen Ausgaben für den Bildungsbereich in den Jahren 1998-2004 von 14,2% auf 10,5% gesunken (FME 2005, S. 223; UNESS 2008, S. iii).

Vorschulerziehung und das Primarschulsystem

Vor der Einschulung in die Primarstufe bietet das nigerianische Bildungssystem Vorschulen (early childhood care development and education – ECCDE) an, um drei bis fünfjährige Kinder angemessen auf die Grundschule vorzubereiten, für soziales kooperatives Verhalten zu sensibilisieren sowie spielerisch Zahlen, Buchstaben, Farben und Formen zu lernen (Federal Republic of Nigeria 2004, S. 6; UNESCO-IBE 2010, S. 7). Im Jahr 2003/4 lag die Nettoeinschulungsrate[5] bei 10,9% und die Bruttoeinschulungsquote bei 14,7% (UNESCO-IBE 2006, S. 2). 2008 lag die Bruttoeinschulungsquote bei 15% (UIS 2010, S. 1)

Mit sechs Jahren erfolgt die pflichtmäßige Einschulung in die kostenfreie Primarstufe (Federal Republic of Nigeria 2004, S. 9f.). Schülerinnen und Schüler verbringen sechs Jahre in der Grundschule, und nach erfolgreichem Abschluss erhalten sie ein *„primary school-leaving certificate"* (Schulabschlusszertifikat der Primarstufe). Unterrichtet werden sie in den Fächern Mathematik, Englisch, Religionskunde, Sport, Landwirtschaft, Naturwissenschaft, Bürgerrechts- und Sozialkunde; ferner erhalten sie Computerkurse, haben Unterricht in Französisch und Kunst sowie in den drei Hauptsprachen Hausa, Igbo oder Yorùbá. In den ersten drei Jahren sollen die Schülerinnen und Schüler in der lokalen Sprache, bzw. der Muttersprache unterrichtet werden, und Englisch wird als ein Schulfach

---

5 „Nettoeinschulungsraten (net enrolment ratios) geben für eine bestimmte Schulstufe an, wie viel Prozent aller Kinder aus der hierfür offiziell vorgesehenen Altersstufe in dieser Stufe eingeschult sind." Und „Bruttoeinschulungsraten (gross enrolment ratios) ergeben sich aus dem Verhältnis aller in einer bestimmten Schulstufe eingeschulten Kinder zur Menge der für diese Stufe offiziell vorgesehenen Altersgruppe. In diese Berechnungen werden somit auch Schulkinder der jeweiligen Schulstufe einbezogen, die nicht deren offizieller Altersgruppe entsprechen, beispielsweise verspätet eingeschulte Kinder. Hierdurch kann es zu Angaben von über 100% kommen." (UNESCO 2006, S. 5ff.)

unterrichtet. Ab dem vierten Schuljahr wird Englisch zunehmend zur Unterrichtssprache, während Französisch als zweite Fremdsprache unterrichtet wird (Federal Republic of Nigeria 2004, S. 10f.). Um im Anschluss an die Primarstufe eine weiterführende Schule zu besuchen, müssen Grundschulabsolventen einen allgemeinen Zugangstest (*common entrance exam*) bestehen (Centre of Educational Technology 2007, S. 70). Die Nettoeinschulungsrate lag im Jahr 2008 bei 73% (79% Jungen und 66% Mädchen) bei einer Bruttoeinschulungsquote von 85% (94% Schüler und 76% Schülerinnen) im selben Jahr (UNESCO Institute for Statistics 2010).

Das Sekundarschulsystem

Das Sekundarschulsystem gliedert sich in den dreijährigen Pflichtschulbereich der „Junior Secondary School" und weiteren drei Jahren „Senior Secondary School". Sowohl die Junior-Secondary School als auch die Senior-Secondary School werden mit einem internationalen westafrikanischen Test eines Bildungszusammenschlusses der Länder Nigeria, Ghana, Sierra Leone, Gambia und Liberia abgeschlossen. Dieser Test des West African Examination Councils (WAEC) ist im Jahr 1952 in der Folge des noch zu britischen Kolonialzeiten verfassten „Jeffrey Reports" entwickelt worden. In der Verleihung der Bildungszertifikate orientiert sich WAEC nach wie vor an inhaltlichen qualitativen Standards Großbritanniens. Ziel des internationalen Gremiums ist es, Schulprüfungen im öffentlichen Interesse durchzuführen (The West African Examination Council 2012).

Es werden dort bis zu dreizehn Fächer angeboten, zu denen als Hauptfächer Englisch, Französisch, Mathematik, Unterricht in der Muttersprache (*language of environment*) sowie eine weitere Sprache (bspw. Igbo, Hausa oder Yorùbá), Naturwissenschaft, Sozial- und Bürgerrechtskunde und Einführung in Technik gehören. Zu den vorwiegend praxisorientierten Nebenfächern zählen u.a. Landwirtschaft, Wirtschaftskunde, Handwerkskunde und Hauswirtschaftslehre (Federal Republic of Nigeria 2004, S. 13; UNESCO-IBE 2006, S. 8).

Die *„Senior Secondary School"* sieht einen Fächerplan von sechs Fächern vor, der aus Englisch, Mathematik, einer der ethnischen Hauptsprachen und einem Nebenfach wie etwa Biologie, Chemie, Sport oder Gesundheitskunde sowie eines weiteren Wahlfaches wie etwa Landwirtschaft, angewandte Elektronik, KFZ-Mechanik, Buchhaltungslehre besteht (ebd., 16).[6] Nach erfolgreichem Beenden sowohl der *Junior* als auch der *Senior Secondary School* erhalten die Schüler ein Zertifikat (ebd., 17f.). Viele Schüler bereiten sich durch den aus dem britischen Schulsystem entlehnten obligatorischen Test *„General Certificate of Education"* bzw. *„GCE-O-level"* auf ihr Abschlussexamen vor (Centre of Educational Technology 2007, S. 70).

Die Bruttoeinschulungsrate in den Sekundarschulen lag im Jahr 2002 (aktuelle Daten liegen derzeit nicht vor) bei 30% (34% Jungen und 25% Mädchen) (Junior- und Senior-Secondaryschool wurden hier zusammen erfasst) (UNESCO Institute for Statistics 2010).

---

6 Weitere Nebenfächer: Biologie, Chemie, Physik, Mathematik, Französisch, Gesundheitslehre, Sport, Englische Literatur, Geschichte, Geographie, Bibelkunde, Islamkunde, Arabisch, Regierungskunde, Wirtschaftslehre, eine ethnische Nigerianische Sprache (Federal Republic of Nigeria 2004, 17).

Das tertiäre Bildungssystem

Das tertiäre Bildungssystem Nigerias setzt sich aus Universitäten, poly-technischen Hochschulen und Fachoberschulen (*Colleges*) zusammen. Die Nationale Hochschulkommission (*National Universities Commission*, NUC) steuert die Vorgänge der jeweiligen Universitäten, während die polytechnischen Hochschulen von der Nationalen Kommission für Ausbildung und technische Bildung (*National Board of Vocational Colleges und Technical Education*) und die Fachoberschulen von der Nationalen Kommission für Fachoberschulen (*National Commission for Colleges of Education*) reguliert werden. Die erste Einrichtung im Bereich des tertiären Bildungssystems ist das „*Yaba Higher College*" in Lagos, welches bereit im Jahr 1934 gegründet wurde (UNESCO-IBE 2006, S. 4f.). Daneben existieren 13 staatliche polytechnische Hochschulen und weitere 14 auf Landesebene.

In den Jahren 1948-1965 wurden die ersten staatlichen Universitäten Nigerias in Ibadan, Nsukka, Ife, Zaria und Benin gegründet (Centre of Educational Technology 2007, S. 70.). Im Jahr 2003 existierten in Nigeria 23 staatliche, 24 der Bundesländer, eine des Militärs sowie acht private Hochschulen und die Open University. Die Zahl der Studierenden betrug in den Jahren 2004/05 insgesamt 724 856 Studierende (davon 258 697 Studentinnen) und 73 871 Fakultätsmitarbeiter (davon 4 132 Frauen) (UNESCO-IBE 2006/2007, S. 18f.). Mittlerweile verfügt Nigeria über ein dichtes Netz von 90 teils staatlich, teils auf Landesebene und teils privat organisierten Universitäten (Universities in Nigeria 2010). Studierende können ihr Studium an den Hochschulen mit dem Erwerb eines Diploms, eines Postgraduierten-Diploms, eines Masterabschlusses oder im Rahmen einer Promotion mit dem Erwerb des Doktors der Philosophie (PhD) abschließen oder Abschlüsse wie etwa das Universities Matriculation Examination (UME), das National Certificate in Education (NCE), das Technical Teachers Certificate, den Bachelor's Degree oder das Postgraduate Diploma erwerben (Qualification Recognition 2010).

Um sich für eine Universität, ein *College of Education* oder eine polytechnische Hochschule zu qualifizieren, müssen Hochschulaspiranten einen bundesweiten Test absolvieren. Seit dem Jahr 1989 wird die Qualifikation zu und die Wahl einer polytechnischen Hochschule oder Universität durch den Qualifikationstest „JAMB" (*Joint admissions and matriculation board*) reguliert; der erfolgreich absolvierte Abschlusstest an der Sekundarschule ist somit nicht mehr alleinig ausreichend. Bei erfolgreichem Bestehen wird dem Kandidaten ein Platz an einer der gewünschten Hochschulen zugewiesen (Joint Admission and Matriculation Board 2009).

Die Qualität des Bildungssystems korreliert stark mit der Qualität des Lehrenden. Das Minimum an Ausbildung zum Eintritt in den Beruf des Lehrers soll das „*Nigeria Certificate of Education*" (NCE) sein, welches im Anschluss an eine Praktikumsphase an *Colleges of Education, Faculties of Education, Institutes of Education, National Teachers' Institutes* u.a. erworben werden kann (National Education Policy 2004, S. 33 f). Mit dem „*Teachers Registration Council*" existiert eine Kontroll- und Regulierungsbehörde, die das Unterrichts-geschehen überwacht. Generell wird die Ausbildungsqualität der Lehrenden stark kritisiert (Adekola 2007, xii; Ejieh 2006, S. 60). Allerdings wurden bislang nur wenige Untersuchungen durchgeführt, um die Finanzierung und Qualität der Lehrerausbildung auf den Prüfstand zu stellen. Ferner mangelt es an staatlichen und regionalen Monitoringstrukturen, die eine regelmäßige Evaluation der Lehrerleistungen vornehmen (Adekola 2007).

Mit der „*National Open University of Nigeria*" ist die erste der sog. „*Open Distance Learning Institution*" (Institution des Fernunterrichts) im Jahr 1983 gegründet worden (Centre of Educational Technology 2007, S. 71). Inzwischen verfügt die National Open University bundesweit über zahlreiche Studienzentren. Im Vordergrund des Fernunterrichts steht der Ansatz des lebenslangen Lernens (Federal Republic of Nigeria 2004, S. 38). Im Unterschied zu regulären Universitäten findet das Lehren und Lernen abgekoppelt von fest vereinbarten Präsenzterminen statt. Zudem soll das Konzept der Fernlehre einen umfassenden (‚*all-inclusive contact*') aber auch keinen Kontakt (‚*no contact*') sowie Teilzeitlehre (‚*part-time education*') umfassen (ebd.). Das Angebot dieser Institution richtet sich vor allem an Lehrkräfte, Anwälte und Anwältinnen, Ärzte und Ärztinnen etc., um ihre permanente berufliche Weiterqualifizierung zu gewährleisten (Centre of Educational Technology 2007, S. 71). Darüber hinaus besuchen auch Erwachsene diese Institution, denen gar kein oder nur ein kurzer Schulbesuch möglich war (Federal Republic of Nigeria 2004, S. 38). Des Weiteren soll die Internationalisierung im tertiären Bildungssektor voran gebracht sowie dem Brain-Drain-Effekt entgegen gewirkt werden, indem nigerianische Experten in der Diaspora ihr Wissen Nigerianern in Nigeria zu Gute kommen lassen, ohne selbst in Nigeria zugegen sein zu müssen (ebd., S. 39).

4. Bildungsungleichheit als gesellschaftspolitisches Problem

Der Meilenstein, bis zum Jahr 2015 die Elementarbildung für alle zu ermöglichen, erscheint nahezu unerreichbar. In Nigeria kam es im Jahr 2007 zu einer Zunahme auf 70% im Vergleich zur Messung im Jahr 1999, in der die Nettoeinschulungsrate nur 55% betragen hatte (UNESCO 2010, S. 3). Allerdings haben laut der „Key Marginalisation Statistics" (UNESCO 2012) für das Jahr 2008 25,4% der schulpflichtigen Kinder keine Schule besucht (*never been to school*), bzw. es zählen 25,3% der Bevölkerung zu denjenigen, die weniger als zwei Jahre (*extreme education poverty*) und 27,9% zu jenen, die weniger als vier Jahre die Schule besucht haben (*education poverty*).

Die miserable Schulqualität (Mangel an Bildungsmaterialien, Lehrermangel, schlechte Ausbildung des Schulpersonals etc.) sowie soziale Strukturen, die dazu führen, dass Kinder weder formale noch non-formale Bildung erhalten, resultieren in einer hohen Quote an erwachsenen Analphabeten. Dennoch verzeichnete die UNESCO für Nigeria im Jahr 2008 eine Zunahme von 13% Alphabetisierten (UNESCO Institute for Statistics 2008, S. 37). Laut statistischen Angaben beträgt die Rate der Alphabetisierten aktuell etwa 69% (78% der Männer und 60% der Frauen). Allerdings definiert die nigerianische Regierung Alphabetisierung eher eng als Lese- und Schreibkompetenz sowie einfache Rechenfertigkeiten, was angesichts heutiger Arbeitsgesellschaften, insbesondere des „Digitalen Zeitalters", nicht mehr zeitgemäß ist (Fasokun & Pwol 2008).

Die Hauptursachen für die hohe Zahl an Analphabeten sehen Fasokun und Pwol (2008) in den bereits geringen Einschulungsquoten im Grundschulsektor, der hohen Anzahl an Schulabbrechern, den schlechten Lehr- und Lernmaterialien sowie in einem nicht an die spezifischen Lebensbedingungen angepassten Curriculum. Darüber hinaus werden die Erwachsenenbildungsprogramme zur Alphabetisierung schlecht besucht, da die Teilnehmer bei Besuch der Maßnahmen mit Einkommenseinbußen aufgrund von Arbeitszeitausfall rechnen müssen. Nicht zuletzt gibt es kaum ausreichend Programme für die Bewohner ländlicher Gegenden: diese bleiben damit auf Grund ihrer geographisch marginalisierten Lage weiterhin außen vor.

Eine Studie zum Vergleich der Bildungsniveaus in ruralen und urbanen Gegenden (Akande 1987) zeigt auf, dass es insbesondere in ruralen Gebieten, in denen die Bevölkerung überwiegend Landwirtschaft zum Bestreiten des Lebensunterhaltes betreibt und denen es ferner an modernen Gütern und Infrastruktur mangelt, eine höhere Rate an Analphabeten gibt. In der Studie wurden 359 Schülerinnen des ersten Schuljahres der *Senior Secondary School* im Alter zwischen 13 und 21 Jahren befragt. 62,4% der Befragten stammten aus urbanen, 37,6% aus ruralen Gebieten des Bundesstaates Oyo im Südwesten Nigerias. Die Ergebnisse der Studie lassen erkennen, dass deutliche Bildungsunterschiede zwischen der Land- und Stadtbevölkerung vorherrschen. Dies lässt sich am Schulerfolg bzw. an der schulischen Leistung festmachen. Während nur 2,2% der ruralen Schülerinnen sehr gute Schulleistungen vorlegten, wiesen hingegen 11,1% der urbanen Schülerinnen dieselben Leistungen vor; über 27,2% der ruralen Schülerinnen hatten sehr schwache Schulleistungen im Gegensatz zu nur 14,1% der städtischen Befragten. Die Schülerinnen ruraler Gebiete benannten einige Faktoren, die sie zu Hause in ihrer Schularbeit hinderten. Mitunter zählten hierzu das Beaufsichtigen jüngerer Kinder, Haushaltätigkeiten und Botengänge. Im Gegensatz dazu trat dies bei Schülerinnen aus der Stadt weitaus seltener auf. Die Einbindung in häusliche und familiäre Aktivitäten und Angelegenheiten scheint bei Schülerinnen ruraler Gegenden gegenüber schulischen Aktivitäten vorrangig verlangt zu werden, was möglicherweise auf den Bildungsgrad der Eltern zurück zu führen ist oder auf das von ihnen vertretene geschlechtsspezifische Rollenbild der Frau.

Die Ergebnisse dieser Studie decken sich mit den Daten der UNESCO (2012), die ebenfalls belegen, dass Bevölkerungsgruppen aus ruralen Gebieten besonders von Bildungsarmut (*education poverty*) betroffen sind. Marginalisierung hinsichtlich der Bildung ist ein Mischprodukt aus ererbten Nachteilen. Tiefe Verwurzelung in sozialen Prozessen, ungerechte wirtschaftliche Abkommen und schlecht angepasste Maßnahmen verstärken die vorhandenen sozialen Strukturen, die zur Bildungsarmut führen (ebd., S. 10).

Der UNESCO-Datensatz zu *„Deprivation and Marginalisation in Education"* unterteilt Bildungsarmut in die Faktoren ökonomische Lage, Geschlecht, Sprache, Ethnizität, Religion und geographische Lage (UNESCO 2012). Der Datensatz gibt für die jeweiligen Dimensionen den Grad an Bildungsarmut an. Die Dimensionen beziehen sich auf die Altersgruppe der 17 bis 24 Jährigen und umfassen dabei diejenigen, die weniger als vier Jahre die Schule besucht haben. Danach ist die am stärksten von Bildungsarmut betroffene Bevölkerungsgruppe die der Fulani (76%); am wenigsten davon betroffen sind mit 3% die Igbos. Betrachtet man die nigerianische Bevölkerung geschlechtsspezifisch nach dem Kriterium „Schulbesuch von bis zu vier Jahren", so leiden die nigerianischen Mädchen mit 35% stärker unter Bildungsarmut als die Jungen mit 20%. Ferner ist ein deutlicher Gegensatz zwischen städtischen und ländlichen Gegenden erkennbar: Während 34% der ruralen Bevölkerung weniger als vier Jahre die Schule besucht haben, sind es in urbanen Gebieten um die Hälfte weniger (17%). Eine weitere Diskrepanz besteht hinsichtlich der geographischen Lage: Bevölkerungen nördlicher Regionen zählen mit bis zu 58% zur sog. extremen Bildungsarmut (weniger als zwei Jahre an Schulbildung), hingegen sind Teile der Bevölkerung der südlichen Region mit bis zu 18% weitaus weniger davon betroffen. Dies korreliert auch mit der Sprachgruppe: Sprachen, die in der Regel im Norden Nigerias gesprochen werden, so wie Fulani und Hausa, sind Muttersprachen derjenigen Bevölkerungsgruppen, die von hoher Bildungsarmut betroffen sind (65 bzw. 75%), während die Sprachgruppen südlicher Landesregionen weniger in den Bereich der Bildungsarmut fallen (Igbo: 3% und Englisch: 5%) (ebd.). Hieraus darf allerdings nicht der Schluss gezogen werden, dass Sprache und Bildung einander direkt bedingen. Der Norden Nigerias ist eine Region mit überwiegend ländlicher und dörflicher Struktur, mit wenig Industrie und einer im Vergleich zum Süden des Landes ärmeren Bevölkerungsstruktur (Canagarajah et al 2001, 167). So liegt der Verdacht nahe, dass die Höhe der Einschulungsquoten den ökonomischen und infrastrukturellen Bedingungen geschuldet ist, statt den dort gesprochenen Muttersprachen.

Eine weitere Begründung für diese regionalen Bildungsunterschiede kann in der historischen Entwicklung Nigerias gefunden werden: Der Süden des Landes stand unter direktem kolonialem und missionarischem Einfluss und war offen für das moderne westliche Schulsystem, das von der britischen Kolonialmacht eingeführt wurde. Im Gegensatz dazu besuchten Mädchen in den nördlichen Bundesstaaten weitaus weniger die Schule, und lange Zeit wurde hier ausschließlich nach dem islamischen Bildungssystem unterrichtet. Um aber nun bestehende Ungleichgewichte auszugleichen, fordert die *National Education Policy* (2004), dass die jeweiligen Bundesstaaten dafür Sorge zu tragen haben, dass die formale staatliche Elementarbildung in das Bildungssystem der Koran- und Islamschulen eingeführt wird. Darüber hinaus sollen entsprechende Organisationen die Eltern dazu ermutigen, auch ihren Töchtern den Schulbesuch zu ermöglichen (Federal Republic of Nigeria 2004, 11).

5. Ausblick: Bildungsmaßnahmen gegen Bildungsungleichheit

Um die Realisierung der EFA-Ziele zu beschleunigen, ist im Jahr 2002 die EFA „*Fast Track Initiative*" (FTI) ins Leben gerufen worden. Als ein von der UNESCO organisiertes globales Partnerschaftsbündnis zwischen Entwicklungs- und Geberländern unterstützt die FTI finanziell und technisch solche Länder, die sich dazu verpflichtet haben, Bildung als oberste Priorität zu setzen und nationale Maßnahmen zur Verbesserung der Schulbildung sowie entsprechende nationale Armutsstrategien (*Poverty Reduction Strategy Paper*) zu implementieren. Nigeria erhielt im Jahr 2010 erstmalig mit 38 Mio. US Dollar eine Dreijahresförderungen für drei Bundesstaaten (FTI 2010).

Die strukturellen Defizite im Bildungssystem versucht die nigerianische Regierung mit Programmen wie der „*Strategy for the Acceleration of Girls' Education in Nigeria*" (SAGEN) zu beheben. SAGEN wurde im Jahr 2003 implementiert und leitet sich aus dem internationalen Programm der Vereinten Nationen „*United Nations Girls' Education Initiative*" (UNGEI) ab (UNGEI 2010). Das Programm UNGEI wurde im Jahr 2000 auf dem Weltbildungsforum in Dakar (Senegal) ins Leben gerufen und fokussiert im Rahmen des Programms EFA operativ unter dem Dach von UNICEF die Bildungsförderung von Mädchen. Ziel der Maßnahme ist vor allem die Sensibilisierung zur notwendigen Schulbildung von Mädchen auf lokaler Ebene, insbesondere im Norden Nigerias, wo kulturelle und religiöse Vorbehalte gegenüber der formalen Schulbildung von Mädchen ihnen diese vielfach verweigern. Die Einschulungsraten von Mädchen liegen dort deutlich niedriger als die von Jungen (ebd.).

Mit Hilfe von Maßnahmen und Programmen wie „*Mass literacy campaings*" im Jahr 1990 (Fasokun & Pwol 2008), also einem bevölkerungsweiten

Alphabetisierungsprogramm sowie non-formalen Bildungsmaßnahmen, richtet sich die nigerianische Regierung vor allem an nomadische Völker, an Erwachsene, die nicht zur Schule gehen konnten, an Menschen mit Migrationshintergrund oder mit Behinderung und an weitere vom formalen Bildungssystem ausgeschlossene Personen (ebd., S. 19). Derzeit finden landesweit Alphabetisierungsmaßnahmen wie *„each-one-teach-one"* oder *„Participatory Rural Appraisal (Regenerated Freirean Literacy through Empowering Community Techniques)"* statt (Federal Republic of Nigeria 2004, S. 20).

Letztere genannte Alphabetisierungsmaßnahme nach dem Modell des brasilianischen Pädagogen Freire orientiert sich an indigenen, traditionellen sozialen Strukturen und berücksichtigt auf sozial inklusive Weise die spezifischen Gegebenheiten der Zielgruppe. Dies kann ein gangbarer Weg sein, der sozial segregierenden Wirkung des modernen Bildungssystems entgegenzuwirken.

Literatur

Abernethy, David (1969): *The political dilemma and popular education. An African Case.* California: Stanford University Press.
Adekola, Olatunde (2007): Laguage, Literacy and Learning in Primary School. Implications for teacher development programs in Nigeria. Washington, DC : World Bank, 2007.
Adeniji, B. F. (1986): The Agege Plantations and Western-style Adult Education in Yorùbáland, 1893-1930", in: Journal of Educational Administration and History, 18: 2, S. 44-50.
Advisory Committee on Native Education in the British Tropical African Dependencies (1925). In: Scanlon, David G. (Hrsg.) (1964). *Traditions of African Education.* New York: Columbia University, Teachers College.
Afigbo, Adiele (2005): *Nigerian history, politics, and affairs. The collected essays of Adiele Afigbo.* Falola, Toyin (Hrsg.). Africa World Press INC, Trenton, NJ.
Akande, Bolanle E. (1987): Rural – Urban Comparison of Female Educational Aspirations in South-Western Nigeria. In: *Comparative Education*, Vol. 23: 1, S. 75-83.
Akinnaso, Niyi (1993): *Policy and experiment in mother tongue literacy in Nigeria*, in: International Review of Education, 39(4), Kluwer Academic Publishers, S. 255-285.
Bassey, Magnus O. (1999): Missionary Rivalry and educational expansion in Nigeria. 1885-1945. Edwin Mellen Press LTD.
Bugaje, Usman Muhammad (1981): A comparative study of the movements of Uthman dan Fodio in early nineteenth century Hausaland and Muhammad Ahmad al-Mahdi in late nineteenth century Sudan. University of Khartoum: Institute of African and Asian Studies.
Bureau of African Affairs (2009): *Background Note Nigeria*, http://www.state.gov/r/pa/ei/bgn/2836.htm, aufgerufen am 1.3.2010.
Canagarajah, Sudharshan/Thomas, Saji, The World Bank and International Monetary Fund (2001): Poverty in a wealthy economy: the case of Nigeria. In: *Journal of African economies*, Volume 10, Nr. 2, S. 143-173.
Centre of Educational Technology (2007): ICTs and Higher Education in Africa. Status Reports on Information and Communication Technologies (ICTs) in Higher Education in eight African countries. University of Cape Town, Private Bag, Rondebosch, Cape Town.
Edeh, Anthony (2011): *Die verschiedenen Versuche des Übergangs zur Demokratie in Nigeria.* http://www.humanrights.de/doc_de/countries/nigeria/background/transition_democracy.html.
Esu, A. and Junaid, A. (2011): *Educational development: traditional and contemporary.* http://www.onlinenigeria.com/education/?blurb=536.
Fabunmi, Martins (2005): Historical analysis of educational policy formulation in Nigeria: implications for educational planning and policy. In: *International Journal of African & African American Studies,* Vol. IV, No. 2, Jul. 2005. S. 1-7.
Fafunwa, Babs A. (1974): *History of Education in Nigeria.* George Allen & Unwin Ltd, London.
Falola, Toyin & Heaton, Matthew M. (2010): *A history of Nigeria.* Cambridge: University Press.
Fasokun, Thomas & Pwol, Cecilia (2008): Nigeria: The Current Situation within the Frame work of the International Benchmarks. In: *Adult Education and Development*, Nummer 71/2008, http://www.dvv-international.de/index.php?article_id=809&clang=1.

Fast Track Initiative (2009 b): Fast Track Initiative – A global partnership to achieve Education for All. A fast track to 2015. Educating the world's children for a better future. http://www. educationfasttrack.org/media/library/EFA_FTI_A_fast_track_to_2015_10-1-09.pdf.

Fayemi, Ademola Kazeem/Macaulay-Adeyelure, O.C. (2009): A Philosophical Examination of the Traditional Yoruba Notion of Education and its Relevance to the Contemporary African Quest for Development. In: *Thought and Practice: A Journal of the Philosophical Association of Kenya (PAK)*. New Series, Vol.1 No.2, December 2009, S.41-59.

Federal Ministry of Education (2005): Nigeria Education Sector Diagnosis. A condensed version. A framework for Re-engineering the Education Sector. http://planipolis.iiep.unesco.org/ upload/Nigeria/Nigeria%20Education%20Sector%20Diagnosis.pdf.

Federal Republic of Nigeria, FRE (2004): *National Policy on Education*. 4 Auflage, 2004.

Garvey, Brian (1994): Colonial schooling and missionary evangelism: the case of Roman Catholic educational initiatives in north-eastern Zambia, 1985-1953. In: *History of Education*, 1994, Vol. 23, No. 2, Taylor and Francis Ltd., 195-206.

Ja'afaru Bamable, Abdu (2007). *Almajiranchi and the problem of begging in Kano state: The role of Shkarau administration (2003-2007)*. Vortrag gehalten bei der 7. Ben Africa Annual Conference im Ghion Hotel, Addis Ababa.

Joint Admission and Matriculation Board (2009): *Functions of Joint Admission and Matriculation Board*. http://www.jambng.com/history1.php, aufgerufen am 7.2.2010.

Krause, Ingo Till (2007): „Koloniale Schuldlüge"? Die Schulpolitik in den afrikanischen Kolonien Deutschlands und Britanniens im Vergleich. Verlag Dr. Kovac: Hamburg.

Nunn, Nathan (2008). The Long-term effects of Afraicas slave trades. In: *The Quarterly Journal of Economics*. Vol. 123, Nr. 1(2), S. 139-176.

Okonkwo, Uche Uwaezuoke & Ezeh, Mary-Noelle Ethel (2008): Implications of Missionary Education for Women in Nigeria: A Historical Analysis. In: *Journal of International Women's Studies*, Vol. 10 Nr. 2, November 2008, S. 186-197.

Oluwarotimi, Abiodun & Shuaib, Shuaib (2011). *Nigeria: Jonathan, Buhari Aides in War of Words*. http://allafrica.com/stories/201104260660.html.

Ozele, Anthony Mario (2006): *Reconsidering the Power of Story in Religious Education*, Vortrag bei The Religious Education Association Annual Meeting (RIG) November 3–5, 2006.

Phelps-Stokes Fund (1922): Phelps-Stokes Report of 1922. In: Scanlon, David G. (Hrsg.) (1964). *Traditions of African Education*. New York: Columbia University, Teachers College.

Qualifikations Recognition (2010): Nigeria – Description of Education System. http://www.qualificationsrecognition.ie/nigeria-background.html.

Reichmuth, Stefan (1998): Islamische Bildung und soziale Integration in Ilorin (Nigeria) seit ca. 1800. Münster: LIT Verlag.

Scanlon, David G. (Hrsg.) (1964). *Traditions of African Education*. New York: Columbia University, Teachers College.

Simpson, Andrew & Oyètádé, Akíntúndé B. (2008). Nigeria: Ethno-linguistic competition in the giant of Africa. In: Simpson, Andrew, (Hrsg.). *Language and National Identity in Africa*. Oxford: Oxford University Press, S. 172-198.

Stanley, Brian (1983): 'Commerce and Christianity': Providence Theory, the Missionary Movement, and the Imperialism of Free Trade, 1842-1860. In: *The Historical Journal*, Vol. 26, No. 1 (Mar., 1983), Cambridge University Press, S. 71-94.

The West African Examination Council, Nigeria (2012): About WAEC. http://www. waecnigeria.org/history.htm.

The World Bank (2009): *Africa Development Indicators 2008/09. The potential, the problem, the promise*. Washington D.C.: International Bank for Reconstruction and Development/The World Bank.

Ukeje, Onyerisara & Aisiku, J. U. (1982): Education in Nigeria. In: Fafunwa, Babs A./Aisiku, J. U.: *Education in Africa: A Comparative Survey*. George Allen & Unwin, London, S. 205–234.

UNDP (2010). *Nigeria. Country profile of human development indicators*. http:// hdrstats.undp.org/en/countries/profiles/NGA.html.

UNESCO (2006): Weltbericht Bildung für alle 2007. Kurzfassung. Solide Grundlagen: Frühkindliche Förderung und Erziehung. Bonn: DUK.

UNESCO (2007): EFA Global Monitoring Report (2007). Strong foundations. Early childhood care and education. Paris: UNESCO.

UNESCO (2008): Weltbericht –Bildung für alle 2015, Kurzfassung. EFA Global Monitoring Report Bildung für alle bis 2015 – Werden wir es schaffen? UNESCO, Bonn und BMZ, Bonn (Hrsg.), http://www.unesco.org/education/gmr2008/GMR2008SumGER.pdf.

UNESCO (2010): Regional Overview: Sub-Saharan Africa. Education for all global monitoring report 2010. http://unesdoc.unesco.org/images/0018/001865/186526E.pdf

UNESCO (2012): *UNESCO DME Database. Country Overview - Nigeria*. http://www.unesco.org/fileadmin/MULTIMEDIA/HQ/ED/GMR/html/dme-4.html.

UNESCO Institute for Statistics (2008): *International literacy statistics: A review of concepts, methodology and current data*. Montreal: UNESCO.

UNESCO Institute for Statistics (2010): *UIS Statistics in Brief. Education in Nigeria*. http://stats.uis.unesco.org/unesco/TableViewer/document.aspx?ReportId=289&IF_Language=eng&BR_Country=5660&BR_Region=40540.

UNESCO-IBE (2006): Country profile prepared for the Education for All Global Monitoring Report 2007 Strong Foundations: Early Childhood Care and Education Nigeria Early Childhood Care and Education (ECCE) programmes. Geneva: UNESCO-IBE.

UNESCO-IBE (2006/2007). World Data on Education. 6th edition 2006/2007. http://www.ibe.unesco.org/Countries/WDE/2006/SUB-SAHARAN_AFRICA/Nigeria/Nigeria.pdf.

UNESCO-IBE (2010): *World Data on Education VII Ed. 2010/11.* http://www.ibe.unesco.org/fileadmin/user_upload/Publications/WDE/2010/pdf-versions/Nigeria.pdf.

UNESS – UNESCO National Education Support Strategy (UNESS) for Nigeria 2006–2015 (2008). http://unesdoc.unesco.org/images/0018/001831/183136e.pdf.

UNGEI (2010), United Nations Girls' Education Initiative: *Information by country. Nigeria Background*. http://www.ungei.org/infobycountry/nigeria.html.

Universities in Nigeria (2010): *Featured Nigerian Universities.* http://www.universitiesinnigeria.net.

Christine Rehklau

Das Bildungswesen in Südafrika

Die Geschichte Südafrikas ist die Geschichte eines Kampfes um Land und politische Macht. Binnenmigration, europäischer Kolonialismus und die Ära der Apartheid waren zentral für die Formung der heutigen Gesellschaft des Landes. Die Entstehung und die historische Entwicklung des formalen Bildungswesens waren lange Zeit von verschiedenen christlichen und säkularen europäischen Interessen dominiert. Dies führte nicht nur zu ungleichen Bildungschancen zwischen den verschiedenen – nach ‚Rassen'zugehörigkeit definierten – Bevölkerungsgruppen des Landes, sondern gipfelte im 20. Jh. in einer umfassenden, gesetzlich untermauerten Apartheids-Politik, die auch vor Schulen und Hochschulen nicht Halt machte. Die entscheidende Wende brachten die ersten demokratischen Wahlen im Jahre 1994 nach der Abschaffung der Apartheid. In der Weiterentwicklung des Bildungswesens in der heutigen Republik Südafrika müssen bis heute die Folgen der Apartheids-Politik bewältigt werden, um ein Bildungssystem, das den Interessen aller Bevölkerungsgruppen des Landes dient, auf den Weg zu bringen.

Im Folgenden wird zunächst ein kurzer Überblick über die Geschichte Südafrikas gegeben (Kap. 1). Daran schließt sich die Betrachtung der Anfänge schulischer Bildung insbesondere im Missionsschulwesen an (Kap. 2). Im weiteren Fortgang wird das für Südafrika kennzeichnende Thema der Bildung im System der Apartheid abgehandelt (Kap. 3), bevor anschließend die Situation im demokratischen Südafrika, nach den Wahlen von 1994, dargestellt wird. Im weiteren Fortgang werden die besondere Bedeutung der Erwachsenenbildung (Kap. 5), die Problematik der Bildungsfinanzierung (Kap. 6) sowie die Herausforderungen von HIV/Aids für das Bildungswesen (Kap. 7) gesondert betrachtet.

1. Die Geschichte Südafrikas im Überblick

Seit mehr als 10 000 Jahren haben in Südafrika die Vertreter des „heutigen Menschen" gelebt. Vor etwa 2 000 Jahren wurden die Khoikhoi (zum Teil auch Khoekhoe) zu Ackerbauern und Viehzüchtern. Sie wurden im europäischen Sprachgebrauch der Kolonialzeit als „Buschmänner" bezeichnet. Ihr Lebensraum wurde durch die Ankunft der Europäer am Kap der Guten Hoffnung nachhaltig beeinflusst (South African Embassy Berlin 2005).

Die San behielten in dieser Zeit den Lebensstil als Jäger und Sammlerinnen bei. Etwa im selben Zeitraum kamen bantusprachige Zuwanderer in das südliche Afrika. Neben dem Ackerbau betrieben sie auch Viehwirtschaft (Hagemann 2003, S. 13ff.). Als Bantu werden die schwarzen Völker Zentral-, West- und Südafrikas bezeichnet. Die Benennung geht auf den deutschen Philologen Wilhelm Heinrich Bleek zurück, der sich im 19. Jh. mit der Erforschung der Sprachen Schwarzafrikas befasst hatte. Bantu bedeutet in diesen Sprachen „Mensch" (ebd., S. 7).

Die Ankunft der Europäer erfolgte im 17. Jh. Für Portugiesen, Holländer, Engländer und Franzosen war das Kap ein strategischer Außenposten auf dem Weg zu ihren Kolonialreichen im Osten. 1652 errichteten die Holländer einen Stützpunkt für die Vereinigte Ostindische Kompanie, um vorbeifahrenden Schiffen Nahrungsmittel, Wasser und eine Versorgung für erkrankte Seeleute zu bieten (ebd., S. 25). In der Folge wurde Europäern von der Niederländischen Ostindien-Kompagnie Farmland zugewiesen. Da sie dringend Arbeitskräfte benötigten, wurden Sklaven aus Ostafrika, Madagaskar und Ostasien eingeführt (ebd., S. 27).

Anfang des 18. Jh. drangen die europäischen Kolonisten dann ins Hinterland vor, wo sie relativ unabhängig von der Aufsicht der holländischen Beamten am Kap lebten. In der Folge dessen wurden die einheimischen Bewohner verdrängt. Sie verloren zunehmend ihre eigene wirtschaftliche Unabhängigkeit und mussten für die Kolonisten arbeiten (ebd., S. 29). Es folgte ein Jahrhundert immer wieder aufflammender Kriege. Die Unterwerfung der afrikanischen Gesellschaften geschah erst am Ende des 19. Jh.

Der Beginn der britischen Herrschaft – zunächst über die Kapkolonie und später über ganz Südafrika – begann im Jahre 1806, als die Briten die Holländer zur Übergabe des Kapstädter Forts zwangen (ebd., S. 33). Der Kampf um die Vorherrschaft in Südafrika sollte jedoch noch über ein Jahrhundert andauern.

In den 1860er Jahren war in der landwirtschaftlichen Produktion der Zuckerrohranbau im östlichen Südafrika im Entstehen. Hierfür konnten jedoch nicht genügend schwarze Arbeitskräfte gefunden werden, die bereit waren unter den schlechten Bedingungen, vor allem dem sehr niedrigen Lohn, zu arbeiten. Um diese Lücke zu füllen, wurden indische Arbeitskräfte ins Land geholt. Sie verpflichteten sich bei ihrer Anwerbung für einen sehr geringen Lohn für fünf Jahre zu arbeiten. Bis zum Jahr 1866 waren etwa 6 300 Inder eingetroffen (Fisch 1991, S. 155 u. 282). Die Anwerbung von Arbeitskräften aus Indien erfolgte mit einer mehrjährigen Unterbrechung bis 1911. Von den bis zu diesem Zeitpunkt eingewanderten über 150 000 Indern kehrte später nahezu die Hälfte in ihre Heimat zurück (ebd., S. 283). Die in Südafrika lebenden Inder waren einer starken Diskriminierung ausgesetzt, die unter anderem durch einen erhöhten Steuersatz und eingeschränkte politische Rechte offenbar wurde. Die Einwanderer setzten sich dagegen zunehmend zur Wehr. Seit 1906 wurde der junge Anwalt Mohandas Karamanchand (Mahatma) Gandhi zu ihrem wichtigsten Sprecher. In dieser Zeit entwickelte er in Südafrika seine Formen des gewaltlosen Widerstandes. Dazu zählten: Boykotte, Protestmärsche, bewusste massenhafte Übertretung von Gesetzen und Ähnliches (ebd., S. 284). Erst in den 1960er Jahren erkannte die südafrikanische Regierung Inder offiziell als eine permanente südafrikanische Bevölkerungsgruppe an (ebd., S. 285).

Die Entdeckung von Gold auf dem Witwatersrand im Jahre 1886 war ein Wendepunkt in der Geschichte Südafrikas. Sie führte zum Entstehen der heutigen Industrienation. In Folge der Entdeckung von Bodenschätzen (neben Gold auch Diamanten) brach 1899 der drei Jahre währende Burenkrieg aus. Es war im Wesentlichen ein Krieg der Weißen. Buren standen Briten gegenüber. Der Krieg endete mit der Kapitulation der Buren. Die Friedenserklärung überließ die politischen Rechte für Afrikaner der Entscheidung einer zukünftigen weißen Selbstverwaltung (Hagemann 2003, S. 53).

1910 entstand dann mit der Südafrikanischen Union ein von Weißen geführter Staat. Im Zuge der Regierungspolitik nahmen Segregation und Apartheid Gestalt an. So wurde 1913 ein Gesetz zum Landbesitz der Afrikaner

(Natives Land Act) erlassen. In der Folge hatten sie nur noch Anspruch auf 13% von Südafrikas Grund und Boden.

Bei den Wahlen 1948 gewann die der Ideologie der Apartheid anhängende National Party (ebd., S. 72). In fast jeglicher Hinsicht war die Apartheid eine systematischere und brutalere Fortsetzung der Rassentrennungspolitik der vorherigen Regierungen. Alle Südafrikaner wurden in bestimmte „Rassenkategorien" eingeteilt, Wähler wurden aus Wahlregistern gestrichen und Wohngebiete getrennt, wobei viele Hausbesitzer enteignet wurden. Durch Zwangsumsiedlungen verloren ungefähr 3,5 Millionen Menschen ihren angestammten Wohnsitz (ebd., S. 75). In faktisch jedem Bereich, ob Wohnungsbau, Bildung oder Gesundheit, übernahm die weiße Zentralregierung die Kontrolle über das Leben nicht-weißer Südafrikaner.

Es folgten Jahrzehnte des Widerstands. Von großer Bedeutung waren die Kampagne gegen Passgesetze und die Proteste der Schüler 1976 gegen das Bildungssystem der Apartheid. Gegen Ende der 1980er Jahre drückte sich der Widerstand in zivilen Ungehorsamkeitskampagnen aus, während gleichzeitig weite Teile der Gemeinden in Bezug auf Probleme vor Ort gemeinschaftlich aktiv wurden. Unterstützung für freigelassene politische Gefangene und für den bewaffneten Kampf wurde auf breiter Basis öffentlich zum Ausdruck gebracht. In Reaktion darauf verstärkte die internationale Gemeinschaft ihren Druck. Es wurden zahlreiche Sanktionen und Boykotte durchgeführt. Die internationalen Sanktionen im Bereich der Finanzen, des Handels, des Sports und der Kultur, aber auch der anhaltende Druck im Innern, zeigten Wirkung. Der 1989 gewählte Staatspräsident De Klerk kündigte 1990 das Ende des Verbots der Freiheitsbewegungen, sowie die Freilassung politischer Gefangener, unter anderem Nelson Mandela, an (ebd., S. 101).

Nach einem langwierigen Verhandlungsprozess fand im Rahmen einer Übergangsverfassung 1994 Südafrikas erste demokratische Wahl statt. Der African National Congress ging aus der Wahl mit einer großen Mehrheit hervor. Nelson Mandela wurde Präsident Südafrikas. Seither vollzieht sich in Südafrika ein tiefgreifender Wandel. Die Regierung führte ein umfassendes Umbau- und Entwicklungsprogramm für das ganze Land und seine Institutionen durch.

Heute leben in Südafrika 49 Millionen Menschen. Davon bezeichnen sich selbst 79,3% als „African", 9,1% als „White", 9% als „Coloured" und 2,5% als „Indian/Asian". Fast ein Viertel (31,4%) der Bevölkerung ist jünger als 15 Jahre; 7,5% sind älter als 60 Jahre. Die Lebenserwartung liegt für Frauen bei 57,2 Jahren und für Männer bei 53,5 Jahren. Eine Ursache für die niedrige Lebenserwartung ist HIV/Aids. 17% der Erwachsenen zwischen 15 und 49 Jahren sind HIV positiv (StatsSA 2010). Im Jahr 2008 lebten 22% der Bewohner unterhalb der Armutsgrenze. Acht Jahre zuvor waren es noch 38% gewesen (World Bank 2010).

2. Die Anfänge von Schulbildung in Südafrika

Die vorkolonialen traditionellen Formen des Bildungserwerbs in Südafrika waren sowohl informell als auch formell und direkt mit den Zielen der Gesellschaft verbunden. Bei der informellen Erziehung war jedes Mitglied der Gesellschaft Lehrer und Schüler zugleich. Kleinkinder nahmen allmählich an der Arbeit in der Großfamilie teil. Die Jungen lernten dabei die Arbeit als Hirten, die Mädchen Arbeiten im Feld und in der Hütte. Dabei wurde „jede Altersgruppe von der nächst älteren ausgebildet und zugleich erzogen sich die Mitglieder jeder Altersstufe auch untereinander" (Große-Oetringhaus 1978, S. 17). Eine wichtige Funktion bei diesem Erziehungsprozess nahmen auch Geschwister, Eltern und Großeltern der jeweiligen Kinder ein. Zu den formellen Formen gehörten beispielsweise die Initiationsriten, die den Übergang zum Erwachsenwerden symbolisierten. Hier bestanden spezielle Programme und eine bewusste Trennung zwischen Schülern und Lehrern. Die Jungen der bantusprechenden Völker wurden in einer „Initiationsschule" in völliger Isolation von den Ältesten in Sitten, Gebräuchen und Tabus unterwiesen und über das Sexualleben aufgeklärt. Die Unterweisung der Mädchen erfolgte nach ihrer ersten Menstruation gemäß der Tradition einzeln durch ältere Frauen. Beide Ansätze forderten laut Große-Oetringhaus „eine Betonung von kooperativem gegenüber egoistischem und individualistischem Verhalten (...) und stützten sich auf eine Philosophie von Gemeinschaftlichkeit mit sozialistischen Elementen" (ebd.).

Diese Ziele änderten sich grundlegend, als Kolonialisten und Missionare völlig neue Formen und Inhalte von Bildung und Erziehung einführten. Die offizielle Schulgeschichte begann in Südafrika 1658 in Kapstadt. Die Aufgabe der ersten Schule bestand darin, die Sklaven der Niederländischen Ostindien-Kompanie in die holländische Sprache und den christlichen Glauben einzuführen (Hlatshwayo 2000, S. 28). Eine systematische Bildungsarbeit setzte aber erst im 19. Jh. mit der Gründung einer Reihe von Missionsgesellschaften in Europa ein (Große-Oetringhaus 1978, S. 18). Die Missionare sahen Bildung als unerlässlich für die Evangelisierung an. Missionsschulen waren Instrumente einer europäischen Zivilisation und wurden durch die Verbindung von Christianisierung und ‚Zivilisierung' Überbringer der westlichen Kultur (Cock 1990, S. 85). Die Bildungsarbeit der Missionare zielte darauf ab, das Wertesystem der Afrikaner durch westliche Werte zu ersetzen. Xhosa-Frauen kamen im 19. Jh. mit dieser von Missionaren angebotenen westlichen Ausbildung in sehr viel größerem Umfang in Kontakt als afrikanische Frauen anderer Ethnien im südlichen Afrika (ebd.). Dies mag vor allem daran liegen, dass die Xhosa im südlichen Teil siedelten und die Buren erst Ende des 19. Jh. in Richtung Norden ins Landesinnere strebten.

Die Praxis der Schulbildung durch die Missionare war stark beeinflusst durch deren eigene Herkunft und kulturelle Hintergründe. „Missionary teaching and pedagogy in Africa were bound up with metropolitan notions of class practice and with the missionaries' own class and gender backgrounds" (Hansen 1992, S. 9).[1] Im 19. Jh. neigten christliche Missionare dazu, alle Menschen Afrikas als primitiv, barbarisch, sündhaft und auf dem sog. ‚dunklen' Kontinent lebend zu klassifizieren. Sie sahen es als ihre Aufgabe an, die Afrikaner durch das Christentum zu zivilisieren und zu bilden (Hlatshawayo 2000, S. 8). Zu diesem Zweck richteten die Missionen Schulen ein. Hauptziel war die Evangelisierung. Den Schülern wurde Lesen und Schreiben beigebracht, damit sie zukünftig das Evangelium verbreiten konnten (ebd., S. 30). Die Inhalte der Bildung wurden auch am Bedarf der Siedler und Missionare an bestimmten Arbeitskräften ausgerichtet (Große-Oetringhaus 1978, S. 19). Dazu gehörten auf der einen Seite Farmarbeiter und Hausangestellte, auf der anderen Seite ungelernte Kräfte für die Arbeit in den Bergwerken.

Die erste Missionsschule wurde in Südafrika Anfang des 19. Jh. durch die *Moravian Missionary Society* in Baviaanskloof, dem späteren Genadendal, im

---

1 Weitere Ausführungen zur Gestaltung der südafrikanischen Schulbildung Ende des 19. und Anfang des 20. Jh. finden sich in Cross (1999).

Siedlungsgebiet der Khoikoi gegründet (Hlatshwayo 2000, S. 29). Von diesem Zeitpunkt an nahm die Zahl der Schulen und Schüler stetig zu. Im Jahr 1850 gingen 9 000 afrikanische Schüler und Schülerinnen auf Missionsschulen, 50 Jahre später waren es bereits 100 000 und 1909 schon 170 000. Unter diesen Schülern befanden sich die meisten zukünftigen afrikanischen Führungspersönlichkeiten in Südafrika (Walshe 1971 zit. n. Hlatshwayo 2000, S. 30). Die Schaffung einer „winzigen schwarzen europäisierten Elite, aus der zahlreiche intellektuelle und politische Führer der Befreiungsbewegung hervorgegangen sind", sehen auch Alexander und Helbig (1988, S. 11) als die wesentliche Bedeutung des Missionsschulwesens an. Dennoch muss auch festgehalten werden, dass diese Ausbildung – so drückte sich beispielsweise der Gouverneur des Kaps, Grey, im Jahr 1851 aus – ein potentes Instrument zur Bezwingung der einheimischen Bevölkerung war (Hlatshwayo 2000, S. 30).

Bis Ende des 19. Jh. war die Christianisierung vor allem der ländlichen Regionen Südafrikas anvisiert worden. Nach dem südafrikanischen Krieg, als der Transvaal britische Kolonie wurde, kamen die städtischen Zentren, wie beispielsweise im Witwatersrand[2], zunehmend in das Blickfeld der Missionare. In den 1920er Jahren waren dann bereits über 26 Missionsgesellschaften in Johannesburg tätig (Gaitskell 1990, S. 256).

Am Beispiel der St. Agnes Missionsschule in Johannesburg beschreibt Gaitskell (1983a, S. 244) die Ausbildung der jungen Frauen aus Sicht der Missionare. Über das Wesen der Ausbildung heißt es: „the true education of the native's girl (at any rate) was with her hands, & eyes & ears and a little of the brain, for the natives brain was insufficiently developed for overmuch brainwork". Weiterhin würden die jugendlichen Mädchen, die zu St. Agnes kämen, „all learn to clean & cook & sew & be useful women when they leave school". Diese Aussagen unterstreichen deutlich das Frauenbild, das die Missionare zu diesem Zeitpunkt besaßen, aber auch den offen zu Tage tretenden Rassismus.

Ähnliches findet sich in der Studie von Cock (1990) zur Inkorporation der Xhosa-Frauen in die koloniale Gesellschaft. Demnach zielte deren Ausbildung darauf ab, sie in häusliche Rollen zu sozialisieren, zum einen in ihren eigenen Familien, zum anderen als *servants* bei anderen Leuten. Die Ausbildung zur Häuslichkeit passte zur Ideologie der Unterordnung, die die Kolonialisten als für alle Schwarzen angemessen ansahen (Cock 1990, S. 89). Missionare bildeten die Mädchen für die Arbeit als Hausangestellte bei weißen Siedlern aus. Sie sollten diese Tätigkeit jedoch nicht lebenslang ausüben, da aus Sicht der Missionare Frauen in jedem Falle Kinder gebären sollten (Gaitskell 1990, S. 255).

Ein Beispiel für Missionsschulen stellt das Lovedale College dar, das 1841 in der Kapkolonie gegründet wurde. Gründer der dortigen Missionsstation war die *Glasgow Missionary Society* (später *Free Church of Scotland*) (Hlatshwayo 2000, S. 29). Der Schulunterricht konnte bereits im Jahr 1824 aufgenommen werden. Ein Jahr später besuchten 30 Schüler die Schule. Schwarze und weiße Schüler erhielten gemeinsamen Unterricht, mussten aber in verschiedenen Räumen schlafen und bekamen an getrennten Tischen unterschiedliches Essen (Große-Oetringhaus 1978, S. 18f.). 1871 wurde das Industrial Department der Lovedale Girls' School eröffnet, das die Frauen zu *domestic servants* oder Näherinnen ausbildete und noch bis ins Jahr 1922 bestand. Das Hauptaugenmerk galt der Vorbereitung der jungen Frauen auf das häusliche Leben in der eigenen Gemeinde und auf die Tätigkeit in weißen Privathaushalten. Unterrichtet wurden

---

2 Der Witwatersrand ist ein Höhenzug bei Johannesburg.

unter anderem Haushaltsführung, Kochen, Nähen und Wäschewaschen (Cock 1990, S. 90). Zu Spitzenzeiten besuchten zwischen 600 und 800 Schülerinnen diese bedeutendste Missionsschule im südlichen Afrika, die als Vorbild für zahlreiche andere missionarische Institutionen diente. Andere Einrichtungen im Eastern Cape und in der Transkei, so in Lesseyton, Blythswood, Healdtown, Salem and St. Mattews, folgten dem gleichen Muster der Ausbildung junger Frauen (ebd., S. 91).

Die ersten Schulen wurden in Südafrika also durch kirchliche Initiative gegründet. Der Staat versuchte in der Folge, durch finanzielle Unterstützung Einfluss auf diese Schulen auszuüben. In der Kapkolonie wurden beispielsweise 1841 Bestimmungen über die finanzielle Unterstützung von Missionsschulen erlassen. An diese Zuschüsse waren bestimmte Auflagen gekoppelt, u.a. englische Sprache als Hauptfach und die Unterstellung unter eine Regierungskontrolle (Große-Oetringhaus 1978, S. 19). Erst in einer späteren Phase wurden verstärkt staatliche Einrichtungen gegründet. Ähnlich wie die Missionsgesellschaften legte die Kolonialverwaltung Wert darauf, dass die Ausbildung der Afrikaner auf die Produktion von Arbeitskräften für die Agrarwirtschaft, die Minenindustrie und die Privathaushalte ausgerichtet blieb. Selbst in den 1930er Jahren stellten die finanziell unterstützten Missionsschulen immer noch den größten Anteil an Schulen in Südafrika (ebd., S. 21f.) und bildeten somit lange Zeit die Basis des Bildungssystems.

Trotz der unterschiedlichen Entwicklung in den verschiedenen Gebieten Südafrikas hatten die Bildungssysteme eines gemeinsam. Es bestand „bei den Weißen in allen Gebieten die ablehnende Haltung gegenüber einer qualifizierten Bildung der Afrikaner, da ihre Konkurrenz, ihre Opposition und das Abnehmen eines Reservoirs an billigen Hilfsarbeitern gefürchtet wurde" (ebd., S. 23). Nach dem Burenkrieg wurden die verschiedenen Schulsysteme durch die Bildungspolitik der Kolonialverwaltung vereinheitlicht. Diese Vereinheitlichung gipfelte später im *Bantu Education Act* von 1953.

3. Bildung im Apartheid-System

Bei den Wahlen 1948 kam die *Nationalist Party* (NP) mit der Doktrin der Apartheid an die Macht. Eine der ersten Handlungen der nationalistischen Regierung war die Einsetzung mehrerer Kommissionen zur Umstrukturierung des südafrikanischen Bildungswesens. Schließlich wurden die 1951 veröffentlichten Vorschläge der „Eiselen-Kommission"[3] übernommen, die sich am stärksten an die Ideologie der *Christian National Education* (CNE) angelehnt hatte, eine Dieologie, die ihren Ursprung im Holland des 17. Jh. hatte, in der keine Trennung zwischen Kirche und Schule vorgesehen war. Ein von den Afrikaanern[4] im Jahr 1939 gegründetes Institut der *Christian National Education* (*Christelik-Nasionale Onderwysbeleid* genannt) wurde beauftragt, ein Regelwerk auszuarbeiten, das sicherstellt, dass dieses historisch entwickelte Ideal der christlich-nationalen Bildung fortwährende Verbreitung und Unterstützung erfährt (Hlatshwayo 2000, S. 54).

---

3 Die von 1944 bis 1951 arbeitende Kommission für die Bildung der Einheimischen verdankt ihren Namen dem Vorsitzenden der Kommission, W. W. M. Eiselen, Professor für Anthropologie an der Universität von Stellenbosch (Hlatshwayo 2000, S. 44).

4 Als Afrikaaner werden die Weißen meist holländischer Abstammung bezeichnet, für die sich häufig auch der Terminus „Bure" findet. In Südafrika findet die Schreibweise „Afrikaner" ohne den hierzulande eingefügten Doppelvokal aa Verwendung.

Die christlich-nationale Bildung hatte für die schwarzen Kinder nach Alexander & Helbig (1988, S. 13f.) folgende Implikationen: Sie waren einer Schulbildung ausgesetzt, „die die Muttersprache als Unterrichtssprache vorsah; die nicht auf Kosten der weißen Schulbildung finanziert werden sollte; die die ‚kulturelle Identität' der schwarzen Gemeinschaft (verstanden als Stammesgemeinschaften) bewahren sollte; (...) die insofern ausschloss, dass die Afrikaner auf gleichberechtigte Teilnahme im wirtschaftlichen und gesellschaftlichen Leben vorbereitet wurden; die gleichwohl (und im Widerspruch hierzu) die »Eingeborenen« dazu bringen sollte, die (burischen) christlichen und nationalen Prinzipien anzuerkennen; und die schließlich nur von Weißen organisiert und verwaltet werden konnte."

Die politisch-ideologischen Ziele dieser Politik wurden folgendermaßen umschrieben: „Das Schulwesen für Bantu, Farbige und Inder zielte darauf ab, die Richtung des Denkens zu kontrollieren, Wissen in engen Grenzen zu halten, Kommunikation zu begrenzen und Kontakte über Sprachbarrieren zu beschneiden. Das Ziel war, die geistige Entwicklung der schwarzen Kinder zu verkrüppeln, indem man sie zur Knechtschaft erzog" (Molteno, zit. n. Alexander/Helbig 1988, S. 17).

1953 übernahm die Regierung mit dem *Bantu Education Act* die Kontrolle über das Schulwesen. Dieses Gesetz regelte das Bildungssystem. Faktisch erschwerte es eine höhere Bildung für Schwarze und verringerte folglich deren Chancen auf höher qualifizierte Arbeitsplätze (Hagemann 2003, S. 76). „Control of African education was taken out of the hands of 'amateurs', that is, missionaries and an emerging black elite, and given over to white, state 'professionals' or 'experts'" (Fleisch 2002, S. 39). Die von der Regierung eingesetzte Eiselen-Kommission forderte, dass auf der lokalen Ebene die Schulen unter die Aufsicht von lokalen Bantu-Behörden und nicht, wie bisher, von Missionsgesellschaften, gestellt werden sollten (ebd., S. 45). Dies hatte das Ende der Missionsschulen zur Folge. Nur wenige von ihnen konnten als Privatschulen diese Zeit überdauern (Alexander/Helbig 1988, S. 18).

Die anvisierte Umstrukturierung des Schulsystems hatte neben ideologischen und politischen auch ökonomische Gründe. Es ging darum, das Schulsystem und das Beschäftigungssystem aufeinander abzustimmen. Um der veränderten Situation auf dem Arbeitsmarkt gerecht werden zu können, sollte das Grundschulwesen für Afrikaner erweitert werden. Das neue System trug zur „Reproduktion der Produktivkräfte bei, in dem es darauf abzielte, genügend un- und angelernte schwarze Arbeitskräfte gemäß der südafrikanischen Arbeitsteilung und der ihr entsprechenden Ausbeutung der schwarzen Arbeiter zu reproduzieren" (ebd., S. 15).

1963 wurde für die Bevölkerungsgruppe der sogenannten „Coloureds" ein entsprechendes Schulgesetz verabschiedet, 1965 für die „Indians". Das 1959 beschlossene „Gesetz zur Ausdehnung der Universitätsausbildung" bildete auf der Hochschulebene die Grundlage für nach „Rassen" getrennte Universitäten. Die extreme Ungleichheit der Bildungschancen in Abhängigkeit von der jeweiligen Bevölkerungsgruppe, die durch diese Gesetzeslage noch verschärft wurde, ist anhand verschiedener Indikatoren ersichtlich. Weiße Schüler fanden bessere Bedingungen in Bezug auf die Pro-Kopf-Ausgaben, die Schüler-Lehrer-Relation und die Lehrerqualifikation vor. Beispielsweise arbeitete 1985 ein Lehrer an weißen Schulen im Durchschnitt mit 18,7 Schülern, an schwarzen Schulen mit 41,2 Schülern. Die Abschlussprüfungen in der 12. Klasse in den Provinzen Natal und Transvaal bestanden im selben Jahr 90,8% der weißen, aber nur 49,3% der schwarzen Schüler (ebd., S. 19). Der Zugang zu höherer Bildung für Schwarze war faktisch erschwert, was die Chancen auf einen höher qualifizierten Arbeitsplatz verringerte. Das Schulsystem war zu dieser Zeit folgendermaßen aufgebaut: Die Kinder wurden in die *Lower Primary* eingeschult. Diese Stufe umfasste vier Jahrgänge von *Sub A* über *Sub B, Standard 1* bis zu *Standard 2*. Daran schloss die *Upper Primary* mit drei Jahren von *Standard 3* bis *Standard 5* an. Die Sekundarstufe – *Secondary* – umfasste fünf Jahrgänge von *Standard 6* bis *Standard 10* (Boddy-Evans 2008, S. 1).

Das aufgezwungene Schul- und Bildungssystem mit seiner eklatanten Benachteiligung nichtweißer Gruppen stand im Mittelpunkt vieler Proteste und Boykotte. Zentrale Bedeutung im Befreiungskampf hatte der Schüleraufstand von Soweto 1976. Auslöser war die Entscheidung des „Ministeriums für Bantu-Erziehung", dass künftig Afrikaans die Unterrichtssprache an Schulen sein sollte. Aus Sicht der betroffenen Schüler galt diese Sprache als Symbol ihrer jahrhundertelangen Unterdrückung. Am 16. Juni 1976 marschierten Schüler und Studenten um gegen die Einführung der neuen Unterrichtssprache zu protestieren. Die Regierung reagierte mit Waffengewalt. Das erste Todesopfer war ein dreizehnjähriger Schüler. Die darauf folgenden Straßenschlachten forderten viele weitere Opfer (Hlatshwayo 2000, S. 83; Kallaway 2002). Dennoch sollten weitere 18 Jahre vergehen, bis das System der Apartheid bezwungen war und 1994 die ersten demokratischen Wahlen abgehalten wurden.

4. Bildung im demokratischen Südafrika

In der neuen Verfassung Südafrikas aus dem Jahr 1996 wurde das Recht auf Bildung für alle festgehalten: „Everyone has the right – to a basic education, including adult basic education; and to further education, which the state, through reasonable measures, must make progressively available and accessible" (Section 29(1) Constitution).

Heute ist das Bildungssystem in drei verschiedene Stufen eingeteilt: *General Education and Training, Further Education and Training*, sowie *Higher Education and Training*. Die verschiedenen Stufen finden ihre Entsprechung im *National Qualifications Framework* (NQF). Die Schulzeit erstreckt sich auf den Zeitraum der Vorschule (*grade R*) bis zur 12. Klasse (*grade 12*). *Further Education and Training* umfasst die Schuljahre zehn bis zwölf oder alternativ eine Ausbildung an einem der *Further Education and Training Colleges*.

Nach der südafrikanischen Verfassung liegt Bildung bis zur 12. Klasse in der Verantwortung der neun Provinzregierungen. Die Zentralregierung behält sich jedoch das Recht vor, die Normen und Standards in der Bildung zu setzen. Die finanziellen Zuteilungen für das Bildungssystem erfolgen von der Zentralregierung an die Provinzregierungen (Aitchison 2008, S. 164).

Die staatlichen Schulen stellen die große Mehrheit im südafrikanischen Schulsystem. Im Jahr 2007 hatten die Privatschulen nur einen Anteil von 4,2% an allen Schulen im Land. Die Lehrer an den Privatschulen stellten 5,6% aller Lehrer (vgl. Tab. 1).

Tab. 1: Staatliche und private Schulen im Jahr 2007

	Schüler	Lehrer	Schulen
Staatliche Schulen	12 048 821	372 342	24 979
Private Schulen	352 396	21 883	1 086

Quelle: Dept. of Education 2009b, S. 4

Die Vorschule (*grade R*) ist keine Pflicht, wird aber vom Ministerium für Bildung allen Kindern empfohlen. Die Einschulung in die erste Klasse (*grade 1*) erfolgt, wenn das Kind fünf Jahre alt ist und im Jahr der Einschulung vor dem 30. Juni den sechsten Geburtstag hat. Für die Vorschule (*grade R*) gilt das Aufnahmealter von vier Jahren, wenn der fünfte Geburtstag im Jahr der Aufnahme noch vor dem 30. Juni liegt. Eltern können sich jedoch auch dafür entscheiden, ihr Kind erst ein Jahr später einzuschulen (Dept. of Education 2010). Im Jahr 2006 hatten 62,1% aller Fünfjährigen die Vorschule besucht (Dept. of Education 2009a, S. 9).

Das Schuljahr beginnt im Januar eines Jahres. Bei der Anmeldung in einer öffentlichen Schule müssen die Geburtsurkunde und der Impfausweis vorgelegt werden. Hat das Kind vorher schon eine andere Schule besucht, muss zusätzlich das letzte Zeugnis eingereicht werden (Dept. of Education 2010).

Im *South African Schools Act* von 1996 wurde festgelegt, dass Kinder und Jugendliche im Alter zwischen sieben und 15 Jahren oder bis zur Vollendung von *grade 9* schulpflichtig sind. Personen, die älter als 15 Jahre sind und die Schule nie bzw. kürzer besucht haben, können sich für Kurse in *Adult Basic Education and Training* (ABET) Zentren einschreiben.

Mädchen dürfen aufgrund einer Schwangerschaft nicht von der Schule verwiesen werden. Die gesetzliche Grundlage hierfür stellt Section 9 (3) der südafrikanischen Verfassung. Unter dem Titel Gleichheit wurde festgehalten: „The state may not unfairly discriminate directly or indirectly against anyone on one or more grounds, including race, gender, sex, pregnancy, marital status, ethnic or social origin, colour, sexual orientation, age, disability, religion, conscience, belief, culture, language and birth."

Mit Abschluss der 9. Klasse kann man sich für *Further Education and Training* (FET) registrieren. Hierbei handelt es sich um so genannte Colleges. Die Bezeichnung steht für alle Lern- und Trainingsprogramme, welche über dem Level der Pflichtschuljahre, aber unter dem Level einer Hochschulausbildung liegen. Dies können öffentliche oder private Einrichtungen sein (Further Education and Training Act 2006, Kapitel 1). Die Zahl der Einrichtungen wurde allerdings zuletzt stark zurückgefahren. Aus Gründen der Rationalisierung wurden verschiedene der einstmals 152 FET Colleges zusammengelegt. 2008 gab es landesweit noch 50 solcher Colleges (Dept. of Education 2009a, S. 9).

Für das Studium an den Hochschulen des Landes ist der erfolgreiche Abschluss der 12. Klasse (*matric*) Voraussetzung. Im Jahr 2007 nahmen 564 775 Schüler an den zentralen Abschlussprüfungen teil. Davon haben 65,2% die Prüfungen bestanden (Dept. of Education 2009b, S. 21).

Die folgende Abbildung (Abb. 1) zeigt die Bildungsbeteiligung in Abhängigkeit zur Altersgruppe der Gesamtbevölkerung auf den verschiedenen Bildungsstufen des Schulsystems. In vier Klassenstufen (Kl. 1, 3, 4 und 10) waren im Jahr 2007 mehr Schüler eingeschrieben als es Kinder und Jugendliche der entsprechenden Altersgruppe gibt. Das zeugt davon, dass sich Schüler mit einem höheren Alter als vorgesehen in diesen Klassenstufen befanden. In der 11. Klasse und besonders in der 12. Klasse sind dagegen weit weniger Schüler eingeschrieben als laut Alterskohorte möglich wäre.

Abb. 1: Anzahl der Schüler im Verhältnis zur Altersgruppe im Schulsystem

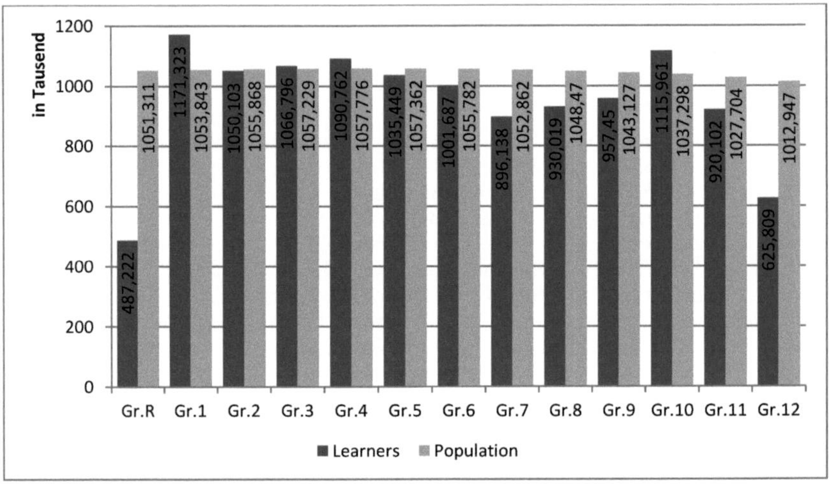

Quelle: Dept. of Education 2009b, S. 13

Betrachtet man die Bildungsbeteiligung in Bezug auf das Geschlecht der Schüler, dann zeigt sich, dass Mädchen insgesamt die Hälfte aller Schüler stellen. In den Klassenstufen R bis 5, 7 und 8, sowie in den *special needs*-Schulen stellen Mädchen die Minderheit. In der Abschlussklasse der Schule haben sie allerdings einen Anteil von 55%.

Die Ausbildung der Lehrer hat sich in Südafrika seit dem Ende der Apartheid stetig verbessert (vgl. Tab. 2): Ein Lehrer wird als angemessen qualifiziert angesehen, wenn die zwölfte Schulklasse erfolgreich und eine mindestens dreijährige Ausbildung abgeschlossen wurde. Werden diese Voraussetzungen nicht erfüllt oder wurde die dreijährige Ausbildung nicht im Bildungskontext absolviert, gilt der Lehrer als ungenügend bzw. unqualifiziert.

Tab. 2: Prozentzahl der qualifizierten Lehrer

Jahr	Primarschule	Sekundarschule	Gesamt
1998	63,2	89,1	73,1
2002	77,9	93,3	83,9
2005	84,2	92,6	87,1

Quelle: Dept. of Education 2009a, S. 43

1998 waren nur 73,1% der Lehrer ausreichend qualifiziert. Diese Zahl stieg über 83,9% im Jahr 2002 auf 87,1% im Jahr 2005. Damit waren im Jahr 2005 nur noch knapp 13% der Lehrer nicht oder unterqualifiziert. Die größten Verbesserungen haben sich im Bereich der Primarschulbildung ergeben. Hier stieg die Zahl der qualifizierten Lehrer von 63,2% im Jahr 1998 auf 84,2% im Jahr 2005 an. Trotz dieses Anstieges lehren an Primarschulen immer noch mehr unter- oder unqualifizierte Lehrer als im Sekundarschulbereich.

Neben der Ausbildung der Lehrer hat auch die Lehrer-Schüler-Relation Auswirkungen auf den Lernerfolg der Schüler. Eine Folge des Apartheidsystems war die ungleiche Bereitstellung von Lehrern an Schulen. In Folge dessen war auch das zahlenmäßige Verhältnis von Lehrern zu Schülern sehr unterschiedlich. Im Jahr der ersten demokratischen Wahlen 1994 reichte das durchschnittliche Verhältnis von 1:39 in KwaZulu-Natal, einer armen Provinz im Westen des Landes, bis zu 1:23 im Western Cape, einer Provinz mit einem hohen Anteil von Schülern der weißen und der *coloured* Bevölkerungsgruppe (Dept. of Education 2009a, S. 43). 1995 wurde von den Behörden festgelegt, dass das Verhältnis in der Primarstufe 1:40 und in der Sekundarstufe 1:35 nicht übersteigen sollte. Seitdem hat sich die Lage landesweit leicht von durchschnittlich 1:34 im Jahr 1994 zu 1:31 im Jahr 2007 verbessert (ebd.).

Es gibt gegenwärtig keine einheitliche Unterrichtssprache in Südafrika. Den Schülerinnen und Schülern soll es nach der Richtlinie *Language in Education Policy (LIEP)* des Ministeriums ermöglicht werden, so lange wie möglich in ihrer Muttersprache unterrichtet zu werden. Die Sprache, die am besten von den Kindern verstanden wird, soll als Unterrichtssprache in der Schule gewählt werden. Die Sprachauswahl ist dabei auf die elf Amtssprachen Südafrikas beschränkt (Dept. of Education 2009a, S. 50). Diese sind: Englisch, isiZulu, isiXhosa, isiNdebele, Afrikaans, siSwati, Sesotho sa Seboa, SeSotho, Setswana, Tshivenda und Xitsonga.

Mit dem *Higher Education Act* leitete die Regierung 1997 die Transformation des Universitätswesens ein. In der Folge wurden zahlreiche Universitäten und *Technikons* zusammengelegt. Heute sind an den 23 staatlichen Hochschulen des Landes insgesamt knapp 800 000 Studierende eingeschrieben (CHE 2010). Die Größe der Hochschulen schwankt dabei sehr: Während an der Rhodes University nur etwa 6 000 Studierende eingeschrieben sind, sind in der Tshwane University of Technology mehr als 50 000 Studierende immatrikuliert (CHE 2009, S. 13). 13% der staatlichen Bildungsausgaben fließen in den tertiären Sektor. Das Budget der Hochschulen besteht zu 40% aus staatlichen Mitteln und zu 28% aus Studiengebühren; 32% der Einnahmen kommen aus anderen Quellen (ebd., S. 10). Grundsätzlich werden Studiengebühren für alle Studiengänge erhoben. Der kontinuierliche Anstieg der Gebühren führt insbesondere seit dem Jahr 2008 vermehrt zu Protesten von Studierenden (ebd.).

Neben den staatlichen Hochschulen gibt es, wie auch im Bereich der Primar- und Sekundarstufe des Bildungswesens, private Einrichtungen. Im Jahr 2009 waren 103 private Institutionen des tertiären Sektors registriert. Es gibt jedoch keine systematisch erhobenen Daten zu den Studierendenzahlen der privaten Einrichtungen. Einige der Hochschulen sind regionale Ableger von Hochschulen anderer Länder (CHE 2009, S. 11). Dazu zählen beispielsweise die Einrichtungen der Stenden Universität aus den Niederlanden oder der Universität von Southern Queensland aus Australien.

Das Fernstudium spielt eine bedeutende Rolle im südafrikanischen Hochschulwesen. 38% aller Studierenden sind in Kurse im Rahmen des Fernstudiums eingeschrieben (ebd., S. 14). Die führende Einrichtung ist die *University of South Africa* (UNISA).

Seit dem Ende der Apartheid werden Anstrengungen unternommen, dass der Zugang zu den Hochschulen allen Bevölkerungsgruppen gleichermaßen offen steht. Dennoch zeigen die Zahlen, dass dieses Ziel noch in weiter Ferne steht (vgl. Tab. 3). Das Ziel der Regierung ist ein Studierendenanteil von 20% innerhalb der entsprechenden Altersgruppe (CHE 2009, S. 20).

Tab. 3: Anteil der Bevölkerungsgruppen an den Studierenden

	20-24-Jährige in Südafrika	Eingeschriebene Studierende	Rate der Einschreibung
African	3 918 890	476 768	12%
Coloured	416 355	49 069	12%
Indian	122 412	52 596	43%
White	334 150	180 463	54%
Total	4 791 807	758 896	16%

Quelle: CHE 2009, S. 20

Das Ministerium für Bildung finanziert zwei verschiedene Stipendienprogramme. Das Programm *Funza Lushaka* wurde eingerichtet, damit die Lehrerausbildung für Schulfächer, in denen ein hoher Bedarf an qualifizierten Lehrern besteht, gestärkt wird.[5] Das Programm zielt sowohl auf die Ausbildung von Lehrern für die Vorschule, als auch für die Primar- und Sekundarstufe ab. Finanziert werden die Studiengebühren, Unterkunft und Verpflegung, Bücher und Lernmaterialien sowie ein kleines Taschengeld. Die Stipendiaten verpflichten sich, für jedes Jahr, für das sie finanzielle Unterstützung bekommen haben, nach dem Abschluss ein Jahr in einer von der Regierung ausgewählten Schule zu arbeiten. Diese Schulen liegen meist im ländlichen Raum (Funza Lushaka 2010).

Dahingegen können Studierende aller Fachrichtungen und Schüler der FET-Colleges zur Finanzierung ihres Studiums günstige Kredite beim National Student Financial Aid Scheme (NSFAS)[6], welches seit dem Jahr 2000 zur Verfügung steht, beantragen. Die Voraussetzung ist hier, dass die Antragssteller zu einer Bevölkerungsgruppe gehören, die früher im Bildungssystem benachteiligt wurde. Abhängig von den Studienleistungen können bis zu 40% der Kreditsumme in ein Stipendium umgewandelt werden. Maßgeblich sind hier die Zwischenzeugnisse eines jeden Studienjahres. Im Jahr 2005 wurden insgesamt 2,5 Mrd. Rand an Studierende ausgezahlt (NSFAS 2009, S. 18). Im Jahr 2008 wurde an 118 450 Studierende ein Kredit vergeben (ebd., S. 30).

5. Die besondere Bedeutung der Erwachsenenbildung in Südafrika

Das Recht auf Bildung für Erwachsene außerhalb des formalen Schul- und Universitätssystems ist in der südafrikanischen Verfassung festgehalten. Dort heißt es: „Adult basic education [and training] refers to all forms of organised education and training that meet the basic learning needs of adults, including literacy and numeracy, as well as the general knowledge, skills and values and attitudes that they require to survive, develop their capacities, live and work in dignity, improve the quality of their lives, make informed decisions, and continue learning" (Constitution of South Africa, Clause 29 Section 1a). Damit gilt

---

5 Dazu zählen 2010 beispielsweise afrikanische Sprachen, Englisch, Mathematik und Naturwissenschaften (http://www.funzalushaka.doe.gov.za/background_info.jsp am 11.04.2010).
6 NSFAS ist ein Nachfolger des Tertiary Education Fund of South Africa, der bereits seit 1991 bestand (https://www.nsfas.org.za/web/view/general/information/history am 11.04.2010).

Erwachsenenbildung nicht nur als Mittel für wirtschaftliches Wachstum, sondern auch als ein Anspruch auf Würde und Selbstrespekt.

Für Erwachsene, die keinen Schulabschluss nachweisen können oder die die Schule überhaupt nicht besucht haben, gibt es die Möglichkeit im Rahmen der Erwachsenenbildung einen Teil der Schulbildung nachzuholen. Der Anschluss an die formalen Vorgaben des Bildungssystems soll damit wieder hergestellt werden. *Adult Basic Education and Training* (ABET) wird definiert als: „the general conceptual foundation towards lifelong learning and development, comprising of knowledge, skills and attitudes required for social, economic and political participation and transformation applicable to a range of contexts. ABET is flexible, developmental and targeted at the specific needs of particular audiences and, ideally, provides access to nationally recognized certificates" (Dept. of Education 1997, S. 8).

Die im Jahr 2000 gesetzlich verankerten Kurse der Erwachsenenbildung (ABET) sind standardisiert. Es bestehen vier verschiedene Stufen, wobei Level 1 den Abschluss der 3. Kl., Level 2 das Bestehen der 5. Kl. und Level 3 die Absolvierung der 7. Kl. bedeutet. Dem erfolgreichen Bestehen des Examens der letzten Stufe entspricht der erreichte Abschluss der 9. Kl. des regulären Schulsystems. Im Jahr 2006 waren über 250 000 Personen in ABET Kurse eingeschrieben (Dept. of Education 2009a, S. 35f.). Die Einschreibung erfolgt jeweils im Januar und Februar eines Jahres (Dept. of Education 2010, o.S.). Es entstehen für die Lernenden keine Kosten für die Teilnahme. Im Jahr 2007 gab es landesweit 2 278 solche Zentren für Erwachsenenbildung (Dept. of Education 2009a, S. 9). Bis zum Jahr 2008 haben 8 152 Personen den Abschluss entsprechend der 9. Kl. des regulären Schulsystems erreicht.

Im Jahr 2006 waren 10,5% der Bevölkerung Analphabeten, die keinerlei Schulbildung aufweisen konnten. 14,6% der Bevölkerung verließen die Schule noch vor Abschluss der 7. Kl. (vgl. Tab. 4). Die Alphabetisierungsraten der über 20-Jährigen sind wesentlich niedriger als die der 15-24-Jährigen (vgl. Dept. of Education 2009a). Dies ist ein Hinweis darauf, dass die jüngere Generation einen besseren Zugang zur Bildung hat als die ältere Generation. Dennoch können nach wie vor viele Menschen nicht Lesen und Schreiben.

Tab. 4: Anzahl und Prozentsatz der Bevölkerung (über 20 Jahre) nach Bildungsniveau (1995, 2002, 2006)

	keine Schulbildung		etwas Primarschul-bildung		Klasse 7 abgeschlossen oder höher		Gesamt	
	in Tsd.	in %	in Tsd.	in %	in Tsd.	in %	in Tsd.	in %
1995	2 864	13,1	3 789	17,3	15 219	69,9	21 872	100
2002	3 016	11,8	4 487	17,5	18 140	70,7	25 643	100
2006	2 816	10,5	3 921	14,6	20 201	75,0	26 938	100

Quelle: Department of Education 2009a, S. 33

Der südafrikanische Bildungswissenschaftler Aitchison (2008, S. 161) hält fest, dass in den 1990er Jahren die Debatte über die angestrebten ABET-Kurse das Thema der Alphabetisierung ins Abseits gerückt habe. Im Jahr 2006 wurde ein ministerielles Komitee zur Planung einer großen Kampagne zur Alphabetisierung eingesetzt (ebd.). Seit 2008 läuft die Kampagne *Kah Ri Gude*, welche das Ziel hat, 4,7 Millionen erwachsenen Südafrikanern das Lesen und Schreiben zu ermöglichen. Die Kurse sind kostenlos, jedoch müssen sich die Teilnehmer verpflichten, alle 240 Stunden zu absolvieren (Dept. of Basic Education 2010).

Die Finanzierung der non-formalen Bildung erfolgt hauptsächlich durch das Bildungsministerium. Den zweitgrößten Anteil trägt das nationale Arbeitsministerium. Bildung erfolgt hier hauptsächlich durch die verschiedenen Ausbildungskammern, die *Sectoral Education and Training Authorities (SETAs)*. Diese Behörden organisieren Trainings in den wichtigsten Bereichen der Industrie und des Gewerbes. Zudem sind sie für die Anerkennung neuer Ausbildungsgänge und Ausbildungsstätten zuständig. Die Finanzierung erfolgt durch eine Abgabe der Firmen, welche 1% aller bezahlten Löhne und Gehälter beträgt. Einige der Bildungsmaßnahmen kommen auch Arbeitslosen zu Gute (Aitchison 2008, S. 165).

Der größte Anteil der Erwachsenenbildung ist heute formal durch die *South African Qualifications Authority (SAQA)*, den Rat für Qualitätssicherung im Bildungsbereich, sowie durch das *Council for Quality Assurance in General and Further Education and Training (Umalusi)* und der *Sector Education and Training Authority (SETA)* reguliert. Während SAQA die Qualifizierungen out-come based registriert und Standards festlegt, die den einzelnen Qualifizierungen zu Grunde liegen, kontrolliert das Umalusi die Zertifizierung der Qualifizierungen und die Registrierung der Anbieter der Maßnahmen.

Einige der Programme zur Alphabetisierung werden nach wie vor von Nichtregierungsorganisationen, welche durch Spenden finanziert werden, durchgeführt. Insgesamt hat es jedoch seit den frühen 1990er Jahren einen drastischen Rückgang in diesem Bereich gegeben. Die wenigen verbliebenen Nichtregierungsorganisationen werden nun auch durch Verträge mit dem Bildungsministerium oder den SETAs, wenn sie zertifizierte Erwachsenenbildung im Sinne des ABET durchführen, finanziert. Einige wenige der ABET Maßnahmen werden auch durch Firmen finanziert (Aitchison 2008, S. 165).

Ein Beispiel für die Arbeit der SETAs stellen die Kurse im Bereich der Qualifizierung von Hausangestellten dar. In Südafrika arbeiten nach Schätzungen über 1 Million Frauen als Hausangestellte in privaten Haushalten. Es ist für schwarze Frauen eines der größten Arbeitsfelder. Die Regierung rief 2002 das *Domestic Workers Skills Development Project* ins Leben. Im Mai desselben Jahres wurde die Managerin der *Domestic Services Chamber der Services SETA* mit der Durchführung des Projekts beauftragt (Wetsch 2003, S. 11). Das von der Kammer entwickelte *Skills Development Programme* bestand aus drei bis fünf Fortbildungstagen binnen drei bis fünf Wochen. Innerhalb der Projektlaufzeit von Mai 2002 bis März 2005 haben über 13 000 Hausangestellte das für sie kostenlose Programm erfolgreich durchlaufen (Wetsch 2005, S. 2).

Neben dieser fachlichen Qualifizierung durch Trainingseinheiten, die von einer staatlichen Stelle organisiert werden, existiert in Südafrika auch eine berufspolitische Qualifizierung der Gewerkschaften der Hausangestellten. Diese selbstorganisierten Interessensvertretungen sind schon in der Zeit der Apartheid entstanden. Im Mittelpunkt ihrer Arbeit steht heute im Rahmen der Qualifizierung der Frauen die Aufklärung über ihre eigenen Rechte am Arbeitsplatz (Rehklau 2011, S. 235). Für die Gewerkschaften sind daneben jedoch auch die Bewusstseinsentwicklung und das Empowerment und somit eine Form der Persönlichkeitsbildung wichtig (ebd., S. 255).

6. Die Bildungsfinanzierung

Der Anteil der Ausgaben für Bildung an den Gesamtausgaben der Regierung in Südafrika beläuft sich auf 17,4%. Das entspricht 5,3% des Bruttoinlandsproduktes[7] (UNESCO 2009a). Der größte Anteil entfällt dabei mit 41% auf die Primarschulen. Darauf folgen die Sekundarschulen mit 35% und mit einem größeren Abstand der tertiäre Bildungsbereich mit 13%.

Öffentliche und private Schulen in Südafrika finanzieren sich grundsätzlich zum einen durch die Zuweisungen des Staates und zum anderen durch Schulgebühren, welche Eltern für ihre Kinder entrichten müssen. Die Höhe der Gebühren schwankt zwischen den einzelnen Schulen beträchtlich. Seit dem Jahr 2007 gibt es Schulen, welche eine höhere Förderung durch den Staat erhalten und keine Schulgebühren mehr erheben müssen. Damit ist die Regierung vom Gleichheitsgrundsatz abgerückt, nach dem für jeden Schüler ein einheitlicher Betrag zur Verfügung steht. Es wird anerkannt, dass die Armen eine größere finanzielle Unterstützung benötigen (Sayed 2008, S. 19). Schulen können bei dem Bildungsministerium der Provinz den Antrag stellen, als eine so genannte *fee free school* akzeptiert zu werden. Die Zugangsvoraussetzungen werden anhand drei verschiedener Indikatoren ermittelt: des Einkommens, der Arbeitslosenrate und des Bildungsniveaus der Bevölkerung im Schuleinzugsbereich (ebd., S. 16). Jährlich wird vom nationalen Bildungsministerium eine Liste veröffentlicht, welche alle Schulen aufweist, die überhaupt keine Schulgebühren mehr erheben. Im Jahr 2008 gingen 57% aller Schüler auf Schulen ohne Schulgebühren (Dept. of Education 2008, S. 5).

Weiterhin besteht für Schüler von Schulen, welche Schulgebühren erheben, die Möglichkeit, von der Zahlung der Gebühren ganz oder teilweise befreit zu werden. Eine automatische vollständige Befreiung erfolgt, wenn die Schüler Waisen sind oder von ihren Eltern verlassen wurden, oder wenn sie vom Staat bereits finanzielle Unterstützung aufgrund von Armut erhalten. Ein Antrag auf völlige oder teilweise Befreiung kann gestellt werden, wenn die Eltern ein niedriges Einkommen haben. Dabei legen die Schulen selbst die für die Berechnung relevanten Einkommensgrenzen fest (Sayed 2008, S. 18).

Obwohl die Schulen seit 2007 in ärmeren Gegenden von einer größeren finanziellen Unterstützung des Staates profitieren als die Schulen in Gegenden mit einer reicheren Bevölkerung, schlägt sich das nicht unbedingt in der Qualität der Schulen nieder. Schulen mit hohen Schulgebühren haben nach wie vor die Möglichkeit, die Schüler-Lehrer-Relation positiv zu beeinflussen und besser qualifiziertes Lehrpersonal einzustellen (Motala zit. n. Sayed 2008, S. 21). In reichen Schulen werden marginalisierte Schüler nach wie vor ausgeschlossen. Nur sehr wenige der einstmals „weißen" Schulen erreichen heute einen Anteil von 35% nicht-weißer Schüler (Soudien zit. n. Sayed 2008, S. 24).

Durch die Befreiung von den Schulgebühren wird den Schülern aus armen Familien eine große Hürde beim Zugang zum öffentlichen Bildungssystem genommen. Dennoch gibt es weitere Faktoren, die einen Schulbesuch erschweren. Dazu gehören beispielsweise die Finanzierung der Schuluniform oder der lange Schulweg. Die südafrikanische Regierung ergreift daher weitere Maßnahmen, um den Zugang zu Schulen und die Qualität des Lernens zu verbessern. Dazu zählen unter anderem der Transport der Schüler und die Schulspeisung.

---

7 Zum Vergleich: In Deutschland waren es im Jahr 2006 9,7% der Regierungsausgaben bzw. 4,4% des BIP (UNESCO 2009b).

Eine Studie des südafrikanischen Transportministeriums aus dem Jahr 2003 stellte fest, dass über 570 000 der Schülerinnen und Schüler über eine Stunde zu Fuß unterwegs waren, bis sie ihre Schulen erreichten. 25% aller Grundschüler (1,7 Mio.) und 36% aller Schüler der Sekundarstufe (1,8 Mio.) mussten mehr als 30 Minuten, das entspricht in etwa drei Kilometern, laufen, um in die Schule zu gelangen (Dept. of Education 2009a, S. 45). Daraufhin wurde ein kostenloser Schulbustransport für die Schülerinnen und Schüler eingerichtet, die weit von ihrem Schulort entfernt wohnen. Im Jahr 2005 konnten mehr als 200 000 Personen von diesem Angebot profitieren (ebd.). Nach wie vor haben aber viele Schüler bereits einen langen Fußweg hinter sich, wenn die erste Unterrichts-stunde beginnt.

Seit einigen Jahren besteht ein landesweites Programm zur Schulspeisung: *The National School Nutrition Programme*. Durch das Programm erhalten Schülerinnen und Schüler, welche in armen Gegenden die Primarstufe besuchen, einmal am Tag ein kostenloses Essen. Die Regierung verspricht sich davon eine Verbesserung des Lernens. Dazu sollen die Verbesserung der Lernfähigkeit durch die kurzfristige Bekämpfung des Hungers, der zusätzliche Anreiz des Schul-besuchs aufgrund der Mahlzeit und der Ausgleich der Ernährungsdefizite, unter denen die Kinder leiden, beitragen. 2006 haben ungefähr sechs Millionen Schülerinnen und Schüler von diesem Programm profitiert (Dept. of Education 2009a, S. 46).

7. Aids als besondere Herausforderung für das Bildungswesen

Sub-Sahara Afrika ist von der HIV/Aids Epidemie weltweit derzeit am stärksten betroffen. In dieser Region gab es im Jahr 2008 67% aller HIV-Infektionen weltweit (WHO 2009, S. 21). Das Bildungswesen ist als besonders personal-intensives System besonders stark von den Auswirkungen betroffen (Kelly zit. n. Louw et al. 2009, S. 205). In einer vom *Human Sciences and Research Council* durchgeführten Studie wurden 17 088 Lehrer auf HIV getestet. Insgesamt waren 12,7% der getesteten Lehrer infiziert (21% der Frauen; 12,3% der Männer). Da die Mehrheit des Lehrpersonals weiblich ist (67,8%), ist der Einfluss auf das Bildungssystem bedeutsam (Louw et al. 2009, S. 208).

Die Auswirkungen der Epidemie sind in den Schulen auf verschiedenen Ebe-nen zu spüren. Erstens führt die hohe Zahl der infizierten Lehrer dazu, dass viele Lehrer aufgrund von Krankheit oder Tod nicht mehr im Schuldienst stehen. Zweitens haben die infizierten Schüler ebenfalls Auswirkungen auf den Schul-alltag, z.B. in Bezug auf Fehlzeiten und Lernleistungen, und schließlich hat in-direkt auch die psycho-soziale Situation in den Communities einen Einfluss auf Lehrende und Lernende (ebd., S. 211).

Durch Krankheit und Tod von Kollegen sind die verbliebenen Lehrer ge-zwungen, größere Klassen und Fächer, in denen sie nicht ausgebildet sind, zu unterrichten. Der Tod von Kollegen, Familienmitgliedern und Freunden kann das Unterrichten der Lehrer beeinflussen. Die steigende Zahl von erkrankten Kin-dern, aber auch Aidswaisen, führt dazu, dass Lehrer diesen Kindern besondere Aufmerksamkeit zukommen lassen müssen und damit weniger Zeit für das Unterrichten aller Kinder haben (ebd., S. 215).

Insgesamt hat HIV/Aids einen negativen Einfluss auf die Qualität eines Bildungssystems wie das in Südafrika, das seit dem Ende der Apartheid zahl-reichen Veränderungen unterworfen war und den Anspruch hat, den Zugang zu Bildung für alle Bevölkerungsgruppen gleichermaßen zu gewährleisten.

Literatur

Aitchison, John (2008). Non-formal education in South Africa. In: Duke, Chris/Hinzen, Herbert (Hrsg.). Knowing More, Doing Better. Challenges for CONFINTEA VI from Monitoring EFA in Non-Formal Youth and Adult Education. Bonn. S. 157-172.

Alexander, Neville/Helbig, Ludwig (1988). Schule und Erziehung gegen Apartheid. Befreiungspädagogik in Südafrika. Frankfurt am Main.

Boddy-Evans, Alistair (2008). School Enrollment for Blacks and Whites in South Africa. Aus: http://africanhistory.about.com/od/apartheid/ss/ApartheidSkool1.htm am 11.08.2008.

Cock, Jacklyn (1990). Domestic service and education for domesticity: The incorporation of Xhosa women into colonial society. In: Walker, Cherryl (Hg.) (1990). Women and Gender in Southern Africa to 1945. Cape Town.

CHE/Council on Higher Education (2010). Higher Education in South Africa. Overview. http://www.che.ac.za/heinsa/overview/ am 30.03.2010.

CHE/Council on Higher Education (2009). Higher Education Monitor. The state of higher education in South Africa. A report of the CHE Advice and Monitoring Directorate. HE Monitor No. 8 http://www.che.ac.za/documents/d000201/Higher_Education_Monitor_8.pdf am 30.03.2010.

Cross, Michael (1999). Imagery of identity in South African Education. 1880-1990. Durham: Carolina Academic Press.

Department of Basic Education (2010). What is the kha ri gude literacy campaign? http://www.kharigude.co.za/ am 30.03.2010.

Department of Education (1997). Policy Document on Adult Basic Education and Training. Pretoria. http://www.education.gov.za/Documents/policies/PolicyDocumentABET.pdf am 12.04.2010.

Department of Education (2008). Government Gazette No. 31498 Vol. 520, October 2008 Pretoria.

Department of Education (2009a). Education for All (EFA). Country Report South Africa 2008. o.O. download von http://www.education.gov.za/dynamic/dynamic.aspx?pageid=329&catid=10&category=Reports&legtype=null am 11.04.2010.

Department of Education (2009b). Education Statistics in South Africa 2007. Pretoria.

Department of Education (2010). Frequently Asked Questions. http://www.education.gov.za/dynamic/dynamic.aspx?pageid=128 am 11.04.2010.

Fisch, Jörg (1991). Geschichte Südafrikas. 2. Auflage. München.

Fleisch, Brahm (2002). State formation and the origins of Bantu Education. In: Kallaway, Peter (Hg.) The History of Education under Apartheid 1948-1994. The Doors of Learning and Culture shall be opened. New York: Lang.39-52.

Funza Lushaka Bursary Scheme (2010). The Funza Lusaka Bursary. http://www.funzalushaka.doe.gov.za am 11.04.2010.

Gaitskell, Deborah (1983). Houswives, Maids or Mothers: Some Contradictions of Domesticity for Christian Women in Johannesburg, 1903-39. In: The Journal of African History, The History of the Family in Africa, 24 (2). 241-256.

Gaitskell, Deborah (1990). Devout Domesticity? A century of African Women's Christianity in South Africa. In: Walker, Cheryll (Hg.) (1990). Women and Gender in Southern Africa to 1945. Cape Town. S. 251-272.

Große-Oetringhaus, Hans-Martin (1978). Erziehung und Bildung in Südafrika – Das Bildungssystem der 'nichtweißen' Bevölkerungsgruppen in der Republik Südafrika. Bonn.

Hagemann, Albrecht (2003). Kleine Geschichte Südafrikas. 2. Auflage. München: C.H. Beck.

Hansen, Karen Tranberg (Hg.) (1992). African Encounters with domesticity. New Brunswick.

Hlatshwayo, Simphiwe A. (2000). Education and Independence. Education in South Africa, 1658-1988. Westport.

Kallaway, Peter (2002). The History of Education under Apartheid. 1948-1994. The Doors of Learning and Culture shall be opened. New York.

Louw, Julia/Shisana, Olive/Peltzer, Karl/Zungu, Nompumelelo (2009). Examining the impact of HIV & AIDS on South African educators. In: South African Journal of Eduation. Vol. 29, S. 205-217.

NSFAS (2009). Annual Report 2009. National Student Financial Aid Scheme. Providing financial assistance to academically deserving students. https://www.nsfas.org.za/resources/226/ANNUALReport2009.pdf am 11.04.2010.

Rehklau, Christine (2011). Die Hausangestelltenfrage in Südafrika zwischen Selbstorganisation und Intervention. Münster etc.

Sayed, Yusuf (2008). Education decentralization in South Africa: Equity and participation in the governance of schools. Paper commissioned for the EFA global monitoring report 2009, Overcoming equality: why governance matters. Pretoria.

South African Embassy Berlin (Hrsg.) (2005). Das ist Südafrika. Berlin.

StatsSA (2010). Mid-Year population estimates 2009. http://www.statssa.gov.za/publications/P0302/P03022009.pdf am 02.11.2010.

UNESCO (2009a). UIS statistics in brief. Education – all levels. South Africa, http://stats.uis.unesco.org/unesco/TableViewer/document.aspx?ReportId=121&IF_Language =eng&BR_Country=7100&BR_Region=40540 am 30.03.2010.

UNESCO (2009b). UIS statistics in brief. Education – all levels. Germany. http://stats.uis.unesco.org/unesco/TableViewer/document.aspx?ReportId=121&IF_Language =eng&BR_Country=2760&BR_Region=40500 am 30.03.2010.

Wetsch, Meike (2003). We have moved mountains! In: Update: Services Sector Edu-cation & Training Authority. Port Elizabeth. 11- 14.

Wetsch, Meike (2005). Final Project Closure Report. Port Elizabeth.

Worldbank (2010). World Development Indicators. http://data.worldbank.org/country/south-africa am 02.11.2010.

WHO (2009). AIDS Epidemic Update 2009. Genf.

Autoren und Autorinnen

Prof. Dr. Christel Adick, Diplom-Päd., Dr. phil. (mit einer Arbeit zu Bildung und Kolonialismus in Togo), Habilitation (mit einer Schrift zur Universalisierung der modernen Schule), derzeit Lehrstuhl Vergleichende Erziehungswissenschaft am Institut für Erziehungswissenschaft an der Ruhr-Universität Bochum (christel.adick@rub.de)

Laura Patricia Cruz Ruiz, M.A. (Mexiko), derzeit Stipendiatin von CONACyT (Consejo Nacional de Ciencia y Tecnología) Mexiko und Doktorandin an der Ruhr-Universität Bochum (mit einer Arbeit zum Thema Internationalisierung im mexikanischen Hochschulwesen) (lpcruz@gmail.com)

Ina Gankam Tambo, M.A., Stipendiatin der Hans-Böckler Stiftung, Lehrbeauftragte und Doktorandin an der Ruhr-Universität Bochum (mit einer Dissertation zu Kinderarbeit in fremden Haushalten. Sozialisationsbedingungen und Interventionsmaßnahmen am Beispiel Nigeria) (ina.nnaji@rub.de)

Caroline Glöckner, M.A., Dozentin an der FH der Ostschweiz, Sion; Doktorandin (mit einer Dissertation zum Thema: Various Discourses on moral education in Primary and Secondary Schools in the Peoples Republic of China) (caroline.gloeckner@hevs.ch)

Esther Hahm, M.A., Wissenschaftliche Mitarbeiterin im Forschungsprojekt "Cross-border personnel mobility between Mexico and Germany – Changing patterns of organisational coordination" und Doktorandin an der Ruhr-Universität Bochum (mit einer Arbeit zur Auswärtigen Kulturpolitik der Goethe-Institute) (esther.hahm@rub.de)

Dr. Jonathan Kriener, Wissenschaftlicher Mitarbeiter am Georg-Eckert-Institut in Braunschweig sowie am Orient-Institut Beirut, Vertretung einer Professur für Orientwissenschaften an der Universität Tübingen; Promotion (über das Schulsystem des Libanon) und derzeit Wissenschaftlicher Mitarbeiter am Seminar für Orientalistik und Islamwissenschaften an der Ruhr-Universität Bochum (jonathan.kriener@rub.de)

Prof. Dr. Gregor Lang-Wojtasik, Grund- und Hauptschullehrer, Dr. phil. (mit einer Arbeit über non-formale Bildung in Bangladesch und Indien), Habilitation (mit einer Schrift über Schultheorie in der Weltgesellschaft), derzeit Professor für Erziehungswissenschaft (Pädagogik der Differenz) an der Pädagogischen Hochschule Weingarten (langwojtasik@ph-weingarten.de)

Sabine Meise, Diplom-Rehabilitationspädagogin und Lehrerin für die unteren Klassen (DDR), Doktorandin (mit einer Dissertation zum Umgang mit Unterschieden von Schülern in Japan) (meesen_2000@yahoo.de)

Dr. Christine Rehklau, Diplom-Sozialarbeiterin/Sozialpädagogin (FH), Dr. phil. (mit einer Arbeit zu Hausangestellten in Südafrika); derzeit Referentin beim Flüchtlingsrat Thüringen e.V. (ChristineRehklau@yahoo.de)

Dr. Claudia Richter, M.A., Dr. phil. (mit einer Arbeit zu Schulqualität in Lateinamerika am Beispiel von ‚Education for All (EFA)‘ in Honduras), seit 2007 Wissenschaftliche Mitarbeiterin am Lehrstuhl Vergleichende Erziehungswissenschaft an der Ruhr-Universität Bochum (claudia.richter@rub.de)

Prof. Dr. Volker Schubert, Studium der Erziehungswissenschaft (Dipl.), Germanistik und Politikwissenschaft, Promotion (über Identität und Bildung) und Habilitation (über Erziehung und Sozialisation in Japan) in Marburg; DAAD-Lektor an der Universität Kumamoto (1985-1990); derzeit Professor am Institut für Erziehungswissenschaft der Universität Hildesheim (schubert@uni-hildesheim.de)